DIESER BAND IST DER DREIUNDSECHZIGSTE DES GESAMTWERKES

DIE KUNSTDENKMÄLER DER SCHWEIZ

HERAUSGEGEBEN VON DER
GESELLSCHAFT FÜR SCHWEIZERISCHE KUNSTGESCHICHTE
MIT EIDGENÖSSISCHEN, KANTONALEN,
KOMMUNALEN UND PRIVATEN SUBVENTIONEN

BIRKHÄUSER VERLAG BASEL
1976

DIE KUNSTDENKMÄLER DES KANTONS AARGAU

BAND VI

DER BEZIRK BADEN

I

BADEN, ENNETBADEN
UND DIE OBEREN REUSSTALGEMEINDEN

VON

PETER HOEGGER

MIT 457 ABBILDUNGEN UND 2 FARBTAFELN

BIRKHÄUSER VERLAG BASEL
1976

HERSTELLUNGSREDAKTION UND MAQUETTE
HANS HALLER, ZÜRICH, UNTER MITARBEIT DES AUTORS

ALLE RECHTE VORBEHALTEN – TOUS DROITS RÉSERVÉS
© BIRKHÄUSER VERLAG BASEL, 1976
ISBN 3-7643-0782-X

CIP-Kurztitelaufnahme der Deutschen Bibliothek

DIE KUNSTDENKMÄLER DER SCHWEIZ
hrsg. von d. Ges. für Schweizer. Kunstgeschichte
Basel: Birkhäuser
NE: Gesellschaft für Schweizerische Kunstgeschichte
Bd. 63. – Die Kunstdenkmäler des Kantons Aargau

DIE KUNSTDENKMÄLER DES KANTONS AARGAU
Basel: Birkhäuser
Bd. 6. Der Bezirk Baden / von Peter Hoegger
1. Baden, Ennetbaden und die oberen Reußtalgemeinden. – 1. Aufl. – 1976
(Die Kunstdenkmäler der Schweiz; Bd. 63)
ISBN 3-7643-0782-X
NE: Hoegger, Peter [Mitarb.]

DRUCK: BIRKHÄUSER AG, BASEL
KLISCHEES: STEINER & CO., BASEL
PRINTED IN SWITZERLAND

INHALTSVERZEICHNIS

Seite

Vorwort der Gesellschaft für Schweizerische Kunstgeschichte	VI
Vorwort des Verfassers	VIII
Verzeichnis der Abkürzungen	X
Übersichtskarte des Kantons Aargau	XI

DER BEZIRK BADEN

I
BADEN, ENNETBADEN UND DIE OBEREN REUSSTALGEMEINDEN

Einleitung	3
Stadt Baden	5

Geschichte 5, Quellen und Literatur 11, Bilddokumente 16, Plandokumente 22, Siegel, Fahnen und Wappen 26, Topographische Entwicklung 29, Anlage 50, Schloßruine Stein 52, Ehem. Landvogteischloß 59, Stadtring und Türme 71, Holzbrücke 80, Brunnen und Denkmale 86, Pfarrkirche Mariä Himmelfahrt 92, Kirchenschatz 123, Kapelle St. Sebastian 150, Kapelle der Hl. Drei Könige 166, Schloßkapelle St. Nikolaus 173, Kapelle St. Anna 177, Wallfahrtskapelle Maria Wil 183, Abgegangene Kapellen 193, Ehem. Kapuzinerkloster 194, Ehem. Kapuzinerinnenkloster 198, Reformierte Kirche 200, Rathaus, Zeughaus, Stadtkanzlei, Stadthaus 214, Amthaus 235, Ehem. Kornhaus 237, Ehem. Ältere Ehem. Landschreiberei 239, Ehem. Bernerhaus 240, Altes Schulhaus 242, Kursaal 245, Hauptbahnhof 260, Bürgerhäuser der Altstadt 267, Wohnbauten und Hotels in den Bädern 302, Vorstadtbauten 327, Eingemeindete Dörfer 338

Farbtafel I (Hochaltarbild in der Stadtkirche) vor 97, Farbtafel II (Zürcher Standesscheibe aus dem Tagsatzungssaal) vor 225

Bellikon	340
Ennetbaden	348
Fislisbach	359
Künten–Sulz	375
Mägenwil	378
Stadt Mellingen	382

Geschichte 382, Topographisches 385, Quellen, Literatur, Bild- und Plandokumente 386, Siegel, Fahnen und Wappen 387, Befestigungen, Türme und Tore 389, Abgebrochene Reußbrücke 397, Brunnen und Wegkreuze 398, Pfarrkirche 399, Kapelle St. Antonius 418, Ehem. Rathaus 421, Ibergerhof 424, Bürgerbauten der Altstadt 428, Vorstadtbauten 433

Niederrohrdorf	434
Oberrohrdorf–Staretschwil	436
Remetschwil–Bußlingen	449
Stetten	452
Wohlenschwil–Büblikon	458
Korrigenda	473
Tabelle I: Goldschmiedezeichen	474
Tabelle II: Steinmetzzeichen	480
Register	482
Herkunft der Abbildungsvorlagen	507

VORWORT DER GESELLSCHAFT FÜR SCHWEIZERISCHE KUNSTGESCHICHTE

Der vorliegende Kunstdenkmälerband Aargau VI ist ein Schwergewicht. Wer ein Inventarwerk von solchem Umfang und Aufwand begleiten darf, spürt den beruflichen Ernst, ja die wissenschaftliche Verbissenheit der jungen Kunsthistorikergeneration, aber auch die Grenzen der Darstellungsmöglichkeit. Was noch vor Jahren als unzumutbarer Ballast auf der stolzen Jacht der Kunstdenkmälerbände empfunden worden wäre, liegt heute sperrig auf tiefgängigen Frachtschiffen, welche weit entfernten Ufern zustreben. Vom politischen und finanziellen Gesichtspunkt der Kantone und der Gesellschaft für Schweizerische Kunstgeschichte aus gibt diese Gangart Anlaß zum Nachdenken. Die Frage, ob ein solides, engmaschiges Inventar oder ein weitergefaßtes, kunsttopographisches Handbuch zu schaffen sei, stellt sich immer deutlicher. Jenen Kurs zu finden, der sowohl dem Denkmalpfleger zudient als auch für den außenstehenden Laien interessant bleibt, wird eine schier unlösbare Aufgabe.

Peter Hoegger legt uns einen Band vor, der beide Benützerkreise anspricht. Wir haben einen Autor an der Arbeit gesehen, der seine besten und letzten Kräfte in den Dienst seiner Aufgabe gestellt hat. Terminbedingter Schreibzwang einerseits und beharrlicher Forscherdrang anderseits haben ihm zugesetzt. Es fiel ihm schwer, niederzuschreiben, was nicht archivalisch erhärtet und von Grund auf erarbeitet war. Der Autor hat jedoch diesen innern Zwiespalt souverän überwunden und ein Manuskript verfaßt, das sachlich und stilistisch eine Meisterleistung darstellt.

Die Stadt Baden und das unterste Reußtal, die in diesem Band behandelt werden, gehören zu den eigentlichen Schicksalsgebieten der jungen Eidgenossenschaft. Die blitzartige Eroberung des habsburgischen Aargaus durch die Eidgenossen im Jahre 1415 war ein leichter Akt im Vergleich zu der anschließenden gemeinsamen Verwaltung. Die seit 1424 in Baden alljährlich auf Pfingsten einberufene Tagsatzung war das – freilich nur halbwegs verpflichtende – «Standquartier» jener gemeineidgenössischen Politik, deren hektischen Pulsschlag die kleine Stadt vor allem in den Religionskriegen deutlich zu spüren bekam. Während Baden einerseits die Rolle einer Untertanenstadt spielen mußte, tummelte sich anderseits in seinen Bädern europäische Prominenz, die einen Hauch von Welt in die kleinbürgerliche Atmosphäre des Tagsatzungsortes brachte. Altstadt und Bäderquartier liegen wie Füllhörner der Kunst und Kultur in der großen, heute von Wirtschaft, Industrie und neuen Wohnsiedlungen beschlagnahmten Agglomeration des Limmattals. Spät, für viele Bauten zu spät, kommt mit dem vorliegenden Buch die kunstgeschichtliche Würdigung. Die noch erhaltenen Badehotels und Gesellschaftsbauten des vorgerückten 19. Jahrhunderts stellen unter Beweis, wie wichtig, ja unerläßlich die inventarmäßige Erfassung historisierender Architektur geworden ist. Die reiche Bilddokumentation gestattet uns, die Verluste an kostbarer Bausubstanz, aber auch an Gemütswerten nachzuvollziehen. Unter den zuweilen kaum dem Namen nach bekannten Reußtalgemeinden sticht uns das dreieckig zugeschnittene Brückenstädtchen Mellingen in die Augen, das in einem politischen «Stilleben» der heutigen Zeit entgegenschlummerte: ein unverfälschtes Zeugnis eines städtebaulichen Schöpfungsaktes.

Berühmt sind vor allem die beweglichen Kunstwerke im Raum Baden, seien sie nun abgewandert wie jene spätgotischen Tafeln des Badener Nelkenmeisters (in Dijon) und der von Lukas Zeiner geschaffene, wohl berühmteste Standesscheibenzyklus aus dem Tagsatzungssaal (großenteils im Schweizerischen Landesmuseum Zürich) oder noch an Ort und Stelle wie die kraftvolle Badener Ölberggruppe von Bartholomäus Cades und das Hochaltargemälde von Renward Forer in Badens Stadtkirche, wo italienischer Schmelz in die vertrocknete Schweizer Palette einfließt. Die Sakristeien hüten kostbar geschmiedetes Silber der Spätgotik und des Barocks: besonders nennenswert sind die Turmmonstranz von 1477 und die Figurenreliquiare des 17. Jahrhunderts im Badener Kirchenschatz – Spitzenleistungen schweizerischer Goldschmiedekunst.

Ein präziser und anschaulicher Text, vorzügliche Abbildungen und instruktive Pläne erleichtern uns den Gang durch die Kunstdenkmäler und Siedlungen. Die Ortspläne ermöglichen nicht nur eine schnelle Orientierung, sondern geben auch Auskunft über Siedlungsstruktur und Baualter. Mit diesem Planmaterial ist ein großer Schritt auf eine ganzheitliche Inventarisation hin gemacht, welche mittels kurz kommentierter Übersichtspläne die gesamte historische Bausubstanz erfassen kann. Mehr denn je kämpfen wir nicht nur um Einzelobjekte und Ortsbilder, sondern auch um gewachsene Landschaftsräume, in denen das Gebaute bereichernder oder störender Faktor ist.

Wir sind Peter Hoegger für die Bewältigung eines anspruchsvollen und vielfältigen Stoffs zu großem Dank verpflichtet. Wir wissen auch um die guten Geister, die den Autor bei seiner Arbeit begleiteten. Namentlich erwähnen wir den aargauischen Denkmalpfleger Peter Felder, die unermüdliche Sekretärin Irma Hohler und den Herstellungsredaktor Hans Haller. Durch eine wissenschaftliche und freundschaftlich ermahnende Begutachtung, durch intelligentes Mitvollziehen des Manuskriptes und durch Bienenfleiß in der arbeitsintensiven Druckvorbereitung haben sie diesen Kunstdenkmälerband mitgestaltet. – Obschon sich Autor und Herstellungsredaktor bemühten, den Normalumfang von 480 Buchseiten nicht zu überschreiten, ist der Band auf über 500 Seiten angewachsen. Die dadurch verursachten Mehrkosten trugen die Einwohnergemeinde Baden, die katholische Kirchgemeinde Baden, die Firma Brown Boveri & Cie., die Nordostschweizerischen Kraftwerke und die Sektion Baden/Ennetbaden des Schweizerischen Hoteliervereins. Die großzügigen Spenden seien an dieser Stelle namens der Gesellschaft für Schweizerische Kunstgeschichte herzlich verdankt.

Der Regierung des Staates Aargau gratulieren wir zum vorliegenden Werk, das sie als jüngste Frucht der rund dreißigjährigen, verständnisvoll geförderten Inventarisationstätigkeit im Kanton entgegennehmen darf. «Aargau VI» schließt sich den älteren aargauischen Inventarbänden würdig an und stellt eine zielbewußte Kulturpolitik unter Beweis.

Franco Masoni
Präsident der Gesellschaft

Bernhard Anderes
Präsident der Redaktionskommission

VORWORT DES VERFASSERS

Der vorliegende Band «Bezirk Baden I» setzt das Kunstdenkmälerinventar im östlichen Teil des Kantons Aargau fort; die behandelte Region – Baden, Ennetbaden und die oberen im Bezirk Baden gelegenen Reußtalgemeinden – schließt geographisch an die beiden Freiämter Bezirke Bremgarten und Muri an, die in den zwei letzten Aargauer Bänden vorgestellt worden sind. Bei der Bearbeitung des Bezirks Baden zeigte sich sehr bald, daß es nicht möglich sein würde, den gesamten Kunstdenkmälerbestand dieses Gebietes in einem 480 Seiten starken Buch zu erfassen. Eine Zweiteilung wurde unumgänglich, und selbst das halbe Denkmälerquantum hat nun noch die Grenzen eines Normalbandes gesprengt und zu größeren Petitsatzpassagen gezwungen. Der mit der Geschichte und Geographie des Bezirks Baden Vertraute mag sich fragen, nach welchem Gesichtspunkt die Auswahl der zwölf hier dargestellten Gemeinden erfolgt ist und ob nicht ein Inventarband zur Agglomeration Baden im Limmattal, in welchen auch das Kloster Wettingen hätte eingeschlossen werden können, sinnvoller gewesen wäre. Die Logik der gewählten Gliederung erhellt aus einem historischen Sachverhalt: die Reußtalgemeinden fügen sich zwar geographisch mit der Bezirkshauptstadt zu keiner einheitlichen Zone zusammen, aber die rechtsufrigen unter ihnen waren, im Gegensatz zu den andern Landgemeinden des Bezirks, durch das von Baden ausgeübte Patronat kirchengeschichtlich mit dieser Stadt verbunden und mithin kulturell stark von ihr abhängig. Für Ennetbaden, das sich erst im 19. Jahrhundert von Baden trennte, gilt dasselbe. Mellingen und der abseitige Zwickel am linken Reußufer waren schließlich aus topographischer Notwendigkeit mit den genannten Gemeinden zusammenzufassen. – Der nächste Aargauer Band, «Bezirk Baden II», wird den beiden Klöstern Wettingen und Fahr und den verbleibenden 15 Dörfern gewidmet sein.

Ohne die Ratschläge, das Entgegenkommen und die dienstwillige Unterstützung zahlreicher Personen wäre dieses Buch nicht zu Ende gediehen. Allen Helfern – auch den nicht namentlich erwähnten – bin ich zu größter Dankbarkeit verpflichtet. Mein Dank geht an die aargauische Regierung, insbesondere an ihren Erziehungsdirektor Dr. Arthur Schmid, die das Unternehmen der Inventarisation großzügig förderten und mir das notwendige Vertrauen schenkten. Besonders verbunden weiß ich mich dem Begutachter meines Manuskriptes, dem aargauischen Denkmalpfleger Dr. Peter Felder; sein geduldiges und kollegiales Verständnis, seine unautoritäre Autorität in fachlichen Fragen und das Beispiel seines eigenen Inventarisationsstils haben mich in meiner Arbeit stets von neuem ermutigt. Bereitwillige Hilfe gönnten mir zahlreiche Kenner, Spezialisten und Wissenschafter: die beiden verstorbenen Badener Historiker Dr. O. Mittler und Dr. P. Haberbosch, ferner Dr. U. Münzel, H. Doppler jun. und Restaurator A. Flory in Baden, M. Rudolf in Birmenstorf, A. Nüßli sen. in Mellingen, Dr. G. Boner, H. Haudenschild und Dr. J. J. Siegrist in Aarau, der Adjunkt der kantonalen Denkmalpflege, Architekt E. Bossert, mein Vorgänger Dr. G. Germann in Basel, P. Dr. B. Mayer in Luzern, A. Laube sen. in Zürich und Dr. R. Stöckli in Mellingen, der mir uneigennützig das noch unveröffentlichte Manuskript seiner Dissertation zur Stadtgeschichte Mellingens aus den Händen gab. Mit großer Anerkennung möchte ich zwei Fachleute erwähnen, die immer dann zur Stelle waren, wenn ich an die Grenzen der Kunstwissenschaft im engern Sinne stieß: W. K. Jaggi in Zürich, den erfahrenen Kenner religiöser Volkskunst, und H. J. Welti in Leuggern, den kompetenten Heraldiker.

Viele Amtsstellen haben mir die Türen zu den Archiven und Sakristeien geöffnet und technische Schwierigkeiten, die sich Planzeichnern und Photographen stellten, überwinden helfen. In diesem Zusammenhang denke ich besonders gerne an das aufgeschlossene Entgegenkommen des Badener Gemeinderates und seiner Oberhäupter alt Stadtammann M. Müller und Stadtammann Dr. V. Rickenbach, an die katholische Kirchenpflege in Baden, an den

Direktor der Städtischen Werke Baden, J. Stalder, und an den Badener Stadtarchitekten, J. Tremp. Alle haben meine Anliegen unterstützt und mir die Arbeit wesentlich erleichtert. Herzlichen Dank schulde ich meinen eigentlichen Mitarbeitern: die Photographen – W. Knecht in Aarau, W. Nefflen in Ennetbaden und T. Hartmann in Würenlos – haben eine anspruchsvolle und anstrengende Arbeit geleistet; Architekt A. H. Larsen in Bern stand mir als erprobter und äußerst zuverlässiger Planzeichner zur Seite. In der Sekretärin der aargauischen Denkmalpflege, Frau Irma Hohler, fand ich eine selbständige und selbstlose Helferin; ihr verdanke ich nicht nur viel dornenvolle Kärrnerarbeit wie z.B. die Manuskriptreinschriften, sondern auch eine engagierte fachliche Anteilnahme am Werdegang dieses Buches. Gemeinsam mit Frau Dr. Dorothee Eggenberger in Zollikerberg leistete sie mir bei der Abfassung des Registers große Dienste.

Schließlich versichere ich die Gesellschaft für Schweizerische Kunstgeschichte meiner aufrichtigen Erkenntlichkeit. Der Delegierte des Vorstandes, Dr. Hans Maurer, und der Präsident der Redaktionskommission, Dr. Bernhard Anderes, haben durch das Lesen der Korrekturfahnen und durch die Beurteilung der Satzgestaltung meine Arbeit bis ans Ende begleitet; der neue wissenschaftliche Assistent, Peter C. Bener, hat mich in der Schlußphase der Drucklegung mit Rat und Tat unterstützt. Gewinnbringend in mancher Hinsicht war für mich das freundschaftliche Teamwork mit dem nunmehr zurückgetretenen ehemaligen Redaktor der Gesellschaft, lic. phil. Hans Haller. Ich danke diesem Kollegen für seinen unermüdlichen Einsatz im Kontakt mit der Druckerei und der Klischieranstalt und für die souverän vollbrachte Bild- und Textgestaltung, aber auch dafür, daß er mich bei typographischen Aufgaben ebenfalls zu Worte kommen ließ. Dank für ihre buchgestalterische Arbeit gebührt ferner den Angestellten der Firmen Birkhäuser und Steiner in Basel, deren große Erfahrung auch diesem Kunstdenkmälerband zugute kam.

Peter Hoegger

VERZEICHNIS DER ABKÜRZUNGEN

Hier nicht angeführte Literaturabkürzungen sind in den Literaturverzeichnissen der entsprechenden Kapitel aufgelöst

Aarg. Urk.	Aargauer Urkunden, Aarau 1930ff.
ALZ	Privatsammlung August Laube sen., Zürich.
AMMANN, MITTLER	H. AMMANN, O. MITTLER, Quellen zur mittelalterlichen Bau- und Kunstgeschichte aus dem Stadtarchiv Baden, ZAK XII (1951), S. 129–163.
Argovia	Argovia – Jahresschrift der Historischen Gesellschaft des Kantons Aargau, Aarau 1860ff.
ASA	Anzeiger für Schweizerische Altertumskunde, Zürich 1855 (1868)–1938.
Bad. Njbll.	Badener Neujahrsblätter, Baden 1925ff.
Bern. Hist. Mus.	Bernisches Historisches Museum Bern.
BONER, Wappen	G. BONER, Die Gemeindewappen des Bezirks Baden, Bad. Njbll. 1972, S. 12–36.
BOSSARD	G. BOSSARD, Die Zinngießer der Schweiz und ihr Werk, 2 Bände, Zug 1920 und 1934.
BRONNER	F. X. BRONNER, Der Kanton Aargau, historisch, geographisch, statistisch geschildert, 2 Bände, St. Gallen, Bern 1844.
EA	Amtliche Sammlung der älteren eidgenössischen Abschiede, 1839–1886.
ETH	Eidgenössische Technische Hochschule Zürich.
FRICKER, Baden	B. FRICKER, Geschichte der Stadt und Bäder zu Baden, Aarau 1880.
FXM	Privatsammlung Franz Xaver Münzel †, Baden (betreut durch Dr. Ulrich Münzel, Baden).
GemeindeA	Gemeindearchiv.
Gemeindewappen	W. MERZ, Die Gemeindewappen des Kantons Aargau, SA aus dem Schweizerischen Archiv für Heraldik 1913–1915, Aarau 1915.
Graph. Slg.	Graphische Sammlung.
HABERBOSCH, Stadt u. Schloß	P. HABERBOSCH, Das Modell von Stadt und Schloß Baden um 1670, SA aus den Bad. Njbll. 1965, Baden 1965.
Habsb. Urbar	Das Habsburgische Urbar, hg. von R. MAAG, 3 Bände (= Quellen zur Schweizer Geschichte XIV und XV/1, 2), Basel 1894–1904.
HBLS	Historisch-Biographisches Lexikon der Schweiz, 8 Bände, Neuenburg 1921–1934.
HEIERLI	J. HEIERLI, Die archäologische Karte des Kantons Aargau nebst allgemeinen Erläuterungen und Fundregister, Argovia XXVII (1898), S. 1–101.
Heimatgeschichte	Aargauische Heimatgeschichte, hg. von H. AMMANN und O. MITTLER, 4 Bände (I von A. HARTMANN und R. BOSCH; II von R. LAUR-BELART; III von K. SPEIDEL; IV von O. MITTLER), Aarau 1930–1935.
HESS	DAVID HESS, Die Badenfahrt, Zürich 1818.
HÖCHLE	J. I. HÖCHLE, Geschichte der Reformation und Gegenreformation in der Stadt und Grafschaft Baden bis 1535, Zürich 1907.
JB SGU	Jahresbericht (seit 1938 Jahrbuch) der Schweizerischen Gesellschaft für Urgeschichte, 1909ff.
KAPPELER, Ortsnamen	R. KAPPELER, Von Ortsnamen aus der Umgebung Badens, Bad. Njbll. 1953, S. 54–69.
Katholische Kirchen	O. MITTLER, Katholische Kirchen des Bistums Basel, V (= Kanton Aargau), Olten 1937.
KDA Aarau	Kunstdenkmälerarchiv – Archiv der Kantonalen Denkmalpflege und der Inventarisation der Aargauischen Kunstdenkmäler, Aarau.
Kdm.	Die Kunstdenkmäler der Schweiz, hg. von der Gesellschaft für Schweizerische Kunstgeschichte, Basel 1927ff.
KirchgemeindeA	Kirchgemeindearchiv.
Landvogteischloß	Landvogteischloß und Museum Baden in Vergangenheit und Gegenwart, mit Führer durch die Sammlungen, hg. von der Museumskommission, Baden 1957.
LSB	Graphische Sammlung im Landvogteischloß Baden.
MERZ	W. MERZ, Wappenbuch der Stadt Baden und Bürgerbuch, Aarau 1920.

Merz, Burganlagen	W. Merz, Die mittelalterlichen Burganlagen und Wehrbauten des Kantons Aargau, 3 Bände, Aarau 1905–1929.
Mittler, Baden	O. Mittler, Geschichte der Stadt Baden, 2 Bände, Aarau 1962 und 1965.
Mittler, Stadtkirche	O. Mittler, 500 Jahre Stadtkirche Baden (mit einem Beitrag über den Kirchenschatz von P. Felder), Baden 1958.
Mittler, Lüthi	O. Mittler, A. Lüthi, Der Bezirk Baden – Heimatgeschichte und Wirtschaft, Zollikon, Aarau 1947.
Njbl.	Neujahrsblatt.
Nüscheler III	A. Nüscheler, Die Gotteshäuser der Schweiz, III (= Bistum Konstanz: Archidiakonat Zürichgau), Zürich 1873.
PfarrA	Pfarrarchiv.
QW	Quellenwerk zur Entstehung der Schweizerischen Eidgenossenschaft, Aarau 1933 ff.
R_3	M. Rosenberg, Der Goldschmiede Merkzeichen, 3. Auflage, 4 Bände, Frankfurt a. M. 1922–1928.
Repertorium	W. Merz, Repertorium des Aargauischen Staatsarchivs, 2 Bände, Aarau 1935.
SKL	Schweizerisches Künstlerlexikon, hg. von C. Brun, 4 Bände, Frauenfeld 1905 bis 1917.
SLM	Schweizerisches Landesmuseum Zürich.
StA	Staatsarchiv, Kantonsarchiv.
StadtA	Stadtarchiv.
Stammler	J. Stammler, Die Pflege der Kunst im Aargau, mit besonderer Berücksichtigung der älteren Zeit, Aarau 1903 (= Argovia XXX).
UB Zürich	Urkundenbuch der Stadt und Landschaft Zürich, 13 Bände, Zürich 1888–1957.
Urbar Baden	Urbar der Grafschaft Baden, bearb. von E. Welti, Argovia III (1862/63), S. 160–268.
Welti, Regesten	Die Urkunden des Stadtarchivs zu Baden, in Regesten bearb. von F. E. Welti, 2 Bände (I: Urk. bis 1549; II: Urk. bis 1795), hand- und maschinengeschriebene Manuskripte im Stadtarchiv Baden, 1918.
Welti, Urkunden	Die Urkunden des Stadtarchivs zu Baden, hg. von F. E. Welti, 2 Bände (I: Urk. bis 1449; II: Urk. bis 1499), Bern 1896 und 1899.
ZAK	Zeitschrift für Schweizerische Archäologie und Kunstgeschichte, Basel 1939 ff., Zürich 1969 ff.
ZBZ	Zentralbibliothek Zürich.

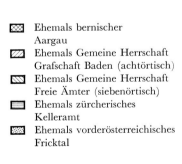

Ehemals bernischer Aargau
Ehemals Gemeine Herrschaft Grafschaft Baden (achtörtisch)
Ehemals Gemeine Herrschaft Freie Ämter (siebenörtisch)
Ehemals zürcherisches Kelleramt
Ehemals vorderösterreichisches Fricktal

Abb. 1. Übersichtskarte des Kantons Aargau.

XII

Abb. 2. Baden. Bruggerturm von Südosten, mit Löwenplatz und Löwenbrunnen. – Text S. 74–79, 88, 288.

DER BEZIRK BADEN

I
BADEN, ENNETBADEN
UND DIE OBEREN REUSSTALGEMEINDEN

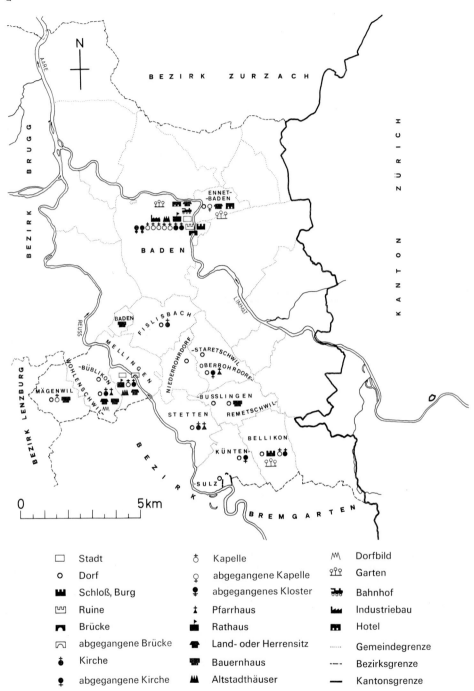

Abb. 3. Übersichtskarte des Bezirks Baden.

EINLEITUNG

Die teils natürlichen, teils willkürlichen Grenzen des Bezirks Baden schneiden ein in großen Zügen viereckiges Landstück aus einer geographisch, historisch und bevölkerungsstatistisch gleicherweise interessanten Region. West-östlich wird das Gelände vom letzten Ausläufer des Kettenjuras, der nach Norden überschobenen Lägernfalte, traversiert, durch den sich die Limmat einen engen Durchbruch mit kesselförmiger Weitung geschaffen hat: jene Klus, deren Thermalquellen später die Römer zum Bleiben veranlassen und deren günstige strategische Voraussetzungen zur Gründung Badens führen sollten. Unmittelbar bis vor diese Erosionsschneise reicht der süd-nordwärts gelagerte Moränenzug des Heitersbergs, der die beiden Täler von Limmat (östlich) und Reuß (westlich) scheidet. Beide Flüsse münden bei Brugg in die Aare und bilden mit dieser das trichterförmige Wassertor der Schweiz.

Reuß und Unterlauf der Aare, zur Hauptsache die Westgrenze des Bezirks, markierten schon nach der fränkischen Gaueinteilung eine wichtige Scheidelinie – zuerst zwischen Aargau und Thurgau, seit dem 9. Jahrhundert zwischen dem Aargau und dem neugeschaffenen Zürichgau. Aus diesem ging die nachmals sogenannte Grafschaft Baden hervor, die ungefähr das Gebiet der heutigen Bezirke Baden und Zurzach umschloß und im 14. Jahrhundert fast vollumfänglich unter habsburgisch-österreichische Herrschaft geriet. Baden und Mellingen, als Marktsiedlungen kurz vor 1300 zu Städten erhoben, erlangten jetzt ihre große Bedeutung als Kontrollpässe an Limmat und Reuß. Wichtiges kulturelles Zentrum wurde das 1227 gegründete Zisterzienserkloster bei Wettingen, das über ausgedehnten grundherrlichen Besitz, über Gerichtsbarkeiten, Kollaturen und Visitationsrechte verfügte. – Nach der Eroberung durch die Eidgenossen, 1415, kam die «Grafschaft» unter achtörtische Oberhoheit; Baden wurde Sitz des Landvogts und dank seiner bevorzugten Lage häufig gewählter Tagsatzungsort. Der zweite Kappeler Landfriede, 1531, billigte zwar den wenigen mehrheitlich neugläubigen Gemeinden die Ausübung ihrer Konfession zu, gewährte aber gleichzeitig auch allen altgläubigen Minderheiten das Recht zu eigenem Gottesdienst. Der Sieg der Reformierten im Jahre 1712 brachte in der bisher gemeinen Herrschaft die Stände Zürich und Bern und in beschränktem Ausmaß Glarus als ausschließliche Landesherren an die Macht und statuierte konfessionelle Parität. – Die Helvetik schuf einen kurzlebigen Kanton Baden, der den Landstrich der einstigen «Grafschaft» bis an den Rhein, vermehrt um die ehemaligen bis zur Innerschweiz reichenden Freien Ämter, umfaßte. 1803 entstanden der Kanton Aargau und seine 11 Bezirke in ihrem heutigen Umfang, wobei einige früher an Baden angeschlossene Gemeinden im obern Limmattal an Zürich übergingen, das Benediktinerinnenkloster Fahr jedoch als aargauisches Aussprengsel beim Bezirk Baden verblieb. Dieser bildet mit 153 km² Fläche und mit zurzeit etwa 100000 Einwohnern den größten und bevölkerungsreichsten Bezirk des Aargaus. Während seine Dörfer im Reußtal, im Surbtal und im Aaretal ihren ländlichen Charakter bewahren konnten oder zu modernen Wohngemeinden geworden sind, hat sich das Limmattal mit dem Schwerpunkt der Stadt Baden zum industriell und wirtschaftlich aktivsten Teil des Kantons entwickelt.

Abb. 4. Baden und Ennetbaden. Stadt, Dorf und Bäder von Norden, um 1620–1630. Kupferstich von M. Merian (Bilddokument Nr. 1). – Text passim.

STADT BADEN

GESCHICHTE

Den nur kärglichen Spuren aus Neolithikum, Bronze- und Eisenzeit[1] stehen eine Menge z. T. bedeutender Streufunde und Gebäudereste aus der römischen Ära gegenüber, die schließen lassen, daß der Ort spätestens seit der Gründung des Legionslagers von Vindonissa im zweiten Jahrzehnt n. Chr. als «vicus» Bestand hatte[2]. Tacitus rühmt seine Lage und seine heilbringenden Quellen[3], denen die Siedlung ihren römischen Namen Aquae Helveticae verdankt. Nach der Verheerung im Bürgerkrieg des Dreikaiserjahres (69 n. Chr.) erlebte Baden unbeschadet der Zerstörungen im Markomannenkrieg (171 n. Chr.) und des Alemanneneinbruchs zur Zeit des Gallienus (259 n. Chr.)[4] bis ans Ende der Spätantike eine rege wirtschaftliche Blütezeit[5]. Die vermutlich unter Augustus von Augst über den Bözberg nach dem Bodensee und nach Augsburg angelegte Straße überquerte hier in der Nähe des Flußknies die Limmat, um südwärts am Lägernfelsen vorbei über das Wettinger Feld zu ziehen[6]. Das Zentrum des «vicus» lag auf dem Gelände des heutigen Kurparkes, an der Römerstraße und in den Großen Bädern[7]. Zu den wichtigsten ergrabenen Spuren gehören die Grundmauern und Geräte eines Arzthauses, die Reste einer von Portiken mit Tabernen und Gewerbehallen gesäumten Nebenstraße, die Fundamente zahlreicher

[1] JB SGU XXIII (1931), S. 34; XXIV (1932), S. 21; XXVII (1935), S. 22; XL (1950), S. 265; IL (1962), S. 43. – E. Vogt in ASA NF XXXIII (1931), S. 50 f. – I. Pfyffer, Baden in vorgeschichtlicher Zeit, Bad. Njbll. 1927, S. 14–36, bes. S. 24 f., 35. – Mittler, Baden I, S. 12–16.

[2] I. Pfyffer, Aquae Helveticae – Die Stadt Baden zur Zeit der römischen Herrschaft, Baden 1932 (Sonderdruck von vier Artikeln in den Bad. Njbll. 1929–1932), passim. – F. Staehelin, Die Schweiz in römischer Zeit, 3. Aufl., Basel 1948, S. 472 f. – W. Drack, Wann wurde Baden römische Ortschaft Aquae?, Bad. Njbll. 1946, S. 16–21. – Ders., Von den römischen Ausgrabungen an der Römerstraße 1946, Bad. Njbll. 1948, S. 80–88; mit Abbildungen. – E. Ettlinger, P. Haberbosch, Römische Baureste unter dem Badener Kurtheater (1950/51), Bad. Njbll. 1953, S. 5–15; mit Abbildungen. – Landvogteischloß, S. 23–34. – JB SGU, versch. Jahrgänge. – Mittler, Baden I, S. 22–25, 31 f., 34; mit Abbildungen. – Weitere Literatur vermerkt bei Mittler, Baden I, S. 356, Anm. 7, 8, 14, 15, 20, sowie bei F. Staehelin, a.a.O., S. 595 f. Beizufügen sind H. R. Wiedemer, Die römischen Heilthermen von Baden, Bad. Njbll. 1969, S. 45–56, und H. Doppler, Der neubearbeitete Plan des römischen «vicus» Baden, Bad. Njbll. 1972, S. 85–89. Sehr wichtig schließlich M. Hartmann, Neue Grabungen in Baden, Jahresbericht der Gesellschaft «Pro Vindonissa» 1973, Brugg 1974, S. 45–51, wo auf ein neulich in der Nähe des Kurtheaters entdecktes spätrömisches Befestigungsfundament hingewiesen und die plausible Vermutung geäußert wird, daß der Bäderbezirk in der Limmatbiegung seit dem späten 3. oder dem 4. Jahrhundert bewehrt war und mit den Befestigungen von Solothurn, Olten, Altenburg, Vindonissa, Zürich-Lindenhof, Oberwinterthur, Pfyn und Arbon zum zweiten Verteidigungsdispositiv hinter der Rheingrenze gehörte.

[3] Historien I, 67. – E. Howald, E. Meyer, Die römische Schweiz, Zürich 1940, S. 86 f. – F. Staehelin, a.a.O., S. 189 f.

[4] F. Staehelin, a.a.O., S. 253, 260 f.

[5] Mittler, Baden I, S. 25–31; mit Literaturangaben.

[6] J. Heierli in ASA XXXVIII (1895), S. 434. – F. Staehelin, a.a.O., Karte I. – Mittler, Baden I, S. 19. – P. Haberbosch, Die Römerbrücke am Limmatknie, Bad. Njbll. 1968, S. 77–80. – H. Doppler, a.a.O., S. 86, 88; Plan S. 89.

[7] Mittler, Baden I, Abb. 3. – H. Doppler, a.a.O., passim. – H. R. Wiedemer, a.a.O., passim; Abbildungen.

Abb. 5. Baden. Stadt von Südosten, mit ehemaligem Kapuzinerkloster und ehemaligem Mellingerturm (links) und reformierter Kirche (rechts), 1751. Federzeichnung von J.C. Nötzli (Bilddokument Nr. 34). Text S. 50, 56, 63, 104, 206, 218, 268.

Villen, die Säulen eines galloromischen und die Inschrift eines Isis-Tempels, schließlich die Mosaikwürfel eines Nymphäums sowie die erst jüngst entdeckte Thermalbadanlage. Zeugnisse der Christianisierung in Aquae haben sich bisher keine gefunden, wenngleich schon für das 4. Jahrhundert der christliche Kult vorausgesetzt werden darf[8]. – Die erste mittelalterliche Nennung Badens fällt erst in die Zeit nach der Jahrtausendwende[9]. Nach ihr zu urteilen, waren damals die Nellenburger als Grafen des Zürichgaus Herren der Feste Stein und des zugehörigen Allodialgutes. Spätestens mit dem Beginn des 12. Jahrhunderts gelangte dieser Grundbesitz, der fast den ganzen geschlossenen Gebietskomplex im Spitz zwischen Reuß und Limmat bis Dättwil umfaßte, in die Hände des Hauses Lenzburg, dessen Vertreter auf dem Stein den Titel eines Grafen von Baden führten[10]. 1172 wurden die Lenzburger durch das Dynastengeschlecht der Kiburger abgelöst[11]. Um sein Eigentum im Kampf zwischen Kaiser und Papst vor einem Zugriff Friedrichs II. zu sichern, vergabte Hartmann d.Ä. 1244 Baden mit zahlreichen weiteren Besitzungen an Bischof Berchtold von Straßburg, der in der Folge den Grafen wiederum damit belehnte, so daß dessen freie Verfügungsgewalt über die Güter praktisch uneingeschränkt blieb[12]. Die Herr-

[8] MITTLER, Baden I, S. 35 f.
[9] QW Urbare/Rödel III, S. 365. Vgl. hiezu und für das Folgende vor allem MITTLER, Baden I, S. 40–51; ferner FRICKER, Baden, S. 29–47.
[10] UB Zürich I, S. 161. – W. MERZ, Die Lenzburg, Aarau 1904, S. 14 f. – MITTLER, Baden I, S. 41.
[11] J.J. SIEGRIST, Lenzburg im Mittelalter und im 16. Jahrhundert, Aarau 1955, S. 28, 33.
[12] A. LARGIADÈR, Zürich und Straßburg im 13. und 14. Jahrhundert, Festschrift F.E. Welti, Aarau 1937, S. 253 f.

schaft der Kiburger dauerte bis 1264, als Rudolf von Habsburg sich gewalttätig die Hinterlassenschaft Hartmanns aneignete[13]; fortan gehörte Baden bis zur Eroberung durch die Eidgenossen im Jahre 1415 zur habsburgischen Hausmacht. Kurz vor 1298 erhob Herzog Albrecht den Ort zur Stadt[14]. Wegen seiner günstigen topographischen Situation und der nahen Thermen gewann Baden für die Österreicher große Bedeutung. Als Sitz der vorderösterreichischen Regierung wurde es im 14. und beginnenden 15. Jahrhundert häufig als Tagungsstätte für Schlichtungskonferenzen gewählt. 1315 kämpfte es an der Seite Herzog Leopolds gegen die Waldstätte, im Krieg gegen Zürich 1351–1355 war es österreichischer Waffenplatz, und 1386 und 1388 teilte es mit den Habsburgern die Niederlagen von Sempach und Näfels[15]. Bei der Eroberung des Aargaus durch die Eidgenossen im Jahr 1415 fiel Badens Feste, der Stein, in Trümmer – wie sich aber bald darauf zeigte, zum eigenen Nachteil der Sieger (vgl. S. 60).

Schon in der Mitte des 13. Jahrhunderts ist Baden als selbständiges Amt bezeugt, zu dem der kiburgische Streubesitz zwischen Limmat und Reuß sowie die Orte Ennetbaden, Nußbaumen, Kirchdorf und Siggingen zählten[16]. Unter den Habsburgern erfuhr diese Verwaltungseinheit eine wesentliche Erweiterung und umfaßte alle Dörfer und Höfe von Gebenstorf und Niederwil bei Turgi bis an die Hänge des Üetliberges, während die Siedlungen rechts der Limmat dem Amt Siggenthal zugeschlagen wurden[17]. Im Laufe des 14. Jahrhunderts wurde der umfangreiche Bezirk aufgeteilt, so daß schließlich dem nach dem Stein benannten Burgamt neben der Stadt nurmehr Fislisbach, Niederrohrdorf, Birmenstorf und die Höfe um Dättwil angehörten[18]. Baden war aber Residenz eines österreichischen Landvogtes, der die Verwaltung über größere Teile der fürstlichen Stammlande besorgte[19]. Das Amt bildete ursprünglich einen dem Grafen unterstellten geschlossenen Blutgerichtskreis[20], in welchem die Gerichtsbarkeit jedoch durch königliche Privilegien und Immunitätsverleihungen zunehmend durchlöchert wurde[21]. In der Stadt gehören zu Beginn des 14. Jahrhunderts noch alle richterlichen Befugnisse den Habsburgern[22]. Bald danach jedoch sind Hoch- und Niedergericht dem Schultheißen übertragen[23]. Sein Friedkreis umschloß Stadt, Bäder und das Dorf Ennetbaden[24]. Die Herrschaft der Eidgenossen brachte keine Änderung der Gerichtsbarkeiten und des Gerichtsbezirkes[25], dagegen eine einheitliche Verwaltung in der sogenannten Grafschaft Baden, im ganzen Bereich zwischen dem Mutschellen und dem Rhein[26]. 1456 Nachweis einer

---

13 O. REDLICH, Rudolf von Habsburg – Das deutsche Reich nach dem Untergang des alten Kaisertums, Innsbruck 1903, S. 102–105. – H. AMMANN, Die Habsburger und die Schweiz, Argovia XLIII (1931), S. 129.
14 StA Aarau, Welti-Urkunden, Nr. 20.   15 MITTLER, Baden I, S. 62–69, 236, 276.
16 Habsb. Urbar II/1, S. 32–36.   17 Habsb. Urbar I, S. 108–130.
18 WELTI, Urkunden I, S. 129–131. – MITTLER, Baden I, S. 85.
19 MITTLER, Baden I, S. 86 f., 276.   20 MITTLER, Baden I, S. 44.
21 MITTLER, Baden I, S. 89; vgl. S. 74.   22 Habsb. Urbar I, S. 130. – WELTI, Stadtrecht, S. 2.
23 WELTI, Urkunden I, S. 18, 19. – WELTI, Stadtbuch, S. 76. – WELTI, Stadtrecht, S. 18, 43–54. – MITTLER, Baden I, S. 105 f.; vgl. S. 91, 108–112.
24 MITTLER, Baden I, S. 60, 106.
25 WELTI, Stadtrecht, S. 83 f., 103. – Urbar Baden, S. 194 f. – MITTLER, Baden I, S. 84, 95, 106–108, 263 f.; Abb. 8 auf S. 107.
26 MITTLER, Baden I, S. 74; vgl. S. 44.

Markgenossenschaft Baden mit den eidgenössischen Ämtern Gebenstorf, Birmenstorf und Rohrdorf[27]. Die Bäder und die zentrale Lage waren Hauptursache dafür, daß Baden von den regierenden Orten sehr bald, und mit Unterbrüchen bis zum Jahre 1712, als Tagsatzungs- und Jahrrechnungsort bevorzugt wurde[28]. Obschon im Bürgerkrieg von 1440 bis 1450 in Mitleidenschaft gezogen, überdauerte die Stadt die heftigen Angriffe der Zürcher schadlos[29].

Zu Beginn der Neuzeit amtete von 1489 bis 1494 der nachmals berühmte Humanist und deutsche Rechtslehrer Ulrich Zasius als Stadtschreiber und Landschreiber der Grafschaft in Baden[30]. Schon früh suchte Zwingli hier seinen Einfluß geltend zu machen, zumal ihm die Stadt als Tagsatzungs- und Badeort und somit als Treffpunkt bedeutender eidgenössischer und ausländischer Persönlichkeiten ein wichtiges Wirkungsfeld zu werden versprach[31]. Im Frühjahr 1526 erlebte die Stadtkirche die bekannte, von den Wortführern Johannes Eck und Johannes Ökolampad beherrschte Disputation, die nicht nur für Baden, sondern für die ganze Eidgenossenschaft von großer kirchlicher und politischer Tragweite wurde[32]. Um einem Abfall Badens vom alten Glauben vorzubeugen, widmeten fortan die katholischen Orte der Stadt und Grafschaft – dem geographischen Keil zwischen Zürich und Bern – besondere Wachsamkeit. Im Gegensatz zu vielen Nachbargemeinden und zum Kloster Wettingen fand in Baden die Reformation denn auch keinen Eingang. Der zweite Kappeler Landfriede im Jahre 1531 hatte eine weitgehende Rekatholisierung in der Grafschaft zur Folge; beide Religionsparteien in den regierenden Ständen behielten jedoch ihre überlieferten Herrschaftsrechte[33]. Die Gegenreformation und das Zeitalter des Dreißigjährigen Krieges brachten der Stadt keine einschneidenden politischen Veränderungen. Hingegen war die zweite Hälfte des 17. Jahrhunderts durch gewaltige Anstrengungen zum Wiederaufbau des seit 1415 zerstörten Schlosses Stein und zur Fortifikation der Stadt gekennzeichnet, zu denen die Fünf Innern Orte Baden nach dem Ersten Villmerger Krieg (1656) ermunterten und die trotz heftigen Einsprüchen und Druckmitteln Zürichs und Berns bis 1692 realisiert wurden[34]. In der Bindung an die katholische Mehrheit der regierenden Stände und in der brüsken Haltung gegenüber der evangelischen Minderheit lag die Ursache, daß die im Wohlstand lebende Stadt im Religionskrieg von 1712 das schlimmste Geschick ihrer neuzeitlichen Geschichte erfuhr. Nach kurzer Belagerung ergab sie sich den übermächtigen Truppen der Zürcher und Berner, leistete den Huldigungseid, wurde maßlos ausgebeutet und mußte zusehen, wie die in jahrzehntelanger Arbeit erstandenen Festungswerke systematisch geschleift wurden. Der Landfriede nach der Entscheidungsschlacht bei Villmergen sprach die Grafschaft mit allen landesherrlichen Rechten, unter Vor-

---

[27] WELTI, Offnung Tätwil, S. 152–170, bes. S. 160. – F. WERNLI, Beiträge zur Geschichte des Klosters Wettingen, Basel 1948, S. 41 f.

[28] EA, passim, bes. I, S. 161. – FRICKER, Baden, S. 505–510. – MITTLER, Baden I, S. 77 f., 263, 276–281. – HBLS VII, S. 629–631.

[29] MITTLER, Baden I, S. 78–83. – Die Bäder allerdings fielen damals einer Feuersbrunst zum Opfer.

[30] O. MITTLER, Ulrich Zasius als Stadtschreiber von Baden (1489–1494) und seine Beziehungen zu Schweizer Humanisten, Bad. Njbll. 1962, S. 26–40.

[31] MITTLER, Baden I, S. 297–303.   [32] VON MURALT, passim.

[33] J. DIERAUER, Geschichte der Schweizerischen Eidgenossenschaft III, Gotha 1907, S. 186.

[34] LANDOLT, Wiederaufbau des Steins, passim. – FRICKER, Baden, S. 129–158. – MITTLER, Baden II, S. 12–38.

Abb. 6. Baden. Bäderplatz von Osten, mit den Gasthöfen «Blume», «Löwen», «Halbmond», «Sonne» und «Staadhof», um 1800 (vgl. Abb. 27). Aquatinta von H. Keller (Bilddokument Nr. 97). – Text S. 37, 40–43, 314, 315, 318 und Index S. 42.

behalt des bisherigen Anteils von Glarus, ausschließlich den beiden reformierten Orten zu und statuierte konfessionelle Parität[35]. Da sich die Inneren Orte fortan weigerten, Angelegenheiten, die die Gemeinen Herrschaften betrafen, in Baden zu debattieren, büßte die Stadt viel von ihrer Geltung als Tagsatzungsort ein; ferner erlitt sie zahlreiche demütigende Beschränkungen ihrer angestammten und verbürgten Freiheiten[36].

Obwohl es bis zur Helvetik faktisch immer zum Untertanengebiet der Eidgenossen gehört hatte – die 1415 durch König Sigmund geschenkte Reichsunmittelbarkeit blieb in Wirklichkeit eine Fiktion[37] – und trotz seiner wenig ausgedehnten urbanistischen Entwicklung hat Baden seit dem späten Mittelalter hochrangige Gäste und Gesandte in seinen Mauern gesehen wie wenig Städte der Schweiz. Zu ihnen zählten die Diplomaten der Päpste und der meisten Fürsten und Republiken, mit denen der Staatenbund Beziehungen unterhielt; um 1700 hatte der kaiserliche Vertreter, zur Zeit der großen Revolution der französische Botschafter hier ständige Residenz[38]; nach dem Spanischen Erbfolgekrieg 1714 wählten Kaiser Karl VI. und Ludwig XIV.

---

35 WELTI, Stadtrecht, S. 372–374. – FRICKER, Baden, S. 164–191. – FRICKER, Stein zu Baden, S. 241–256. – MITTLER, Baden II, S. 57–70.
36 MITTLER, Baden II, S. 102–113.
37 MITTLER, Baden I, S. 95; vgl. S. 72 f.
38 MITTLER, Baden I, S. 278–282, 247; vgl. S. 290, 295; II, S. 39, 48–56, 102–105, 132–135, 167.

Baden zum Sitz des letzten Friedenskongresses[39]. Besonderen Zuspruchs erfreuten sich seit römischer Zeit die heilbringenden Thermen, die schon im ausgehenden Mittelalter Gegenstand wissenschaftlicher Untersuchungen wurden. Die Könige Rudolf und Albrecht von Habsburg, Friedrich der Schöne, Kaiser Karl IV. und König Sigmund, die Herzogin Anna Maria von Württemberg (1570), der Markgraf Georg von Brandenburg (Ende 16. Jahrhundert) und der vor der Revolution flüchtende Kardinal von Rohan haben sie besucht; der italienische Humanist Gian Francesco Poggio-Bracciolini, der Basler Arzt Pantaleon, Michel de Montaigne, Hermann Hesse und zahlreiche andere sie dichterisch umschrieben[40] (vgl. die Bibliographie S. 11 f.). Im Zusammenhang mit dem Badeleben, den Tagsatzungen und den Konferenzen stand der Theaterbetrieb, der bereits für das Spätmittelalter bezeugt ist und vom 17./18. Jahrhundert an regelmäßig gepflegt wurde[41].

Im helvetischen Einheitsstaat, dessen grausame Auswirkungen die Stadt in aller Härte zu spüren bekam, war Baden Hauptort des neugeschaffenen gleichnamigen Kantons[42]; im 1803 gegründeten Kanton Aargau wurde es Bezirkshauptstadt[43]. 1819 Trennung der rechtsufrigen Ortschaft Ennetbaden von der Stadt[44]. 1847 nahm die Schweizerische Nordbahngesellschaft als ersten Schienenweg des Landes die Bahnlinie von Zürich nach Baden in Betrieb (vgl. S. 260)[45]. Im Jahre 1877 eröffnete die Nationalbahn ihren Strang von Winterthur nach Zofingen, an welchen Baden mit einem Bahnhof in der südlichen Vorstadt ebenfalls angeschlossen worden war[46]. Verhältnismäßig spät setzte mit dem Bau einer Spinnerei in der Aue 1835 die Industrialisierung ein[47]. Unter den zahlreichen mittleren und großen Betrieben, die in der zweiten Hälfte des 19. und zu Beginn des 20. Jahrhunderts in Baden und seiner näheren Umgebung gegründet worden sind und heute zum Teil Weltruf genießen (Motor Columbus AG), hat die 1891 durch Charles E. L. Brown und Walter Boveri ins Leben gerufene elektrotechnische Fabrik den bedeutendsten Aufschwung genommen und sich zum größten Unternehmen der schweizerischen Maschinenindustrie und zu einem Weltkonzern mit Vertretungen in allen Erdteilen entwickelt[48].

Heute setzen im Leben der 15000 Einwohner zählenden Stadt der Fremdenverkehr mit seinen Einrichtungen (Badehotels, Kurpark, Kurhaus, Theater) und die industriellen Betriebe zwei Hauptakzente.

Über die *kirchlichen Verhältnisse* orientieren die einleitenden Kapitel zu den Sakralbauten (S. 92 f., 166, Anm. 525, S. 173, 177–179, 183, 193 f., 198, 200–202).

39 FRICKER, Baden, S. 187–207. – MITTLER, Baden II, S. 82–96.
40 FRICKER, Baden, S. 419–472. – MITTLER, Baden I, S. 262–275, 322; II, S. 113–121, 134 f. und passim.
41 MITTLER, Baden II, S. 324–344.
42 LEUTHOLD, Kanton Baden, bes. S. 54–56. – HUWYLER, passim.
43 E. JÖRIN, Der Kanton Aargau 1803–1813/15, Aarau 1941.   44 MITTLER, Baden II, S. 199–211.
45 LEUTHOLD, Schweizerische Eisenbahn, bes. S. 100–104. – LEUTHOLD, Spanischbrötlibahn, S. 14–21.
46 A. GUBLER, Die Schweizerische Nationalbahn, Zürich 1922, bes. S. 99. – MITTLER, Nationalbahn, S. 59–74. – FRICKER, Baden, S. 638–650.
47 MITTLER, Baden II, S. 253–256, mit Angaben weiterer Literatur. Dieser ist eine neuere sozialhistorische Abhandlung beizufügen: C. MÜLLER, So verlor Baden seine älteste Industrie, Bad. Njbll. 1973, S. 25–32.
48 MITTLER, Baden II, S. 256–291. – Festschrift «75 Jahre Brown Boveri», Baden 1966. – «BBC-Dokumente aus den Gründerjahren» – Ausstellung im Städt. Museum im Landvogteischloß Baden, 1972/73 (vgl. M. SCHULTZE in den Bad. Njbll. 1974, S. 24–37).

Abb. 7. Baden. Bahnhof von Norden, 1847. Bleistiftzeichnung von J. B. Isenring (Bilddokument Nr. 123). – Text S. 47, 265 f.

QUELLEN

Ungedruckte: Akten und Protokolle im StadtA und im kath. PfarrA Baden (vgl. W. MERZ, Inventar des Stadtarchivs Baden, Aarau 1916, mit maschinengeschriebenen Nachträgen, in der Stadtkanzlei Baden). – Akten und Protokolle in den StA Aarau, Bern und Zürich sowie im ProvinzA der Kapuziner in Luzern. – H. ZIEGLER, Eigentliche und gründliche Beschreibung der uralten Stat und des obern Schlosses zu Baden..., Klosterbibliothek Einsiedeln, Ms. C. 451, um 1610.

Gedruckte: AMMANN, MITTLER. – EA, verschiedene Bände. – Habsb. Urbar I und II. – C. VON REDING, Regesten des Archivs der Stadt Baden im Aargau, hg. von T. VON MOHR, Archiv für Schweiz. Geschichte II (1844), S. 29–198. – UB Zürich, verschiedene Bände. – Urbar Baden. – WELTI, Urkunden I und II. – WELTI, Regesten I und II. – F. E. WELTI, Die Offnung von Tätwil, mit rechtsgeschichtlichen Anmerkungen, Argovia I (1860), S. 152–170. – Ders., Das Stadtbuch von Baden, Argovia I (1860), S. 38–93. – Ders., Das Stadtrecht von Baden (= Die Rechtsquellen des Kantons Aargau I/2), Aarau 1899.

Beschreibungen bis 1800: C. J. DORER, Tagebuch [Friedenskongreß vom Jahre 1714], hg. von L. LAUTERBURG, Berner Taschenbuch XIII (1864). – B. FRICKER, Anthologia ex Thermis Badensibus – Eine Blumenlese aus den Aufzeichnungen alter Schriftsteller über Baden, Aarau 1883. – CONRADI GESNERI de Thermis Helveticis et primum de Badeniis, in: C. GESSNER, De Balneis omnia quae exstant..., Venedig 1553, fol. 291–293. – S. HOTTINGER, Thermae Argovia-Badenses – Das ist eigentliche Beschreibung der Warmen Bädern insgemein; deß herrlichen in dem Aergöw gelegenen warmen Bads zu Baden insbesonder..., Baden 1702. – Kurze Beschreibung von der Bequemlichkeit und Lage des warmen Heilbads zu Baden im Aergeu..., Baden 1787. – NIKLAUS MANUEL, Eine Badenfahrt guoter Gsellen, hg. von J. BÄCHTOLD in: Bibliothek älterer Schriftwerke der deutschen Schweiz II (1878), S. 391–413. – H. R. MAURER, Local-Beschreibung des Heilbads zu Baden in der Schweiz, Zürich 1790. – D. F. DE MERVEILLEUX, Les amusemens des Bains de Bade, de Schinznach et de Pfeffers en Suisse, London 1739 (deutsch Danzig 1739). – MICHEL DE MONTAIGNE, Journal du voyage en Italie par la Suisse et l'Allemagne en 1580 et 1581, I, Rom, Paris 1774, S. 42–56. – H. PANTALEON, Wahrhafftige und fleißige Beschreibung der uralten Statt und Graueschafft Baden sampt ihrer heilsamen warmen Wildbedern..., Basel 1578. – POGGII FLORENTINI de Balneis prope Thuregum sitis descriptio..., 1417, in: POGGII FLORENTINI oratoris clarissimi ac sedis apost. secretarii opera..., 1513. – J. J. SCHEUCHZER, Das Bad zu Baden – Thermae Badenses, Hydrographia Helvetica (2. Teil der Naturhistorie des Schweizerlandes), Zürich 1717, S. 387. – Ders., Vernunfftmäßige Untersuchung des Bads zu Baden..., Zürich 1732.

LITERATUR

Das Verzeichnis umfaßt die hauptsächlichen historischen und kunsthistorischen Publikationen. Werke zur Geschichte und Archäologie vorchristlicher und frühmittelalterlicher Zeit sind nicht aufgeführt. Ebenfalls mußten die von U. MÜNZEL seit 1954 herausgegebenen illustrierten Neujahrskarten, die sich mit der Kunst- und Kulturgeschichte Badens befassen, im hier gesteckten Rahmen unberücksichtigt bleiben. Auf Abbildungen wird nur dann hingewiesen, wenn es sich um besonders wichtige Illustrationen handelt.

Eine nahezu vollständige Sammlung von Badensia steht in der Bibliothek von Dr. Ulrich Münzel, Baden[49].

Zur Geschichte. F. ALBRECHT, Rechtsgeschichte der Bäder zu Baden im Aargau, Wetzikon 1915. – FRICKER, Baden (mit umfänglichen Angaben älterer, auch überholter Literatur auf S. 666–683). – J. HUWYLER, Was der Kanton Baden unter der Besetzung durch fremde Truppen zu leiden hatte, Bad. Njbll. 1974, S. 64–77. – H. KREIS, Die Grafschaft Baden im 18. Jahrhundert, Zürich 1909 (erschienen auch als Beitrag in den Schweizer Studien in der Geschichtswissenschaft I [1909], S. 267–427). – K. LANDOLT, Der Wiederaufbau des «Steins» zu Baden als eidgenössische Angelegenheit, Würzburg 1922. – R. LEUTHOLD, Der Kanton Baden 1798–1803, Aarau 1934 (SA aus Argovia XLVI [1934], S. 1–244). – A. LÜTHI, Das Wehrwesen der Stadt Baden im 16. und 17. Jahrhundert, Bad. Njbll. 1948, S. 51–68. – A. MATTER, Ein Landgericht des Zürichgaues bei Dättwil, Bad. Njbll. 1943, S. 64–67. – H. MERCIER, Histoire pittoresque de la ville et des bains de Bade, Lausanne 1922. – MERZ. – MITTLER, Baden I und II. – O. MITTLER, Die Grafschaft Baden, «Aargauer Heimat» (Festschrift Arthur Frey), Aarau 1944, S. 41–70. – I. PFYFFER, Der Aufstand gegen die Helvetik im ehemaligen Kanton Baden im September 1802, o.O., o.J. – K. SPEIDEL, Beiträge zur Geschichte des Zürichgaus, Zug 1914. – E. SPIEGELBERG, Das Gerichtswesen der Grafschaft Baden, Bad. Njbll. 1943, S. 32–43; 1944, S. 52–66. – F. WERNLI, Die Gründung der Stadt Baden im Aargau, Affoltern a.A. 1955.

Zur Wirtschafts-, Sozial-, Verkehrs- und Industriegeschichte. H. AMMANN, Die Stadt Baden in der mittelalterlichen Wirtschaft, Argovia LXIII (1951), S. 217–321. – Ders., Das schweizerische Städtewesen des Mittelalters in seiner wirtschaftlichen und sozialen Ausprägung, Recueils de la Société Jean Bodin VII (Brüssel 1956), S. 483–529. – FRICKER, Baden. – B. FRICKER, Geschichte der Badener Stadtschulen, Aarau 1904. – Ders., Zur Geschichte des Spitals zu Baden, in: A. KELLER, Festschrift zur Eröffnung des neuen Krankenhauses der Stadt Baden, Baden 1912, S. 5–34. – W. GAUTSCHI, Beitrag zur Sozialgeschichte der Stadt Baden im 15. Jahrhundert, Argovia LXXII (1960), S. 134–153. – R. LEUTHOLD, Aus der Entstehungsgeschichte der ersten schweizerischen Eisenbahn von Zürich nach Baden 1836 bis 1847, Aarau 1947 (erschienen auch in Argovia LIX [1947], S. 1–112). – Ders., Aus der Entstehungsgeschichte der Spanischbrötlibahn, Bad. Njbll. 1947, S. 14–21. – MITTLER, Baden I und II. – O. MITTLER, Aargauische Städte in der Tragödie um die Nationalbahn, Bad. Njbll. 1956, S. 59–74. – Ders., Baden in Verkehr und Wirtschaft der Vergangenheit, Straße und Verkehr XLVI (1960), S. 149–158. – C. MÜLLER, So verlor Baden seine älteste Industrie, Bad. Njbll. 1973, S. 25–32. – Ders., Arbeiterbewegung und Unternehmerpolitik in der aufstrebenden Industriestadt – Baden nach der Gründung der Firma Brown Boveri, 1891–1914, Aarau 1974. – S. VOSER, Die Bevölkerung von Stadt und Bezirk Baden im Wandel der Zeiten, Bad. Njbll. 1935, S. 42–54; 1939, S. 54–57. – IDA WEHRLI, Das öffentliche Medizinalwesen der Stadt Baden im Aargau von der Gründung des Spitals 1349 bis 1798, Aarau o.J. – O. WELTI, Zürich–Baden – Die Wiege der schweizerischen Eisenbahnen, Zürich 1946. – F. WRUBEL, Die Schweizerische Nordbahn – Ein Beitrag zur Vorgeschichte der Nordostbahn, Zürich 1897.

[49] Ihm und seiner Gemahlin danke ich freundlich für die mir großzügig gewährte Einsicht in den Bücherbestand.

Zur Kirchengeschichte. E(DUARD!) DORER, Die Stellung der katholischen Pfarrkirche zu Baden infolge der Aufhebung des Klosters Wettingen, Baden 1844. – FRICKER, Baden. – P. HABERBOSCH, Von der jungen reformierten Gemeinde in Baden, Bad. Njbll. 1951, S. 31–35. – L. HAEFELI, Bilder aus der Geschichte der Stadtpfarrei Baden, Baden 1939. – Die Herausgabe der Pfrund- und Kirchengüter an die aargauischen Kirchgemeinden I und II, Wohlen 1906 und 1907. – J. I. HÖCHLE, Geschichte der Reformation und Gegenreformation in der Stadt und Grafschaft Baden bis 1535, Zürich 1907. – W(ERNER!) MERZ, Zur Geschichte des Baues der reformierten Kirche und der Entwicklung der reformierten Kirchgemeinde Baden, Baden 1914. – MITTLER, Baden I und II. – MITTLER, Stadtkirche. – L. VON MURALT, Die Badener Disputation 1526 (= Quellen und Abhandlungen zur schweiz. Reformationsgeschichte III), Leipzig 1926. – O. SCHIBLI, Aus Badens katholischer Vergangenheit, Baden 1923. – H. VÖGTLIN, Zum 250jährigen Bestehen der reformierten Kirche Baden, Bad. Njbll. 1965, S. 46–51.

Zur Heraldik. BONER, Wappen (mit Abbildungen). – G. BONER, Siegel, Fahnen und Wappen der Stadt Baden, Bad. Njbll. 1963, S. 8–25 (mit Abbildungen). – MERZ. – W. MERZ, Das Schultheißenbuch des Stadtschreibers Joh. Beat Bodmer von Baden, Aarau 1920.

Zur Topographie und Kunstgeschichte der Altstadt. «Baden in den Bilderchroniken des 15. und 16. Jahrhunderts» [Katalog zur gleichnamigen Ausstellung im Landvogteischloß Baden 1930], Baden 1930. – BRONNER, Register. – H. BÜHRER, Beiträge zur Stadtgeographie von Baden, Zürich 1951 (mit Plänen und Abbildungen). – A. EGLOFF, Die Anfänge der Stadt Baden in neuer Sicht, Aargauer Volksblatt vom 21. Aug., 23. Okt. und 6. Nov. 1954, 12. Febr., 23. und 30. Juli 1955, 3. und 24. Nov. 1956. – Ders., Badener Pfarrkirchen und Stadtgründung, Aargauer Volksblatt vom 9. Sept. 1967. – P. FELDER, Heimatschutz und Denkmalpflege [in bes. Hinblick auf Baden], Bad. Njbll. 1961, S. 45–49. – HABERBOSCH, Stadt und Schloß (mit Abbildungen). – P. HABERBOSCH, Die Häuser und Hausnamen in der Badener Altstadt, Bad. Njbll. 1947, S. 54–78. – Ders., Die Befestigungsanlagen Badens um 1638, Bad. Njbll. 1948, S. 69–79 (mit Abbildungen). – Ders., Hausnamensammlung, Bad. Njbll. 1949, S. 61–66. – Ders., Offene bau- und kunstgeschichtliche Fragen aus dem alten Baden, Bad. Njbll. 1955, S. 67–70. – Ders., Das alte Agnesenspital zu Baden, mit einem Ausblick auf die Frühgeschichte der Siedlung Baden, Bad. Njbll. 1957, S. 11–27 (mit Plänen und Abbildungen). – Ders., Baden vor 110 Jahren, Bad. Njbll. 1963, S. 33–38. – P. HOFER, Stadtgeschichtliche Grundlagen und Richtlinien für die Überbauungsstudie Rathausgasse/Kirchplatz [in Baden], 1969 (maschinengeschriebenes Manuskript im KDA Aarau). – Ders., Die Stadtwerdung Badens im dreizehnten Jahrhundert, Bad. Njbll. 1975, S. 7–23 (mit Literaturangaben). – K. J. JEUCH [1811–1895], Die Stadt Baden und ihre Bäder um 1818, hg. von U. MÜNZEL, Badener Kalender 1940, S. 36–51. – R. KAPPELER, Vom alten Cordulaplatz, Bad. Njbll. 1969, S. 31–44 (mit Abbildungen). – MITTLER, Baden I und II. – F. X. MÜNZEL, Baden in den alten Bilderchroniken, Badener Kalender 1942 und 1943 (mit Abbildungen). – Ders., Baden in der Schweiz – Die schönsten Bilder aus der Vergangenheit [Stadt- und Bädervenduten], Baden 1957–1965. – U. MÜNZEL, Die Altstadt von Baden, Limmattaler Heimat-Jahrbuch I (1954), S. 119–122. – Ders., Baden vor 125 Jahren, Privatdruck, Baden 1962. – Ders., Baden um 1845, Bad. Njbll. 1964, S. 43–50 (mit 7 Stadtvenduten). – Ders., 500 Jahre Baden im Bild, Bad. Njbll. 1970, S. 50–57.

Zur Topographie und Kunstgeschichte der Bäder. Beschreibung der Heilbäder zu Baden im Kanton Aargau, Neujahrsgeschenke der neuerrichteten Gesellschaft zum Schwarzen Garten [in Zürich] 1808, S. 2–8. – Über die Dampf- und Qualmbäder zu Baden im Kanton Aargau, Neujahrsgeschenke der neuerrichteten Gesellschaft zum Schwarzen Garten [in Zürich] 1827, S. 1–12. – H. BÜHRER, Beiträge zur Stadtgeographie von Baden, Zürich 1951 (mit Plänen und Abbildungen). – P. HABERBOSCH, Die Thermalquellen von Baden, Straße und Verkehr XLVI (1960), S. 142–149 (mit Abbildungen). – Ders., Das Modell der Bäder von Baden und des Dorfes Ennetbaden, Baden 1967 (SA aus den Bad. Njbll. 1967, S. 31–54) (mit Abbildungen). – U. MÜNZEL, Die Thermen von Baden, Baden 1947 (mit umfänglichen Angaben zu balneologischer Literatur). – Ders., Die Kleinen Bäder, Njbl. der Apotheke F. X. Münzel Baden, 1947 (mit Abbildungen). – Ders., Der Platz in den Großen Bädern zu Baden, Njbl. der Apotheke Dr. U. Münzel Baden, 1949 (mit Abbildungen). – Ders., Baden vor 125 Jahren, Privatdruck, Baden 1962.

Zu den Thermen, mit Beschreibungen der Kuretablissements und der Stadt. C. DIEBOLD, Der Kurort Baden in der Schweiz, Winterthur 1861. – B. FRICKER, Illustrierter Fremdenführer für die Stadt und Bäder zu

Baden..., Baden [1874]. – Hess. – K. J. Jeuch [1811–1895], Die Stadt Baden und ihre Bäder um 1818, hg. von U. Münzel, Badener Kalender 1940, S. 36–51. – J. K. Kottmann, Über die warmen Quellen zu Baden im Aargau..., 1. Aufl., Aarau 1826; 2. Aufl., Aarau 1842. – C. Meyer-Ahrens, Die Heilquellen und Kurorte der Schweiz..., 2. Aufl., Zürich 1867, S. 664–703. – J. A. Minnich, Baden in der Schweiz und seine warmen Heilquellen..., 1. Aufl., Baden 1844; 2. Aufl., Baden 1871. – G. Rüsch, Baden im Kanton Aargau, historisch, topographisch, medizinisch beschrieben, St. Gallen 1842. – A. Schmid, A. Wiederkehr, Kurze Anleitung über den Gebrauch der Heilbäder zu Baden..., Baden 1830.

Zur Topographie und Kunstgeschichte der Vorstädte. P. Haberbosch, Baden vor 110 Jahren, Bad. Njbll. 1963, S. 33–38 (mit Stadtvedute). – Ders., Vor dem Obern Tor, Bad. Njbll. 1963, S. 64–78 (mit Plan). – R. Kappeler, A. Hauser, Badener Bilderbogen I – 16 Photos aus der Jahrhundertwende, Bad. Njbll. 1952, S. 45–53; II – 6 Ansichten aus der Frühzeit des Photographierens, Bad. Njbll. 1954, S. 29–34; III – 8 weitere Ansichten aus der Frühzeit des Photographierens, Bad. Njbll. 1956, S. 20–31. – U. Münzel, Baden vor 125 Jahren, Privatdruck, Baden 1962.

Zur modernen Verkehrssanierung. E. Hunziker, Die Verkehrssanierung in Baden, Schweizerische Bauzeitung LXXVI (1958), S. 570–577 (mit Abbildungen). – J. Lampe, Die Bahnverlegung bei der Verkehrssanierung in Baden, Straße und Verkehr XLVI (1960), S. 167–172 (mit Abbildungen). – Ders., Zur ersten Bauetappe der Verkehrssanierung Baden, Bad. Njbll. 1960, S. 12–17 (mit Abbildungen). – Ders., Der gegenwärtige Stand der Verkehrssanierung und ihr weiteres Bauprogramm, Bad. Njbll. 1962, S. 4–8 (mit Abbildungen). – A. Meyer, Der Schulhausplatz oder die Zerstörung einer Stadtlandschaft, Bad. Njbll. 1975, S. 25–33. – Mittler, Baden II. – R. Oppenheim, Der gegenwärtige Stand der Verkehrssanierung und ihre Probleme, Bad. Njbll. 1965, S. 54–61. – V. Rickenbach, Neugestaltung des Bahnhofplatzes Baden, Bad. Njbll. 1973, S. 3–8. – V. Rickenbach, G. Schibli, Baden plant und baut, Bad. Njbll. 1970, S. 5–9 (mit Abbildungen). – G. Schibli, R. Oppenheim, Verkehrssanierung – 1. Stufe beendet, Bad. Njbll. 1967, S. 10–15.

Zu den Befestigungs- und Brückenbauten. B. Fricker, Der Stein zu Baden, Vom Jura zum Schwarzwald I (1884), S. 167 f.; II (1885), S. 16–30, 241–256. – [B. Fricker], Historisches betr. das Landvogteischloß. Auszug aus dem Bericht der Museumskommission an den Gemeinderat betr. Verwendung des Landvogteischlosses als Museum, o. O., o. J. – Haberbosch, Stadt und Schloß [Stein] (mit Abbildungen). – A. Hafter, Das Schloß Stein zu Baden vor 1712, Bad. Njbll. 1937, S. 3–21 (mit Plänen und Abbildungen). – J. Killer, Die Holzbrücken von Baden und Umgebung, Bad. Njbll. 1934, S. 19–33 (mit Abbildungen). – Ders., Die Werke der Baumeister Grubenmann, Zürich 1942, S. 18, 21, 60. – Ders., Die Familie der Balteschwiler von Laufenburg, Vom Jura zum Schwarzwald, NF XLVI bis XLVIII (1972–1974), S. 3–62 (mit Plänen). – K. Landolt, Badens Brücken und Verkehr in der Vergangenheit, Bad. Njbll. 1927, S. 63–71. – Landvogteischloß. – Merz, Burganlagen I und III (mit Abbildungen). – U. Münzel, Der Limmatsteg in Ennetbaden, Badener Kalender 1940, S. 58–61 (mit Abbildungen). – Ders., Der Badener Stadtturm 1441–1941, Njbl. der Apotheke F. X. Münzel Baden, 1941 (mit Abbildungen). – H. Störi, Die Renovationsarbeiten am Landvogteischloß und am Stadtturm im Jahre 1925, Bad. Njbll. 1926, S. 27–33 (mit Abbildungen). – O. Zürcher, Das Ober-Tor [Mellingerturm], Bad. Njbll. 1925, S. 14–19.

Zu den Sakralbauten. L. Birchler, Führer durch Pfarrkirche und Sebastianskapelle in Baden, Baden 1945. – Ders., Rückblick auf die Restaurierung der Badener Stadtkirche 1936–1937, Argovia LXXII (1960), S. 338–349. – Fricker, Baden. – G. Germann, Der protestantische Kirchenbau in der Schweiz [Reformierte Kirche Baden], Zürich 1963. – P. Hoegger, Matthias Vogel und die Querkirchenidee [Reformierte Kirche Baden], Unsere Kunstdenkmäler XXII (1971), S. 15–31 (mit Abbildungen). – Katholische Kirchen, S. 29–36. – J. Killer, Die Restauration der Stadtpfarrkirche zu Baden 1936/37, Bad. Njbll. 1938, S. 36–46. – Ders., Zur Restauration der Kapelle Maria Wil, Bad. Njbll. 1951, S. 36–42 (mit Plänen und Abbildungen). – E. Maurer, Die reformierte Kirche in Baden, Bad. Njbll. 1951, S. 18–24 (mit Abbildungen). – Mittler, Baden I und II. – Mittler, Stadtkirche (mit Abbildungen). – O. Mittler, Zur Baugeschichte der Stadtkirche Baden, Bad. Njbll. 1938, S. 3–35. – O. Mittler, N. Oberholzer, Die Stadtkirche im Stilwandel der letzten sechs Jahrhunderte, in: Innenrestauration der Stadtkirche Baden – Festschrift zum Abschluß am 15. Dez. 1968, Baden 1968, S. 13–18. – K. Mün-

Abb. 8. Baden. Stadt von Südosten, zweite Hälfte 16. Jahrhundert. Anonyme Federzeichnung (Bilddokument Nr. 29). – Text S. 36, 74.

ZEL, Die Dreikönigskapelle in den Großen Bädern zu Baden, Njbl. der Apotheke F.X. Münzel Baden, 1942 (mit Abbildungen). – Ders., Das Kapuzinerkloster zu Baden 1593–1841, Njbl. der Apotheke F.X. Münzel Baden, 1945 (mit Abbildungen). – Ders., Das Frauenkloster Mariae Krönung zu Baden 1612–1867, Njbl. der Apotheke Dr. U. Münzel Baden, 1950 (mit Abbildungen). – [K. MÜNZEL], Das Frauenkloster Mariae Krönung in Baden, Alemania Franciscana antiqua XIV (1970), S. 24–46. – NÜSCHELER III, S. 545–549, 553–556. – H.R. SENNHAUSER, Ergebnisse der Ausgrabungen in der Stadtkirche, in: Innenrestauration der Stadtkirche Baden – Festschrift zum Abschluß am 15. Dez. 1968, Baden 1968, S. 5–12 (mit Abbildungen). – Ders., Kirchen und Kapellen in Baden, Bad. Njbll. 1969, S. 16–27 (mit Plänen). – J. TREMP, Die Erhaltung der Bausubstanz des 19. Jahrhunderts am Beispiel der Dreikönigskapelle in den Bädern, Bad. Njbll. 1973, S. 33–35 (mit Abbildung).

Zu den Profanbauten. W. BEELER, Wie der Badener Kursaal entstand, Aargauer Volksblatt vom 27. und 31. Dez. 1973 und 5. Jan. 1974. – M. FRÖHLICH, Gottfried Semper – Kritischer Katalog [Kursaal Baden] (= Geschichte und Theorie der Architektur ETH XIV), Basel 1974, S. 164–171 (mit Abbildungen). – P. HABERBOSCH, Johann Konrad Grebel und das Haus «zum SchwarzenWidder», Bad. Njbll. 1949, S. 27–32 (mit Abbildung). – Ders., Das Hotel «zur Waage» in Baden – Ein Nachruf, Badener Tagblatt vom 8. März 1952. – Ders., Das alte Agnesenspital zu Baden, Bad. Njbll. 1957, S. 11–27 (mit Abbildungen). – Ders., Badener Zuchthäuser und Gefangenschaften, Bad. Njbll. 1958, S. 23–44 (mit Abbildungen). – Ders., Schulhäuser, Pfarrhöfe und Kaplaneien im alten Baden, Bad. Njbll. 1960, S. 20–35. – Ders., Das Haus mit dem Schneggen an der Salzgasse, Bad. Njbll. 1964, S. 59–63. – N. HALDER, Die helvetische Zentralzuchtanstalt Baden 1801–1803, Aarau 1940. – L. JAEGER, Aus der Geschichte des Grand Hôtel Baden, Bad. Njbll. 1945, S. 65–67 (mit Abbildungen). – E. MAURER, Das Haus «zum Paradies» in Baden, Bad. Njbll. 1956, S. 16–19 (mit Abbildungen). – A. MEYER, Neugotik und Neuromanik in der Schweiz [Badener Bauten des 19. Jahrhunderts], Zürich 1973. – F.X. MÜNZEL, Das Badener Rathaus, Neujahrsgeschenk der Apotheke F.X. Münzel Baden, 1935 (mit Abbildungen). – K. MÜNZEL, Das St.-Verena-Bad zu Baden im Jahre 1802, Njbl. der Apotheke F.X. Münzel Baden, 1937 (erschienen auch im Badener Kalender 1941, S. 45–50) (mit Abbildungen). – U. MÜNZEL, Ein Badener Gartenhaus [am Theaterplatz], Badener Kalender 1940, S. 66–70 (mit Abbildungen). – Ders., Der Hinterhof, Njbl. der Apotheke F.X. Münzel Baden, 1946 (mit Abbildungen). –

[U. MÜNZEL], Dr. Johann Alois Minnich 1801–1885 [Haus «zum Castell» in Baden], Njbl. der Apotheke Dr. U. Münzel Baden, 1948 (mit Abbildungen). – U. MÜNZEL, Die ehemaligen Theatergebäude in Baden, Bad. Njbll. 1953, S. 28–34 (mit Abbildungen). – Ders., Das Haus «zum Egloffstein», Bad. Njbll. 1959, S. 29–33 (mit Abbildungen). – Ders., Der Augarten, Bad. Njbll. 1962, S. 19–25 (mit Abbildungen). – H. RASCHLE, J. ZEMP, Das Haus «zum Schwert» (Aargauische Kantonalbank, Filiale Baden), Aarau 1929.

Zu wichtigen beweglichen oder kleineren Kunstwerken. P. FELDER, Der Badener Kirchenschatz, in: MITTLER, Stadtkirche, S. 59–73 (mit Abbildungen). – Ders., Barockplastik des Aargaus [Katalog zur gleichnamigen Ausstellung in Aarau 1972], Aarau 1972, bes. S. 13, 23 f., 50 f., 53 f., 56 (mit Abbildungen). – E. A. GESSLER, Das Villmerger Fahnenfresko von 1656 in Baden, Bad. Njbll. 1943, S. 44–49. – O. MITTLER, Der Luzerner Maler Renward Forer in Baden [Hochaltarbild der Stadtpfarrkirche], Bad. Njbll. 1951, S. 3–17. – Ders., Spätgotische Schnitzaltäre von Baden, Bad. Njbll. 1952, S. 3–10 (mit Abbildungen). – M. MOULLET, Das Altartriptychon der hl. Sippe aus der alten Dreikönigskapelle zu Baden, Bad. Njbll. 1944, S. 3–17 (mit Abbildungen). – Ders., Les maîtres à l'œillet [Altäre aus der Sebastianskapelle und der Dreikönigskapelle], Basel 1943, S. 86–89, 93–103. – U. MÜNZEL, Gasthäuser und Gasthausschilder in Baden, Badener Kalender 1937, S. 62–68 (mit Zeichnungen abgegangener Wirtshausschilder). – JENNY SCHNEIDER, Die Standesscheiben von Lukas Zeiner im Tagsatzungssaal zu Baden – Ein Beitrag zur Geschichte der schweizerischen Standesscheiben, Basel 1954 (mit Abbildungen). – STAMMLER, Register.

BILDDOKUMENTE

Aus dem nach Hunderten zählenden Bestand an Badener Veduten ist hier eine beschränkte Auswahl getroffen, die sich nach dem kunsttopographischen Quellenwert richtet. Eine umfangreichere, rund 360 Nummern umfassende Liste von Bild- und Plandokumenten befindet sich im Kunstdenkmäler-Archiv Aarau. – Zu den Ansichten Badens in den schweizerischen Bilderchroniken vgl. man F. X. MÜNZEL, Baden in den alten Bilderchroniken, Badener Kalender 1942 und 1943 (mit zahlreichen Abb.), sowie den Katalog zur gleichnamigen Ausstellung im Landvogteischloß, Juli bis Aug. 1930[50]. Sehr viele Bilddokumente aus dem Zeitraum zwischen 1470 und 1800 sind in dem von F. X. MÜNZEL gegründeten Mappenwerk «Baden in der Schweiz – Die schönsten Bilder aus der Vergangenheit», Baden 1957–1965, publiziert und kommentiert worden. Nachdrücklich sei an dieser Stelle auch auf den wertvollen Bestand alter Photographien in der Städtischen Sammlung im Landvogteischloß und in der Sammlung Münzel in Baden verwiesen. Einen Überblick über die Geschichte der Badener Vedute gibt U. MÜNZEL in den Bad. Njbll. 1970, S. 50–57. Vgl. auch J. ZEMP, Die schweizerischen Bilderchroniken und ihre Architekturdarstellungen, Zürich 1897, S. 222–224.

Die architekturgeschichtlich besonders aufschlußreichen Ansichten sind im folgenden mit Stern (*) gekennzeichnet.

Nord- und Nordostansichten der Stadt und der Bäder. 1.* Kupferstich. 26,9 × 34,4 cm. Gez. und gest. von M. MERIAN. Nach 1620. In: M. ZEILLER, Topographia Helvetiae..., Frankfurt 1642 (Graph. Slg. ZBZ, Baden II, 31. – StA Aarau, Bildersammlung) (Abb. 4). – 2.* Kolorierter Umrißkupfer. 22,4 × 37,8 cm. Gez. von J. H. JUILLERAT. Ed. von C. de Mechel, Basel. Um 1795 (Graph. Slg. ZBZ, Baden I, 48) (Abb. 292). – 3. Aquarell. 19,5 × 27,7 cm. Von J. WETZEL. Um 1820 (Kunsthaus Zürich, M 8/40). – 4.* Aquatinta. 19,6 × 27,6 cm. Gez. von J. J. MEYER; gest. von R. BODMER. Um 1833 (Graph. Slg. ZBZ, Baden II, 50. – Dasselbe koloriert ALZ) (Abb. 30). – 5.* Kolorierte Lithographie. 20,6 × 31,7 cm. Gez. von N. M. J. CHAPUY; lith. von F. SORRIEU. 1834/35 (LSB. – FXM). – 6. Kolorierte Aquatinta. 12,9 × 16,9 cm. Anonym. Ed. von H. F. Leuthold. Um 1840 (ALZ). – 7. Kolorierte Federzeichnung. 10,6 × 16,9 cm. Anonym. Um 1840–1850 (Graph. Slg. SLM, Nr. LM 50914). – 8.* Aquatinta (Briefbogen). 7,5 × 11 cm. Anonym. Ed. von R. Dikenmann. Ende 19. Jh. (Graph. Slg. ZBZ, Baden II, 62).

Nordansichten der Stadt. 9. Kolorierte Federzeichnung. In: B. TSCHACHTLAN, Berner Chronik, 1470, S. 465 (Zentralbibliothek Zürich, Ms. A 120. – Faksimileausgabe, Genf, Zürich 1933). – 10.* Öl auf Leinwand (Stadt befestigt). 70,5 × 118,5 cm. Anonym. Um 1700 (Depositum des Bern. Hist. Mus. in

---

50 Eine Pergamenttheke mit den damals öffentlich gezeigten photographischen Wiedergaben der spätmittelalterlichen Stadtveduten befindet sich im Besitz von Herrn Dr. U. Münzel, Baden.

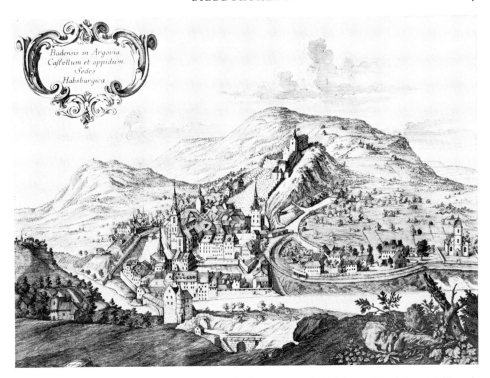

Abb. 9. Baden. Stadt von Osten, um 1735. Radierung von J. H. Meyer (Bilddokument Nr. 21). Text S. 50.

der Städt. Sammlung im Landvogteischloß). – 11.* Lavierte Federzeichnung. 22,7 × 36,9 cm. Von J. C. Nötzli. 1751 (Graph. Slg. ZBZ, Slg. Steinfels, Baden XVIII, 19) (Abb. 193). – 12.* Kolorierte Radierung. 21,1 × 35,1 cm. Gez. und gest. von M. Pfenninger. Um 1770 (StA Aarau, Bildersammlung. – FXM) (Abb. 314). – 13.* Kolorierter Umrißkupfer. 13,8 × 21,5 cm. Von J. J. Aschmann. Um 1770 (Graph. Slg. ZBZ, Baden I, 70). – 14.* Kolorierte Radierung. 16,7 × 22,6 cm. Von J. U. Schellenberg. 1774 (Graph. Slg. SLM, Nr. LM 50854. – Variante davon im Kupferstichkabinett Basel, M 180). – 15. Radierung. 21 × 34,8 cm. Gez. von J. J. F. Le Barbier d. Ä.; gest. von F. N. B. Dequevauviller. In: B. F. Zurlauben, Tableaux de la Suisse..., Paris 1780–1786, I/1, bei S. 36 (dasselbe koloriert LSB) (Abb. 10). – 16.* Aquarellierte Bleistiftzeichnung. 15,1 × 23,1 cm. Von S. Birmann. 1831 (Kupferstichkabinett Basel, Skb. Bi. 346, fol. 5v–6). – 17. Kolorierte Aquatinta. 18,6 × 26,6 cm. Gez. von J. Meyer-Attenhofer; gest. von J. Sperli. Um 1840 (Graph. Slg. ZBZ, Baden II, 87, 88) (Abb. 206). – 18. Bleistiftzeichnung. 11,8 × 18,4 cm. Von H. R. Denzler. 1854 (ALZ).

Ostansichten der Stadt. 19. Aquarellierte Federzeichnungen. In: Kopie der Zürcher Chronik von G. Edlibach, 1506, fol. 46, 78 (Zentralbibliothek Zürich, Ms.A 77). – 20.* Holzschnitt (auch die Großen Bäder und Ennetbaden umfassend). 25,6 × 34,8 cm. Gez. von D(avid) K(andel); geschn. von C(hristoph) S(timmer). In: S. Münster, Cosmographei..., Basel 1550, S. 477 f. (StA Aarau, Bildersammlung, und in zahlreichen anderen Sammlungen) (Abb. 25). – 21. Radierung. 32,3 × 44,5 cm. Gez. von J. H. Meyer; gest. von A. und J. Schmuzer. In: M. Herrgott, Genealogia diplomatica augustae gentis Habsburgicae..., Wien 1737 (LSB) (Abb. 9). – 22.* Lavierte Bleistiftzeichnung. 16,2 × 63 cm. Anonym. Um 1780–1790 (Kupferstichkabinett Basel, C. 1 I, Fach 2 1. Baden). – 23.* Farbdruck nach einem Aquarell von L. Vogel in ungenanntem Privatbesitz. 34,8 × 49,8 cm. Um 1820 (LSB) (Abb. 11). – 24.* Aquatinta (großes Panorama). 14,3 × 88 cm. Gez. von Schmid; gest. von Hausheer. Um 1840 (Graph. Slg. SLM, Nr. LM 50874). – 25. Getuschte Sepiazeichnung.

15,6 × 20,5 cm. Von A. CALAME. Um 1840 (ALZ). – 26.* Lithographie. 25,5 × 48,5 cm. Gez. von C. GERSBACH; lith. von J.B. KAPPELER. Kurz nach 1850 (ALZ) (Abb. 12). – 27.* Kolorierte Lithographie (Stadt und Bäder in der Vogelschau). 15,3 × 38,4 cm. Anonym. Ed. von H. Keller. 1853 (Graph. Slg. ZBZ, Baden I, 195).

Südostansichten der Stadt[51]. 28.* Holzschnitt. 8 × 16,7 cm. Von H. ASPER. In: J. STUMPF, Gemeiner loblicher Eydgnoschafft... Chronick VI, Zürich 1548, fol. 172 b (Graph. Slg. ZBZ, Baden I, 1) (Abb. 18). – 29.* Aquarellierte Federzeichnung. 18,2 × 30,2 cm. Anonym. Zweite Hälfte 16. Jh. (Staatliche Kunsthalle Karlsruhe, Inv. Nr. PKI 286.108 a) (Abb. 8). – 30.* Kolorierte Radierung auf inhaltreichem Blatt (B). 54 × 44 cm. Gez. von J.A. RÜDIGER. Um 1712 (LSB). – 31.* Öl auf Leinwand (B). 54 × 81,5 cm. Anonym. Um 1715 (Städt. Sammlung im Landvogteischloß) (Abb. 47). – 32.* Radierung (B). 15,8 × 20,4 cm. Gez. von J. OERI; gest. von R. DENZLER. In: Njbl. der Feuerwerkergesellschaft in Zürich 1856 (LSB). – 33.* Getuschte Federzeichnung (B). 22,4 × 29,1 cm. Von J. C. UHLINGER. Zweites Viertel 18. Jh. (Graph. Slg. ZBZ, Baden I, 17). – 34.* Lavierte Federzeichnung. 22,5 × 36,7 cm. Von J.C. NÖTZLI. 1751 (Graph. Slg. ZBZ, Slg. Steinfels, Baden XVIII, 18) (Abb. 5). – 35.* Radierung. 15,4 × 26,5 cm. Gez. von JENRICH. In: D. HERRLIBERGER, Neue und vollständige Topographie..., Zürich 1754–1773, II, bei S. 282 (Graph. Slg. ZBZ, Slg. Steinfels, Baden XVIII, 32). – 36.* Kolorierte Aquatinta. 13 × 17,8 cm. Gez. und gest. von J. KULL. Um 1815 (ALZ). – 37. Aquatinta (Mittelbild eines 13 Bilder umfassenden Blattes; 36 × 49 cm). Gez. und gest. von J.B. ISENRING. Um 1835 (LSB. – Dasselbe koloriert ALZ).

Südansichten der Stadt. 38.* Öl auf Leinwand. Von R. SCHWERTER? Stadtbild in den Händen eines Putto auf dem Hochaltarblatt der ehem. Kapuzinerkirche. 1654 (Sebastianskapelle Baden). – 39. Radierung. 16,8 × 29 cm. Gez. und gest. von J.M. FÜSSLI. Ed. von J. Wolff. Um 1730 (Graph. Slg. ZBZ, Slg. Rahn, Mappe XII, 51). – 40. Radierung. 18,2 × 25 cm. Gez. von A.N. PÉRIGNON D. Ä.; gest. von F.N.B. DEQUEVAUVILLER. In: B.F. ZURLAUBEN, Tableaux de la Suisse..., Paris 1780–1786, I/1, bei S. 36 (dasselbe koloriert LSB) (Abb. 63).

Südwest-, West- und Nordwestansichten der Stadt. 41.* Radierung. 17 × 29,2 cm. Gest. von J.M. FÜSSLI. In: J.J. SCHEUCHZER, Vernunfftmäßige Untersuchung des Bads zu Baden, Zürich 1732 (Graph. Slg. SLM, Nr. LM 50373). – 42.* Sepialavierte Federzeichnung. 17,4 × 27,3 cm. Von J.B. BULLINGER. Ende 18. Jh. (FXM). – 43.* Lavierte Federzeichnung. 10,3 × 15,2 cm. Von E. JENNER. Um 1800. (Bern. Hist. Mus., Inv. Nr. 21187.1). – 44.* Aquatinta. 18,5 × 26 cm. Gez. von J. MEYER-ATTENHOFER; gest. von J. SPERLI. Um 1835 (StA Aarau, Bildersammlung. – Dasselbe koloriert FXM). – 45.* Bleistiftzeichnung. 29 × 19,3 cm. Von F. STIERLIN. Um 1850 (LSB) (Abb. 278). – 46.* Lithographie (Panorama). 11,8 × 37,8 cm. Lith. von F. LIPS. Um 1857 (Graph. Slg. SLM, Nr. LM 50879).

Ansichten der Schlösser und Türme. 47. Stein (im unzerstörten Zustand) von Süden. Radierung. 16 × 19 cm. Von J.M. FÜSSLI. In: Njbl. der Gesellschaft der Constaflern... zu Zürich, 1719 (Kupferstichkabinett Basel, C. 1 I, Fach 2 1. Baden). – 48.* Dasselbe von Süden. Radierung. 19 × 29,4 cm. Gez. von J.M. FÜSSLI; gest. von A. HAFTER. In: Entreprises Graf Rudolfs von Habsburg..., Augsburg 1730 (Kupferstichkabinett Basel, C. 1 I, Fach 2 1. Baden) (Abb. 35). – 49. Stein (zerstört) von Süden. Radierung. 16 × 19 cm. Von J.M. FÜSSLI. In: Njbl. der Gesellschaft der Constaflern zu Zürich, 1716 (ebenda). – 50.* Dasselbe von Süden. Radierung. 17,5 × 29,2 cm. Gez. und gest. von J.M. FÜSSLI. In: J.J. SCHEUCHZER, Vernunfftmäßige Untersuchung des Bads zu Baden, Zürich 1732 (StA Aarau, Bildersammlung). – 51.* Dasselbe von Süden. Bleistiftzeichnung. 15,7 × 21,4 cm. Von J. NIERIKER. 1840 (Graph. Slg. SLM, Nr. LM 38758). – 52. Stein, Beobachterturm der Ruine von Südwesten. Bleistiftzeichnung. 20,8 × 13,8 cm. Von J.R. RAHN. 1860 (Graph. Slg. ZBZ, Slg. Rahn, Mappe XII, 65). – 53. Dasselbe von Nordosten. Sepiazeichnung. 11,8 × 19,4 cm. Von H. WERDMÜLLER. Um 1830 (Kunsthaus Zürich, M 8/24). – 54.* Landvogteischloß von Norden. Radierung. 17 × 29,3 cm. Gez. und gest. von J.M. FÜSSLI. In: J.J. SCHEUCHZER, Vernunfftmäßige Untersuchung des Bads zu Baden, Zürich 1732 (Graph. Slg. SLM, Nr. LM 50374). – 55.* Dasselbe von Nordwesten. Aquarellierte Federzeichnung. 43,6 × 56,7 cm. Von J.H. MEYER. 1794 (ALZ) (Abb. 38). – 56. Dasselbe von Südosten. Blei-

---

[51] Die mit B bezeichneten Veduten geben die befestigte Stadt oder den Belagerungszustand im Kriegsjahr 1712 wieder.

Abb. 10. Baden. Oberstadt von Norden, mit reformierter Kirche (rechts), um 1780. Radierung von J.J.F. Le Barbier d.Ä. (Bilddokument Nr. 15). – Text S. 206.

stiftzeichnung. 12 × 19,4 cm. Von E. von Zehender. 1862 (Bern. Hist. Mus., Skizzenbuch Zehender 1862, Inv. Nr. 22520). – 57. Mellingerturm von Süden. Bleistiftzeichnung. 20 × 23 cm. «H.G. à J.B.» 1822 (ALZ). – 58.* Dasselbe von Südosten. Bleistiftzeichnung. 25,2 × 17,6 cm. Von J.R. Rahn. 1874 (Graph. Slg. ZBZ, Slg. Rahn, Mappe XII, 62) (Abb. 49). – 59.* Mellingerturm, Unterbau von Norden. Bleistiftzeichnung. 25,2 × 17,1 cm. Von J.R. Rahn. 1874 (Graph. Slg. ZBZ, Slg. Rahn, Mappe XII, 63). – 60. Bruggerturm von Nordwesten. Lithographie. 8,7 × 11,3 cm. Gez. von J. Rothmüller; lith. von Engelmann. Um 1830 (FXM). – 61.* Dasselbe von Nordosten. Lavierte Federzeichnung. 15,4 × 11,8 cm. Von J. Meyer-Attenhofer. Mitte 19.Jh. (Graph. Slg. ETH, Baden 677 M). – 62.* Dasselbe von Osten. Federzeichnung. 20,5 × 14,5 cm. Von J.R. Rahn. 1896 (Graph. Slg. ZBZ, Slg. Rahn, Mappe XII, 60) (Abb. 279).

Ansichten der kirchlichen Bauten. Vgl. auch die oben verzeichneten Stadtansichten. – 63.* Kapelle St. Anna von Westen. Bleistiftzeichnung. 11,5 × 17 cm. Von J.R. Rahn. 1862 (Graph. Slg. ZBZ, Slg. Rahn, Skizzenbuch 413, fol. 24) (Abb. 174). – 64.* Dasselbe von Süden. Bleistiftzeichnung. 12,6 × 21 cm. Von J.R. Rahn? 1864 (LSB). – 65.* Kapelle der Hl. Drei Könige von Osten. Sepialavierte Bleistiftzeichnung. 23,1 × 16,5 cm. Von J. Nieriker. Um 1850 (Graph. Slg. SLM, Nr. LM 38759). – 66. Dasselbe von Westen. Aquarell. 33 × 26 cm. Von J. Steimer. 1875 (Graph. Slg. SLM, Nr. LM 41389). – 67.* Kapelle der Hl. Drei Könige, Turm. Federzeichnung. 23,8 × 15,3 cm. Anonym. 19.Jh. (Graph. Slg. SLM, Nr. LM 41930). – 68.* Kapuzinerkloster von Nordosten. Bleistiftzeichnung. 14,2 × 21 cm. Von E. Rahn. 1842 (ALZ). – 69.* Dasselbe von Westen. Kolorierte Aquatinta. 6,9 × 10,2 cm. Gez. von J. Meyer. Um 1820 (Graph. Slg. SLM, Nr. LM 50943). – 70. Dasselbe von Westen. Aquatinta. 10,7 × 14,4 cm. (Gez. von J. Meyer-Attenhofer; gest. von J. Sperli). Um 1850 (ALZ. – FXM). – 71. Kapuzinerkirche (als Schulhauskapelle hergerichtet) von Nordwesten. Aquarell. 21,9 × 15,4 cm. Von J. Steimer. 1870 (Graph. Slg. SLM, Nr. LM 41390). – 72. Kapelle Maria Wil von Nordosten. Aquarellierte Federzeichnung. 10,9 × 13,1 cm. Von Emanuel II. von Jenner. Um 1800 (ALZ). – 73.* Frauenkloster Mariä Krönung von Norden. Federzeichnung. 16 × 30 cm. Anonym. Um 1840 (Privatbesitz von Herrn S. Wetzel, Baden) (Abb. 202). – 74. Kapelle St. Nikolaus von Osten. Bleistiftzeichnung. 32,3 × 22,5 cm. Von F. HEGI. Um 1820–1830 (ALZ) (Abb. 172). – 75. Dasselbe von Südosten. Bleistiftzeichnung. 12,6 × 21 cm. Von J. R. RAHN? 1864 (LSB). – 76.* Dasselbe von Südosten. Bleistiftzeichnung. 12 × 19,4 cm. Von E. VON ZEHENDER. 1862 (Bern. Hist. Mus., Skizzenbuch Zehender 1862, Inv. Nr. 22520). – 77. Dasselbe von Westen. Im übrigen gleich wie Bilddokument Nr. 76. – 78.* Reformierte Kirche von Norden. Radierung. 20,6 × 34,1 cm. Gez. und gest. von J. M. FÜSSLI. Um 1715 (Graph. Slg. ZBZ, Baden I, 161) (Abb. 203). – 79. Kapelle St. Verena von Nordwesten. Kolorierte Federzeichnung. 12,5 × 15,6 cm. Von J. B. BULLINGER. Um 1760–1770 (Kunsthaus Zürich, M 6/11 b).

Teilansichten der Altstadt. 80.* Weite Gasse von Nordosten. Sepialavierte Bleistiftzeichnung. 16,2 × 22,6 cm. Von J. NIERIKER. 1850 (Graph. Slg. SLM, Nr. LM 38761) (Abb. 258). – 81.* Dasselbe von Nordosten. Kolorierte Feder- und Bleistiftzeichnung. 8,8 × 12,5 cm. Von F. SCHMID. Um 1840 (Graph. Slg. ETH, Baden 678). – 82. Ausschnitt zwischen alter Propstei und Rathaus von Norden. Getuschte Federzeichnung. 11 × 19 cm. Anonym. Um 1815 (LSB). – 83. Bruggerturm und Gasthaus «Zum Engel» von Norden. Bleistiftzeichnung. 16,2 × 21,9 cm. (Von J. STEIMER.) 1830 (Graph. Slg. SLM, Nr. LM 41387). – 84.* Dasselbe von Südosten. Kolorierte Feder- und Bleistiftzeichnung. 8,8 × 12,5 cm. Von F. SCHMID. Um 1840 (Graph. Slg. ETH, Baden 678). – 85.* Gasthaus «Zum Löwen» von Nordwesten. Aquarell. 26,3 × 31,8 cm. Von E. STEIMER. 1860 (Graph. Slg. SLM, Nr. LM 41378). – 86.* Gasthaus «Zur Krone» von Südwesten. Aquarell. 15,2 × 21,7 cm. Von J. STEIMER. 1875 (Graph. Slg. SLM, Nr. LM 41377). – 87. Bruggerturm, zwei Varianten für die Renovation des freskengeschmückten Uhrblattes. Aquarelle. Je 48 × 36,1 cm. Von J. STEIMER. 1870 (Graph. Slg. SLM, Nr. LM 47505, 1 und 2) (Abb. 53). – 88.* Tagsatzungssaal gegen Süden. Tempera. 19,5 × 30 cm. Anonym. In: A. RYFF, Zirkel der Eidgenosschaft, 1597, fol. 174v–175 (Musées Municipaux Mülhausen).

Ansichten des Bäderbezirks von außen. 89.* Von Norden. Kolorierter Umrißkupfer. 18 × 25,8 cm. Von C(ASPAR) W(YSS). Ende 18. Jh. (Graph. Slg. SLM, Nr. LM 50852). – 90.* Von Nordosten. Kolorierte Bleistift- und Federzeichnung. 19,5 × 29 cm. Von F. SCHMID. Um 1840 (Graph. Slg. ETH, Baden 678). – 91. Von Nordosten. Lithographie. 7,7 × 17,9 cm. Lith. von J. KAPPELER. Um 1850 (Graph. Slg. SLM, Nr. LM 50930). – 92.* Von Westen. Aquarell. Maße unbekannt. Von E. RAHN. 1831 (Kunsthandel. – P. Haberbosch im Badener Gästeblatt vom 24. Juli 1949, mit Abb.).

Ansichten des Bäderbezirks von innen. 93.* Bäderplatz von Norden. Bleistiftzeichnung. 22,4 × 38,4 cm. Anonym. Ende 18. Jh. (Graph. Slg. ZBZ, Baden I, 108). – 94.* Dasselbe von Nordosten. Kolorierter Umrißkupfer. 18,5 × 21,8 cm. Von C(ASPAR) W(YSS). Ende 18. Jh. (Graph. Slg. ZBZ, Baden I, 98. – ALZ) (Abb. 302). – 95.* Dasselbe von Südwesten. Kolorierter Umrißkupfer. 18,5 × 21,8 cm. Von C(ASPAR) W(YSS). Ende 18. Jh. (Graph. Slg. ZBZ, Baden I, 102). – 96.* Dasselbe von Westen. Kolorierte Aquatinta. 16,4 × 23,4 cm. Gez. und gest. von H. KELLER. Um 1800 (Graph. Slg. SLM, Nr. LM 50859. – ALZ) (Abb. 26). – 97.* Dasselbe von Osten. Kolorierte Aquatinta. 16,4 × 23,4 cm. Gez. und gest. von H. KELLER. Um 1800 (Graph. Slg. SLM, Nr. LM 50858. – ALZ) (Abb. 6). – 98.* Dasselbe von Südwesten. Kolorierte Aquatinta. 7,1 × 10,4 cm. Gez. und gest. von A. KERN. Um 1815 (Graph. Slg. ZBZ, Baden I, 109). – 99.* Dasselbe von Westen. Kolorierte Aquatinta. 6,8 × 10,1 cm. Gez. von J. MEYER-ATTENHOFER. Um 1830 (Graph. Slg. SLM, Nr. LM 50951). – 100.* Dasselbe von Südwesten. Aquatinta (Seitenbild auf einem 11 Bilder umfassenden Blatt; 38,5 × 51,2 cm). Gez. von J. PUPIKOFER; gest. von H. SIEGFRIED. Um 1844 (LSB. – Dasselbe koloriert. ALZ). – 101.* Dasselbe von Westen. Lavierte Bleistiftzeichnung. 12,7 × 16,7 cm. Von J. MEYER-ATTENHOFER. Um 1850 (Graph. Slg. ETH, Baden 677 M). – 102.* Limmatpromenade mit Trinklaube und Armenbad von Nordosten. Aquatinta. 10,7 × 14,5 cm. Gez. von J. MEYER-ATTENHOFER. Um 1840 (Graph. Slg. ZBZ, Baden I, 109. – Originalaquarell ALZ) (Abb. 313).

Ansichten einzelner Gasthöfe. 103.* «Bären» (im alten Zustand) von Norden. Aquarell. 15,2 × 21,9 cm. Von E. STEIMER. 1882 (Graph. Slg. SLM, Nr. LM 41380). – 104.* «Bären» (mit der neuen Fassade) von Norden. Aquarell. 15,2 × 21,9 cm. Von E. STEIMER. 1882 (Graph. Slg. SLM, Nr. LM 41379). – 105.* «Freihof» von Südosten. Kolorierte Aquatinta. 5,8 × 9,3 cm. Anonym. Um 1840 (Graph. Slg. SLM, Nr. LM 50960). – 106.* Dasselbe von Nordosten. Lithographie. 10,5 × 17 cm. Lith. von J. FERBER. In: J. J. LEUTHY, Der Begleiter auf der Reise durch die Schweiz, Zürich 1840 (StA Aarau, Bildersammlung). – 107.* «Grand Hôtel» (mit dem Projekt gebliebenen Ostflügel) von Nordwesten. Kolorierte

Abb. 11. Baden. Stadt von Osten, mit Annakapelle, ehemaliger Kapuzinerkirche, ehemaligem Mellingerturm, Sebastianskapelle, Stadtkirche, Schloßruine Stein, Bruggerturm, Rathaus und ehemaligem Landvogteischloß mit Holzbrücke, um 1820. Aquarell von L. Vogel (Bilddokument Nr. 23). – Text S. 50.

Lithographie. 10,2 × 23,2 cm. Anonym. Um 1872 (Graph. Slg. ZBZ, Baden II, 66). – 108. «Hinterhof» von Norden. Kolorierter Umrißkupfer. 18,8 × 28,9 cm. Gez. und gest. von M. PFENNINGER. Um 1770 (ALZ). – 109.* «Raben» bzw. «Schweizerhof» von Westen. Unkolorierte Aquatinta. 9,6 × 13,4 cm. Gez. von J. MEYER-ATTENHOFER; gest. von J. RUFF. Um 1850 (LSB. – Dasselbe koloriert StA Aarau, Bildersammlung). – 110.* «Schiff» von Nordosten. Unkolorierte Aquatinta. 18,3 × 26,3 cm. Gez. von J. MEYER; gest. von J. RUFF. Um 1845 (Graph. Slg. ZBZ, Baden I, 113) (Abb. 294). – 111.* «Staadhof», Hauptgebäude von Norden. Lithographie. 9,2 × 13,3 cm. Lith. von F. SCHULTHESS. Um 1815 (Graph. Slg. ZBZ, Baden I, 126). – 112.* «Staadhof», Hauptgebäude und Säulenhalle des Speisesaals von Nordwesten. Unkolorierte Aquatinta. 18,2 × 26 cm. Gez. von J. MEYER-ATTENHOFER; gest. von J. RUFF. Um 1830–1835 (Graph. Slg. ZBZ, Baden I, 121). – 113.* «Staadhof», Speisesaal von Süden. Getuschte Pinselzeichnung. 11,3 × 7,7 cm. Anonym. Um 1815 (Graph. Slg. ZBZ, Baden I, 124).

Ansichten von Vorstadtbauten. 114.* Schloßbergplatz mit Gartenvilla an der Badhalde, Bruggerturm, Wache und Augarten von Norden. Unkolorierte Aquatinta. 10,8 × 14,7 cm. (Gez. von J. MEYER-ATTENHOFER; gest. von J. SPERLI.) Um 1835 (Graph. Slg. ZBZ, Baden I, 150) (Abb. 31). – 115.* Schloßbergplatz von Westen. Kolorierte Feder- und Bleistiftzeichnung. 8,8 × 12,5 cm. Von F. SCHMID. Um 1840 (Graph. Slg. ETH, Baden 678). – 116.* Augarten, Wache, Bruggerturm und Brotlaube von Nordwesten. Aquarell. 18,5 × 26 cm. (Von J. MEYER-ATTENHOFER.) Um 1835 (Privatbesitz von Frau Prof. W. Moser, Zürich). – 117. Schützenhaus und Bruggerturm von Osten. Kolorierte Lithographie. 22 × 17,4 cm. Gez. von A. ANGLIO. 1823 (StA Aarau, Bildersammlung). – 118. Bank an der Badhalde (heute SBG) von Norden. Kolorierte Lithographie. 8,4 × 13,7 cm. Lith. von WEINIG und Co. Um 1880 (StA Aarau, Bildersammlung). – 119.* Kursaal-Kasino von Südosten. Photographie.

23,4 × 36,6 cm. Um 1875 (Semper-Archiv ETH. – StadtA Baden, Nr. 1081) (Abb. 251). – 120.* Villa «Zur Römerburg». Photographien. Um 1900. In: Schweiz. Bauzeitung XL (1902), S. 209 ff. – 121. Altes Schulhaus von Nordwesten. Aquarell. 15,1 × 21,8 cm. Von J. STEIMER. 1860 (Graph. Slg. SLM, Nr. LM 41398). – 122. Gasthaus «Zum Schloß Schartenfels» von Westen. Radierung. 11,1 × 7,8 cm. Gez. von E. ANNER. 1894 (Graph. Slg. SLM, Nr. LM 50924). – 123.* Hauptbahnhof von Norden. Unkolorierte Aquatinta. 19,2 × 27,6 cm. Gez. von J. B. ISENRING; gest. von L. WEBER. 1847 (Graph. Slg. ZBZ, Baden I, 152. – Kolorierte Originalzeichnung ALZ) (Abb. 7).

PLANDOKUMENTE

Besonders aufschlußreiche Pläne sind durch Stern (*) gekennzeichnet.

Stadtpläne. 1.* Grundriß. Aquarellierte Federzeichnung. 44 × 29,5 cm. Anonym. 1658 (StA Zürich, Plan G 74) (Abb. 45). – 2.* Dasselbe. Aquarellierte Federzeichnung. 39,4 × 29,2 cm. Anonym. Um 1650 (ALZ). – 3.* Skizzenhafter Grundriß mit projektierten Außenwerken. Aquarellierte Federzeichnung. 30 × 42 cm. (Von Festungsbaumeister P. MORETTINI.) Vor 1712 (StA Aarau, Plansammlung). – 4.* Grundriß des mittelalterlichen Befestigungsgürtels mit projektierten Außenwerken. Lavierte Federzeichnung. 72,1 × 52,8 cm. Anonym («J. Leu fieri fecit»). Nach 1712 (Graph. Slg. ZBZ, Plan S.Aa 2.1.10/3). – 5.* Grundriß mit Befestigung des 17. Jahrhunderts. Aquarellierte Federzeichnung. 43,7 × 31,5 cm. (Von Ingenieur J. A. RÜDIGER.) 1712 (ALZ) (Abb. 46). – 6.* Dasselbe. Auf inhaltreicher kolorierter Radierung. 54 × 44 cm. Gez. von Ingenieur J. A. RÜDIGER. Um 1712 (LSB. – Dasselbe unkoloriert ALZ). – 7.* Grundriß. Kolorierte Federzeichnung. 38 × 24 cm. Von H. BÜRCKLI. Um 1714 (Graph. Slg. ZBZ, Plan S.Aa 1.1.5/1). – 8.* Zwei Grundrisse. Kolorierte Federzeichnungen. Je 1:1000. Von J. BALDINGER. 1848 und 1859 (Archiv des Stadtplanungsamtes Baden).

Bäderpläne. 9.* Grundriß der Großen Bäder. Kolorierte Federzeichnung. 77,8 × 63,8 cm. Anonym. Vor 1800 (Graph. Slg. ZBZ, Plan S.Aa 3. 35/5). – 10.* Grundriß der Großen und Kleinen Bäder. Aquatinta. 30,2 × 38,9 cm. Gez. von L. SCHULTHESS; gest. von F. HEGI. In: HESS. 1817 (LSB. – ALZ). – 11.* Plan der Thermalquellen, Leitungen und Bauten in den Großen und Kleinen Bädern. Aquarellierte Federzeichnung. 1:200. Von Geometer F. LEHMANN. 1844/45 (Original verschollen, Kopie im Archiv des Stadtplanungsamtes Baden) (Abb. 306)[52]. – 12.* Dasselbe. Moderner Druck. 1:200. Technisches Bureau E. SCHÄRER-KELLER, Baden. 1919/20 (Archiv des Stadtplanungsamtes Baden).

Pläne einzelner Bauten. 13.* Schloß Stein (im Wiederaufbau befindlich). Kolorierte Federzeichnung. 28,5 × 43,5 cm. Anonym. 1658. Die aufgeklebte Lasche gibt im zugeschlagenen Zustand ein fortgeschritteneres Baustadium wieder als das gedeckte Teilstück des Bildes (StA Zürich, Plan G 73. – Sehr ähnlich Eidgen. Militärbibliothek Bern) (Abb. 34). – 14.* Holzbrücke, zwei Konstruktionspläne. Lavierte Federzeichnungen. 36–38 × 118,4–119,2 cm bzw. 42,8–43,8 × 112,5–113 cm. (Von M. EGGER und H. SCHÜEP. 1649) (StA Basel, Planarchiv A 1. 99 und 102) (Abb. 55). – 15.* Stadtpfarrkirche. Aufriß des Hochaltars von Renward Forer und der zweibahnigen, maßwerkbesetzten Chorfenster. Bleistiftzeichnung. Anonym. (1692): Im Nordostfenster zwei Glasgemälde, das linke mit Abt Peter II. Schmid von Wettingen vor der Mondsichelmadonna, das rechte mit infuliertem gevierten Wappen. 1 und 4 Peter II. (auf Dreiberg sternüberhöhter Hammer zwischen zwei Lilien), 2 und 3 Abtei Wettingen. Entsprechende Unterschrift mit Datum 1615. Flüchtige Vermerke von anderer Hand «ala eiecta» (links) und «ala integra ablata» (rechts). – Am Altar gestürztes Wappenpaar Peter II.–Wettingen unter Inful und Pedum sowie die gekrönte Wappentriade Baden–Reich. – Im Südostfenster zwei Glasgemälde, das linke mit Abt Augustin I. Hofmann von Einsiedeln vor der stehenden Muttergottes, das rechte mit infuliertem gevierten Wappen. 1 und 4 Abtei Einsiedeln (zwei fliegende Raben), 2 und 3 Augustin Hofmann[53]. Entsprechende Unterschrift mit Datum 1615. – Im Südfenster zwei Glasgemälde, das linke mit Abt Johann Jodok Singisen von Muri vor der stehenden Muttergottes, das rechte mit infuliertem gevierten Wappen. 1 und 4 Abtei Muri (Mauer), 2 und 3 Joh. Jod. Singisen (1 + 2

---

[52] Vgl. StadtA Baden, Nr. 893: 1844–1846, S. 499.
[53] O. MITTLER, Abt Augustin Hofmann (1600–1629) und Einsiedelns Beziehungen zu Baden, «Corolla Heremitana» (Festschrift Linus Birchler), Olten, Freiburg i. Br. 1964, Abbildung.

Abb. 12. Baden. Stadt und Bäder von Osten, um 1850–1855. Lithographie von C. Gersbach (Bilddokument Nr. 26). – Text S. 50, 265.

Sterne). Entsprechende Unterschrift mit Datum 1615 (Archivio Segreto Vaticano, Nunz. di Lucerna, Mappe 29) (Abb. 67). – 16.* Stadtpfarrkirche, Scheibenrisse zum nordöstlichen Chorfenster. Bleistiftzeichnung. Anonym. (1692): Links, nebeneinander, die beiden unter Plandokument Nr. 15 beschriebenen Gemälde des Nordostfensters mit Unterschrift «Petrus von Gottesgnaden Abte des / Wirdigen Gottshaus Wetingen. / 1615» und flüchtiger Aufschrift von anderer Hand «Vitriata dal Vento abbattuta» (links) und «Vitriata restata tutta intiera bella e poi levata» (rechts). – Rechts, nebeneinander, zwei im Jahre 1692 anstelle der obigen Gemälde getretene Glasbilder, links die Lactatio des hl. Bernhard, rechts ein von zwei Engeln gehaltener gevierter Wappenschild unter Inful und Pedum. Im runden Herzstück Abt Ulrich II. Meier von Mellingen, 1 Cîteaux, 2 Grafen von Rapperswil, 3 zurzeit undeutbar (geteilt, in beiden Feldern je ein frontaler Adler), 4 Abtei Wettingen. Unterschrift «D. Udalricus von Gottes / und des Apostolischen / Stuels Gnaden Apte / und des / Prior und Gemein / Conuent des Wirdigen / Gottshaus Wetingen. / a. 1692.» Flüchtiger Vermerk von anderer Hand «Vitriate nuove» (Archivio Segreto Vaticano, Nunz. di Lucerna, Mappe 29). – 17. Stadtpfarrkirche, Projekt (Aufriß) des Hochaltars. Kolorierte Bleistiftzeichnung. 44,7 × 29,2 cm. (Von J. J. MOOSBRUGGER. 1827/28.) (StA Aarau, Plansammlung.) – 18.* Stadtpfarrkirche, Projekt (Grund- und Aufriß) der Orgel. Getuschte Federzeichnung. 62 × 44,8 cm. Von F. A. KIENE. 1828/29 (Graph. Slg. SLM, Nr. LM 41 354) (Abb. 77). – 19. Stadtpfarrkirche, Ansicht der Orgel von F. A. Kiene. Kolorierte Pinselzeichnung. 15,4 × 22,4 cm. Von E. STEIMER. 1877 (Graph. Slg. SLM, Nr. LM 41393). – 20.* Kapuzinerkloster, drei Grundrisse zum Neubau von 1653/54. Federzeichnungen. Je etwa 32 × 20,5 cm. Signiert von mehreren Provinzobern und Fabricerii. 1652/53 (ProvinzA Luzern, Sch. 1309, 7 D 7 a, 7 D 6, 7 D 7 b) (Abb. 196f.). – 21. Ältere Eidgenössische Kanzlei an der Salzgasse (heute Rathausgasse), drei Renovationspläne. Aquarellierte Federzeichnungen. Je etwa 36 × 24 cm. Von D. MORF? Um 1757 (StA Bern, Baden-Buch Q. S. 629–633). – 22.* Jüngere Eidgenössische Kanzlei, Rathaus und Zeughaus, zwei Pläne zur Erbauung der erstern und zur Umgestaltung der beiden letztern. Aquarellierte Federzeichnungen. Je 49,5 × 67,5 cm. Von A. SCHWARTZ. Um 1777 (StA Aarau, Plansammlung) (Abb. 213). – 23.* Bernerhaus, neun Umbaupläne. Aquarellierte Federzeichnungen. 37,3 × 25 cm bis 54,3 × 29 cm. (Von A. STÜRLER.) 1734 (Stadtbibliothek Bern, Mappe PW 159: Bernerhaus, fol. 76–84) (Abb. 240 und 241). – 24. Stallungen und Ökonomieräume zum Bernerhaus, vier Pläne für einen Neubau vor dem Mellingertor. Aquarellierte Federzeichnungen. (Von A. STÜRLER.) 1734 (ebenda, fol. 85, 87, 88 und 91). – 25. Dasselbe (weniger kostspielige Variante), vier Pläne für einen Neubau vor dem Mellingertor. Aquarellierte Federzeichnungen. (Von A. STÜRLER.) 1734 (ebenda, fol. 86, 89, 90 und 92). – 26.* Altes Schulhaus, vier Geschoßgrundrisse. Federzeichnungen auf Transparentpapier. Je etwa

55×78 cm. Von R. Moser. Herbst und Okt. 1855. – Vier Fassadenaufrisse. Lavierte Feder- und Bleistiftzeichnungen. 45,3×60,5 cm bis 58×81,5 cm. Von R. Moser. Okt. und Nov. 1855 (Abb. 242). – Längsschnitt und Querschnitt. Federzeichnungen auf Transparentpapier. 56,6×78,4 cm bzw. 55×49 cm. Von R. Moser. Okt. 1855 (Archiv des Stadtplanungsamtes Baden). – 27.* Hauptbahnhof, Grundrisse, Aufrisse und Schnitte des Aufnahmegebäudes, der Einsteigehalle, der Güterhalle, der Wagenremisen und der Bahnwärterhäuschen. Lithographie. 1:500. 48×48 cm. Lith. von Wurster und Randegger. 1867 (nach den Originalen F. Stadlers von 1846) (Archiv des Verkehrshauses Luzern, Atlas der SNOB I, Pläne 1867 und 1872, Blatt 10) (Abb. 255). – 28.* Hauptbahnhof, Situationsplan. 1:1000. Im übrigen gleich wie Plandokument Nr. 27. – 29. Hauptbahnhof, Längsschnitt und Seitenansicht der Einsteigehalle. Federzeichnung. 1:50. 43×63,7 cm. (Von F. Stadler. 1846.) (Archiv des Verkehrshauses Luzern, Mappe SNB, Bahnhöfe.) – 30. Hauptbahnhof, Querschnitt der Einsteigehalle (fragmentarisch). Federzeichnung. 1:50. 30,6×40,9 cm. (Von F. Stadler. 1846.) (Ebenda.) – 31. Kurbrunnen, Fassadenaufriß. Sepialavierte Bleistiftzeichnung. 25,1×39,2 cm. Von K. J. Jeuch. Um 1833–1835? (LSB). – 32. Inhalatorium (Skizze zu Umbau). Bleistift- und Tuschzeichnung. 37,9×46,8 cm. (Von G. Semper.) 1868/69 (Semper-Archiv ETH, Nr. 20-182-2-1). – 33.* Hotelbau am Platze der Gasthöfe «Zur Blume» und «Zum Gelbhorn», sieben Projektpläne. Getuschte und lavierte Feder- und Bleistiftzeichnungen. Je etwa 24,4×29,8 cm. Von R. Moser. 1866 (Privatbesitz von Frau Dr. M. Kuhn-Borsinger, Baden) (Abb. 307). – 34.* Hotel «Zum Freihof», drei Grundrisse, zwei Aufrisse und ein Längsschnitt. Kolorierte Federzeichnung. Maße unbekannt. Anonym. Um 1833 (StA Aarau, genauer Standort unbekannt) (Abb. 293). – 35. Dependance des «Ochsen», Aufriß der Hauptfassade. Kolorierte Federzeichnung. 26×40,6 cm. Von K. J. Jeuch. Um 1845 (LSB).

Pläne des Kursaals. 36. Kursaal (Skizzen zu einem Bauprojekt). Bleistift auf kariertem Papier, beidseitig. 44,9×35,1 cm. (Von Gottfried Semper.) 1866. Ideen: Hofumbauung, Theater als Dominante an der Rückseite eines Hofes, geschlossener Zentralbau, Longitudinalanlage (Semper-Archiv ETH, Nr. 20-182-1-2). – 37. Dasselbe. Bleistift auf kariertem Papier, beidseitig. 44,8×35,1 cm. (Von G. Semper.) 1866. Ideen: Hofumbauung, kreuzförmige Anlage, geschlossener Zentralbau, T-förmiger Grundriß, Longitudinalanlage (Semper-Archiv ETH, Nr. 20-182-1-3). – 38. Kursaal (Skizze zu einem Bauprojekt). Bleistift. 33,2×46,5 cm. (Von G. Semper.) 1866. Idee: Hofumbauung (Semper-Archiv ETH, Nr. 20-182-1-4). – 39. Dasselbe. Bleistift. 21×27,1 cm. (Von G. Semper.) 1866. Idee: T-förmiger Grundriß (Semper-Archiv ETH, Nr. 20-182-1-5). – 40. Dasselbe. Bleistift auf kariertem Papier. 20,6×26,3 cm. (Von G. Semper.) 1866. Idee: T-förmiger Grundriß (Semper-Archiv ETH, Nr. 20-182-1-6) (Abb. 243). – 41.* Situationsplan für Kurhaus und Kurpark (ausgearbeitetes Bauprojekt). Aquarellierte Federzeichnung. 1:500. 48,8×76,6 cm. «G. Semper inv. 1866» (Semper-Archiv ETH, Nr. 20-182-1-7) (Abb. 244). – 42.* Kurhaus, Grundriß des Erdgeschosses. Aquarellierte Federzeichnung. 1:200 oder 1:160. 64,5×98 cm. «Gottfried Semper inv. 1866» (Semper-Archiv ETH, Nr. 20-182-1-8). – 43.* Dasselbe (Kopie von Plandokument Nr. 42). Aquarellierte Federzeichnung. 1:200 oder 1:160. Anonym. 1866? (Semper-Archiv ETH, Nr. 20-182-2-14). – 44.* Kurhaus, Längsschnitt. Aquarellierte Federzeichnung. 1:100 oder 1:80. 64,5×98 cm. «G. Semper inv. 1866» (Semper-Archiv ETH, Nr. 20-182-1-9). – 45.* Kurhaus, Querschnitt des südlichen Flügels. Aquarellierte Federzeichnung. 1:100 oder 1:80. 46,3×77,8 cm. «G. Semper inv.» 1866 (Semper-Archiv ETH, Nr. 20-182-1-10). – 46.* Kurhaus, Aufriß der Straßenfassade (= Hauptfassade). Aquarellierte Federzeichnung. 1:100 oder 1:80. 52,1×97,3 cm. «G. Semper inv. 1866» (Semper-Archiv ETH, Nr. 20-182-1-11) (Abb. 246). – 47.* Kurhaus, Aufriß der südlichen Seitenfassade. Aquarellierte Federzeichnung. 1:100 oder 1:80. 63,7×97,3 cm. «G. Semper inv. & fec. 1866» (Semper-Archiv ETH, Nr. 20-182-1-12) (Abb. 245). – 48.* Kurhaus, Aufriß der südlichen Seitenfassade mit dazugehöriger Grundrißpartie. Bleistiftzeichnung. 1:50. 53,2×70,8 cm. (Von G. Semper.) 1866 (Semper-Archiv ETH, Nr. 20-182-1-13). – 49. Kurhaus, sieben Projektpläne. Sepialavierte Bleistift- und Federzeichnungen. 35,4×22,5 cm bis 40,7×26,3 cm. Von K. J. Jeuch. Um 1867–1870 (LSB) (Abb. 247). – 50. «Plan zu Park und Gartenanlagen für das neue Kuretablissement in Baden (Schweiz).» Aquarellierte Federzeichnung auf Transparentpapier. 57×78 cm. Von F. von Heizinger. Frühjahr 1871 (StadtA Baden, Nr. 1081 a). – 51. Situationsplan für Kurhaus und Kurpark. Bleistiftskizze auf Transparentpapier. 108×162 cm. (Von F. von Heizinger.) Anfang Juni 1871; das Rosarium später aufgeklebt (StadtA Baden, Nr. 1081 a). – 52.* Dasselbe. Aquarellierte Federzeichnung. 1:250. 111×129,5 cm. «Kopie Th. Schnebli Kurhaus-Cassier 12.11.1880», nach R. Moser (Semper-Archiv ETH). – 53. Kurhaus, Grundriß des Kellers. Aquarellierte Federzeichnung. 1:100. Etwa 63,5×90 cm. (Von R. Moser.) Um 1872 (Semper-Archiv ETH). –

Abb. 13. Baden. Altstadt im Zustand von 1670. Modell von P. Haberbosch und E. Wehrle. – Text S. 26.

54. Kurhaus, Grundriß des Erdgeschosses. Aquarellierte Federzeichnung. 1:100. Etwa 63,5×90 cm. (Von R. Moser.) Um 1872 (ebenda). – 55.* Kurhaus, Grundriß des Obergeschosses. Aquarellierte Federzeichnung. 1:100. Etwa 63,5×90 cm. (Von R. Moser.) Um 1872 (ebenda). – 56.* Kurhaus, Grundriß des Erdgeschosses. Aquarellierte Federzeichnung. 1:50. 78×140 cm. Von R. Moser. Mai 1872 (ebenda) (Abb. 250). – 57.* Kurhaus, Grundriß des Entresols. Aquarellierte Federzeichnung. 1:50. 82×142,5 cm. Von R. Moser. Sept. 1872 (ebenda). – 58. Kurhaus, Werkplan der Erdgeschoß-Nordhälfte. Aquarellierte Federzeichnung. 1:50. 63×71 cm. (Von R. Moser.) 1872 (ebenda). – 59.* Kurhaus, Aufriß der Ostfassade. Aquarellierte Federzeichnung. 1:50. 78,5×129,5 cm. Von R. Moser. Juli 1872 (ebenda). – 60. Kurhaus, Werkplan der Ostfassade. Aquarellierte Federzeichnung.

1:50. 81,5×142 cm. Von R. Moser. Juli 1872 (ebenda). – 61.* Kurhaus, Aufriß der Westfassade. Aquarellierte Federzeichnung. 1:50. 78×139 cm. Von R. Moser. Juli 1872 (ebenda) (Abb. 252). – 62.* Kurhaus, Aufriß der Südfassade. Aquarellierte Federzeichnung. 1:50. 59,5×101 cm. Von R. Moser. Juli 1872 (ebenda). – 63.* Kurhaus, Aufriß der westlichen Saallängswand. Aquarellierte Federzeichnung. 1:10. 162×67,5 cm. Von R. Moser. Sept. 1873 (ebenda) (Abb. 248). – 64. Kurhaus, zahlreiche großformatige Werk- und Detailpläne in den Maßstäben 1:50 bis 1:10. Von R. Moser (ebenda). – 65. Kurhaus, fünf Pläne. Getuschte und lavierte Federzeichnungen. Je 1:200. Je 29,2×44,6 cm. Von R. Moser. Um 1874/75 (StadtA Baden, Nr. 1081) (Abb. 253). – 66.* Kurhaus, Grundriß des Erdgeschosses (Umbauprojekt I). Getuschte Federzeichnung auf Transparentpapier. 1:100. 61,8×116,7 cm. Von Karl Moser. Nov. 1919 (Semper-Archiv ETH, Nr. 33-239-12). – 67.* Kurhaus, Aufriß der Ostfassade (Umbauprojekt I). Federzeichnung auf Transparentpapier. 1:100. 62,3×118 cm. Von K. Moser. Nov. 1919 (Semper-Archiv ETH, Nr. 33-239-18). – 68.* Situationsplan für Kurhaus und Kurpark (Umbauprojekt II). Getuschte Federzeichnung auf Transparentpapier. 1:2000. 38,5×56,5 cm. Von K. Moser. Dez. 1919 (Semper-Archiv ETH, Nr. 33-239-2). – 69.* Kurhaus, Grundriß des Erdgeschosses (Umbauprojekt II). Getuschte Federzeichnung auf Transparentpapier. 1:100. 62,3×86,5 cm. Von K. Moser. Dez. 1919 (Semper-Archiv ETH, Nr. 33-239-22). – 70.* Kurhaus, perspektivische Ansicht von Südosten (Umbauprojekt II). Kohle auf Transparentpapier. 44,5×59 cm. Von K. Moser. 1919 (Semper-Archiv ETH, Nr. 33-239-8). – 71.* Musikpavillon im Kurpark, Aufriß der Ostfassade (Neubauprojekt). Bleistiftzeichnung auf Transparentpapier. 1:50. 48,2×44,4 cm. Von K. Moser. Nov. 1919 (Semper-Archiv ETH, Nr. 33-239-31). – 72. Profil des Parkeingangs und des Musikpavillons von Norden (Neubauprojekt). Bleistiftzeichnung auf Transparentpapier. 1:100. 45×99,4 cm. Von K. Moser. 1919 (Archiv des Stadtplanungsamtes Baden) (Abb. 249).

STADTMODELL

Modell von Stadt und Schloß Baden für das Stichjahr 1670 plus/minus (Abb. 13). 1:333. Grundlagen von P. Haberbosch, Baden; technische Ausführung durch E. Wehrle, Zürich. 1962–1964 (Städtische Sammlung im Landvogteischloß Baden. – Kommentiert in: Haberbosch, Stadt und Schloß).

BÄDERMODELL

Modell der Bäder von Baden und des Dorfes Ennetbaden für das Stichjahr 1670 plus/minus (Abb. 295). 1:333. Grundlagen von P. Haberbosch, Baden; technische Ausführung durch E. Wehrle, Zürich. 1964–1966 (Städtische Sammlung im Landvogteischloß Baden. – Kommentiert in: P. Haberbosch, Die Bäder von Baden und Ennetbaden um 1670, Bad. Njbll. 1967, S. 31–54).

SIEGEL, FAHNEN, WAPPEN

Siegel. Kurz vor 1298 im Rechtssinne zur Stadt erhoben, konnte Baden schon am 25. Februar 1311 «unser stat ingesigel» an eine Urkunde hängen[54]. Weder Petschaft noch Abdruck davon sind erhalten[55]. – 1. *Stadtsiegel* (Abb. 14). Kreisrund, Dm. 4,6 cm. Ein von Quellwasser umspültes, aus Quadersteinen gefügtes Badebecken; nackt darin sitzend und einander zugewendet heraldisch rechts ein Mann, links eine Frau mit Kopfbedeckung. Seitlich dem Boden entwachsend je eine Weinrebe, deren Ranken sich oben ineinander verschlingen und von deren Trauben die Badenden kosten. Umschrift in gotischen Majuskeln: «⚜ s . civiv̄ de baden». Wahrscheinlich identisch mit dem für 1311 bezeugten Siegel. Nachweisbar an Urkunde von 1343[56]; in Gebrauch bis 1497. Das laut Boner noch erhaltene Petschaft zurzeit unauffindbar. Abguß im StA Aarau. – 2. *Stadtsiegel.* Kreisrund, Dm. 5,3 cm. Ähnlich wie Nr. 1. Das Bassin in perspektivischer Ansicht und übereckgestellt; der Mann heraldisch links, die barhäuptige Frau rechts, beide in annähernd frontaler Position. Umschrift in Antiqualettern: «sigillvm ⁝ civivm ⁝ in ⁝ baden ⁝ ergoie». Das zugehörige Petschaft angefertigt 1497[57]. Nach-

---

54 StadtA Baden, Urk. Nr. 4.
55 Vgl. für das Folgende Merz, S. 1–4, vor allem aber den grundlegenden Aufsatz von G. Boner, Siegel, Fahnen und Wappen der Stadt Baden, Bad. Njbll. 1963, S. 8–25.
56 StA Aarau, Urk. Wettingen, Nr. 428.
57 Ammann, Mittler, S. 158, sub anno: «Item 4 lb von großen sigel zů graben».

Abb. 14 und 15. Baden. Erstes Stadtsiegel, 14. Jahrhundert; Spitalsiegel, 15. Jahrhundert (beide in natürlicher Größe). – Text S. 26 und unten.

weisbar an Urkunde von 1499[58]; in Gebrauch mindestens bis 1641. Petschaft auf dem Zivilstandsamt Baden. Abguß im StA Aarau. – 3. *Sekretsiegel*. Kreisrund, Dm. 3,6 cm. Ähnlich wie Nr. 1. Umschrift in gotischen Minuskeln: «❦ secretum · civivm · in · baden». Erwähnt 1436[59]. Nachweisbar an Urkunde von 1443; in Gebrauch mindestens bis 1494. Abguß im StA Aarau. – 4. *Sekretsiegel*. Kreisrund, Dm. 3,5 cm. Ähnlich wie Nr. 2. Der Mann heraldisch rechts. Umschrift in gotischen Minuskeln: «⁚ secretum ⁚ civivm ⁚ in ⁚ baden ⁚ I.$\overline{X}$.9 $\overline{X}$.» (1494)[60]. Nachweisbar an Urkunde von 1506[61]; in Gebrauch mindestens bis 1616. Abguß im StA Aarau. – 5. *Sekretsiegel*. Kreisrund, Dm. 3,8 cm. Ähnlich wie Nr. 2, das Bassin jedoch von Rosengesträuch umrankt und die Badenden – der Mann heraldisch rechts – im Begriff, einen Rosenstrauß in ein Gefäß zu stellen. Umschrift in Antiqualettern: «+ SECRETUM ‡ CIVIVM ‡ BADEN ‡ IN ‡ ERGÖW +». Das zugehörige Petschaft angefertigt 1617[62]. Nachweisbar an Urkunde von 1617[63]; in Gebrauch bis zum Ende der Alten Eidgenossenschaft. Petschaft auf dem Zivilstandsamt Baden. Abguß im StA Aarau. – 6. *Sekretsiegel*. Kreisrund, Dm. 3,7 cm. Ähnlich wie Nr. 2. Umschrift in Antiqualettern: «❀ SECRETVM ❀ CIVIVM ❀ IN ❀ BADEN ❀». Nachweisbar an Urkunde von 1640[64]; in Gebrauch bis zum Ende der Alten Eidgenossenschaft. Petschaft auf dem Zivilstandsamt Baden. Abguß im StA Aarau. – 7. *Petschaftsiegel*. Achteckig, 2,2 × 2 cm. Perspektivisches rechteckiges Badebassin mit Groteskenverzierungen; darin sitzend heraldisch rechts der Mann, links die Frau, dazwischen ein Wasserausguß mit zwei Fontänen. Überschrift in Antiqua: «.SIGILL. / DER STADT / BADEN.» Nachweisbar an Aktenstück von 1663[65]. Abguß im StA Aarau. – 8. *Petschaftsiegel*. Kreisrund, Dm. 3 cm. Stadtwappen unter einem Spruchband mit Aufschrift in Antiqua: «STATT BADEN». Nachweisbar an Brief von 1759[66]. Abguß im StA Aarau. – 9. *Petschaftsiegel*. Oval, 3,1 × 2,7 cm. Stadtwappen in Rokoko-Kartusche mit Umschrift: «GEMEINDRATH BADEN». Nach 1803. Petschaft auf dem Zivilstandsamt Baden. – 10. *Spitalsiegel* (Abb. 15). Kreisrund, Dm. 3,4 cm. Vor griechischem Kreuz eine zwei Finger streckende Hand. Umschrift in gotischen Majuskeln: «+ S HOSPITALIS IN BADEN». Nachweisbar an Urkunde von 1437[67]. Abguß im StA Aarau.

---

58 StadtA Baden, Urk. Nr. 1026. 59 Indirekt in: StadtA Baden, Urk. Nr. 525.
60 Vgl. AMMANN, MITTLER, S. 158, sub anno: «Item von dem insigel ze graben 2 lb. 10 sch. der frowen ze trinckgelt. – Item 2 lb. 2 sch. dem goldschmid umb silber und von dem sigel ze gießen».
61 StA Aarau, Urk. Wettingen, Nr. 1240.
62 StadtA Baden, Nr. 386/XII, sub anno.   63 StadtA Baden, Urk. Nr. 1663.
64 StadtA Baden, Urk. Nr. 1703.   65 StA Aarau, Nr. 2830, sub anno.
66 StA Aarau, Nr. 3462, sub anno.   67 StA Aarau, Urk. Königsfelden, Nr. 598.

28   BADEN

Abb. 16 und 17. Baden. Mondsichelmadonna im linken Obereck des Juliusbanners, 1512; Wappenrelief am Bruggerturm, 1441. – Text unten und S. 29.

Fahnen. Das Hauptbanner Badens ist für das Jahr 1361 urkundlich bezeugt, darf aber mit Gewißheit für den Beginn des 14. Jahrhunderts vorausgesetzt werden[68]. Die ältesten Verbildlichungen in der
Berner Chronik Tschachtlans, 1470[69]. Das erste erhaltene Stadtwappen von 1441 (siehe S. 77) verrät in der einfachen Komposition seine Ableitung vom Banner und damit dessen ursprüngliches Aussehen: ein schwarzer Pfahl in weißem Feld unter rotem Schildhaupt. Der rote Streifen, wohl aus dem
Schwenkel hervorgegangen, gehörte möglicherweise nicht von Anfang an zum Abzeichen. Die dreifache
Schildteilung geht vielleicht auf die Fahne der Herrschaft Österreich zurück, die ebenfalls eine dreifache – allerdings vertikale, rot-weiß-rot gehaltene – Teilung aufweist. – 1. *Juliusbanner* (in der Städtischen Sammlung im Landvogteischloß) (Abb. 16). Seidendamast; nicht vollständig erhalten; um 1900
unfachmännisch restauriert. Rechteckig, Höhe (mit Schwenkel) 162 cm, B. 160 cm. 1512 in Baden hergestellt[70] auf Grund des Bannerprivilegs, das Kardinal Schiner der Stadt als Anerkennung für ihre
Teilnahme am Pavierzug im Namen des Papstes ausgestellt hatte[71]. Schwarzer Pfahl in Weiß, mit
rotem Schildhaupt, das durch den Schwenkel gebildet wird. Im Obereck nächst der Stange in appli-

---

68 A. u. B. Bruckner, Schweizer Fahnenbuch, St. Gallen 1942, S. 9 (Fahnengeschichte). – Vgl. für
das Folgende auch Bruckner, a.a.O., Register, s.v. «Baden», und Boner, a.a.O., S. 14–20.

69 B. Tschachtlan, Berner Chronik, 1470 (Zentralbibliothek Zürich, Ms. A 120). Faksimileausgabe, Genf, Zürich 1933, Tf. 148, 150 f.

70 StadtA Baden, Nr. 386/VI, sub anno: «Ite(m) iiii lib xvi B dem Sidensticker uff Sin verding.
Ite(m) xiii lib iiii B Heinrich Krämer uff Siden zu eim vennly».

71 StadtA Baden, Urk. Nr. 1140 (24. Juli 1512). Gedruckt bei F. E. Welti, Das Stadtrecht von Baden
(= Die Rechtsquellen des Kantons Aargau I/2), Aarau 1899, S. 160 f. – A. u. B. Bruckner, a.a.O.,
S. 171 (Fahnengeschichte); S. 10 (Katalog, mit Abbildung). – Mittler, Baden I, S. 246; Tf. 27a.

zierter Sticktechnik Mondsichelmadonna mit Jesusknaben in der Strahlenkranzmandorla. – 2. *Stadtbanner* (im Schweizerischen Landesmuseum Zürich, Inv. Nr. KZ 5741). Taffetseide, zerschlissen. Rechteckig, 100 × 164 cm. Anfang 16. Jahrhundert. Von den Zürchern im Zweiten Villmerger Krieg erbeutet [72]. Komposition gleich wie bei Nr. 1, aber ohne Schwenkel; die figürliche Darstellung gemalt und großenteils abgebröckelt. – 3. *Speerfähnlein* (im Bernischen Historischen Museum). Leinen- und Wollstoff, beschädigt, teilweise restauriert. Dreieckig, 59,5 × 103 cm. 15./16. Jahrhundert. Das rote Schildhaupt senkrecht neben der Stange, der schwarze Pfahl waagrecht in die Spitze auslaufend [73]. – 4. *Vier Prozessionsfahnen*. Siehe S. 145.

Wappen. Das um 1420 angelegte, verlorene *Conciliumbuch* des ULRICH VON RICHENTAL muß, wie die Kopien des späten 15. Jahrhunderts schließen lassen, bereits das Wappen Badens enthalten haben [74]. Seine Komposition stimmt mit derjenigen der Badener Fahne überein und dürfte, obwohl schon früher als diese bildhaft nachgewiesen, von ihr abgeleitet sein (siehe S. 28). Älteste Darstellung des Wappens ist das auf 1441 datierte Relief an der Nordseite des Bruggerturms (vgl. S. 77; Abb. 17 und 228) [75].

TOPOGRAPHISCHE ENTWICKLUNG

Der Stadt Baden ging eine offene Zivilsiedlung, ein *Dorf*, voraus, dessen Höfe südwestlich und nordwestlich der Limmatenge – im Einschnitt zwischen Kreuzliberg und Schloßberg und auf dem Haselfeld – gelegen haben (Abb. 19) [76]. Es gehörte zum reichen Grundbesitz des herrschaftlichen Verwaltungszentrums auf dem Stein und hat sicher schon vor der Jahrtausendwende bestanden, denn anders wäre die karolingische Kirche unterhalb der Feste, deren Fundamente 1967 unter dem heutigen Gotteshaus ergraben worden sind, nicht denkbar (vgl. S. 94). Auf Grund mehrerer Anhaltspunkte, die OTTO MITTLER aus der Sicht des Historikers, PAUL HOFER aus der Sicht des Urbanisten beurteilt haben, darf heute vermutet werden, daß die Kiburger im zweiten Viertel des 13. Jahrhunderts zwischen dem Fuß des Burghügels und der Kirche einen *geschlossenen Markt* anlegten (Abb. 20) [77]: Die Nähe der Bäder und die günstige Verkehrslage des Ortes, an dem die Route von Basel nach dem zürcherischen Gebiet die Limmat überquerte und die Straße von Lenzburg–Mellingen aufnahm; die in der ersten Hälfte des 14. Jahrhunderts nachweisbare weite Verbreitung des Badener Getreidemaßes; die Erwähnung der an die Stelle einer Fähre getretenen Brücke im Jahre 1242 (vgl. S. 80); der Vermerk dreier Mühlen im kiburgischen Urbar; ganz besonders aber die fächerförmige Anlage von Weiter Gasse, Mittlerer Gasse und Oberer Gasse unter dem südlichen Burghang. Dieser Grundrißtypus wird im Zeitfeld zwischen 1220 und 1250 vorübergehend zur Norm bei den Städtegründungen des deutschsprachigen Mittellandes (Büren a. A., Sempach, Thun, Bremgarten, Liestal, Laufenburg, Sursee) [78]. Die Leitform des Dreieckplans erfährt dabei lokale Variationen. Zu ihnen gehört die in Baden und Thun feststellbare Ausbildung der Marktgasse, die nicht die Rolle einer Durchgangsstraße, sondern aus-

---

72 A. u. B. BRUCKNER, a.a.O., S. 10 (Katalog).

73 A. u. B. BRUCKNER, a.a.O., Abb. S. 163 (Fahnengeschichte).

74 U. VON RICHENTAL, Conciliumbuch, Augsburg, Anton Sorg 1483. Faksimileausgabe, Potsdam 1923, fol. CCXXXIX.

75 Weiteres bei G. BONER, a.a.O., S. 20–25.   76 WERNLI, S. 7–17, 36f.

77 HOFER, Stadtwerdung, passim, bes. S. 17. – MITTLER, Baden I, S. 54–56, 176. – Vgl. WERNLI, S. 24 f., 31, 35, 55–64. – H. AMMANN, Die Stadt Baden in der mittelalterlichen Wirtschaft, Argovia LXIII (1951), bes. S. 244–246. – UB Zürich II, S. 569. – Habsb. Urbar II/1, S. 32.

78 HOFER, Stadtwerdung, S. 15–17; Abb. 4; Anm. 11.

schließlich eines Gewerbe- und Marktraumes spielt [79]. Der Badener Dreigassenfächer verrät ein durchdachtes Konzept, das – in Analogie zu Thun – die Trennung der vom Verkehr frequentierten Transitstraße (der Mittleren Gasse) und der Marktstraße (der Weiten Gasse) vorsah, dieser aber am Schloßbergsporn (beim Löwenplatz) dennoch eine Verbindung zum Durchgangsweg vorbehalten wollte. Einen indirekten Hinweis auf das Vorhandensein eines kompakten Ortskerns um 1225–1250 gibt auch der Standort der drei Mühlen, die, wie spätere Veduten zeigen [80], nicht am natürlichen Lauf des von Dättwil der Limmat zufließenden Baches lagen, sondern an einer künstlichen Abzweigung desselben. Die Umleitung des Baches nach Norden kann nur damit erklärt werden, daß es eine dichtbevölkerte, enge Siedlung mit Wasser zu versehen galt. Die stadtähnliche Anlage der Kiburger, in der auch die Bediensteten und Handwerker der Herrschaft ansässig gewesen sein mögen, war nach außen durch ununterbrochene Häuserreihen geschlossen, wie heute das Straßendreieck von Oberer, Mittlerer und Weiter Gasse noch veranschaulicht [81]. Im Westen und im Norden war sie mit Eingängen versehen, die der Verkehrskontrolle und dem Zollbezug dienten. Grabungen, die aus Anlaß der großen Verkehrssanierung im Jahre 1963 durchgeführt wurden, erhellten, daß die westliche Toranlage (am Platz des späteren, 1874 wieder geschlissenen Mellingerturms) auf festem Jurakalk gestanden haben muß [82]. Paul Haberbosch, der auf dem Schloßberggrat neben der nördlichen Niklaussteige einem runden Wehrturm von mehr als meterfester Mauerdicke auf die Spur gekommen ist (vgl. Abb. 4, 20 [7]), hat mit dem Auge des Geologen auch erkannt, daß die nördliche Toranlage mit großer Wahrscheinlichkeit in der Fortsetzung des Grates, da, wo er die Ebene erreicht, also ebenfalls über Kalksteingrund, angelegt war – nicht auf dem Schotterboden, wo sich heute der Bruggerturm erhebt [83]. Demnach hätte die Spitze des kiburgischen Straßenfächers vor dem Hügelsporn, etwa 30 m südlich des Bruggertors, gelegen, und das Teilstück der Straße Basel–Zürich (die derzeitige Rathausgasse) wäre außerhalb des Nordtors durchgezogen.

Der Erhebung Badens zur *Stadt* im letzten Jahrzehnt des 13. Jahrhunderts folgte in erster Linie der *fortifikatorische Ausbau* (Abb. 21). Diese durch Herzog Albrecht veranlaßte Maßnahme war zweifellos durch den 1292 erfolgten Aufstand der Zürcher gegen die Habsburger mitbedingt, während welchem österreichischer Boden bis nach Dättwil und Birmenstorf verwüstet worden war und der Bäderort sich als Waffenplatz gegen Zürich von Bedeutung erwiesen hatte [84]. Der konzentrische Kirchenbezirk, wo Pfarrhaus, Pfrundhäuser und Beinhaus den Sakralbau umstanden, wurde jetzt mit dem radialen Straßensystem der Kiburger verbunden. Im übrigen diktierte die besondere Beschaffenheit des Geländes den Umfang der Stadtanlage. Im Osten

---

[79] Hofer, Stadtgeschichtliche Grundlagen, S. 4. – H. Ammann, Die Anfänge der Stadt Thun, Zeitschrift für Schweiz. Geschichte XIII (1933), S. 327–378, bes. 358–362.

[80] Bilddokumente Nrn. 20, 21.

[81] Haberbosch erwägt die Möglichkeit, daß ein 1954 unter den nach dem Kirchplatz orientierten Hinterhäusern der Weiten Gasse ergrabenes, nordsüdlich verlaufendes Mauerstück ursprünglich den Ostrand des Dreigassenfächers gebildet haben könnte. Haberbosch, Agnesenspital, S. 19–21, 26; Plan 1 und Zeichnung 3.

[82] Haberbosch, Stadt und Schloß, S. 16. – Mittler, Baden II, Abb. S. 33.

[83] Haberbosch, Stadt und Schloß, S. 17, 20 f. – Haberbosch, Agnesenspital, S. 26 f. – Vgl. Bilddokument Nr. 1 (rechts vom Bruggerturm).

[84] Wernli, S. 65–72. – Mittler, Baden I, S. 48.

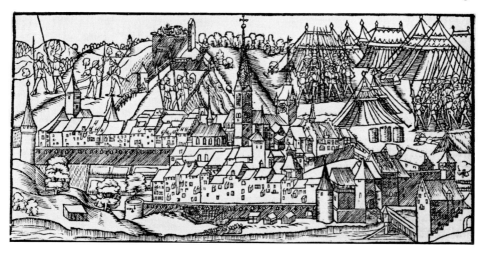

Abb. 18. Baden. Stadt von Südosten, 1548. Holzschnitt von H. Asper in der Chronik J. Stumpfs (Bilddokument Nr. 28). – Text S. 36, 74.

war es leicht, den Ort auf der Kante der Kirchenterrasse mit einer Mauer zu sichern, im Süden setzte die Runse des Baches eine natürliche Grenze, und im Norden lud die kurze Distanz zwischen Hügelsporn und Haldenkante zu einer systematischen Abriegelung (entlang der Linie der nördlichen Häuserzeile am Kirchplatz). Welches Aussehen der erste habsburgische Stadtgürtel im einzelnen hatte, ist ungewiß. Sicher aber war das Schloß durch zwei Mauern, eine den Berggrat hinuntersteigende und eine zur westlichen Häuserreihe am Cordulaplatz verlaufende, in die Anlage einbezogen. Daß die Halde zwischen Kirche und Limmat zunächst noch außerhalb der Befestigung blieb, verbürgt eine Urkunde von 1350, die von einem Haus «in der halden in der vorstatt ze Baden» redet [85]. Die Stadt stand während der ersten Hälfte des 14. Jahrhunderts erst in mittelbarer Verbindung mit der Brücke, so wie es z.B. in Aarau bis in die Neuzeit der Fall war.

Der 1351 ausbrechende jahrelange Krieg Zürichs gegen Österreich gab den Anstoß zu einer *neuen Fortifikation* Badens (Abb. 22) [86]. 1359 schenkte Herzog Rudolf den Bürgern den Brückenzoll und die Brückengarben in Anerkennung ihrer aufgebrachten Mühe für «die großen nutzen buwe... mit graben und muren» und unter dem Vorbehalt, daß «die purgere dannenthin damit die prug machen und in guetem buwe haben und ouch die nider purg [den Brückenkopf] mit tächeren versehen und wohl besorgen sullen». Der Überschuß der Erträgnisse sollte «an ander buwe der stat, do es je allernützest und nothdürftigest ist» angelegt werden [87]. Die der Stadt auferlegte Unterhaltspflicht für Brücke und Niedere Feste dürfte den Ausschlag für die planmäßige Bewehrung der Halde gegeben haben [88]. Sie erhielt ein neues Straßen-

---

85 WERNLI, S. 57 f. – Vgl. WELTI, Urkunden I, S. 13.
86 WELTI, Urkunden I, S. 30, 71, 84. – AMMANN, MITTLER, S. 135.
87 WELTI, Urkunden I, S. 52. – WELTI, Stadtrecht, S. 8.
88 1415 ist von einem Haus und einem Garten in der Halde die Rede, zwischen welche nachträglich «die burger die ringmur ... hinab gemacht hant». – WELTI, Urkunden I, S. 299, 312, 447.

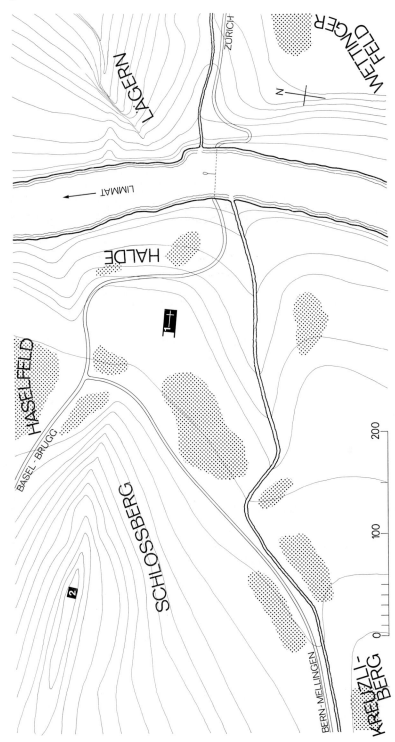

Abb. 19, 20, 21 und 22. Baden. Zustand der Siedlung um die Jahrtausendwende (oben) und um 1225–1250 (unten); Zustand der Stadt um 1300 (S. 34) und um 1360–1370 (S. 35). Situationspläne. – Text S. 29–36.

1 Kirche, *2* Schloß Stein, *3* Niedere Feste bzw. Landvogteischloß mit Brücke, *4–6* Obere, Mittlere und Untere Mühle, *7* Wehrturm auf dem Schloßberggrat, *8* Bruggerturm, *9* Mellingerturm, *10* Haldentor, *11* Nesselhufentörlein, *12* Nesselhufenbollwerk, *13* «Waghals», *14* Johannsturm, *15* Barbaraturm, *16* Ferberturm, *17* Bruggtor, *18* Ergelturm, *19* Agnesenspital, *20* Heiliggeistkapelle, *21* Altes Beinhaus, *22* Pfarrhaus, *23* Pfrundhäuser, *24* Badstube, *25* Kauf- und

TOPOGRAPHISCHE ENTWICKLUNG

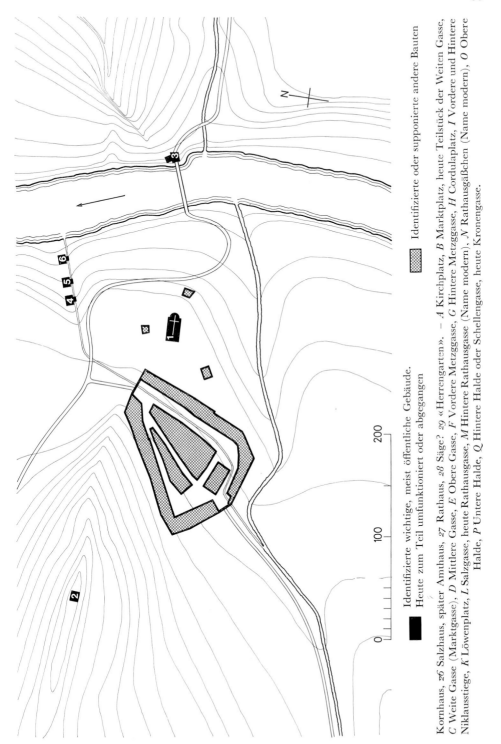

Kornhaus, *26* Salzhaus, später Amthaus, *27* Rathaus, *28* Säge?, *29* «Herrengarten». – *A* Kirchplatz, *B* Marktplatz, heute Teilstück der Weiten Gasse, *C* Weite Gasse (Marktgasse), *D* Mittlere Gasse, *E* Obere Gasse, *F* Vordere Metzggasse, *G* Hintere Metzggasse, *H* Cordulaplatz, *I* Vordere und Hintere Niklausstiege, *K* Löwenplatz, *L* Salzgasse, heute Rathausgasse, *M* Hintere Rathausgasse (Name modern), *N* Rathausgäßchen (Name modern), *O* Obere Halde, *P* Untere Halde, *Q* Hintere Halde oder Schellengasse, heute Kronengasse.

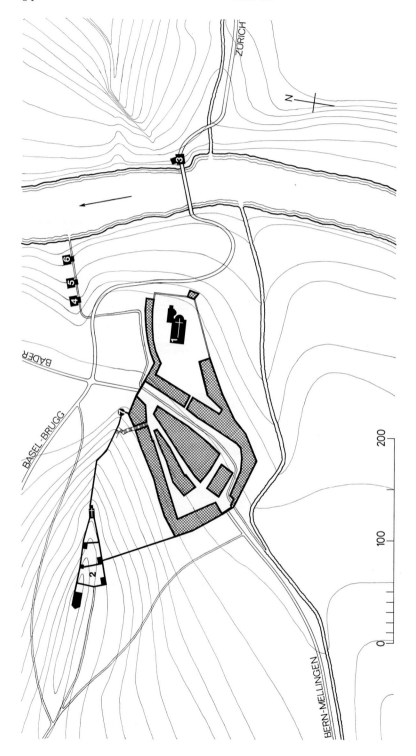

Abb. 21. Baden. Zustand der Stadt um 1300. Situationsplan. – Index S. 32–33. – Text S. 30–31.

TOPOGRAPHISCHE ENTWICKLUNG

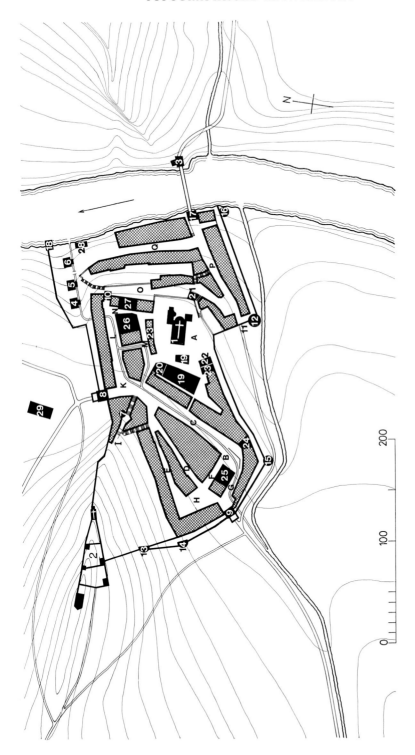

Abb. 22. Baden. Zustand der Stadt um 1360–1370. Situationsplan. – Index S. 32–33. – Text S. 31, 36, 71.

trassee[89], das im Süden, nahe dem Bach, in enger Windung umbog und den im Stadtgrundriß charakteristischen rechteckigen Vorsprung bewirkte. Gegen Norden galt es die übereinanderliegenden Mühlen zu sichern. Durch die Eingliederung der drei Ökonomiegebäude wurde der Bann des Haldenquartiers gegenüber der Stadtanlage auf der Terrasse beträchtlich flußabwärts verschoben. Dies sowie der spätestens jetzt erwachende Wunsch, die Durchgangsroute von Basel dem Befestigungswerk der Oberstadt einzuverleiben, müssen Anlaß gewesen sein, das nördliche Tor nordwärts – an den Platz des derzeitigen Bruggerturms – zu versetzen und die offene Straße (die heutige Rathausgasse) mit geschlossenen Häuserzeilen zu flankieren; das Tor sowie den westlichen Stadtausgang gegen Mellingen überhöhte man mit Türmen[90]. 1420 ist ein weiteres Tor zwischen Oberstadt und Halde, anstelle des heutigen Schwibbogens, bezeugt, das um die Mitte des 14. Jahrhunderts errichtet worden sein wird und mit dem die Haldenstraße gesperrt werden konnte[91]. Nicht nachgewiesen für das 14. Jahrhundert, aber anscheinend damals schon vorhanden, war ein Stadtausgang am Haldenrank, beim späteren Nesselhufentörlein, der dem Verkehr von der Brücke her in Richtung Mellingen den Umweg durch die Oberstadt ersparte und ihn direkt nach Westen entließ[92]. – Zeitgenössische Ansichten der habsburgischen Befestigung sind nicht erhalten, doch liefern die gut hundert Jahre jüngere Stadtvedute Tschachtlans (1470) und die fast zweihundert Jahre späteren Illustrationen bei Johannes Stumpf (1548) (Abb. 18) und Sebastian Münster (1550) (Abb. 25) ein sehr verläßliches Bild davon[93]. Mit Ausnahme eines Teilstücks am Limmatufer, wo die Häuserfronten selbst den Schutz gewährleisteten, war die ganze Stadt von einem Mauerzug umfangen. Neben dem Stadtausgang beim Landvogteischloß, den turmüberhöhten Stadttoren an den Ausgängen gegen Brugg und Mellingen und dem Nesselhufenbollwerk am Haldenrank schoben sich sechs Wehrtürme in den Gürtel: «Waghals» und Johannsturm zwischen Schloß Stein und Mellingertor (Abb. 35), Barbaraturm und Ferberturm im Bachgraben, Bruggtor und Ergelturm an der Limmat (Abb. 18)[94]. Mit dem Ausbau im 14. Jahrhundert erreichte die Stadt den Umfang, den sie im wesentlichen bis ins beginnende 19. Jahrhundert behalten hat (vgl. Abb. 45, 13, 9, 11, 12, 32)[95].

Die topographische Entwicklung des 15., 16. und der ersten Hälfte des 17. Jahrhunderts wird zur Hauptsache durch Neubauten und durch Umbauten bereits bestehender städtischer und gemeineidgenössischer Gebäude gekennzeichnet (Abb. 23). Sie alle prägen zur Hauptsache noch heute das Stadtbild. Im Gegensatz zu dieser nur punktuellen Entwicklung stehen die umfänglichen Veränderungen, die Baden während der zweiten Hälfte des 17. Jahrhunderts erlebte und die seine ganze Einwohnerschaft berührten oder in Anspruch nahmen (Abb. 24). Bald nach dem ersten Religionskrieg bei Villmergen 1656 wurde der *Wiederaufbau der Feste Stein* vorangetrieben (Abb. 34 und 35), und auf ihn folgte von 1665 bis 1692 eine nahezu *vollständige Neubefestigung des Stadtrings und des rechtsufrigen Brückenkopfs* (Abb. 46

---

89 Welti, Urkunden I, S. 129; II, S. 698. – Mittler, Baden I, S. 122.
90 Welti, Urkunden I, S. 52. – Welti, Stadtrecht, S. 8.   91 Welti, Urkunden I, S. 340.
92 Haberbosch, Stadt und Schloß, S. 16. – Haberbosch, Agnesenspital, S. 25.
93 Bilddokumente Nrn. 9, 20, 28, 29. – Stadtmodell (zitiert S. 26; Abb. 13).
94 Haberbosch, Befestigungsanlagen, S. 71 f.
95 Vgl. hiezu Jeuch, S. 36–40, und die Bilddokumente Nrn. 21, 23, 34.

und 47). Schriftquellen, Bilddokumente und archäologische Indizien lassen auf eine besonders intensive Fortifizierung auf der Stadtsüdseite schließen und bezeugen, daß sich Baden dabei von seiner politischen Haltung gegen Zürich leiten ließ[96]. «Waghals» und Johannsturm büßten ihr mittelalterliches Gesicht ein und wurden verstärkt. Barbaraturm, Nesselhufenbollwerk und Ferberturm wichen gewaltigen Fünfeckbastionen. Dem Mellingerturm legte man ebenfalls eine Bastion vor, unter der sich eine gewölbte Kasematte verbarg. Vor dem Landvogteischloß sperrte ein wuchtiger Torbau mit Schießscharten den Zugang vom Wettinger Feld, und nordseitig erhielt der Bruggerturm ein ähnliches Vorwerk wie der Stadtausgang gegen Mellingen. Allenthalben wuchsen neue Verbindungsmauern von mächtigen Ausmaßen auf. Bilddokumente und historische Pläne zeigen eindrücklich, daß jetzt im Stadtbild Badens Neuzeit und Mittelalter eine seltsame Verbindung eingegangen waren. Hatte man im 13. und 14. Jahrhundert die natürlichen Vorteile der Limmatklus ohne großes Hinzutun für eine strategische Schlüsselstellung zu nutzen verstanden, so war diese Stellung jetzt mit aufwendigen künstlichen Mitteln gesichert. Die spröden, kleinteiligen Bauten der gotischen Stadt umgab eine massive, breitgelagerte Befestigung mit dickwandigen Bastionen nach dem Muster VAUBANSCHER Verteidigungswerke. Aber die forcierten Schutzmaßnahmen trugen den Möglichkeiten der modernen Artillerie zu wenig Rechnung, da es an wirksamen Außenforts fehlte. Dies sollte sich im Villmerger Krieg von 1712 schon bald erweisen. Die Stadt ergab sich in diesem Konflikt zwar, bevor die Befestigungen auf eine härtere Probe gestellt wurden, doch leitete Zürich unmittelbar nach der Kapitulation die *Schleifung des Schlosses und der Bastionen* ein. – Das im 18. Jahrhundert waltende Regime der Zürcher und Berner hat die Bautätigkeit der Bürgerschaft wesentlich eingeschränkt.

Anders als die Stadt, deren Wachstumsphasen von vorkiburgischer Zeit bis ans Ende des 18. Jahrhunderts nicht allein indirekt erschließbar, sondern noch heute am Grundriß direkt abzulesen sind, bewahrt das *Bäderquartier* in seiner derzeitigen Anlage nur noch wenige topographische Züge seiner älteren Vergangenheit (Abb. 27 und 28). Dennoch ist sein zentral gelegener Platz von ULRICH MÜNZEL mit Recht eine «geschichtsbildende Keimzelle Badens» genannt worden[97]: Der schon für die römische Ära nachweisbare[98], sehr wahrscheinlich aber um Jahrtausende weiter zurückreichende Badebetrieb ist viel älter als das erste Zeugnis gemeinschaftlichen Lebens auf Stadtboden (die karolingische Saalkirche), das bei den Thermen gefundene römische Brückenfundament älter als die Fähre in der Flußenge. Die Quellen haben der Stadt den Namen gegeben. Mehr als alle anderen Faktoren trugen sie im Mittelalter zur wirtschaftlichen Hebung des Ortes bei, und wenn Baden schon früh eine Rolle als Kongreß- und Abgeordnetenstadt spielte, so ist dies ebenfalls in wesentlichem Maße der Anziehungskraft seiner heilbringenden Schwefelthermen zuzuschreiben. – Das Wasser tritt am Limmatknie, da wo der Fluß den Niederterrassenschotter bis zum Keuper durchschnitten und auch diesen erodiert hat, in *neunzehn natürlichen und erbohrten Quellen* zutage[99]. Drei davon liegen auf dem rechten Ufer und

---

96 StadtA, Nr. 388, passim. – Bilddokumente Nrn. 10, 30, 31, 32, 33. – Plandokument Nr. 5. – MITTLER, Baden II, S. 16–38. – HABERBOSCH, Stadt und Schloß, S. 1, 8–15.

97 MÜNZEL, Große Bäder, S. 1.   98 MÜNZEL, Thermen, S. 217. – MITTLER, Baden I, S. 255.

99 MÜNZEL, Thermen, S. 39 f., 43–58; Abb. 13–15. – P. HABERBOSCH, Die Thermalquellen von Baden, Straße und Verkehr XLVI, 4 (1960), S. 142–149; Fig. 2, 6.

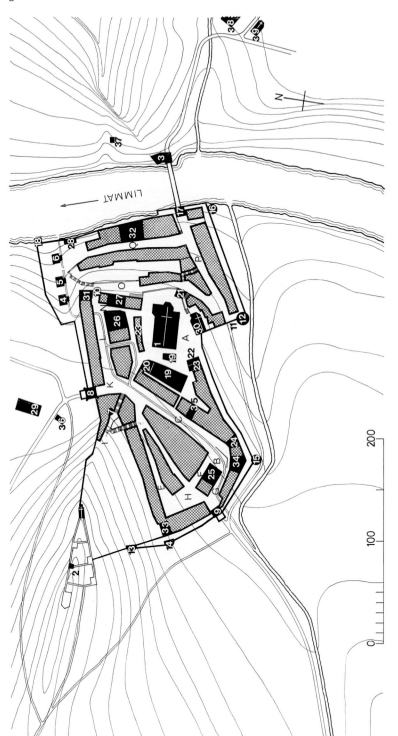

Abb. 23 und 24. Baden. Zustand der Stadt um 1500 (oben) und um 1700 (unten). Situationspläne. – Text S. 36–37, 71–72.

1–29 und *A–Q* siehe Index S. 32–33; während der systematischen Neubefestigung in der zweiten Hälfte des 17. Jahrhunderts sind Landvogteischloß (*3*), Bruggerturm (*8*) und Mellingerturm (*9*) mit mächtigen Vorwerken versehen und die südseitigen Wehrtürme (*12, 15* und *16*) durch Bastionen ersetzt worden. – *30* Neues Beinhaus mit Kapelle, heute Sebastianskapelle, *31* Schmiede, *32* Spital-Kornhaus, *33* Alte Stadtkanzlei, *34* Franzosenhaus (Absteige-

TOPOGRAPHISCHE ENTWICKLUNG

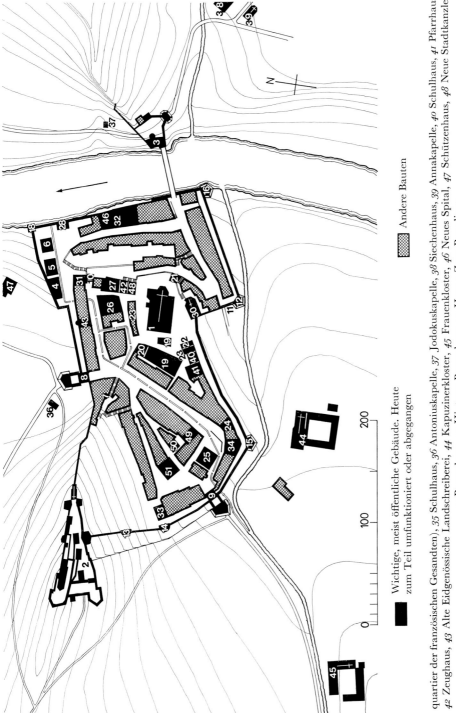

■ Wichtige, meist öffentliche Gebäude. Heute zum Teil umfunktioniert oder abgegangen

▨ Andere Bauten

quartier der französischen Gesandten), *35* Schulhaus, *36* Antoniuskapelle, *37* Jodokuskapelle, *38* Siechenhaus, *39* Annakapelle, *40* Schulhaus, *41* Pfarrhaus, *42* Zeughaus, *43* Alte Eidgenössische Landschreiberei, *44* Kapuzinerkloster, *45* Frauenkloster, *46* Neues Spital, *47* Schützenhaus, *48* Neue Stadtkanzlei, *49* Bernerhaus, *50* Hinteres Bernerhaus, *51* Haus «Zum Paradies».

heute mithin auf dem Boden der Gemeinde Ennetbaden (vgl. S. 348); eine entspringt im Flußbett. Nach den Quantitäten des Ergusses wird zwischen den linksufrigen *Großen Bädern* und den rechtsufrigen *Kleinen Bädern* unterschieden. Nicht allein geologisch, sondern auch siedlungsgeschichtlich bilden die beiden Badbezirke eine Einheit.

Als siedlungsgeographische Konstante darf der Bäderplatz (heute Kurplatz) in der Limmatwindung angesprochen werden, wo die ergiebigste Quelle, diejenige des sogenannten Heißen Steins, aufsteigt. Hier müssen sich jahrhunderte-, wenn nicht jahrtausendelang offene Badeanlagen befunden haben, wie die bei JOHANNES STUMPF im Kapitel zur Stadt Baden eingerückte Darstellung eines unbedeckten Gemeinschaftsbades[100] und PANTALEONS Schilderungen des Verena- und des Freibadbassins[101] glauben lassen. Der ganze linksufrige Bäderbezirk war bis ins 19. Jahrhundert ummauert (Abb. 4, 25 und 295)[102]. Älter als der Befestigungsgürtel war die 1881 abgebrochene und ersetzte romanische Dreikönigskapelle im Westen (vgl. S. 166), auf welche die Ummauerung Rücksicht nahm. Die Wehranlage ist aber sicher schon vor 1415, wohl aus Anlaß des fast andauernden Kriegszustandes zwischen Österreich und

[100] MÜNZEL, Große Bäder, S. 4; Abb. 2. – MITTLER, Baden I, Abb. 19.

[101] H. PANTALEON, Wahrhafftige und fleißige Beschreibung der uralten Statt und Graueschafft Baden ..., Basel 1578, S. lxxi–lxxv.

[102] Bilddokumente Nrn. 1, 20. – Bädermodell (zitiert S. 26; Abb. 295).

Abb. 25. Baden und Ennetbaden. Stadt, Dorf und Bäder von Osten, 1550. Holzschnitt von D. Kandel in der Kosmographie S. Münsters (Bilddokument Nr. 20). – Text S. 36, 40, 50, 66, 74, 167 und 354.

Abb. 26. Baden. Bäderplatz von Westen, mit den Gasthöfen «Staadhof», «Raben», «Schlüssel» und «Blume», dem Verenabad (vorne) und dem Freibad (hinten), um 1800 (vgl. Abb. 27). Aquatinta von H. Keller (Bilddokument Nr. 96). – Text unten, S. 43 und Index S. 42.

den Eidgenossen, gebaut worden. Zwei Fahrwege, die von der Stadt herkommende Badhalde (Vorläuferin der heutigen Bäderstraße) und die übers Haselfeld führende alte Römerstraße, mündeten im Südwesten, an der höchstgelegenen Stelle der Bädersiedlung, in deren Haupttor[103]. Weitere Mauerdurchlasse lagen an der oberen Schifflände und neben dem Kapellenturm[104]. MERIAN gibt zu Beginn des 17. Jahrhunderts als erster eine zuverlässige und aufschlußreiche Ansicht des mittelalterlichen Bauzustandes (Abb. 4). Das heutige Aussehen des Quartiers deckt sich, von einigen Ausnahmen abgesehen, nicht mehr damit; dagegen entsprechen der Vedute noch Pläne und Zeichnungen des ausgehenden 18. und beginnenden 19. Jahrhunderts[105]. Das Herzstück der Bäder trug gleichzeitig Züge eines zufällig gewachsenen und eines willkürlich gestalteten Platzes (Abb. 6 und 26). Zufällig waren die Staffelung und Verkeilung der Hauskuben, das Nebeneinander trauf- und giebelständiger Bauten, die unterschiedlichen Geschoßhöhen und die Varietät der einzelnen Bauglieder; willkürlich die direkten Platzzugänge vom Haupttor und vom Schiffländetor, der bei allen Unregelmäßigkeiten im großen ganzen gewahrte orthogonale Platzgrundriß und die konzentrisch sich öffnenden Haustorbogen. Unter den zahlreichen

103 Bilddokumente Nrn. 1, 2.   104 HABERBOSCH, Bäder, S. 10.
105 Plandokumente Nrn. 9, 10. – Bilddokumente Nrn. 89, 93, 94, 95, 96, 97, 98. – Bädermodell (zitiert S. 26; Abb. 295).

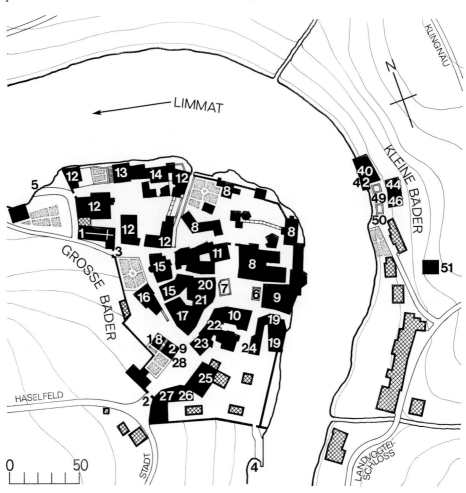

Abb. 27 und 28. Baden und Ennetbaden. Zustand der Bäder um 1700 (oben) und um 1845 (rechts oben). Situationspläne. – Text S. 37–44.

Große Bäder. *1* Alte Dreikönigskapelle, *2* Haupttor, *3* Mattentor, *4* und *5* obere und untere Schifflände, *6* Freibad, *7* Verenabad; *8–18* Gasthöfe mit eigenen Bädern: *8* «Staadhof», *9* «Raben», *10* «Blume», *11* «Sonne», *12* «Hinterhof», *13* «Zeithaus», später «Neubau» des «Hinterhofs», *14* «Habsburgerhaus» des «Hinterhofs», *15* «Bären», *16* «Kleiner Bären», *17* «Ochsen», *18* «Kleiner Ochsen»; *19–29* Wirtshäuser und Herbergen ohne eigene Bäder: *19* «Schlüssel», *20* «Halbmond», *21* «Löwen», *22* «Gelbhorn», *23* «Sense», *24* «Wildmann», *25* Schröpfgaden, *26* «Thiergarten», *27* «Rößli», *28* «Sternen», *29* «Tanne»; *30* Durchgang unter dem «Thiergarten», *31* Fassung der Limmatquelle, *32* Trinkbrunnen; *33–37* neu erbaute Kuretablissements aus dem zweiten Viertel des 19. Jahrhunderts: *33* «Limmathof», *34* Scheune des «Limmathofs», *35* Aargauische Armenbadanstalt, *36* Trinklaube, *37* «Verenahof»; *38* Wohnhaus «Drei Eidgenossen», *39* Wohnhaus «Drei Sternen». – *Kleine Bäder.* *40–48* Gasthöfe: *40* «Rebstock», *41* Dependancen des «Rebstocks», *42* «Hirschen», *43* Dependancen des «Hirschen», *44* «Engel», *45* Dependancen des «Engels», *46* «Sternen», *47* Dependance des «Sternen», *48* «Adler»; *49* Schröpfbad, *50* Freibad, später Dampfbad, *51* Trotte.

■ Wichtige, meist öffentliche Gebäude. Heute zum Teil umfunktioniert oder abgegangen.

▨ Andere Bauten

Gasthöfen und Herbergen besaß nur die Hälfte hauseigene Badeanlagen; und viel frequentierter als diese waren vor dem 19. Jahrhundert die beiden offenen Bassins im Platzviereck, das Freibad und das Verenabad, von denen schon das 15. Jahrhundert in ausführlichen Schriftdokumenten Kunde gibt (Abb. 26 und 27)[106].

Noch mehr als für die Großen Bäder hat der Fluß für die Kleinen Bäder das Ganze der Siedlungsform bestimmt. Denn die unmittelbar an den Steilhang des Geißbergs drängende Limmatkurve gewährte nicht nur wenig Platz für Quellaustritte, sondern auch wenig Möglichkeiten für deren Nutzung. Naturgemäß bildete sich auf dem rechten Ufer eine zeilenförmige Bäderanlage hart am Wasser. Sie ist auf dem ältesten

---

106 MÜNZEL, Große Bäder, S. 4 f. – K. MÜNZEL, Das St.-Verena-Bad zu Baden im Jahre 1820, Njbl. der Apotheke F. X. Münzel Baden, 1937, S. 10–15. – H. PANTALEON, a.a.O., S. lxx–lxxv. – S. HOTTINGER, Thermae Argovia-Badenses – Das ist eigentliche Beschreibung der Warmen Bädern insgemein..., Baden 1702, S. 42–50.

einschlägigen Bilddokument, der Vedute MERIANS, nur zu vermuten, aber auf einer anonymen Bleistiftzeichnung der zweiten Hälfte des 18. Jahrhunderts (Abb. 331)[107] und erst recht auf dem Schultheß-Plan von 1817[108] deutlich wahrzunehmen. HEINRICH PANTALEON zählt vier Badgasthöfe mit Namen auf[109]; ein fünfter wird 1626 namentlich faßbar[110]. Alle haben bereits in der ersten Hälfte des 14. Jahrhunderts existiert[111]. Derselbe Gewährsmann erwähnt ein ungefähr vierzig Firste zählendes Dorf in der Nähe der Kleinen Bäder[112]; MERIAN, JUILLERAT (Abb. 292) und andere zeigen es am Uferrand zwischen den Herbergen und dem flußaufwärts gelegenen «Schlößli» (S. 354) als dichte Reihung einfacher Häuser (vgl. das Kapitel zur Gemeinde Ennetbaden, S. 348)[113]. – Der Verlauf der rechtsufrigen Fahrwege verriet mit aller Deutlichkeit, daß diese sich nach dem gebauten Siedlungskern – den um die Quellen gruppierten Gebäulichkeiten – richteten, nicht umgekehrt. Die von Klingnau herkommende, der Geißberghalde entlang ziehende Straße (heute Goldwandstraße–Hertensteinstraße) umzog hoch über dem Fluß in weitem Bogen die Bäder, bevor sie den Weg von Kaiserstuhl aufnahm und in der Fallinie abstieg, um durch das eigentliche Dorf südwärts zu führen. Bis weit ins 19. Jahrhundert, als die Uferstraße angelegt wurde, waren die Gasthöfe einzig durch eine blinde Fahrgasse, die auf halber Höhe von der Klingnauerstraße abzweigte, den Besuchern erschlossen[114].

Weder als Kantonshauptstadt in der Helvetischen Republik noch als Bezirkshauptort im neuen Staatenbund Napoleons konnte Baden einen auf Repräsentation bedachten Baubetrieb entfalten. Erst in der *Restauration* und vor allem in der *Regeneration* nahm das Aussehen Badens wieder zunehmend *neue Züge* an (Abb. 29). Die seit Jahrzehnten geschädigte Stadt hatte nicht nur den Erfordernissen von Verkehr und Wirtschaft mit Neubauten Rechnung zu tragen, sondern auch im Bau von vornehmen Wohnhäusern einen gewissen Nachholbedarf zu befriedigen[115]. Voraussetzung für manches Gebäude war die Sanierung schon bestehender oder die Schaffung neuer Straßen. 1819 trat ein Fußgängersteg an die Stelle der Fähre zwischen den Großen und den Kleinen Bädern[116]. 1826 versetzte man das Trassee der Badhalde (heute

---

107 Kapitel zur Gemeinde Ennetbaden, S. 350, Bilddokument Nr. 1.   108 Plandokument Nr. 10.
109 H. PANTALEON, a.a.O., S. v, lxxxix.   110 StadtA, Nr. 387/VIII.
111 WELTI, Urkunden I, S. 16 f. – Vgl. WELTI, Stadtrecht, S. 146, 157.
112 H. PANTALEON, a.a.O., S. v.   113 Bilddokumente Nrn. 1, 2, 4, 5.
114 HABERBOSCH, Bäder, Umschlagplan. – MÜNZEL, Kleine Bäder, Abb. 1–3, 10 f.
115 Vgl. U. MÜNZEL, Baden vor 125 Jahren, Privatdruck, Baden 1962. – Ders., Baden um 1845, Bad. Njbll. 1964, S. 43–50. – Ders., Große Bäder.
116 StadtA, Nr. 821: Akten Bäder.

Abb. 29. Baden und Ennetbaden. Grundriß um 1860. – Text S. 44–47.

Vorstadtbauten. *1* Reformierte Kirche, *2* Michaelskapelle, *3* Wohnhaus «Schwert», *4* Wohnhaus «Schlößli», *5* Badhotel «Freihof», *6* Badhotel «Schiff», *7* Remise des Hotels «Schiff», *8* Altes Schulhaus mit Kapelle, *9* Bahnhof; *10–16* abgebrochene Biedermeier-Bauten: *10* Spinnerei, *11* Schloßbergkasino, *12* Wohnhaus «Augarten», *13* Gartenvilla an der Badhalde, *14* Gartenhaus mit Portikus, *15* Altes Stadttheater, *16* Wohnhaus «Egloffstein». – *Vorstadtstraßen.* *A* Schloßbergplatz, *B* Badhalde, heute Badstraße und Bäderstraße, *C* Bruggerstraße, *D* Theaterplatz, *E* Bahnhofplatz, *F* Alte Haselstraße, früher und heute Römerstraße, *G* Schulhausplatz, *H* Mellingerstraße, *I* Zürcherstraße, *K* Uferstraße, heute Sonnenbergstraße, *L* Wettingerstraße, *M* Neue Uferstraße, heute Badstraße.

Bäderstraße) nördlich der Verenakapelle und führte es unter dem Haus «Zum Thiergarten» hindurch in den Bäderbezirk (Abb. 28)[117]. Zehn Jahre danach erstellte die Gemeinde Ennetbaden vor ihren Badehöfen eine Uferstraße[118]. Mit dem Ausbau der Bruggerstraße im Norden und der Mellingerstraße und linksufrigen Zürcherstraße im Süden hing eine einschneidende Veränderung in der Altstadt zusammen: Da die jahrhundertealte enge Mittlere Gasse als Fahrweg nicht mehr genügte, wurde die *Weite Gasse 1847 nach Süden geöffnet* und damit dem Durchgangsverkehr freigegeben[119]. Zu Ende der dreißiger Jahre hatten die sukzessive Schleifung des noch übriggebliebenen Mauergürtels und die Einebnung der Stadtgräben eingesetzt[120] – ein Unternehmen, in dem sich weniger die Einsicht in die Hinfälligkeit veralteter Kriegsmethoden als der Wunsch offenbarte, die verwinkelte, enge Altstadt ihrem Vorgelände besser zu erschließen. Im übrigen lag der Erweiterung Badens nach Norden und nach Süden kein festes Konzept zugrunde. Die Möglichkeiten, eine der radial vom Stadtkern wegziehenden Straßen systematisch zu bebauen, blieben ungenutzt. Die Badhalde, wo die gefluchteten Häuserzeilen des Biedermeier immer wieder von gestaffelten und übereckgestellten Gebäuden älteren Ursprungs

117 Ebenda: Straßenbau, sub annis 1822, 1825, 1826.
118 Ebenda: Straßenbau, sub annis 1835, 1837.   119 StadtA, Nr. 893: 1847–1849, S. 262, 267.
120 StadtA, Nr. 893: 1837–1839, Register, s. v. «Bauwesen»; 1839–1842, Register, s. v. «Bauten und Reparaturen».

Abb. 30. Baden und Ennetbaden. Stadt, Dorf und Bäder von Norden, um 1833. Aquatinta von J. J. Meyer (Bilddokument Nr. 4). – Text S. 47.

Abb. 31. Baden. Schloßbergplatz von Norden, mit ehemaliger Gartenvilla, Bruggerturm, ehemaliger Wache und ehemaligem Wohnhaus «Augarten», um 1835. Aquatinta von J. Meyer-Attenhofer (Bilddokument Nr. 114). – Text S. 44, 48, 76 und Index S. 44.

unterbrochen werden, zeigt anschaulich, daß das frühe 19. Jahrhundert mit seinen Bauprinzipien in Ansätzen steckengeblieben ist. – Am nachhaltigsten verwandelten sich die beiden Bäderbezirke am Limmatknie (Abb. 28 und 30). Zwar entstanden die neuen Gasthöfe häufig über den Grundmauern der alten, so daß die überkommenen Straßen- und Platzformen und die Bautengruppierung großenteils gewahrt blieben. Abgesehen davon jedoch bildete sich ein fast durchgängig neues baustilistisches Ensemble, dem der Klassizismus, bisweilen mit Einschlägen der Romantik, seinen Charakter verlieh[121].

Die *Eröffnung des Bahnhofes* 1847 und die nach 1890 mächtig einsetzende *Industrialisierung* waren wesentliche Faktoren der urbanistischen Entwicklung in der zweiten Hälfte des 19. Jahrhunderts (Abb. 33). Die im Haselfeld entstehenden Werkhallen der Firmen Brown Boveri und Merker zogen den Bau von Arbeiter- und Angestelltensiedlungen sowie pompöser Vorstadtvillen nach sich, die den Heimatstil, den Jugendstil und den Stilhistorismus verkörpern. Noch vor dem Einsetzen dieses rapiden Wachstums war um 1870 im Quartier zwischen Altstadt und Bädern durch den Kurpark eine weite Grünzone ausgeschieden worden.

Wie andernorts haben auch in Baden der kirchenpolitische Radikalismus, der Kulturkampf und – seit dem Zweiten Weltkrieg – wirtschaftliche und verkehrstechnische In-

---

121 Hess, S. 45–56.

teressen viele mittelalterliche und barocke Bauten zum Verschwinden gebracht. Zu ihnen zählten etliche stadtnahe Kapellen, das Kapuzinerkloster und die romanische Dreikönigskapelle in den Bädern, Altstadtbauten und fast sämtliche namhaften Biedermeier-Häuser in den Vorstädten (Abb. 31 und 206) [122]. Anderseits hat die moderne Architektur im Bahnhofareal und unter den Industriebauten mit ihren neuen Werkstoffen von Sichtbeton, Glas und Metall teilweise Bemerkenswertes geleistet (Brown-Boveri-Gemeinschaftshaus «Martinsberg», Warenhaus EPA, Gewerbebank). – Besonders schwierige Probleme stellte in den vergangenen hundertdreißig Jahren der *Verkehr* [123]. Wenn die Limmatklus den Stadtgründern einst ein trefflicher Ort für die Verkehrskontrolle scheinen mußte, so erwies sich Badens Lage seit dem 19. Jahrhundert verkehrstechnisch zunehmend als nachteilig. Schon im Jahre 1847 hatte der Schloßberg die Initianten der Eisenbahn zu dem schweren und riskanten Unternehmen eines Tunneldurchstichs gezwungen. Um 1870 und 1924 drängte sich der Bau von neuen Limmatbrücken in den Bädern und zwischen der südlichen Vorstadt und Wettingen auf. Im 20. Jahrhundert zeigte sich schon bald, daß der Engpaß der Altstadt dem aufkommenden motorisierten Straßenverkehr nicht gewachsen sein würde. Zudem machte man jetzt die bittere Erfahrung, daß die Bahnlinie, mit deren Trassierung man seinerzeit eine optimale Lösung getroffen zu haben glaubte, wegen der beiden Niveauübergänge vor dem südlichen und nördlichen Tunelausgang ein zusätzliches großes Hindernis darstellte. Die seit 1929 im Gange befindlichen, zahlreichen Studien zur Behebung der Schwierigkeiten führten 1956 zur Inangriffnahme einer großzügigen, von Bund, SBB, Kanton und Stadt finanzierten und heute erst vorläufig abgeschlossenen *Sanierung*. Hierbei wurde die Bahn zwischen der Wettinger Eisenbrücke und dem Badener Bahnhof vollständig unterirdisch angelegt und die Zürcherstraße auf das alte Streckentrassee versetzt und zusammen mit der Mellingerstraße durch einen Tunnel direkt mit der Bruggerstraße verbunden. Damit war die Altstadt vom Durchgangsverkehr entlastet. – Mit der Erweiterung der Haselstraße, der Beseitigung des Bahnübergangs auf dem innersten Teilstück der Bruggerstraße und einer neuen, vom Theaterplatz dem Limmathang entlang absteigenden und bei der reformierten Kirche unter der Badstraße durchführenden Tiefstraße schuf man einen Ring, der die Badstraße vollständig, das Bahnhofquartier großenteils von den Motorfahrzeugen befreite. – Die städtebauliche Kardinalfrage der Zukunft wird sich darum drehen, wie den Erfordernissen von Verkehr, Industrie und Gewerbe der 80000 Seelen zählenden Agglomeration Folge geleistet werden kann, ohne daß die wertvolle Altstadt und der Bäderbezirk zunehmend an Substanz verlieren.

Quellen. Akten und Prot. im StadtA Baden. – AMMANN, MITTLER. – WELTI, Urkunden I. – F.E. WELTI, Das Stadtrecht von Baden (= Die Rechtsquellen des Kantons Aargau I/2), Aarau 1899.
Literatur. H. BÜHRER, Beiträge zur Stadtgeographie von Baden, Zürich 1951. – FRICKER, Baden. – HABERBOSCH, Stadt und Schloß. – P. HABERBOSCH, Die Häuser und Hausnamen in der Badener Altstadt, Bad. Njbll. 1947, S. 54–78. – Ders., Die Befestigungsanlagen Badens um 1638, Bad. Njbll. 1948, S. 69–79. – Ders., Das alte Agnesenspital zu Baden, mit einem Ausblick auf die Frühgeschichte der

---

[122] U. MÜNZEL, Ein Badener Gartenhaus, Badener Kalender 1940, S. 66–70. – Ders., Die ehemaligen Theatergebäude in Baden, Bad. Njbll. 1953, S. 28–34. – Ders., Das Haus «Zum Egloffstein», Bad. Njbll. 1959, S. 29–33. – Ders., Der Augarten, Bad. Njbll. 1962, S. 19–25.
[123] V. RICKENBACH in: MITTLER, Baden II, S. 365–371, 374.

Siedlung Baden, Bad. Njbll. 1957, S. 11–27. – Ders., Schulhäuser, Pfarrhöfe und Kaplaneien im alten Baden, Bad. Njbll. 1960, S. 20–35. – Ders., Vom Schutz der Badener Altstadt, Bad. Njbll. 1961, S. 50–60. – Ders., Das Modell der Bäder von Baden und des Dorfes Ennetbaden, Bad. Njbll. 1967, S. 31–54. – A. HAFTER, Das Schloß Stein zu Baden vor 1712, Bad. Njbll. 1937, S. 3–21. – P. HOFER, Stadtgeschichtliche Grundlagen und Richtlinien für die Überbauungsstudie Rathausgasse/Kirchplatz [in Baden], 1969 (maschinengeschriebenes Manuskript im KDA Aarau). – Ders., Die Stadtwerdung Badens im dreizehnten Jahrhundert, Bad. Njbll. 1975, S. 7–23. – K. J. JEUCH, Die Stadt Baden und ihre Bäder um 1818, hg. von U. MÜNZEL, Badener Kalender 1940, S. 36–51. – Landvogteischloß. – MITTLER, Baden I und II. – U. MÜNZEL, Die Thermen von Baden, Baden 1947. – Ders., Die Kleinen Bäder, Njbl. der Apotheke F. X. Münzel Baden, 1947. – Ders., Der Platz in den Großen Bädern, Njbl. der Apotheke Dr. U. Münzel Baden, 1949. – F. WERNLI, Die Gründung der Stadt Baden im Aargau, Affoltern a.A. 1955. – Weitere Literatur zur Stadttopographie oben, S. 13 f.

Stadtmodell (zitiert S. 26; Abb. 13).
Bädermodell (zitiert S. 26; Abb. 295).

Abb. 32. Baden. Altstadt von Osten, Flugansicht um 1950. – Text S. 36, 50, 267. – Am Fuß des scharfgratigen Schloßbergs der markante, vom Bruggerturm gebündelte Dreigassenfächer. In der Mitte der Kirchenbezirk, rechts begleitet von der Rathausgasse. An diese anschließend die zur Holzbrücke absteigende, eng gewundene Haldenstraße. Vorn, vor dem Lägernkamm, die Niedere Feste. Links die Hochbrücke und das monumentale Alte Schulhaus. Rechts vor dem Bruggerturm der Schloßbergplatz.

ANLAGE

Daß das mittelalterliche Baden nicht über den Trümmern des römischen Aquae im Limmatknie, sondern einen Kilometer flußaufwärts am Fuße des Schloßhügels entstanden ist, mag einigermaßen erstaunen; hätten doch die topographische Situation und die warmen Quellen für die Anlegung einer Stadt denkbar günstige Voraussetzungen gebildet. An der Stelle des antiken Flußübergangs wäre leicht eine Brücke zu errichten gewesen, und gegenüber den glockenförmig, dreieckig oder rechteckig ummauerten Städten an geraden Wasserläufen wie z.B. Brugg, Schaffhausen, Kaiserstuhl, Mellingen hätte der Ort die Flußkrümmung nützen und durch einen verhältnismäßig kurzen Mauertrakt befestigt werden können, ähnlich wie es bei den Stadterweiterungen Berns geschehen ist. Aber die Lage unter dem Schloßbergkamm bot noch größere Vorteile. Dies haben möglicherweise schon die Römer erkannt; die Vermutung, wonach der Turm der Stadtkirche auf den Fundamenten einer Warte aus dem 4. Jahrhundert ruht, ist jedenfalls berechtigt (vgl. S. 96). Neben dem weiten Rundblick, den die Geländeterrasse zwischen Berg und Fluß gewährt, muß besonders der Engpaß in den beiden Jurazügen des linksufrigen Schloßhügels und der rechtsufrigen Lägern zur Fortifikation angeregt haben: Durch eine städtische Befestigung in diesem Kluseingang ließ sich das südliche vom nördlichen Limmattal wirksam absperren. Schließlich haben drei wichtige Bauwerke, die schon vor der Stadtgründung bestanden, den Standort des mittelalterlichen Baden gleichsam prädestiniert: der Stein (vgl. S. 52), die Kirche (vgl. S. 92) und die Brücke (vgl. S. 80).

Die Altstadt sitzt in gedrängter Formation auf einer ebenen Geländestufe, in welche von Westen keilförmig der sechzig Meter hoch ansteigende Schloßberg stößt, und an der tief gegen das Limmatufer abfallenden östlichen Halde (Abb. 32, 33 und 48). Deren steiler, engwinkliger Straßenzug mündet auf die hölzerne Brücke, die an der schmalsten Stelle des Flusses zur rechtsufrigen Burgstelle geschlagen ist. Vor dem nördlichen Ausgang des Stadtkerns öffnet sich die enge Geländeterrasse zum Haselfeld, in dessen Senke zum Flußknie hin die Bäder noch heute einen eigenen, durch natürliche und künstliche Grenzen ausgeschiedenen Bezirk bilden, während sich auf seiner Ebene zum überwiegenden Teil die Bahnhofanlage und moderne Geschäfts- und Industriebauten ausdehnen. Südlich der Kernzone liegt die obere Vorstadt, wo sich die Mellingerstraße und die linksufrige Route nach Zürich verzweigen. Beide werden, wie die das Haselfeld verlassende Bruggerstraße, von weitläufigen Häuserzeilen und Außenquartieren gesäumt. Auf dem Bergrücken westlich der Schloßruine Stein, der ehemaligen Allmend, hat sich in den vergangenen Jahrzehnten eine moderne Wohnsiedlung gebildet. Nach der Nachbargemeinde Wettingen führt von der südlichen Vorstadt eine 1924–1926 erbaute Hochbrücke; eine schiefe Brücke aus dem Jahre 1874 verbindet die Bäder mit der Gemeinde Ennetbaden. Ein vierter Flußübergang von der Bruggerstraße nach Obersiggenthal ist geplant. – In den politischen Gemeindebann gehören seit 1962 auch die Dörfer Münzlishausen, Dättwil und Rütihof westlich und südwestlich der Stadt (vgl. S. 338f.).

Abb. 33. Baden und Ennetbaden. Grundriß um 1974. – Text S. 47f., 50, 350. – Zwischen der Altstadt und dem historischen Bäderbezirk das Bahnhofquartier, der Kurpark (nördlich davon) und die Industriezone (westlich). Am rechten Limmatufer die Gemeinde Ennetbaden.

BEFESTIGUNGEN

SCHLOSSRUINE STEIN

GESCHICHTE[124]. Schon vor der Jahrtausendwende Residenz hochadeliger Herren, gelangte der Stein vermutlich 1077 nach dem Ausbruch des Investiturstreites an die Grafen von Lenzburg. Seit dem frühen 12. Jahrhundert nannte sich die mit dem Zürichgau bedachte Linie des Geschlechtes nach ihrer Feste in Baden[125]. 1172 ging diese durch Erbschaft an die Kiburger über, in deren Urbar (um 1250) großer zugehöriger Streubesitz zwischen Limmat und Reuß sowie im Siggenthal figuriert, der einen Hochgerichtsverband bildete[126]. Nach dem Aussterben des Hauses 1264 fiel die Feste an die Habsburger, die das Amt bis an die Hänge des Üetlibergs erweiterten, jedoch die Dörfer rechts der Limmat davon ablösten[127]. Der Stein erhielt nun als Sitz der vorderösterreichischen Verwaltung und ihres Archivs seine wichtigste geschichtliche Funktion. Am 18. Mai 1415, nachdem der letzte österreichische Landvogt, Burkart von Mansberg, während eines kurzfristigen Waffenstillstandes mit den Eidgenossen vergeblich auf einen Entsatz Herzog Friedrichs gewartet hatte, wurde die Festung als letztes Fort im Aargau erobert und wenige Tage danach trotz kaiserlichem Einspruch ausgeräumt, gebrochen und in Brand gesteckt[128]. Das mit der Burg verbundene Vogtrecht erhielten die Eidgenossen als Reichspfand, wobei die Möglichkeit einer Wiedereinlösung durch den König oder gar die Österreicher ausgeschlossen wurde[129]. Fast ein Vierteljahrtausend lang spielte der Stein in der Folge keine Rolle mehr in der Stadt- und Grafschaftsgeschichte. – Der Dreißigjährige Krieg in Deutschland, vollends aber der Erste Villmerger Krieg (1656), während dessen sich Baden für die Katholiken als strategische Schlüsselstellung von höchstem Wert erwies, spornten die Stadt zum Wiederaufbau der Burg an[130]. Das Unternehmen wuchs zu einem allgemein-eidgenössischen Zankapfel aus und war um so heikler, als es die heißen Bemühungen der Schiedsorte, über die strittigen Punkte des Villmerger Landfriedens einen Vergleich zustande zu bringen, stark gefährdete. Zürich, das sich durch die Fortifikation nicht nur militärisch bedroht, sondern als obrigkeitlicher Ort auch provoziert fühlte, versuchte mit Zwangsmaßnahmen (Arrest auf die Gefälle des Badener Spitals in zürcherischem Gebiet, Verbot der Badenfahrten) den Schloßbau zu verhindern. Baden verstand es, zuerst durch gewundene Ausreden, später durch zeitweiliges Nachgeben und durch gemeinsame Absprache mit den Fünf Orten, einen Gewaltakt der Zürcher zu vermeiden und schließlich unter Bestärkung der Katholiken sein Werk zu realisieren. Besonders kam ihm zustatten, daß es in den

---

124 Vgl. auch die Kapitel zur Geschichte und zur topographischen Entwicklung der Stadt, S. 5 und 29.

125 W. MERZ, Die Lenzburg, Aarau 1904, S. 12–15. – MITTLER, Baden I, S. 41.

126 K. SPEIDEL, Beiträge zur Geschichte des Zürichgaus, Zug 1914, S. 42 f. – MITTLER, Baden I, S. 43. – Habsb. Urbar II/1, S. 32–36.

127 MITTLER, Baden I, S. 45, 85–89. – Habsb. Urbar I, S. 108–130.

128 FRICKER, Baden, S. 70–75. – MERZ, Burganlagen I, S. 95. – MITTLER, Baden I, S. 70–72.

129 FRICKER, Baden, S. 76.

130 Hiezu und zum Folgenden vgl. LANDOLT, passim. – Zum Ganzen äußern sich auch ausführlich FRICKER, Baden, S. 139–153, und MITTLER, Baden II, S. 16–29.

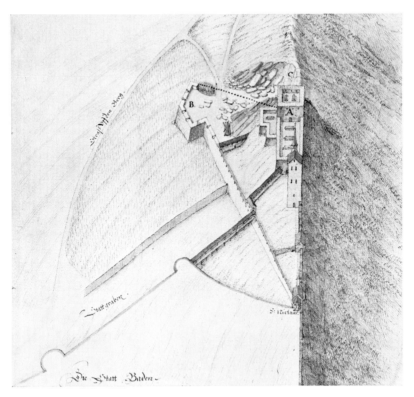

Abb. 34. Baden. Schloß Stein im Stadium des Wiederaufbaus, 1658. Anonyme Federzeichnung (von Hans Konrad Gyger?) (Plandokument Nr. 13). – Text S. 57.

Kapitulationen von 1443 und 1450 als Reichsstadt bezeichnet und somit zu selbständiger Fortifikation befugt war[131], daß der Schloßbau an einer fünförtischen Tagsatzung 1661 «per majora» gutgeheißen wurde und daß Zürich von Bern, das selber in Aarburg eine Neubefestigung verfügt hatte, keinen wirksamen Beistand erhoffen konnte. Das 1670 mit fanatischem Eifer vollendete Schloß war religionspolitisch für Baden und für die katholische Eidgenossenschaft ein vorläufiger Triumph, kriegstechnisch jedoch eine Fehlkonzeption, weil es der gesteigerten Geschoßkraft der modernen Artillerie keine Rechnung trug und mit seiner hochragenden Silhouette ein denkbar günstiges Angriffsziel bot[132]. Beim Vormarsch der Reformierten im April 1712 traf Oberstleutnant Ignaz Crivelli von Uri als Garnisonskommandant in Baden ein; Ende Mai ließ er sich vom Berner Obersten Hackbrett, der die Tore der Stadt besetzt hielt, von der Nutzlosigkeit eines Widerstandes überzeugen, und am 2. Juni zog er mit den fünförtischen Offizieren ab[133]. Unmittelbar nach der Übergabe der Stadt leitete Zürich die Schleifung der Wehranlagen ein. Am 18. Juni lag das Schloß zu Boden[134]. Späteren Jahrzehnten dienten seine Trümmer als Steinbruch.

[131] WELTI, Stadtrecht, S. 98, 102. – LANDOLT, S. 44.
[132] MITTLER, Baden II, S. 38.   [133] MITTLER, Baden II, S. 59, 64.

Quellen. Ungedruckte: Akten in den StA Zürich, Bern und Luzern (detailliert verzeichnet bei K. LANDOLT, Der Wiederaufbau des «Steins» zu Baden als eidgenössische Angelegenheit, Würzburg 1922, S. 58) und im StA Aarau (Repertorium I, Register, s. v. «Baden, obere Feste», «Stein»), ferner im StadtA Baden (verzeichnet bei LANDOLT, a.a.O., S. 58). – Gedruckte: AMMANN, MITTLER, S. 140 f., 158. – EA, bes. VI/1 a, b. – Habsb. Urbar. – HESS, S. 220–225, 281 f., 311–313, 331–340, 369–373, 389–400. – Urbar Baden. – WELTI, Urkunden I und II. – F. E. WELTI, Das Stadtrecht von Baden (= Die Rechtsquellen des Kantons Aargau I/2), Aarau 1899.

Literatur. R. BOSCH, Die Burgen und Schlösser des Kantons Aargau, Aarau 1949, S. 23 f. – FRICKER, Baden. – B. FRICKER, Der Stein zu Baden, Vom Jura zum Schwarzwald I (1884), S. 167 f.; II (1885), S. 16–30, 241–256. – HABERBOSCH, Stadt und Schloß. – A. HAFTER, Das Schloß Stein zu Baden vor 1712, Bad. Njbll. 1937, S. 3–21. – F. HAUSWIRTH, Burgen und Schlösser der Schweiz III (Aargau), Kreuzlingen 1967, S. 26–28. – K. LANDOLT, Der Wiederaufbau des «Steins» zu Baden als eidgenössische Angelegenheit, Würzburg 1922. – MERZ, Burganlagen I, S. 92–101 (Beitrag von B. FRICKER, mit weiteren Literaturangaben). – MITTLER, Baden I und II.

Bilddokumente Nrn. 1, 10, 11, 20, 21, 28, 29, 31, 32, 34, 38, 42, 47, 48, 49, 50, 51, 52, 53, 114.
Plandokumente Nrn. 1, 2, 4, 5, 7, 13.
Stadtmodell (zitiert S. 26; Abb. 13).

BAUGESCHICHTE. Aus der Baugeschichte des alten Schlosses ist, abgesehen vom Datum seiner Zerstörung 1415, nur eine durch Werkmeister HEINRICH ZEYER 1497 vorgenommene Erneuerung des stehengebliebenen Wächterturms bezeugt[135]. – Im August 1655 (schon vor Ausbruch des Religionskrieges) entschied der Rat, das Schloß neuerdings zu befestigen[136]. Im Dezember gleichen Jahres verlangte man von

134 FRICKER, Baden, S. 185–187. – MITTLER, Baden II, S. 68 f. 135 AMMANN, MITTLER, S. 158.
136 StadtA, Nr. 12, S. 442. – Vgl. auch LANDOLT, S. 12 f., 19 f., 23–25, 28 f., 33, 38, 45, 48.

Abb. 35. Baden. Schloß Stein von Süden, vor 1712. Radierung von J. M. Füßli, um 1725 (Bilddokument Nr. 48). – Text S. 57.

Abb. 36. Baden. Silhouette der Schloßruine Stein von Norden, mit einem Teilstück der Ringmauer, der Niklauskapelle, der nördlichen habsburgischen Schloßmauer und dem Beobachterturm. – Text S. 58, 74.

GREGOR (ALLHELG) in Baden die hiefür notwendigen Pläne[137]. Kurz vorher hatte Zürich mißtrauisch den Beginn der Arbeiten wahrgenommen[138]. Nach dem Krieg scheint ALLHELGS Projekt den jetzt weitergehenden Absichten der Stadt nicht mehr genügt zu haben, denn am 30. Juni 1656 hieß der Rat Bauherrn Caspar Dorer und Stadtschreiber Johann Beat Bodmer «umb einen erfahrnen ... Ingenier nachzufragen»[139]. Am 7. November wurde Ingenieur FRANZ MARTIN GUMP aus Bräunlingen bei Donaueschingen für eine «Visierung» mit 120 fl. entschädigt[140]. Im Frühjahr 1657 übernahm Dorer in aller Form den Schloßbau, wobei man ihm den Zeugherrn Johann Bernhard Silberisen und Spitalmeister Dr. Keller als Helfer zur Seite gab[141]. Ungeachtet des zürcherischen Einspruchs leisteten die Bürger in der Folgezeit scharenweise Fronarbeit[142]. Für die Stadt stand auch nach dem von Zürich verhängten Grundzinsen- und Zehntenarrest die Fortführung des Baus außer Diskussion; problematisch war nur, die Zürcher davon zu überzeugen, daß man «nit auß hochmuett» handle, sondern «die hoche nothwendigkeit ein solches erfordere, weil sonst das obere werckh einfallen und die Stadt eröffnet ... würde»[143]. Auf der evangelischen Konferenz Mitte Oktober 1658 klagte Zürich, daß Baden die Mauern bereits

137 StadtA, Nr. 12, S. 491.
138 StA Zürich, B II, 16. Nov. 1655. A 316, 1: 1. Dez. 1655.   139 StadtA, Nr. 12, S. 557 f.
140 StadtA, Nr. 386/XV: 1656 II, s.v. «Allerley Ußgeben», «Ußgeben an Mählern».
141 StadtA, Nr. 12, S. 558, 634.
142 StadtA, Nr. 13, S. 116. Nr. 386/XV: 1658 II, s.v. «Herrn Seckelmeister Dorer zum Schloßbau».
143 StadtA, Nr. 13, S. 100 (17. Sept. 1658), 102; vgl. S. 95 f., 98, 104, 108 f.

8–9 Werkschuh über den Boden aufgeführt und mit Brustwehren versehen habe[144]; am Ende des Jahres mußte sich Bürgermeister Waser durch den Bieler Hauptmann Grosjean, der auf dem Schloß einen Augenschein genommen hatte, berichten lassen, daß hier nichts weniger als ein fester, uneinnehmbarer Platz vorbereitet werde[145]. Im Juni 1659 schenkte die Stadt ihrem Landvogt Peter Imfeld von Unterwalden ein köstliches Silbergeschirr für seine Verdienste um das neue Schloß[146]. Mitte 1660 war man bereits im Stadium des Innenausbaus; die Vollendung des Unternehmens, das die Kräfte der Bürgerschaft offenbar zu übersteigen drohte, verzögerte sich jedoch um Jahre[147]. 1667 wurde der Halsgraben im Westen fertig ausgeteuft. Im März des Folgejahres legten der inzwischen zur Schultheißenwürde gelangte Caspar Dorer und Johann Silberisen Rechnung ab[148]. 1671 überreichte ihnen der Rat als Anerkennung ein «bassin [Schale?] und ein gschir mit dero ehrenzeichen»[149]. – Das in vierzehnjähriger Bauzeit entstandene Schloß fiel 1712 innert weniger Tage in Trümmer. 1837 schuf die Stadt in den bestehenden Ruinen einen öffentlichen Aussichtspunkt mit Gehwegen[150].

ANLAGE. Das Reizvollste an der Ruine ist ihre Lage (Abb. 5, 11, 31 und 193). Sie besetzt den nach ihr benannten Schloßberg, jenen scharfen Jurazug, der mit dem Lägernkamm jenseits der Limmat das Südtor der Badener Klus bildet und an dessen Fuß auf einem schmalen Strich der eiszeitlichen Niederterrasse gerade genügend Platz für die alte Stadtanlage freiblieb. Der Berg sinkt gegen Süden, den Gesteinsschichten folgend, über ehemaliges Rebgelände steil gegen die Sohle des Stadtbachtälchens, während er auf der Nordseite über sichtbaren gebrochenen Kalkfelsbänken fast senkrecht abstürzt, bevor er in mäßiger Neigung ins Haselfeld ausläuft. Die geographische Formation bot dem mittelalterlichen Schloß einen strategisch vorteilhaften Standplatz, indem sie nur vom westlichen Bergrücken her einen ungehinderten Zugang ermöglichte (Abb. 21). Hierhin gelangte man über einen Weg auf der Südrampe (den heutigen Schloßbergweg) oder einen Pfad auf der Nordseite, der in langem Lauf ohne Kehren allmählich die Höhe gewann. Vom Stadtinnern vermittelte eine dem steilen Grat folgende schmale Treppe (heute Niklausstiege) die Verbindung zum Schloßhof[151].

BESCHREIBUNG. Vom *habsburgischen Schloß* haben wir nur eine vage Vorstellung. Die Stadtansicht in der Chronik von STUMPF (1548) (Abb. 18), der MERIANSCHE Stich (um 1625) (Abb. 4) und die Badener Vedute auf dem Altarblatt des ehemaligen Kapuzinerklosters (um 1654)[152] geben die Ruine von 1415 in wenigen, dafür wesentlichen Punkten übereinstimmend wieder. Zuvorderst auf dem Grat (im Osten) saß die in Urkunden des 14. Jahrhunderts erwähnte und im Kern noch heute erhaltene Burgkapelle (vgl. S. 173). Von ihr aus stieg eine Staffelmauer auf dem Felskamm

---

144 EA VI/1a, S. 446 f.   145 LANDOLT, S. 33.   146 StadtA, Nr. 13, S. 235.
147 Ebenda, S. 394, 519, 608, 647 f., 677, 708. StadtA, Nr. 14, S. 77, 296.
148 Ebenda, S. 327, 441.
149 StadtA, Nr. 15, S. 102b–103a.   150 StadtA, Nr. 893: 1837–1839, S. 112.
151 Plandokumente Nrn. 1, 2, 5, 13. – Bilddokumente Nrn. 1, 21, 23, 34. – HAFTER, Abb. S. 15, 17, Falttf. bei S. 20. – Stadtmodell (zitiert S. 26; Abb. 13).
152 Bilddokumente Nrn. 1, 28, 38.

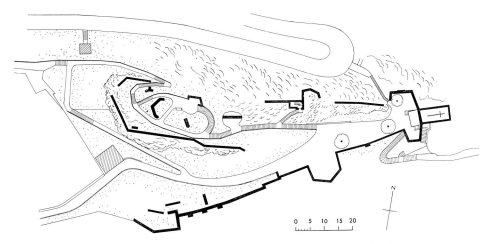

Abb. 37. Baden. Schloßruine Stein, Situationsplan. – Text S. 58.

nach Westen bis zu dem im 15. Jahrhundert mehrfach bezeugten Beobachterturm[153]. Eine zinnenbekrönte Mauer verband diesen mit dem auf einer Kuppe liegenden Palas, einem Reduit von vermutlich kleinen Ausmaßen, das teilweise über einem in den Fels geschlagenen Keller ruhte. Ebenfalls bei der Kapelle nahm ein anderer Mauerzug seinen Anfang, der, in spitzem Winkel vom ersten abweichend, horizontal der Südhalde entlanglief und einen Wehrgang trug. Der dreieckige Burghof war spätestens seit dem 14. Jahrhundert mit der sechzig Meter tiefer liegenden Stadt durch zwei Schenkelmauern verbunden, von denen die eine über die Bergkante zum früheren Bruggertor (auf dem heutigen Löwenplatz) abstieg, die andere in südlicher Richtung das Mellingertor erreichte[154]. – Die *Schloßanlage aus dem 17. Jahrhundert* von Ingenieur GUMP war nicht viel umfangreicher, aber beträchtlich höher und gedrängter als der mittelalterliche Bau. Sie ist 1936 durch A. HAFTER und 1962/63 durch P. HABERBOSCH versuchsweise rekonstruiert worden[155]. Ein unsignierter, vielleicht von HANS KONRAD GYGER herrührender Plan aus dem Jahre 1658[156], der die Festung im ersten Baustadium zeigt (Abb. 34), ein anonymes Ölgemälde (Abb. 47) und zwei Radierungen von J. M. FÜSSLI aus dem frühen 18. Jahrhundert (Abb. 35)[157] vermitteln, im Verein mit den in situ erhaltenen Resten, ein deutliches Bild vom ganzen Burgkomplex. Seinen vordersten Fixpunkt bildete immer noch die erhalten gebliebene, renovierte *Kapelle* (siehe S. 173). Die nördliche Wehrmauer auf dem Grat muß gleichfalls von der vorgängigen Anlage tale quale übernommen worden sein, während die südliche auf dem Fundament der älteren Südmauer gestanden

---

153 StadtA, Nr. 386/II: 1461 I, s.v. «dem wacht(er) uff dem Burgstal»; 1479 I, s.v. «dem (Wächter) uff dem burgstal».

154 HABERBOSCH, Stadt und Schloß, S. 8–11; Abbildungen und graphischer Rekonstruktionsversuch.

155 HAFTER, mit zahlreichen Abbildungen. – HABERBOSCH, Stadt und Schloß, S. 8–15; mit zahlreichen Abbildungen.

156 Plandokument Nr. 13; vgl. Nr. 1. – LANDOLT, S. 25.   157 Bilddokumente Nrn. 31, 47, 48.

haben dürfte, aber viel stärkere Dimensionen aufwies[158]. Beide waren mit Bastionen fortifiziert. Neben dem wiederhergestellten Wächterturm thronte anstelle des alten Palas ein hochragender erweiterter Wohnbau. Auf dem westlichen Felskopf, der sich durch das Ausschlagen des Halsgrabens gebildet hatte, war ihm eine polygonale Plattform vorgebaut; deren Futtermauer nahm kleine Türme und, wie die südliche Schutzmauer unten, einen Wehrgang auf. Die gegen Westen schließende Mauer mit dem Haupttor stand etwas zurückversetzt zwischen dem Felskopf und einer großen Batterie am Südwestende der Anlage. Die auf die schiefe Felslagerung plazierte Anlage zerfiel dem Gelände entsprechend in zwei Abschnitte: eine untere, mit Erdreich ausgeebnete Terrasse hinter der bastionierten Südfront und eine obere Partie mit dem auf Steinsubstruktionen stehenden Reduit. Den Aufgang zur oberen Burg ermöglichte natürlicherweise der von Ost nach West ansteigende Felskamm selbst[159]. Im unteren, hofartigen Abschnitt standen mehrere individuelle Gebäude wie Kaserne und Zeughaus. Ein von der Stadtmauer und einer steingefügten außenseitigen Parallele gerahmter Trockengraben verband die Südfront mit dem Stadtgraben beim Mellingertor. – Der Umriß der Schloßanlage ist auch heute noch zum größten Teil erkennbar (Abb. 37). Auf den breiten Fundamenten der süd- und ostseitigen Wehrmauern stehen *Steinbrüstungen* des 19. Jahrhunderts, die mit ihren vorspringenden Aussichtskanzeln noch deutlich den Platz der ursprünglichen mittleren Südbastion und der beiden Schulterbastionen hinter der Kapelle markieren. Auf der ansteigenden Bergkante im Norden erhebt sich ein Teilstück der noch vom habsburgischen Schloß herrührenden, nur etwa 60 cm starken *Staffelmauer* (Abb. 36). Sie bricht an jener Stelle ab, wo ein vorspringendes Felsstück einst eine Caponnière zur Flankierung der Nordfront trug. Unmittelbar daneben ragt der von Scharten durchbrochene Stumpf des ebenfalls voreidgenössischen *Beobachterturms* auf, der in der pittoresken Ruinensilhouette als erstes in die Augen springt (an seiner eingewinkelten Südfassade ein doppelter, konsolengetragener Blendbogen; im Portalsturz Jahreszahl 1497; am eisernen Türflügel Beschläge des 17. Jahrhunderts; innen eine Wendeltreppe). Angebaut eine mittelalterliche *Zinnenmauer*. Westlich davon sind Partien der um das Reduit gezogenen Futtermauer (z. T. mit Brüstungen aus dem 19. Jahrhundert) erhalten, ferner der in den Fels geschlagene *Kellerhohlraum des ehemaligen Palas* und ein ihn überspannender Steinbogen (ähnlich einer Brücke), der dem Wohnbau des 17. Jahrhunderts als Substruktion gedient haben muß[160]. Der Halsgraben im Westen wird heute von Reservoirbauten eingenommen. In der südöstlichen Schulterbastion hinter der Kapelle verbirgt sich eine dunkle, tonnengewölbte *Kasematte* mit südseitiger Schießscharte. Durch den Raum hindurch führt die von der Altstadt über den Berggrat aufsteigende Niklaustreppe (vgl. S. 284) in den ehemaligen Schloßhof. Dieser ist außerdem über den ursprünglichen Hauptzugang auf dem Bergrücken im Westen erreichbar. Im 19. Jahrhundert sind ein weiterer westseitiger Zugang und eine zweite Stiege an der steilen Nordwand geschaffen worden. Kleine, von Bäumen beschattete Gehwege schlängeln sich durch die Ruinen der Burg. Die gefährlich exponierte Caponnière ist nur über einen rauhen Steilpfad zu erklimmen.

---

[158] Plandokument Nr. 13 zeigt ein Teilstück der alten und eines der neuen, ungefähr doppelt so starken Südmauer; HAFTER schätzte deren Kronendicke auf 1,35 m.
[159] HABERBOSCH, Stadt und Schloß, S. 13 f.; Grundriß Tf. 9. – HAFTER, S. 17; Grundriß bei S. 14.
[160] HAFTER, S. 18–20. – Vgl. HABERBOSCH, Stadt und Schloß, S. 11.

Abb. 38. Baden. Ehemaliges Landvogteischloß von Nordwesten, mit Holzbrücke, Annakapelle und Siechenhaus, 1794. Federzeichnung von J. H. Meyer (Bilddokument Nr. 55). – Text S. 63, 66.

EHEMALIGES LANDVOGTEISCHLOSS
(NIEDERE FESTE, NIDERHUS)

GESCHICHTE. Die wegbeherrschende Festung am rechten Limmatufer wird erstmals 1265 erwähnt[161], hat aber sicher schon im 12. Jahrhundert bestanden[162]. Sie gehörte zum Allod des Schlosses Stein und war Sitz der gaugräflichen Ministerialen[163], denen die freien Bauern des Amtes Baden zinsten[164]. Beim systematischen Ausbau der Stadtbefestigung um 1360 wurde die «nider purg» als Brückenkopf und Eckpfeiler in die Wehranlagen einbezogen[165]. Nach der Eroberung durch die Eidgenossen, bei welcher sie erhebliche Schaden genommen hatte, diente die Feste als Residenz für den eidgenössischen Landvogt[166]. Dem Haus gehörten die Vogteirechte und die Blutgerichtsbarkeit in allen Dörfern zwischen Limmat und Rhein, die später zur

---

161 UB Zürich IV, S. 18: «castrum de ponte de Bades». – Ferner Aarg. Urk. II, S. 3: «domus sita super pontem Baden» (sub anno 1267).
162 FRICKER, Landvogteischloß, S. 1. – MITTLER, Baden I, S. 132.
163 Vgl. Urbar Baden, S. 259.
164 Landvogteischloß, S. 3, 4.
165 WELTI, Urkunden I, S. 52. – StA Aarau, Urk. Wettingen, Nr. 564.
166 FRICKER, Landvogteischloß, S. 3. – MERZ, Burganlagen I, S. 86. – Landvogteischloß, S. 4.

Grafschaft Baden zählten[167]. – Im 16. Jahrhundert, nach einem Neubau, wird die Bezeichnung «Schloß» gebräuchlich[168]. 1798 verließ der Zürcher Hans von Reinhard als letzter den Landvogteisitz[169]. 1804 kam das Gebäude an den Staat; 1807 wurde es von der Stadt Baden erworben und bald danach zu Schulzwecken verwendet[170]. Nach der Jahrhundertmitte ersetzte der Bau für einige Jahre die niedergebrannte kantonale Zuchtanstalt an der Kronengasse (vgl. S. 299)[171]. Spätere Versuche, die Burg rentabel zu versteigern, scheiterten[172]. 1906 trat die Ortsbürgergemeinde den Bau an die Einwohnergemeinde ab[173]. Seit 1913 birgt er die früher im Kursaal untergebrachte städtische Altertümersammlung[174].

Quellen. Akten in den StA Aarau, Bern und Zürich, im Bundesarchiv in Bern (Bd. 2446), im Archiv der Eidgenössischen Kommission für Denkmalpflege in Zürich und im StadtA Baden. – WELTI, Urkunden I. – UB Zürich I–VI. – Aarg. Urk. – EA I–VII. – ASA VII (1895), S. 497.

Literatur. FRICKER, Baden, S. 39, 48, 69, 154 f., 486–489, 499 f. – [B. FRICKER], Historisches betr. das Landvogteischloß. Auszug aus dem Bericht der Museumskommission an den Gemeinderat betr. Verwendung des Schlosses als Museum, Baden 1906. – HABERBOSCH, Stadt und Schloß. – P. HABERBOSCH, Vom Lägernkopf – Felssturz vom 25. Juni 1899, Bad. Njbll. 1937, S. 21–24. – Ders., Badener Zuchthäuser und Gefangenschaften, Bad. Njbll. 1958, S. 38. – R. KAPPELER, Gilg Tschudis Bericht über ein Wunder zu Baden im Jahre 1534, Bad. Njbll. 1957, S. 28–38. – Landvogteischloß, S. 3–22. – R. LEUTHOLD, Vom Landvogteischloß, Bad. Njbll. 1945, S. 19 f. – A. MATTER, Das historische Museum von Baden, Bad. Njbll. 1941/42, S. 3–35. – MERZ, Burganlagen I, S. 84–92 (Beitrag von B. FRICKER, mit Angaben älterer Literatur). – MITTLER, Baden I, S. 44, 53 f., 73–75, 132–135; II, S. 32, 34, 149, 154 f., 171, 187 f.

Bilddokumente Nrn. 10, 12, 20, 21, 23, 28, 31, 34, 37, 39, 40, 54, 55, 56.
Plandokumente Nrn. 1, 2, 4, 5.
Stadtmodell (zitiert S. 26; Abb. 13).

BAUGESCHICHTE. Durch die voreilige Schleifung des Schlosses Stein hatten sich die Eidgenossen selber um ein würdiges Verwaltungsquartier in Baden gebracht (vgl. S. 7). Das Niderhus an der Limmat – ein Palas mit dickwandigem Turm – war eine dürftige Vogtwohnung und als öffentliches Gebäude der wachsenden Bedeutung des Tagsatzungsortes nicht angemessen. Nach den Burgunderkriegen befaßten sich die Tagleistungen mehrfach mit dem baufälligen Haus[175]. 1484 und 1485 wurde erwogen, den ehemaligen Habsburgersitz auf dem Stein wiederherzustellen und dem Vogt als Wohnung und Amtsgebäude anzuweisen[176]. 1486 faßte man Entschluß, das Vogthaus am alten Platze neu zu errichten[177]. Das Unternehmen wurde Werk-

---

[167] T. VON LIEBENAU, Urbar der niedern Burg zu Baden, Anzeiger für Schweiz. Geschichte IV (1882–1885), S. 455. – F. WERNLI, Beiträge zur Geschichte des Klosters Wettingen, Basel 1948, S. 56.
[168] EA IV/1 d, S. 150; IV/2, S. 1088.
[169] FRICKER, Landvogteischloß, S. 6. – Landvogteischloß, S. 14.
[170] FRICKER, Landvogteischloß, S. 6. – B. FRICKER, Geschichte der Badener Stadtschulen, Aarau 1904, S. 51–53.
[171] HABERBOSCH, Zuchthäuser, S. 38.   [172] Landvogteischloß, S. 16 f.
[173] StadtA, Nr. 895: 1905–1907, sub anno. – MATTER, S. 17 f.
[174] StadtA, Nr. 893: 1913/I, S. 256, 263. – MATTER, S. 5–35.
[175] StA Zürich, B VIII, Bd. 81, fol. 95 v., Nr. 22 (Juni 1484), fol. 122, Nr. 10 (März 1485), fol. 128 v., Nr. 22 (Juni 1485).
[176] Ebenda, fol. 111 v., Nr. 3 (22. Nov. 1484), fol. 132 v., Nr. 8 (5. Juli 1485), fol. 135 v., Nr. 11 (14. Sept. 1485).
[177] Ebenda, fol. 183 v., Nr. 6 (13. Dez. 1486).

meister JAKOB HAGNAUER aus Zürich übertragen; Aufsicht führte der Zürcher Ritter Konrad Schwend[178]. Eine offenbar maßgebliche Rolle beim Bau spielte der seit 1472 amtierende Untervogt in Baden, HANS SCHMID von Mumpf[179]. Bis zur Vollendung im Jahre 1490 beanspruchte das Werk nach den Angaben der Tagsatzungsabschiede 2462 lb und 7 sch.; die Kosten wurden zur Hauptsache aus den Geleitbüchsen der Grafschaft gedeckt[180]. 1568 beschädigte ein Hochwasser Landwehr und Burgfundamente[181]. 1577 nahm die Tagsatzung den Vorschlag, «ein gfenngknus [Gefängnis] Im alten Keller zemachen», ad instruendum[182]. Zwei Jahre später wurde in Anbetracht der fortwährenden Brandgefahr, welcher das Gebäude ausgesetzt war, durch Obmann KELLER von Zürich ein Treppenturm aufgerichtet[183]. – Im Zusammenhang mit der neuen Befestigung, die die Stadt mit Billigung der katholischen Orte im 17. Jahrhundert vornahm, ließ der Rat 1688 ein Modell zur Sicherung der rechtsufrigen Brückenzugänge anfertigen[184]. 1690–1692 wurden in unmittelbarer Nähe des Burghofs trotz den Protesten Zürichs die Zufahrtstraßen von Ehrendingen und Wettingen durch Bastionen mit Fallbrücken bewehrt (vgl. S. 72)[185]. Nachdem an der Sommertagsatzung 1733 von den Acht Orten neuerdings «sehr vile Mängel und Baulosigkeit» im Gebäude und der «eng eingeschrenkte Platz zu komlicher Logierung eines Landvogtes» gerügt worden waren[186], erhielt der Zürcher Architekt DAVID MORF Auftrag zu einer Renovation und Erweiterung[187]. Am Ende des Folgejahres waren die Reparationen beendet und eine «neüe Anhenke» (Flügelbau) unter Dach gebracht[188]. Die Baukosten beliefen sich einschließlich der Spesen für Arbeiten an den Ökonomiegebäuden in der nächsten Umgebung des Hauses auf rund 5900 fl.[189] – Im 19. Jahrhundert geriet das Haus, das seine Zweckbestimmung beim Einmarsch der Franzosen verloren hatte, in Zerfall und wurde wiederholt notdürftig umgebaut und instandgestellt (1820, 1854, 1868, 1871)[190]. Nach 1850 Sanierung der Ausfallstraße zwischen Schloßtorbogen und Wettinger

---

178 Ebenda, fol. 197, Nr. 6 (17. Juli 1487). – Landvogteischloß, S. 6. – MITTLER, Baden I, S. 366, Anm. 16.

179 StA Zürich, B VIII, Bd. 81, fol. 256, 298. – EA III/1, S. 325, 353, 462.

180 StA Zürich, B VIII, Bd. 81, fol. 200, Nr. 18, fol. 201 v., Nr. 9, fol. 204, Nrn. 1 und 6, fol. 234 v., 256, 285, 298. – EA III/1, S. 271, 274, 277 f., 296 f., 325 f., 353. – Nicht eingerechnet sind die Frondienste, zu denen die Vogtleute verhalten wurden.

181 StA Bern, Baden-Buch K, S. 855–858.

182 StA Zürich, B VIII, Bd. 105, fol. 161 v.–162. – EA IV/2, S. 1109.

183 StA Bern, Baden-Buch K, S. 681–684. – StA Zürich, B II, 188, S. 16. B V, 25, fol. 92. B VIII, Bd. 105, fol. 333 (28. Juni): «Unndt die wyl dann gedacht schloß ganz unordenlichen gebuwen unnd unser Lanndvogt unnd sin gsind, wann fhür unden im schloß angan, verderben, und Jn niemand zehilff komen möchte, so habend wir ... für gut angsehen, das man ein schneggen uffürte. Hiemit wurdind die gmach im schloß dester wytter und einem Landtvogt dester komlicher darin zewone.» – EA IV/2, S. 1088.

184 StadtA, Nr. 22, fol. 108.

185 StadtA, Nr. 388: Baurechnungen sub annis 1690, 1692.

186 StA Zürich, B VIII, Bd. 182, Tagsatzung vom 26. Juli 1729. B VIII, Bd. 185, Tagsatzung vom 30. Juli 1733 (Art. 16). A 315, 8. – StA Bern, Baden-Buch G, S. 405 f., 431, 433. – EA VII/2, S. 1028.

187 StA Zürich, B VIII, Bd. 185, Tagsatzung vom 30. Juli 1733 (Beilage C: Ausführlicher Devis Morfs). – StA Bern, Baden-Buch G, S. 417, 421–428.

188 StA Zürich, A 315, 8: Landvogt Willading an Zürich am 6. Nov. 1734.

189 Ebenda: 4. Sept. 1733. – StA Bern, Baden-Buch G, S. 431.

190 Landvogteischloß, S. 16 f.

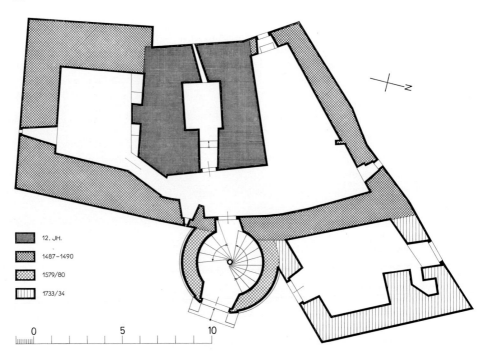

Abb. 39. Baden. Ehemaliges Landvogteischloß, Grundriß des Hochparterres (flußseitig des zweiten Stocks). – Text S. 63.

Feld[191]. 1909–1912 gründliche Restaurierung des Gebäudes und Herrichtung zum Museum durch Architekt O. Dorer, Baden, unter denkmalpflegerischer Anleitung J. Zemps, Zürich[192]. 1925 zwangen Risse in der südlichen Giebelfront zu umfänglichen Reparaturen, wobei die südwestliche Gebäudeecke mit einem Strebepfeiler unterfangen wurde (Firmen Locher & Co., Zürich, und J. Biland, Baden). Bei Entfernung einer Riegelwand im Südzimmer des zweiten Wohngeschosses kamen auf der Innenseite der defekten Mauer vier Fresken zum Vorschein, welche auf Veranlassung Zemps abgelöst und konserviert wurden. Restauration der Malereien an der Ostfassade durch Dekorationsmaler Christian Schmidt, Zürich. Ersetzung des nachträglich eingespannten Gewölbes im Rechteckschacht über dem Tordurchgang durch einen Balkenboden[193]. 1956/57 vollständige Erneuerung des Schneggenportals durch Bildhauer W. Stadler, Zürich[194]. 1971–1973 Hausrenovationen und Neuordnung des Museumsgutes[195].

191 Mittler, Baden II, S. 187 f.   192 Matter, S. 19–22.
193 StadtA, Nr. 893: 1925/I und II, Register, s. v. «Landvogteischloß-Renovation». – Archiv der Eidgenössischen Kommission für Denkmalpflege Zürich, Renovationsakten und Photographien Nrn. A 4735–4738, 4740, 4742 f., 4745. – H. Störi, Die Renovationsarbeiten am Landvogteischloß und am Stadtturm im Jahre 1925, Bad. Njbll. 1926, S. 27–33; Fig. 1 (Aufriß der baufälligen Südfront). – Matter, S. 25 f.
194 Landvogteischloß, S. 20.
195 H. Doppler, U. Münzel in den Bad. Njbll. 1973, S. 113–119; 1974, S. 126 f.

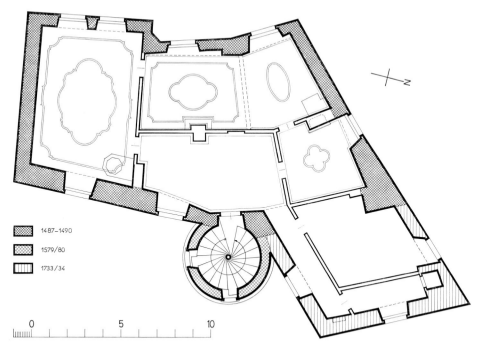

Abb. 40. Baden. Ehemaliges Landvogteischloß, Grundriß des dritten Wohngeschosses. – Text unten.

ANLAGE (Abb. 5, 9, 11, 38, 32, 48 und 19 ff.). Wer die Lage des Schlosses zu würdigen versucht, muß sich vergegenwärtigen, daß der Vorläufer des heutigen Baus geraume Zeit vor der städtischen Siedlung bestanden hat. In der Senke des Flußeinschnitts am rechten Ufer bildete er den architektonischen und funktionellen Gegenpart zum hochgelegenen Schloß Stein. War dieses in erster Linie ein gesondert situierter, bewehrter Verwaltungssitz, so erfüllte die Niedere Feste die praktische Aufgabe eines Kontrollpasses an Flußübergang und Wegknoten. Wie mit innerer Folgerichtigkeit nutzt sie die geographischen Verhältnisse, die ihr an der schmalsten Stelle der Limmat und im Engpaß zwischen Wasser und Lägernfels einen geradezu idealen Standort vorbehielten. Hier vereinigten sich die Straßen von Basel und Bern nach Zürich mit dem Heerweg aus Schaffhausen–Kaiserstuhl. In seiner heutigen, vorwiegend spätgotischen Gestalt wirkt das Schloß wie ein wehrhafter Schild vor der niedrigen Brücke und den kleingliedrigen Altstadthäusern; es trägt mit den baulichen Dominanten von Kirche und Bruggerturm am jenseitigen Flußufer wesentlich zum charakteristischen mittelalterlichen Gepräge des Stadtbildes bei.

BESCHREIBUNG. *Grundriß* (Abb. 39 und 40). Der burgartige, trutzige Mauerbau steht über eigentümlich verschachteltem Grundriß, an dem sich die verschiedenen Phasen der Baugeschichte noch mühelos ablesen lassen. Der leicht geknickte oblonge Haupttrakt von 1487–1490 richtet die eingewinkelte Breitfassade dem Wasser, die kantige dem Berghang zu. Die Mauern des irregulären Geviertes umklammern ein

Abb. 41. Baden. Ehemaliges Landvogteischloß von Südosten. – Text S. 66.

Abb. 42. Baden. Ehemaliges Landvogteischloß, Querschnitt (verschiedene Ebenen). – Text unten und S. 66.
Links die Flußseite mit dem Kellerportal, rechts die Landseite mit dem Turmportal. Vgl. die Grundrisse Abb. 39 und 40.

viereckiges, aus Bruch- und Kieselsteinen gefügtes Turmfundament, in welchem sich der Unterbau des hochmittelalterlichen Bergfrieds zu erkennen gibt. Im südlichen Teil des Haupthauses ist der stämmige Tordurchgang ausgespart, der unmittelbar auf die gedeckte Brücke führt. Vor der Mitte der ostseitigen Trauffassade steht der runde, 1579/80 aufgeführte Schneggen; der rechten Fassadenhälfte fügt sich der kurze Flügel von 1733/34 an, dessen parallel gesetzte Mauern, entsprechend der spitzwinkligen Nordostecke des Altbaus, ein Rhomboid beschreiben.

Baustruktur (Abb. 42). Der inkorporierte, von außen nicht wahrnehmbare hochmittelalterliche Turm wurde im 15. Jahrhundert teilweise abgetragen und nimmt heute noch drei Geschoßhöhen ein. Die untern sind massiv gemauert, der oberste Stock birgt eine enge Kammer und öffnet sich in einem schmalen Luftschlitz gegen die Limmatseite. Dem südlich angebauten, an der Flußfassade leicht vorspringenden Torbogen (heute rund 4,5 m hoch) entspricht nördlich des Turms ein gefluchteter, zwei Geschoßhöhen beanspruchender Keller, der von der Flußseite her durch ein lukenüberhöhtes Stichbogenportal ebenerdig zugänglich ist. Er durchmißt nur die Hälfte der Alttraktbreite; hinter ihm und hinter dem Turm reihen sich auf dem zutage tretenden Felsen des Lägernsporns drei niedrige, 1577 eingerichtete Vlieszellen. Darüber erstreckt sich ein zweiter, in der Nordwand durchfensterter Keller, der indessen nicht von der Flußseite her, sondern über drei absteigende Stufen im Schneggen erreicht wird. Ungefähr auf gleichem Niveau liegt das ehemalige Waschhaus, das unterste Geschoß des Flügelbaus[196], das neben dem Treppenturm durch ein separates Portal betretbar ist und 1918 zum Lapidarium hergerichtet wurde. Die

196 Vgl. den Devis MORFS (zitiert Anm. 187).

erste Wohnetage – flußseitig der zweite Stock, hangseitig das Hochparterre – umschließt das oberste Geschoß des Bergfrieds; seit 1925 ist sie durch einen Raum im Rechteckschacht über dem Straßendurchgang erweitert, während sie auf der Nordostseite vor der Wand des hochdimensionierten Waschhauses im Seitenflügel endet. Zweites, drittes und viertes Wohngeschoß nehmen alle die gesamte Grundfläche von Alttrakt und Seitenflügel ein und weisen die nämliche, sieben Räume aussondernde Wandunterteilung aus dem 15. und 18. Jahrhundert auf.

Äußeres (Abb. 38, 41 und 42). Die stadtauswärts gerichtete Schaufront, die bei SEBASTIAN MÜNSTER und JOHANNES STUMPF noch als einfache Trauffassade wiedergegeben ist (Bilddokumente Nrn. 20, 28), wird heute vom Rundschneggen der Jahre 1579/80 und vom stumpfwinklig angestückten Flügel MORFS beherrscht. Beide Anbauten sind mit Rücksicht auf das ansteigende Gelände auf eine mauergestützte Terrasse gesetzt, an welcher die den Torbogen verlassende steile Ausfallstraße nach enger Kurve vorüberzieht. Die Schmalseiten und die Limmatfassade, die über einem kleinen Felssporn jählings aus dem Wasser emporzuwachsen scheint, haben im großen und ganzen ihren Charakter des späten 15. Jahrhunderts bewahrt. Das Dach des Altbaus wird von steilen Treppengiebeln gefaßt, dasjenige des Flügels (mit niveaugleichen Traufen, aber tiefer sitzendem First) endet in einem Walm. Von schmalen Scharten und Luken abgesehen, sind beide Schloßtrakte bis unter das zweite Wohngeschoß blind (das nordseitige Fenster des ehemaligen Waschhauses wurde beim Einbau des Lapidariums 1918 ausgebrochen). Die einförmigen, streng axialen Rechteckfenster an den drei Obergeschossen des Altbaus traten 1733 an die Stelle unregelmäßig verteilter mittelalterlicher Lichter[197]. Ihr simples Falzprofil kontrastiert mit den gleichzeitig entstandenen Fenstern am Flügelbau und an der nördlichen Giebelwand, deren Rahmen durchgängig mit abgetreppten Kehlungen versehen sind (die Rahmen 1909–1912 originalgetreu erneuert). Der über Kaffgesimsen sich verjüngende Mauerkörper des Schneggenturms zeigt noch die ursprünglichen gekehlten Rechtecklichter und Schlüssellochscharten, die synkopierend zwischen den Geschossen der Wohntrakte liegen. Er schließt in einem achteckigen Dachgeschoß mit Spitzhaube, welches seit 1733 einen baufällig gewordenen Fachwerkstock ersetzt. – Das als Haupteingang gestaltete *Turmportal* (Abb. 43) ist mit einem trefflich gemeißelten doppelgeschossigen Sandsteingericht von 1580 versehen (1956/57 erneuert). Auf beidseitigen kleinen Sitzpostamenten mit Masken- und Tierreliefs erheben sich zwei gedrungene ionisch-korinthische Kompositpilaster, in deren Schaftkassetten kräftige Hermen hochwachsen. Die feingliedrigen Kapitelle nehmen einen stichbogigen, mit Eierstab, Ranken und Wappenschildern geschmückten Türsturz in ihre Mitte und tragen ein von Randleisten und Kyma gefaßtes, glattes Gebälkstück. Im dynamisch geschweiften Giebel dominiert ein lisenenflankiertes, simsverdachtes Rechteckfeld mit dem gekrönten Badener Wappen und zwei Schildhalterlöwen; die seitlichen Zwickel sind mit üppigem Akanthusrollwerk besetzt, die kielförmige Spitze mit einer Früchtevase zwischen einem verschlungenen Delphinpaar. Der Hauptmeister des Portals, das nach Ausweis zweier verschiedener Zeichen (siehe Tabelle II, Nrn. 20, 21) von mehreren Steinmetzen gearbeitet worden

---

[197] Vgl. die Bilddokumente Nrn. 20, 28 und den Devis MORFS (zitiert Anm. 187).

EHEMALIGES LANDVOGTEISCHLOSS 67

ist, hat neben dem Datum seine Initialen «CS» hinterlassen[198]. In unbefangenem Gestaltungseifer, aber dennoch mit sicherem Formgefühl hat er mit noch gotisch empfundenen und frei abgewandelten antiken Strukturelementen ein sehr gefälliges, einheitliches Werk geschaffen, das trotz manchen Ornamentdetails eine straffe Gesamtform wahrt. – Die Ostwand über dem Straßendurchlaß ziert ein *Wandgemälde* von 1492, das in schlichter Maßwerkrahmung die Wappenreihe der Acht Alten Orte unter dem gekrönten, von Löwen flankierten Reichsschild wiedergibt (1925 in Keimschen Mineralfarben renoviert). – Das ehemalige Fallgatter, das in den Torbogenschacht hochgezogen werden konnte, wurde, vermutlich zu Beginn des 19. Jahrhunderts, entfernt. – Auf der Portalterrasse ein *Brunnen* mit frühbarockem Stadtwappen zwischen Schildhalterlöwen und mit hundegesichtigem Ausguß.

Dachstock. Den Altbau deckt ein 1733 neu erstelltes Sparrendach mit liegenden Streben, Kehl- und Hahnenbalken und Spannriegeln (diese liegen um ein beträchtliches unterhalb der Kehlbalken); die Ständer unter der Firstpfette sind mit kleinen Sperrafen in den Kehlbalken und Spannriegeln verankert. – Über dem Anbau liegt eine seltene Balkenkonstruktion, bei der die Sparren von den liegenden Streben bis zur Firstpfette begleitet werden; Spannriegel und Windstreben, keine Kehlbalken.

[198] Vielleicht ist er mit dem Zürcher CASPAR SCHÖN zu identifizieren. Vgl. Kdm. Zürich IV (= Stadt Zürich I), S.65, Anm. 1; S.393, 478.

Abb. 43 und 44. Baden. Ehemaliges Landvogteischloß. Hauptportal (von Caspar Schön?), 1580; Turmofen von Leonhard Locher, 1733/34. – Text S. 66 und 68.

Inneres. Neben dem Museumsgut sind aus der eidgenössischen Residenzzeit nur noch baugebundene Ausstattungsgegenstände erhalten[199]. An den barocken Türen mit gebälkbesetzten Rahmen, den Brusttäfern, den Fliesenböden und an den einfachen Stuckrahmenplafonds, namentlich im zweiten und dritten Wohngeschoß, ist noch der bauliche Eingriff MORFS von 1733/34 wahrzunehmen. – In den *Kellerverliesen* flache Tonnengewölbe von 1577. – Sämtliche Wohngeschosse sind ausschließlich durch individuelle Portale im Schneggenturm, die 1579/80 ausgebrochen wurden, zugänglich. Die *Treppe* mit leicht gestufter Untersicht umkreist eine geschlossene Spindel mit mehreren identischen Steinmetzzeichen (siehe Tabelle II, Nr. 22) (1973 durchgreifend renoviert). – Das *erste Wohngeschoß* hinter stichbogigem, gefastem Portalrahmen liegt noch unter einer spätgotischen Balkendecke. Die Kammer des Bergfrieds, die im Mittelalter als Gefängnis, später als Archivraum benützt wurde, ist von über 2 m starken Mauern umfangen; an ihrer Türe Eisenbeschläge mit verschließbarem Schieberiegel. – Ins *zweite Wohngeschoß*, den ehemaligen Audienzboden, führt ein Rechteckportal, dessen Profil aus Wulst und Doppelkehle beidseits über straff gerollter Volute und kleinem, stegdurchkreuztem Sockel ansetzt und oben einen Blendkielbogen bildet. Im südlichen Audienzsaal eine 148 × 132 cm messende Wandnische (eines ehemaligen Hausaltars?), deren rechteckiger Sandsteinrahmen durch verschnittene Spitzstege, Rundstäbe und eine Kehlung geformt wird und einen gleichartig profilierten Blendstichbogen faßt; Steinmetzzeichen (siehe Tabelle II, Nr. 23); Wappentriade Luzern–von Fleckenstein[200] und Datum 1525 (Heinrich von Fleckenstein, Landvogt in Baden 1523–1525); an den Rundstabansätzen fächer- und rautenförmige Keilschnittverzierung. Kachelofen mit Blattwerkfries und akanthusgeziertem Fußkarnies und Kranzgesimse in Blau (18. Jahrhundert) und schmucklosen Füllkacheln in Meergrün (vorgerücktes 19. Jahrhundert). Im Westzimmer französischer Kamin mit Gesimse, vom Hausumbau des 18. Jahrhunderts. Die Küche im Nordostflügel zeigt unter einem weiten Rauchfang eine im 19. Jahrhundert teilweise erneuerte Feuerstelle aus mörtelverbundener Ziegelschichtung unter durchlochten Sandsteinplatten, mit kleiner Sitzkunst auf konischen Biedermeier-Vierkantfüßen. – Das *dritte Wohngeschoß* – schon im Spätmittelalter das Hauptlogis des Landvogtes – ist an seinem kielbogig schließenden Portalgericht mit der Jahreszahl 1580 und einem Steinmetzzeichen versehen (siehe Tabelle II, Nr. 24). Neben einem barocken Sandsteinkamin mit weich profilierter Segmentbogenöffnung und Wulstgesimse im Nordzimmer weist es südseitig (über dem Audienzsaal) eine vollständig vertäferte Stube mit zwei zarten Deckenstuckrahmen und einem üppig bemalten weiß-blauen Kachelofen auf (Abb. 44). Der über dockenförmigen Füßen stehende Unterbau und der oktogonale Turm zeigen zwischen akanthusbesetzten Fußkarniesen und Kranzgesimsen schnittige Ecklisenen und Friese mit kleinen Landschaftmedaillons zwischen symmetrisch stilisiertem Régence-Schmuck (ringumklammerte Blattfächer, Laubranken, Muscheln, Perlen, Bandelwerk); auf den Füllkacheln sind romantische Uferlandschaften mit antiken Ruinen und genreartigen Architekturstaffagen dargestellt. Vermutlich ein Werk des Zürcher Hafnermeisters LEONHARD

---

[199] Eine Raumbeschreibung samt Inventar vom Jahre 1798 liegt im Bundesarchiv Bern, Bd. 2446 (gedruckt bei LEUTHOLD, S. 20). – Zum Inventar der Landvogtei unter Ägidius Tschudi 1551 vgl. ASA VII (1895), S. 497.

[200] A. AM RHYN, Wappen der Bürger von Luzern 1798–1924, Genf 1934, Tf. 29/3.

LOCHER, von 1733/34[201]. – Am Eingang zum *vierten Wohngeschoß* ist ein gleiches Leibungsprofil wie an den Portalen der beiden unteren Etagen wahrzunehmen, der gotische Eselsrücken indessen wurde 1733 durch einen Segmentbogen ersetzt. Der tannene Türflügel mit geschweift konturierten Kassettenfüllungen trägt gepunzte, ziselierte und gravierte Régence-Beschläge (der Knauf mit bemerkenswerten heraldischen Fratzen) und ein Schloß mit Schnappriegel und Datum 1740. (Im Estrich gleichartige Türen von den beiden unteren Etagenportalen.) Den südseitigen Rechtecksaal deckt ein 1733 eingebautes Spiegelgewölbe mit hoher Kehlung über kräftig ausladendem Karniesgesimse.

Die 1925 von der Südmauer des Audienzsaals abgelösten, fragmentarisch erhaltenen *Wandgemälde* sind im Hause aufbewahrt. 1. *Golgathaszene*. 162 × 90 cm. Am Kreuzfuß die Wappen der Luzerner Geschlechter Feer[202], Segesser von Brunegg[203], von Fleckenstein[204] und ein weiteres, fast unkenntliches, geviertes Schild, dessen Lilien in 1 und 4 auf Pfyffer deuten[205]. Zu Füßen Marias und Johannes' Banderolen mit unleserlichen Legenden. Unten Reste einer fünfzeiligen Kapitalisaufschrift, schließend mit dem Datum MDLXXXIX (1589). Das Bild ist eine Stiftung des Beat Jakob Feer, der 1587–1589 in Baden als Landvogt amtete. Als Schöpfer des qualitätvollen postgotischen Werkes ist der Luzerner Maler ANTON SCHITERBERG in Betracht zu ziehen[206]. – 2. *Allegorisch dargestellter Kampf gegen die menschlichen Laster.* 137 × 167 cm. Vor weiter Landschaft links vorne ein siebenköpfiges Monstrum (Allusion auf den apokalyptischen Drachen) mit den Bezeichnungen «Füllereÿ, Faulheit, Zorn, Hoffart, Geilheit, Neid, Geitz»; ihm gegenüber, rechts, ein mit Halbharnisch und Helm gerüsteter Mann, in der Linken einen Rundschild mit Aufschrift «(CR)VCIFIXVS EST», mit der Rechten im Begriff, ein Pfeilbündel gegen das Untier zu schleudern; auf der Bündelschlinge die Schildchen der Acht Orte. (Die Eintracht der regierenden Stände meistert die Lasterhaftigkeit.) Im Hintergrund kleinmaßstäblich das Schloß Stein, der Bruggerturm und die Landvogtei von Norden. Oben ein Schriftband mit der Legende: «Durch Gottesforcht und Einigkeit. Erhalten werden Land Und Leüht»; darunter die Allianzwappen des Stifterpaares in ovalen Rahmen mit den Aufschriften: «Hans Caspar Escher des Rahts zu Zürich Landtvogt der Grafschaft Baden im Ergeu. Anno 1650»[207] und «F(rau) Dorotea Ranin sein Ehegemahel Anno 1650»[208]. Unten ein Rotulus mit vierzeiligem, in der rechten Hälfte versehrtem Text moralischen Inhalts[209]. – 3. *Allegorische Darstellung, vermutlich der katholischen Lehre und der katholischen Fürsten Europas* (stark lädiert). 196 × 166 cm. Großfigurige Immakulata mit Kind auf einem in den Meereswellen schwimmenden Drachen. (Die Lilien auf dem flatternden Gewand der Gottesmutter

---

201 Landvogteischloß, S. 21 f. – K. FREI, Zur Geschichte der aargauischen Keramik des 15.–19. Jahrhunderts, ASA NF XXXIII (1931), S. 195.
202 Die spätere Formulierung, nämlich in Silber ein roter Löwe. HBLS III, S. 129.
203 A. AM RHYN, a.a.O., Tf. 58/8. 204 A. AM RHYN, a.a.O., Tf. 29/3.
205 Vgl. A. AM RHYN, a.a.O., Tf. 50/8, 11, 12.
206 Archiv der Eidgenössischen Kommission für Denkmalpflege Zürich, Renovationsakten 1925. – Vgl. Kdm. Unterwalden (Nachdruck 1971), Tf. LXV; Fig. 744.
207 HBLS III, Abb. S. 75.   208 HBLS V, Abb. S. 519.
209 Der erhalten gebliebene Wortlaut liest sich folgendermaßen: «Wer dises Lasterthier, den Höll... / Der muß nach Pauli Lehr, bew... / Das Volck, das außerm Feind Ob... / Sey dapfer und vereint In ...».

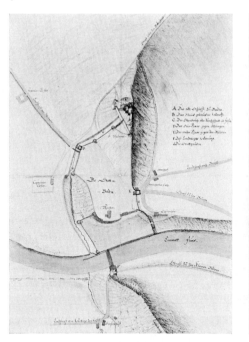

Abb. 45 und 46. Baden. Grundriß des mittelalterlichen Stadtgürtels, 1658, anonyme Federzeichnung (Plandokument Nr. 1); Grundriß mit Befestigung des 17. Jahrhunderts, 1712, Federzeichnung von J. A. Rüdiger (Plandokument Nr. 5). – Text S. 36, 71 f., 74.

spielen vermutlich auf die im Pyrenäenfrieden [1659] als Siegerin aufgetretene französische Krone an.) Links im Hintergrund ein Segelschiff mit der päpstlichen Flagge und Insassen, die den an Steuerbord sitzenden Heiligen Vater um Hilfe anflehen. Am Fuß eines rechts aus den Fluten ragenden Berges eine von Engeln verteidigte Bastion (Anspielung auf die Engelsburg) mit den Wappen der katholischen Reiche Spanien, Frankreich (und Österreich?). Auf der Bergkuppe der Petersdom. Eine Aufschrift am oberen Rand ist fast ganz zerstört. Eine andere am unteren Rand lautet: «Jetz hatt Gott durch ... hendt Den Krieg zu Nutz der Kirchen gwendt / Das Lasterthier, die Welt ... / ... embt Gott ... tstrang». Links oben unkenntliches Wappen mit Umschrift: «Obrist Feldtwachmeister und Ratherr (Heinri)ch zur Lauben vō ... Guarde(hauptmann) ... sine konigl ... vō Frankreich diensten dermahlen Landvogt der Graffschafft Baden im Ergeü 1660»[210]; rechts Wappen der Gemahlin: «Frauw A(nna?) Maria Speckin sein Ehegemahel. Anno 1660»[211]. – 4. *Anbetung der Könige* (fast völlig zerstört). 156×125,5 cm. Oben ein zweizeiliges Schriftband: «(Der hö)chste Gott durch W(under)that. Den Wahren Glaub bestehtet h(at) / Jm Anfang gleich wie noch beschicht. Halt dich dar(na)ch das d.' irrest (nicht).» Oben die von beschrifteten Ovalrahmen umschlossenen Wappen: «h. Barthlome Schindler deß Raths zů Schwytz 14 Jahr Landschreiber und Landtvogt

210 A. ITEN, W. J. MEYER, E. ZUMBACH, Wappenbuch des Kantons Zug, Zug 1942, Nr. 407.
211 A. ITEN, W. J. MEYER, E. ZUMBACH, a. a. O., Nr. 309; Tf. XI.

(der) Graffschafft Baden. A. 1671»[212] und «F(rau) L... Schindler geborne Cebergin sein Ehegem(ahel)»[213].

WÜRDIGUNG. Dem Schloß kommt in erster Linie dank seiner geographischen Lage und der Rolle, die es in der urbanistischen Entwicklung Badens gespielt hat, Bedeutung zu. Es stellt noch heute den klassischen Fall eines mittelalterlichen Brückenkopfes und einer kleinstädtischen Wehranlage dar. Im Verein mit der gedeckten Holzbrücke bildet es ein architektonisches Ganzes, das vom umgebenden Gelände her vorgeformt worden ist, seinerseits aber auch wesentlich das Landschaftsbild mitgeprägt hat. Als Bau selbst nimmt die Landvogtei, verglichen mit anderen spätmittelalterlichen Schlössern der Schweiz und seiner Nachbarländer, keinen überdurchschnittlichen Rang ein. Mehr als herrschaftliche, repräsentative Würde eignet ihr ein bürgerlicher, fast intimer Zug. Das hängt zweifellos damit zusammen, daß das Gebäude auf Untertanenboden stand und als Besitztum der regierenden Orte mit dem bei gemeineidgenössischen Werken üblichen Sparsinn behandelt worden ist.

STADTRING UND TÜRME

BAUGESCHICHTE. Vermutlich in den sechziger Jahren des 14. Jahrhunderts erste systematische Ummauerung von Oberstadt und Halde (Abb. 22). Gleichzeitig entstehen Türme über den Ausfallstraßen nach Brugg und Mellingen und an den Ecken des Gürtels: zwischen südlicher Schloßfront und Mellingerturm der «Waghals» und der St.-Johanns-Turm; an der Ecke vor dem Südende der Marktgasse (heute Weite Gasse) der St.-Barbara-Turm; beim Rank der Haldenstraße das Nesselhufenbollwerk; oben am Flußufer der Ferber-, unten der Ergelturm. Die Brücke – seit ihrem Bestehen von der Niederen Feste jenseits der Limmat geschützt – erhält auf der Stadtseite eine zweite Sicherung, das Bruggtor[214]. Nach 1415 Instandstellung der Fortifikationen. Im ersten Jahrzehnt des 16. Jahrhunderts Wehrgang an der Südfassade des neuen Beinhauses zur Deckung des südlichen Ringmauerwinkels (vgl. S. 152). Zu Beginn des Dreißigjährigen Krieges umfänglicher Ausbau des Mellingerturms und Bau einer großen Zwingeranlage vor dem Bruggerturm[215]. 1664/65 Riß von FRANZ MARTIN GUMP zu einer zeitgemäßen Stadtfortifikation[216]; 1675 Beginn der Neubefestigung unter Schultheiß und Bauverwalter Johann Bernhard Silberisen und Baumeister CASPAR SUTER (Abb. 24)[217]: Massive Mauer vor den drei Mühlen an der Halde[218]; Batterie vor dem Bruggtor (vgl. S. 75); 1680–1683 neuer linksufriger Brückenturm, Errichtung von polygonalen Bastionen mit gewölbten Kasematten und ziegelbedeckten Geschützständen anstelle des Ferber- und Barbaraturms

---

212 M. STYGER, Wappenbuch des Kantons Schwyz, Genf 1936, S. 61 f.; Abb. 4 (ohne S).
213 Vom Wappen ist nur noch der Dreiberg erkennbar. Vgl. M. STYGER, a.a.O., S. 131–133.
214 Die hier wiedergegebenen Turmnamen erscheinen erst in Quellen des 17. Jahrhunderts, sind aber höchstwahrscheinlich die ursprünglichen. StadtA, Nr. 388, passim. – HABERBOSCH, Befestigungsanlagen, S. 71 f. – Vgl. das Kapitel zur topographischen Entwicklung der Stadt (S. 29).
215 StadtA, Nr. 388, sub annis 1618, 1620, 1621.   216 StadtA, Nr. 14, S. 45.
217 StadtA, Nr. 16, S. 145, 146 b. – Vgl. zum Folgenden MITTLER, Baden II, S. 31–35.
218 StadtA, Nr. 388, sub annis 1675, 1676.

Abb. 47. Baden. Neu befestigte Stadt von Südosten, 1712. Anonymes Ölgemälde, um 1715 (Bilddokument Nr. 31). – Text S. 36, 57, 74.

und des mittelalterlichen Nesselhufenbollwerks[219]. 1684 Futtermauer von 7 m Höhe und Palisaden im Stadtbachgraben[220]. Während der beiden folgenden Jahre Fünfeckbastion und Fallbrücke mit Radzug vor dem Zwinger des Mellingerturms[221]. Ausbau und Verstärkung von Johannsturm und «Waghals»[222]. 1690 Mauerverbindung vom Landvogteischloß zum Lägernfels und Toranlage mit Fallbrücke an der Uferstraße zu den Kleinen Bädern[223]. 1691/92 mächtiges Bollwerk an der Ausfallstraße gegen Wettingen[224]. Zu Beginn des 18. Jahrhunderts Projekt für Außenwerke und Sternschanze im Auftrag der katholischen Orte, von VAUBANS Schüler PIETRO MORETTINI aus Cerentino TI[225]. – Im Juni 1712 rissen die Berner die Bastion vor dem Mellingertor und die Barbarabastion nieder; Zürich besorgte die Zerstörung der übrigen Fortifikationen[226]. 1838–1842 Abbruch der stehengebliebenen Ringmauer hinter den Häusern der Rathausgasse, zwischen Mellingerturm und Stadtkanzlei

219 Ebenda, sub annis.   220 Ebenda, sub anno.
221 Ebenda, sub annis 1685, 1686. – Wie Grabungen vom Jahr 1963 glauben lassen, führten von der Bastion unterirdische Gänge zum Barbarabollwerk und zum Johannsturm. MITTLER, Baden II, S. 33, mit Abbildung der ergrabenen Fundamente.
222 StadtA, Nr. 388, sub anno 1687. – Die beiden Türme behielten ihre Rundform bei. Bilddokument Nr. 48.
223 StadtA, Nr. 388, sub anno.   224 Ebenda, sub annis.
225 Plandokument Nr. 3. – HBLS V, S. 162. – MITTLER, Baden II, S. 38. – Zur Ausführung des Projektes kam es vor dem Zwölferkrieg nicht mehr.
226 MITTLER, Baden II, S. 69.

Abb. 48. Baden. Altstadt von Südosten, mit Sebastianskapelle, Stadtkirche, Bruggerturm, Rathaus, ehemaligem Kornhaus, Holzbrücke und ehemaligem Landvogteischloß. – Text S. 50.

sowie neben dem Haldenquartier[227]. 1846 Abbruch des St.-Johanns-Turms im Zusammenhang mit der Trasseeführung der Eisenbahn[228]. 1874 Schleifung des Mellingerturms «im Interesse der Gemeinde...» (Abb. 49)[229].

Quellen. Akten und Urkunden im StA Aarau und im StadtA Baden (vgl. die Anmerkungen im Kapitel zur topographischen Entwicklung der Stadt, S. 29–48). – AMMANN, MITTLER. – WELTI, Urkunden I. – F. E. WELTI, Das Stadtrecht von Baden (= Die Rechtsquellen des Kantons Aargau I/2), Aarau 1899.
Literatur. FRICKER, Baden. – HABERBOSCH, Stadt und Schloß. – P. HABERBOSCH, Die Befestigungsanlagen Badens um 1638, Bad. Njbll. 1948, S. 69–79 (mit Faltplan und Abbildungen). – Ders., Das alte Agnesenspital zu Baden, Bad. Njbll. 1957, S. 26 f. – P. HOFER, Stadtgeschichtliche Grundlagen und Richtlinien für die Überbauungsstudie Rathausgasse/Kirchplatz [in Baden], 1969 (maschinengeschriebenes Manuskript im KDA). – Ders., Die Stadtwerdung Badens im dreizehnten Jahrhundert, Bad. Njbll. 1975, S. 7–23 (mit Literaturangaben). – K. J. JEUCH, Die Stadt Baden und ihre Bäder um 1818, hg. von U. MÜNZEL, Badener Kalender 1940, S. 37. – MERZ, Burganlagen I, S. 81–84. – MITTLER, Baden I und II. – O. MITTLER in: Landvogteischloß, S. 3–14. – O. ZÜRCHER, Das Ober-Tor, Bad. Njbll. 1925, S. 14–19.
Bilddokumente Nrn. 9, 10, 19, 20, 28, 29, 30, 31, 33, 57, 58, 59.
Plandokumente Nrn. 1, 2, 3, 4, 5, 6, 7.
Stadtmodell (zitiert S. 26; Abb. 13).

---

227 StadtA, Nr. 893: 1837–1839, S. 310 f., 329, 405 f.; 1839–1842, S. 58, 127, 182, 207, 234, 287, 574, 597 f.
228 Ebenda: 1844–1846, S. 675–677.
229 Ebenda: 1872–1874, S. 227, 244, 597, 617, 619, 625. – ZÜRCHER, S. 14–19.

BILDLICHE ÜBERLIEFERUNGEN UND ERHALTENE PARTIEN. In den Bilderchroniken des 15. und des beginnenden 16. Jahrhunderts ist der Mauergürtel Badens häufig, im Detail aber nicht wahrheitsgetreu dargestellt worden[230]. Mehrere übereinstimmende Stadtveduten verschiedener Autoren aus der Mitte des 16. Jahrhunderts erlauben sichere Schlüsse in bezug auf die grundrißliche Anlage der Wehrbauten und das damalige Äußere der Türme (Abb. 8, 18 und 25)[231]. Ebenfalls läßt sich auf Grund der Pläne RÜDIGERS und BÜRCKLIS sowie zweier anonymer Gemälde in der Städtischen Sammlung im Landvogteischloß eine hinlängliche Vorstellung von der Fortifikation des 17. Jahrhunderts gewinnen (Abb. 46 und 47)[232]. – Von der *Ringmauer* ist nur das voreidgenössische, im 17. Jahrhundert verbesserte *Teilstück auf dem Bergkamm zwischen Schloß und Stadt* erhalten geblieben (Abb. 36). Wie die Schloßruine gehört seine krenelierte Silhouette zu den typischen Kennzeichen des Stadtbildes. Es setzte ursprünglich am Chorscheitel der Burgkapelle an und zog sich, in leichten Windungen dem Grat folgend, zum mutmaßlichen Nordtor der kiburgischen Marktanlage zwischen den Häusern Weite Gasse Nrn. 31 und 36 (vgl. S. 30; Abb. 21). Der Abbruch des Kapellenchors im Jahre 1716 hinterließ eine Lücke zwischen Schloß und Mauer; unten stößt diese dagegen bündig an die nördliche Wand der den Grat besetzenden Altstadthäuser (vgl. S. 285). Auf der Nordseite ragt die Mauer jäh über den steil sich türmenden natürlichen Kalkfelsköpfen auf. Am südseitigen Berghang wird sie von der Niklausstiege begleitet und läßt aus der Nähe noch ihre (in jüngerer Zeit erneuerte) Ziegelbedeckung mit stadtauswärts gerichteter Traufe und die Löcher für den Anbau von hölzernen Laufstegen erkennen. – Von den *Türmen* hat nur einer, der größte über dem Nordtor der Altstadt, überdauert.

BRUGGER- ODER BADERTURM

BAUGESCHICHTE. Ein erster Turm beim Nordausgang der Oberstadt entstand bei der Stadterweiterung nach 1360[233]. Er wurde bereits 80 Jahre später wieder abgetragen. 1441–1448, während des Krieges zwischen Zürich und den Eidgenossen, arbeitete der Badener Werkmeister RUDOLF MURER aus Elgg ZH an einem neuen Tortum mit Zwingeranlage[234]; wie mehrere Illustrationen in TSCHACHTLANS Berner Chronik[235], vor allem aber der Kontext der Schriftquellen[236] und die Baubefunde (siehe S. 76) zeigen, umfaßte dieser die drei unteren Stockwerke des heutigen Turms. Schon im Jahre 1445 bestand das Werk gegen einen schweren Sturmbock der Zürcher seine erste Bewährungsprobe[237]. 1472 erhielt ein gleichnamiger Maurer (vielleicht MURERS Sohn[238]) 70 lb aus dem Seckelamt für «sin werck im graben am

---

230 Z.B. Bilddokumente Nrn. 9, 19. – Photographische Wiedergaben einiger Dutzend spätmittelalterlicher Stadtansichten im Besitz von Herrn Dr. U. Münzel, Baden.
231 Bilddokumente Nrn. 20, 28, 29. – Plandokument Nr. 1. – HABERBOSCH, Befestigungsanlagen, S. 70.
232 Plandokumente Nrn. 5, 7. – Bilddokumente Nrn. 10, 31.
233 WELTI, Urkunden I, S. 52. – Vgl. oben, S. 71.
234 Jahreszahl 1441 über dem äußeren Torbogen. – AMMANN, MITTLER, S. 136, 154 (sub anno 1448).
235 Bilddokument Nr. 9.   236 AMMANN, MITTLER, S. 156 f.
237 MERZ, Burganlagen I, S. 102 f. – MÜNZEL, S. 2 f.
238 AMMANN, MITTLER, S. 136. – MURER selbst scheint 1470 tot gewesen zu sein. Vgl. WELTI, Urkunden II, S. 802.

turn»[239]. 1481–1483 schufen die einheimischen Meister Cunrat Zobrist, Rudolf Murer, Hans Zimmermann und Heinrich Zeyer unter der Leitung von Martin Grülich aus Brugg[240] und mit Anweisungen Hans Felders aus Zürich einen Aufbau. Aus Basel wurden zwei Glocken geliefert. Ein Meister Hans von Schaffhausen konstruierte die «zitgloggen»; die Maler Thüring Meyerhofer und Gorius brachten die zugehörigen Uhrblätter und vermutlich weiteren Gemäldeschmuck an; ein Goldschmied (Lienhart Schütz?) verfertigte Zeigerhand, Sterne und Sonne[241]. 1509 Renovation des Dachreiters; 1572 Kupferbeschlag auf dessen Spitzhelm von Heinrich von Ägeri[242]. 1581 malte Durs von Ägeri ein «sonnenzit» auf die Südfassade[243]. 1603 wurden den vier «egg» (Erkern) neue Ziegel aufgesetzt[244]. 1620 bis 1623 erhielt der Turm ein zinnenbekröntes Vorwerk mit Fallbrücke, wobei «der Bildhauer» (vermutlich Bartholomäus Cades) für ein «schilt uff der Port» (Stadtwappen) 6 lb bezog[245]. 1677–1679 wurde das Vorwerk im Rahmen der von Franz Martin Gump projektierten Stadtbefestigung unter Aufsicht Johann Bernhard Silberisens zur Bastion ausgebaut (vgl. S. 71): Massive Verstärkung der Mauern und Errichtung einer Brustwehr; Wächterhäuschen (wohl in Form eines Erkers an der Nordostkante der Batterie); Dach und neue eichene Zugbrücke von den Zimmermeistern Hans und dessen Söhnen Johannes und Matthias Dreyer, Baden; Radwinde von Ulrich Lienhardt aus Lenzburg; vermutlich Bau einer Kasematte[246]. Nach der Kapitulation 1712 zertrümmerten die Zürcher die Bastion. – 1755 Renovation des Turms[247]. 1846 wagte man auf Grund eines Gutachtens von Stadtbaumeister Locher in Zürich und Kantonsbaumeister Hemmann in Aarau eine Erweiterung und Erhöhung des Torbogens[248]. In den Folgejahren wurden durch Baumeister Damian Lang, Baden, in den Turmgemächern heizbare Gefangenschaften eingerichtet[249]. 1873 neues Uhr- und Zeigerwerk und Renovation des Zifferblattfreskos, vermutlich durch Kunstmaler Johann Steimer in Baden[249a]. 1899 Renovation an Dach und Dachreiter[250]; 1925 gründliche Instandstellung des Turms, dessen Stabilität schon damals durch den Straßenverkehr gefährdet war[251]. 1961 letzte Torerweiterung. Der Turm dient zurzeit als Bezirksgefängnis.

239 Ammann, Mittler, S. 155 (sub anno); vgl. sub annis 1473, 1474. – Erweiterung der Zwingeranlage beim Bruggerturm?
240 1468 in Baden eingebürgert. Merz, S. 110.
241 Ammann, Mittler, S. 136 f., 156 f. (sub annis).
242 Inschriften am Turmknopf, siehe unten.
243 StadtA, Nr. 387/VI: 1581, 3, s.v. «Allerley Usgeben» (auf eingelegtem Bogen); 1581, 4, s.v. «Wagner und Seiler».
244 StadtA, Nr. 387/VII: 1603, 1, s.v. «Decker».
245 StadtA, Nr. 388, «(Rechnung) Betreffende den Nüwen Buw bim Bader Thor Anno 1621 / Buwmeister Beat Jacob Bodmer Statschreiber». – Bilddokument Nr. 1.
246 StadtA, Nr. 388, sub annis, bes. «Rechnung Uber daß gebew bey dem Bader Thor, die füedter Maur deß grabens ... Und gewelber innert Und außert dem Tohr betreffent ... 1678». – Bilddokument Nr. 10. – Plandokument Nr. 5. – Nach diesen Dokumenten zu schließen, scheint man dem Turm eine Polygonalbastion vorgebaut zu haben.
247 Inschrift am Turmknopf, siehe unten.   248 StadtA, Nr. 893: 1844–1846, S. 505, 546.
249 Ebenda: 1839–1842, S. 9; 1847–1849, S. 105 f., 179.
249a Ebenda: 1872–1874, S. 460, 607, 636. – Bilddokumente Nr. 87.
250 StadtA, Nr. 893: 1899, S. 32, 51, 65, 67, 127.
251 H. Störi, Die Renovationsarbeiten am Landvogteischloß und am Stadtturm im Jahre 1925, Bad. Njbll. 1926, S. 27–33; Fig. 2, 3.

Quellen. Akten im StadtA Baden. – AMMANN, MITTLER, S. 136 f., 154, 156 f. – WELTI, Urkunden I, S. 52.

Literatur. ASA, NF I (1899), S. 155 f. – FRICKER, Baden, S. 62, 93, 160, 635. – MERZ, Burganlagen I, S. 102–104; mit Querschnitt des Turms. – MITTLER, Baden I, S. 56, 82, 123, 127 f., 153, 199, 349; II, S. 16, 29, 31 f., 212, 229 f. – U. MÜNZEL, Der Badener Stadtturm 1441–1941, Njbl. der Apotheke F. X. Münzel Baden, 1941. – Vgl. die Bibliographie im Kapitel zum Stadtring, S. 73.

Bilddokumente Nrn. 42, 45, 60, 61, 62, 83, 84, 87, 114, 116, 117.

Plandokumente Nrn. 1, 5, 7.

LAGE. Der Turm – heute gemeinhin «Stadtturm», früher zur Unterscheidung vom Mellingerturm am Cordulaplatz «Brugger-» oder «Baderturm» genannt – steht über dem nördlichen Ausgang der Oberstadt (Abb. 32). Sein Durchgang bündelte schon im Mittelalter wichtige Verkehrswege (Abb. 22): auf der Nordseite die Straßen von Basel–Brugg und von den Bädern; auf der Südseite die Route von Bern, die durchs Mellingertor in die Oberstadt mündete und durch die Mittlere Gasse lief, und jene von Zürich–Wettingen, die über die Brücke in die Untere Stadt kam und die Haldenstraße und Salzgasse (heute Rathausgasse) hinaufführte. Bis zum Zeitpunkt der großen städtischen Verkehrssanierung und der Eröffnung des stadtnahen Teilstücks der Autobahn Bern–Zürich hatte der gesamte Nordsüdverkehr der Region das Turmtor zu passieren. Seither ist es für den privaten Motorfahrzeugverkehr gesperrt (Abb. 2). – Der Vorplatz in der Altstadt, wo die westliche Häuserzeile der Weiten Gasse und das ehemalige Gasthaus «Zum Engel» sich an die Kanten des Turms schmiegen und eine kurze, enge Zufahrt bilden, hat sein altes Gepräge bewahrt (Abb. 2); das nördliche Vorgelände (heute Schloßbergplatz), das JAKOB MEYER-ATTENHOFER in den dreißiger Jahren des 19. Jahrhunderts noch als idyllische Landschaft mit stimmigen Biedermeier-Häusern abbildete (Abb. 31)[252], ist im vergangenen Jahrzehnt – nicht zum Vorteil des Turms – zu einem Straßenknoten mit fragwürdig disparaten Gebäuden geworden.

BESCHREIBUNG. *Äußeres* (Abb. 2, 50 und 80). Der mächtige Mauerkörper erhebt sich über einem annähernd quadratischen Grundriß von rund 10,5 m Seitenlänge und mißt bis zum Helmknopf ungefähr 50 m. Seine Fundamente sind in die eiszeitliche Kies- und Sandschicht eingebettet[253]. Die beiden Entstehungsphasen des Turms haben an seinem Äußeren eine charakteristische, wenn auch unauffällige Spur hinterlassen: Der drei Stockwerke zählende Unterbau RUDOLF MURERS (1441–1448) zeigt an den Kanten bossierte, der zweigeschossige Oberbau GRÜLICHS und FELDERS (1481–1483) glatt behauene Läufer und Binder[254]. Alle Eckquader indessen sind einheitlich aus Mägenwiler Sandstein gearbeitet, während das übrige Mauerwerk ebenfalls durchgängig aus steinsichtig verputztem Jurakalk gefügt ist. Den Turmschaft deckt ein steiles Walmdach. Auf dem quer zur Torachse liegenden First sitzt ein sechskantiger, vollständig mit Kupfer beschlagener Dachreiter mit Nadelhelm[255]; sein Auslug öffnet sich in spätgotischen Bogen mit Eselsrücken. Vier kräftig ausladende polygonale Erker, die von konischen Konsolen mit Wasserschlag gestützt

---

252 Bilddokumente Nrn. 114, 116.

253 Vom Vorläufer des 14. Jahrhunderts ist nichts mehr erhalten. AMMANN, MITTLER, S. 136.

254 Von den ursprünglichen sechs Stockwerken zwischen Torscheitel und Dachtraufe fiel das unterste bei der Torerhöhung im Jahre 1846 weg. Vgl. H. STÖRI, a.a.O., Fig. 2, 3.

255 Gleichartig jener auf der ehemaligen Beinhauskapelle, siehe S. 152.

 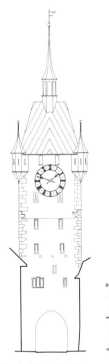

Abb. 49 und 50. Baden. Mellingerturm von Südosten, 1874 (abgebrochen 1874), Bleistiftzeichnung von J.R. Rahn (Bilddokument Nr. 58); Bruggerturm, Aufriß der Südostfassade. – Text S. 73 und 76f.

werden und knopfüberhöhte, spitze Blechhelme tragen, fassen die Ecken des obersten Geschosses. Nord-, Ost- und Westwand des Turms sowie die Erker sind, den ursprünglichen praktischen Bedürfnissen entsprechend, von regelmäßig gesetzten Schlüsselloch- und Rechteckscharten durchbrochen; in der stadteinwärts gelegenen, geschützten Fassade des Unterbaus liegen schmale Fensterchen mit Fasen und ein dreiteiliges gekehltes Staffellicht[256]; drei Balkenträger lassen auf einen ehemaligen Laufsteg oder auf ein Vordach schließen. Eine moderne Treppe auf der Westseite führt zum Turmeingang im ersten Obergeschoß. – Bürgerstolz ließ dem Bauwerk bemerkenswerten *Schmuck* angedeihen. Über dem nördlichen Torbogen, hart am Kaffgesimse unter den Fenstern des ersten Stocks, steinerne Reliefplatte mit der schwach erhabenen, farbig gefaßten Wappenpyramide Baden–Reich und der Unterschrift «anno ∼ domini / m° · cccc° · xli° [= 1441]» in gotischer Textur (Abb. 17)[257]. An der Südseite des Oberbaus spätbarockes Fresko als Fond und Rahmung des Uhrblattes: Auf ockergelbem Grund eine in kühner Perspektive gemalte rot-weiße Pilaster- und Freisäulenordnung über hohen Sockeln, mit Kompositkapitellen und kräftig profilierten, vasenbesetzten Gebälkstücken; darunter eine Sonnenuhr mit römischen Zahlen auf locker entfalteter Banderole. Vermutlich ein Werk des

256 Letzteres 1925 in seinem vollen Umfang wieder freigelegt und renoviert.
257 Älteste erhaltene, vielleicht überhaupt erste Darstellung des Badener Wappens. – G. BONER, Siegel, Fahnen und Wappen der Stadt Baden, Bad. Njbll. 1963, S. 21 f.; Abb. 7.

Badener Malers GOTTFRIED KOPP von 1793 (Abb. 53)[258]. Das blaue Zifferblatt mit braunem Umkreis und vergoldeten Zeigern und Zahlen stammt, wie sein Pendant auf der unbemalten Nordfassade, wahrscheinlich ebenfalls aus dem vorgerückten 18. Jahrhundert. Die neuen, glasierten Ziegel tragen auf allen vier Dachschrägen mit den Stadtfarben Schwarz, Rot und Weiß ein Sparrenmuster zur Schau, das wohl den Originalzustand kopiert. – Auf dem Fundus des Dachreiters ein in die Kupferverkleidung gravierter Sechszackstern mit Jahreszahl 1586 und ein ovaler Lukendeckel aus Kupferblech mit dem getriebenen Stadtwappen zwischen der Beschriftung «B(aden) / 16–89». Am Knopf auf der Helmspitze die Inschriften: «Martin(us) Grülich de Brugg nouu(m) hoc faciebat fastigiu(m). Anno 1483. / Feria 2da ante Georgij renovatu(m) est: distatq(ue) a terra 240 pedes per me Joanne(m) Falck cappellanu(m) praebendae B. Mariae uirginis scriptum anno 1509. / Pridie S. Bartholomei Apostoli denuo renouatu(m) p(er) M. Heinricu(m) ab AE(geri) tu(m) tectum hoc fastigiatu(m) cupro obtegebatur. Anno gratie 1(5)72. / Autographa superiora rescribebat bona fide Jaspar Fonteius (= Kaspar Brunner) Badensis eo... Firmissimae opes amor et Maria. Kein beßere rychtumb Dan g(ut) fründ vn erthumb. Testis fuit Joannes Holderbanck Bade(nsis). / Renovatum est Anno 1755 / a me Frantz Xaveri Müller. Carolus Silvester Müller Anno 1755. / Renoviert den 20ten Herbstmonat durch Joseph Dreyer Spenglermeyster von Baden.» Ein auf den Knopf gelötetes Schild (17 × 20 cm) trägt zwischen Lorbeerzweigen die Inschrift: «Anno 1755 Den 2 August Monath ist diser Knopff hin unter genumen worden...» (es folgen die Namen der damaligen Inhaber der städtischen Ämter und das Stadtwappen)[259]. Blitzableiter mit vergoldeter Wetterfahne von 1899.

Dachstuhl. Der Dachstuhl reicht ins 17. Jahrhundert zurück. Er zeigt eine Weichholzsparrenkonstruktion über einem von stehenden Säulen gestützten Pfettenkranz und einer Firstpfette. Auf den zahlreichen (quer zum First verlaufenden) Bundbalken liegen sechs eichene Radialhölzer, in welche die hohen Hartholzsäulen des Reiters verzapft sind. Die Pfettensäulen werden von Sperrafen, die Reitersäulen von schrägen Streben stabilisiert. Büge mit Holzverdübelung. Im Sockel des Reiters ziselierte Barock-Beschläge (Abb. 51).

Glocken im Dachreiter. 1. Dm. 120 cm. Aufschrift: «O rex gloriae Christe veni nobis cum pace. Osanna heiß ich, in der Ehr unser Frawen und sant Theodolus stift man mich, die Gemein von Baden macht mich, Ludtwig Peiger (= Peyer) von Basel gos mich, Anno domini MCCCCLXXXIII»[260]. – 2. Dm. etwa 50 cm. Wohl 15. Jahrhundert[261]. – 3. Dm. unbekannt. Aufschrift: «Ave Maria gratia plena dominus tecum. Durch Hitz und Für floß ich, Hans Füßli von Zürich goß mich, Anno MCCCCCXIIII»[262].

258 Vgl. die städtischen Bauamtsrechnungen dieses Jahres, wonach der Maler zweimal für einen nicht näher bezeichneten Auftrag mit insgesamt 20 lb entschädigt wurde (StadtA, Nr. 387: 1793/I, S. 27; 1793/II, S. 26). KOPP war in der zweiten Hälfte des 18. Jahrhunderts mehrfach und, soweit aktenmäßig erschlossen werden kann, als einziger in Baden mit Fassadenmalereien beschäftigt (ebenda: 1759/I, S. 38b; 1772/I, S. 36b).
259 Die Namen verzeichnet bei MERZ, Burganlagen I, S. 103, und MÜNZEL, S. 6.
260 M. SUTERMEISTER, Glockenchronik aus dem Bezirk Baden, Badener Kalender 1902, S. 57.
261 Die Glocke ist gegenwärtig nicht zugänglich.
262 M. SUTERMEISTER, a.a.O., S. 57. – Die Glocke ist gegenwärtig nicht zugänglich.

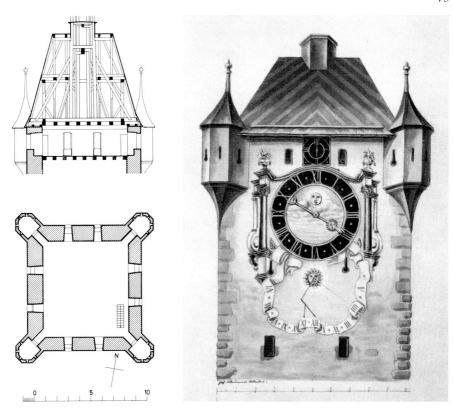

Abb. 51, 52 und 53. Baden. Bruggerturm. Längsschnitt des Dachstuhls und Grundriß des Erkergeschosses; Gemäldeschmuck des südseitigen Zifferkreises, 1870, Aquarell von J. Steimer (Bilddokument Nr. 87). – Text S. 76 und 77 f.

Gelangte vom Dachreiter der 1864 abgebrochenen Heiliggeistkapelle an den heutigen Platz (vgl. S. 193).

WÜRDIGUNG. Der Bruggerturm ist neben dem Landvogteischloß der einzige intakte Zeuge der mittelalterlichen Befestigung Badens. Sein vierkantiger Schaft mit dem Walmdach verkörpert den einfachen Typus des schweizerischen Torturms, wie er bis 1874 auch im Mellingerturm (Abb. 49) vertreten war und heute noch in Bremgarten, Rheinfelden, Freiburg und anderswo zu treffen ist. Was den Turm in Baden über das Gewöhnliche hinaushebt, sind seine gelungenen Proportionen, die wuchtigen Ausmaße und die vier schmucken Eckerker. Wie ein hünenhafter Wächter überragt der Bau die kleinförmigen Altstadtdächer, und wenn er heute auch nicht mehr im Verband des alten Mauergürtels und der übrigen Wehrtürme steht, so bildet er immer noch eine reizvolle bauliche Antithese zum Glockenträger der Pfarrkirche (Abb. 80). Die Erker – schnittige Trabanten des schlanken Dachreiters – scheinen dem festen Mauerbau etwas von seiner Erdenschwere zu nehmen; in ihnen präsentiert sich die spätgotische Profanarchitektur der Schweiz ein seltenes Mal mit akkurater Eleganz.

HOLZBRÜCKE

GESCHICHTE. Badens Flußübergang war einer der wesentlichen Faktoren, die den Ort schon in vorhabsburgischer Zeit zur Stadt prädestinierten (vgl. S. 29). 1242 werden erstmals eine Brücke und ein damit verbundener Zoll erwähnt, dessen Erträge den Kiburgern zufielen[263]. Älter als der feste Übergang war der rechtsufrige Brückenkopf, die Niedere Burg, die vielleicht schon im 11., bestimmt aber im 12. Jahrhundert einen Fährbetrieb gewährleisten und unter fiskalischer Kontrolle halten mußte (vgl. S. 59). In Baden setzten die Wege von den Bündner Pässen, vom Bodenseegebiet und von Schaffhausen–Kaiserstuhl übers Wasser und die Routen aus der Gegenrichtung vom Mittelland und von Basel[264]. – Bis zum Bau der GRUBENMANN-Brücke in Wettingen, 1764–1766, war die Brücke in Baden die einzige zwischen Zürich und der Limmatmündung bei Gebenstorf[265]. 1874 wurde sie durch eine eiserne Fahrbrücke zwischen den Großen und den Kleinen Bädern und 1926 durch eine hohe Betonbrücke zwischen dem Schulhausplatz und dem Wettinger Feld weitgehend vom Verkehr entlastet[266].

Quellen und Literatur. Akten im StadtA Baden. – H. AMMANN, Die Stadt Baden in der mittelalterlichen Wirtschaft, Argovia LXIII (1951), S. 217–321. – J. BRUNNER, Der schweizerische Holzbrückenbau von 1750 bis 1850, Schweiz. Bauzeitung LXXVIII (1921), S. 139–141. – Ders., Beitrag zur geschicht-

263 UB Zürich II, S. 569.
264 AMMANN, S. 242 f.
265 FRICKER, Baden, S. 627. – KILLER, Grubenmann, S. 39–47.
266 MITTLER, Baden II, S. 189–192. – E. SUTER, Die Hochbrücke Baden–Wettingen, Bad. Njbll. 1927, S. 52–63.

Abb. 54. Baden. Holzbrücke. Modell von Hans Schüep und Michael Egger, 1649. – Text S. 83.

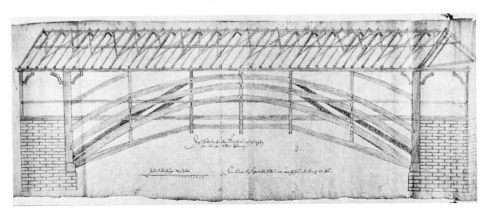

Abb. 55. Baden. Holzbrücke. Halbperspektivischer Konstruktionsplan, vermutlich von Hans Schüep oder Michael Egger, 1649 (Plandokument Nr. 14). – Text S. 83.

lichen Entwicklung des Brückenbaues in der Schweiz, Bern 1924, passim. – FRICKER, Baden, S. 617–628, 632 f. – N. HALDER, Die helvetische Zentralzuchtanstalt Baden 1801–1803, Aarau 1940, S. 1–10, 74–81, 139–146. – P. HOEGGER, Die Holzbrücke in Baden, 1972 (maschinengeschriebenes Manuskript im KDA Aarau). – J. KILLER, Die Holzbrücken von Baden und Umgebung, Bad. Njbll. 1934, S. 19–33. – Ders., Die Werke der Baumeister Grubenmann – Eine baugeschichtliche und bautechnische Forschungsarbeit, Zürich 1942, bes. S. 18, 21, 60 (mit Bibliographie zum Holzbrückenbau im allgemeinen S. 19f.). – Ders., Die Familie der Balteschwiler von Laufenburg, Vom Jura zum Schwarzwald, NF XLVI–XLVIII (1972–1974), S. 3–62, bes. S. 16, 34–36, 51 (mit Plänen). – K. LANDOLT, Badens Brücken und Verkehr in der Vergangenheit, Bad. Njbll. 1927, S. 63–71. – MITTLER, Baden I, S. 53 f., 57, 122 f., 131 f., 177, 338 f.; II, S. 54 f., 156 f. – P. RÖLLIN, Holzbrückenbau in der Schweiz, Heimatschutz LXVIII, 1 (1973), S. 1–30, bes. S. 11 f.; Abb. S. 20.

Bilddokumente Nrn. 1, 10, 20, 21, 23, 28, 34, 36, 38, 39, 40, 54, 55, 56.

Plandokumente Nrn. 1, 5, 14.

BAUGESCHICHTE. Die heutige Brücke aus dem Jahre 1810 hatte mindestens fünf Vorgängerinnen, die im Laufe der Jahrhunderte durch Hochwasser, Eisgang oder durch kriegerische Gewaltakte zerstört wurden[267]. Eine bittere Erfahrung machte die Stadt im Frühsommer 1649, als ein in größter Mühe gebauter Steinpfeiler, mit dem man die Unsicherheit der weniger stabilen Holzstützen beseitigt zu haben glaubte, schon nach einem Monat in den Fluten versank[268]. Im Oktober gleichen Jahres entschied sich der Rat für den Bau einer pfeilerlosen Holzbrücke und schloß mit den beiden Brückenbaumeistern HANS SCHÜEP von Schönenberg und MICHAEL EGGER aus Bremgarten ein Verding ab[269]. Danach sollten die beiden «ein höltzine visierung auffsetzen und nach deroselben ein steiffes, vestes und unprästhafftes gebäw machen»[270]. In der erstaunlich kurzen Zeit von vier Monaten wurde das Werk im Rohbau ausgeführt[271]. Die Brücke, für welche die Erbauer «auff 101 Jahr

---

[267] Archivalisch bezeugte Brückenneubauten um 1460 und in den Jahren 1568/69, 1649, 1650 und 1810. – C. VON REDING, Regesten des Archivs der Stadt Baden, hg. von T. VON MOHR, Archiv für Schweiz. Geschichte II (1844), S. 131. – Kdm. Bern I, S. 198. – StadtA, Nr. 388, sub annis 1568, 1569, passim. – EA IV/2, S. 1109. – Fricker, Baden, S. 619 f.

[268] StadtA, Nr. 11, S. 245, 379, 407, 415. Nr. 643: Brückenbau. [269] StadtA, Nr. 11, S. 463.

[270] StadtA, Nr. 643: Brückenbau, Verding vom 11. Okt.

[271] Ebenda: Brückenbau, «Inscription an der Brukh».

lang» Garantie zu leisten hatten, versah ihren Dienst bis am 7. Juni 1799, als die Franzosen sie auf Verfügung General Massénas verbrannten. An einen Neubau nach dem fränkischen Sieg in der zweiten Schlacht bei Zürich (24./25. September) war zunächst wegen der erlittenen Kriegsdrangsale nicht zu denken, weshalb man sich mit einer Notbrücke behalf[272]. – Am 22. November 1802 unterbreitete Werkmeister JOHANN GRUBENMANN d. J. von Teufen der Gemeindekammer vier Projektvarianten für «eine Brüke von holtz, eine von holtz und mit Kupfer eingedeckt, eine von ganz Steinen und wiederum eine von holtz, die zugleich zu seiner Zeit mit Steinen könnte gemacht werden»[273]. Mangels finanzieller Mittel nahm die Stadt das Bauunternehmen aber erst fünf Jahre später zielstrebig an die Hand[274]. Im Spätsommer 1807 konsultierte sie den Zürcher Werkmeister KONRAD STADLER. Im Juli 1808 übermachte dieser Pläne und Devise zu einer Holzbrücke und zu einer Steinbrücke[275]. Ungefähr gleichzeitig fertigte der einheimische Baumeister LANG ohne Auftrag ein Brückenmodell[276]. Am 14. Oktober entschied sich die Ortsbürgergemeinde-Versammlung einstimmig für die Errichtung eines hölzernen Bauwerks und hieß die neu konstituierte Baukommission, den «berühmten baumeister» BLASIUS BALTESCHWILER aus Laufenburg um ein weiteres Projekt zu ersuchen[277]. Noch vor Ablauf des Jahres legte die Kommission LANGS Modell und die Projekte STADLERS und BALTESCHWILERS, ferner einen ohne Aufforderung von JOHANN GRUBENMANN eingereichten Plan den als Experten zugezogenen Architekten JOHANN RITTER in Luzern, ANDREAS WIDMER in Schaffhausen und JOHANN JAKOB HALTINER in Altstätten vor[278]. Sämtliche Begutachter gaben BALTESCHWILERS Entwurf den Vorzug, worauf die Gemeindeversammlung am 7. April 1809 dem Meister den Brückenbau anvertraute[279]. Im Oktober wurden die beiden Ufer miteinander verbunden[280]. Nach einjähriger Bauzeit, im April 1810, war die Balkenkonstruktion fertig; im Juli trug sie ihre Verkleidung; einige Monate danach wurde diese steinfarben gestrichen. Eichen, Föhren und Tannen waren im Wald von Otelfingen gefällt worden. Das ganze Werk kam die Stadt auf 16 284 fl. zu stehen[281]. – 1841 neue Dachschindeln. 1854 Oberlichter auf der südlichen Dachschräge und Abbruch des Anbaus vor dem Keller des Landvogteischlosses zu besserer Erhellung. 1894 vollständige Neubeschindelung. 1939 neue Ziegelbedachung und neuer Mantel aus angeblich handgefertigten Fichtenschindeln; anstelle des Farbanstrichs wetterfester Ölauftrag[282]. 1968 wurde die hölzerne Fahrbahn, die im Lauf der Zeit sehr oft erneuert worden war, durch einen Metallrost ersetzt; gleichzeitig chemische Konservierung des gesamten Balkengerüsts[283].

Eine Brückenkapelle wird 1454 erwähnt[284]. Sie hatte das Patrozinium der Hl. Katharina, Jakobus und Christophorus. Nach Ausweis der verläßlicheren Bilddoku-

---

272 StadtA, Nr. 885, S. 11 a, 56 b, 72 b. – HALDER, S. 1 f.   273 StadtA, Nr. 886, S. 154 a.
274 StadtA, Nr. 888 a, S. 7 a, 22 b, 33 b. Nr. 887, S. 2 a.   275 StadtA, Nr. 888 a, S. 198 a, 236 b.
276 StadtA, Nr. 887, S. 11 b.   277 StadtA, Nr. 888 a, S. 249 b–250 a.
278 Vgl. ebenda, S. 261 a–261 b.
279 StadtA, Nr. 821: Rapport der Brückenbaukommission 1809. Nr. 887, S. 13 b. Nr. 888 a, S. 264 d, 267 a.
280 StadtA, Nr. 888 b, S. 18 b, 21 b–22 a.
281 StadtA, Nr. 437, S. 4–6, 38 f., 41, 74 b. Nr. 888 b, S. 35 b, 46 b–47 a, 59 b, 91 a, 113 a.
282 StadtA, Nr. 893: 1839–1842, S. 353, 389; 1852–1854, S. 655; 1893, S. 224; 1903, S. 264; 1938/II, S. 163, 194; 1939/II, S. 65 f.
283 Akten im Archiv des Tiefbauamtes Baden.   284 WELTI, Urkunden II, S. 698.

mente hat auch in der Mitte des 16. Jahrhunderts noch eine Kapelle existiert; auf MERIANS Stadtvedute, die eine Brücke von 1568/69 zeigt, ist jedoch keine zu sehen (vgl. unten). Sicher trug die Brücke des 17. Jahrhunderts kein Heiligtum mehr; die heutige entbehrt ebenfalls einer Kapelle. – 1707 stiftete der kaiserliche Botschafter Franz Ehrenreich von Trautmannsdorff der Stadt eine Nepomuk-Statue, die ihren Platz am linksufrigen Brückenende vor der Wirtschaft «Zur Krone» fand[285].

LAGE (Abb. 19, 20, 32, 47 und 48). Alle sechs Brücken, von denen wir Nachricht haben, sind am selben Ort, in der Enge zwischen der rechtsufrigen Burg und der linksufrigen Stadtbachsenke, über die Limmat geschlagen worden. Die schon fürs 11./12. Jahrhundert nachweisbare Existenz der Feste macht es gewiß, daß sich auch der früh- und hochmittelalterliche Fährenbetrieb an dieser Stelle abwickelte. Die Brückenzugänge waren in der tiefen Felsklus einfach unter Kontrolle zu halten, aber schwierig zu befahren; der Aufstieg vom Fluß zum Wettinger Feld und zum Plateau der Oberstadt gelang nur mit zusätzlichem Pferdevorspann. Auf dem rechten Ufer, stadtauswärts, bildete von Anfang an der verschließbare Durchgang unter der Burg eine Sicherung, auf dem linken baute man im 14. Jahrhundert mit dem turmüberhöhten Bruggtor einen zweiten Riegel (vgl. S. 36; Abb. 22).

BESCHREIBUNG. *Die Brücken bis zum 18. Jahrhundert.* Von den Brücken aus der Zeit vor 1650 geben die Abbildungen in der Chronik STUMPFS (Abb. 18) und in der Kosmographie MÜNSTERS (Abb. 25) sowie der Stich MERIANS (Abb. 4) eine ungefähre Vorstellung[286]. – Zur pfeilerlosen Holzbrücke des 17. Jahrhunderts sind zwei praktisch identische Projektpläne auf dem Basler Staatsarchiv (Abb. 55) und zwei Modelle in der Städtischen Sammlung im Landvogteischloß Baden (Abb. 54) erhalten geblieben[287]. Beim einen Modell muß es sich um jene «hölzine visierung» handeln, die der Rat im Oktober 1649 von HANS SCHÜEP und MICHAEL EGGER angefordert hat. Pläne und Modelle zeigen die nämliche Konstruktionsart mit den nämlichen absonderlichen Eigenheiten: ein doppeltes Sprengwerk, dem die Fahrbahn aufliegt, ein sechsseitiges Stabpolygon (mit je drei frei übereinander angeordneten Stäben), an dem die Fahrbahn mit sechs Säulen aufgehängt ist[288], und schließlich ein übliches doppeltes Hängewerk, dessen Streben die Fahrbahn unterschneiden und auf demselben Widerlager aufsitzen wie der unterste Polygonstab und die Sprengstreben. Diese Kombination dreier Tragkonstruktionen legt beredtes Zeugnis davon ab, wie gewissenhaft man nach dem Pfeilereinsturz im Sommer 1649 jedem weiteren Risiko begegnen wollte. Die Brücke war, wie auch aus zeitgenössischen Bilddokumenten hervorgeht[289], gedeckt und verschalt (Abb. 5, 9, 38, 63 und 193).

---

285 Inschrift auf dem Sockel der Statue; vgl. unten. – Zur bewegten Entstehungsgeschichte des Standbildes vgl. MITTLER, Baden II, S. 54 f., und A.R. HERZOG in der Neuen Zürcher Zeitung 1946, Nrn. 1203, 1343, 1344, 1346. – A. MATTER, Die Statue des heiligen Nepomuk bei der alten Holzbrücke zu Baden, Bad. Njbll. 1936, S. 41–45. – «Johannes von Nepomuk» [Katalog zur gleichnamigen Ausstellung in Wien, München und Passau 1971], Passau 1971, S. 35–62.
286 Bilddokumente Nrn. 1, 20, 28.
287 HOEGGER, S. 5 f. – Plandokumente Nr. 14. Die Kenntnis der beiden Pläne verdanke ich Herrn Dr. François Maurer, Basel.
288 Auf den Plänen ist das Polygon als Bogen gezeichnet.
289 Bilddokumente Nrn. 10, 21, 34, 38, 39, 40, 54, 55.

84 BADEN

Die Brücke von 1810. BALTESCHWILER konnte für seine Brücke die aus mächtigen Kalksteinquadern geschichteten Widerlager des 17. Jahrhunderts verwenden. Das rechtsufrige vor dem Landvogteischloß lehnt sich unmittelbar an den bis ins Wasser tauchenden Felskamm der Lägern an; das linksufrige steht auf weichem Grund und ist entsprechend massiv hintermauert. – *Längsschnitt* (Abb. 56 und 57). Den 37 m breiten Flußlauf überspannt ein doppeltes Hängewerk mit je sechs Streben und vier verzahnten und verschraubten Spannriegeln, die mittels Keilen satt aneinandergepreßt werden. Die sich spreizenden Streben liegen nicht am Ufer auf, sondern stecken auf etwa 6 m Länge hintereinander im Streckbalken der Brücke, der deswegen unten beidseitig durch drei kurze Hölzer abgesprengt ist. Sieben Hängesäulen umklammern zangenartig Streben und Streckbalken. Auf der Dachschräge verlaufen je vier Windstreben radial von den beiden verstärkten Enden der Fußpfette in die Firstpfette. Für die Säulen wurde Hartholz, für das übrige Weichholz verwendet. – *Querschnitt.* Die Fahrbahn lastet auf sieben Unterzügen, welche mit den Säulenpaaren direkt verschraubt und durch Fußhölzer indirekt verbunden sind. Andreaskreuze zwischen den Unterzügen und bei den Sprengstreben verhindern ein seitliches Ausweichen. Die in die Säulenpaare verzapften eichenen Bindehölzer über der Fahrbahn wirken gleichzeitig als Anker und als Spannriegel und bewahren die Wände vor dem Kippen. Die Gebinde des Dachstocks über den Säulenpaaren bestehen aus liegenden

Abb. 56. Baden. Holzbrücke von Blasius Balteschwiler, 1810. Inneres gegen Osten. – Text oben.

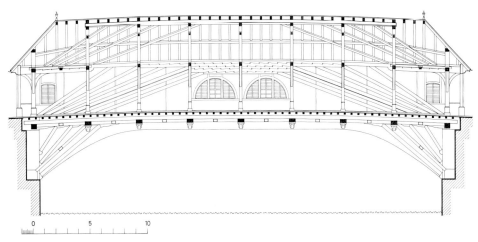

Abb. 57. Baden. Holzbrücke von Blasius Balteschwiler, 1810, Längsschnitt. – Text S. 84.

Streben, welche die Pfetten stützen. Diese sind mit Rafen behängt. – *Äußeres* (Abb. 48). Das ganze Hänge- und Sprengwerk ist mit schindelbedeckten Brettern verschalt, die das Balkengerüst als geschlossenes, körperhaftes Korbbogenjoch erscheinen lassen. An den Flanken wird die Brücke durch zwei mittlere Halbkreisfenster und zwei seitliche Stichbogenlichter mit Jalousieläden erhellt. Das ziegelbesetzte, ursprünglich verschindelte Satteldach endet über den beiden flachbogigen Zugängen in breiten Walmen. Auf den Firstenden zwei Empire-Urnen aus Kupferblech. – Die 1707 am Westende der Brücke aufgestellte, mehr als lebensgroße Sandsteinstatue des *Johannes von Nepomuk* (heute im Landvogteischloß; am alten Standplatz durch eine Kopie von ROMANO GALIZIA aus Muri ersetzt) (Abb. 61) fällt durch ihre geschlossene, schwungvolle Körperhaltung und das demütig zur Seite geneigte Haupt mit asketischen Gesichtszügen auf. Sie zeigt die übliche Klerikertracht und die Attribute des Kruzifixus und des Palmzweiges. Das von einem unbekannten (vermutlich zürcherischen) Künstler herrührende Bildwerk ist die einzige Großplastik des Hochbarocks in Baden. Eine lateinische Inschrift auf dem Ovalmedaillon am Sockel weist es als Geschenk des kaiserlichen Botschafters Trautmannsdorff aus[290].

WÜRDIGUNG. Nach dem heutigen Forschungsstand zu schließen, war die von SCHÜEP und EGGER in den Jahren 1649/50 gebaute Brücke zu ihrer Zeit eine der größten freitragenden Holzkonstruktionen – nicht nur in der wegen ihrer Holzbrücken bewunderten Schweiz, sondern überhaupt[291]. Anders als bisher vermutet wurde, bestand sie nicht allein aus einem traditionellen Hängesprengwerk, sondern in erster Linie aus einem Stabpolygon. Erst ein gutes Jahrhundert später griff JOHANN GRUBENMANN d. Ä. wieder auf diese Bauart zurück[292]. Daß die Brücke bis

---

[290] Der volle Wortlaut der Inschrift bei A. MATTER, a.a.O., S. 45.
[291] Vgl. KILLER, Grubenmann, S. 18.
[292] 1766 bei seiner Brücke in Oberglatt.– BRUNNER, Beitrag, S. 28; Abb. 6. – KILLER, Grubenmann, S. 50, 178 f. – Vgl. RÖLLIN, S. 9–11.

zur Helvetik brauchbar blieb und erst durch einen Gewaltakt zerstört wurde, spricht für ihre zuverlässige Beschaffenheit. – BLASIUS BALTESCHWILER richtete seine Brücke im selben Moment auf, da der deutsche Ingenieur CARL FRIEDRICH WIEBEKING in einem neuen Traktat die Vorteile des Holzbalkengewölbes propagierte[293], und zu einer Zeit, als mehrere weit gespannte Bogenbrücken der näheren Umgebung (in Wettingen[294] und Mellingen[295]) ihre Tragfähigkeit erwiesen hatten. Er verzichtete auf den Bogen und bediente sich des länger erprobten Hänge- und Sprengwerks. Seine Konstruktion, der schon die Begutachter RITTER, WIDMER und HALTINER «Einfachheit und daraus herrührende Dauerhaftigkeit» nachrühmten, hat bis heute ohne Änderungen am Trägersystem standgehalten. Wie ihre Vorläuferinnen bildet die Brücke eine der wichtigsten baulichen Komponenten im Altstadtbild. Zusammen mit der steilen Häuserformation und der schildartig vorgesetzten Burg gewährt sie nicht nur einen außergewöhnlich pittoresken und zu Recht bekanntgewordenen Anblick, sondern macht auch beispielhaft sinnfällig, wie ein Flußübergang Werden und Wachsen eines mittelalterlichen Städtchens ermöglichen konnte.

BRUNNEN UND DENKMALE

BRUNNEN

GESCHICHTLICHES. Zu den zahlreichen naturbedingten Voraussetzungen, die die Entwicklung Badens begünstigten, gehört der bei Dättwil quellende Bach, der in direktem Lauf durch eine Senke im Süden der Altstadt der Limmat zueilt. Schon die Kiburger verstanden ihn zu nützen, indem sie einen Teil seines Wassers auf das Plateau vor dem Schloßberg umleiteten und über das steilste Haldenstück an drei Mühlen vorbei in den Fluß hinunterführten (vgl. S. 30; Abb. 20). Sicher bezogen sie vom Bach in separaten Rinnsalen und Holzleitungen auch Wasser für ihre Marktsiedlung. Bis ins 19. Jahrhundert wurden alle Brunnen der Altstadt vom Bachwasser gespiesen, das vor dem Mellingertor gefaßt war[296]. Bereits das 16. Jahrhundert hat uns die Urteile zweier bedeutender Kurgäste über Brunnen in Baden hinterlassen. HEINRICH PANTALEON[297] bewunderte die Wasserkunst mit dem Janus im Großen Saal des «Herrengartens», und MICHEL DE MONTAIGNE[298] hob die Vorteile der zahlreichen Holz- und Steinbrunnen, welche die Stadt damals besaß,

---

293 C.F. WIEBEKING, Beyträge zur Brückenbaukunde..., München 1809, S. 4 und passim.
294 KILLER, Grubenmann, S. 39–47. – RÖLLIN, S. 12.
295 KILLER, Holzbrücken, S. 25–28. – BRUNNER, Beitrag, S. 28; Abb. 10. – RÖLLIN, S. 12; Abb. S. 22.
296 Dies geht z.B. eindeutig aus einer 1819 zu Protokoll gebrachten Äußerung Stadtrat Nierikers hervor, wonach die neue Leitung zu einem Brunnen in der Halde «der Stras nach bey den Kapuzinern und in gerader Richtung» leichter anzulegen wäre, als wenn die Holzröhren «in der mittlern Gaß verändert und in der weiten Gaß durch das Pfaffengäßli den graben hindurch» geleitet würden. – StadtA, Nr. 893: 1814–1819, S. 260a.
297 H. PANTALEON, Wahrhaftige und fleißige Beschreibung der uralten Statt und Graueschafft Baden..., Basel 1578, S. 42 f. – P. MEINTEL, Schweizer Brunnen, Frauenfeld, Leipzig 1931, S. 92. – Der in österreichische Zeit zurückreichende «Herrengarten» vor dem Bruggertor war Treffpunkt von Badens Bürgerschaft und der gastierenden Diplomaten. Er wurde im 17. Jahrhundert abgebrochen (Abb. 22 und 23). – MITTLER, Baden I, S. 131 f.
298 M. DE MONTAIGNE, Journal du voyage en Italie par la Suisse et l'Allemagne en 1580 et 1581, I, Rom, Paris 1774, S. 56 f.

Abb. 58 und 59. Baden. Löwenbrunnen. Ehemaliger Stock, 1587; heutige Anlage von Hieronymus Moser, 1822, mit Durchblick auf den Kirchplatz. – Text S. 88.

hervor. Die älteste schriftliche Notiz bringen die Seckelmeisterrechnungen des Jahres 1448[299]; danach hatten mehrere Meister – unter ihnen RUDOLF MURER d. Ä. – einen Brunnenstock geschaffen, der wohl auf den Marktplatz (am Südende der Weiten Gasse) oder vor das Gasthaus «Zum Löwen» beim Bruggerturm zu stehen kam. Die Bildwerke, die GREGOR ALLHELG 1675 «uf beyde brunnen» lieferte[300], haben mit großer Wahrscheinlichkeit an diesen zwei Orten gestanden. 1612 hatte JAKOB VON ÄGERI den Brunnen im Schützenhaus mit Malereien zu schmücken[301]. Fürs 17. Jahrhundert sind überdies ein Brunnen am Cordulaplatz[302], einer «im

299 AMMANN, MITTLER, S. 154.
300 StadtA, Nr. 387/X: 1675, 28, s.v. «Weiters Usgeben».
301 StadtA, Nr. 387/VII: 1612, 2, s.v. «Algemeins Usgeben».
302 StadtA, Nr. 387/X: 1670, 18, s.v. «Schloßer».

Rank» (an der Haldenstraße)[303] und einer «in der Halden» (an der Kronengasse)[304] bezeugt; an allen drei Plätzen dürfte schon im Mittelalter Wasser geflossen sein. Badens Stadtarchitekt KASPAR JOSEPH JEUCH (1811–1895) wollte sich im Jahre 1890 noch an fünf erwähnenswerte Brunnen erinnern, die um 1818 in der Altstadt standen[305]; es müssen jene am Marktplatz, am Cordulaplatz, am Löwenplatz, im Haldenrank und in der Kronengasse gewesen sein. Im Laufe des 19. Jahrhunderts wurden alle Tröge und Stöcke in der Stadt durch künstlerisch bescheidene Anlagen ersetzt. Der Marktbrunnen verschwand im 20. Jahrhundert ganz aus dem Stadtbild. – In den Bädern bestand seit dem Mittelalter ein aus einer Süßwasserquelle versorgter Brunnen. Um mit seiner Zuleitung keine Komplikationen im dichten Netz der Thermalwasserkanäle zu schaffen, hatte man ihn peripher, im Bereich der westlichen Ringmauer, angelegt[306]. Daneben existierten zahlreiche Thermaltrinkanlagen, vor allem in den Gasthöfen. 1844 wurde anstelle des eingegangenen «Freibades» auf dem Bäderplatz (heute Kurplatz) ein klassizistisch-romantisches Trinkgehäuse eingerichtet, das sein Wasser von der Quelle des «Heißen Steins» bezog[307]. 1938 wurde es abgebrochen.

HEUTIGER BESTAND. *Löwenbrunnen* (auf dem Löwenplatz) (Abb. 59). An seiner Stelle muß schon unmittelbar nach der nordseitigen Stadterweiterung um 1360 ein erster Brunnen gestanden haben. Die vermutlich im 17. Jahrhundert durch GREGOR ALLHELG erneuerte Anlage war zu Beginn des 19. Jahrhunderts sehr schadhaft[308]. 1822 meißelte Steinhauer HIERONYMUS MOSER in Würenlos «zwei neue brunen Schaalen, eine brunen Seulle (und) ein helm dohin». Die bearbeiteten Muschelsandsteine wurden auf einem «eigens dazu tauglichen Wagen» vom Meister und vier Gesellen im Oktober gleichen Jahres an ihren Platz verbracht[309]. 1929 erwog man aus verkehrstechnischen Rücksichten die Entfernung des Brunnens[310]. – Auf Plinthe und Karniesbasis eine kreisrunde, aus zwei Hälften zusammengesetzte Schale mit umlaufender dichter Lanzettblattreihung. In der Mitte des niedrigen, 4 m weiten Beckens quadratisches Postament und gedrungene toskanische Säule, deren Deckplatte ursprünglich von einer Empire-Urne gekrönt war, seit 1918 aber durch einen originellen hockenden Löwen des Badener Bildhauers HANS TRUDEL eingenommen wird[311]. Die vier winkelrechten Ausgußröhren stecken in sternförmigen und windverwehten Rosetten. – Heute der größte und namhafteste Brunnen Badens. – Ein in der Sammlung im Landvogteischloß verwahrter reliefgeschmückter Renaissance-Stock von 1587 scheint zum Vorläufer des Brunnens gehört zu haben (Abb. 58). –

303 StadtA, Nr. 387/VII: 1606, s.v. «Algemeins Usgeben».
304 Ebenda: 1613, s.v. «Usgeben Brunnen».
305 K.J. JEUCH, Die Stadt Baden und ihre Bäder um 1818, hg. von U. MÜNZEL, Badener Kalender 1940, S. 40.
306 Vgl. StadtA, Nr. 893: 1808–1814, S. 133 a–133 b.
307 StadtA, Nr. 893: 1842–1844, S. 613, 674. – U. MÜNZEL, Der Platz in den Großen Bädern, Njbl. der Apotheke Dr. U. Münzel Baden, 1949, S. 3, 4, 6 f.; Abb. 1. – Bilddokumente Nrn. 93, 95, 96, 101, 109 (alle abgebildet bei MÜNZEL). – 1851 wurde der einem Rundtempel ähnlich sehende Überbau durch einen gußeisernen Pavillon ersetzt. StadtA, Nr. 893: 1850–1852, S. 458.
308 Ebenda: 1819–1823, S. 65 b.
309 StadtA, Nr. 387: 1822, S. 35 b. Nr. 893: 1819–1823, S. 208 b, 223 b.
310 Ebenda: 1929/I, S. 280, 283 und Register, s.v. «Verkehrswesen».
311 Ebenda: 1918/II, S. 36, 48, 68.

Cordulabrunnen (auf dem Cordulaplatz). Wandbrunnen in der Grundform eines Rechtecks mit abgeschrägten Kanten und zweifach diskret ausgewinkelter Vorderseite. Säulenähnlicher, zu drei Vierteln freistehender Stock mit Karniesfuß, festonbehängtem Hals und knaufbesetzter Kuppel. Zwei spitzwinklig gespreizte Ausgußröhren. Mägenwiler Muschelsandstein; um 1820. Der rechts angefügte Nebentrog mit geschweift konturierten, flachen Kassetten rührt vom vermutlich frühbarocken Vorgänger des Brunnens her; an seiner ausbauchenden Front das Doppelwappen der Stadt zwischen der Jahreszahl 1750[312]. Vor der kürzlich aus rohen Hausteinen neu aufgeführten Stützwand der Oberen Gasse kommt der Brunnen, der ehemals frei gestanden haben dürfte, schlecht zur Geltung. – Brunnen «*Am Rank*» (vor dem Haus Haldenstraße Nr. 21). Halbkreisbecken mit ausladendem, lippenförmigem Rand. Am rückseitig angesetzten quadratischen Stock erhabene Rechteckfelder; auf dem schnittig profilierten Kapitell eine gerippte Aufsatzurne. Würenloser Muschelsandstein; um 1820. Stand früher an der Stirnwand des Hauses Haldenstraße Nr. 23. – Brunnen «*In der Halden*» (vor dem Haus Kronengasse Nr. 33). Mächtiger Rechtecktrog; an der breitseitigen Hauptfront skulptiertes Stadtwappen zwischen zwei Palmwedeln. Mägenwiler Muschelsandstein; Beginn 19. Jahrhundert. Der rückseitige kräftige Stock mit rosettengeschmücktem Ausgußrohr trägt ein modernes Kapitell, an dem ein Relief eine zweifigurige Mühlenszene verbildlicht. (Am Platz des benachbarten

312 StadtA, Nr. 387: 1750/I, S. 38b: «... dem Jacob Moser Von Wirenloß Vor beyde beytrögli zum Hecht unt St: Cordulabrunnen zalt 57 fl.».

Abb. 60. Baden. Brunnen in den Bädern von Hieronymus Moser, 1829/30. – Text S. 90.

Hauses Nr. 41 stand bis ins 19. Jahrhundert die Untere Mühle.) – *Brunnen beim Restaurant «Zum Großen Alexander».* Errichtet 1855/56 anstelle eines mutwillig zerstörten Brunnens, der mit dem Relief oder der Vollplastik eines Affen geschmückt war [313]. Konischer Rechtecktrog mit abgeschrägten Kanten. Hinter seiner breiten Rückseite erhebt sich ein oktogonaler Säulenschaft, der über dem Vierkantpostament mit hohen Ecksporen, am Hals mit Rillen verziert ist. Das würfelförmige, von vier Palmetten besetzte Kapitell trägt über profiliertem Abakus einen doppelten Blütenkelch. Muschelsandstein. – *Brunnen vor dem Schwibbogen.* Ausgeführt 1867 durch Steinhauer JOSEPH MOSER, Würenlos, auf Grund von Zeichnungen KASPAR JOSEPH JEUCHS, Baden [314]. Der Brunnen steht in der rechtwinkligen Ecke der gemauerten Straßenbrüstung; seine freien Trogwände aus Sandstein schließen über drei Seiten eines Achtecks und sind mit weich profilierter Basis und breitem lippenförmigem Rand versehen. Der im Wasser gründende Stock in Form einer toskanischen Säule hat in der unteren Hälfte einen oktogonalen, in der oberen, über dem breiten Band mit der Ausgußröhre, einen runden Querschnitt. An der Trogfront spätklassizistisches skulptiertes Badener Wappen. – *Brunnen auf dem Schulhausplatz.* Errichtet 1866 auf Grund von Plänen der städtischen Bauverwaltung durch den italienischen Steinmetzen COMI [315]. Kräftiges, ovales Becken mit lippenförmigem Rand; an der Wandung alternierende, enggereihte Wulste und kantige Rippen. In der Mitte ragt auf quadratischem Sockel mit Karniesstufung ein imposanter, 5,20 m hoher Obelisk in die Höhe, dem aus zwei Röhren das Wasser entströmt. Kupa und Obelisk sind zwei Granitmonolithe. Als axialem Fixpunkt vor dem Schulhaus kam dem Brunnen ursprünglich eine wesentliche platzgestaltende Funktion zu; heute hat er durch den im Zuge der Verkehrssanierung erfolgten Platzumbau viel von seiner Wirkung eingebüßt. – *Brunnen auf dem Theaterplatz.* Geschaffen 1866 in der Steinhauerwerkstatt der MOSER in Würenlos [316]. Über schmalem Sockel ovale, unter dem Rand leicht eingeschnürte Kupa; außenseitig konischer, kassettierter Schaft mit reich profiliertem Kapitell und Pflanzenakroterion. – *Brunnen in den Bädern* (Abb. 60). Errichtet im Zusammenhang mit der Trasseeverlegung der Bäderstraße (1826; vgl. S. 44) in den Jahren 1829/30, als Ersatz für einen erst zwanzig Jahre vorher neuerstellten Brunnen vor dem Schröpfgaden (vgl. Abb. 27) [317]. Die unter der Leitung von Baumeister DAMIAN LANG plazierte Anlage beruht auf Plänen des einheimischen Zeichnungslehrers HAUSER und wurde in den Werkstätten des HIERONYMUS MOSER in Würenlos und des Steinmetzen BIBERSTEIN ausgeführt [318]. Das monolithe Ovalbecken – eine gerippte Schale mit eingeschnürtem Sockel und lippenförmigem Rand – nimmt eine breite Korbbogennische in der Stützmauer neben dem Tordurchgang zum Bäderquartier ein. Der exzentrisch im Wasser stehende Stock in Form einer kannelierten Säulentrommel trägt eine Aufsatzurne mit gekehlter Wandung und geschupptem, knauf-

---

[313] StadtA, Nr. 893: 1855–1859, S. 349.
[314] Ebenda: 1867/68, S. 146.
[315] Ebenda: 1865/66, S. 431 f., 476, 520. – StadtA, Nr. 387: 1866, S. 10.
[316] Ebenda: 1866, S. 11.
[317] StadtA, Nr. 893: 1808–1814, S. 128b, 130b, 133a, 134b, 153a; 1827–1830, S. 188, 192. Nr. 387: 1811, S. 41b.
[318] StadtA, Nr. 893: 1827–1830, S. 361, 373, 391. Nr. 387: 1829/30, S. 144. – Die nicht lokalisierbare Werkstatt BIBERSTEINS führte die Schale aus, jene MOSERS die Zuleitungen, die Steine zur Brunnennische und vermutlich den Brunnenstock.

Abb. 61 und 62. Baden. Statue Johannes' von Nepomuk bei der Holzbrücke, Kopie nach dem Original von 1707; ehemal. Friedhofkreuz am Kirchplatz, zweites Viertel 16. Jahrhundert. – Text S. 85 und unten.

überhöhtem Trompetendeckel. Zwei weit gespreizte, lange Röhren. – *Brunnen in Münzlishausen.* Ovale Granitschale vor knaufbesetztem Rechteckstock. 18. Jahrhundert. – *Brunnen in Rütihof.* Vorbauchender Rechtecktrog mit Stadtwappen und Datum 1811; auf dem Stock eine Empire-Urne.

DENKMALE

Auf dem Kirchplatz *ehemaliges Friedhofkreuz* (Abb. 62). Lebensgroßer Holzkruzifixus mit muskulösem, hagerem Körper und leicht seitlich geneigtem Haupt. Spätgotisch, zweites Viertel 16. Jahrhundert[319] (Fassung und Kreuz unlängst erneuert). – Neben der Kapelle Maria Wil steinernes *Wegkreuz* (Abb. 184). Auf den treffelförmigen Balkenenden die Gestirne, am Fuß das Wappen Dorer in Relieftechnik; am Schaft gravierte Inschrift «INRI» und Jahreszahl 1683 (vgl. S. 183). – Bei den Häusern Nrn. 2467 und 2477 in Rütihof treffelförmige *Wegkreuze* mit Inschrift «INRI»; an ersterem zusätzlich die Initialen «IM(eier)» und die Jahreszahl 18·62. – In der Kuranlage «Mätteli» lebensgroße *Bronzebüste des Badener Badearztes Dr. Johann Alois Minnich* (1801–1885), mit rückseitiger Signatur und Datierung: «R(obert) Dorer f(ecit) 1887. / geg(ossen): Lauchhammer» (vgl. S. 336; Abb. 321).

[319] Vielleicht nach dem Pestjahr 1541 geschaffen.

SAKRALBAUTEN

PFARRKIRCHE MARIÄ HIMMELFAHRT UND ST. DAMIAN

GESCHICHTLICHES

Badens kirchliches Leben ist viel älter als sein heutiges Gotteshaus. Ob im Gebiet der ehemals römischen Siedlung im Limmatknie bereits in der Spätantike ein christlicher Kultbau gestanden hat, bleibt beim gegenwärtigen Stand der archäologischen Forschung ungewiß. Dennoch ist schon für die Zeit vor der alemannischen Landnahme mit einer Christengemeinde im «vicus» Baden zu rechnen, und die Tradition der christlichen Religion dürfte durch die Infiltration der Germanen kaum gebrochen worden sein [320]. Eine eigenständige Pfarrei entstand in Baden wahrscheinlich erst nach der fränkischen Gaueinteilung. Mit Sicherheit läßt sich eine Kirche aus spätkarolingischer Zeit nachweisen, die dem Gründungsakt eines Grafen im Zürichgau oder eines Zentenars entsprungen sein muß. Seinen Standort hatte das Gotteshaus rund einen Kilometer flußaufwärts vom spätrömischen Aquae entfernt, am Platz der heutigen Kirche. Es blieb das Eigen von Grundherren, die wohl schon früh identisch mit den Herrschern auf dem Stein waren (vgl. S. 6f.) [321]. 1241 erster schriftlicher Nachweis der Pfarrei [322]; 1316 frühester Beleg für das Marienpatrozinium [323]. Als etwelchen Ersatz für die beim Guglereinfall und im Sempacher Krieg erlittenen Raubzüge und Brandschatzungen übertrug Herzog Friedrich von Österreich 1406 die Kirche mit allen Rechten und Nutzungen dem Kloster Wettingen [324]. Die Folge davon waren mannigfache Streitigkeiten zwischen dem neuen Kollator und der Stadt, die jede Gelegenheit zur Einflußnahme bei einer Priestervakanz auszunützen versuchte [325]. – Um der zunehmend um sich greifenden Disziplinlosigkeit unter den Kaplänen im Sinne der Tridentiner Reform entgegenzuwirken, wohl aber auch im Gedanken, Bedeutung und Würde des Gotteshauses gegenüber dem seit 1588 tätigen Kapuzinerkonvent zu mehren, gründete die Stadt 1624 ein der Kirche angeschlossenes Chorherrenstift [326]. 1650 schenkte Papst Innozenz X. der Kirche durch Vermittlung des Gardeleutnants Johann Rudolf Pfyffer aus Luzern die Gebeine des Katakombenheiligen Damian [327]. Dieser wurde fortan als Stadtpatron verehrt. Durch die Aufhebung des Klosters Wettingen im Jahre 1841 fielen das Recht der Leutpriesterwahl und das Pfrundvermögen zur Besoldung des Pfarrers an den Staat. Auf Betreiben der Kirchgenossen vollzog der Kanton aber schon 1845 die Pfrundaus-

---

[320] H. Büttner, Christentum und fränkischer Staat in Alemannien und Rätien während des 8. Jahrhunderts, Zeitschrift für Schweiz. Kirchengeschichte LXIII (1949), S. 1–27, 132–150.
[321] Mittler, Baden I, S. 41–45, 137.
[322] Fontes rerum Bernensium II, S. 219. – Vgl. StA Aarau, Urk. Wettingen, Nr. 88.
[323] StA Aarau, Urk. Wettingen, Nr. 308. – A. Egloff, Die Anfänge der Stadt Baden in neuer Sicht, Aargauer Volksblatt vom 30. Juli 1955.
[324] J. Meglinger, Archiv des hochloblichen Gotteshauses Wettingen, Klosterdruck 1694, S. 376–430.
[325] Mittler, Stadtkirche, S. 20–23. – Mittler, Baden I, S. 142–144.
[326] Mittler, Baden I, S. 342–348. – Fricker, Baden, S. 252–256.
[327] A. Egloff, Der Heilige Castorius von Rohrdorf, Freiburg i. Ü. 1952, S. 46. – E. A. Stückelberg, Die Katakombenheiligen der Schweiz, Kempten, München 1907, bes. S. 6.

Abb. 63. Baden. Stadtpartie von Süden, mit Bruggerturm, Stadtkirche, Sebastianskapelle, Rathaus, Holzbrücke und Landvogteischloß, um 1780. Radierung von A. N. Pérignon (Bilddokument Nr. 40). Text S. 63, 83.

steuerung aus dem ehemaligen Abteigut zugunsten der Stadt Baden. Infolge vermögensrechtlicher Streitigkeiten zwischen den Chorherren und der Gemeinde und im Zuge des Kulturkampfes wurde das Stift 1875 aufgehoben. Seither kommt dem Gotteshaus wieder die Funktion einer Stadtpfarrkirche zu[328].

Pfrundstiftungen und Geschichtliches zu den Altären sind behandelt bei MITTLER, Baden I, S. 144–147, und MITTLER, Stadtkirche, S. 23–27.

Quellen. Ungedruckte: Akten im StA Aarau (Repertorium I, Register, s.v. «Baden Stadt, Pfarrei katholisch»), im KDA Aarau, im kath. PfarrA Baden und im StadtA Baden (hier bes. die Nrn. 25, 26, 36, 402, 645, 654, 888b, 893: 1823–1827; 1827–1830). – Gedruckte: AMMANN, MITTLER, S. 137–139, 154–157, 161 f. – EA IV/1a, S. 893–937, zu Nr. 361 (Badener Disputation). – W. MERZ, Eine Bauurkunde der Pfarrkirche Baden, ASA NF XIX (1917), S. 63 f. – WELTI, Urkunden I und II. – WELTI, Regesten I.

Literatur. Geschichte und Baugeschichte: L. BIRCHLER, Führer durch Pfarrkirche und Sebastianskapelle in Baden, Baden 1945. – E. DORER, Die Stellung der katholischen Pfarrkirche zu Baden in Folge der Aufhebung des Klosters Wettingen, Baden 1844. – A. EGLOFF, Die Anfänge der Stadt Baden in neuer Sicht, Aargauer Volksblatt vom 23. und 30. Juli 1955, 3. und 24. Nov. 1956. – Ders., Badener Pfarrkirchen und Stadtgründung, Aargauer Volksblatt vom 6. Sept. 1967. – FRICKER, Baden, Inhaltsverzeichnis. – P. HABERBOSCH, Schulhäuser, Pfarrhöfe und Kaplaneien im alten Baden, Bad. Njbll. 1960, S. 26–32. – L. HÄFELI, Bilder aus der Geschichte der Stadtpfarrei Baden, Baden 1939. – Katholische Kirchen, S. 29–35. – MERZ, passim. – MITTLER, Baden I, bes. S. 136–150, 284–290, 295–310, 330–334; II, bes. S. 225–229. – MITTLER, Stadtkirche. O. MITTLER, Der Luzerner Maler Renward Forer in Baden 1612–1617, Bad. Njbll. 1951, S. 3–17. – Ders., 700 Jahre Pfarrei Baden, Aargauer Volks-

---

328 MITTLER, Baden II, S. 221–229. – FRICKER, Baden, S. 273 f.

blatt vom 14. Nov. 1953. – Ders., Der Badener Ölberg, Aargauer Volksblatt vom 18. Dez. 1965. – Ders., Zur Baugeschichte der Stadtkirche Baden, Bad. Njbll. 1969, S. 28–30. – L. VON MURALT, Die Badener Disputation 1526 (= Quellen und Abhandlungen zur schweiz. Reformationsgeschichte III), Leipzig 1926. – NÜSCHELER III, S. 545–549. – O. SCHIBLI, Aus Badens katholischer Vergangenheit, Baden 1923. – H. R. SENNHAUSER, Kirchen und Kapellen in Baden, Bad. Njbll. 1969, S. 16–27. – STAMMLER, Register, s.v. «Baden». – Restaurationen: Bericht über die Kirchenrenovation der Jahre 1914/15, Badener Kalender 1916. – L. BIRCHLER, Rückblick auf die Restaurierung der Badener Stadtkirche 1936/37, Argovia LXXII (1960), S. 338–349. – Zur Innenrestauration der Stadtkirche Baden, Aargauer Volksblatt vom 13. Dez. 1968 (mit Abbildungen) (Beiträge von K. KOLLY, O. MITTLER, N. OBERHOLZER, H. R. SENNHAUSER, W. P. WETTSTEIN). – Zur Innenrestauration der Stadtkirche Baden – Festschrift zur Einweihung am 15. Dezember 1968 (mit Abbildungen). – J. KILLER, Die Restauration der Stadtpfarrkirche zu Baden 1936/37, Bad. Njbll. 1938, S. 36–46. – Ders., Restauration der Stadtpfarrkirche und der Sebastianskapelle in Baden 1936/37, Schweiz. Bauzeitung LXIX/19 (12. Mai 1951), S. 257–259; Tf. 15–19. – K. KOLLY, Zum Orgelneubau in der Stadtkirche in Baden, Bad. Njbll. 1969, S. 28–30. – O. MITTLER, Der Badener Ölberg, Aargauer Volksblatt vom 18. Dez. 1965. – Kirchenschatz: P. FELDER, Der Badener Kirchenschatz, in: MITTLER, Stadtkirche, S. 59–73. – Ders., Inventar des Kirchenschatzes Baden, 1957 (maschinengeschriebenes Manuskript im KDA Aarau). – E. HAHN, Inventar des Badener Kirchenschatzes, 1916 (handgeschriebenes Manuskript im kath. PfarrA Baden).

Bilddokumente Nrn. 1, 11, 20, 21, 23, 24, 28, 34, 35, 37, 40.

Plandokumente Nrn. 15, 16, 17, 18, 19.

GRABUNGSBEFUNDE UND BAUGESCHICHTE

DIE KAROLINGISCHE UND DIE ROMANISCHE KIRCHE (Abb. 64). Die ältesten schriftlichen Dokumente zur Baugeschichte datieren erst aus dem 14. Jahrhundert. Doch vermitteln die Resultate der 1967 unter Leitung von H. R. SENNHAUSER, Zurzach, im Kircheninnern durchgeführten Grabungen ein anschauliches Bild der Bauetappen früherer Zeit[329]. Unter dem heutigen Bodenniveau sind Mauerreste von zwei älteren Kirchen entdeckt worden, die beide annähernd achsengleich mit dem bestehenden Bau gestanden haben und geostet waren. Die erste stammte, nach Form und Technik ihrer Mauernansätze zu schließen, aus dem vorgerückten 9. oder dem 10. Jahrhundert. Ihr Grundriß beschrieb ein Rechteck von etwa 26,40 × 11,20 m bei einer durchschnittlichen Mauerstärke von 65 cm. Der Chor war erhöht und durch eine Schranke ausgeschieden; davor lag über gleichem Niveau eine Vorzone. Im Westen setzten sich die Längsmauern in einer ebenfalls erhöhten Vorhalle fort. Ob sich deren Front als geschlossene Wand oder als Arkade präsentiert hat, ist nicht ermittelt. Im Schiff verlief längs der Nordmauer wahrscheinlich eine steinerne Bank. Der Bau muß im Innern mit Fresken geschmückt gewesen sein, da im Abbruchschutt bemalte Verputzstücke lagen. Ein rechteckiges Gelaß, vermutlich eine Sakristei, flankierte den Chor auf der Nordseite. – Die Umfassungsmauern waren noch zu rund 30% ihrer ursprünglichen Gesamtlänge in Form von aufgehendem Steinwerk erhalten.

Wesentlich mehr, etwa 70% der ursprünglichen Wandlänge, brachten die Grabungen vom Mauerwerk der zweiten Kirchenanlage zutage, die am Platz der ersten wahrscheinlich im 12. Jahrhundert errichtet worden ist. Der Bau, ebenfalls einschiffig, hatte eine eingezogene, halbkreisförmige Apsis. Während sich seine Nordmauer über den Fundamenten der karolingischen Kirche erhob, stand die andere Längswand um rund 1 m nach Süden versetzt. Die Vorhalle des ersten Baus war zum

---

[329] SENNHAUSER im Aargauer Volksblatt vom 13. Dez. 1968.

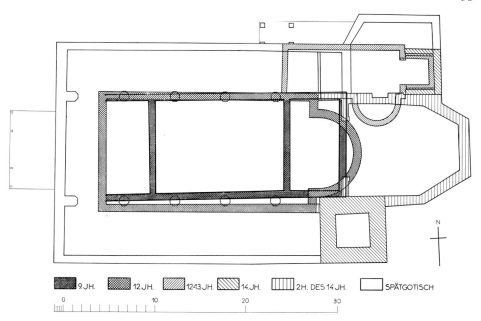

Abb. 64. Baden. Stadtkirche, Grundriß mit archäologischem Befund. – Text S. 94–96.

Schiff geschlagen. Im gesamten deckte die romanische Anlage kaum mehr Bodenfläche als ihre Vorläuferin. Im Innern lagerte eine dreiseitige Schranke vor dem Apsisrund, die den Chorraum ausschied. Unter dem Boden des Langhauses fanden sich zwei kreuzförmig disponierte Kanäle, welche zu einer Taufanlage gehört haben dürften. Der über dem westlichen Kreuzarm liegende Fundamentblock könnte der Unterbau eines nachträglich errichteten Taufbeckens gewesen sein. Zwei Eingänge führten ins Schiff der Kirche: ein axial gelegener im Westen und ein seitlicher in der Südwand, nahe der Chorschranke.

Wenig später, im vorgerückten 12. oder im 13. Jahrhundert, wurde eine langgestreckte Kapelle an die Nordostschulter der Kirche gefügt. Ihr Mauerwerk ist zum Teil bis auf die Fundamente reduziert. Im Osten schloß sie mit einem eingezogenen, rechteckigen Altarhaus, ihre Südwand bauchte in eine Halbkreisapsis aus, die nahe an die Rundung der Kirchenapsis heranreichte und mit dieser durch eine Wand verbunden war. Im 14. Jahrhundert erhielt die Kapelle einen erweiterten, durch einen Triumphbogen ausgeschiedenen Chor. In dessen Umfang konnte ein gut erhaltener Blockaltar mit Suppedaneum freigelegt werden. Allen Anzeichen nach handelte es sich bei dem Annexbau um die im 14. und 15. Jahrhundert mehrfach genannte Mauritiuskapelle.

Analog zu dieser Kapelle erstand im 14. Jahrhundert an der Südostschulter der Kirche ein massiver Turm über einem Grundrißquadrat von 7 m Seitenlänge. Seinem Bau galten sehr wahrscheinlich die von Badener Bürgern geleisteten Vergabungen an den «bu des gotzhuses», die zwei Urkunden von 1364 erwähnen[330].

---

330 WELTI, Urkunden I, S. 74 f. – AMMANN, MITTLER, S. 137 f.

Abb. 65 und 66. Baden. Stadtkirche. Ölgemälde mit der Geburt Christi und der Flucht nach Ägypten im Herrengestühl, Mitte 17. Jahrhundert. – Text S. 120.

Ausmaße und Mauerstärke lassen die Vermutung zu, daß der Glockenträger an die Stelle einer römischen Warte von turm- oder bunkerartigem Aussehen trat, die im 4. Jahrhundert als alleinstehendes Monument auf der Kiesterrasse über der Limmat militärischen Zwecken diente [331].

DIE GOTISCHE KIRCHE (Abb. 64). Noch im 14. Jahrhundert machten die Apsiden der Kirche und der Mauritiuskapelle einem mächtigen, dreiseitig geschlossenen Chorhaus Platz, das praktisch dieselbe Breite wie das Schiff hatte und die Kirche fast um die Hälfte ihres ursprünglichen Ausmaßes verlängerte. Möglicherweise wurde es bereits im Hinblick auf eine Vergrößerung des Langhauses angelegt. Hinten im Chor, von der Ostwand abgerückt, stand der Hochaltar, unmittelbar vor dem

---

[331] Freundliche Mitteilung von Herrn Dr. Samuel Voellmy, Basel. – Vgl. R. DEGEN, Spätrömische Befestigungen am Rhein: Weiach, Koblenz und Zurzach, Helvetia archaeologica I (1970), S. 41–44, 54 (mit Literaturangaben).

FARBTAFEL I

Baden. Stadtkirche. Hauptblatt des Hochaltars mit der Himmelfahrt Mariä, von Renward Forer, 1613.
Text S. 116f.

Triumphbogen ein Kreuzaltar. Der Fußboden in Schiff und Turm lag rund 1 m tiefer als beim heutigen Bau. Auch der Vorchor und der ihm gegenüber nochmals höher gesetzte Chor lagen noch immer unter den heutigen Bodenniveaus. – Wahrscheinlich auf Anregung von Pfarrer Niklaus Kel von Donstorf wurde in den Jahren 1457–1460 das romanische Langhaus durch eine basilikale gotische Anlage ersetzt[332]. Als Bauinspektor und Rechnungsführer amtete alt Schultheiß Hans Müller. Die Maurerarbeiten waren an die Werkmeister RUDOLF MURER aus dem zürcherischen Elgg und CUNRAT ZOBRIST verdingt, die Steinmetzarbeiten – wohl auch jene für die Maßwerkfenster und den Lettner – besorgten die auswärtigen Meister ERHARD und HANS (VON OGSPURG?)[333]. Das Mittelschiff erhielt annähernd die Breite der älteren Kirche; die Außenmauern der Seitenschiffe wurden mit der Nordwand der Mauritiuskapelle und mit der Südmauer des Turms gefluchtet. Westlich erfuhr das Laienhaus eine Verlängerung um ungefähr 4,5 m. Bereits vor Vollendung des Werks, im Jahre 1458, weilte der Weihbischof (Johannes von Platten?) in Baden, um den Neubau einzusegnen. 1460 Weihe von zwei Altären[334]. Die Mauritiuskapelle büßte ihre Funktion als eigenständiger Sakralraum ein und wurde zur Sakristei hergerichtet. Da ihre Westpartie dem linken Seitenschiff weichen mußte, setzte man ihr ein Stockwerk auf, wobei das Erdgeschoß ein zweijochiges Kreuzgratgewölbe erhielt[335]. Daß man von neuem am Chor arbeitete, beweist der Umstand, daß die Stadt dem Kloster Wettingen als Kollator 50 fl. zugunsten der Kirche lieh. Schon bald nach Abschluß der Arbeiten am Langhaus faßte man den Ausbau des Turms ins Auge. Dazu kam es aber erst einige Jahrzehnte später. 1489 treffen die Werkmeister (DIETRICH oder LUDWIG?) HÜBSCHI aus Bern und RÜDIGER VON AARAU Anordnungen für die Aufstockung. Den Bau selber führte MARTIN GRÜLICH von Brugg aus. Um 1493 wurde der Spitzhelm gedeckt[336].

DIE BAROCKISIERUNGEN DES 17. JAHRHUNDERTS. Während das Äußere der Kirche seinen spätgotischen Charakter im wesentlichen bis heute bewahrt hat, erfuhr ihr Inneres unter der Aufsicht von Ulrich Schnorff und Hauptmann Jörg von Angeloch in den Jahren 1612–1617 eine gründliche Veränderung. 1612 begab sich Schultheiß Hans Meris in die Werkstatt des Luzerners RENWARD FORER, um «ettlicher maßen Kirchenzierden und Althardafflen zu befragen und besichtigen, auch der selbigen faction und uncostens sich zu informieren»[337]. Darauf wurde dem Künstler die Leitung des Umbaus anvertraut. Der Patronatsherr, Abt Peter II. Schmid in Wettingen, entledigte sich seiner Baupflicht am Chor durch ratenweise Auszahlungen an die Stadt[338]. Rundung des bisher spitzen Triumphbogens und Konstruktion eines Chorgewölbes durch die Maurermeister HANS JOACHIM EGLI und HANS SCHÄNTZLIN, Baden. Neuer Dachstuhl von Zimmermann FRIEDRICH DREYER, Baden. Neuer Fronaltar von RENWARD FORER, mit Statuen des in Baden ansässigen württembergi-

---

332 MITTLER, Stadtkirche, S. 40 f., 78 f. – AMMANN, MITTLER, S. 154–158.
333 AMMANN, MITTLER, S. 138. – Mit Ogspurg könnte Augsburg gemeint sein.
334 AMMANN, MITTLER, S. 155.
335 SENNHAUSER im Aargauer Volksblatt vom 13. Dez. 1968.
336 AMMANN, MITTLER, S. 138 f.
337 StadtA, Nr. 645: Fasz. 3, sub annis 1615, 1617. Nr. 654: «Kilchen Buw Buoch», S. 13, 17 f. Nr. 26, fol. 133v.
338 MERZ, Bauurkunde, S. 63.

schen Bildschnitzers BARTHOLOMÄUS CADES. Erneuerung bzw. Ausbesserung der Nebenaltäre durch dieselben. Umfassende Renovation des ganzen Kircheninnern durch FORER: Wand- und Deckengemälde, Stukkaturen und Neufassung der Kanzel; Gipskapitelle an den Lettnerpfeilern, neuer Sockel und symbolische Darstellung des Heiligen Geistes am gotischen Taufstein [339]. 1616 wurden sechs Figuren- und Wappenscheiben – Stiftungen der Äbte Peter von Wettingen, Augustin von Einsiedeln und Johann Jodok von Muri – in die drei seitlichen Chorfenster eingesetzt [340]. Sechs Jahre nach Abschluß der Renovation und wohl aus Anlaß der Stiftsgründung im Jahre 1624 finanzierte der Badener Johann Dorer eine Ölberggruppe, die ihren Platz auf dem Friedhof, an der Nordmauer der Kirche, fand [341]. 1648 neuer Taufstein von der Hand GREGOR ALLHELGS in Baden [342].

FORERS Fresken und Stukkaturen überlebten bloß achtzig Jahre. 1696 berief der Stadtrat zwei damals in Muri beschäftigte Künstler, den Stukkateur GIOVANNI BETTINI aus Lugano und den Maler FRANCESCO ANTONIO GIORGIOLI aus Meride, nach Baden, um sie mit einer vollständigen Renovation des Gotteshauses zu beauf-

[339] StadtA, Nr. 654: «Kilchen Buw Buoch», passim. Nr. 645: Fasz. 3, sub annis 1615, 1617. Nr. 387/VII: 1613, s.v. «Allerley Usgäben» und «Kirchenrenovationsrechnung». Nr. 9, S. 111.
[340] Plandokumente Nrn. 15, 16.   [341] Inschrift am Denkmal selbst. – MERZ, S. 68.
[342] StadtA, Nr. 402: 1648, s.v. «Allerley Usgeben». – ALLHELG wird nicht namentlich erwähnt, jedoch erlaubt die Bezeichnung «bild hauwer von Under Walden» eine zweifelsfreie Identifizierung des im Jahre 1647 in Stans tätig gewesenen Künstlers. – Vgl. F. DE QUERVAIN, Die Taufsteine des Aargaus, Argovia LXXVI (1964), S. 57-59.

Abb. 67. Baden. Stadtkirche. Aufriß des Hochaltars von Renward Forer und der drei seitlichen Chorfenster, 1616. Anonyme Bleistiftzeichnung aus dem Jahr 1692 (Plandokument Nr. 15). – Text S. 97, 98, 108.

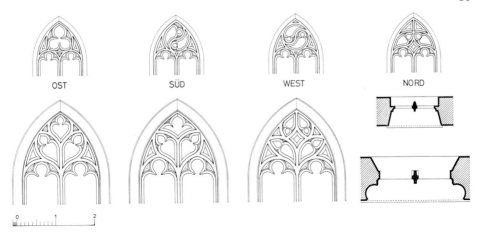

Abb. 68, 69, 70, 71 und 72. Baden. Stadtkirche. Maßwerkfenster an der Ost-, Süd-, West- und Nordseite des Turms, Aufrisse und Schnitt. – Text S. 107.

tragen. Die 1698 abgeschlossenen Arbeiten komplettierten die einheimischen Maler HEINRICH HAGENWEILER und DIETRICH ECKERT durch die Restaurierung von Bildern an der Kanzel, von acht Passionstafeln FORERS und einer monumentalen Kreuzigungsgruppe auf dem Lettner[343]. – 1711 Innenrenovation der Sakristei[344].

DIE RENOVATION IM ERSTEN DRITTEL DES 19. JAHRHUNDERTS. Nachdem die Stukkateure GIUSEPPE MORISI, DOMENICO PEROGNI und PIETRO MICOTTI im Jahre 1779 das unansehnlich gewordene Kircheninnere restauriert hatten, reifte zu Beginn des 19. Jahrhunderts die Idee einer umfänglichen Erneuerung des Langhauses[345]. Projektierung und Leitung des Unternehmens wurden in die Hände des Baumeisters und Stukkateurs JOHANN JOSEPH MOOSBRUGGER aus Au im Bregenzer Wald gelegt. 1813/14 Schleifung des Lettners, Neubau von sechs Seitenaltären und neue Stuckierung der Seitenschiffgewölbe durch MOOSBRUGGER[346]; Seitenaltarblätter von KASPAR MOOS aus Zug und JOSEPH ANTON MESSMER aus Saulgau (Württemberg), Retabelvergoldungen durch JOSEPH ZIPPERT aus Götzis bei Bregenz[347]. Altarweihe am 15. Oktober 1813 durch den päpstlichen Nuntius, Erzbischof Fabrizio Testaferrata[348]. 1814/15 Pfeilerkanzel und neuer Taufsteindeckel von MOOSBRUGGER. Gleichzeitig neue Wand- und Beichtstühle von JOSEPH ANTON SCHERRER und KARL LUDWIG DENZLER, Baden. Langhausbestuhlung nach einem Modell von ANDREAS MINICH

343 StadtA, Nr. 25, fol. 30 v. Nr. 26, fol. 15v., 31, 143, 161. Nr. 645: Fasz. 3, Vergleich von 1696; Kirchenrenovationsrechnung, passim. – ELISABETH KELLER-SCHWEIZER, Francesco Antonio Giorgioli – Ein Beitrag zur Geschichte der schweizerischen Barockmalerei, Zürich 1972, S. 90f., 194f.

344 Jahreszahl über dem Sakristeieingang.

345 StadtA, Nr. 645: Fasz. 3, Schreiben vom 19. und 24. April und 17. Juni 1779. Nr. 888b, passim (vgl. Register).

346 StadtA, Nr. 888b, passim (vgl. Register). Nr. 402: 1813, S. 83b; 1814, S. 85b, 92b; 1815, S. 76b. – Erzbischöfliches Archiv Freiburg i.Br., Ha 283, S. 423 (§ 952), 735 (§ 1721).

347 StadtA, Nr. 888b, S. 197b, 202b, 203a, 233b, 240b, 250b, 251b, 262b. Nr. 402: 1813, S. 83a, 93a; 1814, S. 83a; 1815, S. 75b.

348 Kath. PfarrA, Acta Parrochialia 1814 ff., S. 5. – StadtA, Nr. 888b, S. 206, 208b, 210b, 211a.

Abb. 73 und 74. Baden. Stadtkirche. Ölgemälde mit dem Verrat des Judas und der Dornenkrönung, aus der Werkstatt Renward Forers, um 1615–1620. – Text S. 118.

aus Waldshut durch dieselben. 1828/29 zwei eichene Chorstuhlreihen von MORITZ BODENMÜLLER nach Entwurf von Zeichnungslehrer HAUSER in Baden. 1826 entfernte man die außen in die Kirchenmauern eingelassenen Epitaphien [349]. Der beim Gotteshaus gelegene Friedhof war bereits 1820 aufgehoben und durch einen neuen, paritätischen an der Bruggerstraße ersetzt worden [350]. – Schon zu Beginn der Erneuerungsarbeiten war der Rat mit der Bitte an den Abt von Wettingen gelangt, «des Chors wegen einen verhältnißmäsigen beytrag zu leisten» [351]. In der Folge ruhten die Verhandlungen mit dem Prälaten mehr als zehn Jahre lang. 1824 entspann sich eine unerquickliche Auseinandersetzung zwischen der Stadt und Abt Alberich II. Denzler, der sich sträubte, «dieses alte ehrwürdige Denkmal – ein Kunstwerk der Vorzeit – dem jetzigen Zeitgeist aufzuopfern» [352]. Erst im Jahre 1828 lenkte der Kollator ein

349 Kath. PfarrA, Acta Parrochialia 1814 ff., S.6. – StadtA, Nr.402: 1815, S.75b, 76b, 77a. Nr.645: Kirchenstuhlrechnung. Nr.884e, S.235, 245. Nr.888b, S.138a, 243a, 249a. Nr.893: 1823 bis 1827, S.407, 413, 423, 427, 441; 1827–1830, S.221, 391.

350 StadtA, Nr.888c, S.244a, 245a, 246b. Nr.893: 1819–1823, S.59a, 62b. Vgl. Nr.14, S.406, 408, 412, 417.

351 StadtA, Nr.888b, S.155a.

352 StadtA, Nr.893: 1823–1827, S.142 f., 249, 261 f. Nr.884e, S.93, 142. – StA Aarau, Nr.3474/IV: Brief vom 23. April 1825.

Abb. 75 und 76. Baden. Stadtkirche. Ölgemälde mit der Beweinung Christi und der Höllenfahrt Christi, aus der Werkstatt Renward Forers, um 1615–1620. – Text S. 118.

und traf mit MOOSBRUGGER einen Akkord. Darauf schuf dieser ein neues Chorgewölbe, entfernte die Wandfresken FORERS und ersetzte das frühbarocke Altarretabel durch einen klassizistischen Aufbau mit Holzstatuen von Bildhauer FRANZ XAVER RENN aus Imst im Tirol[353]. – In dem Moment, da er die Renovation im Altarhaus einen sicheren Weg gehen sah, brachte der Stadtrat den Vorschlag einer «Ausweißung und Ausbeßerung» der Langhauswände und Mittelschiffdecke vor die Gemeinde. Im Mai des folgenden Jahres begann man mit der Restaurierung von GIORGIOLIS Dekkenbildern, wobei sich aber zeigte, daß der ganze Plafond vom Einsturz bedroht war. Er wurde vollständig ersetzt und von MOOSBRUGGER mit Stukkaturen versehen[354].

RENOVATIONEN IN JÜNGERER ZEIT. 1884 erfolgte auf Grund von Plänen und unter der Bauleitung des Badener Architekten OTTO DORER eine Gesamtrenovation, wobei das Äußere eine neugotische Gliederung erhielt[355]. An der Westfassade Schmuck-

---

[353] StadtA, Nr. 893: 1827–1830, S. 160. Nr. 884e, S. 368 f. – StA Aarau, Nr. 3474/IV: Undatierter «Accord zwischen dem löblichen Gotteshaus Wettingen und Hrn. Johan Joseph Mosbrugger Stuccator ....» und Akkord vom 28. Mai 1828 (insbesondere § 7 und Nachträge); Abrechnung über zusätzliche Arbeiten im Frühjahr 1829. – Plandokument Nr. 17.

[354] StadtA, Nr. 893: 1827–1830, S. 254, 264, 343, 352 f., 359, 386, 416. Vgl. Nr. 884 f, S. 58.

[355] Kath. PfarrA, Prot. der Kirchenpflege 1868–1886, S. 261–272, 278–280, 287, 293, 308 f., 315.

motive vom Badener Bildhauer EGOLF. Im Innern Vergoldungen und Polituren von Altarbauer BÜRLI aus Klingnau. Farbige Verglasungen in den drei Lanzetten der Westfassade. Zwei Figurenfenster über den Seiteneingängen von Maler JOSEPH BALMER, Luzern. – 1914/15 führte der Badener Architekt ARTHUR BETSCHON nach Wegleitung von P. ALBERT KUHN in Einsiedeln eine Renovation durch, welche Arbeiten an Turm, Chordach, Orgel und eine Neubemalung der Holzpartien umfaßte[356]. – Eine umfangreiche Restauration in den Jahren 1936/37, die sich an die Empfehlungen des Kunsthistorikers LINUS BIRCHLER in Zürich hielt, tilgte die Spuren der Neugotik[357]. – 1967/68 durchgreifende Innenrenovation durch Architekt WALTER P. WETTSTEIN auf Grund von Vorarbeiten von Architekt PETER DEUCHER, beide von Baden; Beratung durch die Vertreter der eidgenössischen Denkmalpflege FRITZ LAUBER, Basel, und KARL KAUFMANN, Aarau, sowie durch den kantonalen Denkmalpfleger PETER FELDER[358].

ORGELN. Bereits 1459 installierte man in der im Bau befindlichen neuen Kirche eine Orgel, die vermutlich aus Zürich bezogen worden war und von einem Maler GORIUS (oder JÖRG) eine Fassung oder schmückende Bemalung erhielt[359]. Anläßlich

[356] Kath. PfarrA, Prot. der Kirchenpflege 1886–1923, 6. Jan., 22. Febr., 30. Nov. und 3. Dez. 1914, 21. Febr., 30. April und 5. Sept. 1915.
[357] BIRCHLER, Rückblick, S. 338–349.   [358] Aargauer Volksblatt vom 13. Dez. 1968.
[359] Ausführliche Angaben zur Baugeschichte der Orgeln mit Quellenbelegen im KDA Aarau.

Abb. 77. Baden. Stadtkirche. Projekt zur Orgel, 1828/29. Federzeichnung von Franz Anton Kiene (Ausschnitt aus Plandokument Nr. 18). – Text S. 103.

Abb. 78 und 79. Baden. Stadtkirche. Stuckkartusche von G. Bettini mit Fresko von F. A. Giorgioli an der nördlichen Hochwand, 1696/97; Gebälkzone von G. Bettini an der nördlichen Chorlängswand, 1696/97. – Text S. 108 und 110.

der Barockisierung zu Beginn des 17. Jahrhunderts erbaute HANS MAUDERER d. J. in Laufenburg ein neues Orgelwerk, dessen Gehäuse RENWARD FORER und BARTHOLOMÄUS CADES mit Gemälden und Schnitzereien zu versehen hatten. 1697 schickte der Stadtrat nach dem Orgelbauer HANS MELCHIOR VON ZUBEN aus Alpnach, der damals wie BETTINI und GIORGIOLI am Umbau in Muri beteiligt war, und übertrug ihm, «daß er die orgel in allem, was nötig seye, repariere und ... sodann das Positiv im Chor ergänze und die Pfeiffen, so manglen, er mache». 1711–1716 neue Orgel von JOSEPH BOSSHARD aus Baar. Diese wurde zum Abschluß der Renovation im Kircheninnern in den Jahren 1829–1833 durch ein Instrument von FRANZ ANTON KIENE aus Langenargen bei Tettnang (Württemberg) ersetzt (Abb. 77)[360]. 1876 bis 1878 neue Orgel von FRIEDRICH GOLL, Luzern, und Erweiterung der Empore gegen das Mittelschiff durch Architekt K. J. JEUCH, Baden. 1967/68 neue mechanische Orgel der Firma METZLER SÖHNE, Dietikon.

GLOCKEN. Vielleicht schon seit dem Neubau der oberen Turmgeschosse am Ende des 15., sicher aber seit Beginn des 17. Jahrhunderts besaß die Kirche sechs Glocken[361]. Vom alten Geläute, das 1926/27 durch RÜETSCHI in Aarau umgegossen wurde, ist folgendes bekannt[362]: 1413 goß Meister JOHANNES (REBER) von Aarau eine Glocke, die zunächst noch während einiger Jahrzehnte in der romanischen Läutistube hing[363]. 1483 lieferte LUDWIG PEYER von Basel eine Glocke, vermutlich in die eben

---

360 Plandokumente Nrn. 18, 19.
361 StadtA, Nr. 387/IX: 1642, 10, s. v. «Ausgeben Schlosser».
362 FRICKER, Baden, S. 651. – HÄFELI, S. 53 f. – MITTLER, Baden I, S. 150.
363 Vor 1927 die zweitgrößte; diente als Mittagsglocke. Ihre noch erhaltene Halsumschrift als eines der ältesten Dokumente der Aarauer Gießerei in der Firma Rüetschi aufbewahrt; Abguß davon

fertiggestellte neue Glockenstube[364]. 1495 mußte (HANS I.?) FÜSSLI in Zürich «ein zerbrochne glogen ... widerumb nüw ob 14 und under 15 zentneren ongevarlich» gießen[365]. Im August 1516 wurde durch den Rat dem NIKLAUS OBERACKER in Konstanz «ein großen glogen verdinget ze machen ... uff die 80 zenntner zweyer minder oder mer ungefarlich». Der Meister goß sie im folgenden Jahr in Baden[366]. Eine Primglocke eines unbekannten Meisters kam im Jahre 1676 in den Turm, ein neues Endglöcklein von HEINRICH BAER in Aarau 1804[367].

BESCHREIBUNG

Lage (Abb. 4, 5, 9, 32, 33 und 80). Ebenso reizvoll wie die Kirche selbst ist ihre Lage im Landschafts- und Stadtbild. Der Baukörper steht hart an der Kante jener zum Teil künstlichen Geländeterrasse, in die der steile Schloßberg ausläuft, bevor er schnell zum Flußufer abfällt. Hatte dieses hohe, weithin sichtbare Plateau für die erste Kirchenanlage im Frühmittelalter vorab symbolischen Wert (Abb. 19), so bot es beim planmäßigen Ausbau der Stadt im späten Mittelalter ganz besonders günstige Voraussetzungen für eine Befestigung (Abb. 22). – Die romanische Kirche mag sich in den geschlossenen Häuserzeilen noch relativ bescheiden ausgenommen haben; durch die gotische des 15. Jahrhunderts wurde jedoch ein neuer dominierender Akzent gesetzt, der besonders von der Südostseite – ursprünglich vom Wettinger Feld, heute von der Hochbrücke her – eindrücklich zur Geltung kommt. Zum Kirchenbezirk, der durch Häuser und niedrige Mauerbrüstungen begrenzt wird, gehörte bis ins 19. Jahrhundert auch das Agnesenspital mit seiner Kapelle, dessen Trakt sich nahe der westlichen Kirchenfassade hinzog (Abb. 22 [19])[368]. Am südlichen Terrassenabhang steht die spätmittelalterliche Sebastianskapelle, deren Untergeschoß bis ins 20. Jahrhundert als Beinhaus diente (vgl. S. 150). Das ganze Areal hinter dem Chor und neben den Seitenschiffen war bis 1820 Friedhofgelände.

Äußeres (Abb. 80, 82 und 143). Das dreischiffige Gotteshaus mißt von der Westfront bis zum Chorscheitel ziemlich genau das Doppelte seiner Langhausbreite (außerkant rund 46 bzw. 24 m). Der First verläuft ungefähr 23 m über Boden; der Turm ist 52 m hoch. Obschon ihre einzelnen Architekturteile aus verschiedenen Bauperioden zwischen dem 14. und dem 16. Jahrhundert stammen, wirkt die Kirche überraschend

in der Städt. Sammlung im Landvogteischloß: «o·rex·glorie· christe·veni· cvm· pace· anno· domini· mccccxiii· fvsa·svm·mense·Septembris·a·magistro·Johanne·de·aro· » – Glocken und Glockenguß [Schrift der Glockengießerei Rüetschi in Aarau], o. O., o. J., S. 4.

364 Vor 1927 die drittgrößte Glocke; benannt nach der hl. Katharina.

365 Vor 1927 die viertgrößte Glocke; benannt nach dem hl. Rosenkranz. – AMMANN, MITTLER, S. 161, Nr. 4.

366 Vor 1927 die größte Glocke; benannt nach der Muttergottes und dem hl. Nikolaus. Umschrift und Medaillon mit dem Bild des hl. Theodul in Gipsabgüssen in der Städt. Sammlung im Landvogteischloß. – Kath. PfarrA, Acta Parrochialia 1814 ff., sub anno 1822. – AMMANN, MITTLER, S. 161, Nr. 6. – Vgl. SIGRID THURM, Deutscher Glockenatlas (Württemberg und Hohenzollern), München, Berlin 1959, S. 48 f.; Gießhüttenregister, s. v. «Konstanz».

367 StadtA, Nr. 888 a, S. 29 b.

368 Das Spital war um 1349 – vor der Verlängerung der Kirche nach Westen – durch Königin Agnes von Ungarn gestiftet worden. – WELTI, Urkunden I, S. 19, 34. – P. HABERBOSCH, Das alte Agnesenspital zu Baden, Bad. Njbll. 1957, S. 11–27.

Abb. 80. Baden. Altstadtpartie von Nordwesten, mit Bruggerturm (unten), Amthaus, Rathaus, ehemaligem Zeughaus und Stadtkanzlei (links), Stadtkirche und Sebastianskapelle (Mitte) und Hochbrücke (oben), Flugansicht um 1950. – Text S. 76, 104–107, 218, 235.

einheitlich. Am ältesten sind die drei spätromanischen unteren Geschosse des Turms. Sie wurden während der jüngeren Bauphasen mit Bedacht in das Ganze einbezogen, indem man sie nordseitig mit der Chorlängswand und dem Obergaden des Mittelschiffs, südseitig mit der Mauer des südlichen Seitenschiffs fluchtete. Der gegen Ende des 14. Jahrhunderts errichtete Chor ist durch ein einheitliches Satteldach mit dem Langhaus aus dem 15. Jahrhundert verbunden. Das spätgotische Glockengeschoß und der Helm des Turms sind proportionsgerecht auf ihren Unterbau gesetzt. Die den Chor auf der Nordseite flankierende ehemalige Mauritiuskapelle, die im Spät-

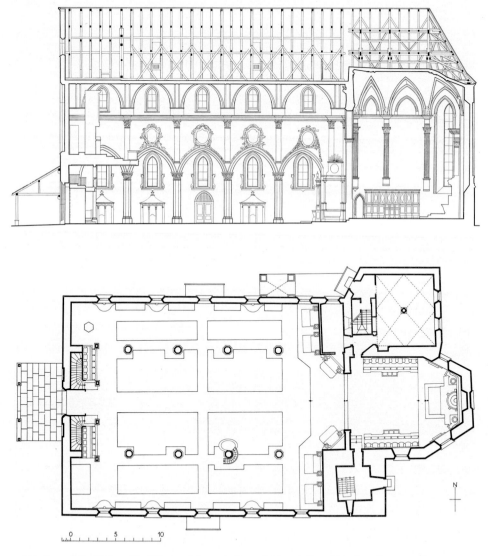

Abb. 81 und 82. Baden. Stadtkirche, Längsschnitt und Grundriß. – Text S. 108–110 und 104–107.

mittelalter in eine doppelgeschossige Sakristei umgebaut, im frühen 16. Jahrhundert erweitert und 1711 renoviert worden ist, verbindet sich zwar etwas ungeschickt mit der nordöstlichen Chorschrägwand, respektiert aber mit ihren Spitzbogenfenstern die Form der Lichter im Langhaus und trägt ein gleich stark geneigtes Pultdach wie das anstoßende Seitenschiff.

Den beiden fünfteiligen Langhausarkaden im Innern entsprechen im Obergaden und an den Seitenschiffen je fünf mehr oder weniger axial gesetzte Spitzbogenfenster. Das außergewöhnlich tief liegende vorderste Fenster im nördlichen Seitenschiff und der in den Wandmörtel gezeichnete Kontur eines 1936 wiederentdeckten, vermauerten Ochsenauges verraten noch deutlich die Anlage des 1813 abgebrochenen Lettners, der offenbar unter und über seinem Boden separat belichtet wurde. Der Chor, seit dem 17. Jahrhundert seiner Eckstrebepfeiler beraubt[369], erhält Licht durch hohe Lanzettfenster, die ursprünglich gotisches Maßwerk trugen[370]. Am Turm öffnen sich in den älteren Stockwerken schmale Scharten und spitzbogige Biforien, von denen dasjenige auf der Ostseite durch ein originelles Figurenkapitell mit einem hockenden Affen auffällt. In die Mauern der Glockenstube und in die Dachwimperge sind zweibahnige Maßwerkfenster aus Sandstein gesetzt (Abb. 68–72). Der mit farbigen Ziegeln gedeckte Rautenhelm endet in einem reich verzierten, von den Symbolen der Sonne und des Mondes überhöhten Schmiedeisenkreuz aus dem Hochbarock[371]. – Große Steinquader markieren die Kanten an der Westfassade und am Turm sowie den ganzen Umfang des Glockengeschosses. An den Fenstern sind die schrägen Hausteingewände mit ihren unregelmäßigen Konturen unverputzt gelassen[372]. Drei spitzbogige Eingänge, seit 1937 durch Pultdächer geschützt, führen ins Langhaus. Das Hauptportal an der Westfront zeigt ein Gericht mit zwei Rundstäben zwischen dreifacher Kehlung und – im Scheitel – verschnittene Kanten. Die Nebenportale in den beiden Seitenschiffflanken haben einfachere Rahmenprofile[373]. Die Sakristei ist durch einen westseitigen Rechteckeingang zugänglich (die Jahreszahl 1711 im Sturz deutet auf eine Renovation). In der Ostwand ihres Obergeschosses liegt ein heute zwecklos gewordenes Portal mit gedrücktem Kielbogen und verschränkten Rundstäben, das im beginnenden 16. Jahrhundert errichtet worden sein muß und einst über eine der Chorwand entlang laufende Treppe erreichbar war. Die blechbeschlagene Holztüre noch original. – Ostseitiger Turmzugang mit gefastem Rahmen[374]. – Die künstlerische Ausstattung des Äußeren ist auf Seite 113 beschrieben.

Dachstock (Abb. 81). Der die steile, vom Chor bis zur Westfassade einheitliche Dachhaut tragende Dachstock gehört zwei verschiedenen Bauperioden an. Über dem

---

369 Vgl. Bilddokument Nr. 1 mit Nr. 21.   370 Plandokumente Nrn. 15, 16.
371 P. HABERBOSCH im Badener Gästeblatt vom 20. Mai 1945, mit Abb.
372 Alle Fenstergewände des Langhauses wurden 1936/37 erneuert, jene der Seitenschiffe mit Würenloser und Mägenwiler Sandstein, jene des Lichtgadens mit Kunststein. Die Leibungen an der Sakristei aus dem beginnenden 16. Jahrhundert sind größtenteils noch erhalten. – BIRCHLER, Rückblick, S. 340.
373 Haupt- und nördliches Seitenportal 1937 erneuert; die Einfassung mit der ausgekehlten Kantrippe am Südportal ursprünglich.
374 Im Sturz eingemeißelte Inschrift: «COLLEGIALIS QVONDAM HAEC INSIGNIS ECCLESIA / ASSVMPTIONI B(EATAE) M(ARIAE) V(IRGINIS) DICATA CIVIVM MVNIFICENTIA / IN PRISTINAM FORMAM RESTITVTA EST A⁰ MCMXXXVII».

aus Bruch- und Ziegelsteinen gemauerten Chorgewölbe steht noch der originale Stuhl FRIEDRICH DREYERS aus den Jahren 1612–1617 (eines der ältesten Beispiele im Bezirk). Die Köpfe von abgesägten Ankerbalken, die auf den Mauern aufliegen, beweisen, daß der Chor bis zur ersten Barockisierung der Kirche flach gedeckt war. Klassischer Schwerterstuhl mit Schrägstreben, doppelter Spannriegel-Kehlbalken-Konstruktion, aufliegendem Unterfirst und Firstsäulen. Ursprüngliche Schmiedeeisenbeschläge. Über dem Mittelschiff eigentümliches Sparrendach aus dem 19. Jahrhundert. Die den Sparrenpaaren parallel laufenden Sperrafen sind in halber Höhe von holzverzapften Riegeln verspannt, denen (zwischen Rafen und Sparren) Mittelpfetten auflagern. Die sonst üblichen Kehlbalken fehlen und sind durch hochliegende Hahnenbalken ersetzt. Keine Firstpfette. Hängesäulen mit firstparallelem Unterzug, an dem die Bundbalken mit Eisenbändern befestigt sind.

Inneres (Abb. 81 und 83). Im Innern überraschen aufs erste der auf Weiß gestimmte Wand- und Deckenschmuck und die damit kontrastierenden schwarzmarmornen Ausstattungsstücke aus Hochbarock und Klassizismus; doch bleibt auch in ihrem neuern Gewand die gotische Baustruktur noch gut erkennbar. Breitspurige Spitzarkaden über Achteckpfeilern tragen die Hochwände des Mittelschiffs, das durch relativ kleine Fenster hart unter der Diele Licht empfängt. Die niedrig eingedeckten Seitenschiffe sind ebenso noch gotischer Baugewohnheit verpflichtet wie der hinter eingezogenem Triumphbogen sich weitende polygonale Chor. Von den Veränderungen, die der Bau zu Beginn des 17. Jahrhunderts erfahren hat, ist heute mit Ausnahme des gerundeten Chorbogens und des Chorgewölbes nichts mehr wahrzunehmen. Doch vermitteln die 1692 geschaffenen Aufrisse vom frühbarocken Hochaltar und von den Wappenscheiben in den Chorfenstern (Abb. 67)[375] sowie der von RENWARD FORER 1615 abgefaßte und erhalten gebliebene Devis eine interessante, wenn auch nicht in allen Belangen eindeutige Vorstellung vom Aussehen des frühbarocken Kircheninnern[376]. Die derzeitige Wandgestaltung stammt aus dem ausgehenden 17. Jahrhundert; der Gewölbestuck gehört dem 19. Jahrhundert an, nimmt aber deutlich auf die Wandgliederung Bezug. Der 1696 mit den Stuckarbeiten betraute GIOVANNI BETTINI hat im *Mittelschiff* über den Arkadenpfeilern mit feinen Kompositlisenen eine diskrete Jochunterteilung angestrebt, aber durch das unter der Fensterzone hinlaufende kräftige Gebälk gleichzeitig den Longitudinalzug des Raumes zu intensivieren versucht. Durch die phantasievollen, mit Akanthusblättern und Fruchtfestons verzierten Volutenkapitelle und durch die deutlichen Bogenprofile werden Pfeiler und Arkaden als selbständige Bauglieder charakterisiert. Unterschiedlich geformte Kartuschen, von Akanthus, Blattkordeln und neckischen Putten begleitet, beleben die Kompartimente der Hochwände (Abb. 78). Die darin angebrachten Prophetenbüsten, ernst erregte Männerbildnisse des Tessiners FRANCESCO ANTONIO GIORGIOLI (1696/97), bringen einen effektvollen Farbakzent in das Weiß des Stuckzierats. Den Scheitel des Chorbogens schmückt ein von beschwingten Genien getragenes Schild mit Aufschrift «SOLI DEO / HONOR / ET GLORIA». Über dem Hauptgesims wölbt sich eine von JOHANN JOSEPH MOOSBRUGGER geschaffene Mulden-

---

[375] Plandokumente Nrn. 15, 16.
[376] StadtA, Nr. 645: Fasz. 3, «Bericht zu der Fisierung wie und waß form die kirchen usserthalb des Cors solle Jngefast und gemalt werden».

Abb. 83. Baden. Stadtkirche. Inneres gegen Osten. – Text S. 108–110.

decke (1829) (Abb. 84). Während einerseits ihre Quergurten wiederum die Jochabfolge andeuten, werden anderseits die drei mittleren Joche im Spiegel von einem langgezogenen, kräftigen Rahmenmotiv überspielt, das, analog dem Lauf des Gesimses, die Längsrichtung des Raumes betont. Die Lichtöffnungen sitzen in breiten Stichkappen. Das auf Sohlbankhöhe durchziehende Gesimse und die weit hinunterreichenden Gewölbezwickel geben dem Fenstergaden das Gepräge einer Attikazone, die leicht auf den Arkadenwänden aufsitzt. Die Decke hat MOOSBRUGGER mit steifem klassizistischem Stukkaturenschmuck versehen, der eine strenge doppelachsige Symmetrie befolgt. Mannigfaltige Blattstabrahmen und Rosengirlanden umschließen symmetrische Akanthusranken und Knopfrosetten (Abb. S. 149) [377]. Die flachen, in Joche unterteilten Gewölbe der *Seitenschiffe*, ebenfalls von MOOSBRUGGER, aber fünfzehn Jahre vor dem Hauptspiegel ausgeführt, nehmen zum Teil dessen Stukkaturmotive voraus, wirken jedoch feiner und vielheitlicher als der kolossale Plafond des Mittelschiffs. Die Stoff- und Fruchtgehänge in den Leibungen der Arkaden und Seitenschiffenster, das Blattwerk und die Puttenhäupter über den Fensterbogen sind der Werkstatt BETTINIS zuzuschreiben. – Die weich und fleischig wirkende Stuckornamentik des Hochbarocks unterscheidet sich augenfällig von der viel spröderen des Klassizismus. – Anders als das Mittelschiff ist der *Chor* gegliedert (Abb. 81 und 84). Seine Längsmauern zerfallen in zwei Achsen, die in Breite und Höhe den Ausmaßen der durchfensterten Schrägwände entsprechen. Elegante kannelierte Pilaster mit Kompositkapitellen und Kämpferstücken tragen ein Gebälk, auf dessen Verkröpfungen das kalottenähnliche Stichkappengewölbe ansetzt. Noch üppiger als im Langhaus wirkt der zusätzliche Stuckdekor BETTINIS und MOOSBRUGGERS: die Schild- und Fensterbogen zeigen Pflanzenornamentik, auf dem Gesimse vergnügen sich sechs barocke Engel (Abb. 79). Zu seiten des Chorbogens stehen zwei mächtige Stuckstatuen (rechts der heilige Bernhard, links ein nicht identifizierter Heiliger mit Lanze und Buch), während über dem Bogen zwei Putten einen schweren Vorhang vom reich verzierten Scheitelmedaillon wegziehen (darin die Aufschrift: «Melior est / dies una in atriis / tuis super millia! / Renovatum 1914 1937 1968»; darunter das Doppelwappen Baden Stadt–Albert Karli [Pfarrer in Baden 1901–1923]). Im Oval des klassizistischen Gewölbespiegels prangen die Symbole der Ährengabe und des Rebzweiges. Die Wandfresken des 17. Jahrhunderts hat MOOSBRUGGER entfernt. – Südseitig, in der Turmmauer, gewährt ein alter hölzerner Türflügel unter einem wuchtigen Schulterbogen Zutritt ins Turmerdgeschoß (Abb. 82). Der Durchgang liegt 63 cm unter dem heutigen Chorbodenniveau und lag auch tiefer als der erste Chorboden des 14. Jahrhunderts. Er muß deshalb vor dem Chorneubau vom Ende des 14. Jahrhunderts errichtet worden sein und dürfte das ursprüngliche, vom Freien her zugängliche Turmportal gebildet haben [378]. – Nordseitig, dem Turmeingang gegenüber, führt ein spätgotisches Spitzbogenportal mit Doppelkehlen- und Rundstabprofilierung in den Vorraum der Sakristei (Abb. 98); klassizistischer Türflügel [379].

[377] Die von der Hand BETTINIS herrührenden Pflanzengehänge über den Hochfenstern sind beim Einziehen des neuen Gewölbes weitgehend renoviert worden.

[378] Das zweite, auf den Kirchplatz gehende Turmportal auf der Ostseite ist später, in unbestimmbarer Zeit, angelegt worden.

[379] Der Durchgang wird im beginnenden 16. Jahrhundert, als die Mauritiuskapelle zur Sakristei umgebaut wurde, angelegt worden sein.

Abb. 84. Baden. Stadtkirche. Chorgewölbe und Triumphbogen gegen Westen. – Text S. 110.

Sakristei und ehemaliger Kapitelsaal. Die Sakristei, ein quadratischer Raum mit zwei ostseitigen Spitzbogenfenstern, wird seit 1711 von vier schnittigen Kreuzgratjochen überspannt, die sich an den Wänden auf simsförmige Konsolen, in der Mitte auf eine toskanische Sandsteinsäule über hohem Sockel stützen. Im Sturz der Türe vom Chor zum Vorraum undeutbares geritztes Wappen. An der Westwand in einer Stichbogennische sarkophagförmiger Behälter für Kerzenwachsreste; seine Öffnung ist heute mit einer Steinplatte gedeckt; an der freien Langseite Doppelwappen der Stadt zwischen Jahreszahl 1620. An der Ostwand spätgotisches Kruzifix von einer Kreuzigungsgruppe am Äußern der Kirche (siehe S. 115). – Anstelle der einstigen Wendeltreppe führt heute eine mehrläufige Stiege westlich der Sakristei ins Obergeschoß und auf den Dachboden. Vor der Ostwand des nördlichen Seitenschiffs überschneidet sie ein gekehltes gotisches Lanzettfenster, das wahrscheinlich auf die Erbauungszeit des Langhauses, 1457–1460, zurückgeht und dieses von der Ostseite her belichtete [380]. Über dem Gewölbe der Sakristei, hinter einer blechbeschlagenen Türe aus der Spätgotik, der ehemalige Kapitelsaal (Abb. 85). Der feierlich-ernste Raum aus dem beginnenden 16. Jahrhundert – seit 1968 zum Kirchenschatzmuseum hergerichtet (vgl. S. 123) – birgt noch die originalen roten Bodenfliesen und eine Holzdecke mit gekehlten Balken. Ost- und nordseitig wird er von je zwei Spitzbogenfenstern erhellt; im Südostwinkel, tiefer liegend als das Bodenniveau, der früher über eine Außentreppe erreichbare direkte Saalzugang (vgl. S. 107). Im

[380] Es wurde im Kircheninnern auf halber Höhe von der Lettnerbühne überschnitten.

Abb. 85. Baden. Stadtkirche. Ehemaliger Kapitelsaal gegen Nordosten. – Text oben.

Nordwesten führt ein Rechteckportal mit Blendkielbogen in ein kleines, westlich durchfenstertes Gemach. Das Datum 1711 im Sturz des Durchgangs weist auf eine Renovation, während welcher anscheinend die schlanke, balusterförmige Holzstütze in der Saalmitte und das Kreuzgratgewölbe im Nebengelaß angebracht worden sind.

Ausstattung. Unter den Schmuckwerken am *Äußern* der Kirche verdient in erster Linie der originelle *Ölberg* auf der Nordseite Erwähnung (Abb. 80, 86, 87, 88, 89 und 99)[381]. Der doppelstöckige, loggienartige Renaissance-Baldachin aus Muschelsandstein ist mit Beschlagwerkreliefs und Cherubimhäuptern geziert und birgt im Obergeschoß farbig gefaßte, in künstlicher Landschaft gruppierte Holzplastiken zur Gethsemaneszene. Als Meister der Bildwerke und des Steingehäuses muß auf Grund stilkritischer Erwägungen BARTHOLOMÄUS CADES angesprochen werden[382]. Den an

---

[381] 1965 unter Aufsicht der kantonalen Denkmalpflege durch A. FLORY, Baden, und J. P. WÜRMLI, Uster, restauriert. – MITTLER im Aargauer Volksblatt vom 18. Dez. 1965.

[382] P. FELDER, Barockplastik des Aargaus [Katalog zur gleichnamigen Ausstellung in Aarau 1972], Aarau 1972, S. 23 f.

Abb. 86. Baden. Stadtkirche. Ölberg von B. Cades, 1624, Aufriß der Nordseite. – Text oben und S. 114 f.

die Rückwand gemalten Landschaftsprospekt mit der Stadt Jerusalem schuf KARL HAAGA 1920 als Ersatz für ein ursprüngliches Wandfresko. Die Klappläden, mittels deren sich die Bogenöffnungen verschließen lassen, sind 1965 angefertigte Kopien nach den originalen Flügeln. Über die ungefähre Entstehungszeit des Ölbergs und über seinen Stifter gibt die vom Dorer-Wappen[383] überhöhte Aufschrift auf einer Bronzeplatte (36,5 × 25,5 cm) am linken unteren Bogenpfeiler Auskunft: «ES HAT LASE͞ ERBAWE͞ DE͞ OLBERG / XP̄I V͞D LIGT DARVNDER BEGRAB= / EN DER FROM EHRE͞-VEST FV̄R= / NEM VND WEIS H: IOHA͞ DORER / DES RATHS V͞D SECKELMEISTER / ALHIE STARB A° 1624 DEN 6 HORN / DEM GOT WELLE GNEDIG SEIN.» Über dem Wappen kniend die Söhne des Verstorbenen mit den zugehörigen Monogrammen «H(ans) O(tmar) D(orer), H(einrich) D(orer), H(ans) C(aspar), H(ans) H(einrich) D(orer), M(arkus) D(orer)»[384]. Am Pfeiler rechts analoge Plakette mit Wappen Wetzel[385] und Aufschrift: «LIGT AVCH HIERV̄DER BEGRABE͞ DIE EHR / VND VIL TVGENTREICH F: MARIA / MAGDA-LENA DORERI͞ EI͞ GEBORNE / WETZLIN VO͞ LAVFENBAERG WAR H: / IOHAN DORERS DES

[383] MERZ, S. 68; Abb. 63.   [384] MERZ, Stammtafel Dorer.   [385] MERZ, S. 338; Abb. 260.

Abb. 87. Baden. Stadtkirche. Ölberg mit Christus, Judas und den Schächern. – Text S. 113–115.

Abb. 88 und 89. Baden. Stadtkirche. Christus und Johannes vom Ölberg. – Text unten.

RATHS VND SECK/ELMEISTERS SEL: EGMAHEL STARB A⁰ 1630 / AM H. VFART ABENT DENE GOT GNEDIG / SEIN WELLE.» Über dem Wappen kniend die Töchter der Verstorbenen mit den zugehörigen Monogrammen «V(eronika) D(orer), A(nna) D(orer), M(aria) D(orer)»[386]. Obschon in manchem stilistischen Zug, am meisten in den überlängten Körperproportionen und in den dünnen Parallelfalten, um Jahrzehnte verspätet noch fast formelhaft die Gotik weiterlebt, erweist sich CADES in seiner Gethsemanegruppe als individueller Künstler, der seine Formmotive willensstark und überlegen handhabt. Das beinahe typenhafte schlafende Jünglingsgesicht des hockenden Johannes mit den zarten Konturen (Abb. 89) und der schmerzverzerrte, unsicher fragende Blick des betenden Erlösers (Abb. 88) offenbaren die ganze Spannweite seines künstlerischen Ausdrucksvermögens. Das Werk – typologisch ein Nachfahre deutscher Ölberggruppen des Spätmittelalters (Ulm, Münster, 1474, abgetragen 1807; Nürnberg, St. Lorenz, Ende 15. Jahrhundert) – zählt in seinem phantasievollen Gesamtaufbau und in seinem Figurenstil zu den Meisterleistungen postgotischer Bildhauerkunst im Aargau. – Im zugemauerten Stirnfenster an der Westseite monumentales Mosaik der *Himmelfahrt Mariä* von PAUL BODMER, Zürich, 1937. – Am südlichen Seitenschiff *Grabplatten* aus der Sebastianskapelle (seit 1938; siehe S. 165) und die *Leuchternische* des ehemaligen Gottesackers. Ebenda in einer Rechtecknische eine *Golgathagruppe*. Das farbig gefaßte, 121 cm hohe Holzkorpus von etwa 1500–1520 heute in der Sakristei; die beiden Zeugen Maria und Johannes in Freskomalerei, seit dem 19. Jahrhundert übertüncht und 1936 freigelegt, sind forensisch bewegte Figuren des Hochbarocks[387]. – Anstelle des Chorscheitelfensters mächtiges *Christophorus-Relief* in Kunststein, von WALTER SQUARISE, 1937.

386 MERZ, Stammtafel Dorer. 387 Unzulänglich restauriert.

Abb. 90 und 91. Baden. Stadtkirche. Petrus und Paulus am Hochaltar, von Franz Xaver Renn, 1828. Text unten.

Vom gotischen Mobiliar im *Inneren* ist nichts, vom barocken nur sehr wenig überkommen. Am nachhaltigsten unter den heutigen Ausstattungsstücken wirken die klassizistischen Altaraufbauten aus schwarzem Stuckmarmor und die vornehme Empire-Kanzel, alle von JOHANN JOSEPH MOOSBRUGGER. Auf dem *Hochaltar* ein einachsiges Säulenretabel mit verkröpftem Gesimse und rundbogig abgeschlossenem, von Eckvoluten flankiertem Oberbau, errichtet 1828; Wappenpaar Abt Alberich II. Denzler–Abtei Wettingen, mit Inful und Pedum. Als Bildschmuck wurden neben den zeitgenössischen, beige gefaßten Holzfiguren von FRANZ XAVER RENN (unten die Apostelfürsten [Abb. 90 und 91], oben zwei Engel) die frühbarocken Altarblätter von RENWARD FORER wiederverwendet: Das meisterhaft gemalte Hauptblatt (Farbtafel I) führt die Himmelfahrt Mariä vor Augen, das Oberblatt die Krönung der Gottesmutter durch die Dreifaltigkeit. Die Hauptszene spielt über einer phantastischen Landschaft, in welcher vorne rechts der von den Aposteln umstandene Sarkophag steht, hinten links die magisch beleuchtete Silhouette der Stadt Baden sichtbar wird. Die sanft hochschwebende Gottesmutter, umgeben von einer musizierenden Engelschar, neigt ihr Haupt verklärt zur Erde zurück. Im Vordergrund links die am Geschehen teilnehmende sitzende Gestalt des Künstlers. Zweifach signiert und datiert: «16 · 13 R. F. LVCERN INVENT (sic). ET PINXIT» (am Sarkophag) und «RENWARD FORRER (sic) / INV. ET PINX. / 1613» (auf einer Engelslaute). – Das zweizonige

Bild gehorcht in den großen Zügen einem Kompositionsschema, das schon im 16. Jahrhundert im Norden wie in Italien gepflegt wurde (RIEMENSCHNEIDERS Altarschrein in Creglingen, 1510; TIZIANS Tafelbild in der Frari-Kirche, 1516–1518; Fresko in SS. Trinità dei Monti von DANIELE DA VOLTERRA, 1552). Entscheidende stilistische Anregungen hat sein Künstler zweifellos von den großen Bolognesen empfangen, die zu Ende des 16. Jahrhunderts das Thema der Assunta zu einem der populärsten Bildvorwürfe gemacht hatten [388]. Freilich zeigt das Blatt auch erhebliche Unterschiede zu der an Rom und Parma orientierten Schule der CARRACCI. FORERS Tendenz nach vereinfachender Systematisierung der Komposition ist unverkennbar, und hierin ist der Maler transalpinen Künstlern des späten Mittelalters verwandt. Ein Vergleich mit dem Heller-Altar DÜRERS von 1509 kann dies anschaulich bestätigen [389]. Hier finden sich FORERS Züge: die Markierung der Vertikalachse und die betonte Zonenbegrenzung, das Flächengebundene der frontal schwebenden Hauptfigur und des Engelkranzes und endlich die Szenerie, welche von einem «dünnschichtigen», von den Jüngern besetzten Vordergrund übergangslos in eine ferne Landschaft zurückspringt, fast programmatisch vorgebildet. FORERS Altargemälde spiegelt die intensive Auseinandersetzung eines nordländischen Künstlers mit Italien, durch die das Erbe der spätestgotischen deutschen Kunst mit den aktuellen Anliegen der führenden

388 D. POSNER, Annibale Carracci – A Study in the Reform of Italian Painting around 1590, I, London 1971, S. 23.
389 F. ANZELEWSKY, Albrecht Dürer – Das malerische Werk, Berlin 1971, Textabb. 82, 83.

Abb. 92 und 93. Baden. Stadtkirche. Seitenaltarblätter mit der Verkündigung und dem Abendmahl, von Kaspar Moos, 1814. – Text S. 118.

Abb. 94 und 95. Baden. Stadtkirche. Seitenaltarblätter mit der Opferung Isaaks und der Jonas-Szene, von Joseph Anton Meßmer, 1814. – Text unten.

Italiener überzeugend in Einklang gebracht wird. – Zu seiten des Altars zwei gleichzeitige *Kredenztische*. – Die Retabel der sechs *Nebenaltäre* in den Seitenschiffen und neben dem Chorbogen sind anderthalb Jahrzehnte vor dem Hauptaltaraufbau, im Jahre 1814, entstanden, zeigen aber ähnliche architektonische Gestalt wie dieser, in kleinerer und einfacherer Ausführung. Zwischen den geäderten Schliffmarmorsäulen rechteckige Hauptblätter, in den von Vasen flankierten und mit Golddekor bekrönten Attikageschossen medaillonförmige Oberblätter: die Gemälde im Mittelschiff vom Saulgauer JOSEPH ANTON MESSMER, jene in den Seitenschiffen vom Zuger KASPAR MOOS. Das Oberblatt bringt jeweils eine alttestamentliche Vorläuferszene zur neutestamentlichen Darstellung im Hauptblatt. Die sich typologisch ergänzenden Bildpaare sind (von der Evangelienseite übers Mittelschiff zur Epistelseite): Arche Noahs – Verkündigung (Abb. 92), Opfer Kains und Abels – Abendmahl (Abb. 93), Opferung Isaaks (Abb. 94) – Kreuzigung, Jonas und der Walfisch (Abb. 95) – Auferstehung, Moses vor dem brennenden Dornbusch – Pfingstwunder, Moses und die eherne Schlange – Geburt Christi. Auf den beiden Chorbogenaltären lebensgroße seitliche Apostelstatuen von unbekannter Hand, um 1830. – Die am dritten Freipfeiler rechts angebrachte *Kanzel* aus dem Jahre 1815 (Abb. 96) vertritt den zu Anfang des 19. Jahrhunderts häufigen Ovaltypus. Ihr von Putten besetzter Korb trägt die auf die Wortverkündung anspielenden Reliefdarstellungen der Bergpredigt und des Sämanns, der geschwungene Lambrequinschalldeckel einen Posaunenengel. – Kelchförmiger, sechseckiger *Taufstein* mit Kehlen aus schwarzem Unterwaldner Marmor, von GREGOR ALLHELG, 1648; dazu stuckmarmorierter Holzdeckel mit geschnitzter Figurengruppe der Taufe Christi, von J. J. MOOSBRUGGER, 1814/15 (Abb. 97). – An den Wänden der Seitenschiffe je vier *Passionsgemälde* – Christus in Gethsemane, Verrat des Judas (Abb. 73), Christus vor Kaiphas, Dornenkrönung (Abb. 74), Beweinung (Abb. 75), Grablegung, Auferstehung, Christus in der Vorhölle (Abb. 76) – aus der Werkstatt RENWARD FORERS. Öl auf Leinwand, je etwa

185 × 114,5 cm; um 1615–1620, klassizistisch gerahmt. Die Bilder, an deren Entstehung der Luzerner Meister zweifellos bestimmenden Anteil hatte, weichen stilistisch erheblich vom Hochaltarbild ab. Von der akademisch-vornehmen Malweise des italienischen Frühbarocks scheint kaum mehr als das fein leuchtende Kolorit, das sich vorwiegend in Ocker, Blau und zartem Rosa bewegt, übriggeblieben zu sein. Wo sonst fremdländische Charakteristika sichtbar werden, handelt es sich um Einschläge nördlicher Kunstzentren. Die genrehaft entzauberten Szenendetails und die derbsinnlichen Gesichter der Schergen, aber auch ganze Kompositionsschemata wie jene der Beweinung und der Grablegung erinnern an die niederländische Malerei der Spätgotik und des Manierismus; etliche Bilder greifen auf DÜRERS Große Passion von 1511 zurück, am deutlichsten die Höllenfahrt Christi, die den entsprechenden Holzschnitt exakt wiederholt. – An der Westwand *Gemälde der Taufe Christi*. Öl auf Leinwand, 160,5 × 208 cm; spätestgotisch-frühbarock, Beginn 17. Jahrhundert. – Im Chor zwei achtteilige *Chorherrensitzreihen* aus Eichenholz mit skulptierten Lorbeer- und Eichenlaubgehängen, Tuchfestons und Rosetten; in den Rückwänden gerippte Kassetten mit füllendem Rautenmotiv. Bemerkenswertes Schnitzwerk von MORITZ BODENMÜLLER nach Entwürfen Kunstmaler HAUSERS, 1828/29 (Abb. 98 und 100). –

Abb. 96 und 97. Baden. Stadtkirche. Pfeilerkanzel von Johann Joseph Moosbrugger, 1815; Taufstein von Gregor Allhelg, 1648, mit Deckel von J. J. Moosbrugger, 1815. – Text S. 118.

Vor den symmetrisch angelegten Emporentreppen neben dem Westeingang die beiden fünfplätzigen *Gestühle der Badener Untervögte, Landschreiber und Ratsherren*, datiert 1603, 1968 vollständig neu hergestellt[390]. Ihren einfachen Renaissance-Aufbau schmücken rundbogige Gemälde mit Szenen aus der Vita Christi und Mariä. Öl auf Holz, je 89×48 cm. Beschriftung (mit einer Ausnahme) in gotischer Fraktur. Auf der rechten Seite: 1. Geburt Christi (Abb. 65). «VIRGO QVEM GENVIT ADORAVIT» (in Antiqua). Mitte 17. Jahrhundert. Qualitätvolle, von RUBENS abhängige Komposition[391]. – 2. Anbetung der Könige. «O Allerheiligste Jungfrauw Maria ich gib mich dir zu eigen / o Mutter Gottes behüt dein eigen. O Königin Maria nim hin dein eigen / So mein seel vom leib wird scheiden. O Allerheiligste Jungfrau dein lob zu / vermehren seind die s(5?) Geheimnis gmacht zu ehren Caspar Dorer schullteß und bannerherr / 1661». Wappen Dorer[392]. – 3. Beschneidung Christi. Ohne Beischrift. Umkreis des RENWARD FORER. Anfang 17. Jahrhundert. – 4. Präsentatio. Ohne Beischrift. Umkreis des RENWARD FORER. Anfang 17. Jahrhundert. – 5. Flucht nach Ägypten (Abb. 66). Ohne Beischrift. Um 1650. Qualitätvolles, vermutlich nach einer niederländischen Vorlage gemaltes Bild. – Auf der linken Seite: 6. Auferstehung Christi. «H. Bartholome Schindler 14 Jahr geweßner Landtschreiber /

390 Ursprünglicher Standort in der Kirche unbekannt.

391 Die auf dem offenen Dachboden des bethlehemitischen Stalls sichtbaren Gerätschaften sind die getreue Kopie eines Motivs auf dem Antwerpener Tafelbild «Der verlorene Sohn» von RUBENS. – L. VAN PUYVELDE, Rubens, Paris, Brüssel 1952, Farbtafel bei S. 92.

392 MERZ, S. 69; Abb. 63.

Abb. 98 und 99. Baden. Stadtkirche. Urne am Chorgestühl, 1828/29; Stifterwappen Dorer am Ölberg, 1624. – Text S. 119 und 113.

Abb. 100. Baden. Stadtkirche. Chorgestühl von Moritz Bodenmüller, 1828/29. – Text S. 119.

diser Zeit Landtvogdt der Graffschafft Baden und des / Rats zur Schweitz / 1671». Wappen Schindler[393]. – 7. Himmelfahrt Christi (ohne Beisein der Maria). «Haupt. Joann Carlii Schindler Oberster: / Wachtmeister und Landtschriber der / Graffschafft Baden / 1671». Wappen Schindler[394]. – 8. Pfingstwunder. «Frantz Bernhard Schnorff der Medicin Doctor und / UnterVogt der Graffschafft Baden A. 1660 (anstatt 1668) / Und sein sohn Beath Anthoni Schnorff / Hochfürstl. St. Gallischer Rath und Undervogt / der Graffschafft Baden Anno / 1601 (anstatt 1691)». Wappen Schnorff. Wohl 1691[395]. – 9. Himmelfahrt Mariä. «Frantz Carly Egloffs in Staadhoff underVogdt der Graffschafft / Baden und Ambtman des Lobace (sic) Collegiat Gestiffts V. L. / Frauwen Handlsorde (sic) zu Baden A. 1674 / Frtz. Joann Sohn Ludwigg Egloff ward undervogt der / Graffschafft Baden 1717». Wappen Egloff. Wohl 1717[396]. – 10. Krönung der Muttergottes durch die Dreifaltigkeit. «Joann Carolus Schnorff Undervogt der Graffschaft / Baden – A. 1681 / Fernamten (?) Hochfürstl: St. Gallischer Rath / undervogt zu Rosenberg – Anno 1689». Wappen Schnorff. Wohl 1689[397]. – Vier erkerartig ausbauchende *Beichtstühle* mit ionischer Pilastergliederung, korbbogigen Zugängen und trompetenförmiger, urnenbesetzter Bedachung, von J. A. SCHERRER und K. L. DENZLER, 1814/15, 1967 durchgreifend

---

393 M. STYGER, Wappenbuch des Kantons Schwyz, Genf 1936, S. 62, Fig. 5.
394 M. STYGER, a. a. O., S. 62, Fig. 5.
395 MERZ, S. 269; Stammtafel Schnorff; Abb. 206.
396 MERZ, S. 74; Stammtafel Egloff; Abb. 67.
397 MERZ, S. 269; Stammtafel Schnorff; Abb. 206.

restauriert. – Klassizistische *Sitzbänke*, 1967 nach den Originalen des 19. Jahrhunderts angefertigt. – Auf dem oberen Boden der 1884 erneuerten Doppelempore *Orgel* der Firma METZLER, Dietikon, in neubarockem Gehäuse, 1967/68.

Das sechsstimmige *Geläute* im Turm goß RÜETSCHI in Aarau 1926. Größte Glocke Dm. 200 cm; kleinste Glocke Dm. 91 cm. Am Mantel der zweitgrößten Glocke Relief der Gottesmutter von der Glocke aus dem Jahre 1517 (siehe S. 104).

KUNSTGESCHICHTLICHE WÜRDIGUNG

Die spätgotische Pfarrkirche von Baden gehört jenem Bautypus an, den die Franziskaner und Dominikaner im späteren 13. und im 14. Jahrhundert am Oberrhein ausgebildet haben. Im Gegensatz zur gewölbten Bettelordensbasilika, wie sie die Dominikanerkirche von Regensburg verkörpert, zeigt dieser Typus ein flachgedecktes Langhaus und – damit im Zusammenhang stehend – flache, ungegliederte Wände (Dominikanerkirchen in Bern und Gebweiler, Barfüßerkirche in Basel). Der Chor öffnet sich hinter eingezogenem Bogen und wird durch hohe Maßwerklanzetten erhellt. Die Achteckpfeiler (anstelle von Rundpfeilern) entsprechen einer minoritischen Baugepflogenheit im Bodenseegebiet und sind auch etwa in den Kirchen der Franziskaner und Augustiner zu Konstanz, in der Klosterkirche von Königsfelden oder in den Stadtkirchen von Aarau und Brugg ausgeführt worden. Der massive Turm freilich folgt nicht der Tradition der Bettelorden, die einen Dachreiter fordert, sondern ist auf die praktischen und ästhetischen Bedürfnisse (Glockenträger, Wachtturm, Wahrzeichen) einer städtischen Bevölkerung zurückzuführen. Die in Barock und Klassizismus erfolgten Veränderungen des Kircheninnern waren vom stets sich wandelnden religiösen und künstlerischen Empfinden der neuzeitlichen Epochen diktiert; für sie gibt es Parallelen in vielen mittelalterlichen Gotteshäusern, auch in solchen, die der Kirche von Baden typologisch verwandt sind (Predigerkirche in Zürich, Stadtkirche in Rheinfelden, Fridolinsmünster in Säckingen). Der Renovation am Beginn des 17. Jahrhunderts stand in RENWARD FORER einer der besten Schweizer Künstler seiner Zeit vor; mit BETTINI und GIORGIOLI walteten 1696–1698 zwei Meister, die mancherorts gemeinschaftlich gewirkt haben (Pfäfers, Muri, Schneisingen AG).

Im städtebaulichen Verband ist die Kirche trotz ihrem nüchternen Äußern bis heute das vornehmste Gebäude Badens geblieben. Dies wird vor allem aus einiger Distanz von ihrer Ost- und Südseite her augenfällig (Abb. 48 und 143). Der schmal proportionierte Chor und der über fünfzig Meter hohe Turm wachsen riesenhaft aus den kleinflächigen Dächern der um den Terrassensporn gestaffelten Bürgerhäuser. Aus der Fernsicht offenbart das Äußere des Baukörpers einen anspruchsvollrepräsentativen Charakter. Vom Kirchplatz her sind seine Proportionen kaum im ganzen überschaubar. Dafür zeigt es aus der Nähe interessante Teilaspekte – so etwa durch das Rathausgäßchen, von wo aus nördliches Seitenschiff, Sakristei, Mittelschiff und Glockenträger in gedrängter Abstufung sichtbar werden. Die der Kirche benachbarte Sebastianskapelle, die in ihrer Größenordnung den umliegenden Häusern angeglichen ist, in der Form aber dem Gotteshaus ähnlich sieht, nimmt sich neben diesem wie eine Schutz suchende jüngere Schwester aus (vgl. Abb. 80 und 142).

Abb. 101 und 102. Baden. Stadtkirche. Gotisches Vortragekreuz, um 1300; spätgotisches Altarkreuz, um 1500. – Text S. 124 und 125.

BEWEGLICHES KUNSTGUT

1. *Hl. Franziskus.* Linde in Lüsterfassung. Höhe (ohne Sockel) 47,5 cm. Umkreis des GREGOR ALLHELG. Um 1650–1660. – 2. *Unbekannter Heiliger* in Klerikertracht. Linde in Lüsterfassung. Höhe (ohne Sockel) 45,5 cm. Gleichartiges und gleichzeitiges Gegenstück zu Nr. 1. – 3. *Kruzifixus.* Linde, Fassung erneuert. Höhe des Korpus 66 cm. Art des BARTHOLOMÄUS CADES. Erstes Drittel 17. Jahrhundert. – 4. *Joachim und Anna, Maria unterweisend.* Öl auf Leinwand. Ovalbild, 78 × 66 cm. Italienische Manier. 17./18. Jahrhundert. – 5. *Maria mit dem Christus- und dem Johannesknaben.* Technik, Maße und Stil wie bei Nr. 4; Gegenstück dazu. – 6. *Englischer Gruß.* Öl auf Leinwand. 89 × 66 cm. Italienische Manier. 17./18. Jahrhundert. Ikonographisches Mittelstück zu den Nrn. 4 und 5. – 7. *Reliquienvitrinen.* Ein Paar. Schwarz gefaßtes Holz. H. 95 cm. Frühbarock, Mitte 17. Jahrhundert. Rechteckschreine über Sockeln, von durchbrochenem Spitzgiebel bekrönt und mit versilbertem Rollwerk geschmückt. – Zwei Paare. Holz, versilbert und vergoldet. H. 92 bzw. 107 cm. Barock, Anfang 18. Jahrhundert. Monstranzförmig, mit üppigem Akanthus- und Bandelschnitzwerk. – Ein Paar. Holz, vergoldet. H. 103 cm. Rokoko, Mitte 18. Jahrhundert. Massives Postament; durchfensterter Sockel; rocaillegezierter Schaukasten in hoher Dreieckform. – Ein Stück. Lindenholz, vergoldet. H. 45 cm. Rokoko, drittes Viertel 18. Jahrhundert. Monstranzförmiger Aufbau; die Schaukapsel umgeben von Engelhäuptern in strahlendem Gewölk. – 8. *Vier Schaunischen* für die unten, S. 135 ff., beschriebenen Heiligenstatuetten. Holz, farbig gefaßt. Höhe je 107 cm. Hochbarock–Régence, Anfang 18. Jahrhundert. – 9. *Wappentafel der Emmausbruderschaft.* Holz. 80 × 165 cm. Mit 32 Wappen vom 18. bis frühen 20. Jahrhundert.

KIRCHENSCHATZ

BEDEUTUNG UND BESTAND [398]. Neben dem Kirchenschatz der ehemaligen Stiftskirche in Zurzach darf jener von Baden als der bedeutendste im Kanton Aargau gelten. Abgesehen von der großen Anzahl qualitativ hervorragender Geräte liegt sein besonderer Wert darin, daß er einen aufschlußreichen, fast lückenlosen Querschnitt durch das Silber- und Goldschmiedehandwerk der Region vom späten

---

398 Wertvolle Auskünfte und Hinweise verdanke ich Herrn Werner K. Jaggi, Zürich.

124   BADEN

Mittelalter bis ins 19. Jahrhundert bietet. Nach den überlieferten älteren Inventaren und einschlägigen Schriftquellen zu schließen, müssen freilich viele liturgische Geräte im Laufe der Zeit verlorengegangen oder veräußert worden sein[399]. 1712 blieb der Schatz vor dem Zugriff der Siegermächte Zürich und Bern verschont, da man ihn rechtzeitig im Beinhaus vergraben hatte[400].

BESCHREIBUNG. *Kreuze.* 1. *Vortragekreuz* (Abb. 101). Kupfer, vergoldet. Höhe (ohne Dorn) 53 cm, B. 46 cm. Hochgotisch, um 1300 (evtl. etwas jünger). Vorderseite: Schaft und Balken zeigen einen fein gravierten Kreuzblütenrapport[401]; auf die mit stilisierten Lilien verzierten Vierpaßenden sind kräftige Rundmedaillons mit den getriebenen Bildern der sitzenden Evangelisten genietet[402]; in der quadratisch ausgeschiedenen Vierung ein graviertes Johanniterkreuz. Das bronzegegossene Korpus ist Zutat des frühen 17. Jahrhunderts. Rückseite: Schaft und Balken zieren ähnliche Kreismotive wie vorne; in der Vierung eine Reliquie «De S. Incognito» in neuerer Rundkapsel; vier Medaillons an den Kreuzenden sind mit den Monogrammen von Jesus, Maria, Joseph und Joachim/Anna beschriftet. Das schnittige, vornehm schlichte Prankenkreuz – vielleicht eine Stiftung des Hauses Habsburg aus der Zeit nach der Stadtgründung – offenbart einen handwerklich präzisen und künstlerisch

---

399 Vgl. AMMANN, MITTLER, S. 141–144. StadtA, Nr. 946: Kirchenschatzinventare von 1834, 1842 und 1854.

400 StadtA, Nr. 154 (Stiftsprotokoll), S. 261: «... convocavit nos R D Praepositus ... in quo loco nostra(m) supellectilem Ecclesiae occultare velimus, proposuimus illam cum thesauro civitatis in cellam vinariam ponere, cum vero nobis relatio facta sit, ibidem locum non e(ss)e pro nobis, ideoq(ue) statuimus in ossorio inferiore quidqua(m) effodere et ibidem deponere ...»

401 Dieselbe Musterung auf den Chorbodenfliesen der Klosterkirche Königsfelden, um 1320–1330. – Vgl. Kdm. Aargau III, Abb. 56.

402 Nach den gleichen Vorbildern geschaffen wie die Evangelistenmedaillons am Scheibenkreuz des Meisters JOHANNES von 1268 im Münsterschatz zu Villingen im Schwarzwald (Kdm. Basel-Stadt II, Abb. 38–41) und diejenigen an einem hochgotischen Reliquienkreuz in Baar (Kdm. Zug I, Abb. 36f.). – FELDER, Badener Kirchenschatz, S. 72, Anm. 2.

Abb. 103 und 104. Baden. Stadtkirche. Fuß eines Barock-Kelches von Hans Peter Staffelbach, um 1700; Fuß eines Barock-Kelches von Johann Philipp (II.?) Schuch, Anfang 18. Jh. – Text S. 129 und 130.

reifen Meister, der sich mittelbar an Vorbildern der klassischen, westlich-höfischen Gotik orientiert hat. Ältestes Gerät des Kirchenschatzes. – 2. *Altarkreuz* (früher Vortragekreuz) (Abb. 102). Silber. Höhe (ohne Dorn) 47 cm, B. 37 cm. Spätgotisch, um 1500[403]. Die mit gravierten Distelranken verzierte Zimelie wird an ihren Kanten von vollplastischem Weinlaub begleitet. Vorderseite: In den von Schnürgräten umsäumten Vierpässen an den Schaft- und Balkenenden agieren vollplastische, ausdrucksstarke Evangelistensymbole mit Spruchbändern. Das weich modellierte, blechgetriebene Korpus und die darüber angebrachte vergoldete Rollwerkkapsel mit einer Kreuzreliquie («DE S. CRVCE») sind Beifügungen aus dem ersten Viertel des 17. Jahrhunderts. Rückseite: In der Vierung kleines Reliquiengehäuse, das mit einem gläsernen Flügeltürchen verschließbar ist. An Schaft, Balken und Vierpaßenden farbige Glasflüsse. Sehr anschauliches, bürgerlich-kerniges Gegenstück zu Nr. 1; die naturnahen Weinranken, die differenzierte Plastizität der lebendigen Evangelistensymbole, schließlich die Selbständigkeit der einzelnen Teile bei aller Geschlossenheit des Ganzen künden bereits etwas von der Gesinnung der Frührenaissance. – 3. *Altarkreuz* (früher Vortragekreuz). Kupfer, versilbert, teilvergoldet, und Bronze, vergoldet. Höhe (ohne Dorn) 45 cm, B. 33,5 cm. Barock, letztes Viertel 17. Jahrhundert. Der über einem Kissenknauf aufragende Schaft und der Balken zeigen beidseitig getriebene Akanthusranken; die Kreuzwinkel ziert durchbrochenes Rollwerk. Vorderseite: Auf den Vierpaßenden buntfarbene Emailmedaillons mit den Evangelistenbildnissen. Bronzegegossener Kruzifixus mit steiler Armhaltung, geknickten Knien und aufwärts gerichtetem Haupt. Rückseite: Vier Plaketten mit den Monogrammen von Jesus, Maria, Joseph und Joachim. In der Vierung bronzene Mondsichelmadonna mit Kind. Das 47 cm hohe, schwarz gefaßte und silberbeschlagene Holzpostament gehört noch dem Beginn des 17. Jahrhunderts an. An seiner Front zwei gotische Flachreliefs mit den Darstellungen der Verkündigung und der Mater dolorosa. – 4. *Altarkreuz*. Montiert aus 14 geschliffenen Bergkristallen mit kupfervergoldeten Fassungen. H. 62 cm, B. 34 cm. Frühbarock, erstes Drittel 17. Jahrhundert. Über dem flachgewölbten Blechrundfuß vierteiliger Baluster, darüber ein zehnteiliges Treffelkreuz. Kreuzförmiges Vierungsstück. Kleiner, vergoldeter Bronzekruzifixus. –

Abb. 105. Baden. Stadtkirche. Spätgotische Turmmonstranz, 1477. – Text S. 126–128.

---

403 Vielleicht von einem Goldschmied aus der Werkstatt des Baslers PAUL SCHONGAUER gefertigt. – L. MOSER, Der Goldschmied Paul Schongauer und seine Werke, ZAK XI (1950), S. 102–104.

5. *Altarkreuz.* Schwarz gefaßtes Holz; Silbergußkorpus. Höhe (mit Sockel) 79,5 cm, B. 27 cm. Frühbarock, Mitte 17. Jahrhundert. Manieristisch gelängter, zartgliedriger Kruzifixus mit stark geneigtem Haupt. Am Kreuzfuß Schädel und Gebeine. Zwischen den mächtig ausladenden Sockelvoluten mit Federwerkbeschlägen ein silbergetriebenes Relief der thronenden Schmerzensmutter. – 6. *Altarkreuz.* Schwarz gefaßtes Holz; Messinggußkorpus. Höhe (mit Sockel) 92,5 cm, B. 32 cm. Frühbarock, Mitte 17. Jahrhundert. Aufbau und Kruzifixus sehr ähnlich Nr. 5. Die Silberbeschläge am Volutensockel und an den Kreuzenden stellen doppelt symmetrische Lilienmotive und Päonienranken dar. – 7. *Altarkreuz.* Schwarz gefaßtes Holz; Silbergußkorpus. Höhe (mit Sockel) 54 cm, B. 20 cm. Frühbarock, Mitte 17. Jahrhundert. Schlanker Kruzifixus des gleichen Typs wie bei den Nrn. 5 und 6. Silberbeschlagene Kreuzenden. Am stark profilierten, zweifach gekehlten Sockel Wappen Wanger[404] und Aufschrift aus à jour gearbeitetem Silberblech: «RE/COR/DARE». – 8. *Altarkreuz.* Schwarz gefaßtes Holz; Elfenbeinkorpus. Höhe (mit Sockel) 68 cm, B. 26 cm. Frühbarock, Mitte 17. Jahrhundert. Wenig artikulierter, senkrechter Kruzifixus mit erhobenem Haupt. Silberne Cherubimköpfe und Muschelmotive an den Kreuzenden. Am tektonisch gebauten, mit Voluten und übereck stehenden Freisäulen gegliederten Sockel Silberrelief der Mondsichelmadonna mit Jesus- und Johannesknaben. – 9. *Altarkreuz.* Schwarz gefaßtes Holz; Elfenbeinkorpus. Höhe (mit Sockel) 87,5 cm, B. 32 cm. Frühbarock, um 1670–1680. Korpulenter Kruzifixus in straffer Steilposition, mit hochgerichtetem Blick. Am Kreuzfuß Schädel und Gebeine. Im eingetieften Rechteckfeld des Volutensockels silbergetriebenes Relief der hl. Veronika. – 10. *Altarkreuz.* Schwarz gefaßtes Holz; Silbergußkorpus. Höhe (mit Sockel) 52,5 cm, B. 19,5 cm. Barock, Ende 17. Jahrhundert. Differenziert durchmodellierter Kruzifixus mit erhobenem Haupt und Strahlennimbus. Am Kreuzfuß Schädel und Gebeine. Der zweifach gekehlte Sockel trägt üppiges silbernes Rankenwerk und das Wappen Dorer[405]. – 11. *Ein Paar Altarkreuze.* Holz, vollständig mit Silberblech beschlagen; Messingkorpus. H. 78 cm. Klassizistisch, um 1815. Sockel mit getriebenen Louis-XVI-Motiven. – 12. *Kreuzförmige Wettersegenmonstranz.* Kupfer, vergoldet. H. 44,5 cm, B. 23 cm. Spätrégence, um 1730–1740. Der eingeschnürte Ovalfuß wächst unvermittelt in einen kurzen Schaft aus. Auf einem Birnenknauf prankenförmiges Kreuz, dessen Vierung von einem ovalen Reliquiengehäuse im Strahlenkranz eingenommen wird. Die durchbrochenen Silberbeschläge auf den Kreuzarmen und am Rahmen des Ostensoriums mit farbigen Glasflüssen besetzt.

Monstranzen. 1. *Turmmonstranz* (Abb. 105). Silber, ziervergoldet. H. 120,5 cm. Spätgotisch, 1477[406]. Beschreibung: Den breiten, platten Rand des Sechspaßfußes säumen geschmeidige Zweige, aus deren Winkeln üppige Krabben der hohen Abtreppung entgegenkriechen. Die Leibung derselben besteht aus einem à jour gearbeiteten Rautenmotiv mit Vierpässen[407]. Der hohe hexagonale Schaft entwächst absatzlos, aber übereckgestellt, den sechs Lappen. Sein unterer, von Rippen begleiteter Teil endet in einer ersten Halteplatte, sein mittlerer, von Blendmaßwerk besetzt, in einer zweiten. Den obersten, längsten Schaftteil umstehen sechs Postamentfigürchen unter Maßwerkbaldachinen zwischen pinakelgezierten Strebepfeilerchen: Petrus, Jakobus d. Ä., Paulus, Bartholomäus, Philippus und Matthäus. Eine von Kriechblumen bewachsene und von gotischen Bogennischen umgebene Konsole trägt den ausladenden Turm, dessen reicher Aufbau sich in durchsichtiger Klarheit entfaltet (Abb. 106). Vier kräftige fialenbesetzte Maßwerkstrebepfeiler, an deren Stirnseiten die Evangelisten stehen, stützen die aus verschränkten Kielbogen gebildete Baldachinarchitektur des Hauptgeschoßes. Darin, von zwei Breit- und zwei Schmalseiten her sichtbar, ist das zylindrische, blattwerkgerahmte Glasostensorium eingebaut. Es birgt auf seinem emaillierten Grund zwei kniende, die Lunula haltende Engel mit dem Schriftband «IHS»[408]. Auf den Spitzbogen stehen neben zwei undeutbaren Gestalten die kleinen Heiligenfiguren Simon Zelotes, Andreas, Judas Thaddäus und Barbara; vor dem Schauge-

---

[404] Wie MERZ, Abb. 249, aber ungeteilt.   [405] MERZ, Abb. 63.
[406] AMMANN, MITTLER, S. 143f., 156. – L. MOSER, a.a.O., S. 98–102, 105. – FELDER, Badener Kirchenschatz, S. 61 f. – Die Vermutung, das Prunkstück stamme von der Hand des Basler Goldschmieds HANS RUTENZWEIG, hat nach jüngeren Forschungsergebnissen kaum mehr Berechtigung. Freundliche Mitteilung von Herrn Dr. U. Barth, Basel.
[407] An der Unterseite des Fußes gravierte Inschriftplakette: «Ex Dono R: D: Josp: Lud: Ant: Baldinger Canc: Eccl. utrae Coll: Badensis. Die 25. Decembris. a: 1807.»
[408] Das gleiche Engelmotiv findet sich an der Turmmonstranz in der Pfarrkirche Tiefenbronn, um 1512/13, und an der Hüglin-Monstranz im Historischen Museum Basel, Anfang 16. Jahrhundert. – L. MOSER, a.a.O., Abb. 12. – Kdm. Basel-Stadt II, Abb. 211.

Abb. 106. Baden. Stadtkirche. Detail der Turmmonstranz, 1477 (vgl. Abb. 105). – Text S. 126, 128.

häuse schwebt ein Engelpaar mit schwingenden Rauchfässern. Aus dem vielgliedrigen Pinakelkranz des Hauptgeschoßes wächst das Obergeschoß, in dem sich eine fein ziselierte Statuette des Schmerzensmannes offenbart. An den vier mit Wasserspeiern versehenen Stützpfeilern und in zwei den Geschoßbreitseiten vorgestellten Baldachinnischen sind die Hl. Verena, Eligius, Georg, Maria Magdalena, Thomas und Adalbert(?) sichtbar. Die dem gerippten Geschoßgewölbe mit Abhängling aufgesetzte Turmlaube besteht aus vier übereck stehenden Rundstäben, alternierenden Pfeilern und einem fialenbesetzten, in zwei Kreuzblumen endenden Helm. Im Innern des Stützengerüsts steht die Gottesmutter mit Kind. – Würdigung: Das vermutlich aus Silbergeräten der Burgunderbeute hergestellte Prunkstück[409] zählt zu den Hauptwerken unter den Goldschmiedearbeiten des Kantons Aargau und ist qualitativ eine der hervorragendsten spätgotischen Monstranzen im süddeutsch-schweizerischen Kunstbereich. Die Frage nach dem Autor muß vorderhand noch in der Schwebe bleiben. Sicher jedoch ist das Werk in Anlehnung an einen Kupferstich des süddeutschen Meisters «E S» entstanden[410]. In der weichen, Überschneidungen vermeidenden Gewandbehandlung der miniaturhaften Heiligenfiguren (besonders des Apostels Johannes, der Verena, Barbara und der Gottesmutter) klingen noch Motive des Schönen Stils aus dem frühen 15. Jahrhundert nach. «Der gesamte Turmaufbau der Monstranz gehorcht den nämlichen formalen Gestaltungsprinzipien wie die gleichzeitige Sakralarchitektur, und ebenso hielt man sich in der Plazierung des figürlichen Schmuckes an die ikonographischen Grundsätze der Monumentalplastik. Das Ganze ist jedoch nicht bloß die modellhafte Wiedergabe einer bestehenden, wirklichen Architektur, sondern muß in erster Linie als ein auf den eucharistischen Leib bezogenes Sinnbild aufgefaßt werden.» (P. Felder). – 2. *Sonnenmonstranz* Silber, größtenteils vergoldet. H. 70 cm. Beschau Augsburg H; Meisterzeichen CASPAR XAVER STIPPELDEY, R₃, Nr. 1016. Louis XVI, 1795–1797. Hoher Ovalfuß, der von einem Lorbeerblattkranz, Päonienfestons und einem Flechtband mit Kreuzblumen umringt ist. Kannelierter, schwungvoll sich verjüngender Schaft; urnenförmiger, mannigfach verzierter Knauf. In einem Blattkragen sitzt der vierschichtige ovale Strahlenkranz, auf welchen zahlreiche gefaßte Glasflußsteine appliziert sind. Schaukapsel mit steinchenbesetztem Perlschnurrahmen; krönendes vierstrahliges Kreuz. – 3. *Kreuzpartikelmonstranz.* Silber. H. 20,5 cm. Ohne Marken. Beginn 18. Jahrhundert. Der mandelförmige Fuß, der von einem Nodus durchsetzte Vierkantschaft und die Sonne bestehen aus luftigem, symmetrischem Filigranwerk, das mit kleinen Bildnismedaillons und farbigen Glasflüssen besetzt ist. Die Reliquie liegt in einem kreuzförmigen, massiv-gläsernen Ostensorium.

Kelche. 1. Silber, vergoldet. H. 22,5 cm. Beschau Baden; Meisterzeichen PETER WANGER[411]. Frühbarock, datiert 1654. Auf dem abgetreppten Sechspaßfuß gepunztes Wappen und die Initialen «HP. WB. C. B.» (Hans Peter Wellenberg, Chorherr in Baden)[412]. Kräftiger Dockenknauf und glatte Schrägkupa. – 2. Silber, vergoldet. H. 21,5 cm. Beschau Baden; Meisterzeichen CASPAR WANGER[413]. Frühbarock, um 1660. Über dem weich modellierten Sechspaßfuß mit gelapptem Oberteil birnförmiger Nodus und glatte Kupa. – 3. Gleich wie Nr. 2, Höhe jedoch 22,5 cm. Unter dem Fuß die Initialen «VABD». – 4. Gleich wie Nr. 2, Höhe jedoch 22,5 cm. Ohne Marken. – 5. Silber, vergoldet. H. 22 cm. Beschau Augsburg; Meisterzeichen GOTTLIEB BAUER († 1735) oder GABRIEL BESMANN († 1735), R₃, Nr. 729. Barock, letztes Drittel 17. Jahrhundert. Abgetreppter Sechspaßfuß, kräftiger Balusterknauf, glatte Kupa. – 6. Silber, vergoldet. H. 22,5 cm. Ohne Marken. Frühbarock, datiert 1689. Aufbau gleich wie bei Nr. 2. In der Fußunterseite Stifterwappen und Inschrift «MARIA . VERENA . NIERICKER . DONO . DEDIT . ANNO . 1689»[414]. – 7. Silber, vergoldet. H. 22 cm. Beschau Augsburg; Meisterzeichen «I H», R₃, Nr. 775 (oder «I M» = JOHANN MILLER, R₃, Nr. 592 ?). Frühbarock, letztes Drittel 17. Jahrhundert. Sechspaßfuß, dessen Böschung mit Akanthusspitzen und querovalen Buckeln geschmückt ist; darunter Monogramm «C. M(erkli)» mit zugehörigem Wappen[415]. Auf dem konischen Rundschaft ausladender gerippter Kragen, Balusterknauf und Schrägkupa. – 8. Silber, teilvergoldet. H. 25,5 cm. Ohne Marken. Frühbarock, um 1680. Gewölbter, von üppigen Päonien und Blattranken

---

409 Vgl. den Eintrag im ältesten Jahrzeitenbuch des Pfarrarchivs unterm 22. Juni 1476, wonach 400 Mann aus Stadt und Grafschaft Baden an der Schlacht bei Murten teilgenommen haben. Freundlicher Hinweis von Herrn Dr. O. Mittler, Baden.

410 Kupferstich L. 306. – L. MOSER, a.a.O., Abb. 11.   411 MERZ, S. 324; Abb. 248, 1.
412 MERZ, S. 336; Abb. 258.   413 MERZ, S. 323; vgl. Abb. 248, 6.
414 MERZ, S. 220; Abb. 176.   415 MERZ, Abb. 160.

Abb. 107, 108 und 109. Baden. Stadtkirche. Barock–Kelch, wahrscheinlich von Hans Georg Ohnsorg, um 1680–1690; Régence-Kelch, um 1720–1730; Rokoko-Kelch, Mitte 18. Jahrhundert. – Text unten und S. 130.

gegliederter Rundfuß; daran Inschrift: «Dÿser Kelch Verehrt H Greg: Graff Der loblichen Bruderschaft Der Lehdigen Knaben»; darunter die gravierten Wappen «G(regor) G(raf), C(atharina) W(egmann), B(arbara) H(ärtli)[416]. Über dem Schaftkragen ein eiförmiger Cherubimnodus. Am Gitterwerk des Kupakorbes die getriebenen Bildnismedaillons der Immakulata, des hl. Gregor und des hl. Joseph. – 9. Silber, teilvergoldet. H. 26 cm. Beschau Zug; Meisterzeichen Hans Georg Ohnsorg[417]. Barock, datiert 1686. Unter dem Fuß Inschrift: «Vdalricus Falck. Can: et Custor» und dessen Wappen[418]. Sechsblättriger, an der Böschung mit symmetrischem Akanthus verzierter Fuß mit kielbogigen Lappen. Die Seiten des Hexagonalschaftes sind alternierend glatt und mit Ranken versehen. Am eiförmigen Knauf drei karyatidenartige Engel in Hochrelief. Im akanthus- und päoniengezierten Korb eine steile Kupa. – 10. (Abb. 107). Silber, teilvergoldet. H. 26 cm. Ohne Marken. Wahrscheinlich von Hans Georg Ohnsorg in Zug. Barock, um 1680–1690. Der Fuß ähnlich jenem von Nr. 9; auf jeder zweiten Kielbogenzunge getriebene Medaillons mit Wappen «S(ebastian) M(eyer)»[419] und den Monogrammen Jesu und Mariä. Über dem akanthusverzierten Schaftkragen großer Birnknauf mit Puttenhäuptern und Fruchtfestons. Steilkupa in Akanthusüberfang mit Passionssymbolen: Schweißtuch, Leibrock Christi und Wasserkanne. – 11. (Abb. 103). Silber, vergoldet. H. 28 cm. Beschau Sursee; Meisterzeichen Hans Peter Staffelbach[420]. Hochbarock, um 1700. Reich getriebener Rundfuß mit abgetrepptem, rippenverziertem Rand und Einzügen; auf der Wölbung, zwischen Blumenvasen und symmetrischem Akanthuswerk, Ovalmedaillons mit den ganzfigurigen Gestalten der Immakulata, der hl. Ursula und des hl. Damian (die letzteren vor Landschaftshintergründen). Der konische Schaft ist mit filigranartigem Rankengeschlinge umsponnen; auf dem Kragen sitzt ein birnenförmiger Kartuschen- und Cherubsknauf. Der Zierüberfang der leicht ausgeschweiften Kupa sieht dem Fußdekor ähnlich; die von geflügelten Hermen begleiteten Medaillons zeigen die Szenen

---

416 Merz, S. 105, 333; Stammtafel Härtli; Abb. 91, 109, 253.

417 J. Kaiser, Die Zuger Goldschmiedekunst bis 1830 I (= Beilage zum Jahresbericht der Kantonsschule Zug 1926/27), Zug 1927, S. 71.

418 Merz, S. 88; Stammtafel Falck; Abb. 74.

419 Merz, S. 198; Abb. 157.

420 Dora F. Rittmeyer, Geschichte der Luzerner Silber- und Goldschmiedekunst von den Anfängen bis zur Gegenwart, Luzern 1941, S. 285, Nrn. 1 und 2.

des Abraham und Melchisedek, des Moses, der Wasser aus dem Felsen schlägt, und des Abendmahls. Ein Werk in sehr differenzierter Technik und von bestechender künstlerischer Qualität. – 12. (Abb. 104). Silber, vergoldet. H. 25 cm. Beschau Augsburg; Meisterzeichen JOHANN PHILIPP SCHUCH († 1733) oder JOHANN PHILIPP II. SCHUCH († 1745), R₃, Nrn. 734, 875. Hochbarock, Anfang 18. Jahrhundert. Unter dem sanft abgetreppten Sechspaßfuß jüngeres Wappen Dorer mit Umschrift: «R: D: Casp: Ant: Ios: Dorer Eccsiae Coll: Bad: Canon: Elect: die 9a xbr: 1768»[421]. Der von schüssigen Akanthusranken, Engelsköpfen und drei Medaillons belebten Fußwölbung entwächst ein hoher Rundschaft mit kissenförmigem Cherubsknauf. Der massive Kupaüberfang wiederholt die unteren Schmuckmotive und bereichert sie durch Blumengehänge. In den Medaillons unten der Verkündigungsengel, Maria und die Muttergottes, in jenen oben Maria, Joseph und der Jesusknabe. – 13. Silber, teilvergoldet. H. 23 cm. Beschau Augsburg; Meisterzeichen vermutlich DAVID SCHNEEWEISS († 1715; nicht bei R₃). Régence, um 1710. Auf dem mit leichten Einzügen versehenen Rundfuß symmetrische Akanthusranken, Bandelwerk, Voluten und Päonienfestons. Über dem gerippten Kragen Birnennodus; darauf ein aus Akanthus, Bandelgeschlinge und Schuppenmuster bestehender Kupaüberfang. An Fuß und Korb je drei Medaillons mit Passionssymbolen: Geldsack des Verräters, Leidenswerkzeuge, Gewand Christi. – 14. (Abb. 108). Silber, vergoldet. H. 24,5 cm. Beschau Basel (?); Meisterzeichen «F P». Régence, um 1720–1730. Die Zwickel des runden, sechsteiligen Fußes und der auf einem Birnenknauf stehende massive Kupaüberfang sind mit symmetrischem Bandel- und Gitterwerk, Engelsköpfen und applizierten Emailmedaillons geschmückt. Diese beinhalten: das Wappen von Maller von Kronenburg aus dem Münstertal[422], den hl. Norbert und den hl. Heinrich (unten), die Hl. Familie, den hl. Bruno den Kartäuser(?) und die hl. Katharina von Alexandrien (oben). Unter dem Fuß jüngere Plakette mit Inschrift: «Ex Dono R: D: Iosp: Lud: Ant: Baldinger Cañc: Eccl: ntrae Coll: Badensis. Die 25. Decembris. a: 1807.» – 15. (Abb. 109). Silber, teilvergoldet. H. 27 cm. Ohne Beschaumarke; Meisterzeichen «GSS»? Rokoko, Mitte 18. Jahrhundert. Der von getriebenen Rocaillen belebte Rundfuß mit leichten Einzügen, der Vasenknauf und der durchbrochene Kupaüberfang sind in eine einheitliche, zügige Spiralbewegung gebracht. – 16. Silber, vergoldet. H. 27 cm. Beschau Augsburg Q; Meisterzeichen GEORG IGNAZ BAUER, R₃, Nr. 975. Rokoko, 1763–1765. Der runde Fuß mit vielfältig geschweiftem Rand, der vasenförmige Nodus und die gebauchte Kupa werden von schönlinigem Rocaillenornament, in welches Blumen gestreut sind, übersponnen. Unter dem Fuß jüngere Rundplakette mit Inschrift: «Ecclesiae Badensi et Calicem et Urceolos cum Lance aeque inaurata Dono dedit Marcus Iosepus Wegmann Custos et Canonicus. 1810». Trefflich gearbeitetes Werk von beschwingter Eleganz. – 17. Silber und Messing, vergoldet. H. 24,5 cm. Beschau Augsburg H; Meisterzeichen CASPAR XAVER STIPPELDEY, R₃, Nr. 1016. Louis XVI, um 1795. Runder Fuß mit Lorbeerblattreif und tiefer Einschnürung. Seine Leibung und der massive, gebauchte Kupaüberfang sind mit Sternblumen und Girlanden geschmückt. Schlanker, kannelierter Schaft und urnenförmiger Knauf. – 18. Kupa Silber, vergoldet, übriges Kupfer, vergoldet. H. 24,5 cm. Ohne Marken. Wahrscheinlich von CASPAR XAVER STIPPELDEY in Augsburg. Louis XVI, um 1800. Aufbau gleich wie bei Nr. 17. In den zwischen Sternblumen symmetrisch angeordneten Rahmenfeldern auf Fußleibung und Kupaüberfang hängen Päonien und Weindolden; den Knauf zieren Laubfestons. – Von den insgesamt 17 silbervergoldeten *Patenen* zeigt eine auf der Unterseite die gravierten Stifterwappen und die zugehörigen Monogramme «H(ans) W(anger) S(chultheiss) V(nd) P(anner) H(err) F(rau) M(aria) D(orer)»[423] nebst der Jahreszahl 1666 (zugehörig zu Kelch Nr. 2 ?).

Ziborien (vgl. S. 147f.). 1. Silber, vergoldet. H. 33,5 cm. Beschau Baden; Meisterzeichen unbekannt. Renaissance mit gotischen Nachklängen, um 1600. Abgetreppter, von einem Palmettenreif umgebener Trompetenfuß; gerippter Kissenknauf zwischen zylindrischen Schaftansätzen; glatte, halbkugelige Kupa; flach gewölbter Deckel mit umlaufendem Schnürgrat und stumpfkegeligem, von einem Kruzifixus überhöhtem Griff. Am Deckelinneren die gravierten Initialen «P(ater) E(mberger)» und «C. F(alck)» mit den zugehörigen Wappen[424]. – 2. Silber, vergoldet. H. 38,5 cm. Beschau Baden; Meister-

---

[421] MERZ, S. 70; Stammtafel Dorer.
[422] MITTLER, Stadtkirche, S. 64. – J. SIEBMACHERS großes und allgemeines Wappenbuch ... II/6 (= C.A. Freih. VON GRASS, Der Adel in Baden, 1878), S. 63; mit Abb.
[423] MERZ, S. 70, 326; Stammtafeln Wanger und Dorer; Abb. 63, 249.
[424] MERZ, S. 87; vgl. Stammtafel Falck; Abb. 74.

KIRCHENSCHATZ 131

zeichen CASPAR WANGER[425]. Frühbarock, um 1670 bis 1680. Abgestufter Sechspaßfuß, dessen Lappen in den hexagonalen Schaft auslaufen; kräftiger Dockenknauf; glatte Schrägkupa und gebuster, kreuzbekrönter Deckel.

Meßkännchen und Platten. 1. Silber, ziervergoldet. Beschau Baden; Meisterzeichen «R B». Übergang Renaissance–Frühbarock, um 1620. Ovalplatte mit gewelltem, von Wulsten begleitetem Rand; 28 × 22,5 cm. Die Kännchen in fast unmerklich sich verjüngender Zylinderform, mit wulstförmigem Fuß und gerippen, tetraedrischem Schnabel; Deckelscharnier mit Muschelgriff; Groteskenhenkel; H. 9 cm. – 2. Silber, teilvergoldet. Beschau Baden; Meisterzeichen PETER WANGER[426]. Frühbarock, datiert 1655. Ovalplatte mit Blumen- und Fruchtdekor am Rand und zwei stilisierten Blattreifen auf dem Fundus; unten graviertes Wappen «I(ohann Peter) W(ellen)B(erg) C(horherr in) B(aden)»[427]; 25 × 18 cm. Zierliche, punzierte Kännchen mit Groteskenhenkel und demselben Wappen auf dem Deckel; H. 14 cm. – 3. Silber, Beschau Schaffhausen; Meisterzeichen unbekannt (SPEISEGGER?)[428]. Barock, um 1700. Ovalplatte mit vielfach geschweiftem, stark profiliertem Rand; 32 × 24 cm. Gebauchte Kännchen mit Schweifhenkel; H. 11 cm. – 4. (Abb. 111). Silber. Beschau Augsburg C; Meisterzeichen «T D S», R₃, Nr. 923. 1737 bis 1739. Ovalplatte mit weit geschweiftem Rand und getriebener Régence-Ornamentik auf gepunztem Grund; unten Wappen Dorer; 27 × 20,5 cm. Die Kännchen mit Schweifhenkel zeigen an Fuß, Bauch und Deckel denselben Dekor, unter dem Deckel dasselbe Wappen; H. 12 cm. – 5. Silber. Beschau Augsburg H; Meisterzeichen JOSEPH WILHELM GUTWEIN, R₃, Nr. 963. Rokoko, 1747–1749. Ovalplatte mit geschweiftem Rand und reicher Ornamentik aus fransigen Louis-XV-Kämmen; 33 × 25,5 cm. Ähnlich getriebene Kännchen mit gedrehtem Körper und Schweifhenkel; H. 13,5 cm. – 6. (Abb. 112). Silber, vergoldet. Beschau Augsburg Q; Meisterzeichen GEORG IGNAZ BAUER, R₃, Nr. 975. Rokoko, 1763–1765. Eigenwillig geschweifte Ovalplatte; die auf dem Rand sich breitenden üppigen Kartuschen, Ähren, Rebenzweige und Rosen greifen spielerisch in den Fundus über, auf dem zwei rosenumrankte Kreise die Standflächen für die beiden Kännchen aussparen; 35 × 26 cm.

---
[425] MERZ, S. 323; vgl. Abb. 248, 6.
[426] MERZ, S. 324; Abb. 248, 3.
[427] MERZ, S. 336f.; Abb. 258.
[428] Vermutung von Frau Dr. Dora F. Rittmeyer, 1957.

Abb. 110. Baden. Stadtkirche. Spätgotisches Ziborium, um 1380 (heute in Zürich). – Text S. 147f.

BADEN

Die von Muschelwerk überwucherten Schnabelkännchen tragen einen Rocaillehenkel und einen geschwungenen Deckel, dem ein vollplastischer Weinstock bzw. ein wasserspeiendes Delphinpaar aufsitzt; H. 18 bzw. 17 cm. Vorzüglich gearbeitete Louis-XV-Zimelie von prickelnder Lebendigkeit. – 7. Silber. Beschau Augsburg G; Meisterzeichen CASPAR XAVER STIPPELDEY, R_3, Nr. 1016. Louis XVI, um 1795. Ovalplatte mit einfach geschweiftem Rand und feiner Festonverzierung; in der Mitte des Fundus Kreuzblume; in den kreisrunden Standorten der Kännchen gravierte Inschrift: «Iohan Iacob Ioseph Wanger Schultheis und Bauerherr (sic)» und das Stifterwappen[429]; 27 × 21 cm. An Fuß und Deckel der Kännchen gespreizte Blattkelche, an der Bauchung Blütengehänge; H. 13,5 cm. Vornehmes, technisch prägnantes Werk. – 8. Kupfer, versilbert. Mischstil Rokoko–Biedermeier, um 1840. Ellipsenplatte mit wulstigem Rand, sonst unverziert; 23,5 × 12,5 cm. Kännchen von stark geschweiftem Umriß, am Fuß mit einem Eierstab, an der Bauchung mit einem schmalen Weinlaubfries versehen; reicher Rocaillehenkel; H. 15,5 cm.

Rauchfaß und Schiffchen. 1. Rauchfaß. Silber. H. 20 cm. Beschau Baden; Meisterzeichen (PETER oder CASPAR?) WANGER[430]. Frühbarock, um 1640–1650. Kugelförmiger Gefäßkörper mit mehrfach ansetzender Wölbung. Getriebene und ziselierte Cherubshäupter und Knorpelwerkornamentik. – 2. Weihrauchschiffchen, Silber. H. 17,5 cm. Beschau Baden; Meisterzeichen CASPAR WANGER[431]. Frühbarock, um 1660. Stumpfkegeliger, kurzer Schaft mit ausladendem Kragen und Balusterknauf; ellipsenförmiges Behältnis. Getriebene Päonien, Klappdeckel mit Ohrmuschelgriff.

Taufgeräte. 1. *Taufölgefäß* (Abb. 113). Silber, ziervergoldet. H. 28,5 cm. Ohne Marken. Spätgotisch, Mitte 16. Jahrhundert. Abgetreppter Sechspaßfuß; an dessen zum Schaft hochgezogenen Lappen gravierte Blattranken. Weit ausladender, mit Blattwerk und Rauten verzierter Schellenknauf. Der ausgeschweifte, gleichfalls rankengeschmückte Schaftoberteil trägt auf einer gelängten Vierpaßplatte zwei zylindrische, mit den gotischen Minuskeln «o» und «c» bezeichnete Behältnisse für Öl und Chrisam. Die kleinen Trompetendeckel enden in Kugelknäufen. Stilistisch ein typischer Vertreter des endenden Mittelalters. – 2. Zugehöriger *Teller*. Silber, ziervergoldet. Dm. 26 cm. Beschau Baden;

---

429 MERZ, S. 326.   430 MERZ, Abb. 248, 4.   431 MERZ, S. 323.

Abb. 111. Baden. Stadtkirche. Meßkännchen und Platte. Augsburger Arbeit, um 1737–1739.
Text S. 131.

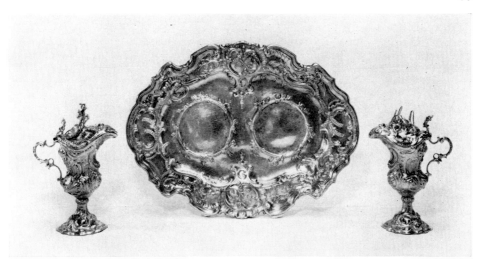

Abb. 112. Baden. Stadtkirche. Meßkännchen und Platte von Georg Ignaz Bauer, 1763–1765. Text S. 131 f.

Meisterzeichen «M S». Spätgotisch, Mitte 16. Jahrhundert. Auf dem breiten Rand vier Rundmedaillons mit den gravierten Brustbildern des Salvator mundi, der Muttergottes über der Mondsichel und der Hl. Johannes Bpt. und Johannes Ev. In der Fundusmitte graviertes Christogramm im Strahlenkranz. Die Initialen «H(ans) W(anger) S(chultheiß) V(nd) P(anner) H(err)/F(rau) M(aria) D(orer)» sowie die zugehörigen Allianzwappen wurden nach Ausweis des Datums 1666 hundert Jahre später angebracht[432]. – 3. *Taufschale*. Silber, teilvergoldet. Durchmesser (mit den lädierten Henkeln) 15,5 cm. Ohne Beschaumarke; Meisterzeichen «Ba» (oder «Bs»?). Renaissance, um 1600–1620. Kreisrund mit zwei Rollwerkhenkeln, in die je ein Cherubskopf verflochten ist. Außenseitig gravierte stehende Gottesmutter.

Altarleuchter aus Silber. 1. (Abb. 115). Ein Paar. Getrieben. H. 64 cm[433]. Beschau Baden; Meisterzeichen PETER WANGER[434]. Frühbarock, datiert 1647. Dreiseitiger Volutenfuß, dem auf den Stirnen plastische Cherubshäupter entwachsen; auf den Breitseiten von Engelsköpfen und Festons überhöhte Rollwerkkartuschen, darin die Stifterwappen «V(lrich) S(chnorff), M(aria) M(üller)»[435] und die Marken. Reich profilierter Balusterschaft, dessen drei Knäufe die übliche frühbarocke Verzierung von Puttengesichtern, Fruchtgehängen und fleischigem Akanthusblattwerk aufweisen. Gerippter Kerzenteller. – 2. Ein Paar. Getrieben. H. 51 cm. Beschau Baden; Meisterzeichen (PETER?) WANGER[436]. Frühbarock, datiert 1649. Dreiseitiger Volutenfuß mit glatten Stirnen, die Breitseiten mit getriebenen Puttenhäuptern, Federwerk und Kartuschen ornamentiert. Auf dem einen Exemplar Wappen «M(attäus) L(ang)», auf dem anderen Wappen «M(aria) M(eris)»[437]. Zwischen zwei gebuckelten Kissenknäufen einfacher Balusterschaft. – 3. (Abb. 116). Ein Paar. Getrieben. H. 52 cm. Beschau Baden; Meisterzeichen (PETER?) WANGER[438]. Frühbarock, datiert 1650. Aufbau und Dekor wie bei Nr. 2 mit Ausnahme des Putten und Früchte tragenden Oberknaufes. Wappen des «IOAN SVMERER. S(ANCTAE) TH(EOLOGIAE) D(OCTOR) ROMAE FACT(US) PROTH(ONOTARIUS) APOST(OLICUS) PAROC(HUS) BADAE.»[439]. – 4. Ein Paar. Getrieben. H. 47 cm. Ohne Marken. Wahrscheinlich von PETER WANGER in Baden. Frühbarock, um 1650–1660. Fuß gleich wie bei Nr. 2, jedoch mit Knorpelwerkstirnen und ohne In-

---

432 MERZ, S. 326. – MITTLER, Baden I, S. 389, Nr. 57. – Vgl. die S. 130 beschriebene Patene.
433 Hier und im folgenden stets ohne Dorn gemessen.
434 MERZ, S. 324; Abb. 248, 1.   435 MERZ, S. 212, 273; Abb. 168, 206.
436 MERZ, Abb. 248, 4.   437 MERZ, S. 172, 201; Abb. 139.
438 MERZ, S. 324; Abb. 248, 2.   439 Vgl. MITTLER, Stadtkirche, S. 85 f.

schriften. Der Balusterschaft sitzt über zwei durch Kragen getrennten, knorpelig gerippten Noden. Gerippter Kerzenteller. – 5. Einzelstück (eines Paars). Getrieben. H. 53 cm. Ohne Marken. Frühbarock, um 1650–1660. Auf den drei Seiten des lebhaft silhouettierten Fußes eine von Akanthusblattwerk umspielte Kartusche über Engelshaupt. Im balusterförmigen Schaft zwei Knäufe im Knorpelstil. – 6. (Abb. 114). Ein Paar. Gegossen. H. 31 cm. Beschau Chur (?); Meisterzeichen «H H» (?) und «B R». Louis XIV, Ende 17. Jahrhundert. Oktogonaler Fuß und Schaft mit Dockenknauf. Zwei gegenständige S-förmige Arme tragen Teller und Kerzenbecher. – 7. Ein Paar. Getrieben. H. 42 cm. Beschau Sursee; Meisterzeichen HANS PETER STAFFELBACH[440]. Barock, um 1700–1710. Dreiseitiger Volutenfuß mit gefasten, glatten Stirnen und wildem, Kartusche und Muschel einschließendem Akanthuslaub an den Breitseiten. Über zahlreichen mit Rippen, Puttenhäuptern und Vegetabilornamenten verzierten Kragen und Knäufen erhebt sich ein von Akanthus umfangener Balusterschaft. Zwischen den Blumenvasen am Kerzenteller eckige Régence-Bänder. – 8. (Abb. 117). Ein Paar. Getrieben und gegossen. H. 113 cm. Beschau Augsburg H; Meisterzeichen «I P D» (= PHILIPP JAKOB DRENTWETT? R₃, Nr. 872). Rokoko, 1747–1749. Der auf drei Rocaillepranken stehende Fuß hat muschelwerkbesetzte Stirnen und fransige Vegetabilornamentik mit eingestreuten naturalistischen Blumen und Traubendolden an den Breitseiten. Eine davon ist durch zwei Stifterwappen mit Inschrift ausgezeichnet: «HERR IOHANN CARL WEGMAN DES RAHTS U: SECKELMEISTER. FRAU MARIA VERONICA WIDERKEHR.»[441]. Die beiden den Schaft durchsetzenden Vasenknäufe behalten, dem Fuß entsprechend, die dreiseitige Form bei und überspielen sie mit mannigfachen Rokoko-Motiven. Im Trompetenteller ein kleiner Kerzenbecher anstelle des Dorns. Festlich-großartige Gesamterscheinung in den flackernden Formen des Louis XV. – 9. Zwei Paare. Getrieben. H. 52 bzw. 56 cm. Beschau Augsburg M; Meisterzeichen vermutlich GOTTLIEB MENTZEL, R₃, Nr. 836. Rokoko, 1755–1757. Identische, nach der gleichen Grundform getriebene Füße mit glatten Stirnen und symmetrisch angeordneten Rocaillen an den Breitseiten. In einer der drei Kartuschen die Himmelfahrt Mariä. Der aus einem runden Sockel

---

440 DORA F. RITTMEYER, a.a.O., S. 285, Nrn. 1 und 2.
441 MERZ, S. 333; Abb. 253; S. 342; Abb. 262.

Abb. 113 und 114. Baden. Stadtkirche. Spätgotisches Taufölgefäß, Mitte 16. Jahrhundert; zweiarmiger Leuchter, Ende 17. Jahrhundert. – Text S. 132 und oben.

Abb. 115, 116 und 117. Baden. Stadtkirche. Zwei frühbarocke Altarleuchter von Peter Wanger, 1647 und 1650; Rokoko-Altarleuchter (von Philipp Jakob Drentwett?), 1747–1749. – Text S. 133 und 134.

wachsende, von einem Urnennodus durchsetzte Schaft ist mit Louis-XV-Motiven verziert. Vasenförmiger, rocaillegesäumter Kerzenbecher.

Altarleuchter aus Messing und Zinn. 10. Ein Paar. Messingguß. H. 30 cm. Erstes Drittel 17. Jahrhundert. Dreieckfuß und einfach silhouettierter Rundschaft. – 11. Ein Paar. Gleich wie Nr. 10, aber mit Rundfuß. – 12. Ein Paar. Messingguß. H. 42 cm. 17. Jahrhundert. Eingeschnürter Rundfuß, der Schaft mit gedrungen proportioniertem Unter- und schlankem Oberteil. – 13. Ein Paar. Zinn. H. 47 cm. Ohne Marken. Drittes Viertel 17. Jahrhundert. Dreiseitiger Volutenfuß, balusterförmiger Schaft.

Vier Tumbaleuchter. Gelbguß. Höhe je 74 cm. Nürnberger Arbeiten? 16. Jahrhundert. Rundfuß und Rundschaft mit lebendiger Silhouette.

Chorampel. Silber. H. 49 cm. Ohne Marken. Von JOHANN MELCHIOR (MARIA?) MÜLLER in Zug. Frühbarock, 1682[442]. Kräftig eingeschnürtes und durchbrochenes, von dichtem Akanthusblattwerk und üppigen Päonien gebildetes Gehäuse mit kronenförmigem Aufsatz. Dem wulstigen Hauptkörper entwachsen über breitlappigen Akanthusbügeln drei vollplastische Engelsbüsten als Kettenhalter.

Silberplastiken. 1. Statuette des *hl. Jakobus d. Ä.* (Abb. 118). Teilvergoldet. Höhe (mit Postament) 57,5 cm, Höhe der Figur 36 cm. Spätgotisch, datiert 1512[443]. Auf dem abgetreppten Sechspaßfuß des

---

442 StadtA, Nr. 402: 1682, S. 69 b. Nr. 17, S. 121 b, 186 b, 202 a. Nr. 19, fol. 6 v., 11 v. – Vgl. J. KAISER, a. a. O., S. 52–55.

443 J. M. FRITZ datiert ohne Rücksicht auf die gravierte Jahreszahl in die Zeit um 1460–1470; Katalog der Ausstellung «Spätgotik am Oberrhein – Meisterwerke der Plastik und des Kunsthandwerks 1450–1530» in Karlsruhe 1970, Karlsruhe 1970, Nr. 222.

Abb. 118 und 119. Baden. Stadtkirche. Spätgotische Statuette des hl. Jakobus d. Ä., 1512; Frühbarock-Statuette des Johannes Ev. von Leonhard Stütz, um 1615. – Text S. 135f. und 138.

Postaments setzen kielbogige Lappen an, die unvermittelt in den Polygonalschaft überleiten. Dieser ist von einem maßwerkverzierten Schellenknauf durchsetzt, an dessen sechs Nocken Rundmedaillons mit Prophetenbildnissen angebracht sind. Die Statue des Heiligen, mit den Attributen des Buches und des muschelbehängten Pilgerstabes, steht auf einer liliengeschmückten Sternplatte. Die in großen Zügen und Flächen gearbeiteten Gewänder – eine langärmelige Tunika (Silber) und ein schwer fallender, unter den Gürtel geraffter Überwurf (vergoldet) – geben der Figur einen ruhigen, geschlossenen Habitus. Alle Differenzierung ist dem lockigen, nimbierten Haupt vorbehalten, welches prophetisch-ernste, bildnishaft durchgeformte Gesichtszüge aufweist. Im aufgeschlagenen Buch die gravierte Inschrift in gotischen Minuskeln: «der . enpfangen . ist . vō . dē . heiliḡ . geist . geboṝ . vs . maria . der . iunckfrowen»[444]. Unter dem Fuß die Inschrift «schwôster margrett schnůllin 1512» samt deren Wappen[445]. Der erregte, angestrengt konzentrierte Ausdruck der Figur spricht von feinfühligem künstlerischem Vermögen und hebt das Werk weit über den Durchschnitt der spätgotischen süddeutsch-schweizerischen Goldschmiedeplastik. – Figurenensemble: 2. Statuette der *Muttergottes* (Abb. 120).

---

[444] Glaubenssatz aus dem Credo, der nach einem pseudoaugustinischen Sermo des 6. Jahrhunderts den Apostel Jakobus zum Verfasser hat (MIGNE, PL XXXIX, Sp. 2189f.). – Reallexikon zur deutschen Kunstgeschichte I (1957), Sp. 823.

[445] MERZ, S. 273; Abb. 208.

Abb. 120 und 121. Baden. Stadtkirche. Frühbarock-Statuetten der Muttergottes und des Salvators von Leonhard Stütz, um 1615. – Text S. 136f. und 137f.

Teilvergoldet. Höhe (mit Postament) 58 cm, Höhe der Figur 36 cm. Beschau Konstanz; Meisterzeichen LEONHARD STÜTZ. Spätrenaissance–Frühbarock, datiert 1614. Gegenstück zu Nr. 3. In die Lappen auf dem neuverwendeten spätgotischen Postamentfuß sind Rundmedaillons mit den beschrifteten Brustbildern der Hl. Quirin, Johannes Ev., Katharina, Franziskus, Antonius d. Gr. und Sebastian graviert. Der polygonale Schaft, von einem mit Perlschnur, Puttenköpfen und Volutenbeschlag gezierten Kissenknauf unterbrochen, trägt auf einer ziergravierten, liliengeschmückten Sternplatte die durch Mondsichel, Zepter und Krone charakterisierte Kontrapostfigur Marias. Das in ihrer Linken sitzende Kind verübt den Segensgestus und trägt den kreuzüberhöhten Globus. Unruhige Gewandfaltenzüge. Unter dem Fuß Stifterwappen Adam Egloff und Maria Borsinger[446]. Der Figur hinterlegte Strahlenmandorla vermutlich aus dem Beginn des 18. Jahrhunderts; gravierte Inschrift: «Erneůrt durch / Franz Carle Egloff im Statthoff / des Raths . Statt Haubtman. / und Ambtman . V: L: F: Stift zu Baden.»; dabei das Wappen und die Jahreszahl 1705[447]. – 3. Statuette des *Salvators* (Abb. 121). Teilvergoldet. Höhe (mit Postament) 57 cm, Höhe der Figur 35 cm. Marken wie bei Nr. 2. Spätrenaissance–Frühbarock, um 1615. Gegenstück zu Nr. 2. Gleiches Postament, jedoch mit rundbogigen, durch Treibarbeit bereicherten Fußlappen. Ihre Medaillons zeigen die beschrifteten Bildnisse Marias, der Hl. Barbara, Katharina, Sebastian, Johannes Ev. und Margareta. Die segnende Christusgestalt, eine

446 MERZ, S. 74; Stammtafel Egloff; Abb. 66.   447 MERZ, S. 76; Abb. 67.

von leisem Pathos erfüllte Kontrapostfigur in brokatgemustertem Mantel und mit dem Majestätsattribut des Globus in der Linken, von sehr bemerkenswerter Qualität. – 4. Statuette *Johannes' Ev.* (Abb. 119). Teilvergoldet. Höhe (mit Postament) 56,5 cm, Höhe der Figur 35 cm. Marken dieselben wie bei Nr. 2. Spätrenaissance–Frühbarock, um 1620–1630. Zugehörig zu Nrn. 2 und 3. Das Postament ähnlich jenem von Nr. 2, jedoch mit kräftigerem Nodus, blauen Glasflüssen am Fuß und den Reliefmedaillons der sechs Tugenden Liebe, Glaube, Klugheit, Keuschheit, Maßhaltung und Gerechtigkeit. Nimbierte Evangelistengestalt mit dem Attribut des Giftbechers. – Die drei Figuren, zweifellos anläßlich der ersten großen Kirchenrenovation als Ergänzung zu Figur Nr. 1 geschaffen, stehen trotz der dieser angeglichenen, etwas gotisierenden Gewandbehandlung in ihrer körperhaften Selbständigkeit bereits auf derselben Stilstufe wie die gleichzeitigen dynamischen Bildwerke Jörg Zürns in Überlingen. – 5. *Muttergottesstatue* der Rosenkranzbruderschaft (Abb. 138). Kupfer, versilbert und vergoldet, über Holzkern. Höhe (mit Sockel) 163 cm. Hochbarock, um 1700. Schwungvoll bewegte Immakulata im Strahlenkranz, mit dem Zepter in der Rechten, dem schlangentötenden Jesusknaben auf der Linken. Applizierte floristische Gewandmusterung aus dem Biedermeier.

Figurenreliquiare. 1. *Hl. Verena* (Abb. 122). Silber. Höhe (mit Sockel) 62,5 cm. Beschau Baden; Meisterzeichen Peter Wanger [448]. Frühbarock, datiert 1642. Gegenstück zu Nr. 2. Getriebenes Brustbild, dessen zisiliertes und gepunztes Gewand mit symmetrischen Blumenranken geschmückt ist. Schönheitliches, gespannt modelliertes Haupt mit visionären Augen. Geschweifter, ornamentbeschlagener Holzsockel; in dessen Schaugehäuse eine neugefaßte Reliquie «S. Amandi M.». Das überpersönliche, verklärte Gesicht steht in der stilistischen Auffassung noch gotischen Kopfreliquiaren nahe. Sehr beachtliche Plastik und eines der wichtigsten erhaltenen Werke des einheimischen Künstlers Wanger. – 2. *Hl. Ursus* (Abb. 123). Silber. Höhe (mit Sockel) 62,5 cm. Ohne Marken. Mailänder

---

[448] Merz, S. 323f.; Abb. 248, 5. – StadtA, Nr. 10, S. 162, 164, 216. Nr. 386/XV: 1642 II, 1643 I. Nr. 645: Fasz. 3, sub anno 1642.

Abb. 122 und 123. Baden. Stadtkirche. Frühbarockes Brustreliquiar der hl. Verena, von Peter Wanger, 1642; barockes Brustreliquiar des hl. Ursus, Mailänder Arbeit, um 1640. – Text oben und S. 139.

Abb. 124 und 125. Baden. Stadtkirche. Barocke Hüftreliquiare des Badener Stadtpatrons Damian und der hl. Cordula, von Heinrich Dumeisen, 1690. – Text unten.

Arbeit (siehe Anm. 448). Barock, um 1640. Gegenstück zu Nr. 1. Der Thebäerheilige trägt Panzer, Schultertuch und Stehkragen. Aus seinem von krausem Haar umgebenen, mit Kinn- und Schnurrbart geschmückten Antlitz spricht feine, individuelle Noblesse. Im Schaugehäuse des Sockels eine neugefaßte Reliquie «S. Protasii». Die differenzierte, fast malerisch-weiche Modellierung von Gesicht, Haartracht und Schultertuch verrät eine den Stilprinzipien des italienischen Frühbarocks verpflichtete, begabte Künstlerpersönlichkeit. Der Vergleich des Werkes mit dem gleichzeitigen Reliquiar WANGERS (Nr. 1) offenbart drastisch die stilistische Diversität zwischen dem noch der Gotik verhafteten Norden und Italien, das als Kernland der Renaissance diese in der Mitte des 17. Jahrhunderts längst durchlebt hat und zum ersten Nährboden des europäischen Barocks geworden ist. – 3. *Hl. Cordula* (Abb. 125). Silber. Höhe (mit Sockel) 81 cm. Beschau Rapperswil; Meisterzeichen HEINRICH DUMEISEN. Barock, 1690[449]. Getriebenes und feinziseliertes Hüftbild. Die Märtyrin, in ein Ärmelgewand mit Glasflußbroschen gekleidet und von einem Schultertuch umschlungen, blickt aus einem schmalen Gesicht verloren ins Weite. In freier Haltung präsentiert sie die Attribute des Pfeils und des Palmzweigs. Im dreifenstrigen, silberbeschlagenen Holzsockel drei Reliquien: «Ex S. S. Ursula», «S. Incogniti», «S. Cordulae M.»[450]. Wappen des Schultheißen Kaspar Ludwig Schnorff (rechts halber Gemsbock, links gezinnter Torturm). – 4. *Hl. Damian* (Abb. 124). Silber. Höhe (mit Sockel) 79 cm. Marken und Datierung wie bei Nr. 3. Gegenstück dazu. Der Stadtpatron trägt einen antiken Laschenpanzer und einen blumendurchmusterten Schultermantel; seine auf Brusthöhe erhobenen Hände halten als Attribute einen kurzen Degen, ein Herz und den Palmzweig. Im Sockel eine Reliquie in Goldornat; Wappen wie bei Nr. 3. Das jugendliche, aufgerichtete Haupt, der leicht abgedrehte Rumpf und die naturalistisch geformten Unterarme und Hände drücken momentane innere Bewegung aus. – 5. *Hl. Niklaus von Flüe*. Schwarz gefaßter Rechteckholzschrein mit Silberfiguren. H. 28, B. 52, T. 18 cm. Ohne Marken. Barock, um 1675–1685. Der von zwei gewundenen und zwei glatten Freisäulchen flankierte Schaukasten ist mit goldbesticktem, rotem Sammet ausgeschlagen und birgt an seiner Rückwand in

---

449 DORA F. RITTMEYER, Rapperswiler Goldschmiedekunst, Mitteilungen der Antiquarischen Gesellschaft Zürich XXXIV (1949), S. 36f., 109f., 154; Tf. 28. – StadtA, Nr. 14, S. 149. Nr. 645: Fasz. 3, sub annis 1689/90. Nr. 23, fol. 37.

450 Das Chorherrenstift war 1693, eigenartigerweise erst drei Jahre nach Fertigstellung des Reliquiars, in den Besitz dieser Partikel gelangt. – StadtA, Nr. 154, S. 168.

einem von Engeln gehaltenen Ovalmedaillon mit Stickgrund die Reliquie «B. Nicolai de Fl.»[451]. Davor eine Statuette des Heiligen.

Verschiedenes. 1. *Sanktusschelle* (Abb. 126). Silber. L. 35,5 cm. Beschau Luzern; Meisterzeichen JOSEPH GASSMANN[452]. Régence, um 1740. Kugelförmiger, à jour gearbeiteter Klangkörper mit stilisierten Blütenmotiven; gedrechselter Ebenholzstiel. – 2. *Kustodie.* Bronze, versilbert; das Sanktissimum aus Silber. H. 34 cm. Vorgerücktes 19. Jahrhundert. – 3. *Zwei Reliquienzangen* (zur Segensspende). Silber. L. 11 bzw. 10 cm. Mitte 17. Jahrhundert. – 4. *Vier Ehrenpfennige* mit Reliefdarstellungen und Aufschriften (Abb. 127 und 128). Silberguß, vergoldet. a) Dm. 4,5 cm. Vorderseite: Taufe am Jordan. «CHRISTVS . SEIN . REICH . MIT . LEREN . VND . TAVFEN . BESTELT». Rückseite: Aussendung der Jünger. «CHRISTVS . SEIN . IVNGER . IN . DIE . WELT . AVSSENT . D.M.LXII (sic)». b) Dm. 4,9 cm. Vorderseite: Anbetung der Hirten. «NATVS ES(sic) VOBIS SERVATOR (sic) QVI EST CHRISTVS DOMINVS LVC II». Rückseite: Epiphanie. «MAGI AB ORIENTE ACCESSERVNT HIEROSOLYMAM DICENTES VEL (sic) EST MATH II. 1602». c) Dm. 7,5 cm. 16. Jahrhundert. Vorderseite: Die beschrifteten und numerierten Wappen der Dreizehn Alten Orte in konzentrischer Anordnung. Rückseite: Die beschrifteten Wappen der zugewandten Orte St. Gallen (Stadt und Abt), Graubünden, Wallis, Rottweil, Mülhausen, Biel; ein von Engeln gehaltenes griechisches Kreuz mit Inschrift auf den Balken «SI DEVS NOBISCVM / QVIS CONTRA NOS». d) Dm. 7,2 cm. Um 1590–1610. Vorderseite: Hochzeit zu Kana, mit zwei unbekannten Allianzwappen. Rückseite: leer. – 5. Rundes getriebenes *Messingbecken.* Dm. 43,5 cm. Nürnberger Arbeit. Anfang 16. Jahrhundert. Am Fundus der hl. Georg als Drachentöter, umrahmt von Zierminuskeln und einem Ahornblattkranz. – 6. *Zinngießfaß.* H. 30 cm. Zürcher Wappen mit der Marke von ANDREAS WIRZ II[452a]. Anfang 19. Jahrhundert. Prismatische Sechseckform, mit geschwungenem, löwenbesetztem Deckel. (Ein Gegenstück in der Städtischen Sammlung im Landvogteischloß.)

---

[451] Nach Ansicht von Herrn W. K. Jaggi, Zürich, eine Arbeit der Luzerner Stickerin Scholastica an der Allmend. – Vgl. R. L. SUTER, Scholastica An der Allmend – Eine Luzerner Paramentenstickerin der Barockzeit, ZAK XXV (1968), S. 108–137 (mit Abbildungen).

[452] DORA F. RITTMEYER, Geschichte der Luzerner Silber- und Goldschmiedekunst von den Anfängen bis zur Gegenwart (= Luzern – Geschichte und Kultur III), Luzern 1941, S. 277, Nrn. 5 und 8.

[452a] Nicht bei BOSSARD.

Abb. 126. Baden. Stadtkirche. Régence-Sanktusschelle mit Ebenholzgriff, von Joseph Gaßmann, um 1740. – Text oben.

Abb. 127 und 128. Baden. Stadtkirche. Ehrenpfennige mit Reliefdarstellungen der Taufe am Jordan und der Hochzeit zu Kana, 1562 und um 1600. – Text S. 140.

KIRCHLICHE GEWÄNDER

BEDEUTUNG. Der Paramentenschatz der Pfarrkirche Baden zählt zu den umfangreichsten und hervorragendsten Sammlungen seiner Art im Kanton. Seinen besonderen Wert machen die ausgezeichnete Qualität verschiedener Gewänder und das hohe Alter einiger Stoffe aus[453].

BESCHREIBUNG. *Ornate. Grün.* 1. Um 1590. Seidendamast. Gelbe Flechtbandmusterung. Die Kappa trägt auf weißem, mit zarten Goldranken besetztem Grund eine gotisierende Darstellung der Krönung Mariä in blau-grüner Seidenstickerei[454]. Am Rand der Rückenteile gestickte Allianzwappen Hans Jakob Überlinger–Jakobe Wellenberg[455]. (Die Kasel im Schweizerischen Landesmuseum Zürich, Inv. Nr. LM 3405.199; übriges in der Städtischen Sammlung im Landvogteischloß.) – *Rot.* 2. Um 1700. Seidendamast. Luftige Blumenmusterung. An Pluviale und Kasel à jour gearbeitetes Messingschild mit Umschrift und Jahreszahl: «I: H: IOSEPH: NIC: KRVS · DES · INNEREN · RATHS · ZV · LVCERN · / FRAVW · HAVBTM: MARIA · ELISABETH · DORERIN · 1699» nebst den Allianzwappen[456]. – 3. Um 1700 (alter Pfingstornat). Seidendamast. Symmetrische Blattwerk- und Granatapfelmusterung. Am Pluviale silbergetriebene Schließen mit Puttenhäuptern zwischen Akanthusranken. – *Schwarz.* 4. 17. Jahrhundert, diverse Ergänzungen des 19. Jahrhunderts. Seidendamast. An den Tunizellen Silberbrokatquasten und das silbervergoldete Wappenschild «S. C. D(orer)»[457]. Kein Rauchmantel vorhanden. – *Weiß.* 5. (Abb. 130). Régence, um 1720. Seidenbrokat. Pluviale, Kasel und Mittelstreifen der Tunizellen mit blauem, golddurchwirktem Fischmuster mit Kelchblütenranken. Auf den Seitenpartien

---

453 Vgl. StadtA, Nr. 946: 10 (Inventarium der Kirchenparamente der Pfarrkirche, 1859). – FELDER, Badener Kirchenschatz, S. 71 f. – Die Bedeutung der Sammlung ist bis anhin kaum erkannt und nie gebührend gewürdigt worden. Bereitwillige, uneigennützige Hilfe verdanke ich dem besten Kenner des Schatzes, Herrn Werner K. Jaggi, Zürich.
454 STAMMLER, Tf. CII.
455 W. K. JAGGI, Der Überlinger-Wellenbergische Ornat der Stadtpfarrkirche Baden, Bad. Njbll. 1960, S. 40–42. – MERZ, S. 317, 337; Abb. 245, 258.
456 Krus: auf Dreiberg nach links gewandtes Reh. – Dorer: MERZ, S. 70; Abb. 63.
457 MERZ, Abb. 63.

Abb. 129. Baden. Stadtkirche. Spätgotische grüne Tunizella, Mitte 15. Jahrhundert. – Text S. 144.

der Tunizellen üppiger bunter Blumendekor. Goldfadenquasten. Ausgezeichnete Lyoner Arbeit[458]. – 6. Um 1770. Lyoner Seidendamast. Mit violetten Partien. Bunte, weitschweifige Bandel- und Blumenmotive. – *Gelb.* 7. Mitte 18. Jahrhundert. Lyoner Seidendamast. Mit bunten, langstieligen Blüten in ungebundener Anordnung.

Kaseln. Grün. 8. Anfang 17. Jahrhundert. Seidendamast. Mit kleingemusterten, fünfteiligen Blütenstauden nebst Eichenlaub. – 9. Samt Manipel. Mitte 17. Jahrhundert. Seidendamast. Mit groteskenartiger Zeichnung von Blüten, Blattwerk, Vasen und Kronen. Aufgenähtes gesticktes Wappen «JOAN: SOMERER SS (= SANCTISSIMAE) TH(EOLOGIAE) D(OCTOR) PAROCH(US) BADAE. PROTHON(OTARIUS) APOS(TOLICUS).»[459]. – 10. Samt Stola und Manipel. Zweites Viertel 18. Jahrhundert. Seidendamast. Rote, symmetrisch angeordnete Blumenbouquets. Messingplakette mit Wappen «A: R: D: Leont · Anton · Surlaulin · Parochus · Rordorffÿ: Ao 1796»[460]. – 11. Mitte 18. Jahrhundert. Seidendamast. Mit buntem floristischem Dekor. – 12. Um 1800. Seidendamast. Mit weißer, symmetrischer Blumenmusterung. – *Orange.* 13. Drittes Viertel 18. Jahrhundert. Seidenreps. Von Bandelwerk umspielter, bunter Blumendekor mit effektvollen Schwarz-Gelb-Akzenten. – *Rot.* 14. (Abb. 132). Samt Stola und Manipel. Mitte 18. Jahrhundert. Sammet. Aufgenähte buntfarbige Seidenstickerei aus der ersten Hälfte des 17. Jahrhunderts, darstellend eine Kreuzigungsgruppe und die Stifterwappen Johann Konrad von Beroldingen–Elisabeth Bodmer[461]. Auf einer messingenen Rollwerkplakette von etwa 1645 die Inschrift: «· 1460 · / CONRADVS AM STAD · / VND ELISABETHA SCHWENDIN / · DD · / – / · 1642 · ECCLESIA REFOR-

---

458 Gelangte aus dem Kloster Wettingen an seinen heutigen Platz. StadtA, Nr. 946: 10.
459 MERZ, S. 300; Abb. 231. – MITTLER, Stadtkirche, S. 85f.
460 Wie MERZ, Abb. 237, aber mit Dreiberg.
461 Beroldingen: Schild geviert, 1 und 4 auf Blau nach links schreitender schwarzer Löwe, 2 und 3 auf Gelb eine blaue, kreuzbekrönte Sphaera. – Bodmer: MERZ, S. 33; Stammtafel Bodmer.

Abb. 130. Baden. Stadtkirche. Régence-Rauchmantel, um 1720. – Text S. 141 f.

MAVIT / [nachträglich:] 1756»[462]. – 15. Samt Stola und Manipel. 18. Jahrhundert. Sammet. Aufgenähte broschierte Seidenstickerei aus dem späten 17. Jahrhundert, darstellend die hl. Katharina von Alexandrien; silbergetriebenes Schild mit Wappen (Johanna Elisabetha?) Felwer von Kaiserstuhl[462a]. – 16. Anfang 18. Jahrhundert. Lyoner Seidendamast. Großer floristischer Dekor in Violett und Rot, mit kleinen Blauakzenten. – 17. Mitte 18. Jahrhundert. Seidendamast. Mit damaszierten Blumenvasen und Volutenmotiven. – 18. Drittes Viertel 18. Jahrhundert. Seidenreps. Mit bunten, von weitem verflochtenem Bandelwerk umschlossenen Blumenbouquets. – 19. Ende 18. Jahrhundert. Seidendamast. Mit floristischem Dekor und getreppten Bändern. – *Violett.* 20. 17. Jahrhundert, Mittelstreifen 19. Jahrhundert. Sammet. Zwei auf 1665 datierte Messingplaketten mit den Wappen Nieriker und Küffer(?)[463]. – 21. Mitte 18. Jahrhundert. Seidendamast. Mit großem, buntem Blumenmuster. – *Blau.* 22. 17. Jahrhundert. Seidendamast. Mit kleinen verschränkten Voluten. – *Schwarz.* 23. Ende 18. Jahrhundert. Seidenmoiré mit damaszierten rautenförmigen Blütenranken. – *Weiß.* 24. (Abb. 133). Hochbarock, um 1700. Seide. Auf dem mittleren Goldbrokatstreifen und den Seitenpartien symmetrische Bandvoluten mit farbenkräftigen, wollgestickten Tuchlambrequins, Blüten, Kernfrüchten und Beeren. Phantasiereiches, köstliches Gewandstück. – 25. (Abb. 131). Mitte 18. Jahrhundert. Seidenbrokat. Großflächige, bunte Blumen-, Blätter- und Früchtemuster. Auf dem Mittelstreifen, einer fragmentarischen spätgotischen Wollstickerei aus dem dritten Viertel des 15. Jahrhunderts, sind die stehenden Figuren der vier lateinischen Kirchenväter vor gerautetem Goldgrund unter perspektivischen, gezinnten Baldachinen wiedergegeben (von Gregor lediglich die untere Gewandpartie erhalten)[464]. Messingschild mit Wappen «M. W(anger)». Vortreffliches Kunstwerk von großem Seltenheits-

---

462 MERZ, S. 276, 289.   462a Akten H. J. WELTI im KDA Aarau.
463 Nieriker: MERZ, Abb. 176. – Das zweite Wappen zeigt zwei gekreuzte Hämmer; vgl. MERZ, Abb. 137.
464 Das Stickereifragment entstammt vielleicht der Burgunderbeute.

Abb. 131 und 132. Baden. Stadtkirche. Kasel mit Darstellung der vier Kirchenväter, Mitte 18. und drittes Viertel 15. Jahrhundert; Kasel mit Darstellung der Kreuzigung Christi, Mitte 18. und erste Hälfte 17. Jahrhundert. – Text S. 143 und 142.

wert[465]. – 26. Zweites Viertel 19. Jahrhundert. Lyoner Seidenbrokat. Rosen in Wollstickerei. Im kreuzförmigen samtenen Mittelstreifen das apokalyptische Lamm. – *Weißgolden*. 27. Erste Hälfte 18. Jahrhundert. Lyoner Seidenbrokat. Mit grün-roten Rosenbouquets, Bandelwerk und Rosenranken. – *Silbergolden*. 28. (Abb. 134). Frühes 18. Jahrhundert. Lyoner Seidenbrokat. Orientalisierender, sehr großflächiger symmetrischer Dekor mit feinen Rosa- und Blauakzenten. Bemerkenswertes Parament. – *Golden*. 29. Mitte 19. Jahrhundert. Brokat. Kreuzförmiger Rückenstreifen mit geometrischen Motiven und Monogramm Jesu.

Dalmatiken und Tunizellen. Grün. 30. (Abb. 129). Ein Paar. Samt Stolen. Mitte 15. Jahrhundert. Seidendamast. Mit feiner Granatapfelzeichnung und den wollgestickten Allianzwappen Hans Ulrich Segesser–Elisabeth Sendler[466]. Vermutlich die ältesten Stücke der Sammlung. – *Rot*. 31. Ein Paar. 17. Jahrhundert. Seidensammet. Rot-gelbe Quasten mit Messingknäufen. – *Weiß*. 32. Ein Paar. Mitte oder zweite Hälfte 18. Jahrhundert. Seidenbrokat. Bunte Streublumenmusterung.

Pluviale. Grün. 33. 16. Jahrhundert. Seidendamast, Kappa und vordere Breitborten broschiert. Hübsche Granatapfelmusterung. – *Rot*. 34. Mitte 16. Jahrhundert. Seidendamast. Dichte Granatapfel- und Distelrankenmusterung; auf der Kappa eine seidengestickte Hostienmonstranz zwischen zwei knienden Engeln. (Städtische Sammlung im Landvogteischloß.) – *Weiß*. 35. Anfang 18. Jahrhundert. Seidendamast. Bunte Blumenranken in lockerer symmetrischer Verteilung; an Kappa und Schulterteil Régence-Gittermusterung. (Städtische Sammlung im Landvogteischloß.)

---

465 Wappen: über Dreiberg horizontaler Ast. Vgl. MERZ, S. 326.
466 MERZ, S. 280, 282; Stammtafel Sendler; Abb. 217.

Abb. 133 und 134. Baden. Stadtkirche. Farbig bestickte Barock-Kasel, um 1700; Barock-Kasel mit orientalisierendem Dekor, Anfang 18. Jahrhundert. – Text S. 143 und 144.

Verschiedenes. 36. *Fragment eines Paramentes.* Seidendamast mit Applikationsstickerei. 48 × 19 cm. Bunter, großblumig gemusterter Dixhuitième-Stoff, mit aufgenähtem Bild der Mondsichelmadonna aus der zweiten Hälfte des 17. Jahrhunderts. – 37. *Seidengesticktes Wappen (Elisabeth) Bodmer*[467], von einem Parament aus der Mitte des 17. Jahrhunderts. (Städtische Sammlung im Landvogteischloß.) – 38. *Grüne Stola.* Seidensammet. 15. Jahrhundert. – 39. *Kelchvelum.* Bestickte Seide. 52 × 50 cm. Zweite Hälfte 17. Jahrhundert. Langstielige, von den Ecken der Mitte zuwachsende Blumen mit sitzenden Vögeln. Dazwischen fünf Kranzmedaillons mit Passionsszenen: Christus am Ölberg, Christus an der Geißelsäule, Ecce-Homo, Kreuztragung, Kreuzigung. – 40. Diverse *Kelchvela* aus dem 17.–19. Jahrhundert. – 41. *Baldachindach.* Roter Seidendamast. 210 × 140 cm. Anfang 18. Jahrhundert. Granatapfelzeichnung. In der Mitte goldbroschiert das Monogramm Jesu mit Passionssymbolen; in den Eckquartieren Füllhörner.

Vier Prozessionsfahnen (Abb. 135 und 136)[468]. Roter Seidendamast. Je etwa 93 × 82 cm. Spätbarock, um 1770–1780. Jede beidseitig mit jeweils demselben Bildnis eines im Gewölk thronenden Heiligen bemalt: 42. Damian, 43. Cordula[469], 44. Ursus[470], 45. Verena.

VERSTREUTE KUNSTWERKE

Plastik. 1. und 2. Zwei spätgotische Sandsteinstatuen vom ehemaligen Lettner (Städtische Sammlung im Landvogteischloß): *Muttergottes mit Kind* (Abb. 137). Farbig gefaßt, der Jesusknabe fast vollständig zerstört. H. 131 cm. Drittes Viertel 15. Jahrhundert. Breitschultrige Gewandfigur in leise

---

467 MERZ, Abb. 33.
468 A. und B. BRUCKNER, Schweizer Fahnenbuch, St. Gallen 1942, S. 258–265.
469 A. und B. BRUCKNER, a.a.O., Abb. S. 11 (Katalog).
470 A. und B. BRUCKNER, a.a.O., Abb. S. 10 (Katalog).

Abb. 135 und 136. Baden. Stadtkirche. Spätbarocke Prozessionsfahnen mit Darstellungen der Hl. Damian und Verena, um 1770–1780. – Text S. 145.

schwingender Körperbewegung, mit rundem, typenhaftem Gesicht. *Hl. Barbara*. Farbig gefaßt, Haupt und Hände fehlen. H. 112 cm. Drittes Viertel 15. Jahrhundert. In ausgeprägtem Kontrapost, mit hochgerafftem, dickwulstig-geknittertem Mantel. Am hüfthohen, zweigeschossigen Turm Wappen Hagenweiler[471]. – 3. *Auferstehungschristus* (Städtische Sammlung im Landvogteischloß) (Abb. 153). Linde, gefaßt. H. 72 cm. Frühbarock, um 1630. – 4. Lebensgroßer *Kopf eines Palmesels* (ebenda). Holz, farbig gefaßt. 1535?[472].

Malerei. 5. *Einzug in Jerusalem* (Sebastianskapelle). Öl auf Leinwand. 160 × 207 cm. Spätestgotischfrühbarock, Anfang 17. Jahrhundert[473]. Gegenstück zur Taufe Christi an der Westwand der Kirche (vgl. S. 119). Figurenreiche, prosaische Szene mit gewissenhaft gemaltem Landschafts- und Stadthintergrund. – 6. *Anbetung der Könige* (Sebastianskapelle; ursprünglich im Chor der Kirche). Monumentales Ölgemälde auf zwei aneinandergefügten Leinwänden. H. 352 cm, B. 273 bzw. 278,5 cm. Umkreis des Renward Forer, um 1620. Rhythmisierte, zeilenförmige Figurenkomposition vor kulissenartigem Architekturprospekt. – 7. *Darbringung im Tempel* (Sebastianskapelle; ursprünglich im Chor der Kirche) (Abb. 155). Öl auf Leinwand. 356 × 260 cm. Von Renward Forer(?), um 1620[474]. In der Farbe und in der Komposition von italienisch barockem Einschlag. Perspektivisch kühn verkürzter Architekturhintergrund. – 8. *Beschneidung* (Sebastianskapelle; ursprünglich im Chor der Kirche). Öl auf Leinwand. 355,5 × 214,5 cm (rechter Rand beschnitten). Von Renward Forer(?), um 1620. Pendant zu Nr. 7. Genrehaft-naive Szene mit gedrängter Figurenanordnung, unter dem Tonnengewölbe eines düsteren Tempelbaus. – 9. *Der hl. Karl Borromäus spendet den Pestkranken die Kommunion* (Sebastianskapelle; angeblich aus der Kapelle des ehemaligen Agnesenspitals, Abb. 24 [20] (Abb. 154). Öl auf Leinwand. 196 × 122 cm. Frühbarock, um 1650–1660[475]. Ausdrucksstarkes Gemälde in mannigfachen Rottönen, dessen Stil und gegenreformatorische Thematik italienischen Beispielen folgen. Nach barocker Usanz sind durch die szenische Konstellation die beiden Diagonalen des Bildes betont. – 10. und 11. Zwei rundbogige Gemälde aus dem Vogt- und Ratsherrengestühl: *Krönung Mariä* (Schweizerisches Landesmuseum Zürich, Inv. Nr. LM D 5561). Öl auf Tannenholz. 99 × 46,5 cm. Aufschrift und Jahreszahl «Joann: Jacob / Schwend / Ward des Innern / Rahts 1755», mit zugehörigem Wap-

---

471 Wie bei Merz, Abb. 103, aber ohne Initialen.
472 Vgl. Fricker, Baden, S. 127–129, 256f.
473 1972 durch A. Flory, Baden, restauriert.
474 1972/73 durch A. Flory, Baden, restauriert.
475 1972 gereinigt.

pen⁴⁷⁶. *Ludwig der Heilige* (Städtische Sammlung im Landvogteischloß). Öl auf Leinwand 92 × 45 cm (beschnitten). Aufschrift und Jahreszahl «Johann Heinrich / Schnorff Anno 1786», mit zugehörigem Wappen⁴⁷⁷. Im Hintergrund Kreuzzugszene vor einer Hafenstadt.

Verschiedenes. 12. *Ziborium* (Schweizerisches Landesmuseum Zürich, Inv. Nr. LM 171a) (Abb. 110). Silber, teilvergoldet, die applizierten Figuren gegossen und ziseliert. H. 45,8 cm. Unkenntliche Meistermarke. Spätgotisch, um 1380. Über achteckiger Stufe mit rosettenverzierter Wandung ein glatter Trompetenfuß, der in einem rosetten- und vierpaßumgürteten, trommelförmigen Halteschaft mit geripptem Kissenknauf endet. Das oktogonale Gefäß ruht auf parabelförmig ausladendem Rundpodest und ist mit einem achtkantigen, spitz zulaufenden Scharnierdeckel verschließbar. Dessen Nodus trägt ein Kruzifix mit Inschriftplakette «INRI». Unter kielbogigem Blendmaßwerk an den acht Gefäß-

---

476 MERZ, S. 277. 477 MERZ, Abb. 207.

Abb. 137 und 138. Baden. Stadtkirche. Spätgotische Sandsteinstatue und barocke Silberstatue der Muttergottes, drittes Viertel 15. Jahrhundert und um 1700 (erstere zurzeit in der Städtischen Sammlung im Landvogteischloß). – Text S. 145 und 138.

Abb. 139, 140 und 141. Baden. Stadtkirche. Grabplatten des Landvogtes Johannes von Weilheim (?), eines unbekannten Verstorbenen und der Maria Kuon (heute an der Sebastianskapelle). – Text S. 148 f.

wandungen sind die Krönung Mariä, zweimal ein flankierender Engel, ferner die sitzende Gottesmutter mit Kind, der sitzende Christus(?), der sitzende Täufer(?), die hl. Katharina von Alexandrien und die hl. Dorothea dargestellt. Das preziöse Goldschmiedewerk zählt zu den ältesten Stücken aus dem Badener Kirchenschatz (vgl. S. 123 f.). – 13. *Kupa eines spätgotischen achteckigen Taufsteins*, mit stark lädiertem Blendmaßwerk, Dm. 90 cm. (1951 unter dem Kirchplatz gefunden; heute in der Städtischen Sammlung im Landvogteischloß[478].) – 14.–20. *Sieben heraldische Grabplatten* aus Muschelsandstein[479] (in und an der Sebastianskapelle): 14. (Abb. 139). 162 × 82 cm (unten auf der ganzen Breite erheblich angebrochen). Gemeißelte Umschrift in gotischen Majuskeln, beginnend oben links: «ANNO · DOMINI · M / · CCC · LI · OBIIT · JOHANNES · / ... / HEIN ·». Im reliefierten Wappen ein nach rechts steigender Löwe mit körperwärts eingeschlagenem Schweif. Zweifellos die Grabplatte eines habsburgisch-österreichischen Beamten, vielleicht des Landvogtes Johannes von Weilheim, Schultheißen von Waldshut[480]. (Gefunden unter dem nördlichen Teil des Hochaltars; heute in die Westwand der Sebastianskapelle eingemauert.) 15. 181 × 84 cm. Ohne Inschrift. Im dreieckigen Wappenschild Bocksattel in Vorderansicht (Zwiesel), das Siegelzeichen von Ruedi Sattler, Bürger und Vogt zu Baden; nachgewiesen 1372/73[481]. (Gefunden unter dem südlichen Seitenschiff, vor der Südwestecke der romanischen Kirche[482]; zurzeit provisorisch auf dem Wehrgang der Sebastianskapelle.) 16. 190 × 87 cm. Ohne Inschrift. Im dreieckigen Wappenschild ein nach links gekehrter, leicht geschrägter Halbmond, vielleicht nach dem Siegelzeichen des 1389/90 als Untervogt nachgewiesenen Hans Hofstetter[483]. (Ge-

---

478 Vgl. P. HABERBOSCH, Offene bau- und kunstgeschichtliche Fragen aus dem alten Baden, Bad. Njbll. 1955, S. 67.

479 H. J. WELTI, Heraldische Grabplatten aus der Grabung in der Stadtkirche Baden, Bad. Njbll. 1972, S. 37–43.

480 W. MERZ, Aargauische Amtslisten, Argovia XLVI (1934), S. 251. – H. J. WELTI, a.a.O., S. 37 f. und Anm. 4; Abb. 1.

481 MERZ, S. 243; vgl. Siegeltafel VI, 8. – W. MERZ, a.a.O., S. 255. – N. HALDER, Der Sattel in der Heraldik und Sphragistik, Schweizer Archiv für Heraldik LXXVII (1963), S. 8; Abb. 11.

482 H. J. WELTI, a.a.O., Abb. 2.   483 MERZ, S. 133; Siegeltafel IV, 4, 5.

funden am selben Ort wie Nr. 15; heute in die Stützmauer des Treppenschachtes vor dem ehemaligen Beinhaus eingelassen, vgl. S. 156.) 17. 212 × 92 cm. Ohne Inschrift. Im dreieckigen Wappenschild ein Meierhut, das Emblem der Meier von Rietheim, deren Sippe mit Johannes dem Kirchmeier 1396 in Baden nachweisbar ist[484]. (Gefunden am selben Ort wie Nr. 15; heute neben Nr. 16.) 18. B. 103 cm; nur der obere Teil erhalten. Ohne Inschrift. Allianzwappen von Hünenberg–von Breitenlandenberg: zwei abgekehrte Einhornköpfe bzw. drei (2 + 1) Ringe; Hartmann VIII. von Hünenberg, verheiratet mit Margarete von Breitenlandenberg, wird genannt 1399–1436, war Bürger und Schultheiß von Bremgarten und starb vermutlich in Dättwil oder Baden[485]. (Gefunden im Lettnerfundament; zurzeit provisorisch auf dem Wehrgang der Sebastianskapelle.) 19. (Abb. 141). 176 × 89 cm; obere rechte Ecke fehlt. Inschrift in Antiqualettern, Beginn auf der 15 cm breiten Randleiste oben links: «FROW · MARIA ... / WAS · HEREN · OBERSTEN · SEBA · / STIA · HEINRICH · / KVON · VON · VRŸ · ELICHE · HVSFROW ·»; Fortsetzung auf der oberen Plattenhälfte: «STARB · DEN · / 30 · DAG · AV=/GSTEN · ANO / 1602 · DERN · / GOT · GNAD / AMEN ·». Die ganze Höhe des Feldes einnehmend ein lateinisches Kreuz auf Sockel; beidseitig des Schaftes Allianzwappen Kuon–Gümer: ein nach links schreitender Löwe mit Hellebarde in den Pranken bzw. ein geviertes Schild mit Kreuz auf Dreiberg (1 und 4) und einem Sporenrädchen (2 und 3)[486]. (Gefunden, in der Verwendung als Grabwand, unter dem Ostteil des Mittelschiffs; heute neben Nr. 14.) 20. (Abb. 140). 150 × 66 cm. Ohne Inschrift. Die ganze Platte einnehmend ein Rautenkreuz über Dreiberg. (Gefunden am selben Ort wie Nr. 15; heute neben Nr. 14.) – 21. *Fragmentarische Grabplatte* aus Sandstein (Städtische Sammlung im Landvogteischloß). 176 × 94 cm (oben angebrochen). Auf der Randleiste gotische Umschrift aus eingelegten dunklen Buchstaben: «...ot + brachat · an · unsers + herrn · fronlichams · aben (d · anno · dni · m)cccc · lxii ·». Im Fundus skulptiertes unbekanntes Wappen (ein Raubvogel). Vorzügliche Qualität. – 22. *Schlußstein* von einem Lettnergewölbe, darstellend den Lukasstier, um 1460–1470. (Bei den Grabungen 1967 zum Vorschein gekommen; Maße und derzeitiger Standort unbekannt.) – 23. Diverse *Pfeilerteilstücke und Gewölbeansätze vom Lettner*, mit mannigfaltiger Wulst- und Kehlenprofilierung und mit Spuren der zu Beginn des 17. Jahrhunderts angebrachten farbigen Fassung. (Bei den Grabungen 1967 zum Vorschein gekommen; zurzeit provisorisch auf dem Wehrgang der Sebastianskapelle.) – 24. *Bronzemörser* (Schweizerisches Landesmuseum Zürich, Inv. Nr. LM 5350). Monogramm «IHS». Inschrift «Franziskus Hagenweiler Helfer in Baden 1702». – 25. *Waffeleisen* des Johann Baptist Schnider, ersten Propstes des Badener Chorherrenstiftes, 1624–1633[487] (Schweizerisches Landesmuseum Zürich, Inv. Nr. LM D 1623). Mit Wappen und Jahreszahl 1630; auf dem Revers Darstellung eines Styx, der eine Waffel in Empfang nimmt, nebst Inschrift «MVNERA NEC STŸX ODIT».

---

484 W. MERZ, Siegel und Wappen des Adels und der Städte des Aargaus, Aarau 1907, S. 59. – MERZ, S. 191.

485 ELEONORE M. STAUB, Die Herren von Hünenberg, Zürich 1943, S. 138; Stammtafel bei S. 126; Tf. VIII, 21.

486 F. GISLER, Wappen und Siegel der Landammänner von Uri, Schweizer Archiv für Heraldik LII (1938), S. 12f. – HBLS IV, S. 15. – H. J. WELTI, a.a.O., S. 42f.; Abb. 5.

487 MITTLER, Baden I, S. 392.

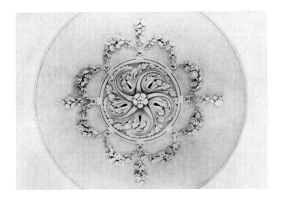

KAPELLE ST. SEBASTIAN
(FRÜHER BEINHAUS MIT BEINHAUSKAPELLE)

BAUGESCHICHTE. Ein um 1400 im ältesten Badener Jahrzeiten- und Totenbuch erwähntes Beinhaus muß östlich der romanischen Pfarrkirche über der Haldenstraße gelegen haben[488]. Im letzten Viertel des 15. Jahrhunderts errichtete die Stadt eine neue Beingruft, die im Jahre 1481 ihre erste Weihe erhielt[489]. Der Bau wurde südlich der Kirche an die Steile des Terrassenhügels gesetzt. Für das niedrige, gedrungene Gebäude war vermutlich von Anfang an ein Obergeschoß vorgesehen[490]. Im ersten Jahrzehnt des 16. Jahrhunderts errichtete Werkmeister HANS MURER darüber eine einschiffige Kapelle. Entscheidender Initiant und Gönner des Unternehmens war der in Baden als Stadtschreiber tätige Ulrich Dösch aus Schaffhausen. 1509 wurden Beinhaus und Kapelle zu Ehren der Drei Könige eingesegnet[491]. – Bei Baubeginn der Kapelle, im Jahre 1503, stiftete Anna, die Tochter des ehemaligen Badener Schultheißen Jos Holzach, «vß gheis vnd loblichem Ansehen» ihres verstorbenen Vaters eine Kaplaneipfründe[492]. Die Schenkung war mit der Bitte an Schultheiß und Räte verbunden, auf Kosten des Sohnes der Stifterin «ein Altar im Beinhus lassen buwen mit einer Tafell vnd ander Zuoghôrd». Obschon in der einschlägigen Urkunde der Begriff «Beinhus» figuriert, ist damit nicht das eigentliche Ossarium, sondern die darüber stehende Kapelle gemeint. Hier – «in capella sanctoru(m) triu(m) regu(m)» – konsekrierte Bischof Balthasar Brennwald bei der Kapellenweihe einen epistelseitig erstellten Altar zu Ehren folgender Heiligen: Maria, Anna, Johannes Bpt., Sebastian, Antonius der Abt, Christophorus, Bischof Gladius, Jodokus, Onuphrius, Lazarus, Katharina, Barbara, Dorothea, Agatha und Verena[493]. Im September 1512 gründete Schultheiß Nikolaus Eberler eine Meßpfründe für den Hochaltar der Kapelle[494]. 1553 schließlich bezahlte Ratsherr Melchior Härdtly eine Wochenmesse für den Sebastiansaltar auf der Evangelienseite[495].

1762 Erneuerung des Dachreiters durch Werkmeister JOHANNES KAPPELER und andere[496]. 1811 Herrichtung der Kapelle für den Jugendgottesdienst: Preisgabe der Nebenaltäre und Übertragung des Sebastianpatroziniums auf den Hauptaltar[497]. 1818/19 neuer Sebastiansaltar und stukkaturengeschmückter Kapellenplafond von LEOPOLD MOOSBRUGGER und MICHAEL WILLAM aus Au bei Bregenz[498]. Gesamtrestauration 1936/37 unter Leitung von Architekt ROBERT LANG, Baden, Kunstexperte LINUS BIRCHLER, Zürich, und Restaurator KARL HAAGA, Rorschach, und Umfunktionierung der Kapelle zum Pfarrsaal[499]. Letzte Renovation 1967/68 durch

---

[488] Kath. PfarrA Baden. – WELTI, Urkunden II, S. 933. – HABERBOSCH, Badener Beinhäuser.
[489] AMMANN, MITTLER, S. 156.   [490] SENNHAUSER, S. 20.
[491] AMMANN, MITTLER, S. 140, 158f. – Vgl. WELTI, Regesten I, S. 37.
[492] WELTI, Regesten I, S. 30f.   [493] StadtA, Urk. Nr. 114.
[494] WELTI, Regesten I, S. 114.
[495] StadtA, Urk. Nr. 1434. – WELTI, Regesten II, S. 398.
[496] Weitere Dachreiterrenovationen 1818 und 1873. – Archiv der Städt. Sammlung im Landvogteischloß, Aufzeichnungen zur Sebastianskapelle, S. 1.
[497] StadtA, Nr. 893: 1808–1818, S. 157b. Nr. 888b, S. 104a, 130b.
[498] StadtA, Nr. 888c, S. 185a. Nr. 402: 1818, S. 78a, 80a, b, 82a, b; vgl. S. 83a; 1821, S. 77b.
[499] BIRCHLER, Rückblick, S. 345–347. – J. KILLER im Badener Tagblatt vom 16. April 1938.

Architekt WALTER P. WETTSTEIN, Baden, unter Mitwirkung der eidgenössischen und der kantonalen Denkmalpflege (Experten: KARL KAUFMANN, Aarau, FRITZ LAUBER, Basel; PETER FELDER, Aarau)[500].

Quellen und Literatur. StadtA Baden, Nrn. 402, 888b, c, 893: 1808–1814. Urk. Nrn. 907, 1063, 1070, 1114, 1142, 1168, 1434. – Akten im Archiv der Städt. Sammlung im Landvogteischloß. – AMMANN, MITTLER, S. 139f., 156, 158f. – HESS, S. 261f. – WELTI, Urkunden II. – WELTI, Regesten I und II.

L. BIRCHLER, Führer durch Pfarrkirche und Sebastianskapelle in Baden, Baden 1945, S. 24–34. – Ders., Rückblick auf die Restaurierung der Badener Stadtkirche 1936/37, Argovia LXXII (1960), S. 345–347. – FRICKER, Baden, S. 286f. – P. HABERBOSCH, Badener Beinhäuser, Gästeblatt von Baden vom März und Sept. 1948. – Ders., Offene bau- und kunstgeschichtliche Fragen aus dem alten Baden, Bad. Njbll. 1955, S. 67–69. – L. HÄFELI, Bilder aus der Geschichte der Stadtpfarrei Baden, Baden 1939, S. 48. – MITTLER, Baden I, S. 145f., 153. – MITTLER, Stadtkirche, S. 44f. – NÜSCHELER III, S. 556 (überholt). – O. SCHIBLI, Aus Badens katholischer Vergangenheit, Baden 1923, S. 18. – H. R. SENNHAUSER, Kirchen und Kapellen in Baden, Bad. Njbll. 1969, S. 20f.

Bilddokumente Nrn. 20, 23, 28, 29, 31, 32, 34, 35, 36, 37.

BESCHREIBUNG. *Lage und Grundriß* (Abb. 48, 142, 143, 144 und 147). Der nahezu geostete, doppelgeschossige Sakralbau steht in einem künstlichen Geländeausstich am südlichen Abhang der Kirchenterrasse. Während seine Südflanke durchgängig frei

---

500 H. R. SENNHAUSER, O. MITTLER, W. WETTSTEIN im Aargauer Volksblatt vom 13. Dez. 1968. – Argovia LXXXII (1970), S. 302.

Abb. 142 und 143. Baden. Stadtkirche mit Sebastianskapelle von Westen und von Osten. – Text S. 151 f.

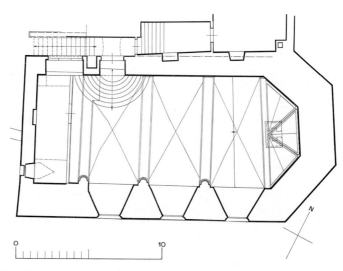

Abb. 144. Baden. Sebastianskapelle, Grundriß des Untergeschosses (ehemal. Beingruft). – Text unten.

aufgebaut ist, liegt die Nordmauer der Beingruft fast vollständig unter dem Platzniveau. Die massiven Wände des Ossariums tragen talseitig vor der Kapelle einen gedeckten Wehrgang, der früher Bestandteil der Stadtbefestigung war und freie Sicht über die Dächer der Halde ins Limmattal gewährte. – Abgesehen von der differierenden Mauerstärke sind die Grundrisse der beiden Räume praktisch identisch. An ein rechteckiges Schiff fügt sich ein dreiseitig schließender gleich breiter Chor. Die Portale befinden sich axial übereinander auf der Nordseite, direkt gegenüber dem Südeingang zur Stadtkirche. Eine wandparallel angelegte Treppe senkt sich in einem Schacht unter das Platzniveau auf die Schwellenhöhe des Beinhausportals, von dem aus im Rauminneren eine halbkreisförmige Freitreppe weiterführt. Eine kurze, frontale Stiege überbrückt den Schacht und verbindet den Kirchplatz mit dem Kapellenportal. Der Wehrgang ist neben der nördlichen Chorschrägwand der Kapelle und von dieser selbst her durch die Südwand betretbar.

Äußeres (Abb. 147). Der Baukomplex präsentiert sich als einfaches, schlankes Gebäude mit steilem, östlich abgewalmtem Satteldach und nadelbehelmtem Dachreiter. Dieser steht in einem konventionellen, liegenden Dachstuhl und wird von diagonalen Streben versteift. – In den bestochenen Mauern sind die Steine des Kranzgesimses und die Kanten- und Leibungsquader frei gelassen. Das Untergeschoß empfängt durch drei südliche, breite Spitzbogenfenster von einem unzugänglichen Hof her Licht. Längswände und Chor des Obergeschosses sind von gotischen Lanzetten durchbrochen, während die Westwand nur einige zugemauerte Scharten aufweist[501]. Das kräftig gekehlte Türgericht der ehemaligen Beingruft trägt im Scheitel das Wappen der Stadt, flankiert von den Wappen Dösch (rechts) und Wagner zur Rose[502]. Steinmetzzeichen (Tabelle II, Nrn. 10, 8, 9). Rechts vom Portal eine

[501] Das Chorscheitelfenster heute vermauert.
[502] HABERBOSCH, Kunstgeschichtliche Fragen, S. 67, 69; mit Abb.

vergitterte Leuchternische, daran anschließend ein breiter Blendbogen – das zugemauerte ehemalige Seelfenster. Steinmetzzeichen (Tabelle II, Nrn. 10, 11). In der profilierten Leibung des spitzbogigen Kapellenportals läuft ein frontal ausgerichteter Birnstab, der sich im Scheitel verschneidet. Jahreszahl 1505 (Abb. 145 und 146). – Neben dem Portal, axial über dem Blendbogen unten, ein zweites vermauertes Seelfenster. Steinmetzzeichen (Tabelle II, Nrn. 12–18). Darin ein lebensgroßes Relief des *Auferstehungschristus* aus Kunststein, von WALTER SQUARISE, Baden, 1937. – Den Wehrgang auf der Südseite schützt ein Pultdach[503]; seine Türe liegt in einem gekehlten Gericht mit Karniesbogen. Steinmetzzeichen (Tabelle II, Nr. 15).

503 1937 höhergesetzt.

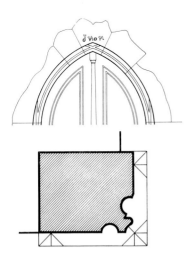

Abb. 145, 146 und 147. Baden. Sebastianskapelle. Bogen und Rahmenprofil vom Portal des Obergeschosses; Querschnitt durch Unter- und Obergeschoß (ehemal. Beingruft und Beinhauskapelle). – Text oben und S. 151 f.

Inneres (Abb. 147). Der seit dem 19. Jahrhundert profanierten *Beingruft* (Abb. 148) wurde 1936 ihr sakraler Charakter zurückverliehen. Sie hat in ihrer Baustruktur ein eindrückliches mittelalterliches Gepräge bewahrt. Die fensterlosen Mauern im Norden und Osten, die über 2 m starken Fenstergewände im Süden, die massigen Wandpfeiler und die niederen, segmentbogigen Gurten erinnern an die untersetzten Proportionen einer romanischen Krypta. Die breiten gefasten Gurtbogen gliedern den Raum in vier Rechteckjoche und ein Chorjoch. Zwischen den Fenstern entwachsen sie kräftigen Pilastern mit vorgelagerten Halbsäulen, auf der Nordseite verschwinden sie unvermittelt in der getünchten Wand. Steinmetzzeichen (Tabelle II, Nrn. 5–7). Die Joche des Langhauses sind mit Kreuzgratgewölben überspannt, die südseits direkt in die rundbogigen Gewände der Fenster münden. Steinmetzzeichen (Tabelle II, Nrn. 1–4). Im Chor bilden gekehlte Rippen und Schildbogen drei spitze Stichkappen. Fußboden aus roten Tonplatten von 1937[504]. – Zu dem feierlichen Raum des Ossariums steht die darüberliegende *Kapelle* in starkem Kontrast. Ihres ursprünglichen Zwecks als Sakralraum entfremdet, wirkt sie kühl und nüchtern. Mit Ausnahme der drei Chorbodenstufen zeigt sie keinerlei architektonische Strukturierung.

[504] Der heutige Boden liegt um etwa 10 cm höher als der ursprüngliche. Die halbkreisförmigen Plinthen der Wandpfeiler sind in Vertiefungen sichtbar gelassen.

Abb. 148. Baden. Sebastianskapelle. Inneres des Untergeschosses (ehemalige Beingruft) gegen Osten. Text oben.

Abb. 149. Baden. Sebastianskapelle. Schriftfries der Wetterglocke, 1512. – Text S. 156.

Ausstattung. Beinhaus. Im gering erhöhten Chorteil steht noch der originale, aus Sandsteinquadern aufgebaute *Blockaltar*. Eine kleine, auf der Ostseite erschließbare Kammer in seinem Innern verrät, daß der Stipes Reliquien gehütet hat. Auf der vorkragenden Mensa fünf eingemeißelte (neue?) Weihekreuze. Anstelle eines Retabels wurde 1937 an der Chorscheitelwand ein lebensgroßer *Holzkruzifixus* aus dem künstlerischen Umkreis des BARTHOLOMÄUS CADES angebracht (Abb. 152). Als *Chorschranken* fanden zwei Brüstungen mit Flamboyant-Maßwerk vom einstigen Lettner der Stadtkirche (S. 99) Verwendung (Abb. 147)[505]. Steinmetzzeichen (Tabelle II, Nr. 19). An der östlichen Chorschrägwand Holzstatue des *hl. Sebastian* in erneuerter Fassung; H. 142 cm; Frühbarock, Anfang 17. Jahrhundert. An der nördlichen Längswand zwei Holzbildwerke der *hl. Elisabeth* (Abb. 151) und der *hl. Margareta* (Abb. 150) in Lüsterfassung; H. je 98 cm; um 1615. Beides vermutlich eigenhändige Arbeiten von BARTHOLOMÄUS CADES[506]. Feingliedrige, ernst sinnende Frauengestalten in schweren, noch gotisch empfundenen Gewändern. Vortreffliche Vertreter der nachgotisch-frühbarocken Bildhauerkunst im Raume Baden. Das Westjoch des Ossariums, wo bis ins 19. Jahrhundert Totengebeine angehäuft lagen, birgt heute die Heizung. In die Lünette zwischen der hölzernen Trennwand und dem Jochgewölbe ist ein Holzgitter verstrebt, hinter dem eine 1937 angelegte *Schichtung von über 300 Schädeln* an die ursprüngliche Funktion des Raumes erinnert. In den Fenstern sechs rechteckige *Glasgemälde* von AUGUST FREY, Zürich, mit Szenen eines Totentanzes und der Auferstehung, 1938. Bänke von 1968 mit *Empire-Docken* der alten Bestuhlung in der Stadtkirche, 1815 (vgl. S. 99f.).

Kapelle. Der Plafond zeigt klassizistische *Stukkaturen* aus dem Jahre 1819 von LEOPOLD MOOSBRUGGER. An den beiden durch eine Flechtbandgurte ausgesonderten Spiegelfeldern Kreismotive mit Blattgirlanden und Rosengehängen; im einen die Symbole von Anker, Kreuz und flammendem Herz. Unter dem vordersten Fenster der Nordwand Darstellung der *Gregorsmesse* in Freskotechnik; 118 × 138 cm; Spätgotisch, 1537[507]. Das in Hellgrau, Rotbraun, Grün und zartem Ocker gehaltene Bild diente vermutlich als Schmuck des linken gotischen Seitenaltars (heute stark übermalt und ergänzt). – Im Chor das Hochaltarbild des ehemaligen Kapuzinerklosters (vgl. S. 195f.); an den Seitenwänden und an der Rückwand zahlreiche Gemälde aus der Stadtkirche (vgl. S. 146).

---

505 Vgl. K. J. JEUCH, Die Stadt Baden und ihre Bäder um 1818, hg. von U. MÜNZEL, Badener Kalender 1940, S. 38.

506 Die Figuren stammen vermutlich von einem der frühbarocken Altäre in der Stadtkirche, zu denen CADES den Bildschmuck geliefert hatte (vgl. S. 98) und die 1814 bei der Renovation des Gotteshauses ausgeräumt wurden.

507 Datierung mitgeteilt durch Herrn Dr. O. Mittler. Die betreffende Schriftquelle ist zurzeit nicht auffindbar.

Außen an der Westwand des Gebäudes und im Treppenschacht vor dem Eingang zur Beingruft eingemauerte *Grabplatten* aus der Stadtkirche (vgl. S. 148f.).

Glocken. Der Dachreiter hütet noch die beiden originalen Glocken aus der Erbauungszeit der Kapelle. Neben dem Geläute auf dem Bruggerturm bilden sie das einzige am ursprünglichen Ort verbliebene Glockenensemble in Baden. – 1. Wetterglocke (Abb. 149). Dm. 54 cm. Am Hals gotischer Kreuzbogenfries; am Mantel Darstellung des hl. Bischofs Theodul; am Fuß Umschrift in gotischen Minuskeln, mit Trauben und Glocken (den Attributen des Heiligen) als Interpunktionen, zwischen einem Zinnenfries und zierlicher doldenbehängter Maßwerkarkatur: «o sancte theodoli (sic) ora deum pro aeris devintate (sic) 1512». Auf dem hölzernen Joch die undeutliche Jahreszahl «166.». – 2. Dm. 42 cm. Am Hals gotischer Kreuzbogenfries; am Mantel zweifache Darstellung des hl. Fridolin, der den im Sarg sitzenden Ursus erweckt, sowie das mit der Jahreszahl 1509 verbundene Wappen des Ulrich Dösch, Hauptförderers des Kapellenbaus.

Abb. 150 und 151. Baden. Sebastianskapelle. Statuen der Hl. Margareta und Elisabeth von Bartholomäus Cades, um 1615. – Text S. 155.

Abb. 152 und 153. Baden. Sebastianskapelle und Stadtkirche. Kruzifix und Auferstehungschristus, beide aus dem Umkreis des Bartholomäus Cades, Anfang 17. Jahrhundert (letzterer zurzeit in der Städtischen Sammlung im Landvogteischloß). – Text S. 155 und 146.

ABGEWANDERTE RETABEL

BASEL, HISTORISCHES MUSEUM. *Triptychon vom Altar des Beinhauses (Heiligkreuzaltar)* (Abb. 156). Reliefschnitzereien in Lindenholz auf der Festtagsseite; Temperabemalung auf Tannenholz an der Rückseite des Mittelkorpus. Mittelteil 164 × 189 cm, Flügel 151,5 × 94 cm. Die Feiertagsseite trägt noch geringste Spuren einer alten Fassung, in der Mitte dagegen eine neue Hintergrundmalerei. Die Bemalungen der Flügelaußenseiten und die Predella fehlen. Sonst guter Erhaltungszustand. Rahmen mit gotischem Ziermaßwerk und Kreuz Christi im Zentrum des Mittelteils neu. Spätgotisch, um 1500 [508].

Quellen und Literatur. Akten Holzach im KDA Aarau. – AMMANN, MITTLER, S. 150–154. – G. F. WAAGEN, Kunstwerke und Künstler in Deutschland II, Leipzig 1845, S. 303.

---

508 Über die Schicksale des Triptychons seit seiner Entfernung vom ursprünglichen Platz zu Beginn des 19. Jahrhunderts informieren die Akten zur Sebastianskapelle im KDA Aarau. – Die von O. MITTLER verfochtene Ansicht, wonach das Triptychon auf dem rechten Altar der Beinhauskapelle (= Holzach-Altar) gestanden hat, ist u. E. nicht stichhaltig. Vgl. KDA Aarau, Akten Holzach.

Abb. 154 und 155. Baden. Stadtkirche. Der hl. Karl Borromäus spendet den Pestkranken die Kommunion, Ölgemälde, um 1650–1660; Darbringung im Tempel, Ölgemälde aus der Werkstatt Renward Forers, um 1620 (beide zurzeit in der Sebastianskapelle). – Text S. 146.

A. BURCKHARDT, Kirchliche Holzschnitzwerke (Abbildungen aus der mittelalterlichen Sammlung zu Basel), Basel 1886, S. 1f.; Abb. I–II. – H. DÜRST, P. FELDER, E. MAURER, Gotische Plastik des Aargaus [Katalog zur gleichnamigen Ausstellung auf Schloß Lenzburg 1959], Zofingen 1959, S. 12, 23; Abb. 13. – O. FISCHER, Schweizer Altarwerke und Tafelbilder der Sammlung Johann Heinrich Speyr in Basel, Jahresberichte der Öffentlichen Kunstsammlung Basel 1928–1930, S. 129f., 147f.; Tf. 10. – MITTLER, Stadtkirche, S. 48; Tf. 6. – MITTLER, Baden I, S. 202. – O. MITTLER, Zur Baugeschichte der Stadtkirche Baden, Bad. Njbll. 1938, S. 23f. – Ders., Spätgotische Schnitzaltäre von Baden, Bad. Njbll. 1952, S. 3–7; Abb. 1. – Ders., Die Familie Holzach in Baden, Bad. Njbll. 1971, S. 77–79.

BESCHREIBUNG. Festtagsseite des Mittelteils: Unter konkav geschweiftem Spitzbogen Christus am Kreuz, flankiert von je vier stehenden Heiligen in Hochrelief: v.l.n.r. Maria Magdalena, Bischof Ulrich von Augsburg, Johannes Bpt. und Maria; Johannes Ev., Petrus (oder Thomas), Jodokus und Maria Aegyptiaca. Die Rückwand in der zweiten Hälfte des 19. Jahrhunderts blau gestrichen und mit Sternen geziert. – Festtagsseiten der Flügel: Szenische Darstellungen in differenziertem Flachrelief: Links die Heilige Sippe; rechts der betende Einsiedler Onuphrius mit dem Engel in einer Quellandschaft. – Rückseite des Mittelteils: Eine kleine, 18 cm hohe, und sieben größere, 85–90 cm messende Heiligenfiguren in einer Landschaft. Unter den noch erkennbaren Attributen lassen Krug und Kamm auf eine Verenadarstellung schließen. Die Hand eines männlichen Heiligen hält eine Tasche oder ein Reliquiar.

WÜRDIGUNG. Als Schöpfer des Retabels gibt sich ein in Schwaben geschulter, handwerklich geschickter Bildschnitzer zu erkennen, der seinen Figuren einen eindrücklich lyrischen Charakter zu geben wußte. Namentlich mit den nach 1494 in Augsburg entstandenen Plastiken GREGOR ERHARTS und mit den asketischen Altarfiguren von JÖRG SYRLIN d. J. in Bingen, um 1495, zeigt sein Werk verwandte Züge [509]. Im ganzen lassen die Heiligen allerdings jenes Maß an Würde und Selbständigkeit vermissen, das die Bildwerke der schwäbischen Meister auszeichnet. – Die im Mittelteil versuchte Verbindung der historischen Kreuzigungsszene mit einem Heiligenrepräsentationsbild findet sich im Kunstbereich nördlich des Rheines mehrfach vor.

DÜSSELDORF, KUNSTMUSEUM. DIJON, MUSÉE DE VILLE. *Triptychon des ehemaligen Hochaltars in der Beinhauskapelle (Dreikönigsaltar)* (Abb. 157). Reliefschnitzereien in Lindenholz auf den Innenseiten; Temperabemalung auf den Außenseiten. Mittelteil 172 × 157 cm, Flügel 172 × 79 cm. Die ursprüngliche Relieffassung bis auf minime Kreidegrundspuren abgelaugt. Geringfügige Beschädigungen. Das einst über der mittleren Darstellung innerhalb des Bildrahmens angebrachte spätgotische Ziermaßwerk und die Predella sind verloren. Spätgotisch, datiert 1516 [510].

Quellen und Literatur. Akten Holzach im KDA Aarau. – AMMANN, MITTLER, S. 149f. – G. F. WAAGEN, Kunstwerke und Künstler in Deutschland II, Leipzig 1845, S. 302.

509 Vgl. GERTRUD OTTO, Die Ulmer Plastik der Spätgotik, Reutlingen 1927, Abb. 69, 73, 121 f., 124, 129.
510 FISCHER, Altarwerke, S. 128f., 148, 151. – Bildhefte des Kunstmuseums Düsseldorf, I (Bildwerke des Mittelalters), bearb. von A. VON SALDERN, Düsseldorf 1966, S. 62, Nr. 22. – Die dem Retabelumriß entsprechenden Abschlüsse der Flügelaußenseiten wurden zu unbestimmtem Zeitpunkt durch zwei hälftige Karniesbogen ersetzt.

Abb. 156. Baden. Sebastianskapelle. Retabel vom Heiligkreuzaltar, um 1500 (heute in Basel). – Text S. 158f.

A. BURCKHARDT, Die Eberler gen. Grünenzweig, Basler Zeitschrift für Geschichte und Altertumskunde IV (1905), S. 268f. – Königliche Museen zu Berlin. Beschreibung der Bildwerke der christlichen Epochen, 2. Aufl., IV (Die deutschen Bildwerke und die der anderen cisalpinen Länder), bearb. von W. VÖGE, Berlin 1910, S. 83–85. – Staatliche Museen zu Berlin. Die Bildwerke des Deutschen Museums, III (Die Bildwerke in Holz, Stein und Ton [Großplastik]), bearb. von T. DEMMLER, Berlin, Leipzig 1930, S. 158–160. – O. FISCHER, Schweizer Altarwerke und Tafelbilder der Sammlung Johann Heinrich Speyr in Basel, Jahresberichte der Öffentlichen Kunstsammlung Basel 1928–1930, S. 128f., 148–151; Tf. 9, 11. – Ders., Quelques remarques sur les Primitifs ... dans la Collection Dard, Gazette des Beaux-Arts 1931 I, S. 99–101. – J. MAGNIN, La peinture au Musée de Dijon, Besançon 1933, S. 195. – MITTLER, Stadtkirche, S. 48f. – MITTLER, Baden I, S. 202f. – O. MITTLER, Spätgotische Schnitzaltäre von Baden, Bad. Njbll. 1952, S. 7–10; Abb. 2–4. – Ders., Die Familie Holzach in Baden, Bad. Njbll. 1971, S. 79f. – M. MOULLET, Das Altartriptychon der hl. Sippe aus der alten Dreikönigskapelle zu Baden, Bad. Njbl. 1944, S. 6f. – K. MÜNZEL, Die Dreikönigskapelle in den Großen Bädern zu Baden, Njbl. der Apotheke F. X. Münzel Baden, 1942, S. 10f.; Abb. 11–13. – L. RÉAU, Les Primitifs de la Collection Dard, Gazette des Beaux-Arts 1929 II, S. 353f.

BESCHREIBUNG. Festtagsseite des Mittelteils (in Düsseldorf): Vor einem Stadtprospekt mit zinnenbewehrter Mauer spielt sich das Epiphaniegeschehen ab. In der Mitte Maria mit dem Jesusknaben. Rechts kniet einer der Könige, dem das Christkind neckisch das Gesicht berührt. Von links nahen die beiden anderen Fürsten – ein bärtiger Alter in gebückter Haltung und der Mohr in breitspuriger Frontalposition. Vier Begleiter tragen Kronen und Gefäße. Hinter einem Hügel miniaturhaft der Reiterzug[511]. – Festtagsseiten der Flügel (in Düsseldorf): Je zwei szenische Darstellungen übereinander. Links oben die Geburt Christi vor hügeliger Landschaft mit kurvenreichem Flußlauf (Abb. 159), unten die Beschneidung in gewölbter

---

[511] Ausführliche Beschreibung in: Königliche Museen zu Berlin ... bearb. von W. VÖGE, Berlin 1910, S. 83f.

Abb. 157. Baden. Sebastianskapelle. Retabel vom Dreikönigsaltar, 1516 (heute in Düsseldorf). – Text S. 160–162.

Abb. 158 und 159. Baden. Sebastianskapelle. Martyrium der Zehntausend und Geburt Christi, Flügeldarstellungen vom Dreikönigsaltar, 1516 (vgl. Abb. 157). – Text S. 160–162.

Halle. Rechts oben das Martyrium der Zehntausend in einer phantastischen, kleinlich differenzierten Felsgegend (Abb. 158), unten ein figurenreiches Zustandsbild der Heiligen Sippe. – Werktagsseiten der Flügel (in Dijon): In separierten Landschaften je eine Heiligenfigur mit dem knienden Stifter bzw. seiner Gemahlin. Links Hieronymus mit dem Löwen vor einem Gehäuse; dahinter Genremotive, ein Schloßprospekt und der Heilige als Büßer vor seiner Höhle; unten Scholastika Engelhart mit Wappen [512]. Rechts Christophorus mit dem Christkind und sprießendem Baumstamm; Genreszenen, Architekturprospekte und der legendäre Einsiedler; unten Nikolaus Eberler gen. Grünenzweig mit Wappen, darüber das Meerweibchen aus dem Wappen des Klosters Wettingen (des Kollators der Pfarrkirche Baden) [513]. – Rückseite des Mittelteils (in Düsseldorf): Zweizonige Bemalung. Oben der Erzengel Michael vor Garganus, dessen auf das Rind gezielter Pfeil zurückschnellt, im Hintergrund die Prozession von Bischof und Geistlichkeit zum Berg des Heiligen (eine im süddeutsch-schweizerischen Raum sehr selten dargestellte Legende) [514]; unten in der Mitte der Erzengel mit Waage und Schwert, links die Bischöfe Nikolaus und Erasmus, rechts die Hl. Magdalena und Elisabeth. Überschrift auf dem Stichbogen des Rahmens: «Die Erschinung und legent des helgen Ertz Engels (...) Sant Michels. 1516».

512 MITTLER, Schnitzaltäre, Abb. 3.
513 MITTLER, Schnitzaltäre, Abb. 4.
514 Der Heiligen Leben und Leiden, anders genannt das Passional, hg. von S. RÜTTGERS, I, Leipzig 1913, S. 3f.

WÜRDIGUNG. Maler und Bildschnitzer des Altaraufsatzes entstammen offensichtlich zwei verschiedenen Kunstregionen. Während sich der Schöpfer der Flügelgemälde von Werken aus dem Umkreis Dürers berührt zeigt[515] und auf dem Hieronymusbild renaissancehafte Architekturmotive von Augsburger Vorbildern erprobt, muß der Meister der Festtagsseite seine Ausbildung im Oberelsaß empfangen haben. Einen Anhaltspunkt hiefür liefern drei den Badener Tafeln stilistisch nahestehende Reliefs mit der Geburt Mariä, der Verkündigung und der Darbringung im Tempel, die im Augustinermuseum in Freiburg i.Br. verwahrt sind und Hans Bongart von Colmar zugeschrieben werden[516]. Die gewissenhafte Wiedergabe von Details und Hintergrundmotiven läßt auf graphische Vorlagen schließen[517]. Nicht in allen, aber in einigen Fällen erreicht unser Künstler durch die Abstufung der Plastizitätsgrade eine erstaunliche Tiefenwirkung. Meisterhaft ist ihm das Charakterhaupt des knienden Königs auf der Mitteltafel gelungen, und wo es ihm bisweilen an künstlerischer Fertigkeit mangelt, vermag er durch seine technische Raffinesse zu beeindrucken. Im überlieferten Bestand an schweizerischen Holzbildwerken der Spätgotik nehmen die Relieftafeln des Retabels einen hervorragenden Platz ein.

KARLSRUHE, STAATLICHE KUNSTHALLE. *Flügelteilstücke vom Triptychon des ehemaligen rechten Seitenaltars in der Beinhauskapelle* (Abb. 160, 161 und 162). Sechs Tafeln aus Tanne mit einseitiger figürlicher Temperabemalung. Rahmung nicht original. 1. Vermählung Mariä, max. 133,5 × 46 cm. Oben wahrscheinlich um weniges beschnitten, aber noch in der originalen Form eines Viertelbogens abgeschlossen; beidseitig insgesamt um etwa 25–40% der heutigen Breite beschnitten. – 2. Heimsuchung, max. 134,5 × 46 cm. Gegengleiches Pendant zu Nr. 1; in derselben Weise beschnitten. – 3. Hl. Joachim, max. 141 × 26 cm. Oben konkave, nach rechts ansteigende Schweifung; beidseitig insgesamt um rund 50% der heutigen Breite beschnitten. – 4. Hl. Anna selbdritt, max. 141 × 26 cm. Gegengleiches Pendant zu Nr. 3; in derselben Weise beschnitten. – 5. Die Hl. Johannes Bpt. und Onuphrius, max. 132,5 × 46 cm. Der ursprüngliche obere Abschluß in Form eines Viertelbogens zu einem symmetrischen Segmentbogen verkürzt; beidseitig insgesamt um etwa 25–40% der heutigen Breite beschnitten. – 6. Die Hl. Jodokus und Gladius, max. 134,5 × 46,5 cm. Gegengleiches Pendant zu Nr. 5; in derselben Weise beschnitten. – Offensichtlich wurde das Retabel zu einem unbestimmbaren Zeitpunkt zergliedert, indem man Flügel und Mitteltafel in Teilstücke zersägte, diese einzeln niedriger und schmaler schnitt und separat rahmte. 1–4 gehörten vor der Zergliederung zu den Flügelaußenseiten, und zwar in der Reihenfolge (v.l.n.r.) 1, 3, 4, 2. 5 und 6 befanden sich auf den Flügelinnenseiten,

---

515 Vgl. F. Anzelewsky, Albrecht Dürer – Das malerische Werk, Berlin 1971, S. 72 f.; Textabb. 5.
516 Inv. Nr. 11419–11421. Freundliche Mitteilung von Herrn Dr. A. von Saldern, Düsseldorf. – Entfernt verwandt scheint auch das originelle, einst ebenfalls mit Bongart in Verbindung gebrachte Relief mit der Sprichwortdarstellung in Berlin-Dahlem. Katalog der Ausstellung «Spätgotik am Oberrhein – Meisterwerke der Plastik und des Kunsthandwerks 1450–1530» in Karlsruhe 1970, Karlsruhe 1970, Abb. 150. (Die S. 210 versuchte Zuschreibung an den Monogrammisten HSR halten wir für unberechtigt.) – Die augenfälligste Ähnlichkeit mit dem Retabel aus Baden zeigen vier Flügelreliefs in der Eremitage in Leningrad, deren Provenienz aber noch nicht geklärt ist. Freundliche Mitteilung von Herrn Dr. T. Müller, München. Photographien im KDA Aarau.
517 Die Marterszene lehnt sich deutlich an Dürers Holzschnitt B 117 an.

Abb. 160, 161 und 162. Baden. Sebastianskapelle. Werktagsseite des Retabels vom rechten Seitenaltar im Obergeschoß, um 1500–1510 (heute in Karlsruhe). – Text S. 162–164.

5 auf dem linken Flügel hinter Tafel 1 mit der Vermählung, 6 auf dem rechten Flügel hinter Tafel 2 mit der Heimsuchung. Der Aufsatz war bei geschlossenem Zustand im Kielbogen geschweift. Nach der Zergliederung wurden die Darstellungen als separate Tafelbilder verwendet. Über die Darstellungen auf den fehlenden Teilstücken, insbesondere im Mittelteil der Innenseite, und auf der Predella besteht Ungewißheit. – 3–5 mit liegenden Nelken signiert. Spätgotisch, Anfang 16. Jahrhundert[518].

Quellen und Literatur. Akten Holzach im KDA Aarau. – AMMANN, MITTLER, S. 146, 148f., 151; Tf. 48f. – G. F. WAAGEN, Kunstwerke und Künstler in Deutschland II, Leipzig 1845, S. 304. O. FISCHER, Nachträge zur Sammlung von Speyr, Jahresbericht der Öffentlichen Kunstsammlung Basel 1931/32, S. 38f. – Ders., Ein Altarwerk des Zürcher Nelkenmeisters, Neue Zürcher Zeitung vom 6. Nov. 1932, Nr. 2061. – W. HUGELSHOFER, Die Zürcher Malerei bis zum Ausgang der Spätgotik I, Mitteilungen der Antiquarischen Gesellschaft in Zürich XXX, 4 (1928), S. 31. – Staatliche Kunsthalle

---

518 KDA Aarau, Akten Holzach: 25. April 1970. – Staatliche Kunsthalle Karlsruhe. Katalog Alte Meister, S. 193. – Dank den Nachforschungen, die Herr Manfred Holzach, Frankfurt a. M., aus eigener Initiative angestellt hat, darf heute als höchst wahrscheinlich gelten, daß das Retabel auf dem rechten Seitenaltar der Badener Beinhauskapelle stand und mit jener «Tafell», die Anna Holzach 1503 in Auftrag gab (siehe S. 150), identisch ist. – Vgl. Anm. 508.

Karlsruhe. Katalog Alte Meister bis 1800, bearb. von J. LAUTS, Karlsruhe 1966, Nr. 39 (mit weiteren Literaturangaben). – M. MOULLET, Les maîtres à l'œillet, Basel 1943, S. 86–89; Abb. 80–83. – Ders., Das Altartriptychon der hl. Sippe aus der alten Dreikönigskapelle zu Baden, Bad. Njbll. 1944, S. 3–17; Abb. 9, 11–13. – K. MÜNZEL, Die Dreikönigskapelle in den Großen Bädern zu Baden, Njbl. der Apotheke F. X. Münzel Baden, 1942, S. 9f. – H. ROTT, Quellen und Forschungen zur südwestdeutschen und schweizerischen Kunstgeschichte im XV. und XVI. Jahrhundert I (Bodenseegebiet), Stuttgart 1933, S. 211–215. – A. STANGE, Deutsche Malerei der Gotik VII, München, Berlin 1955, S. 74–76.

BESCHREIBUNG. Die Flügelinnenseiten zeigten wahrscheinlich eine Reihung von je drei Heiligengestalten vor gemustertem Goldgrund. Auf der erhaltenen Tafel der linken Seite steht der Vorläufer Christi mit Onuphrius in geistlichem Gespräch; am Boden ein Spruchband «· S · Johanes bapt S Onofrius ·». Auf der Tafel des rechten Flügels kehren sich Jodokus und Gladius einander zu; analoges Spruchband «S · Jos · S · glado ·»; zu Füßen des Eremiten dessen Attribut, die Krone, dreifach (2 + 1) in blauem Wappenschild[519]. – Die Flügelaußenseiten waren durch die eine Einheit bildenden Darstellungen auf den Tafeln 3 (Joachim) und 4 (Anna selbdritt) als Paar negiert und optisch sowie gedanklich zusammengeschlossen. Das mittlere Zustandsbild mit der Heiligen Sippe vor neutralem, blauem Hintergrund wurde flankiert von den beiden historisch-illustrativen Darstellungen der Vermählung links und der Heimsuchung rechts. Diese spielt in weiter Wiesenlandschaft mit See und felsigen Bergen; jene, dem alten dreifigurigen Schema folgend, in einem gotischen Sakralraum.

WÜRDIGUNG UND MEISTERFRAGE. Die sechs Retabelbilder, die thematisch und kompositionell eine Tradition vertreten, übertreffen in Stil und Kolorit vieles von dem, was die spätgotische Tafelmalerei um 1500 in der Schweiz hervorgebracht hat. Freilich bestehen zwischen den Flügelinnenseiten und den Flügelaußenseiten qualitative Unterschiede, die zwei verschiedene Künstlerhände voraussetzen. Der Meister der beiden Heiligenpaare verrät den sichereren Blick für das Bildganze als jener der Marienszenen. In seinen Bildern ist bereits ein leichter Niederschlag der deutschen Renaissance zu verspüren. – Mittelbares künstlerisches Vorbild der beiden Maler muß MARTIN SCHONGAUER gewesen sein. Besonders nahe stehen die Retabelfragmente jedoch den Tafeln des sogenannten Michaelaltars im Zürcher Kunsthaus[520], die ebenfalls Nelkensignaturen tragen und mit denen die Forschung Bruchstücke eines die Zürcher Stadtheiligen darstellenden Tafelbildes in Beziehung gesetzt hat. Sollte die Vermutung zu Recht bestehen, wonach dieses Heiligenbild um 1497 von HANS LEU d. Ä. für das Großmünster angefertigt worden ist[521], so rückt es in den Bereich des Wahrscheinlichen, daß auch die Badener Tafeln in der Werkstatt dieses Meisters entstanden sind. Die Feiertagsbilder könnten von LEU selbst, die Werktagsbilder – vielleicht erst nach seinem Tode 1507 – von einem seiner Gesellen gemalt worden sein.

[519] Der Maler scheint einer festen Bildtradition zu folgen, die im künstlerischen Umkreis Kaiser Maximilians I. entstand und den hl. Jodokus in Verbindung mit dem Wappen des Monarchen darstellt. Vgl. Jahrbuch der Kunsthistorischen Sammlungen des Allerhöchsten Kaiserhauses IV, Wien 1885, Tf. 56. – Weiteres hiezu im KDA Aarau, Akten Holzach: 17. März 1970, fol. 2, 18. und 25. März und 1. April 1970.
[520] W. WARTMANN, Der Zürcher Nelkenmeister – Ausstellung im Kunsthaus Zürich 1929, Tf. I–IV. – O. FISCHER in der Neuen Zürcher Zeitung vom 6. Nov. 1932.
[521] P. GANZ, Die Malerei der Frührenaissance in der Schweiz, Zürich 1924, S. 109–111.

SEBASTIANSKAPELLE

ÜBRIGES ABGEWANDERTES KUNSTGUT

BADEN, STADTKIRCHE. *Grabplatten aus dem Beinhaus*, außen in der südlichen Kirchenmauer. Muschelsandstein; auf den Wappen Farbspuren. 1. *Johannes Theodor und Johannes Damian Nieriker*, † 1713 bzw. 1730. 181 × 91 cm. Unter zwei Wappenkartuschen mit den Schildern Nieriker und Wanger[522] Rollwerktafel mit Inschrift: «HIE LIG BEGRABEN / HERR IOAN: / THEOD. NIERICKER / DES RATHS UND / STATTHALTER / AETATIS SUAE 87 ~. / STARB / DIE SECUDO (sic) FEBR: / ANNO 1713.» Umschrift: «ANNO 1730 DEN 4 / NOBRIS · OBIIT · IOAN · DAMIAN / NIERICHKER (sic) · MD / DES · RATHS · DES · (sic) UND · RENTHE(R)». – 2. *I. Hagenweiler* (?). 175 × 75 cm. Im oberen Drittel Wappen Hagenweiler (?) und von Schlieren (oder Pfyffer?)[523]. Keine Inschrift mehr sichtbar. – 3. *Ulrich Dösch gen. Jäger*. Anfang 16. Jahrhundert. 178 × 80 cm. Durch lateinisches Kreuz in Quartiere geteilt. Unten, heraldisch rechts, Wappen; dazu in den übrigen Quartieren Ahnenprobewappen: oben rechts Wagner zur Rose, oben links Tegerfelt, unten links Seiler (?)[524]. Keine Inschrift. – 4. *(Adelheid?) Dösch (-Wagner?)*. Erste Hälfte 16. Jahrhundert. 180 × 81 cm. Unter dem Balken eines lateinischen Kreuzes rechts Wappen, links Wappen Wagner zur Rose. Keine Inschrift. – 5. *Dösch*. 107 × 37 cm (fragmentarisch). Verwittertes Wappen.

BADEN, SCHATZ DER STADTKIRCHE. *Zwei Paar Altarleuchter* vom klassizistischen Altar der Kapelle (Abb. 163). Zinn. Höhe je 60 cm. Ohne Marken. Louis XVI, Anfang 19. Jahrhundert. Mit Blattkordeln überhängte Ovalmedaillons an Fuß, Knauf und Schaft; kleine Mäandermotive. – Grünes, gebuckeltes *Reliquienglas* in Becherform (Abb. 164). H. 9,5 cm. Auf dem Pergamentverschluß das Wappensiegel des seit 1494 als Bischof von Troia amtierenden Balthasar Brennwald. Ein Rarissimum. – *Gnadenbild Maria vom Stern*. Öl auf Leinwand. 55,5 × 41,5 cm. Mitte 18. Jahrhundert.

---

522 MERZ, S. 220, 326f.; Abb. 176, 249; Tf. VII, 23.   523 MERZ, S. 121, 230; Abb. 103, 184.
524 HABERBOSCH, Kunstgeschichtliche Fragen, S. 67; Abb. 3.

Abb. 163 und 164. Baden. Sebastianskapelle. Louis-XVI-Altarleuchter, Anfang 19. Jahrhundert; spätgotisches Reliquienglas, 15. Jahrhundert (beide im Schatz der Stadtkirche). – Text oben.

KAPELLE DER HEILIGEN DREI KÖNIGE IN DEN BÄDERN

DER ABGEBROCHENE ROMANISCHE BAU

GRABUNGSBEFUNDE UND BAUGESCHICHTE (Abb. 165). Die Grundmauern der im späteren Mittelalter häufig genannten Kapelle sind 1968 unter Leitung von Dr. H. R. SENNHAUSER, Zurzach, freigelegt und anschließend zugunsten eines Garageneubaus weggeräumt worden. Ihre Form und Technik wiesen in die Zeit um 1100[525]. Die Fundamente bildeten einen rechteckigen Grundriß von außerkant etwa 26,5 × 10 m. Die Grundmauern des südlich angeschlossenen, mit der Ostmauer des Geviertes bündig stehenden Rechteckturms erwiesen sich als separater, freilich kaum wesentlich jüngerer Anbau. In der östlichen Hälfte der Schiffundamente fanden sich drei rechteckige Altarsubstruktionen: eine mittlere (ungefähr um 1 m von der Ostwand distanziert) und zwei an die Längsseiten angeschlossene (ungefähr 7,6 m von der Ostwand entfernt). Das westliche Drittel war durch zwei vor die Längsmauern tretende Pilasterunterlagen ausgeschieden, die noch die Lage eines Emporentragbalkens markierten[526]. – Zahlreiche archivalische Nachrichten aus dem 15.–19. Jahrhundert berichten über Umbauten und Renovationen des romanischen Kirchleins[527]. Einschneidende Veränderungen erfuhr es 1747–1749, als sämtliche Altäre erneuert wurden, und 1821 durch einen neuen Stukkaturenschmuck von Baumeister (JOHANN JOSEPH) MOOSBRUGGER. – Im Verlauf des 19. Jahrhunderts geriet die Kapelle rasch in Zerfall. 1874 baute die Aktiengesellschaft der «Neuen Kuranstalt» in unmittelbarer Nähe nördlich davon das «Grand Hôtel»[528]. Im Frühjahr 1881 wurde das Gotteshaus abgebrochen. Am 1. August 1882 weihte man auf einem wenige Meter weiter südwärts gelegenen Platz eine neue Kapelle ein (vgl. S. 171).

Quellen. StadtA Baden, Nrn. 3, 50, 51, 65, 204f., 386/II, 644, 650–651 b, 893, 951. – Kath. PfarrA Baden, Prot. der Kirchenpflege 1868–1886. Rodel der Dreikönigsbruderschaft. – Kunsthaus Zürich, L. 47, S. 31 (Notiz J. M. USTERIS zu den Glasgemälden). – AMMANN, MITTLER, S. 148, 165. – MERZ. – WELTI, Urkunden I und II. – WELTI, Regesten I und II.

Literatur. FRICKER, Baden, S. 17–22, 275f., 278–280, 289, 484. – L. HÄFELI, Bilder aus der Geschichte der Stadtpfarrei Baden, Baden 1939, S. 16. – Katholische Kirchen, S. 36. – J. E. KOPP, Geschichtsblätter aus der Schweiz I, Luzern 1854, S. 267. – MITTLER, Stadtkirche, S. 43. – MITTLER, Baden I, S. 34f., 51, 64, 138, 141, 144f., 151f., 198–201. – K. MÜNZEL, Die Dreikönigskapelle in den Großen Bädern, Njbl. der Apotheke F. X. Münzel Baden, 1942. – NÜSCHELER III, S. 553f. – J. R. RAHN, Schalltopf aus der ehemaligen Kapelle der Heiligen Drei Könige in Baden, ASA 1895, S. 442f. – H. R. SENNHAUSER, Kirchen und Kapellen in Baden, Bad. Njbll. 1969, S. 21f.

---

525 Damit sind die alten Mutmaßungen, wonach am Platz der mittelalterlichen Kapelle ursprünglich ein heidnischer Tempel oder ein frühchristliches Oratorium gestanden haben soll, widerlegt. (Vgl. H. Gundelfinger, De Thermis helveticis, 1489, in: C. Gesner, De Balneis omnia quae exstant, Venedig 1553, S. 292. Kath. PfarrA Baden, Rodel der Dreikönigsbruderschaft [beg. 1741], Ingreß.) – Freilich könnte dennoch in den Bädern schon in altchristlicher Zeit ein Kultbau vorhanden gewesen sein.

526 SENNHAUSER, S. 21f., mit Abb.

527 Quellenhinweise und detaillierte Vermerke zur Geschichte und Baugeschichte der Kapelle im KDA Aarau.

528 Bilddokument Nr. 107. – Der monumentale Hotelbau, der etwas vom hochstaplerischen Geist der Architektur der Gründerjahre in das intime Bäderquartier brachte, wurde 1944 wieder abgebrochen. – L. JAEGER, Aus der Geschichte des «Grand Hôtel», Bad. Njbll. 1945, S. 65–67 (mit Abbildungen).

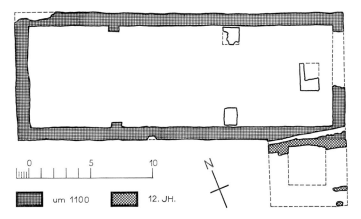

Abb. 165. Baden. Dreikönigskapelle, Grundriß des abgebrochenen romanischen Baus. – Text S. 166.

Bilddokumente Nrn. 1, 2, 4, 6, 20, 65, 66, 67, 92.
Plandokumente Nrn. 10, 11.
Bädermodell (zitiert S. 26; Abb. 295).

LAGE UND BILDLICHE ÜBERLIEFERUNGEN (Abb. 25, 27 und 28). Die kleine Kirche befand sich abseits der betriebsamen Gasthöfe und Herbergen am westseitigen Ausgang des Bäderquartiers. Zwischen ihre Nordflanke und die Limmat schoben sich die entlegenen Annexbauten des vornehmen «Hinterhofs» (siehe S. 310), neben der Südmauer, beim sogenannten Mattentor, nahm der flußabwärts führende Uferweg seinen Anfang. Vom Äußern des Baus, dessen Turm bis zur Stunde des Abbruchs noch typisch romanische Züge trug, geben die Nordansichten des Bäderviertels (Abb. 4, 30 und 292) und die Zeichnung JOSEPH NIERIKERS aus der Mitte des 19. Jahrhunderts eine erfreulich klare Vorstellung. Das Innere ist im Zustand um 1880 auf einer Photographie in der Privatsammlung F. X. Münzel, Baden, festgehalten.

ABGEWANDERTE RETABEL

DIJON, MUSÉE DE VILLE. *Zwei Flügel vom Triptychon des Hochaltars (Dreikönigsaltar)* (Abb. 166 und 167). Tempera mit Goldgrund auf Holz. Rechteckig, je 130 × 97 cm. Einige Rißschäden. Mittelstück und Predella fehlen seit unbestimmbarer Zeit. Rahmen neu. Spätgotisch-realistisch, um 1460–1480 [529].

Quellen und Literatur. Catalogue de la Collection de manuscrits, tableaux, sculptures antiques, estampes et différents objets de curiosité dans les sciences et arts, qui composent le cabinet de J. H. de Speyr, l'aîné, au Heuberg n° 415 à Basle, Basel 1835. – Universitätsbibliothek Basel, Kollektaneen aus dem Historischen Museum Basel (Nr. 980), S. 11–18 («Catalog und Verzeichnis der Kunst-Gegenstände und Eigenthum des Antiquar J. H. von Speyr, 1841») und S. 81–89 («Spécification meiner Alt Deutschen Gemählde und Sculpturen, 1845/46»). – StA Basel, Nachlaßinventar der Sammlung Speyr, 1852. – AMMANN, MITTLER, S. 145f.; Tf. 45.

---

[529] Nach MITTLERS glaubhafter Vermutung sind die Flügel identisch mit einem 1478 verbürgten Altaraufsatz. – MITTLER, Baden I, S. 98f. – AMMANN, MITTLER, S. 156.

H. Chabeuf, La Collection Dard au Musée de Dijon, Journal de la Côte-d'Or, Paris 25. Sept. 1916. –
H. David, Les Primitifs de la Collection Dard – Guide usuel, Dijon 1930. – O. Fischer, Quelques
remarques sur les Primitifs ... dans la Collection Dard, Gazette des Beaux-Arts 1931 I, S. 96; Fig. 1f. –
Ders., Schweizer Altarwerke und Tafelbilder der Sammlung Johann Heinrich Speyr in Basel, Jahresberichte der Öffentlichen Kunstsammlung Basel 1928–1930, S. 133f., 142f.; Tf. 2f.; 1931/32, S. 39f. –
Ilse (Baier-)Futterer, Ein Beitrag zur Beweinung Christi im St.-Andreas-Kloster zu Sarnen, Festschrift Robert Durrer, Stans 1928, S. 264–270. – W. Hugelshofer, Einige Luzerner Maler im ersten
Viertel des 16. Jahrhunderts, Festschrift Robert Durrer, Stans 1928, S. 304. – Ders., Eine Sammlung
von Schweizer Gemälden in Dijon, Neue Zürcher Zeitung vom 13. und 14. Jan. 1931. – Mittler,
Stadtkirche, S. 47; Tf. 4f. – Mittler, Baden I, S. 198f.; Tf. 14. – L. Réau, Les Primitifs de la Collection Dard, Gazette des Beaux-Arts 1929 II, S. 347. – Schweizer Malerei des 15.–18. Jahrhunderts
[Katalog (mit Nachtrag) zur gleichnamigen Ausstellung in Bern 1936], Bern 1936, Nr. 2a f.

Beschreibung. Die linke Innenseite zeigt die Geburt Christi. Im Bildmittelgrund, der hinter dem notdürftig gebauten Stall sichtbar wird, die Szene der Verkündigung und zwei nahende Wehmütter. Im Hintergrund der Prospekt Bethlehems, vor dem sich ein stilles Gewässer mit Schiffen und Schwänen breitet. Die seltsame Darstellung auf der rechten Innenseite bringt drei berittene Bannerträger. Der vorderste, von arabischem Aussehen, reitet barfuß ein Kamel und führt eine Meerkatze an der Kette; ihm zunächst ein Kavalier in abendländisch ritterlicher Gewandung; auf dem Pferd zuhinterst ein Mohr in breitrandigem Hut, mit einem Beutel am Ohrring. Neben den Trabanten stehen zwei weitere Rosse und ein Kamel ohne Reiter: offenbar die Tiere der drei Könige. Auf weitem, von Bäumen gesäumtem Feld in der Ferne motivreiche Alltagsszenen (berittene Posaunenbläser, Last-

Abb. 166 und 167. Baden. Dreikönigskapelle. Geburt Christi und Trabanten der Drei Weisen, Flügelbilder vom Hochaltar, um 1460–1480 (heute in Dijon). – Text S. 167–169.

kamele mit Treibern, Häuser mit arbeitenden Landleuten und ein Reiterheer, das aus dem Tor einer befestigten Stadt zieht). Die *hypothetische Rekonstruierung der verlorenen Mitteltafel* fällt nicht schwer. Die Thematik der beiden Flügelinnenseiten, namentlich die der rechten, spricht eindeutig für eine Darstellung der Heiligen Drei Könige am Ziel ihrer Reise. Ungewiß bleibt indessen, ob dieses Bild ebenfalls gemalt oder in Schnitztechnik gehalten war. – Auf der linken Außenseite ist der Verkündigungsengel, auf der rechten Außenseite Maria dargestellt (beide Bilder stark verdorben).

WÜRDIGUNG. Die Flügelbilder offenbaren die entschiedene Abkehr vom höfischfeudalen Stil des ersten Viertels des 15. Jahrhunderts, wie sie bei den oberdeutschen Realisten erstmals deutlich wird. Sie erinnern stark an den im Kreis um HANS MULTSCHER entstandenen Sterzinger Hochaltar von 1457[530]. Der Meister der Badener Tafeln tendiert indessen bereits zu einer individuelleren Gestaltung der Bildmotive und zu einer weniger bündigen Komposition als die Ulmer Schule. Die feingliedrige landschaftliche Ferne und die genrehaften Züge gehen zweifellos auf eine starke Anregung der zeitgenössischen niederländischen Miniatur- und Tafelmalerei zurück.

DIJON, MUSÉE DE VILLE. *Zwei Flügel vom Triptychon des linken Seitenaltars (Passionsaltar)* (Abb. 168 und 169)[531]. Tempera auf Holz. Mit kielbogigem Abschluß, je 168 × 76 cm. Rißschäden, sonst sehr gut erhalten. Mittelstück und Predella fehlen seit unbestimmbarer Zeit. Rahmen neu. Signatur auf zwei Bildern: kreuzweise angeordnete Nelke und Ähre; vermutlich aus einem geschlossenen schweizerischen Künstlermilieu, das FISCHER «Werkstatt des Meisters mit der Nelke und der Rispe» bezeichnet[532] (Umkreis THÜRING MEYERHOFERS in Baden?). Spätgotisch, um 1490 bis 1495.

Quellen und Literatur. Dem zum Hochaltarretabel verzeichneten Quellenmaterial (siehe oben) ist folgendes beizufügen: G. F. WAAGEN, Kunstwerke und Künstler in Deutschland II, Leipzig 1845, S. 303f. – AMMANN, MITTLER, S. 146–148; Tf. 46f.
Die im folgenden abgekürzt zitierte Literatur ist in der Bibliographie zum Hochaltarretabel im vollen Wortlaut aufgeführt: CHABEUF, Journal. – DAVID, Guide. – FISCHER, Remarques, S. 99. – Ders., Altarwerke (1928–1930), S. 130, 145–157; Tf. 4f. – P. GANZ, Geschichte der Kunst in der Schweiz von den Anfängen bis zur Mitte des 17. Jahrhunderts, Basel, Stuttgart 1960, S. 358. – P. HOEGGER, Das Passionsretabel aus der Dreikönigskapelle in Baden, 1969 (maschinengeschriebenes Manuskript im KDA Aarau). – HUGELSHOFER, Schweizer Gemälde. – MITTLER, Baden I, S. 199f. – M. MOULLET, Les Maîtres à l'œillet, Basel 1943, S. 97–99, 116f.; Tf. 117–120. – K. MÜNZEL, Die Dreikönigskapelle in den Großen Bädern, Njbl. der Apotheke F. X. Münzel Baden, 1942, S. 9; Abb. 5–8. – RÉAU, S. 353. – H. ROTT, Quellen und Forschungen zur südwestdeutschen und schweizerischen Kunstgeschichte im XV. und XVI. Jahrhundert III, Stuttgart 1938, Quellen 2 S. 140; Text S. 168, 225–230. – Schweizer Malerei (Katalog), Nr. 24. – U. THIEME, F. BECKER, Allgemeines Lexikon der bildenden Künstler XXXVII, s.v. «Meister mit der Nelke», S. 243–245 (R. WEHRLI).

---

530 M. TRIPPS, Hans Multscher – Seine Ulmer Schaffenszeit 1427–1467, Weißenhorn 1969, S. 127, 129–131; Abb. 241–248.
531 Die Provenienz der Tafeln verbürgt eine Kopie der hier dargestellten Geißelungsszene von J. M. USTERI mit dem Vermerk: «Nach einem Gemählde in der 3 Königskapelle in den Bädern zu Baden». Kolorierte Federzeichnung, 10 × 9,5 cm. Kunsthaus Zürich, L 8, fol. 43.
532 FISCHER, Altarwerke, S. 145–147.

Abb. 168 und 169. Baden. Dreikönigskapelle. Passionsszenen, Flügelinnenseiten vom linken Seitenaltar, Umkreis Thüring Meyerhofers? um 1490–1495 (heute in Dijon). – Text S. 169–171.

BESCHREIBUNG. Die Werktagsseiten der beiden Flügel schildern vier Szenen vom Passah bis zur Geißelung. Oben links das Abendmahl, oben rechts Christus im Garten Gethsemane; unten links Christus vor Kaiphas (auf dem Stufenpodest des Hohepriesters die Signatur), unten rechts die Geißelung. – Die Darstellungen der Festtagsseiten schließen inhaltlich an jene der Außenseiten an. Oben links die Dornenkrönung im Richthaus, oben rechts die Verspottung (in der Linken des Landpflegers und über den Köpfen des Pöbels vier flatternde Spruchbänder: «Ece · omnia», «Cruce ficatur», «Cruce fiatur Eum» [sic], «Crucefiatur» [sic]); unten links die Kreuztragung (im Vordergrund auf dem Erdboden die Signatur), unten rechts die Kreuzabnahme. – In der verlorenen *Mittelpartie* muß die Kreuzigung dargestellt gewesen sein, da sie – als zentraler christlicher Lehrbegriff – in dem detaillierten Passionszyklus nicht gefehlt haben kann und sich an dieser Stelle logisch in den Bildablauf einfügte.

MEISTERFRAGE, DATIERUNG UND WÜRDIGUNG. Die Forschung hat mehrere Versuche unternommen, den begabten Meister des Passionsretabels mit einem der namentlich bekannten Künstler der süddeutschen und schweizerischen Spätgotik zu identifizieren. H. ROTT sprach sich für den 1504 und 1510 erwähnten Badener Maler JAKOB EHINGER aus [533]; M. MOULLET machte, mit Vorbehalten, die Werkstatt THÜRING MEYERHOFERS namhaft [534], und O. MITTLER hat unter extensiver Auslegung einer Schriftquelle, wonach MEYERHOFER in Baden «den ölberg» malte, diesen Meister selbst in Betracht gezogen [535]. Alle diese Hypothesen lassen einstweilen noch Zweifeln Raum, zumal weder EHINGER noch MEYERHOFER mit irgendeinem erhalten gebliebenen Tafelwerk schlüssig in Verbindung gebracht werden können. – Unschwer läßt sich dagegen feststellen, daß sechs der acht Badener Bilder (alle mit Ausnahme des ersten und des letzten) in der Komposition auf die gestochene Passionsfolge SCHONGAUERS zurückgehen, die nicht allzu lange vor 1488 geschaffen wurde [536]. Neben dieser Abhängigkeit von dem großen oberrheinischen Künstler machen sich im Figurenstil starke Einschläge des schwäbischen Kunstbereichs bemerkbar. Insbesondere mit den ironisch aufgefaßten Menschentypen MULTSCHERS haben die Gestalten des Retabels viel gemeinsam. HANS SCHÜCHLIN, JÖRG STOCKER und BARTHOLOMÄUS ZEITBLOM scheinen künstlerisch nahe Verwandte unseres Malers zu sein.

BADEN, STÄDTISCHE SAMMLUNG IM LANDVOGTEISCHLOSS. *Teile des spätbarocken Hochaltars.* 1. *Altarblatt mit der Magieranbetung.* Öl auf Leinwand. 172 × 107,5 cm. Signiert «Franz Karl Dorer». 1749. Stimmungsvolle Szene in zauberhaft dunkler Umgebung. Einziges spätbarockes Sakralgemälde von Rang in Baden. – 2. *Statuen der Hl. Sebastian und Laurentius.* Lindenholz mit Lüsterfassung. H. 85 bzw. 87 cm. Um 1750. – 3. *Gespreng und Seitenbart* aus à jour gearbeitetem, ziervergoldetem Rocaillewerk. 1749.

DER NEUGOTISCHE BAU VON 1882

BAUGESCHICHTE. Im Frühjahr 1881 beauftragte die katholische Kirchgemeinde den Badener Architekten ROBERT MOSER, als Ersatz für die alte eine neue, 80–100 Plätze haltende Kapelle zu errichten. An die totalen Kosten von Fr. 22 000.– leistete die «Kuranstalt» einen Beitrag von Fr. 10 000.–. Der Bau war im Sommer 1882 fertig [537]. – 1972 Renovation [538].

BESCHREIBUNG (Abb. 170). *Lage.* Das Gotteshaus kam in das abhaldende, bewaldete Gelände unmittelbar südlich seiner Vorgängerin zu liegen. Der südwärts gerichtete Chor steht auf ausgestochenem Terrain; die Stirnfassade erhebt sich über

---

533 ROTT III, Quellen 2 S. 139f.; Text S. 168.   534 MOULLET, S. 93, 102f.
535 AMMANN, MITTLER, S. 147f. (mit wertvollen Forschungsergebnissen zum Leben des Künstlers).
536 B 9, B 11, B 12, B 13, B 15, B 16. – J. BAUM, Martin Schongauer, Wien 1948, S. 35; Tf. 29, 31, 32, 33, 35, 36.
537 Kath. PfarrA, Prot. der Kirchenpflege 1868–1886, bes. S. 164, 167–170, 172, 177f., 198f., 210, 212.
538 J. TREMP, Die Erhaltung der Bausubstanz des 19. Jahrhunderts am Beispiel der Dreikönigskapelle in den Bädern, Bad. Njbll. 1973, S. 33–35.

Abb. 170. Baden. Dreikönigskapelle. Neugotischer Bau von Nordosten. – Text S. 171–173.

einer 2 m hoch aufgeführten Stützmauer am Rande der Parkstraße. Zwei symmetrische Treppen führen zum Eingang. Die Kapelle bildet mit der benachbarten Nordfassade des Hotels «Zum Bären» (Abb. 299) ein eindrückliches Ensemble aus der Zeit des Stilhistorismus.

Äußeres. Die 18,5 auf max. 8,5 m messende Kapelle zerfällt in einen dreiseitig gegliederten Vorbau mit inkorporierter Vorhalle und Seitengelassen, ein etwas schmaleres Rechteckschiff und einen eingezogenen Fünfachtelchor. Der spröde wirkende, durch Fugenschnitt belebte Vorbau präsentiert sich nach der Eingangsseite mit einer vorspringenden übergiebelten Mittelpartie zwischen schulterförmigen Annexen. Risalit, Schiff und Chor liegen unter gleichem First; die Annexbauten dagegen tragen niedrigere, winkelrechte Satteldächer und enden mit Quergiebeln. Der Effekt der dreiseitig orientierten Giebelwände wiederholt sich in der Detailgestaltung der drei Frontispize, deren Akroterien mit Kreuzblumenschmuck wiederum giebelig gebildet und frontal vor die Schrägen gesetzt sind. Das spitzbogige Portal mit Maßwerktympanon liegt in einer pilasterflankierten Ädikula. Darüber öffnet sich ein gekuppeltes Spitzbogenfenster. Die Traufseiten der Schulterannexe zeigen einfache, rondellenüberhöhte; ihre Giebelseiten doppelte Spitzbogenlichter.

Im Hauptgiebel, der mit einer Blendarkade verziert ist und in einem Steinkreuz gipfelt, sitzt ein verglaster Vierpaß mit Uhrkreis. – An Schiff und Chor große Spitzbogenfenster.

Inneres. Die quadratische, von einem Kreuzrippengewölbe überspannte Vorhalle führt in ein einfaches flachgedecktes Schiff von rötlichgrüner Farbtönung. Der gewölbte Chor hinter einspringendem Spitzbogen wird von Dreivierteldiensten gegliedert, deren Blattkapitelle eingekehlte Rippen zu einem Schlußstein entsenden.
Ausstattung. Im Rayonnant-Maßwerk des Portaltympanons figürliche und vegetabile *Glasmalereien* von F. BERBIG, Enge (Zürich), 1882. – Im Chorscheitel hölzerner, ungefaßter *Altaraufbau* in Form eines säulengestützten, krabbenbesetzten Wimpergs der Firma MÜLLER, Wil, 1882. – Darin Altarblatt mit der *Anbetung der Hl. Drei Könige*, von JOSEPH BALMER, Luzern, 1887. – Gußeiserne neugotische *Bankdocken.* – Im Obergeschoß des Vorbaus hängen noch *zwei Glocken* des alten vierteiligen Geläutes: 1. Dm. 83 cm. Halsumschrift in gotischen Minuskeln: «+ ave maria gracia plena dominus degtum anno domini 1556» (ehemals größte Glocke). – 2. Dm. 56 cm. Halsumschrift in gotischen Minuskeln: «+ o got erhalt unns armen und thug dich min erbarmen anno domenii mccccclxiiii» (1564) (ehemals dritte Glocke)[539].

SCHLOSSKAPELLE ST. NIKOLAUS

GESCHICHTE UND BAUGESCHICHTE. Erwähnt wird die Kapelle erstmals 1346; wahrscheinlich bestand sie jedoch bereits zur Zeit des Habsburger Königs Rudolf[540]. Im Markenbuch des Bistums Konstanz (um 1370) wird eine Kapelle in Oberbaden, die sicher mit St. Nikolaus identisch ist, als Filiale von Baden aufgezählt[541]. Den österreichischen Machthabern diente das Gotteshaus als Hofkapelle. Es wurde unter Herzog Leopold neu errichtet und 1398 urkundlich mit besonderen Rechten und Privilegien ausgestattet. Die Kapläne waren unabhängig von Schultheiß, Rat und Leutpriester der Stadt und direkt den Herzögen oder deren Vögten unterstellt[542]. 1415 fiel die Kollatur an die Eidgenossen. Die Kapelle dürfte die damalige Schleifung der Burg kaum unbeschadet überstanden haben und anschließend gründlich renoviert worden sein (vgl. S. 52). Aus einem Abschied von 1422 geht hervor, daß das Kollatur- und Patronatsrecht der Pfarrkirche zu Eich LU ein Lehen der Schloßkapelle war[543]. 1551 wird ein Nikolausbild genannt; 1564 werden ein Tischler und ein Maler für ein Altarbild bezahlt[544]. Zu Beginn des 17. Jahrhunderts, wahrscheinlich sogar schon früher, besaß die Kapelle bereits drei Altäre[545].

539 Vgl. Kath. PfarrA, Prot. der Kirchenpflege 1868–1886, S. 199.
540 WELTI, Urkunden I, S. 15. – MITTLER, Baden I, S. 153.
541 NÜSCHELER III, S. 345, 554.
542 HERRGOTT, S. 780f. – FRICKER, Baden, S. 277. – MITTLER, Baden I, S. 154.
543 EA II, S. 15. – 1567 traten die Acht Orte das Kollatur- und Patronatsrecht der Pfarre Eich an Luzern ab, womit St. Nikolaus eines beträchtlichen Teils seiner Einkünfte verlustig ging. EA IV/2, S. 1104.
544 StadtA Baden, Nr. 649: 1551, fol. 4; 1564, fol. 5.
545 H. ZIEGLER, Eigentliche und grüntliche Beschreibung der uralten Stat und des obern Schlosses zu Baden ..., Klosterbibliothek Einsiedeln, Ms. C. 451.

Zweifellos erlitt das Gotteshaus im Zweiten Villmerger Krieg abermals Schäden. Denn der Rat stellte 1715 fest, «das ... die altär undt die gantze Capellen ruinierth» seien, und forderte, «das 2 altär solten hinweggethan undt über dises ein neüwer altar undt die Capellen gemacht werden»[546]. Bei den folgenden Arbeiten beschränkte man sich aber nicht allein auf die Verminderung der Altäre und die allgemeine Wiederherstellung, sondern verkürzte die Kapelle auch um ihren alten eingezogenen Rechteckchor (vgl. Abb. 4, 35 und 5, 193). Maurerarbeiten von FRANZ BRUNNER, HEINRICH KELLER, BERNHARD DENZLER und MARTIN VON WETTINGEN, Dachstock von Zimmermann MELCHIOR DREYER, Stuck von den Brüdern WILHELM und FRANZ KELLER. Die Schreiner KASPAR FÜEGISEN und KARL ANTON BRUNNER setzten den Altar instand, HEINRICH HAGENWEILER faßte und vergoldete ihn, und Maler KELLER d. J. (MEINRAD KELLER?) lieferte ein Altarblatt. Die Fenster erhielten Butzenscheiben[547]. Von der Weihe des neuen Altars ist 1724 die Rede[548]. 1761 wurde Stuckbildner (HANS GEORG?) STILLER aus Säckingen zu neuen Stukkaturarbeiten verpflichtet[549]. 1776 erneuerte man den Glockenträger[550]. – 1819 umfängliche Restaurierung, da die Kapelle infolge von Sprengarbeiten am Schloßbergfuß abzustürzen drohte[551]. Letzte Renovation 1932[552].

546 StadtA, Nr. 34, fol. 63; vgl. fol. 72v., 215.
547 StadtA, Nr. 647: St. Nikolaus, Rechnung 1716/17, passim.
548 StadtA, Nr. 38, fol. 161.
549 StadtA, Nr. 55, fol. 208.
550 StadtA, Nr. 59, fol. 250.
551 StadtA, Nr. 893: 1814–1819, S. 237b, 238a, 246a, b.
552 Kath. PfarrA Baden, Prot. der Kirchenpflege, sub anno.

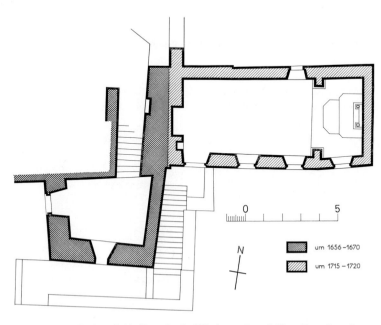

Abb. 171. Baden. Schloßkapelle St. Nikolaus, Grundriß. – Text S. 176.

SCHLOSSKAPELLE ST. NIKOLAUS

Abb. 172. Baden. Schloßkapelle St. Nikolaus von Osten, um 1820–1830. Bleistiftzeichnung von F. Hegi (Bilddokument Nr. 74). – Text S. 176.

Quellen und Literatur. StadtA Baden, Nrn. 34, 38, 55, 59, 647, 649, 893. – Kath. PfarrA Baden, Prot. der Kirchenpflege 1932. – StA Aarau, Alteidgenössisches Archiv, Nrn. 5, 6, 11, 51 (Urkunden). – EA II, S. 15; IV/2b, S. 1104. – M. HERRGOTT, Genealogia diplomatica augustae gentis Habsbugicae II/2, Wien 1737. – WELTI, Urkunden I, S. 15.

FRICKER, Baden, S. 276–278. – L. HÄFELI, Bilder aus der Geschichte der Stadtpfarrei Baden, Baden 1939, S. 46f. – MERZ, Burganlagen I, S. 93–95 (B. FRICKER). – MITTLER, Stadtkirche, S. 45. – MITTLER, Baden I, S. 87, 153f. – NÜSCHELER III, S. 345, 554f. – O. SCHIBLI, Aus Badens katholischer Vergangenheit, Baden 1923, S. 16.

Bilddokumente Nrn. 1, 20, 23, 28, 47, 48, 49, 50, 51, 74, 75, 76, 77.
Plandokumente Nrn. 2, 13.

BESCHREIBUNG. *Lage* (Abb. 4, 5, 36 und 37). Die Kapelle steht auf dem weithin sichtbaren, scharfen Felsgrat des Schloßbergs und bildet den äußersten östlichen Ausläufer der ehemaligen Festung Stein (vgl. S. 57f.). Obschon von bescheidener Form, hebt sie sich im Gesamtumriß der Burgruine wirkungsvoll vom freien Himmel ab. Die Ost- und Südpartie des Baus ruht, den topographischen Verhältnissen angepaßt, auf mörtelgebundenen Steinsubstruktionen, während die Fundamente der Nordwestecke auf einer künstlich ausgehauenen Felsstufe lagern. Ostseits der Kapelle führt die alte gezinnte Stadtmauer den steilen Grat zum Bruggertor hinunter[553].

---

[553] Ursprünglich setzte die Mauer unmittelbar am Chorscheitel der Kapelle an, so daß ein ununterbrochener Befestigungszug vom Schloß bis zum Tor bestand. Der Abbruch des alten Altarhauses nach 1715 hinterließ eine noch heute erkennbare Lücke im Stadtring. Vgl. S. 74.

Abb. 173. Baden. Schloßkapelle St. Nikolaus. Glocke aus dem ehemaligen Kapuzinerkloster, 1652. Text S. 197.

Westwärts schmiegt sich das Kirchlein an die beiden Schulterbastionen der Schloßanlage. Um die südliche herum führt eine Rampe mit Treppe zum Kapelleneingang in der Südmauer (Abb. 171)554. Im Mittelalter dürfte das Gotteshaus jedoch auch von der westseitigen Schloßterrasse aus zugänglich gewesen sein.

Im *Grundriß* (Abb. 171) beschreibt der Bau ein Rechteck mit geringen Unregelmäßigkeiten. Außerkant mißt er rund 11 × 5,5 m; die Stärke der drei freistehenden Wände beträgt durchschnittlich 75 cm. Wenn man für den mittelalterlichen Bau eine zweckentsprechende, starke Mauerung voraussetzen muß, so läßt sich feststellen, daß bei der Erneuerung im 18. Jahrhundert auf eine wehrhafte Konstruktion verzichtet worden ist.

Das *Äußere* (Abb. 172) bietet sich als einförmiger, nord- und südseits durchfensterter Kubus mit Satteldach dar, der nur von einem Firstkreuz und einem doppelbogigen Glockenträger über der Westwand geziert wird. – Im tonnengewölbten *Innern* trennt ein auf Wandpfeilern ruhender, flacher Triumphbogen den Chor vom Laienraum. Einziger architekturgebundener Schmuck sind die 1761 von STILLER geschaffenen *Stukkaturen*: Während die Basen der Wandpfeiler, das Gesims an den Längswänden und die Profile an Chorbogen und südlichen Fenstern die bauliche Struktur artikulieren, haben die zerzauste Kartusche mit dem Stadtwappen im Bogenscheitel, die Rocaillen über den Lichtöffnungen und der geschwungene Rah-

554 Dieser war demnach von der Stadt aus ohne Umweg durch den Schloßhof zu erreichen.

men mit den pflanzenhaft sprießenden Voluten im Gewölbe dekorative Funktion. Das von den Schreinern FÜEGISEN und BRUNNER und von Maler HAGENWEILER im Jahre 1716 erneuerte frühbarocke *Altarretabel* erhebt sich über einer gebauchten Marmormensa und umschließt mit zwei kompositen Freisäulen und einem verkröpften Gebälk das von KELLER gemalte Bild des Kirchenpatrons (um 1716). Der Heilige steht in Pontifikalmeßkleidung und mit dem Attribut der drei Goldkugeln vor einer dunklen Landschaft mit Meeresküste, an der sich die Szene mit den Getreidehändlern (oder mit den erretteten Pilgern?) abspielt. Den durchbrochenen Karniesbogengiebel schmückt eine von Strahlenkranz und Cherubshaupt überhöhte Ädikula, die ein derbes, frühbarockes Bildwerk des Auferstandenen birgt.

In den vergitterten Rundbogen des Maueraufbaus über der Westwand hängen zwei *Glocken*. 1. (Abb. 173). Dm. 57 cm. Stammt aus dem ehemaligen Badener Kapuzinerkloster; weiteres siehe S. 197. – 2. Dm. 48 cm. Beschriftete Marienglocke mit Wappen der Firma RÜETSCHI, Aarau, 1935.

Bewegliche Kunstgegenstände. 1. *Gnadenbild der blutschwitzenden Muttergottes*. Ölbemalte, auf Holz gezogene Leinwand; stark übermalt. 66,5 × 48,5 cm. Datiert 1689. Brustbild Mariä mit Kind; der Jesusknabe hält ein Spruchband mit Aufschrift in gotischer Fraktur: «In Gremio Matris Sedet Sapientia Patris. I. A. G. 1689». Unter der Darstellung weitere Aufschrift: «Warhaffte abbildung der zu Glattan in Böhmen den 8. Julij. 1685. Blutschwitzenden Mutter / Gottes, und ihres Sohns Jesuleins zu Bergatreüthen.»[555]. – 2. *Altarkreuz*. Holz, vergoldet. H. 66,2 cm. Um 1780. – 3. *Zwei Paar Altarleuchter*. Zinn. Höhe (mit Dorn) 50,5 bzw. 53,5 cm. Frühbarock, um 1670–1680. Dreiteiliger Fuß mit lebendiger Silhouette; hoher Balusterschaft. – 4. *Zwei Reliquienpyramiden*. Getriebenes Messingblech über Holzkern. Um 1780. Beschriftungen: «S. Juste M.» und «S. Verena M.» Die Reliquienfassungen vermutlich aus dem ehemaligen Zisterzienserinnenkloster Gnadenthal.

KAPELLE ST. ANNA

GESCHICHTE UND BAUGESCHICHTE. Die Kapelle gehörte zum «Siechenhaus im Feld», vor dem Tor der Niederen Feste am rechten Limmatufer. Das abseits gelegene, auch «äußeres Spital» genannte Haus für Aussätzige bestand wahrscheinlich seit dem zweiten Viertel des 15. Jahrhunderts[556]. 1652 wurde es erweitert, da die Räume des Agnesenspitals in der Stadt (Abb. 22 [19]) den Erfordernissen nicht mehr genügten[557]. Wegen seiner Lage war das Siechenhaus, das auch als Heim für Arme und Alte, Strafanstalt, Bettlerherberge und Waisenasyl diente, der strengen Aufsicht durch die Stadtbehörden entzogen, was im 17. Jahrhundert Übelstände aller Art zur Folge hatte. 1684 beabsichtigte der Rat, das Spital zu schließen und in das neue Spitalhaus in der Kronengasse (vgl. S. 299) zu verlegen – ein Plan, der unter anderem am Widerstand der Bürgerschaft scheiterte[558]. Erst 1912 enthob das neu erbaute Städtische Krankenhaus das alte Siechenhaus seiner Funktion als Spital;

---

[555] Auf dem Mantel der Gottesmutter finden sich folgende Buchstaben, Ligaturen und Kürzungen (zum Teil in mehrfacher Ausführung): AE AE BM MS PA V V V. – Vgl. MATHILDE TOBLER, Die marianischen Gnadenbilder in der deutschsprachigen Schweiz [oder ähnlich], Diss. phil. Univ. Zürich, in Vorbereitung.

[556] MITTLER, Baden I, S. 152.

[557] StadtA, Nr. 12, S. 89, 119, 313.

[558] WEHRLI, S. 5f., 32f. – MITTLER, Baden I, S. 169f. – P. HABERBOSCH, Badener Zuchthäuser und Gefangenschaften, Bad. Njbll. 1958, S. 25.

in dem Gebäude, das 1888 durchgreifend renoviert wurde, ist heute das Städtische Altersasyl untergebracht[559].

Auf «bewegniß der armen Sundersiechen lüten» stiftete der Stadtrat um 1480 dem Spital ein eigenes Gotteshaus[560]. Der erste Stein wurde vermutlich 1482 gesetzt. Zwei Jahre später war der Bau, der unter Aufsicht von Werkmeister ZIMMERMANN stand, zur Hauptsache beendet. Das einzige quellenmäßig gesicherte Zierstück aus der Erbauungszeit ist ein heute verlorenes Glasgemälde, für welches der Rat 8 fl. ausgab. Die Kapelle empfing im Jahre 1484 durch den Konstanzer Weihbischof (Daniel Zehender) die Konsekration[561]. – 1629/30 Weihwasserbehälter aus Mägenwiler Sandstein von den Badener Steinmetzen EGLI und SÜESS[562]. Im Jahre 1700 verdingte der Rat notwendig gewordene Innenrenovationsarbeiten um 60 fl. einem Luganeser Stukkateur, von dem nur der Vorname GIACOMO bekannt ist[563]. Drei Jahre danach faßte er den Plan, eine Sakristei errichten und den Altar erneuern zu lassen. Am 27. März 1703 bewarben sich die vier Badener Maler (HEINRICH) HAGENWEILER, (FRANZ KARL?) DORER, (MEINRAD?) KELLER und BEAT JAKOB

---

559 MITTLER, Baden II, S. 232, 293–295.
560 J. MEGLINGER, Archiv des hochloblichen Gotteshauses Wettingen, Wettingen 1694, S. 227f.
561 AMMANN, MITTLER, S. 156f.
562 StadtA, Nr. 387/VIII: 1629, 8, s.v. «Maurer und Steinmetzen»; 1630, 9, s.v. «Allgemeines Ausgeben».
563 StadtA, Nr. 26, fol. 120. Nr. 27, fol. 96v. – Vielleicht der 1694 in Herznach tätig gewesene GIOVANNI GIACOMO NEURONE.

Abb. 174. Baden. Annakapelle von Westen, 1862. Bleistiftzeichnung von J. R. Rahn (Bilddokument Nr. 63). – Text S. 180f.

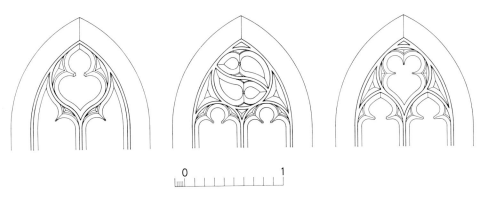

Abb. 175, 176 und 177. Baden. Annakapelle. Maßwerkfenster an der Süd-, Ost- und Nordseite des Chors, Aufrisse. Text S. 181.

BRUNNER um die Altararbeiten, worauf HAGENWEILER und DORER damit betraut wurden[564]. Es muß sich dabei um jenen Altar handeln, der 1701 mit Erlaubnis des bischöflichen Generalvisitators zwei Seitenaltäre ersetzt hatte und wahrscheinlich damals schon nicht neu gewesen war[565]. – 1899 Erneuerung der Ausstattung: Wand- und Deckenornamente von EUGEN STEIMER, Baden; Glasgemälde von RICHARD ARTHUR NÜSCHELER, Boswil; neugotischer Altar von JOSEF EIGENMANN, Luzern; Altarblatt mit den Vierzehn Nothelfern von KARL RAUBER, Baden[566]. 1945 weitgehende Entfernung des neugotischen Schmucks. 1971 neuer Altar.

Das Heiligtum war der Mutter Mariä und den Hl. Barbara, Johannes Bpt. und Bartholomäus geweiht, wie ein von sechs Kardinälen am 6. Juni 1488 in Rom ausgestellter Ablaßbrief anführt[567]. Kirchlich gehörte es zum Pfarrsprengel Wettingen, der bis 1887 den Stadtbann am rechten Limmatufer mitumfaßte[568]. Der Kirchenpfleger jedoch wurde vom Badener Rat bestellt. Während die fallenden Spenden dem Wettinger Leutpriester zustanden[569], kontrollierte die Stadt das Kapellenvermögen[570]. Nach dem Abfall des Klosters Wettingen vom alten Glauben im Jahre 1529 veranlaßte Abt Georg Müller, daß in der Kapelle für die zürcherischen und bernischen Tagsatzungsboten vorübergehend reformierter Gottesdienst gehalten wurde[571]. Zur Zeit der französischen Invasion 1798 diente das Kirchlein als Lazarett[572]. Es besaß für die im Spital Verstorbenen einen eigenen Friedhof.

Quellen und Literatur. StadtA Baden, Nrn. 12, 15, 26–29, 42, 50, 52, 57, 206, 387/VIII, 893. – AMMANN, MITTLER, S. 137, 156f. – HESS, S. 467–469. – WELTI, Urkunden II. – WELTI, Regesten II. FRICKER, Baden, S. 215, 280f., 350, 352f. – B. FRICKER in: Festschrift zur Eröffnung des neuen Kran-

---

564 StadtA, Nr. 28, fol. 18, 24v., 33v., 39v.   565 WELTI, Regesten II, S. 675.
566 FRICKER in: Festschrift Krankenhaus, S. 33f. – SCHIBLI, S. 17.
567 WELTI, Urkunden II, S. 935.
568 FRICKER, Baden, S. 280. – MITTLER, Stadtkirche, S. 43. – MITTLER, Baden I, S. 152.
569 J. MEGLINGER, a.a.O., S. 227f. – Vgl. StA Aarau, Nr. 2786 II, 4: Vergleich mit dem Kloster Wettingen 1651.
570 StadtA, Nr. 15, S. 113b, sowie spätere Ratsbücher (Register, s.v. «Capellenrechnungen»), bes. Nr. 50, fol. 244v., und Nr. 52, fol. 30. – StadtA, Nr. 206.
571 MITTLER, Baden I, S. 313f.   572 FRICKER, Baden, S. 215. – LEUTHOLD, S. 70f.

Abb. 178. Baden. Annakapelle. Figurenscheibe mit dem Wappen des Landvogtes Werner von Meggen, 1509 (heute in der Städtischen Sammlung im Landvogteischloß). – Text S. 183.

kenhauses der Stadt Baden, Baden 1912, S. 19–21, 25, 27, 33f. – R. LEUTHOLD, Der Kanton Baden 1798–1803, Argovia XLVI (1934), S. 70f. – MITTLER, Stadtkirche, S. 43f. – MITTLER, Baden I, S. 150–153, 168–170, 172, 199, 225, 313f.; II, S. 152, 185f., 232, 293–295. – NÜSCHELER III, S. 555f. – A. NÜSCHELER, Die Siechenhäuser in der Schweiz, Archiv für Schweiz. Geschichte XV (1866), S. 182–219. – O. SCHIBLI, Aus Badens katholischer Vergangenheit, Baden 1923, S. 16–18. – IDA WEHRLI, Das öffentliche Medizinalwesen der Stadt Baden im Aargau von der Gründung des Spitals 1349 bis zur Helvetik, Aarau o. J., S. 4f., 11, 24, 37, 47f., 50f., 108–110.

Bilddokumente Nrn. 23, 24, 63, 64.
Plandokumente Nrn. 1, 2.
Stadtmodell (zitiert S. 26; Abb. 13).

BESCHREIBUNG. *Lage.* Der geostete Bau steht über der Halde zwischen dem Wettinger Feld und dem alten Flußübergang. Seine Westseite erhebt sich an der in Windungen hochsteigenden Wettingerstraße, die hier noch heute den Zug des alten Weges vom Landvogteischloß zum Kloster verfolgt. Unweit nördlich der Kapelle liegt das ehemalige Siechenhaus, das neben seinem spätgotischen Haupttrakt mit Treppengiebel noch einen Anbau mit Krüppelwalm und Klebedach aus dem Jahre 1652 bewahrt. Zwischen Spital und Kapelle nahm früher die Straße nach dem Dorf Wettingen ihren Anfang (später durch die Schartenstraße am Lägernfuß ersetzt) (Abb. 23 [39]). Den Reiz der freien Hanglage hat das Kirchlein unlängst durch den Bau eines achtstöckigen Wohnhauses hart vor seiner Südwestecke eingebüßt.

Abb. 179. Baden. Annakapelle. Figurenscheibe mit dem Wappen der Apollonia von Balmoos, 1509 (heute in der Städtischen Sammlung im Landvogteischloß). – Text S. 183.

Äußeres (Abb. 174). Das einschiffige Gotteshaus mit dreiseitig geschlossener Chorpartie trägt ein auf der Ostseite abgewalmtes Steildach, dessen First ungegliedert durchläuft. An dem schlichten Baukörper fällt der ungewöhnliche Westgiebel auf: er zeigt unter treppenförmiger Bekrönung eine zweiteilige Rundbogenarkade, die als Glockenträger dient. Darunter liegt ein gekehltes Spitzbogenportal. Schallöffnungen und Eingang sind von Pultdächern geschützt. In den Trauffassaden ist ostwärts je ein gekehltes Rechteckfenster mit Kreuzstock, westwärts eine kleinere Lichtöffnung ausgespart[573]. Die Nordmauer trägt noch die Spuren eines Seitenportals, durch das man früher vom Siechenhaus her direkt in die Kapelle gelangen konnte. Die Polygonseiten sind von Lanzetten mit spätgotischem Maßwerk durchbrochen (Abb. 175, 176 und 177).

Inneres. Der kleine Saal wirkt überaus nüchtern, da die Wand- und Glasgemälde, die Stukkaturen, Altäre und übrigen Zierstücke aus Spätmittelalter und Barock mit wenigen Ausnahmen verschwunden sind und die drei Chorfenster dem Raume heute übermäßiges Licht zuführen. Über den ungegliederten, weißen Wänden liegt eine gefelderte Holzdecke von 1945. Der um eine Stufe erhöhte Altarraum nimmt das vorderste Drittel des Schiffes ein.

[573] VOGELS Stadtvedute (Bilddokument Nr. 23; Abb. 11) zeigt auf der Nordseite der Kapelle anstelle des kleinen noch ein hohes rundbogiges Fenster.

Abb. 180 und 181. Baden. Annakapelle. Glocke, um 1485–1490 (heute in der Städtischen Sammlung im Landvogteischloß); Vesperbild, Mitte oder zweite Hälfte 16. Jahrhundert. – Text S. 183 und unten.

Ausstattung. Im Innern wurden 1944 an der nördlichen Längsmauer unmittelbar vor dem Ansatz der Chorschräge Teile eines *spätgotischen Wandbildes* freigelegt, das früher vermutlich zum obersten Register eines mehrzonigen Gemäldeschmucks gehört hat. Dieser dürfte unmittelbar im Anschluß an die Erbauung der Kapelle angebracht worden sein[574]. Die in Freskotechnik gehaltene Darstellung hat Umriß- und Binnenzeichnung sowie modellierende Höhungen und Schattierungen verloren und wirkt nur noch in undifferenzierten Farbflächen. Der Inhalt muß wahrscheinlich als Tempelgang Mariä gedeutet werden. – Die seitlichen Fenster tragen *Glasscheiben* mit farbigen Darstellungen des hl. Franziskus, der hl. Klara und der Königin Agnes von Ungarn (der Stifterin des Badener Spitals, vgl. S. 177) von R. A. NÜSCHELER, 1899[575]. – Moderner Tischaltar von 1971. – Zwei vollplastische Bildwerke, deren ursprüngliche Funktion ungewiß ist, haben auf Wandkonsolen neue Standorte erhalten: 1. *Vesperbild* (Abb. 181). Lindenholz in Lüsterfassung. H. 47,5 cm. Postgotisch, Mitte oder zweite Hälfte 16. Jahrhundert. – 2. *Hl. Anna selbdritt.* Lindenholz in Lüsterfassung. H. 67 cm. Frühbarock, Mitte 17. Jahrhundert. – An der Südwand hängt das ehemalige *Hochaltarblatt mit der stehenden Anna selbdritt.* Öl auf Leinwand. Frühbarock, um 1640–1660, Rahmen klassizistisch. Wohl von einem Epigonen RENWARD FORERS (vgl. S. 116f.). – Beim Eingang kupaförmiges, geripptes

---

574 Mittler bezieht eine im Seckelmeister-Rechnungsbuch von 1484 vermerkte Entlöhnung THÜRING MEYERHOFERS auf Ausstattungsarbeiten in der St.-Anna-Kapelle. AMMANN, MITTLER, S. 137, 157.

575 Imitationen von Königsfelder Chorscheiben.

Weihwasserbehältnis aus Sandstein, 1630. – In einer kleinen originalen Sakramentsnische *Ziborium.* Silber, vergoldet. H. 26,7 cm. Beschau Baden; Meisterzeichen «ID» (DORER? DIEBOLD?). Frühbarock, drittes Viertel 17. Jahrhundert. Sechspaßfuß, Hexagonalschaft mit Balusterknauf, kurze Steilkupa, kreuzbekrönter Trompetendeckel.

Im Westgiebel *zwei Glocken* des 19. Jahrhunderts. 1. Dm. 50,5 cm. Aufschrift «St. Anna». – 2. Dm. 40 cm. Aufschrift «St. Gertrud».

Abgewanderte Kunstwerke. Ein Paar Figurenscheiben mit Wappen (Städtische Sammlung im Landvogteischloß) (Abb. 178 und 179). 1. 44,2 × 41,7 cm. Wappen von Meggen; Kleinod: nach links gewandter wachsender Löwe. Heraldisch rechts vom Schild der bewaffnete Georg auf dem Drachen. Das Ganze in zierlichem Baumpfeilerbogen vor Damasthintergrund. Beschriftete Banderole: «1509/ Wernhar vō megerite der zit lantvogt zuo baden/ 1509». – 2. 44,2 × 42 cm. Wappen von Balmoos; Kleinod (erneuert): wachsender bärtiger Mann. Heraldisch links vom Schild die hl. Apollonia, Namenspatronin der Stifterin, mit Zange und gerissenem Zahn. Das Ganze unter Baumpfeilerbogen vor Damasthintergrund. Beschriftete Banderole: «1509/ + Apolonia von Balmoß mcccccviiii/ jor». Die beiden Glasgemälde wurden in der Zeit nach 1812 veräußert und 1951 aus dem Kunsthandel in noch gutem Erhaltungszustand zurückerworben[576]. Sie sind hervorragende Repräsentanten aus der Blütezeit der schweizerischen Kabinettscheibenmalerei[577]. – *Zwei Glocken* (Städtische Sammlung im Landvogteischloß). 1. (Abb. 180). Dm. 49 cm. Halsumschrift in gotischen Minuskeln: «·ave·maria·gratia·plena· dominus· tecum +»; am Mantel zwei Kruzifixe. – 2. Dm. 37 cm. Halsumschrift in gotischen Minuskeln: «nun . helf. uns . got . o . marria +». Beide aus der Erbauungszeit der Kapelle, um 1485–1490. – *Weihwasserkessel* (Schatz der Stadtkirche). Silber. Höhe (mit Henkel) 25 cm. Erste Hälfte 19. Jahrhundert. Urnenförmig, mit einfachen getriebenen Ziermotiven und den gotisierenden Initialen «St. A.».

WALLFAHRTSKAPELLE MARIA WIL

GESCHICHTE UND BAUGESCHICHTE. Das der Gottesmutter geweihte Heiligtum nahe dem Platz des ehemaligen Kappelergutes ist das jüngste in Baden. Am 22. April 1603 weihte der Konstanzer Bischof Johann Georg von Hallwil ein «sacellum», das Hans Kappeler, «säßhafft uff dem Hoff Oberwÿl», auf seine Kosten hatte erstellen lassen[578]. Die Weiheurkunde nennt als Schutzheilige die Jungfrau Maria, Johannes Bpt., den Apostel Jakobus und Antonius. Die geostete Kapelle maß vier Schritte in der Breite und fünf in der Länge; ihr Altar befand sich an der Stelle des später neben der neuen Kapelle errichteten Wegkreuzes (vgl. S. 91)[579]. Der Bau bestand wenig mehr als fünfzig Jahre. Angesichts der bedrohlichen religionspolitischen Lage kurz vor dem Ersten Villmerger Krieg (1656) gelobte die ihm angeschlossene

---

[576] Kunsthaus Zürich, L 47, Collectaneen von J. M. USTERI, S. 30 – O. MITTLER in: Wir und unser Werk – Brown-Boveri-Hauszeitung vom Febr. 1952, S. 22f. – Badener Tagblatt vom 8. März 1952. – O. MITTLER, Historisches Museum Baden, Bad. Njbll. 1953, S. 76f. – Landvogteischloß, S. 50. – MITTLER, Baden I, S. 152f.; Tf. 30.

[577] Gleiche Komposition wie diese Glasgemälde zeigen die zwei Figurenscheiben desselben Stifterpaares im Kreuzgang des ehemaligen Klosters Wettingen. – H. LEHMANN, Geschichte der Luzerner Glasmalerei von den Anfängen bis zu Beginn des 18. Jahrhunderts, Luzern 1941, S. 23, 26, 121; Abb. 48f. – Ders., Das Kloster Wettingen und seine Glasgemälde, 3. Aufl., Aarau 1926, S. 72; Abb. 21.

Die Figurenscheiben aus dem mittleren Chorfenster der Kapelle, von denen eine untere die hl. Verena und jene im Spitzbogenmaßwerk Maria mit dem Kind zeigte, sind verschollen.

[578] Kath. PfarrA, Weiheurkunde.   [579] Kath. PfarrA, Acta ecclesiastica, S. 3.

184 BADEN

Marienbruderschaft auf Antrag von Stiftspfarrer Johann Summerer, die Kapelle zu erweitern⁵⁸⁰. Erst im Jahre 1660 jedoch nahm der Große Rat das Unternehmen an die Hand. Am 24. Mai schlug er einen Neubau vor; im Februar des folgenden Jahres wurden Bernhard Wegmann und Bernhard Silberisen als Bauleiter eingesetzt⁵⁸¹. Die im Laufe von anderthalb Jahren erstandene Kapelle erhielt am 20. August 1662 durch den Badener Bürger und Generalvikar des Bistums Basel, Caspar Schnorff, die Weihe⁵⁸². Laut Urkunde besaß die Kapelle anfänglich nur einen Altar; 1731 wurden jedoch «2 nebent altärli» bezahlt, die von Schreiner KAPPELER gebaut

⁵⁸⁰ Ebenda, S. 3. – StadtA, Nr. 16, fol. 204. ⁵⁸¹ StadtA, Nr. 13, S. 384, 394, 398, 494, 498.
⁵⁸² Kath. PfarrA, Weiheurkunde. – StadtA, Nr. 644: Pfarrkirche und Kapellen 16.–18. Jh., sub anno.

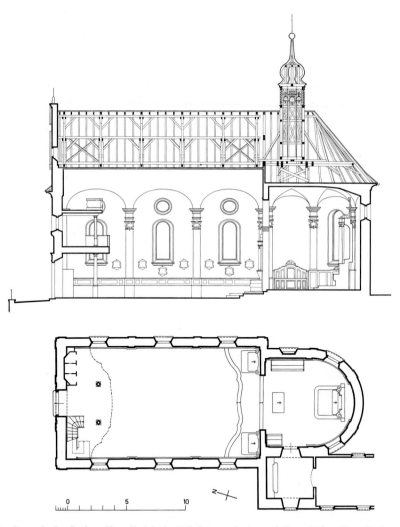

Abb. 182 und 183. Baden. Kapelle Maria Wil, Längsschnitt und Grundriß. – Text S. 187–189.

Abb. 184. Baden. Kapelle Maria Wil von Nordosten. – Text S. 189.

und von FRANZ KOPP gefaßt worden waren[583]. Die Kirche hatte die Patrozinien Marias, des Schutzengels, des Täufers, Jakobus' d. Ä., Josephs und des Abtes Antonius. – Anfang September 1764 legte FRANZ ANTON SCHWARTZ aus Bremgarten dem Rat einen Riß zur «wiederaufbauwung» der Kapelle vor. Wenig später wurden dem Baumeister um 1400 fl. Arbeiten verdingt[584]. Dabei kann es sich nicht um Abbruch und Neubau, sondern nur um eine gründliche Renovation gehandelt haben. Zwei Monate nach Baubeginn traten ernste Schwierigkeiten auf: Am 9. November 1764 suchte eine Ratsdelegation «wegen der umgestürzten Maur bey der Capellen ... in ansehung der darbey zu grund gegangnen materialien und aufgewendten fuehrlohns kösten» mit SCHWARTZ einen Vergleich zu treffen. Nach Ablauf eines Jahres, am 13. Dezember 1765, verlangte der Architekt «wegen vollendtem bauw» eine zusätzliche Entlöhnung, worauf jedoch der Kapellenpfleger im Rat vorbrachte, das Werk befriedige nicht, SCHWARTZ möge es «zuerst laut accord verfertigen». Dem endgültigen Abschluß der Arbeiten scheint nochmals ein Streit mit dem Baumeister vorausgegangen zu sein. Jedenfalls konnten erst Ende 1766 drei Ratsabgesandte die erneuerte Kapelle inspizieren[585]. Die Weihe hatte das Gotteshaus im August 1766 durch Abt Caspar Bürgisser von Wettingen erhalten[586]. – Laut Baurechnung, die im Mai 1767 vom Rat genehmigt wurde[587], erhielten der Tiroler

[583] StadtA, Nr. 411: 1731, S. 13b.   [584] StadtA, Nr. 56, fol. 143.
[585] Ebenda, fol. 158, 334v., 337.   [586] Ebenda, fol. 313, 313v.
[587] StadtA, Nr. 57, fol. 28. Nr. 647: Baurechnung, passim.

Abb. 185. Baden. Kapelle Maria Wil. Inneres gegen Süden. – Text S. 189f.

Stukkateur CHRISTIAN SCHARPF und seine Brüder 450 fl., Bildhauer (FRANZ LUDWIG) WIND aus Kaiserstuhl für die Altarfiguren 62 fl. und Maler JOSEPH SURER in Baden für das Fassen einer aus dem Kloster Fahr bezogenen Muttergottesstatue[588] und für Bilder (an Gewölbe oder Wänden?) 64 fl. HANS JAKOB WIRT d. J. aus Zürich war für die Blechbedachung des Turms verantwortlich. Für einen Bauriß wurden 10 fl. an den Vogt von Mägenwil entrichtet. Den notwendigen Gips bezog man aus Schinznach und von der Baumeisterfamilie SINGER in Luzern. – Die Kapelle erfuhr in jüngerer Zeit drei gründliche Renovationen: 1925 Deckengemälde und Stationenbilder von JOSEPH MARIANO KITSCHKER aus Karlsruhe. – 1950 Errichtung eines Betonkranzes über den Langhauswänden, neues Langhausgewölbe und neuer Dachstuhl[589], Außenrenovation. Architekt PETER DEUCHER, Baden; Restaurator A. GRIESSL,

[588] Bei dem Bildwerk handelt es sich wahrscheinlich um jene Marienfigur des Benediktinerinnenklosters, die um 1760 durch eine Nachbildung der Einsiedler Madonna von JOHANN BAPTIST BABEL ersetzt und damit überflüssig geworden war. – P. FELDER, Johann Baptist Babel, Basel 1970, W 47.

[589] Bereits im Jahre 1821 war im Innern das Einziehen waagrechter Ankereisen auf Kämpferhöhe notwendig geworden, da man 1764 die Bundbalken des liegenden Dachstuhls, an denen die frühbarocke Flachdecke aufgehängt war, bedenkenlos abgesägt hatte, um Raum für das neue Gewölbe zu gewinnen. – KILLER, DEUCHER, S. 37f., 40f., 43.

Zug; Kantonaler Denkmalpfleger EMIL MAURER. – 1973/74 Innenrenovation, neue Orgel der Firma METZLER in Dietikon. Restauratoren A. FLORY, Baden, und H. SCHIBLI, Wettingen; Kantonaler Denkmalpfleger PETER FELDER.

Die beiden Kapellenbauten des 17. Jahrhunderts, die gottesdienstlichen Zwecken, vornehmlich aber der Wallfahrt dienten, waren aus privater Initiative und mit Hilfe privater Geldmittel entstanden. Das Gotteshaus war folglich keine Filiale der Stadtpfarrkirche[590]. Es trat erst in deren Abhängigkeit, als der die Gemeinde vertretende Rat in voller Kompetenz die Bauarbeiten von 1764–1766 an die Hand nahm.

Zum Geläute der Kapelle sind vier Nachrichten des 17. und 18. Jahrhunderts überliefert. 1678 war die «größere» der beiden Glocken im Dachreiter gesprungen, worauf sie der Waldshuter Gießermeister JAKOB GRIESHABER umgoß[591]. Bereits 1695 wurde ein neuer Umguß der großen Glocke notwendig, den man JOHANN JAKOB GRIESHABER anvertraute[592]. Anläßlich der Kapellenrenovation 1764–1766 lieferte Meister LUDWIG KEYSER in Solothurn zwei Glocken im Gewicht von 80 und 40 Pfund[593]. 1789 schließlich wird nochmals ein «gespaltenes Glöglin» erwähnt, wobei aber nicht ersichtlich ist, wieviel Stimmen das Geläute damals umfaßte und welche Glocke die beschädigte war[594].

Quellen und Literatur. StadtA Baden, Nrn. 11, 13, 16, 27, 50, 56f., 207f., 387/IX, 410f., 644, 647, 951. – Akten im Kath. PfarrA Baden.
P. DEUCHER, Restauration der Wallfahrtskapelle Maria Wil, Bad. Njbll. 1951, S. 43–50. – FRICKER, Baden, S. 285f. – L. HÄFELI, Bilder aus der Geschichte der Stadtpfarrei Baden, Baden 1939, S. 49f. – J. KILLER, Zur Restauration der Kapelle Maria Wil, Bad. Njbll. 1951, S. 36–42. – MITTLER, Stadtkirche, S. 46. – MITTLER, Baden I, S. 155. – O. MITTLER, J. KILLER, P. DEUCHER im Aargauer Volksblatt vom 31. März 1951. – NÜSCHELER III, S. 557. – O. SCHIBLI, Aus Badens katholischer Vergangenheit, Baden 1923, S. 20f.

Bilddokument Nr. 72.

BESCHREIBUNG. Die Kapelle liegt rund zwei Kilometer vor dem Nordtor der Altstadt an der verkehrsreichen Straße nach Brugg. Ihr Chor schaut südwärts, die nordseitige Eingangsfassade erhebt sich auf einer Stützmauer hart am vorüberziehenden Fahrweg[595]. Um den ursprünglich nur einem Gehöft benachbarten Sakralbau ist im 20. Jahrhundert ein langgestrecktes Außenquartier entstanden. – Das 1603 erbaute, kleine «sacellum» stand wenige Meter östlich der heutigen Kapelle.

Die *Maße* der Kirche bieten einige Überraschungen (Abb. 182 und 183). Der Bau ist außerkant 26 m lang und 10,9 m breit (die Stärke der Außenmauern beträgt 80–90 cm). Der Chor mißt 8,8 m auf 8,9 m, läßt sich praktisch also in ein Quadrat einschreiben. Das Laienhaus (Eingangswand- und Triumphbogenstärke mitgerechnet) zählt an Länge das Doppelte der Quadratseite; seine Breite aber steht zur Länge im Verhältnis des Goldenen Schnitts. Ähnlich abgewogene Maße finden sich im Aufriß des Baus. Die Höhe des Chors bis zur Traufe beträgt gleich viel wie seine

---

590 StadtA, Nr. 16, S. 204. Nr. 27, fol. 53.
591 StadtA, Nr. 410: 5. Brachmonat und 8. Heumonat 1678.
592 StadtA, Nr. 411: 1695, s.v. «Ausgeben». – Vgl. Kdm. Aargau IV, S. 302.
593 StadtA, Nr. 647: Baurechnung, S. 2, 4, 14.
594 StadtA, Nr. 63, fol. 173v.
595 Vgl. StadtA, Nr. 50, fol. 27v. – Die Straße folgte früher dem Lauf des heutigen Bahntrassees.

Länge und Breite (8,8 m); das Altarhaus ließe sich demnach präzis in einen Würfel einstellen. Die Seitenmauern des Schiffs sind in der Höhe der Chorwürfelseite gleich; in der Breite messen sie folglich das Doppelte ihrer Höhe[596]. Waren durch die abhängigen Maße von Breite und Traufenhöhe des Schiffs die Proportionen für das Untergeschoß der Eingangsfassade zwangsläufig gegeben (10,9 × 8,7 m), so noch nicht für den Giebel. Die Länge seiner Basislinie (11,7 m) und seine Höhe (6,9 m) stehen aber ebenfalls in keinem zufälligen Verhältnis, sondern wurden – wie der Grundriß des Laienhauses – in den Proportionen des Goldenen Schnitts gestaltet.

[596] Die Traufen des Laienhauses liegen zwar tiefer als jene des Chors, da sich das einheitlich über die ganze Kirche gezogene Satteldach über das breitere Schiff abschleppt. Die absolute Höhe der Schiffsflanken ist jedoch identisch mit der Höhe des Chors, weil dessen Bodenniveau höher liegt als dasjenige des Schiffs.

Abb. 187 und 188. Baden. Kapelle Maria Wil. Standfiguren des Schutzengels und des hl. Rochus am Hochaltar, von Franz Ludwig Wind, 1766. – Text S. 190.

Die Kapelle zeigt im *Grundriß* ein rechteckiges Laienhaus, an das sich hinter eingezogenem Triumphbogen ein im Halbkreis geschlossenes etwas schmaleres Altarhaus fügt (Abb. 183). Wie die Renovation von 1950 gezeigt hat, gehören zum ursprünglichen Bestand auch die Nord- und Westmauer der Sakristei, die westlich an den Chor anschließt und damals südwärts verlängert wurde.

Am *Äußern* (Abb. 184) haben die klaren stereometrischen Körper des 17. Jahrhunderts (Kubus, Halbzylinder) durch die Zutaten des Spätbarocks ihre ursprüngliche Wirkung eingebüßt. Schiff und Chor sind durch Lisenen mit Basis, Volutenkapitell und Kämpfer derart in Abschnitte gegliedert, daß sich auf den Längsseiten je drei gleich große Fensterachsen, an der Eingangsseite eine breitere Portalachse zwischen zwei schmaleren Blindachsen und am Altarhaus fünf Achsen ergeben (im Westen ist der Chor bis in halbe Höhe von der Sakristei verbaut). Die Mauerabschnitte in sich erfahren von Süden nach Norden eine sukzessive Steigerung: Am Chor zeigen sie schlanke Rundbogenfenster, an den Schiffsflanken überdies liegend ovale Ochsenaugen, und in der Mittelzone der Eingangsseite folgen sich von unten nach oben das noch frühbarocke, von Rustikalisenen und Gebälk gerahmte Rundbogenportal, eine volutenflankierte Stichbogennische und eine Rondelle; die über Sockeln hochwachsenden konvex-konkaven Doppelvoluten und die geschweifte Giebelspitze bringen einen wirkungsvollen Abschluß. Ein durchgezogenes, südseits kegelförmig abgewalmtes Satteldach vereinigt Schiff und Chor. Über diesem erhebt sich ein oktogonaler Dachreiter mit Zwiebelhaube.

Im *Innern* (Abb. 182 und 185) hält der einfach konzipierte frühbarocke Raum mit einer feinen Rokoko-Ausstattung Zwiesprache. Leichte Wandlisenen mit Rocaillekapitell, Gebälkstück, Kämpferzone und kräftigem Kämpfersims teilen die Schiffwände in drei Abschnitte. Diese schneiden mit gedrückten Schildbogen kurze Stichkappen in das Tonnengewölbe, welches – wie über dem runden Triumphbogen und an der Portalwand abzulesen ist – halbelliptischen Querschnitt hat[597]. Über dem Eingang baut sich eine hölzerne Doppelempore auf, deren Geschosse von Säulenpaaren gestützt werden und über engwinklige Treppen in der Nordwestecke des Kirchenraums zugänglich sind. Die untere zeigt eine rocailleglezierte Brüstung, die, beidseitig mit dem Gewände des nördlichen Fensters bündig, in mehrfach gebrochener Schwingung in den Saal vorbaucht; die obere, um weniges zurückversetzt, trägt eine Balustrade. Im erhöhten Chor wiederholt sich die Lisenengliederung des Schiffs, wobei wegen der höher liegenden Fenster und der schmaleren Mauerintervalle eine vorteilhaft wirkende Gleichwertigkeit zwischen Lichtöffnungen, Wandflächen und Gliederungsmotiven festzustellen ist. Dem flachen Spiegelgewölbe entsprechen ausgeprägte Stichkappen. Auf der Westseite führt der ursprüngliche Durchgang des 17. Jahrhunderts zur Sakristei.

Ausstattung. Die Eingangsfassade – seit dem Umbau durch SCHWARTZ, vielleicht schon vorher mit einem Muttergottesstandbild geschmückt[598] – birgt in der Stichbogennische auf dem Portalgebälk ein hübsches barockisierendes Bronzerelief der *Immakulata* von unbekannter Hand; wohl um 1925. Zugehörig die gemeißelte

---

[597] Von 1764 bis 1950 war die Wölbung korbbogenförmig.   [598] StadtA, Nr.411: 1726, S.12a.

Aufschrift im Portalfries: «IPSA CONTERET CAPUT TUUM Gen. 3». – Von den 1766 durch die Brüder SCHARPF geschaffenen grünspanfarbenen *Deckenstukkaturen* haben sich nur jene des Chors erhalten. An das zentrale Ovalmedaillon rühren radiale, rocaillenumspielte Kartuschen. Der originale Gipszierat an der Schiffstonne und am Chorbogen (Abb. 185) wurde 1950 durch ALOIS GRIESSL ersetzt[599]; die derzeitigen Kartuschen in den Tonnenzwickeln sind genaue Nachbildungen der älteren, jene im Spiegel und am Chorbogen dagegen variieren den ursprünglichen Bestand erheblich. – *Decken- und Wandgemälde* von J. M. KITSCHKER, 1925. Im Medaillon des Chorgewölbes die Krönung Mariä, in den benachbarten Kartuschen Motive aus der lauretanischen Litanei (Turm, Alpha und Omega, Gefäß, Leuchter, Rosen, Kirche[600]); an den Seitenwänden Stationenbilder. – Die *drei Altäre* stammen aus verschiedenen Epochen. Der mittlere im Chorhaus gehört in die Zeit um 1766 und darf den Stukkateuren SCHARPF zugeschrieben werden; die seitlichen wurden 1731 durch den Badener Altarbauer KAPPELER geschaffen. Bemerkenswert der rosa-, grau- und grünmarmorierte *Hochaltar*. Über seiner Mensa mit breitem Kissenwulst und profilierter Platte weitet sich auf durchfenstertem Sockel eine Rundbogennische. Seitlich tragen gestaffelte Freisäulen- und Pilasterpaare reich verkröpfte Gebälkstücke, die nur durch ein hochgezogenes Sims verbunden bleiben. Mehrfach geschweifter, mit dem Taubensymbol geschmückter Aufsatzgiebel. Die vorzüglichen spätbarocken Flankenfiguren des Kaiserstuhler Bildschnitzers FRANZ LUDWIG WIND (Abb. 187 und 188) stellen den Schutzengel mit einem Hilfe erflehenden Kind (links), den hl. Rochus mit dem Engel (rechts) und rege agierende Engelputten (über Hauptgeschoß und Aufsatz) dar[601]. Älter ist die ausgezeichnete Kontrapostfigur der Strahlenkranzmadonna in der Retabelnische (Abb. 190), die vermutlich in den Umkreis des Konstanzers CHRISTOPH DANIEL SCHENCK gehört und um 1670 entstanden sein dürfte[602]. Unter der Nische zwei Kerzenhalterengel aus dem dritten Viertel des 17. Jahrhunderts[603]. Auf den *Nebenaltären* einfache Säulenretabel mit beschlagwerkverzierten Kompositkapitellen, geradem Gesimse und geschwungenem Giebel. Altarblätter von KITSCHKER, 1925; auf den vorkröpfenden Gebälkstücken polimentvergoldete Standfiguren von WIND (links), um 1766, und eines unbekannten Meisters (rechts), um 1670: Evangelienseitig Hauptblatt mit der Darstellung Jesu und der Samariterin und Giebelblatt mit dem hl. Antonius von Padua zwischen den Statuetten der hl. Anna selbzweit und Josephs (dieser eines der reizvollsten Rokoko-Bildwerke im Aargau, Abb. 189); epistelseitig Hauptblatt mit der Darstellung des Todes Josephs und Giebelblatt mit dem hl. Dominikus zwischen den Statuetten der Hl. Michael und Verena. – Die *farbigen Fensterverglasungen* von HUBER-STUTZ in Zürich sind sämtlich Stiftungen aus der letzten Jahrhundertwende.

[599] Auch sie zeigten, abgesehen von Einzelheiten, eine streng gegengleiche Anordnung. – Photographie im KDA Aarau.

[600] Vgl. A. SALZER, Die Sinnbilder und Beiworte Mariens in der deutschen Literatur und lateinischen Hymnenpoesie des Mittelalters, Darmstadt 1967.

[601] P. FELDER, Barockplastik des Aargaus [Katalog zur gleichnamigen Ausstellung in Aarau 1972], Aarau 1972, S. 50f.

[602] Wahrscheinlich ist es die archivalisch bezeugte Muttergottes aus dem Kloster Fahr (S. 186). – Vgl. B. LOHSE, Christoph Daniel Schenck – Ein Konstanzer Meister des Barock, Konstanz 1960.

[603] Vermutlich stammen sie vom 1662 geweihten Altar; vgl. S. 184.

Abb. 189 und 190. Baden. Kapelle Maria Wil. Statuette des hl. Joseph auf dem linken Seitenaltar, von Franz Ludwig Wind, 1766; Muttergottes im Hochaltar, aus dem Umkreis Christoph Daniel Schencks, um 1670. – Text S. 190.

Glocken. Die kleinere Glocke des Doppelgeläutes aus dem 17. Jahrhundert ist noch erhalten und wird im Priesterheim Maria Wil verwahrt. Der Dachreiter zählt heute drei Glocken. Zwei sind auf 1573 datiert und stammen aus dem Türmchen der 1831 abgebrochenen Verenakapelle (siehe S. 193). Die jüngste und größte Glocke ist neuern Datums. – 1. Dm. 39,5 cm. Am Hals Rankenfries, darunter Umschrift: «HEINRICH FVESLI GOSS MICH ZV ZVRICH. ANNO 1676»; am Mantel Fruchtgehänge, darunter eine Kreuzigungsszene. – 2. Dm. 45 cm. Am Hals zweizeilige Umschrift: «[oben] O MARTINE DER PRAESVL [sic] SANCTAQVE VERENA VIRGO SEM- * [unten] PER PRO NOBIS ORETIS IESVM ANNO DOMINI MCCCCCLXXIII [1573]»; am Mantel Figuren- und Wappenreliefs in folgender Reihung: hl. Martin mit Bettler, Wappen Bodmer[604], Vogel auf Ast sitzend, Wappen Silberisen[605], hl. Verena, Wappen Frey von

---

[604] MERZ, S. 34f.; Abb. 33.   [605] MERZ, S. 287; Tf. VII, 6.

Baden[606], Wappen Spital Baden[607], Wappen Amberg[608]. – 3. Dm. 41 cm. Am Hals Groteskenfries. Am Mantel gleiche Darstellungen wie bei Nr. 2. Am Fuß einzeilige Umschrift in Antiquaversalien, gleichlautend wie bei Nr. 2. – 4. Dm. 60 cm. Von RÜETSCHI in Aarau. 1932.

Bewegliche Kunstgegenstände und Silberschatz. 1. *Kruzifix.* Holz, farbig gefaßt. H. 72 cm. Um 1800–1810. Dreigliedriger Empire-Fuß; Schmuckmotive: Eckvoluten, Kymation, Perlschnur, Blütengehänge, Rosetten. – 2. *Serie von Kerzenstöcken.* Holz in Goldfassung. H. 58,5 cm. Frühbarock, um 1660–1670. – 3. *Diverse Ex Votos* in Hinterglasmalerei, 17./18. Jahrhundert. – 4. *Monstranz* (Abb. 192). Silber, teilvergoldet. H. 72 cm. Beschau Regensburg; Meisterzeichen «HMS»; R₃, Nrn. 4442, 4461. Frühbarock, um 1680 bis 1690. Gelängter Vierpaßfuß mit getriebenen Puttenhäuptern zwischen Akanthuswedeln. Blattumfangener Schaft. Vor dem sonnenförmigen Strahlenkranz des Ostensoriums ein vollplastisches, festonbehängtes Cherubshaupt, zwei lilientragende Engel und die Mondsichelmadonna. Unter dem Bekrönungskreuz ein Ovalmedaillon mit dem Brustbild Gottvaters im Gewölk und der Heiliggeisttaube. – 5. *Ein Paar Wettersegenmonstranzen.* Silber, teilvergoldet. H. 30,8 bzw. 31,8 cm. Beschau Luzern; Meisterzeichen JOSEPH GASSMANN. Rokoko, um 1750. Ovalfuß und kreuzüberhöhte Strahlenmandorla mit Kamm-, Rosen- und Flammenmotiven. – 6. *Kelch* (zurzeit im Schatz der Stadtkirche) (Abb. 191). Silber, vergoldet. H. 21 cm. Beschau Baden; Meisterzeichen «C S». Übergang Spätgotik–Renaissance, um 1600 bis 1620. Abgetreppter Sechspaßfuß mit gerippter Leibung, noch in den spröden Formen der Spätgotik. An den zum Schaft hochgezogenen aufgenieteten Lappen die getriebenen Brustbilder des Salvator mundi, der Muttergottes und der Hl. Jakobus d.Ä., Johannes Ev. und Antonius d.Gr. sowie das Wappen Kappeler[609]. Eiförmiger Nodus mit Cherubshäuptern und Beschlagwerk. Glatte (jüngere?) Kupa. –

---

606 MERZ, S. 96; Abb. 84.   607 MERZ, S. 3; Abb. 13.
608 MERZ, S. 10f.; Abb. 18.   609 MERZ, S. 147; Abb. 124.

Abb. 191 und 192. Baden. Kapelle Maria Wil. Fuß eines Renaissance-Kelches, um 1600–1620; frühbarocke Monstranz, Regensburger Arbeit, um 1680–1690. – Text oben.

Abb. 193. Baden. Stadt von Norden, mit ehemaligem Landvogteischloß, Holzbrücke, Stadtkirche, Bruggerturm, Ringmauer und Schloßruine Stein, reformierter Kirche (im Mittelgrund) und ehemaliger Verenakapelle (im Vordergrund), 1751. Federzeichnung von J.C. Nötzli (Bilddokument Nr. 11). Text S. 56, 83, 104, 206 und unten.

7. *Kelch*. Silber, vergoldet. H. 25,5 cm. Ohne Marken. Frühbarock, um 1670. Großer, weich silhouettierter Rundfuß mit sechs Einzügen; Dockenknauf; Schrägkupa. – 8. *Kelch*. Silber, vergoldet. H. 24,3 cm. Ohne Marken. Rokoko, um 1780–1790. Der rhythmisch geschweifte, eingeschnürte Rundfuß, der Vasennodus und der Kupaüberfang zeigen getriebene Voluten, Päonien, eine Blattkordelgirlande sowie Kamm- und Muschelmotive. – 9. *Zinnteller*. Dm. 24,5 cm. Wappen BASLER/Basel und «HIB» (= HANS JAKOB BASLER I.)/Steckborn[610]. Ende 18. Jahrhundert. – 10. *Zinnteller*. Dm. 22,5 cm. Stempel mit Engel und Umschrift: «IOHAN CONRAD SCHALCH ENGELS.PLOK.TIN»[611]. Um 1800?

ABGEGANGENE KAPELLEN

Außer den bereits behandelten hat Baden seit dem Spätmittelalter weitere neun Kapellen besessen[612]. Alle sind im 19. Jahrhundert dem Nachlassen des religiösen Eifers, dem kirchenpolitischen Radikalismus oder dem Kulturkampf zum Opfer gefallen. Der historisch namhafteste dieser verschwundenen Bauten war die *Heiliggeistkapelle* in dem um 1350 durch Königin Agnes von Ungarn gestifteten Spital auf dem Kirchplatz (abgebrochen 1864) (Abb. 22 [20]), der künstlerisch reizvollste die 1564 entstandene *Verenakapelle* an der Badhalde, die JOHANN CONRAD NÖTZLI und andere bildlich festgehalten haben (abgebrochen 1831) (Abb. 4 und 193)[613].

610 BOSSARD I, Tf. XIX, Nr. 379; II, S. 142, Nr. 219b.
611 BOSSARD II, S. 134, Nr. 196b; vgl. BOSSARD I, Tf. IX, Nr. 196.
612 MITTLER, Stadtkirche, S. 43–46. – MITTLER, Baden I, S. 150–155. – H. R. SENNHAUSER, Kirchen und Kapellen in Baden, Bad. Njbll. 1969, S. 16–27 (mit Situationsplan).
613 Bilddokumente Nrn. 11, 13, 37, 43, 44.

Abb. 194 und 195. Baden. Ehemaliges Kapuzinerkloster, Konventsiegel, um 1700; ehemaliges Kapuzinerinnenkloster, Konventsiegel, um 1800. – Text S. 195 und 199.

EHEMALIGES KAPUZINERKLOSTER
(ABGEBROCHEN)

Eine erste Klosteranlage wurde 1591 auf einem Landstück außerhalb des Stadtbachgrabens errichtet. Sie erwies sich schon nach einigen Jahrzehnten als zu klein und machte 1653 einem Neubau Platz. – Das Kloster wurde 1841 aufgehoben. Seine Konventgebäude dienten bis zu ihrem Abbruch im Jahre 1855 als Knabenschule. Die Kirche erfüllte neben dem neuen, 1857 eingeweihten Schulhaus (siehe S. 242) bis 1877 die Funktion einer Schulkapelle. – Der Klosterbau des 17. Jahrhunderts ist durch zahlreiche Veduten und durch die im Provinzarchiv in Luzern erhaltenen, maßstäblich gezeichneten Originalgrundrisse (Abb. 196 und 197) bildlich belegt. Die Anlage entsprach bis in Einzelheiten den Baugepflogenheiten der Kapuziner[614].

Quellen. ProvinzA Luzern, Sch. 219.4 (Akten 1836–1842). Sch. 1304 (Akten von 1591 bis 1900). Sch. 1305 (Hospiz). Annales, t. 43, S. 47f.; t. 75, S. 53–59; t. 76, S. 1–7; t. 97, S. 225f., 342–345; t. 115, passim; t. 117, S. 94f., 114–116; t. 130, S. 259f.; t. 136, S. 193–211. – Akten im Archivio Segreto Vaticano Rom. – StA Aarau, Nrn. 2824, 2863, 2875, 3474b. – StadtA Baden, Nrn. 12, 31, 49, 387/X, 647, 893, 1097. – EA V/1, S. 411, 418, 553, 669, 1460; VI/2, S. 593, 1141, 1395. – Hess, S. 17, 459f.

Literatur. G. Boner, Katholiken und Aargauischer Staat im 19. Jahrhundert, in: Erbe und Auftrag, Baden 1953, S. 17–132. – A. Bürgler, Die Franziskusorden in der Schweiz, Schwyz 1926, S. 51–54. – R. Fischer, Die Gründung der Schweizer Kapuzinerprovinz 1581–1589, Zeitschrift für Schweiz. Kirchengeschichte, Beiheft 14, Freiburg i. Ü. 1955, S. 248–254. – Fricker, Baden, S. 290–296. – M. Künzle, Die schweizerische Kapuzinerprovinz, Einsiedeln 1928, S. 46f., 54–56, 59, 61, 64, 187. – Mittler, Stadtkirche, S. 31f. – Mittler, Baden I, S. 337–339; II, S. 14, 92, 104, 118, 159, 215f., 238, 240. – K. Münzel, Das Kapuzinerkloster zu Baden 1593–1841, Njbl. der Apotheke F. X. Münzel Baden, 1945 (mit Abbildungen und weiteren Literaturangaben).

Bilddokumente Nrn. 1, 21, 24, 26, 36, 37, 48, 68, 70, 71.
Plandokumente Nr. 20.
Siegel. 1. Oval, 26 × 21 mm. Die hl. Katharina, gekrönt, beide Hände auf das Schwert gestützt; heraldisch rechts unten das Rad; Initialen «S C». Auf Brief P. Ludwigs von Sachsen, datierend vom

---

[614] Besondere Ähnlichkeit hatte sie mit den heute noch bestehenden Klöstern in Bremgarten und Frauenfeld. – Kdm. Aargau IV, Abb. 101f. – Kdm. Thurgau I, Abb. 87f.

11. Juni 1592[615]. – 2. (Abb. 194). Oval, 26 × 22 mm. Dieselbe Heilige, gekrönt, die Palme in der Rechten, die Linke aufs Schwert gestützt, dessen Spitze die Radnabe berührt; Antiquaumschrift: «SIG: FF: MIN: CAPVC: BADA: HELV:». Um 1700. Schriftlich bezeugt im Provinzarchiv Luzern[616]. Petschaft in der Siegelsammlung daselbst, Nr. 28. – 3. Oval, 27 × 25 mm. Darstellung und Umschrift, abgesehen von geringen stilistischen Varianten, dieselben wie bei Nr. 2. Um 1700. Petschaft in der Siegelsammlung des Provinzarchivs Luzern, Nr. 29.

ERHALTENES KUNSTGUT

Hauptblatt vom Hochaltar (in der Sebastianskapelle) (Abb. 198). Öl auf Leinwand. 321 × 216 cm. Unsichere Signatur und wahrscheinliches Datum: «Annibal Caractius [in Antiqua] Bononianus inv. 1592 [in gotischer Fraktur]». Lombardisch oder bolognesisch, Ende 16. Jahrhundert[617]. Dargestellt ist die Muttergottes in geistlichem Gespräch mit dem Ordensvater Franziskus und den Kirchenpatronen Katharina von Alexandrien und Johannes Ev. Zwei symmetrisch hinter die Figurenkomposition gestellte Säulenpaare, zwischen denen sich eine ferne Landschaft auftut, zwingen die Szene in eine strenge Zentralperspektive. Vier in die Bildecken verteilte Engelputti sind Zeugen des Geschehens. Der untere rechts umfaßt die Wappenpyramide Baden–Reich, jener links weist ein rechteckiges Bild mit einer Südansicht Badens vor (dieses hält den baulichen Zustand von 1654 fest, ist also nachträglich aufgemalt worden; Bilddokument Nr. 38). Thronpodest, Säulenarchitektur und Hintergrundlandschaft, aber auch die assistierenden Heiligen und der Wappenhalter sind von feinster Noblesse und stammen von der Hand eines meisterhaften, subtilen Künstlers. Die übrigen Figuren fallen qualitativ merklich ab, so daß angenommen werden muß, das Bild sei von mehreren Malern geschaffen worden. Als sicher darf gelten, daß die Autoren Italiener waren oder nach einer italienischen Vorlage gearbeitet haben und daß das Bild mit einem 1593 vom spanischen Gesandten Pompeius della Croce

---

615 StA Aarau, Nr. 2863, Kapuzinerkloster Baden.
616 ProvinzA Luzern, t. 39d, S. 133; t. 43, S. 49; t. 149, S. 363.
617 Badener Tagblatt vom 10. Dez. 1880. – Badener Fremdenblatt vom 21. Jan. und 4. April 1909 (zitiert bei MÜNZEL, S. 15).

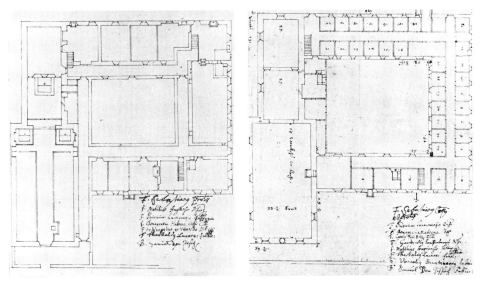

Abb. 196 und 197. Baden. Ehemaliges Kapuzinerkloster. Originalpläne des Erdgeschosses und des Obergeschosses, um 1653/54. Federzeichnungen (Plandokumente Nr. 20). – Text S. 194.

Abb. 198 und 199. Baden. Ehemaliges Kapuzinerkloster. Hochaltarblatt mit einer Sacra Conversazione, lombardisch oder bolognesisch, Ende 16. Jahrhundert; Seitenaltarblatt mit dem Englischen Gruß, von Rudolf Schwerter, 1655 (beide zurzeit in der Sebastianskapelle). – Text S. 195 und unten.

gestifteten Altarblatt identisch ist[618]. Fraglich bleibt einstweilen, ob der in der Signatur genannte ANNIBALE CARRACCI als einer der Urheber oder als entwerfender Künstler geltend gemacht werden kann. Denn das Bild zeigt bei allen Qualitäten noch eine starre, fast formelhafte Renaissance-Komposition: ein Kriterium, das CARRACCI, den führenden Meister des italienischen Frühbarocks, auszuschließen scheint[619].

Seitenaltarbild mit dem Englischen Gruß (in der Sebastianskapelle) (Abb. 199). Öl auf Leinwand. 221 × 142 cm. Signiert und datiert: «R: SCHWERTER PX̄T · 1655»; Aufschrift mit zugehörigem Wappen: «JOANNES SVMERER . S(ANCTAE) TH(EOLOGIAE) DOCTOR PLEBAN(US) ET CANONIC(US) BADAE/AB IN̄OCENTIO X ROMAE CREAT(US) PROTONOT(ARIUS) APOSTOLIC(US) ∼»[620]. Archivalisch bezeugtes Werk des aus Baden gebürtigen Künstlers RUDOLF SCHWERTER[621]. Bemerkenswert die Betonung der Diagonalen und die sphärisch-hauchhafte Bildtiefe.

Tabernakel des Hochaltars (in der Städtischen Sammlung im Landvogteischloß). Mattiertes Holz. 176 × 220 cm. Empire, um 1800. Das säulengegliederte, von seitlichen Achsen begleitete Zylinderkorpus trägt einen Aufsatz mit Eckvoluten und Girlanden.

Sechs Glasgemälde (im katholischen Kirchgemeindehaus Ennetbaden). Geschaffen 1857 durch JOHANN JAKOB RÖTTINGER in Zürich für die umfunktionierte Klosterkirche. Je 117 × 62 cm. Jedes

---

618 ProvinzA Luzern, t. 117, S. 116: «... Orator Regis Catholici (= Pompeius della Croce) ... verum et Altare majus Mediolani affalire, penicillo certè pulcherrimo ac rarissimo adumbratum; sumptibus suis fieri curavit ...»

619 Vgl. z. B. die Sacra Conversazione CARRACCIS vom Jahre 1588 in der Gemäldegalerie Dresden. – Mostra dei Carracci 1956 – Catalogo critico, Bologna 1956, S. 186f.; Abb. 68.

620 Vgl. MITTLER, Stadtkirche, S. 85f.   621 StadtA Baden, Nr. 12, S. 301.

zeigt eine Szene aus der Christusvita zwischen stilpluralistischen Ziermotiven: Verkündigung, Geburt, zwölfjähriger Jesus im Tempel, Taufe, Kreuzigung, Auferstehung.

Glocke (im Türmchen der Kapelle St. Nikolaus) (Abb. 173). Dm. 57 cm. Am Hals Maskenfries mit symmetrischen, vegetabilen Voluten; am Mantel die von Salbeiblättern begleiteten Allianzwappen des «CASPAR DORER/DES RATHS» und der «IP», der hl. Franziskus, die Immakulata und der Gekreuzigte; am Fuß einzeilige Umschrift: «ANNO 1652 (sic) WAR DAS KLOSTER AVCH DIE GLOGGEN NEVW ERBAVWEN IN DER EHR SANCT FRANCISCI H C F . V . S»[622].

Sonnenmonstranz (im Kapuzinerkloster Stans) (Abb. 200). Silber, teilvergoldet. H. 71 cm. Beschau Zug; Meisterzeichen undeutlich, vielleicht F. M. BRANDENBERG[623]. Régence, um 1730. Der querovale, gewölbte Fuß, durch Einzüge zum Achtpaß geformt, zeigt zwischen symmetrischem Bandelwerk und vegetabilen Ranken acht getriebene Medaillons, darstellend die hl. Verena, den Visionär Johannes

---

[622] Die Glocke ist im Jahre 1710, da sie kleine Schäden zeigte, gegen eine solche der Schloßkapelle eingetauscht worden. – StadtA Baden, Nr. 31, fol. 185v.

[623] R. DURRER, Die Kunstdenkmäler des Kantons Unterwalden, Zürich 1899–1928, S. 962f.

Abb. 200 und 201. Baden. Ehemaliges Kapuzinerkloster. Régence-Monstranz, vielleicht von Franz Michael Brandenberg, um 1730 (heute im Kapuzinerkloster Stans); geschnitzter Türflügel, um 1650–1660 (heute in der Städtischen Sammlung im Landvogteischloß). – Text oben und S. 198.

auf Patmos, die hl. Regula, das Stigmatisationswunder des hl. Franz, zwei unbekannte Allianzwappen, den hl. Stanislaus Kostka[624], die hl. Cäcilie an der Orgel und den hl. Bernhard. Auf dem kurzen Schaft sitzt ein ausladender Kragen, darüber ein gekehlter Vasennodus mit Cherubshäuptern. Die herzförmige Schaukapsel ist von einer mandelförmigen Gloriole umgeben, die weitläufige, schmale Volutenbänder und üppige Weinranken überziehen. Darin offenbaren sich über dem Ostensorium die Pfingsttaube, das Brustbild Gottvaters im Gewölk, flankiert von Engeln mit den Leidenswerkzeugen, und das Haupt Christi auf dem von Engeln präsentierten Schweißtuch der Veronika; unter dem Schaugehäuse kniet Maria, begleitet von geflügelten Putten; auf den Seiten zwei rauchfaßschwingende Himmelsboten. Die Partie über der Taube mit dem steinbesetzten Kreuz modern[625].

Queroblonge Vitrine mit zahlreichen Reliquien (in der Stadtkirche). Holz, farbig gefaßt. H. 132 cm. Barock, zweites Viertel 18. Jahrhundert. Schwungvolle Umrahmung aus vegetabilen Ranken und Louis-XV-Kämmen. Bekrönungsstatuetten: die Hl. Johannes Bpt. und Johannes Ev. und ein unbekannter Bischof.

Zwei Paar Tunizellen und sechs Kaseln (in der Paramentensammlung der Stadtkirche). Brauner, blauer, olivgrüner und schwarzer Wollstoff. 18. und 19. Jahrhundert.

Brusthoher Schrank (in der Städtischen Sammlung im Landvogteischloß). Eichenholz. Um 1650–1660. Zweitürig, mit drei gedrechselten Halbsäulen und Ohrmuschelschnitzereien.

Mannshoher Schrank (ebenda). Eichenholz. Um 1650–1660. Eintürig, mit geschnitzten Kassettenfüllungen, ähnlich jenen auf Abb. 201.

Türflügel (ebenda) (Abb. 201). Eichenholz mit Beschlagwerkreliefs. Um 1650–1660; das akanthusverzierte Schloß einige Jahrzehnte jünger.

EHEMALIGES KAPUZINERINNENKLOSTER MARIÄ KRÖNUNG (PROFANIERT)

GESCHICHTE UND BAUGESCHICHTE. Der Kapuzinerinnenkonvent in Baden ging aus einer Beginenvereinigung hervor, die seit dem Ende des 14. Jahrhunderts in der Nähe des Rathauses niedergelassen war[626]. Seine bescheidene Klosteranlage entstand in den Jahren 1617–1626 und erfuhr im 17. und 18. Jahrhundert etliche Renovationen. 1841 wurde der Konvent durch den Großen Rat ein erstes Mal, 1867 (nachdem er auf Betreiben der Tagsatzung wiederhergestellt worden war) ein zweites Mal und endgültig aufgehoben. 1872 richtete man in den ausgedienten Klostergebäuden eine aus privater Initiative gegründete Armen- und Waisenerziehungsanstalt ein. 1910/11 neuer Nordtrakt an der Mellingerstraße durch Architekt O. DORER, Baden; wenig später Umbau des Westflügels und Abbruch des Südflügels. Seit 1964 beherbergt das ehemalige Kloster die Stadtbibliothek, Schulräume sowie städtische und kantonale Ämter.

Quellen und Literatur. Akten im ProvinzA der Kapuziner in Luzern und im StadtA Baden. – HESS, S. 460f. – WELTI, Urkunden I. – WELTI, Regesten I und II.
A. BÜRGLER, Die Franziskanerklöster der Schweiz, XIV (Mariä Krönung Baden), St.-Fidelis-Glöcklein V, 4 (1917), S. 382 (mit weiteren Quellenangaben). – Ders., Die Franziskusorden in der Schweiz, Schwyz 1926, S. 180–182. – FRICKER, Baden, S. 296–300. – T. GRAF, Maria Krönung in Baden, Helvetia Sacra V/2 (= Die Kapuziner und Kapuzinerinnen in der Schweiz), Bern 1974, S. 991 bis

---

624 Oder den Theatiner Kajetan von Tiene? – Kostka wurde 1726 heiliggesprochen.

625 Hinten eine Ovalplakette, die Jakob Bernhard Weltin, des großen Rats und Seckelmeister in Baden, und dessen Tochter, Maria Verena Bodmer, als Auftraggeber und Stifter unter dem Jahr 1728 erwähnt. An ihrer Authentizität ist zu zweifeln; vgl. die nicht identischen Wappen am Fuß.

626 Im selben Haus, das später auch als Zeughaus nachgewiesen ist und 1614 ausschließlich als solches neugebaut wurde; vgl. S. 216. – StadtA, Nr. 119, 5. Juni und 26. Sept. – WELTI, Regesten I, S. 254; WELTI, Regesten II, S. 551.

Abb. 202. Baden. Ehemaliges Kapuzinerinnenkloster Mariä Krönung von Norden, mit dem imaginären Hintergrund der Schloßruine Stein, um 1840. Anonyme Federzeichnung (Bilddokument Nr. 73). Text unten.

998. – MITTLER, Baden I, S. 339–341. – K. MÜNZEL, Das Frauenkloster Mariä Krönung zu Baden 1612–1867, Njbl. der Apotheke Dr. U. Münzel Baden, 1950 (mit Abbildungen). – Ders., Das Frauenkloster Mariä Krönung in Baden, Alemania Franciscana antiqua XIV (1970), S. 24–45 (mit Literaturangaben). – NÜSCHELER III, S. 558f. – O. SCHRANER, Das Frauenkloster Mariä Krönung zu Baden, Aargauer Volksblatt vom 21. Dez. 1968.
Bilddokument Nr. 73.
Siegel. 1. Oval, 28 × 23 mm. Krönung Mariä durch die Dreifaltigkeit. Initialen «S(igillum)», heraldisch rechts, und «B(adae)», links. 17. Jahrhundert. Petschaft im Kapuzinerinnenkloster St. Klara, Stans. Abdruck in der Siegelsammlung des ProvinzA Luzern, Nr. 203. – 2. (Abb. 195). Oval, 30 × 27 mm. Dieselbe Darstellung wie auf Nr. 1. Antiquaumschrift «S.M. KRÖNUNG IN ✿ BADEN ✿». Ende 18. oder Anfang 19. Jahrhundert. Petschaft im Kapuzinerinnenkloster St. Klara, Stans. Abdruck in der Siegelsammlung des ProvinzA Luzern, Nr. 204.

BESCHREIBUNG (Abb. 202). Das Kloster lag zweihundert Schritte weit vor dem Oberen Stadttor, linkerhand an der Ausfallstraße nach Mellingen. Der Chor der Kirche schaute nach Süden; die Konventgebäude waren westseitig an das Gotteshaus angefügt. – Von der ursprünglichen Anlage ist nurmehr die *Kirche* einigermaßen zu erkennen. Der heute profanierte Bau steht über einem rechteckigen Grundriß von außerkant 8 × 29,5 m und trägt ein steiles, geknicktes Sparrendach, das an beiden Schmalseiten über einfachen Giebeln endet. Abgesehen von der Chorwand ist er allseitig von hohen, weiten Fenstern mit geohrten Stichbogenrahmen durchbrochen, die um 1700 die originalen, wohl rundbogigen Lichter abgelöst haben dürften. Das niedrige, gefaste Rechteckportal stammt aus der Bauzeit (1617); das segmentbogige Zwillingsfenster und die Rondelle im Giebel der Eingangsfassade mögen im 19. Jahrhundert angebracht worden sein. Den First krönt über dem ehemaligen inseitigen Triumphbogen ein sechseckiger Dachreiter mit blecherner Zwiebelhaube (renoviert 1812) und aufwendig verziertem spätbarockem Eisenkreuz (wohl von 1766)[627]. – In der langen, beidseits von vier Fenstern erhellten Chorpartie ist ein 1694 eingezogenes Gewölbe – eine flache, durch zwei stark profilierte Stuckgurten unterteilte Tonne – noch erhalten[628]. Sein mittleres Feld trägt in einem Vierpaß ein Wappenschild mit den Emblemen des geadelten Schultheißen Caspar Ludwig Schnorff und seiner Gemahlin Veronika Nieriker[629]. – Die mehrgeschossigen *Konventgebäude* umschlossen, wie die einzige bekannte Vedute zum Kloster und das KELLERSCHE Panorama von 1853 zeigen[630], nach konventioneller Art einen Rechteckhof. Ein Kreuzgang war nicht vorhanden.

Abgewanderte Kunstgegenstände. 1. *Ölgemälde der Krönung Mariä* (im katholischen Kinderheim «Empert» in Wettingen). 170 × 206 cm. Spätbarock, um 1770–1780. – 2. *Glocke* (derzeitiger Standort, Maße und genaues Aussehen unbekannt). Umschrift: «VERBUM CARO FACTUM EST – AVE MARIA GRATIA PLENA – JESUS NAZARENUS REX JUDEORUM – ECCE CRUCEM DOMINI FUGITE PARTES ADVERSAE», mit den zugehörigen Darstellungen der Gottesmutter mit Kind und des Gekreuzigten. Signatur und Datum: «Philipp Brandenberg in Zug goß mich 1801». – 3. *Prunkmonstranz* (in der Pfarrkirche St. Sebastian in Wettingen). Silber, teilvergoldet. H. 77 cm. Beschau Sursee; Meisterzeichen HANS PETER STAFFELBACH. Hochbarock–Régence, 1715[631]. Auf dem Ovalfuß mit leichten Einzügen und gerilltem Rand getriebene, rankenumsponnene Evangelistenmedaillons und Vasen. Der von Weinlaub umschlungene Schaft endet in Kragen und eingeschnürtem Birnknauf mit vierseitig ausgerichteten Cherubshäuptern. Zwei weit ausscherende Akanthusbranchen halten den mandelförmigen Aufbau aus üppigem Ranken- und Bandelwerk, welchen ringsum die gegossenen Hüftbilder Gottvaters, Marias, der Hl. Joseph, Franz, Klara und Elisabeth und vier Engel mit Rauchfässern, Kelch und Lavabo besetzen. Die stumpfovale, gekrönte Schaukapsel fassen ein massiver, perlbandumwundener Ähren- und Traubenrahmen und ein unscheinbarer Strahlenkranz. Zuoberst ein filigranverziertes Amethystkreuz.

Die drei *Altarretabel* aus der Klosterkirche, die um 1870–1872 in die Kirche von Mumpf AG verbracht wurden[632], sind im Jahre 1955 wegen ihres schlechten Erhaltungszustandes vernichtet worden.

REFORMIERTE KIRCHE

GESCHICHTE

In Baden, das durch die ganze Zeit der Reformationswirren am alten Glauben festgehalten hatte, war es den reformierten Landvögten, Tagsatzungsabgeordneten und Badegästen bis ins 18. Jahrhundert verwehrt, eigenen Gottesdienst abzuhalten[633]. Die Situation änderte sich mit dem Ausgang des Religionskrieges von 1712. Der nach der Niederlage Badens aufgestellte Kapitulationsentwurf erwähnt an erster Stelle, daß der Stadt zwar gewährt würde, bei ihrer Religion zu verbleiben, «mit dem Vorbehalt aber, daß ... zu Verrichtung des Gottesdiensts der reformirten Religion bey der Tagsatzung und für die Badleut die Kirchen an der Halden St. Verena eingeraumpt, wo vonnöten vergrößeret und darzu zugleich ein Gottsacker

627 ProvinzA Luzern, Sch. 5429: «Chronick ...», S. 106, 110.
628 Ebenda: «Chronick ...», S. 69f., 77.
629 Wie MERZ, Abb. 207, die blaue Schrägspitze jedoch in 4; in 3 Wappen Nieriker wie MERZ, Abb. 177.
630 Bilddokumente Nrn. 27, 73.
631 ProvinzA Luzern, Sch. 5429: «Chronick ...», S. 91f. – Die Zimelie war am 21. Januar von Frau Mutter Caecilia Kaufmann in Auftrag gegeben worden; STAFFELBACH lieferte sie im Juni gleichen Jahres ab.
632 MÜNZEL, Njbl. 1950, S. 5, 8, 11, Anm. 23 (mit Abbildungen).
633 Burgerbibliothek Bern, Ms. Hist. Helv. VI, 18, S. 126f. – FRICKER, Baden, S. 300.

Abb. 203. Baden. Reformierte Kirche von Norden, um 1715. Radierung von J. M. Füßli (Bilddokument Nr. 78). – Text S. 206, 208.

bestellt werde.»⁶³⁴. Am 7. Juni hieß Zürich seine Kriegsmannschaft, die an der Straße nach den Bädern gelegene Verenakapelle zu räumen und «von dem götzendienst zu säubern» (vgl. S. 193)⁶³⁵. Das Gebäude erwies sich jedoch als viel zu klein, so daß man den Gottesdienst ins Schützenhaus zu verlegen gezwungen war⁶³⁶. Während der Septembertagsatzung erwogen die Zürcher und Berner in separaten Verhandlungen, an welchem stadtnahen Ort eine neue Kirche errichtet werden könnte⁶³⁷. Darauf zeigte sich der Badener Rat eilig bereit, eine Wiese südlich des Verenakirchleins gratis als Bauplatz abzutreten und die Fuhren des Baumaterials zu übernehmen⁶³⁸. Das Angebot fand Gefallen. Den Siegermächten ging es jetzt darum, in der katholischen Grafschaft möglichst bald, jedoch ohne kostspieligen Aufwand, ein Zeichen ihrer religionspolitischen Neuordnung zu hinterlassen⁶³⁹. Der Bau wurde sofort an die Hand genommen und in zwei Jahren zu Ende geführt.

634 StA Zürich, A 236, 9, Nr. 70, 111, 112; vgl. Nr. 25. – Burgerbibliothek Bern, Ms. Hist. Helv. VII, 102, S. 133. – StadtA Baden, Nr. 665: Friedensschluß.
635 StA Zürich, A 236, 9, Nr. 309.
636 StA Zürich, A 236, 16, Nr. 189 (Schreiben an Zürich vom 11. Sept. 1712).
637 StA Bern, Baden-Buch B, S. 387. – EA VII/1, S. 1025.
638 StA Bern, Deutsches Missiven-Buch 43, S. 435. – StA Zürich, A 236, 16, Nr. 242.
639 StA Bern, Rm 56, S. 49. Baden-Buch B, S. 413. – StA Zürich, A 309, Nr. 2 (28. April 1713). – Passim in den Bauakten.

Die Kirche wurde im 18. Jahrhundert nur während des Sommers benützt. Inhaber der Kollatur waren bis 1798 Zürich und Bern. Anfänglich bestellten die beiden Stände abwechselnd auf jeden Sonntag einen Prediger[640]; später dauerten die alternierenden Amtsperioden mehrere Jahre[641]. Einen Höhepunkt ihrer Geschichte erlebte die Kirche am 22. Oktober 1793, als sich JOHANN GOTTLIEB FICHTE mit Johanna Maria Rahn in ihren Mauern vermählte[642]. – 1803 wurde Baden Staatspfründe, 1861 überließ der Kanton das Kirchensteuergut der Kirchgemeinde, und 1866 trat er dieser auch das Recht zur Pfarrwahl ab[643].

Quellen. Akten und Protokolle in den StA Zürich, Bern und Aarau, in der Burgerbibliothek Bern, im KDA Aarau, im StadtA Baden und im ref. PfarrA Baden. – EA VII/1 und 2. – H. R. MAURER, Kleine Reisen im Schweizerland, Zürich 1794.

Literatur. FRICKER, Baden, S. 300–305. – G. GERMANN, Baden und Zurzach – Zwei reformierte Kirchen des 18. Jahrhunderts, Unsere Kunstdenkmäler XIV (1963), S. 61–67. – Ders., Der protestantische Kirchenbau in der Schweiz, Zürich 1963, S. 52, 54, 78, 114, 157, 164. – P. HABERBOSCH, Von der jungen reformierten Gemeinde in Baden, Bad. Njbll. 1951, S. 31–35. – O. HÄNNI, Die Restauration der reformierten Kirche Baden, Bad. Njbll. 1951, S. 25–30. – P. HOEGGER, Matthias Vogel und die Querkirchen-Idee, Unsere Kunstdenkmäler XXII (1971), S. 15–31. – E. MAURER, Die reformierte Kirche in Baden, Bad. Njbll. 1951, S. 18–24. – W(ERNER!) MERZ, Zur Geschichte des Baues der reformierten Kirche und der Entwicklung der reformierten Kirchgemeinde Baden, Baden 1914. – MITTLER, Baden II, S. 76–81. – H. VÖGTLIN, Zum 250jährigen Bestehen der reformierten Kirche Baden, Bad. Njbll. 1965, S. 46–51.

Bilddokumente Nrn. 2, 4, 11, 12, 13, 15, 17, 18, 21, 26, 27, 34, 36, 42, 44, 78.

BAUGESCHICHTE

Noch im September des Kriegsjahres 1712 beauftragten die neuen Landesherren den zürcherischen Architekten MATTHIAS VOGEL mit einem Entwurf für das bevorstehende Unternehmen[644]. Um die Jahreswende wartete VOGEL mit einem Projekt auf, das nach einer Notiz im Zürcher Ratsmanual «von der Kirch zu Wilchingen, Schaffhauser Gebieths, genohmen» war[645], mithin also einen oktogonalen Querbau darstellte. Die Berner Bausachverständigen, unter ihnen auch alt Spitalmeister SAMUEL JENNER[646], scheinen sich für diesen Beitrag jedoch nicht begeistert zu haben, denn sie verlangten von ihrem städtischen Werkmeister DÜNZ (ABRAHAM II. oder HANS JAKOB III.?) sofort andere Entwürfe[647]. Die dreiörtische Tagsatzung vom Februar/März in Baden, auf der die Arbeiten von VOGEL und DÜNZ vorgelegen haben müssen, entschied sich endgültig für ein Modell[648], dessen Urheber zwar nicht genannt wird, von dem aber auf Grund verschiedener Bauakten gesagt werden

---

640 StA Bern, Baden-Buch B, S. 440f.

641 Ebenda, S. 597, 601–603, 663. – Nach WERNER MERZ (S. 16, ohne Quellenangabe) war 1725 davon die Rede, die Pfarrer für je zehn Jahre einzusetzen. – Eine Liste der bisher bekanntgewordenen Badener Pfarrherren bei HABERBOSCH, S. 32f., und MITTLER, Baden II, S. 408f.

642 VÖGTLIN, bes. S. 47. – Vgl. Badener Kalender 1937, S. 58–64.

643 WERNER MERZ, S. 31, 38. – MITTLER, Baden II, S. 80f.

644 EA VII/1, S. 1025. – StA Bern, Evang. und Dreiört. Abscheide R, S. 42.

645 StA Zürich, B II, 720, S. 16.   646 StA Bern, Rm 54, S. 424.

647 Ebenda, S. 428.   648 EA VII/1, S. 1025.

Abb. 204 und 205. Baden. Reformierte Kirche, Längsschnitt und Grundriß. – Text S. 208–210.

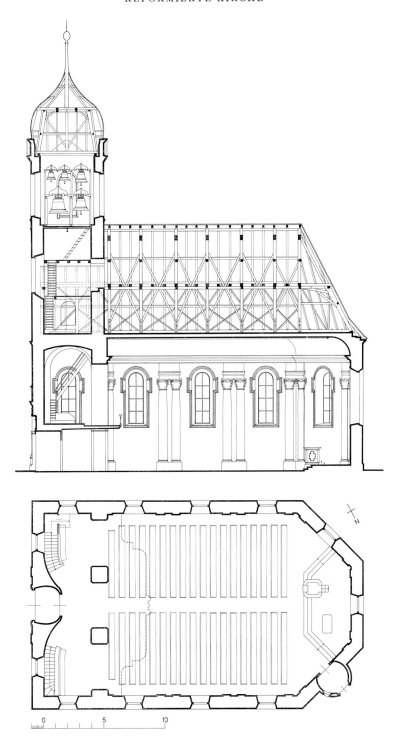

kann, daß es in Bern – also sehr wahrscheinlich von DÜNZ – angefertigt worden ist[649]. VOGEL erhielt gleichzeitig Auftrag, einen Kostenüberschlag der Maurerarbeiten zu machen[650]. Am 8. April erklärten sich die bernischen, am 24. April die zürcherischen Ratsherren mit dem von den Gesandten genehmigten Modell einverstanden[651]. Der Berner Landvogt Hieronymus Thormann, dem es oblag, die Maurer- und Zimmermannsarbeiten zu verdingen, ließ auf Drängen seiner Obrigkeit spätestens Mitte April mit dem Bau anfangen[652]. Die Maurerarbeit hatte er mit Berns Wissen an den Vorarlberger Baumeister FRANZ BEER vergeben. Zürich, das die Verdinge mit großer Verspätung zu Gesicht bekam, widersetzte sich aber dieser Beauftragung im letzten Augenblick. Es stellte fest, daß «das schon wirklich von beiden Loblichen Ständen placidirte Modell abgeenderet werden» sollte[653]. Am 7. Mai schickte es VOGEL nach Baden, um dem Landvogt zu bedeuten, nichts weiteres mehr «mit diesem Beer» zu unternehmen. VOGEL hatte dem Rat eine neue, detaillierte Verdingliste aufzustellen[654]. BEER wurde auf Wunsch Zürichs kurz danach entlassen[655]. Offenbar befriedigte nicht einmal das wenige, das er während seines kurzen Aufenthaltes in Baden geleistet hatte. Denn die Abgeordneten der zwei Stände beschlossen auf der evangelischen Konferenz Ende Mai eine neuerliche Absteckung des Baugeländes. Gleichzeitig hörten sie sich Kommentare der Baumeister VOGEL und ABRAHAM II. DÜNZ, des Stiftsschaffners von Zofingen, an[656]. Im Juli wurde VOGELS Verdingliste angenommen[657]. Landvogt Thormann wurde zum «Generalbauinspektor» und Zahlherrn, MATTHIAS VOGEL zum Oberinspektor und Ingenieur JOHANN WILHELM BLARER aus Zürich zum Unterinspektor ernannt[658]. Da die Initianten des Kirchenbaus «keine andere als pur evangelische Meister und Arbeitern» anzustellen wünschten, fielen für die Ausführung des Werks von vornherein alle einheimischen Handwerker außer Betracht. Die Maurer- und Steinmetzarbeiten überließ man den Bernern TSCHANTZ und CHRISTIAN HERRMANN und den Zürchern JOHANNES und DAVID SCHNEIDER[659]. Für den Gipsschmuck an Decke und Wänden wurde Stukkateur SALOMON BÜRKLI von Zürich[660], für den Dachstock HEINRICH MARCHTHALER von Würenlos[661] verpflichtet. Die Blecheindeckung der Turmkuppel besorgte der Zürcher HANS RUDOLF ENGELHARDT[662], die Glocken gossen die Meister JOHANN II. und MORITZ I. FÜSSLI, nachdem entschieden worden, keine der im äbtisch st. galli-

---

649 StA Bern, Rm 56, S. 49. – StA Zürich, A 309 (7. Mai 1713).
650 EA VII/1, S. 1025.
651 StA Bern, Rm 56, S. 48. – StA Zürich, B II, 720, S. 117f. A 309 (24. und 28. April 1713).
652 StA Bern, Baden-Buch G, S. 98.
653 StA Zürich, B II, 720, S. 130.
654 StA Zürich, A 309 (6. Mai 1713; vgl. die Schreiben vom 7., 8., 9. und 11. Mai 1713).
655 StA Zürich, B II, 720, S. 132f. A 309 (8., 9., 11. und 13. Mai 1713). – StA Bern, Baden-Buch B, S. 415, 419.
656 StA Bern, Baden-Buch B, S. 392f. Evang. und Dreiört. Abscheide R, S. 314f. – StA Zürich, A 227,5 (25. Mai 1713). – EA VII/1, S. 1025.
657 StA Bern, Baden-Buch B, S. 437f., 451f. – EA VII/1, S. 1025.
658 StA Bern, Baden-Buch B, S. 447f. – StA Zürich, A 309 (29. Juni 1713). B II, 722, S. 20.
659 StA Bern, Baden-Buch G, S. 81.
660 Ebenda, S. 87, 106.   661 Ebenda, S. 84.
662 StA Bern, Baden-Buch B, S. 471, 483f., 498, 516. Rm 60, S. 227. Deutsches Missiven-Buch 45, S. 84f. Evang. und Dreiört. Abscheide R, S. 693f., 699. – StA Zürich, A 309 (undat. und unnum. Devis CHRISTOPH JENARDS, 1714). A 227,5 (26. Mai 1714). B II, 724, S. 31f., 59.

Abb. 206. Baden. Stadt von Norden, mit reformierter Kirche und Villa «Egloffstein» (rechts), um 1840. Aquatinta von J. Meyer-Attenhofer (Bilddokument Nr. 17). – Text S. 48, 206.

schen Gebiet eroberten Glocken zu verwenden[663]. Für das Mauerwerk gelangten Bruchsteine von den geschleiften Befestigungswerken beidseits der Limmat zur Verwendung[664]. Als Gipslager dienten die Gruben in Ehrendingen und, wie einige Jahre zuvor beim Bau der Zürcher Peterskirche, ein Rain am Reußufer zwischen Mülligen und Windisch[665]. – Am 28. Juli 1713 war der Grundstein gesetzt worden[666]; am 9. September 1714 konnten Stiftsschaffner DÜNZ und ein Vertreter von Zürich (VOGEL?) mit dem Landvogt den vollendeten Bau besichtigen und kontrollieren[667]. Die am 9. November 1715 gezogene Summe der gesamten Kosten betrug rund 21 175 fl.[668].

1769 Erhöhung der Turmkuppel durch FRANZ ANTON SCHWARTZ aus Bremgarten oder JOHANN ULRICH GRUBENMANN[669]. 1862 Versetzung der Kanzel von der nörd-

---

663 StA Bern, Baden-Buch B, S. 395, 484, 497. Rm 60, S. 408f.; Rm 61, S. 134. – StA Zürich, A 227,5 (5. Juli 1714). B II, 724, S. 58f.; B II, 726, S. 10. – Ref. PfarrA Baden, Akten Kirchengeläute 1900/01.
664 StA Bern, Baden-Buch B, S. 438f., 443f., 452, 516f. – StA Zürich, B II, 722, S. 58. A 309.
665 StA Bern, Baden-Buch B, S. 471. Baden-Buch G, S. 85, 87. Rm 58, S. 408.
666 StA Bern, Baden-Buch G, S. 102 (Baurechnung). – StadtA Baden, Nr. 384b, fol. 2–3.
667 StA Bern, Baden-Buch B, S. 513f. Rm 62, S. 93f., 125–127. Baden-Buch B, S. 515–519 (Abrechnung von DÜNZ vom 10./11. Sept. 1714); vgl. S. 447f.
668 StA Bern, Baden-Buch B, S. 619–630. – StA Zürich, A 309 (Baurechnung).
669 StA Zürich, B II, 941, S. 12, 24, 30, 53f.; B II, 945, S. 49f. B VIII, 207, Nr. 5, art. 35 und lit.

lichen Schiffwand in den Chorscheitel; gleichzeitig Vergrößerung des Emporenbodens und neue, einheitlich nach dem Chor ausgerichtete Bestuhlung. 1867 drei farbige Chorfenster von JOHANN JAKOB RÖTTINGER, Zürich. 1873/74 erste Orgel von FRIEDRICH GOLL, Luzern. 1901 fünf neue Glocken von RÜETSCHI, Aarau. 1918 neue Orgel, 1936 Orgelumbau von METZLER & Co., Dietikon. 1949 erfolgte eine umfängliche Außen- und Innenrenovation nach Plänen von Architekt WALTER HENAUER, Zürich, und unter Leitung der Architekten LOEPFE & HÄNNI, Baden: Ersetzung des Wandtäfers durch eine niedrige Marmorverkleidung; neue farblose Fensterscheiben; neue Kanzel, Holztisch anstelle des Taufsteins, neue Bestuhlung; Umgestaltung der Empore und ihrer Brüstung; Vermauerung der seitlichen Portale, neuer Eingang an der nordwestlichen Chorschrägwand; die in ein neues, kleines Kellergeschoß führende Treppe zwang zum Verzicht auf die nordseitige Emporenstiege. – 1968 neue Orgel der Firma KUHN in Männedorf. – 1974 Außenrenovation[670].

TOPOGRAPHISCHES

Die Kirche, auf halber Wegstrecke zwischen der mittelalterlichen Stadt und dem Bäderquartier gelegen (Abb. 10, 29 und 292), erstand in einer ursprünglich nur dünn besiedelten Umgebung. Der ostseits an die stark begangene Bäderstraße grenzende Bauplatz legte es nahe, die Fassade mit dem Haupteingang entgegen herkömmlicher Gepflogenheit nach Osten zu richten, um so mehr als sie dadurch in ihrer erhöhten Stellung über dem steilen Limmatufer eine weithin sichtbare Schauseite zu werden versprach (Abb. 206). Nahe der Kirche und am selben Straßenzug wie sie standen in Richtung Stadt bescheidene Wohn- und Ökonomiegebäude, stadtauswärts die Öltrotte, die am Ende des 18. Jahrhunderts dem hübschen Dixhuitième-Haus «Zum Schwert» wich (Abb. 314), und die spätgotische Verenakapelle (Abb. 193; vgl. S. 193). Westlich, hinter dem Chor, weitete sich das vom Jurakamm des Schloß- und Martinsbergs begrenzte Haselfeld. In diesem leeren Gelände, in das schon 1847 der Badener Bahnhof zu stehen kam, setzte am Ende des vergangenen Jahrhunderts mit der Anlage großer Industriebetriebe eine Überbauung ein, die sich sprunghaft entwickelte und bis in die Gegenwart anhält. Im Zuge der städtischen Verkehrssanierung ist in den Jahren 1968–1972 der in unmittelbarer Nachbarschaft der Kirche liegende Bahnhofplatz mehrgeschossig ausgebaut und mit hohen Geschäftshäusern umstellt worden, während man das früher vor der Kirche durchziehende Teilstück der alten Badstraße in eine weite Fußgängeranlage verwandelte und mit dem tiefer liegenden Verkehrsstrang der neuen Ölrainstraße unterführte. Obschon der großzügig gestaltete Kirchenvorplatz heute dem Betrachter einen reizvollen Aspekt des Sakralbaus offenbart, hat dieser seinen einstigen kunsttopographischen Stellenwert im Landschaftsbild weitgehend eingebüßt.

K. – StA Bern, Baden-Buch Q, S. 651f., 655–657, 663f., 671–673, 679, 683, 687, 699, 703f. Deutsches Missiven-Buch 82, S. 226, 229, 250, 329f. B VII, 651, S. 86; B VII, 652, S. 87. – StA Aarau, Nr. 2786 VI, 1. – EA VII/2, S. 876. – WERNER MERZ, S. 22. – Aus den Quellen geht hervor, daß SCHWARTZ die Renovation leitete.

670 Die Quellen zur Baugeschichte des 19. und 20. Jh. aus dem StA Aarau und dem ref. PfarrA Baden systematisch zusammengestellt im KDA Aarau.

Abb. 207. Baden. Reformierte Kirche von Nordosten. – Text S. 208.

BESCHREIBUNG

Äußeres (Abb. 205 und 207). Die Kirche ist ein symmetrisch angelegter longitudinaler Saal. Auf der Chorseite schließt sie über drei Seiten eines regelmäßigen Achtecks, an der Hauptfront zeigt sie einen für ihre Zeit überaus bemerkenswerten eingestellten Kuppelturm. Längen- und Breitenmaß des Baus (27,4 bzw. 16,6 m) stehen zueinander im Verhältnis des Goldenen Schnitts, desgleichen die Breite und die Dachtraufenhöhe (16,6 bzw. 10,1 m). Der Turm ist ohne Helmstange rund 32 m hoch. Das auf niedrigem Sockelsims ruhende Gebäude ist an seinen Längs- und Chorseiten beinahe ganz schmucklos gehalten. Einfache Rundbogenfenster, deren Mägenwiler Steinrahmen durch kleine Kämpfer- und Schlußsteine akzentuiert sind, rhythmisieren die Wände. Die zwei im Jahre 1949 zugemauerten Nebenportale lagen beidseits unter dem dritten Fenster und waren mit geohrten Rahmen verziert (Abb. 203). Den neuen, in die nordwestliche Chorwand geschlagenen Eingang umgibt ein kleiner halbkreisförmiger Windfang. Grob behauene Ecklisenen begrenzen die verputzten, seit 1974 weiß gestrichenen Mauern. Ein hohes, im Westen dreiseitig abgewalmtes Satteldach übergreift Schiff und Chor. – Aller architektonische Reiz ist der Front im Osten vorbehalten. Der über quadratischem Grundriß aufwachsende Glockenträger wurde derart ins Schiff inkorporiert, daß seine Stirnseite unauffällig aus der Mitte der planen dreiachsigen Fassade aufzuwachsen scheint. Im Erdgeschoß dieser Schauseite, das oben vom umlaufenden Traufgesimse abgeschlossen ist, liegt das Hauptportal, ein von zwei toskanischen Pilastern und einem verkröpften Gebälk mit Attika gefaßter Sandsteinbogen[671]. Im Tympanon die Evangelistensymbole, Schnitzwerk von OTTO MÜNCH, Zürich, 1949. In den seitlichen Achsen sitzen Rundbogenlichter, welche die Fensterreihung an Chor und Schiffsflanken weiterführen und zusammenbinden. Über dem Gesimse setzt sich die Mittelachse in einem durchfensterten zweiten Geschoß fort, während daneben zwei von Okuli durchbrochene geschweifte Frontispizhälften die Schrägen des Schiffdachs verbergen. Das oberste Schauseitengeschoß fällt mit der Ostfront des freien Turmstocks zusammen, der, von kräftigen Ortsteinen eingefaßt, über einer Gurte aufragt und sich nach allen vier Richtungen in einem rundbogigen Schalloch öffnet. Auf seinen vier gedrückten Wimpergen sitzt eine kantige Zwiebelhaube, die sich über dem Turmknopf in einer Helmstange mit Wetterfahne verliert.

Dachstuhl (Abb. 208). Der Dachstock des Würenloser Zimmermeisters HEINRICH MARCHTHALER zählt zu den schönsten und interessantesten im Kanton Aargau. Die vollständig mit Axt und Handsäge gearbeitete Weichholzkonstruktion überspannt eine Distanz von rund 17 m, die bei jedem Hauptbinder eine Anzahl ungewöhnlicher technischer Maßnahmen erforderte. Die in die Bundbalken verzapften Sparrenpaare werden nach konventioneller Art von liegenden, in einer Wandpfette steckenden Streben begleitet, welche die Zwischenpfetten umfassen und im mittleren Kehlbalken enden. Dieser ist unter dem First mit der hohen Hängesäule überblattet. Die Säule selbst wird von dreierlei Strebepaaren gehalten: unten von zwei schrägen Spannriegeln, die außenseitig an die sparrenparallelen Streben drücken, oben von zweimal zwei Streben, die das Gewicht der Säule an die Ansatzpunkte bzw. auf die

---

671 Das aus dem Portalfries gemeißelte Erbauungsdatum muß jüngeren Ursprungs sein.

Abb. 208. Baden. Reformierte Kirche. Dachstuhl von Heinrich Marchthaler, 1713/14. – Text S. 208f.

freien Teilstücke des Kehlbalkens ableiten. Die Hauptbinder unter den Walmenkanten sind gleichförmig, aber den Umständen entsprechend nur hälftig gestaltet. Den Längsverband bilden eine die Säulen umklammernde Horizontalzange und mächtige Andreaskreuze, die zwischen der Zange mit dieser verschraubt sind. Der firstparallele Hängebalken ist mittels Eisenbändern an den Säulen befestigt.

Inneres (Abb. 204, 209 und 210). Das hinterste Fünftel des Saales, in welchem die Turmsubstruktionen aufragen, ist geschickt als Eingangs- und Treppenraum genützt. Es wird durch die beiden eingestellten massigen Turmpfeiler und den zwischen die Mauern gespannten niedrigen Emporenboden als enger Bereich von dem weiten Schiff geschieden. Der im südöstlichen Winkel angelegten Emporenstiege entsprach ursprünglich ein symmetrischer Aufstieg an der Gegenseite; er wich 1949 einer neuen Kellertreppe. – Das Schiff wirkt den Verhältnissen entsprechend kurz und breit und gibt sich sogleich als streng zweckgebundener Raum zu erkennen. Auffällig ist sein helles, kühles Aussehen: weiße Tünche überzieht Wände, Decke und deren Gliederungs- und Schmuckmotive; durch farbloses Fensterglas fällt ungebrochenes Licht ein. Die quadratischen Turmstützen (Abb. 205) verraten ihre Funktion nicht auf den ersten Blick, sondern offenbaren sich als Pfeiler einer hohen, bis zum Kranzgesimse reichenden Arkade, die sich in drei Bögen von einer Längs-

Abb. 209. Baden. Reformierte Kirche. Inneres gegen Westen. – Text S. 209f.

wand zur andern spannt und drei grätig gewölbte Joche aussondert. Die in einfach gebrochener Schwingung vorkragende Empore hat ihre Form und die dunkle, effektvolle Holzbalustrade im Jahre 1949 erhalten. – Einziger baugebundener Schmuck sind die *Stukkaturen* SALOMON BÜRKLIS (Abb. 210 und 211). In den Fensterintervallen streben elegante Pilasterpaare mit klassischer Entasis der Decke zu. Ihre korinthischen Kapitelle tragen hohe Gebälkstücke, über denen sich das umlaufende Hauptgesims verkröpft. Weite Kehlen leiten zum Spiegel über, der von mannigfaltigen, weich profilierten Rahmenmotiven besetzt ist[672]. – Die beiden Bankreihen, die seitlich auf die drei Chorstufen gesetzte Kanzel und der hölzerne Abendmahlstisch – ein kassettierter Stipes mit rechteckiger Platte – sind Arbeiten der Firma GLÄSER, Baden, aus dem Jahre 1949. Die 1968 eingerichtete Orgel von KUHN vermag große musikalische Ansprüche zu befriedigen, stört jedoch das Bild der kühnen Baustruktur und der Emporenbalustrade erheblich.

Glocken. Die 1714 montierten und 1901 eingeschmolzenen drei Glocken von FÜSSLI und Sohn in Zürich trugen Aufschriften, Signatur, Datum und Wappen[673]. Die größte der fünf derzeitigen Glocken von RÜETSCHI hat einen Durchmesser von 160 cm.

[672] Die Rahmen an Decke und Fenstern zeigen den nämlichen Querschnitt wie die 1706 von BÜRKLI geschaffenen Oval- und Vierpaßrahmen unter dem Emporenboden der Peterskirche in Zürich. – H. HOFFMANN, Barockstukkatur in Zürich, ZAK X (1948), S. 166f. – Kdm. Zürich IV (=Stadt Zürich I), S. 290.
[673] StA Zürich, B II, 726, S. 10. – Ref. PfarrA Baden, Akten Kirchengeläute 1900/01.

Abb. 210. Baden. Reformierte Kirche. Inneres gegen Osten (Zustand vor 1968). – Text S. 209 f.

AUTORSCHAFT UND KUNSTGESCHICHTLICHE WÜRDIGUNG

Der maßgebliche Architekt der reformierten Kirche in Baden kann auf Grund der überlieferten Akten nicht mit Sicherheit ermittelt werden. Die Tatsache, daß der Bau die beiden autoritären und gegenseitig konkurrierenden Stände Zürich und Bern zu seinen Initianten hatte, macht es begreiflich, wenn die Nachrichten zur Baugeschichte kein eindeutiges Bild liefern. Fest steht nur, daß man den Zürcher MATTHIAS VOGEL als ersten mit einem Bauprojekt beauftragt hat, daß schließlich aber ein in Bern ausgeführtes Modell seinen Plänen bevorzugt wurde. Wahrscheinlich ist es, daß der Berner Werkmeister ABRAHAM II. oder HANS JAKOB III. DÜNZ Urheber dieses Modells war. Ungewiß bleibt, ob der Berner Vorschlag etwas gänzlich Neues brachte oder VOGELS Baugedanken einfach modifizierte. – Einer Lösung für die offenen Fragen in der Baugeschichte rückt man näher, wenn man im gesamten Œuvre VOGELS und der beiden DÜNZ nach Beispielen sucht, die sich in Baustruktur und künstlerischer Idee mit unserem Gotteshaus vergleichen lassen. Dabei wird man feststellen können, daß ABRAHAM DÜNZ genau zur Entstehungszeit der Kirche in Baden im damals bernischen Rothrist eine Kirche errichtet hat, die mehr als irgendeine andere im Grundriß und im äußeren und inneren Aufriß der Schiff- und Chorwände derjenigen in der Bäderstadt ähnlich sieht[674]. Damit wird es sehr wahrscheinlich, daß die Idee des weiten, ohne Triumphbogen direkt in den dreiseitigen Chorschluß mündenden Saals mit den gliedernden Wandpilastern von DÜNZ (und

---

[674] Kdm. Aargau I, S. 293 f.; Abb. 221 f. – GERMANN, Kirchenbau, S. 52.

zwar viel eher von ABRAHAM als von HANS JAKOB) herrührt. Der Badener Frontturm freilich findet weder in Rothrist, wo ursprünglich ein Reiter den Dachfirst schmückte, noch sonst an einem Gotteshaus auf Berner Gebiet eine Analogie. Aber auch VOGELS Œuvre, soweit es bis heute bekannt ist, bietet kein Vergleichsbeispiel dafür, ja, zu Beginn des 18. Jahrhunderts ist außer in Baden, zumindest in der Schweiz, überhaupt noch nirgendwo ein dem Schiff inkorporierter Fassadenturm nachzuweisen [675]. Badens Glockenträger, dessen innere Freipfeiler die hinterste Schiffspartie als Eingangsbezirk deutlich ausscheiden, bildet ein Novum. Gleichwohl liegt gerade darin der Hinweis, daß dieser Turm einer Idee von MATTHIAS VOGEL entsprungen sein muß. Denn seine Originalität gemahnt ganz an den Erfindergeist, den dieser Architekt vier Jahre nach dem Baubeginn in Baden beim Turmbau an der reformierten Kirche in Zurzach walten ließ [676]. Zurzachs Gotteshaus ist eine Querkirche, und zwar die erste in der Schweiz, die nicht nur das emporentragende Schiff und seine Ausstattung symmetrisch nach der Kanzel orientiert, sondern auch den Turm. Die älteren Quersäle der Schweiz hatten entweder überhaupt keinen gemauerten Glockenträger oder aber ein auf der Längsachse und somit nicht auf der Hauptachse stehendes Vorzeichen, das sich der Symmetrie nicht fügte (Chêne-Pâquier VD bzw. Wilchingen [677]). Erst die Kirche in Zurzach brachte für die Querbauten jene Turmvariante, welche schließlich kommen mußte und die das Zweckmäßige (Benützung des Turmerdgeschosses als Vorhalle und Treppenraum) mit dem ästhetisch Befriedigenden verband. Im Hinblick auf VOGELS Leistung in Zurzach liegt denn die Annahme sehr nahe, der Zürcher Architekt habe auch die zwar andersartige, auf ihre Weise aber ebenso originelle Turmfront in Baden entworfen [678].

Badens reformierte Kirche berückt nicht durch großen künstlerischen Aufwand. Sie repräsentiert den nüchternen Predigtsaal, dessen Ausstattung und architektonische Grundkonzeption weitgehend durch die Erfordernisse des reformierten Wortgottesdienstes bedingt sind. Dennoch nimmt das Gotteshaus innerhalb des reformierten Kirchenbaus der Schweiz eine Schlüsselstellung ein. Die kompromißlose Inkorporierung des Turms ist ein Baugedanke, der programmatische Bedeutung erhalten sollte – so einfach er erscheinen mag. Dem in Baden statuierten Prinzip folgte schon wenig später die Turmfassade der Heiliggeistkirche in Bern, des großartigsten reformierten Gotteshauses auf schweizerischem Boden.

Kultgeräte. Zwei Glockenkannen für das Abendmahl: 1. Zinn. H. 36,5 cm. Auf dem Schnabeldeckel Wappen Brugg und Meistermarke «HZM» (JOHANNES ZIMMERMANN) [679]. Spätbarock, 1760. Deckel mit ringförmigem Griff und Bajonettverschluß; am Hals aufgenietetes leeres Wappenschild; im Innern Bodenrosette. 2. (Abb. 231). Gleich wie Nr. 1; aber am Schnabelansatz zusätzliche Ziergravur und auf dem Schnabeldeckel nebst dem Wappen Brugg das Meisterzeichen «RF» (RUDOLF FRÖLICH) [680],

---

675 Vgl. RENATE WAGNER-RIEGER, Wiens Architektur im 19. Jahrhundert, Wien 1970, S. 17f.
676 HOEGGER, bes. S. 23. – Die reformierten Kirchen in Baden und Zurzach, Schweizerischer Kunstführer, Basel 1973, S. 8–15.
677 GERMANN, Kirchenbau, Abb. 71, 74. – HOEGGER, Abb. S. 16.
678 HOEGGER, passim. Daselbst auch andere Argumente, die für VOGEL als den entscheidenden Ideenträger sprechen.
679 BOSSARD I, Tf. V.   680 BOSSARD I, Tf. XXII.

Abb. 211. Baden. Reformierte Kirche. Stuckkapitelle von Salomon Bürkli, 1713/14. – Text S. 210.

überhöht von zwei weiteren, wohl als «ZM» zu lesenden Buchstaben[681]. – *Zwei Abendmahlskelche:* 3. Silber, teilvergoldet. H. 24 cm. Beschau Zürich; Meisterzeichen «JCW», daneben ein Fisch (JOHANN CASPAR WÜEST?)[682]. Rundfuß; unverzierter dünner Schaft; hohe, glatte Kupa, daran die mehrzeilige Inschrift «[Antiquakursiv:] Nachtmahlkelch [kurrent kursiv:] der reform. Kirche in Baden geweihet ★ von J. Heinr. Locher von Zürich ref. Pfarrer in Baden und seiner Gattin Frau Esther Stutz ★ 14. May 1833». 4. Identisch mit Nr. 3.

Grabdenkmäler. Der im 18. und 19. Jahrhundert um die Kirche herum entstandene reformierte Friedhof wurde 1876 mit dem katholischen Gottesacker an der Bruggerstraße zusammengelegt. Im Kirchgarten sind noch drei Grabmale erhalten geblieben. 1. Stehende Weichsandsteinplatte mit Sockel und akroterenbesetztem Dreieckgiebel. Max. 155 × 93 cm. Die stark verwitterte Inschrift nennt den an der Kirche tätig gewesenen Zürcher Pfarrer *Johann Konrad Freudweiler,* † 25. November 1816. – 2. Freigrab in Form eines kurzen Obeliskenschaftes über quadratischem Sockel. Weichsandstein. Heutige Höhe 161 cm, max. Breite 50,5 cm. In der kassettierten Frontseite skulptiertes Schwert mit umkränztem Handgriff; am ausladenden wuchtigen Abakus vorne und zu beiden Seiten die in kleine Marmortafeln gravierte Inschrift «*Dr.* (DANIEL) ELSTER/ *geb: 1796./ gest: 1857.*»[683]. Die krönende Lyra ist verloren. – 3. Eingemauert in die Außenseite der südlichen Schiffwand einfache, gerahmte Mägenwiler Steinplatte unter Karniesgesims. 165 × 76 cm. Wappen des bernischen Landschreibers in Baden, *Emanuel Haller,* † 4. Mai 1721, gefolgt von einer vielzeiligen lateinischen Antiquainschrift, die das Leben des Verstorbenen würdigt[684]. (Ursprünglich vermutlich Bodengrabplatte im Kircheninnern und 1862, mit allen andern Bodengrabsteinen, ausgehoben und an den jetzigen Standort verbracht[685].)

---

681 Der Umstand, daß einerseits an Nr. 1 das Meisterzeichen und das Monogramm des JOHANNES ZIMMERMANN nicht wie so häufig mit dem Zürcher, sondern mit dem Brugger Wappen auftreten und daß anderseits an Nr. 2 über dem Monogramm FRÖLICHS unüblicherweise noch ein weiteres steht, das man als ZM zu lesen versucht ist, die Tatsache ferner, daß beide Kannen dieselbe Bodenrosette aufweisen, lassen vermuten, der Zürcher ZIMMERMANN habe seine Werkstatt vor dem Jahre 1760 in Brugg mit derjenigen FRÖLICHS zusammengelegt. – Die Datierung der beiden Stücke ergibt sich aus einer Notiz in den Acta ecclesiastica aus dem 18. Jh., S. 18: «A° 1760 Ad Festum paschalis wurden die Kannen ... umgegossen» (StadtA Baden, Nr. 384b).

682 Vgl. DORA F. RITTMEYER, Ein vergessener Zürcher Goldschmied (CW), Unsere Kunstdenkmäler XVI (1965), S. 85f.

683 Zu Elster, dem Arzt im griechischen Freiheitskrieg und späteren, höchst verdienstvollen Musikwissenschafter und Lehrer in Baden und Wettingen, vgl. A. HALLER, Freiheit, die ich meine – Das Lebensabenteuer des Daniel Elster, Aarau 1941.

684 R. LEUTHOLD, Niklaus Emanuel Haller – Bernischer Landschreiber in Baden, Bad. Njbll. 1937, S. 44–49; mit Abbildung der Platte.

685 Ref. PfarrA Baden, Akten des Kirchenvorstandes 1804–1868.

ÖFFENTLICHE PROFANBAUTEN

RATHAUS – ZEUGHAUS – STADTKANZLEI – STADTHAUS

Geschichte und Baugeschichte. Die vier Gebäude stehen auf dem Unterbau einer Häuserzeile, die sehr wahrscheinlich bei der Stadterweiterung nach der Mitte des 14. Jahrhunderts angelegt worden ist (vgl. S. 31, 36; Abb. 22 und 24)[686].

Das Rathaus. Ihr Verwaltungsgebäude errichtete sich die Bürgerschaft vermutlich um 1360, als Herzog Rudolf von Habsburg ihr die Erträge des Brückenzolls überließ und für den Bau von Befestigungswerken und «ander buwe der stat» bestimmte[687]. Früheste Erwähnung 1398[688]. Während des 15. Jahrhunderts ist wiederholt von zwei verschiedenen Ratsstuben die Rede[689]. Die größere diente nach 1415 als Tagsatzungs- und Jahrrechnungslokal. 1497 wurde das Rathaus renoviert und teilweise neugebaut[690], wobei das begüterte Stadtspital auf eigene Kosten einen neuen Tagsatzungsraum einrichten ließ[691]. Auf Anregung der Tagherren stifteten im Jahre 1500 alle zehn eidgenössischen Orte eine Wappenscheibe in die Sitzungsstube[692]. Schöpfer der Glasgemälde war Lukas Zeiner in Zürich[693]. Nachdem um 1580 verschiedene Stadtämter ihren Platz im heutigen Amthaus an der Rathausgasse gefunden hatten (vgl. S. 235), wurde das alte Verwaltungsgebäude gelegentlich «hinteres» oder «unteres» Rathaus genannt[694]. 1508 erhielt das Haus eine Uhr, zwei Jahre später einen Dachreiter für eine Glocke[695]. Für das 17. Jahrhundert sind eine Gerichtslaube und ein «Käply» (vermutlich ein Devotionsplatz mit einem Heiligenbild oder Hausaltar) bezeugt[696]. Nach dem Zweiten Villmerger Krieg beschlagnahmten Zürich und Bern fast den gesamten Silberschatz des Hauses[697]. 1714 erlebte das Rathaus seinen letzten glanzvollen Höhepunkt, als im Tagsatzungssaal durch Prinz Eugen von Savoyen und Marschall von Villars der Friedensvertrag zum Abschluß des Spanischen Erbfolgekrieges unterzeichnet wurde[698]. – 1776 ließen die regierenden Orte im Erdgeschoß des Gebäudes für ihre Zwecke einen gewölbten Archivraum einbauen (Abb. 213)[699]. 1812 wurden die Standesscheiben im Tagsatzungssaal durch den Rat veräußert[700]. Im 19. Jahrhundert diente das Rat-

---

686 Da sie sowohl topographisch als auch in ihrer heutigen Funktion als Sitz der städtischen Verwaltung eine Einheit bilden, werden sie gemeinsam behandelt.

687 Welti, Urkunden I, S. 52. – Wenn auch seit der Stadtgründung am Ende des 13. Jahrhunderts sicher ein Rat bestand, so war doch ein eigens dafür bestimmtes Haus zunächst noch keine funktionelle Notwendigkeit. Kopp, Ratsaltertümer, S. 3; anders Mittler, Baden I, S. 126.

688 Welti, Urkunden I, S. 180.   689 Mittler, Baden I, S. 129.

690 Jahreszahlen im Innern des Gebäudes, vgl. S. 225 und 229.

691 Entsprechende Inschrift mit Wappen an der Fenstersäule des Raumes, vgl. S. 224 f.

692 EA IIIa/2, S. 24 f., 55.   693 Ammann, Mittler, S. 158, sub anno 1500.

694 StadtA, Nr. 134, S. 87. Nr. 387/VIII: 1630.

695 Ammann, Mittler, S. 159. – Mittler, Baden I, S. 130. – Glocke und Uhr symbolisieren das vom Rat zum Nachteil der Kirche usurpierte Recht, die Zeit zu messen und anzuzeigen. Kopp, Ratsaltertümer, S. 7 f.

696 StadtA, Nr. 387/X: 1673, 25; IX: 1644, 12, 13; XI: 1684, 15, und 1685, 17.

697 StadtA, Nr. 32, fol. 211 v. – Vgl. S. 232 f.

698 Fricker, Baden, S. 205. – Mittler, Baden II, S. 84, 88 f., 94, 96.

699 StA Bern, Baden-Buch V, S. 231 f. – Plandokument Nr. 22.

700 Schneider, Lukas Zeiner, S. 57.

Abb. 212. Baden. Stadtkanzlei, ehemaliges Zeughaus und Rathaus von Nordosten. – Text S. 218–222.

haus zeitweilig als Provisorium für verschiedene Schulabteilungen[701]. Der seit 1876 vom Bezirksgericht benützte Tagsatzungssaal wurde 1914/15 unter Leitung JOSEPH ZEMPS durch Architekt ALBERT FRÖHLICH, Zürich, restauriert: Neues Wandtäfer der Firma GYGAX & LEINBERGER, Zürich; Butzenverglasung von RÖTTINGER in

[701] B. FRICKER, Geschichte der Badener Stadtschulen, Aarau 1904, S. 53 f., 58, 67.

Zürich; dreizehn neue Standesscheiben, wo möglich nach Vorlage der alten, gestiftet durch die ehemaligen Dreizehn Alten Orte; Tische und Sessel im Barockstil der Firma WERNLI, Aarau[702]. 1969 umfassende Außenrenovation des Rathauses und seiner Nachbargebäude unter Mitwirkung der eidgenössischen und der kantonalen Denkmalpflege; Experten: K. KAUFMANN und P. FELDER, Aarau; Restauratoren: A. FLORY, Baden, und W. STADLER, Zürich[703].

Das ehemalige Zeughaus. Ursprünglich befand sich das Waffen- und Munitionslager der Stadt im Erdgeschoß des Rathauses[704]. Zu unbestimmbarer Zeit wurde auf dessen Südseite ein Zeughaus errichtet[705]. Für das beginnende 17. Jahrhundert ist ein weiteres städtisches Arsenal an der Mittleren Gasse, anstelle des Hauses Nr. 7, nachweisbar[706]. Anfang 1614 befanden Schultheiß und Rat, «das man Ein Nüß Zeüghauß Buwen solle by dem Rathus». Noch im selben Jahr feierte man die Aufrichte[707]. Als Steinmetzen wirkten die Maurermeister HANS JOACHIM EGLI und HANS SCHÄNTZLIN, den Dachstuhl setzte Zimmermeister FRIEDRICH (DREYER), die Malerarbeiten «uß unnd innen» besorgte JAKOB VON ÄGERI, die Schlosserarbeiten

---

[702] StadtA, Nr. 893: 1914 und 1915, Register, s.v. «Tagsatzungssaal». – SCHNEIDER, Lukas Zeiner, S. 62–64.
[703] TREMP, S. 7–10. [704] StA Bern, Baden-Buch V, S. 218.
[705] Ersichtlich aus den Rechnungen zum Neubau von 1614, wonach man gezwungen war, ein älteres «züghus zuschlissen». StadtA, Nr. 387/VII: 1613, 9, s.v. «Schlosser», und 1614 I, s.v. «Taglön».
[706] HABERBOSCH, Häuser und Hausnamen, S. 76.
[707] StadtA, Nr. 9, S. 123. Nr. 387/VII: 1614 I, s.v. «Allerley Usgeben».

Abb. 213. Baden. Stadthaus und Rathaus. Aufriß und Längsschnitt von Westen, um 1777. Teilstück einer Federzeichnung von Franz Anton Schwartz (Plandokument Nr. 22). – Text S. 214, 217f.

LUDWIG MEYER; ein «wapen zum zůghus» meißelte Bildhauer BARTHOLOMÄUS (CADES)[708]. 1679 Aufstockung eines Mezzanins und neues Dach durch Zimmermeister MATHYS[709]. Nach Badens Niederlage im Zwölferkrieg räumten die Zürcher und Berner das Zeughaus restlos aus[710]. Während des Friedenskongresses von 1714 logierte Baron de Begue, der Vertreter des Herzogs von Lothringen, in den Wohngemächern des Gebäudes[711]. 1725 erwogen die regierenden Orte, in dem nutzlos gewordenen Haus ihre Landschreiberei einzuquartieren[712]. 1905 Innen- und Außenrenovation; 1969 Außenrenovation[713]. Das Erdgeschoß, in dem schon um 1840 Archivalien verwahrt wurden, birgt heute das Stifts- und das Stadtarchiv. In den Obergeschossen städtische Verwaltungen.

Die Stadtkanzlei. Dem ans ehemalige Zeughaus anschließenden, südseits dem Kirchplatz zugewandten Gebäude ging ein Bau voraus, der vermutlich schon im 13. Jahrhundert bestand (Abb. 21). 1442 wird er als Kreishaus des Zürcher Dominikanerklosters beschrieben[714]. 1527 ist er in privater Hand[715]. 1679 wurde das Haus abgebrochen und durch die Kanzlei ersetzt: Steinmetzarbeiten (Fenster und inseitige Säulen) von HANS KAPPELER und JOHANN MEYER, Mägenwil; Schlosserarbeiten (Beschläge und Fenstergitter) von HEINRICH NÖTIGER und HIPPOLYT BODMER; Schreinerarbeiten (Getäfer, Decken, Türen, Möbel) von JOHANN KOPP, JAKOB WEGMANN und DIETRICH WEISS; Maler- und Vergolderarbeiten von DIETRICH ECKERT; Öfen von Hafnermeister MÄDER[716]. – 1905 Innen- und Außenrenovation; 1969 Außenrenovation[717].

Das Stadthaus. Nordseits ans Rathaus stieß ursprünglich ein im Jahre 1652 erstmals erwähntes Bürgerhaus[718]; sein Name «zur rotten thür», später «zum roten Turm», bezog sich auf den benachbarten Schwibbogen, das einstige Osttor der Oberstadt (vgl. S. 36)[719]. 1714 nahm der kaiserliche Delegierte am Friedenskongreß, Reichsgraf von Seilern-Aspang, im Hause Quartier[720]. 1777–1779, unmittelbar nachdem das Grafschaftsarchiv ins anstoßende Rathaus verlegt worden war, tauschten die drei evangelischen Stände Zürich, Bern und Glarus den Bau gegen ihr Kanzleigebäude an der Rathausgasse (vgl. S. 239) ein und ließen ihn durch den Bremgarter Architekten FRANZ ANTON SCHWARTZ zu einer neuen Landschreiberei herrichten[721].

---

708 StadtA, Nr. 387/VII: 1614, 1614 I, s.v. «Handwerklüten», «Allerley Verding und Usgeben».

709 StadtA, Nr. 388, Baurechnung Stadtkanzlei, fol. 3: «21 Große liechter Jn der Cantzlei zue hauwen ... undt 6 lichter aufs Zůghauß».

710 C.L. SCHNORFF, Belagerung und Übergabe der Stadt Baden 1712, in: Helvetia – Denkwürdigkeiten für die XXII Freistaaten der schweizerischen Eidgenossenschaft III, hg. von J.A. BALTHASAR, Aarau 1827, S. 91–104.

711 MITTLER, Baden II, S. 91 f.   712 StadtA, Nr. 39, fol. 110, 111 v.   713 TREMP, S. 7, 9 f.

714 B. HÜBSCHER, Die Kreishäuser des Zürcher Predigerklosters, Zürcher Taschenbuch auf das Jahr 1955, S. 44 f.

715 WELTI, Regesten I, S. 254 f.

716 StadtA, Nr. 388, Baurechnung, geführt von Spitalverwalter Bernhard Wiederkehr.

717 TREMP, S. 7, 9.

718 StadtA, Nr. 134 (Fertigungsprotokoll), S. 87: «Stöst einseits an das hinder Rahthaus, anderseits an den schwibogen, vornen an die gaß, hinden an die halden».

719 StA Bern, Baden-Buch V, S. 217–219, sub anno 1775. – Freilich ist nicht bekannt, ob das Tor zeitweilig wirklich von einem Turm überhöht war.

720 DORER, S. 12.

721 StA Bern, Baden-Buch V, S. 201–208, 217–219, 265, 271–277, 300–341. – Plandokumente Nr. 22.

In der Revolutionszeit gelangte das Gebäude wieder in private Hand[722]. Seit 1892 steht es im Besitz der Einwohnergemeinde und enthält Verwaltungslokalitäten. 1918 teilweise, 1969 durchgreifende Außenrenovation[723]. Die barocke Kolossalgliederung der Westfassade (Abb. 213) ist zu einem unbekannten Zeitpunkt – vielleicht 1918 – entfernt worden. – Wie ein Vergleich der Stadtveduten MEYERS und NÖTZLIS (Abb. 5 und 9) mit dem Planwerk von SCHWARTZ lehrt, erhielt der nordseits ans Haus grenzende *Schwibbogen* ebenfalls am Ende des 18. Jahrhunderts zwei neue Obergeschosse.

Quellen. Akten im StadtA Baden und im StA Bern. – AMMANN, MITTLER, S. 141, 155–159. – C. J. DORER, Badisches Friedens Diarium [Friedenskongreß vom Jahre 1714], hg. von L. Lauterburg, Berner Taschenbuch XIII (1864), S. 47–51. – EA, passim, bes. IIIa/2, S. 24f., 55. – WELTI, Urkunden I. – WELTI, Regesten I.

Literatur. FRICKER, Baden. – P. HABERBOSCH, Die Häuser und Hausnamen in der Badener Altstadt, Bad. Njbll. 1947, S. 54–78. – Ders., Schulhäuser, Pfarrhöfe und Kaplaneien im alten Baden, Bad. Njbll. 1960, S. 20–35. – P. KOPP, Schweizerische Ratsaltertümer – Bewegliche Rathausausstattung von den Anfängen bis zum Untergang der alten Eidgenossenschaft (Teildruck eines auf der Zentralbibliothek Zürich deponierten Manuskripts), Zürich 1972. – Ders., Der Hausrat der Rathäuser von Baden und Mellingen, ZAK XXXI (1974), S. 171–182. – MITTLER, Baden I, S. 111, 127, 129f., 246, 276–280, 341; II, S. 30f., 66, 88f., 91f., 99, 212. – O. MITTLER, A. ZOLLINGER, Alte Tagsatzung (= Kommentare zum schweiz. Schulwandbilderwerk XII/53), Zürich 1947, S. 7–26. – F. X. MÜNZEL, Die Tagsatzung und der Tagsatzungssaal in Baden, Badener Kalender 1941, S. 27–31. – JENNY SCHNEIDER, Die Standesscheiben von Lukas Zeiner im Tagsatzungssaal zu Baden (Schweiz), Basel 1954. – Dies., Glasgemälde – Katalog der Sammlung des Schweizerischen Landesmuseums Zürich I, Stäfa 1970, S. 43–45; Abb. 66–70. – J. TREMP, Stadthaus Baden – Außenrenovation, Bad. Njbll. 1971, S. 6–14.

Bilddokumente Nrn. 1, 11, 13, 20, 21, 23, 24, 26, 28, 32, 34, 35, 82, 88.

Plandokumente Nr. 22.

BESCHREIBUNG. *Lage.* Die vier Verwaltungsgebäude säumen die Kante des Oberstadtplateaus – just an dessen schmalster Stelle zwischen Schloßbergkamm und Halde (Abb. 24, 32 und 48). Ihre vornehmste Ansicht bieten die Häuser von der Ostseite (Abb. 212). Schulter an Schulter vor die Ausmündungen der Rathausgasse und der Hinteren Rathausgasse geschoben, bilden sie gegen den Haldenhang den festen Riegel des nördlichen Altstadtquartiers, der im Stadtbild wie eine topographische Notwendigkeit wirksam zur Geltung kommt. Mit ihrer südlichen Schmalseite stößt die Gebäudereihe an den Kirchplatz, neben der nördlichen läßt sie einem engen Durchgang von der Rathausgasse zur Haldenstraße Raum. Die im Jahre 1969 polychrom gestalteten Fassaden stehen in reizvollem Einklang mit den Pastelltönen des Bruggerturms und anderer Altstadtbauten.

Äußeres. Noch heute sind die verschiedenen Bauetappen des Gebäudekomplexes am Äußeren deutlich abzulesen. Von der späteren Gotik bis zum Klassizismus haben hier sämtliche Stilphasen in lückenloser Folge ihre Spuren hinterlassen. Am ältesten ist der zwischen Zeughaus und Stadthaus gelegene rote Trakt des *Rathauses* (Abb. 32 und 212). Er nimmt die doppelte Breite seiner drei Trabanten ein und überragt diese mit seinen Treppengiebeln merklich an Höhe. Im Kern seines Mauerwerks reicht er in

---

[722] StadtA, Nr. 885, S. 13a.
[723] StadtA, Nr. 896: Akten der Einwohnergemeinde-Versammlungen, sub anno 1892. Nr. 925: Bericht betr. den Neubau eines Schulhauses. – TREMP, S. 7, 10.

Abb. 214. Baden. Rathaus. Uhr an der Ostfassade, 1599. – Text unten.

die Mitte des 14. Jahrhunderts zurück (Strebemauern an den unteren Geschossen). Die Fenster- und Portaleinfassungen sind wesentlich jünger. Der Rundbogeneingang und die Staffel-, Reihen- und Zwillingsfenster mit gefalzten und gekehlten Rahmen an der Westfassade, ferner das achtteilige Staffelfenster im zweiten Stock und die kleinen Doppellichter unter dem Dachansatz an der Ostfront und schließlich die steinernen Fußpfetten unter den Aufschieblingen gehören alle noch in die Zeit des umfassenden Gebäudeumbaus von 1497 (Sohlbänke und Rahmen zum Teil in jüngerer Zeit erneuert; die durch Lisenen verbundenen westseitigen Treppenhausfenster stammen aus dem 19. Jahrhundert). Die zwei Kreuzstocklichter im zweiten Obergeschoß der Ostfassade sind nach Ausweis einer gravierten Jahreszahl 1544 eingesetzt worden (Steinmetzzeichen; siehe Tabelle II, Nr. 25), während die zart profilierten Doppelfenster mit Wulstsimsen und basenlosen Giebeln am Geschoß darunter im ausgehenden 17. Jahrhundert entstanden sein dürften[724]. Die Hochparterrefenster der Ostseite aus dem 18. Jahrhundert. – In der Mitte der Ostfassade, unter angehobenem Dachvorsprung, befindet sich eine auf 1599 datierte *Uhr* mit aufwendigem Freskenschmuck (Abb. 214): Der blau und golden gemalte Zifferkreis umschließt eine gotische Maßwerkrose und wird seinerseits durch einen braunen, von Wildmännern und gerolltem Blattwerk überhöhten Renaissance-Rahmen gefaßt, zu dessen Seiten die allegorischen Figuren der Iustitia und der Nemesis stehen; Wappen Reding von Schwyz im linken oberen Zwickel[725] und unbekanntes

---

[724] Ihre Form ist identisch mit den 1679 geschaffenen Fenstern an der Stadtkanzlei.
[725] Vgl. M. STYGER, Wappenbuch des Kantons Schwyz, Genf 1936, S. 47; S. 58, Abb. 11.

Wappen über dem Uhrkreis (auf Dreiberg wachsende wilde Frau mit geschulterter Keule, zwischen zwei Sternen: Wild?). Das 1969 in Ei-Kasein-Tempera restaurierte Fresko kennt keine zeitgenössischen Vergleichsbeispiele im Bezirk Baden. – Unter dem vierkantigen Nadelhelm des modernen Dachreiters hängt eine *Glocke*, Dm. 60 cm. Am Hals, unter mannsgesichtigen Bügeln, trägt sie die von Renaissance-Ranken begleitete, durch ein Salbeiblatt unterbrochene Aufschrift «SOLI DEO GLORIA. ANNO DOMNI. M.DC.VIIII»; am Mantel die stehende Muttergottes und das Totengerippe mit Kreuz und Sanduhr.

Das 1614 erbaute, südseitig ans Rathaus angefügte *ehemalige Zeughaus* (Abb. 212 und 215) präsentiert sich in einfachen, aber reinen Renaissance-Formen. Seine tiefblauen, dreiachsigen Trauffassaden sind von regelmäßig gesetzten, fein profilierten Rechteckfenstern mit schnittigen Simsen und Giebeln belebt. Die Westfront bildet den Blickfang der Hinteren Rathausgasse. Ihrem Erdgeschoß ist in ganzer Breite eine kräftig rustizierte *Portalarchitektur* vorgebaut, die von symmetrisch geordneten Strebepfeilern gegliedert und einem differenziert gemeißelten Gebälk

Abb. 215. Baden. Ehemaliges Zeughaus von Westen. – Text S. 220–222.

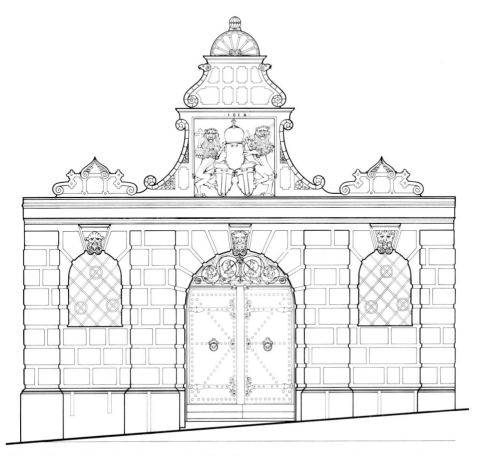

Abb. 216. Baden. Ehemaliges Zeughaus. Aufriß des Portals von Bartholomäus Cades, 1614. – Text S. 220f.

abgeschlossen wird (Abb. 216). Im Scheitel des rundbogigen Eingangs und der seitlichen Rundbogenfenster sitzen originelle fratzenverzierte Keilsteine. Das gefällig proportionierte Portalgericht – vermutlich ein Werk der Badener Steinmetzen EGLI und SCHÄNTZLIN – überhöht ein feingliedriger Reliefschmuck von der Hand des württembergischen, in Baden wirksam gewesenen Bildhauers BARTHOLOMÄUS CADES. Zwischen Beschlagwerk und Bandvoluten liegt ein vertieftes Rechteckfeld, in dem zwei Löwen mit Reichsapfel und Schwert die kronenbesetzte Wappentriade Baden–Reich umklammern [726]. Sein pyramidenförmiger Aufbau mit widderhäuptigem Rollwerk und Muschelbekrönung reicht weit ins erste Obergeschoß hinauf und läßt hier nur zwei seitlichen Fenstern Platz. Gemeißelte Jahreszahl 1614. Im Portalbogen geschwungene, durchlochte Eisenstäbe mit vier farbigen Kriegerbrustbildern, Blättern und Blumenblüten aus Eisenblech, vom Badener Schlossermeister LUDWIG MEYER. Das Beschläge der zwei erneuerten Türflügel imitiert den Bestand

[726] Der Adler des Reichswappenschildes ist – vermutlich bald nach 1648 – weggeschlagen worden. Die Krone wurde 1969 erneuert.

Abb. 217 und 218. Baden. Stadtkanzlei von Südwesten und Stadthaus von Westen. – Text S. 222f.

des 17. Jahrhunderts. Das Mezzanin über dem zweiten Stock sowie das flach geneigte, geknickte Satteldach, das sich bis über das benachbarte Kanzleigebäude fortsetzt, sind erst im Jahre 1679 aufgeführt worden. Wäre dies nicht aktenmäßig belegt (vgl. oben), hielte man die trefflich angepaßten Rechteclichter des Halbgeschosses für ein typisches Kennzeichen des Renaissance-Baus.

Das anschließende Gebäude der *Stadtkanzlei* (Abb. 212 und 217), das 1969 die gleiche Azurfarbe wie das Zeughaus erhielt, verrät erst bei näherem Zusehen seinen frühbarocken Ursprung. In der imposanten dreiachsigen Stirnseite mit dem basislosen Treppengiebel und in den ädikulaförmigen Doppelfenstern leben spätmittelalterliche und renaissancehafte Motive nach, und nur gerade mit den wulstigen Sohlbänken kommt eine Eigenheit des vorgerückten 17. Jahrhunderts zur Geltung. Die skulptierte Wappenpyramide mit den Schildhalterlöwen und der Jahreszahl 1706 über dem Sturz des südseitigen Rechteckportals wurde 1969 nach dem Vorbild eines stark lädierten Originals geschaffen.

Auf der Nordseite lehnt sich das von Franz Anton Schwartz erbaute spätbarocke *Stadthaus* an das Ratsgebäude an (Abb. 212 und 218). Sein lichter Ockerton und seine auf drei Achsen und vier Geschosse verteilten Stichbogenfenster mit den Jalousieläden und den putzigen Scheibensprossen kontrastieren augenfällig mit dem behäbig-massiven Nachbarhaus. Den besonderen Reiz des Gebäudes bilden die traufseitigen repräsentativen *Rundbogeneingänge* mit Scheitelsteinen und kapitellförmig ausgebildeten Kämpfern, die von zwei identischen Gerichten – ionischen Bündelpilastern und Freisäulen unter gekrümmtem, verkröpftem Gebälk – gefaßt werden und noch an die öffentliche Funktion der ehemaligen Landschreiberei erinnern. Am westlichen Portal hängen die ursprünglichen Türflügel mit ziervoll geschnittenen Kassetten und maskenförmigen Messingknäufen (der östliche Eingang heute zu einem Fenster umgestaltet). Die simsförmigen Fensterverdachungen im ersten Obergeschoß und das Klebedach an der Nordseite sind Schmuckformen des aufkommenden Klassizismus. – Dem *Schwibbogen* zwischen dem Stadthaus und dem Wohnhaus Rathausgasse Nr. 2 (Abb. 218) sind zwei ostwärts vorkragende Geschosse aufgebaut, die sich im Osten mit Stichbogenfenstern öffnen und an der blinden Westwand im Jahre 1970 von OTTO KUHN aus Baden mit einem Fresko geschmückt wurden.

Dachstühle. Der Dachstock des Rathauses geht im wesentlichen noch auf die Zeit des Umbaus um 1497 zurück, Zeughaus und Kanzlei bewahren den Dachstuhl von 1679, das Stadthaus trägt einen Stuhl von 1778/79. Alle Dächer zeigen den nämlichen Aufbau: Sparren mit Schrägstreben, Kehlbalken, Spannriegeln und Aufschieblingen. Der mächtige Rathausstock ist durch eine zweifache Kehlbalken-Spannriegel-Konstruktion und durch große Andreaskreuze stabilisiert; bemerkenswert sind seine holzverdübelten Büge.

Inneres. Im *Rathaus* kann heute nur noch der spätgotische, 1914/15 restaurierte *Tagsatzungssaal* im zweiten Obergeschoß größeres Interesse beanspruchen (Abb. 219). Der zirka 11 × 7 m messende Raum nimmt die ganze Gebäudetiefe ein. Auf der Westseite öffnet er sich mit einem symmetrischen sechsteiligen Staffelfenster, auf der Ostseite – in der weithin sichtbaren Schaufassade des Hauses – mit zwei gekuppelten vierteiligen Staffellichtern, die alle von weiten Stichbogen überspannt sind. Zwei wuchtige Steinpfeiler, die zwischen konkaven Ansätzen halbrund aus den Längswän-

Abb. 219. Baden. Rathaus. Ehemaliger Tagsatzungssaal gegen Osten, 1497. – Text oben.

Abb. 220 und 221. Baden. Rathaus. Deckenbalken und Fenstersäule im ehemaligen Tagsatzungssaal, 1497. – Text unten.

den ausbauchen (Abb. 220), tragen auf wulstverziertem Abakus ein über der Decke liegendes Hängewerk (siehe S. 229), dessen Hängebalken in der Saalmitte einen Querträger für die längslaufenden Deckenbalken bildet. Das die Wände auskleidende Weichholztäfer vom Jahre 1915 zeigt eine enge Sequenz feinskulptierter, kielbogig schließender Blendlanzetten mit zartnervigem, durchwegs gleichförmigem Flamboyant-Maßwerk. Die beiden nordseitigen Eingänge liegen unter Eselsrücken, die in üppiger Kreuzblume enden. Schlichtes Kranzgesimse mit zweifacher tiefer Kehlung. Die auf den Fensterwänden und im Querträger lagernden Deckenbalken verjüngen sich neben beidseitigen Wulstprofilen in weiten Hohlkehlen zu einem rippenähnlichen schmalen Steg und entheben den Plafond der üblichen drückenden Schwere spätmittelalterlicher Zimmerdecken. Ihre kunstvoll geschnitzten Köpfe bieten eine selten zu treffende Mannigfaltigkeit spätgotischer Maßwerkmotive (Abb. 220). Sie wurden 1915 nach alten Spuren polychrom gefaßt und setzen, namentlich mit dem Goldton, der am Kranzgesims und an den Balkenstegen fortgeführt ist, einen heiteren Glanz in die dunkle Holzverkleidung. Zwischen den Ostfenstern opulent skulptierte Säule (Abb. 221). Ihr trommelförmiger Schaft wächst aus einer polygonalen Basis, die sich oben in einen hohen achteckigen Stern mit Kordelumschnürung, markant abgesetzter Rundstabsilhouette und Sporenansätzen verformt; Steinmetzzeichen (siehe Tabelle II, Nr. 26). Über dem sternförmigen Kapitell sitzt ein wuchtiger Kämpfer mit stegverschnittener Wulst-, Kehlen- und Kantenprofilierung; am ebenflächigen, aufsitzenden Quader gefaste Unterkanten zwischen Ecksporen. Inschrift in gotischer Textur: «... en . hüneberg, spitalm(eister)» und Datum:

FARBTAFEL II

Baden. Tagsatzungssaal im Rathaus. Standesscheibe Zürich von Lukas Zeiner, 1500 (heute im Schweizerischen Landesmuseum Zürich). – Text S. 225–227, 229.

«·ANNO · 1 · 4 · 97° · », dabei die vollplastisch abgehobenen Wappen Spital[727] und Stadt Baden; Steinmetzzeichen (siehe Tabelle II, Nr. 26).

Kostbarster Schmuck des Saales waren früher die im Jahre 1500 von den zehn Orten gestifteten *Standesscheiben* und die vom Rat auf eigene Kosten bestellte *Badener Stadtscheibe* LUKAS ZEINERS (Abb. 222, 223, 224, 225, 226, 227 und 228; Farbtafel II). Die 1812 verkauften Glasgemälde befinden sich heute – mit Ausnahme der Stadtscheibe, die nie veräußert wurde (vgl. S. 230) – in öffentlichen und privaten Kunstsammlungen der Schweiz. An ihrem ursprünglichen Platz sind sie durch Kopien und Ergänzungen ersetzt. Die nachfolgende Beschreibung der verstreuten Ori-

[727] MERZ, Abb. 13.

Abb. 222. Baden. Rathaus. Standesscheibe Uri von Lukas Zeiner, 1500 (heute in Zürich). – Text S. 227f.

Abb. 223 und 224. Baden. Rathaus. Standesscheiben Luzern und Schwyz von Lukas Zeiner, 1500 (heute in Zürich). – Text S. 227 und 228.

ginale beschränkt sich auf eine stichwortartige Aufzeichnung. Über Einzelheiten, über die kunstgeschichtliche Stellung der Glasgemälde im Rahmen der schweizerischen Glasmalerei und über einschlägige Literatur informiert die umfassende Monographie JENNY SCHNEIDERS. – Die durch Bleiruten zusammengehaltenen Scheiben bestehen teils aus einfachen, stark leuchtenden Glasstücken, teils aus Überfanggläsern, auf denen in meisterhafter Schwarzlottechnik vielfältig variierende Muster, Figurenzeichnungen, Modulierungen und Licht-Dunkel-Effekte hervorgebracht sind. Die der Graphik ähnlich sehende Strichführung ist nicht nur durch direktes Zeichnen, sondern auch durch geschicktes Auskratzen hellen Grundes aus mehr oder minder dichtem Schwarzlotüberzug bewerkstelligt. Verwendung von Silbergelb[728]. Sämtliche Scheiben zeigen die gleiche Komposition: In einer rahmenden Bogenarchitektur mit Fliesen- oder Rasenboden und Damasthintergrund das Standeswappen, überhöht vom kronenbesetzten Reichsschild; daneben zwei bannerfassende Schildhalter; figürliche Zwickelfüllungen. ZEINERS Farbakkord umfaßt Rot, Gelb, Blau, Violett, Grün, Grau und Weiß, daneben die Mischtöne Blaugrün, Braunviolett, Graubeige, Gelbbeige und Goldbraun. Wenn der Illustration des Badener Tagsatzungssaales in ANDREAS RYFFS Manuskript von 1597 Glauben geschenkt werden darf[729], so waren die Scheiben wie folgt verteilt: Im Doppelfenster gegen Osten prangten, von links nach rechts, jene von Baden, Zürich, Bern, Luzern, Uri, Schwyz, Unterwalden und Zug; im Westfenster jene

[728] SCHNEIDER, Lukas Zeiner, S. 124 f.   [729] Bilddokument Nr. 88.

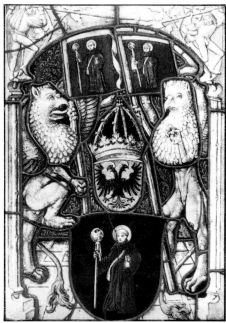

Abb. 225 und 226. Baden. Rathaus. Standesscheiben Unterwalden und Glarus von Lukas Zeiner, 1500 (heute in Stans und Genf). – Text S. 228.

von Glarus, Freiburg und Solothurn[730]. – 1. *Scheibe von Zürich* (im Schweizerischen Landesmuseum Zürich, Inv. Nr. LM 12804) (Farbtafel II). 47,9 × 34,6 cm. Erhaltungszustand gut. Schildhalter: stehende Löwen. Linkes Banner: Zürich, mit rotem Schwenkel; rechtes Banner: Zürich, mit den Stadtheiligen Regula, Felix und Exuperantius. Linke Zwickelfigur: bärtiger Mann in Halbharnisch und Mipartibeinkleidern, in der Rechten ein Banner; rechte Zwickelfigur: Jüngling in kurzen Mipartihosen, in der Rechten eine Halbarte, die Linke am Schwert. – 2. *Scheibe von Bern* (in Privatbesitz von Frl. M. von Reding, Schwyz). 49 × 37 cm. Erhaltungszustand befriedigend. Schildhalter: stehende Bären. Linkes Banner: Bern, mit dem Stadtheiligen Vinzenz; rechtes Banner: Bern. Zwickelfiguren: zwei sich anfauchende Bären. – 3. *Scheibe von Luzern* (im Schweizerischen Landesmuseum Zürich, Inv. Nr. LM 23442) (Abb. 223). 46,7 × 33,5 cm. Erhaltungszustand befriedigend. Schildhalter: Wildmänner mit Keule. Linkes Banner: Luzern, mit dem Stadtpatron Leodegar; rechtes Banner: Luzern, mit der Darstellung Christi am Ölberg im Eckquartier[731]. Zwickelfiguren: zwei Narren. – 4. *Scheibe von Uri* (im Schweizerischen Landesmuseum Zürich, Inv. Nr. IN 2) (Abb. 222). 48 × 34,9 cm. Erhaltungszustand befriedigend. Schildhalter: harsthornblasende Jünglinge

[730] Ryff setzt in die drei übrigen Abschnitte des sechsteiligen Westfensters noch die Wappen von Basel, Schaffhausen und Appenzell ein. Über Scheibenstiftungen durch diese drei Stände im 16. Jahrhundert ist aber nichts bekannt.

[731] Das Eckquartier wurde Luzern 1479/80 durch Papst Sixtus IV. verliehen.

Abb. 227 und 228. Baden. Rathaus. Standesscheibe Solothurn und Stadtscheibe Baden von Lukas Zeiner, 1500 (erstere heute in Zürich). – Text S. 229.

mit gegürtetem Schwert. Beide Banner: Uri. Linke Zwickelfiguren: Jüngling mit Schwert und Halbarte und bärtiger Krieger mit geschultertem Spieß; rechte Zwickelfiguren: ein Trommler und ein Pfeifer. – 5. *Scheibe von Schwyz* (im Schweizerischen Landesmuseum Zürich, Inv. Nr. IN 2,2) (Abb. 224). 48 × 34,6 cm. Erhaltungszustand befriedigend. Schildhalter: Zwei Krieger in Vollharnisch, der linke ohne Helm mit Federbusch, der rechte mit Helm und einer Feder. Linkes Banner: Schwyz, mit dem hl. Georg als Drachentöter; rechtes Banner: Schwyz, mit den Leidenswerkzeugen Christi im Eckquartier. Linke Zwickelfigur: springender Hirsch; rechte Zwickelfigur: hornblasender Jäger (die Jagdszene ist ergänzt durch zwei dekorativ angeordnete Hündchen auf den beiden Säulenbasen). – 6. *Scheibe von Unterwalden* (im Rathaus Stans, Besitz der Gesellschaft für Schweiz. Kunstgeschichte) (Abb. 225). 49 × 34 cm. Datiert 1500. Beschriftet «VNDERWALDEN». Erhaltungszustand befriedigend. Schildhalter: zwei Engel. Linkes Banner: Obwalden, mit dem religiösen Viertel Nidwaldens – einer Kreuzigungsgruppe[732]; rechtes Banner: Nidwalden. Zwickelfiguren: zwei jugendliche Herolde, die in ihre Trompeten stoßen. – 7. *Scheibe von Glarus* (im Musée de l'Ariana, Genf) (Abb. 226). 49 × 35 cm. Erhaltungszustand gut. Schildhalter: zwei Greifen. Beide Banner: Glarus, mit weißem Schwenkel (der hl. Fridolin, wie auf dem Standesschild, als tonsurierter Abt mit Pedum und Pilgertasche wiedergegeben). Zwickelfiguren: zwei Junker mit Speer bzw. Halbarte. – 8. *Scheibe von Zug* (im Historischen Museum Basel, Inv. Nr. 1870/

---

[732] Nidwalden erhielt sein Eckquartier 1487 von Kaiser Maximilian I.

1272). 48,5 × 34,4 cm. Erhaltungszustand befriedigend. Schildhalter: zwei junge Männer in Schützentracht und Federbarett mit gegürtetem Degen. Linkes Banner: Zug, mit dem Stadtheiligen Oswald; rechtes Banner: Zug. Zwickelfiguren: zwei keulenschwingende Wildmänner. – 9. *Scheibe von Freiburg* (in Privatbesitz in Zürich). 48,4 × 35 cm. Erhaltungszustand gut. Schildhalter: zwei Löwen. Linkes Banner: Freiburg, mit dem hl. Nikolaus als Bischof; rechtes Banner: Freiburg. Zwickelfiguren: ein junger und ein älterer, bärtiger Mann in kurzen Hosen und Halbharnisch, die einander mit Langspießen den Leib durchbohren. – 10. *Scheibe von Solothurn* (im Schweizerischen Landesmuseum Zürich, Inv. Nr. LM 12805) (Abb. 227). 47,5 × 34,5 cm. Erhaltungszustand befriedigend. Schildhalter: zwei Junker in enganliegenden Mipartibeinkleidern, Wams mit geschlitzten Ärmeln, Brustpanzer und Federbarett, mit Schwert. Linkes Banner: Solothurn, mit dem Stadtpatron Ursus in Vollrüstung; rechtes Banner: Solothurn. In den Zwickeln: spätgotische Krabben. – 11. *Scheibe von Baden* (im Stadtratssaal Baden; vgl. S. 230) (Abb. 228). 48,2 × 34,8 cm. Erhaltungszustand gut. Schildhalter: zwei junge Männer in Halbharnisch, Mipartibeinkleidern und federgeschmückten Mützen, mit gegürtetem Schwert. Linkes Banner: Baden; rechtes Banner: Baden, mit Mondsichelmadonna im schwarzen Vertikalstreifen. Zwickelfiguren: zwei wilde Löwen [733].

Die Standesscheiben für den Tagsatzungssaal in Baden nehmen kunst- und kulturgeschichtlich einen hervorragenden Platz ein – nicht nur innerhalb der Glasmalerei der Schweiz, sondern innerhalb der Bildscheibenkunst überhaupt. Sie markieren das Ende des sakralen Monumentalglasgemäldes und stehen am Beginn der profanen Kabinettscheibenmalerei, die in der Schweiz wie nirgends sonst einen glanzvollen Höhepunkt erlebt hat. An technischem Können, an Phantasie und an künstlerischem Empfinden ist LUKAS ZEINER allen zeitgenössischen Glasmalern – auch jenen, die diesen kunstgeschichtlichen Umbruch mitvollziehen halfen – weit überlegen. Obschon im Figurenstil vom jungen DÜRER angeregt, beweist er in der Darstellung der beherrschten, aber eigenwilligen Schildhüter eine unvergleichliche Selbständigkeit. Mit der Komposition von Wappen, Schildhaltern und Bannern im Badener Zyklus schafft er ein neues ausgewogenes Anordnungsschema, das für sämtliche späteren Standesscheiben vorbildlich wird. Neu, und ohne nennenswerte Nachfolge, ist auch seine Eigenart, in den Standeszeichen die betreffenden Ortsheiligen anzubringen. In den farblichen Kombinationen gelingen ihm berückende Gesamtwirkungen. Wenn die Berner Münsterscheiben gemeinhin für das letzte große Zeugnis der spätmittelalterlichen Glaskunst gehalten werden, so darf die Serie aus dem Badener Tagsatzungssaal als erster einheitlich konzipierter Scheibenzyklus des anbrechenden bürgerlich-weltlichen Zeitalters gelten.

Bemerkenswert das im dritten Stockwerk über den Steinpfeilern des Tagsatzungssaales liegende *Hängewerk* aus Eichenholz, das vollständig unabhängig vom Dachstuhl konstruiert ist. An seinem weit ausladenden Säulendeckbrett zwei geschnitzte und bemalte Stadtwappenschilder; am Tragbalken Jahreszahl 1497. – Über einigen Zimmertüren im Rathaus klassizistische Holzwürfelfriese. – Vom zweiten Obergeschoß des Gebäudes geht ein rechteckiges Sandsteinportal auf eine 1585 angelegte überdachte Brücke, die über das schmale Rathausgäßchen in den zweiten Stock

---

[733] MITTLER, Baden I, Farbtafel bei S. 4.

Abb. 229. Baden. Rathaus. Ölgemälde mit dem Urteil des Midas, von Rudolf Schwerter, 1646 (heute in der Städtischen Sammlung im Landvogteischloß). – Text S. 232.

des benachbarten Amthauses führt. Auf den Ansätzen des zierlich abgetreppten, konvex-konkav gerundeten Portalrahmenprofils zwei stilisierte Löwenmasken nebst Steinmetzzeichen (siehe Tabelle II, Nr. 27). Die Tierköpfe stilistisch übereinstimmend mit den Löwengesichtern am gegenüberliegenden Türgericht des Amthauses (vgl. S. 237).

Im *ehemaligen Zeughaus* zweitüriger, furnierter Nußbaumschrank mit geschwungenem Sockel und Kranzgesims und großförmiger, weich gewellter Kassettenprofilierung. Um 1670. – Eintüriger Frühbarock-Schrank mit gefeldertem, diamantbesetztem Sockel, gedrehten flankierenden Halbsäulen und Kranzgesims über Triglyphenfries; am Türflügel eine kräftige Diamantkassette, darüber ein von tordierten Säulchen und Blendbogen gefaßtes Intarsienfeld; Knorpelstilmotive. Um 1680. – Frühbarocker Tisch mit drei Stabellen im Ohrmuschelstil.

In der *Kanzlei* dient die 1679 im Hochparterre eingerichtete Schreibstube noch heute ihrem ursprünglichen Zweck. Ihre vier grätigen Kreuzgewölbe ruhen in der Mitte auf einer toskanischen Sandsteinsäule, deren Basis bei einer jüngst erfolgten Renovation durch einen Bodenbelag zugedeckt wurde. – Der im Jahre 1925 erneuerte Stadtratssaal im ersten Obergeschoß bewahrt neben einer modernen Wandvertäfelung und eigenwilligen Skulpturen des einheimischen Bildhauers Hans Trudel noch dreizehn hübsche Empire-Sessel von 1821 [734]. In die vier Fenster sind die oben, Seite 229, beschriebene Badener Stadtscheibe aus dem Zyklus des Tagsatzungssaales (Abb. 228) und sechs weitere *Glasgemälde* gesetzt. 1. 45 × 33,5 cm. Erhaltungszustand befriedigend. Auf gelbbraunem Fliesenboden vor grün damasziertem Hintergrund

[734] StadtA, Nr. 893: 1819–1823, S. 162a.

der Badener Wappenschild («DIE . STAT . BAD 1542»), flankiert von zwei Schildhaltern in graublauem Halbharnisch und schwarzweiß-roten bzw. violetten Arm- und Beinkleidern, der rechte mit Halbarte, der linke mit dem Banner Badens (mit Mondsichelmadonna). In den Zwickeln einer üppig geschmückten Bogenarchitektur nackte, kämpfende Reiter. Gute Qualität. – 2. 33,5 × 23,5 cm. Erhaltungszustand schlecht. Zwischen renaissanceförmigen, volutenverbundenen Rundpfeilern in Grün, Violett und Rot die Darstellung des Gnadenstuhls mit gelber, engelbesetzter Thronarchitektur. Unten Aufschrift «ANNO DOMI.1551» zwischen zwei Wappen des Spitals Baden. In den Zwickeln Epiphanie. – 3. 41 × 27 cm. Erhaltungszustand schlecht. Zwischen zwei Renaissance-Stützenpaaren in Rot, Blau, Violett, Grün und Goldbraun unter verkröpftem Architrav eine perspektivisch zurückweichende Architekturkulisse mit der Anbetung der Hirten, darüber Gottvater im Wolkenkranz. Unten in einer roten Beschlagwerkkartusche die Aufschrift «Die Statt Badenn. Jm / Ergöuw Anno . 1599», flankiert von blattstabumrahmten Stadtwappen. – 4. 41,5 × 34 cm. Erhaltungszustand befriedigend. Unter beschlagwerkverzierter Giebelarchitektur in Grün, Rot und Violett eine rote Säule; links davon in einer Küstenlandschaft die Amplexatio Crucifixi mit knieder Tertiarin, rechts der kniende Bernhard mit zahlreichen Märtyrerwerkzeugen Christi; beide Szenen in Braun- und Gelbtönen. Unten, in farbenreicher Renaissance-Kartusche, Wappen Falck[735] und Aufschrift «Maria Anna Von Gottes/Gnaden Mutter des Erwirdigen gottes-/Huß Badenn Anno 1608» (vgl. S. 198). Über den puttenbesetzten Giebelschrägen, geteilt durch eine Stadtwappenkartusche, der Englische Gruß. Beachtliche Qualität. – 5. 36,5 × 27,2 cm. Erhaltungszustand gut. Gekrönte Wappentriade Baden–Reich. Links bärtiger, graublau-gelb geharnischter Schildhalter mit Banner Baden (im schwarzen Streifen die Mondsichelmadonna, der rote Streifen zum Schwenkel ausgebildet); rechts bärtiger Junker in braunweiß-rotem Mipartibeinkleid, violettem Wams mit geschlitzten Ärmeln und Federhut, mit Banner Baden (im roten Streifen Mondsichelmadonna). Aufschrift «Die / Statt / Baden / im Ergew / 1638». Sehr qualitätvoll. – 6. 49,5 × 34,5 cm. Aus schlecht erhaltenen Fragmenten zusammengesetzt. Unten drei rot-gelbe Renaissance-Medaillons mit den Hl. Sebastian und Rochus, dem Stadtwappen sowie der Inschrift: «Denen woll Edlen / Vesten Fromen vor-/Sichtigen wollweißen / Herren Herren Schuldt-/heißen und gantzen / Ehrßamen Rath Löb-/licher Statt Baden / im Ergaüw. Ano: 1672 / Dedicirt u. offeriert / Von Wollffgang speng̅ler, Bürger in Costantz»[736]. Oben, zwischen zwei roten tordierten Säulen, eine violett und gelb gehaltene Sacra Conversazione mit der Rosenkranzmadonna und den Hl. Damian, Laurentius, Verena und Cordula. 18. Jahrhundert. Im mittleren, größten Feld eine Ansicht Badens nach MERIAN.

In einem Zimmer im zweiten Obergeschoß Stuckdecke mit zügig geformten Rahmen und einem von Akanthus umspielten, festonbehängten Badener Wappen aus der Bauzeit des Hauses. – Am Geländer der Estrichtreppe frühbarocke Baluster. – Im Estrich der originale Fliesenboden und ein Schrank von 1679/80.

Das *Stadthaus* weist im Treppenhaus noch eine hölzerne toskanische Säule aus dem späten 18. Jahrhundert auf.

---

[735] Wie MERZ, Abb. 73, der Kleinod-Falke jedoch frontal, mit gespreizten Flügeln.
[736] Vermutlich hat SPENGLER, der Glasmaler war, diesen Scheibenbestandteil selbst hergestellt.

VERSTREUTE KUNSTWERKE AUS DEM RATHAUS

Die *Standesscheiben* aus dem Tagsatzungssaal sind oben, Seite 225 ff., beschrieben. – *Gemälde*. *Das Urteil des Midas* (Städtische Sammlung im Landvogteischloß) (Abb. 229). Öl auf Leinwand. 122 × 224 cm. Tituliert, signiert und datiert «IVDICIVM MIDAE HG inv: RS pxt 1646» (RUDOLF SCHWERTER nach einem Stich von HENDRICK GOLTZIUS vom Jahr 1590[738]). Vielfigurige Szene im Vordergrund einer baumbestandenen Landschaft, die sich in tiefer Ferne mit Flußlauf verliert[739]. – *Silber- und Zinngeräte*. Von dem 1712 durch die Siegermächte beschlagnahmten Silbergeschirr lassen sich nur noch wenig Stücke identifizieren. 1. *Pokal*, sogenannter Fankhauser-Becher (Bernisches Historisches Museum, Inv. Nr. 2081) (Abb. 235). Silber, teilvergoldet. Höhe (mit Deckel) 76,7 cm. Beschau Basel; Meisterzeichen JAKOB BIRMANN. Frühbarock, zweites Viertel 17. Jahrhundert. Am schmalen Rundfuß sechs hoch herausgetriebene Buckel mit ziselierter Rollwerk-, Frucht- und Blattornamentik. Hochgezogenes sechsbuckliges Postament, darüber niedriger Tambour mit gegossenen Putten, Girlanden und Voluten. Den hohen Stabschaft umgeben sechs à jour gearbeitete fratzenbesetzte Ohrmuschelhenkel. Die stark eingezogene Agleikupa mit zweimal sechs üppig quellenden Ausbauchungen ist vom selben Dekor wie der Fuß überzogen. Der analog gebuckelte Deckel endet in einem krausen Volutenpostament, auf welches im Jahr 1713 eine Kriegerstatuette mit Lanze, Schwert und Berner Schild gestellt worden ist. Am steilen Lippenrand die ebenfalls nachträglich angebrachte Antiquainschrift: «FANCKHAUSER FÜR DEIN TREUW ERZEIGTE TAPFERKEIT MIT DIESEM GSCHIRR DICH EHRT DEIN HOHE OBERKEIT». Der Becher ging 1713 als Ehrengeschenk für die im Villmerger Krieg erworbenen Verdienste an den Rittmeister J. Fankhauser von Burgdorf[740]. Prunkstück in meisterhafter handwerklicher Technik. – 2. *Zwei*

---

738 E. K. J. REZNICEK, Die Zeichnungen von Hendrick Goltzius, Utrecht 1961, K. 107; Abb. 128.
739 KOPP, Hausrat, S. 181.
740 Berner Kunstdenkmäler I, hg. vom kantonalen Verein für Förderung des Historischen Museums in Bern..., Bern 1902/03, fol. 16. – H. DÜRST, Aargauische Kunstschätze in Gold und Silber [Katalog zur gleichnamigen Ausstellung auf Schloß Lenzburg 1961], 2. Aufl., Aarau 1966, S. 39.

Abb. 230 und 231. Baden. Rathaus, Bügelkanne von Caspar Falck, um 1600 (heute in Zürich); reformierte Kirche, Glockenkanne von Rudolf Frölich, 1760. – Text S. 234 und 212 f.

Abb. 232 und 233. Baden. Rathaus. Zwei Nautilusbecher von Melchior Maria Müller, Ende 17. Jahrhundert (heute in Zürich). – Text unten.

Nautilusbecher (Schweizerisches Landesmuseum Zürich, Inv. Nr. IN 7020) (Abb. 232 und 233). Silber, teilvergoldet. H. 41 bzw. 42 cm. Beschau Zug; Meisterzeichen MELCHIOR MARIA MÜLLER[741]. Barock, Ende 17. Jahrhundert. Ovalfuß mit gewelltem Rand und steiler, von getriebenem Blatt- und Blütenwerk geschmückter Böschung. Auf dem kurzen Schaftstumpf mit gewelltem Kragen je ein vollplastisch gegossenes Fabeltier, das beim einen Becher eine Nereide, beim andern einen wilden Mann trägt. Auf den Köpfen der elegant bewegten Figuren ruht der Nautilus, dessen Montur durch silbergetriebene phantastische Mischwesen, einen Adler und einen reifförmigen Lippenrand gebildet wird. Die Spiralerhöhung der Muschel besetzt eine männliche bzw. weibliche Silberfigur, die in labilem Gleichgewicht ein Segel schwingt. Im Segel der Frau das gravierte Wappen Dorer. Die Becher sind von der eidgenössischen Tagsatzung in den neunziger Jahren des 17. Jahrhunderts dem Badener Schultheißen Hans Ulrich Dorer geschenkt worden[742]. – 3. *Löwenbecher*, sogenannter Dorer-Becher (verschollen?) (Abb. 234). Silber, teilvergoldet. H. 60 cm. Beschau Rapperswil; Meisterzeichen HEINRICH DUMEISEN, R₃, Nr. 8943[743]. Barock, datiert 1688. Der Rundfuß zeigt auf seiner breiten Böschung rundum eine einzigartige getriebene Ansicht der neu befestigten Stadt Baden. Neben den Mauern, Gräben und den verschiedenen Türmen und Bastionen sind deutlich der fertiggestellte Stein, das Landvogteischloß mit der Brücke, die Kirche, das Rathaus und das Kornhaus zu erkennen. Im Kapuzinergraben stehen Schützenabteilungen und Lanzenträger, die das Stadtbanner umgeben. Auf der Nordseite des Schloßbergs üben sich die Konstabler mit einem Arsenal von Kanonen und Mörsern im Scheiben-

---

741 J. KAISER, Die Zuger Goldschmiedekunst bis 1830, Zug 1927, S. 54 f.; Tf. 9.
742 Jahresbericht SLM 1899, S. 62. – H. DÜRST, a.a.O., S. 40.
743 DORA F. RITTMEYER, Rapperswiler Goldschmiedekunst, Mitteilungen der Antiquarischen Gesellschaft in Zürich XXXIV, H. 3 (1949), S. 125.

schießen. Den kurzen Becherstamm umringen Wolkenbänke mit den Brustbildern Gottvaters, Mariä und der Hl. Joseph und Damian und den entsprechenden Inschriften: «SI DEVS PRO NOBIS QVIS CONTRA NOS? – SVB TVVM PRAESIDIVM CONFVGIMVS SANCTA DEI GENITRIX. – O BEATISSIME JOSEPHE ORA PRO NOBIS. – O SANCTISSIME PATRONE DAMIANE ORA PRO NOBIS.» Auf dem stark ausladenden Podest, das von Trophäen der Gewerbe, Künste und Wissenschaften übersät ist, bildet ein hockender aufgerichteter Löwe die Gefäßhöhlung. Er umfaßt mit den vordern Pranken einen Palmzweig und einen frucht- und blütenverzierten Schild mit dem Stadtwappen, auf das in späterer Zeit eine Plakette mit den Allianzwappen Dorer–Schnorff[744] montiert wurde[745]. Nach der Datierung und der Ikonographie zu schließen, handelt es sich bei dem Becher, wie schon DAVID HESS (S. 372) richtig vermutete, um das «gschir mit dem Statt Wappen», das der Rat im März 1688 seinem Schultheißen Johann Bernhard Silberisen für seine Bemühungen um die neue Stadtfortifikation anfertigen ließ (vgl. S. 71)[746]. Köstliche, qualitativ hervorragende Zimelie, deren Darstellungsgehalt – analog etwa dem Villmerger Fahnenfresko (S. 285), aber auf originellere Weise – auf ein Stück Badener Stadtgeschichte anspielt; eine der Spitzenleistungen der barocken Goldschmiedekunst in der Schweiz. Der heutige Standort des Pokals, der schon am Ende des 17. Jahrhunderts durch Erbschaft an die Familie Dorer kam[747] und bis ins 20. Jahrhundert in deren Besitz stand, ist unbekannt; zwei kleine Zeichnungen des Bechers befinden sich in der Sammlung F. X. Münzel, Baden[748]. – 4. *Zwei Bügelkannen* (Schweizerisches Landesmuseum Zürich, Inv. Nr. LM 35792, und Städtische Sammlung im Landvogteischloß Baden) (Abb. 230). Zinn. H. 41 cm. Marke des CASPAR FALCK (Gießer?) aus Baden nebst Badener Wappen. Um 1600. Über fein profiliertem Rundfuß und kurzem Stamm kräftige Gefäßbauchung, die sich nach oben trompetenförmig verjüngt. Klappdeckel mit Wulstknauf. Eiserner Klapphenkel an zwei Bügeln. Am vierkantigen senkrechten Ausguß Hundegesicht; am Bauch zwei aufgelötete Stadtwappenschilder. Auf der Deckelinnenseite in Reliefguß Wappen Falck mit Umschrift «s. CASPER FALCK»; Bodenrosette[749]. – 5. *Gerichtsstab* (Städtische Sammlung im Landvogteischloß Baden; ein zweiter Badener Gerichtsstab von ähnlicher Form im Besitz von Herrn C. Falck, Luzern). Holz, mit Zinn beschlagen. L. 121,5 cm. Mitte 17. Jahrhundert. Unten Kugelknauf mit Wulstring, darüber gerillte Hülse. Oben lädierte Krone, darunter drei Rollwerkohren und drei gravierte Badener Wappenschilder. Der Holzstab mit runden Knöpfen beschlagen. – *Kopie des Schultheißenbuchs von Stadtschreiber Johann Beat Bodmer* (Sammlung F. X. Münzel, Baden). «Declaratio... wie... ein herr Schultheis der Statt Baden... erwöllet, das Regiment besetzet und was sonsten durch das ganze Jahr ordinarj zu thuon und Jn dem Rath vorzunemen ist... aufgezeichnet durch Johannem Beatum Bodmeren... Stadtschr(eiber) der Statt baden... Anno MDCLXXII», mit Nachträgen späterer Hände. Gepreßter Ledereinband. Anonym. 17. Jahrhundert. Enthält 41 aquarellierte Wappen. – Das Original dieses Schultheißenbuchs, das 1920 von WALTHER MERZ im Druck herausgegeben wurde, ist zurzeit unauffindbar[750].

Verschiedenes (in der Städtischen Sammlung im Landvogteischloß). 1. *Drei Kachelfragmente* eines Ofens von LUDWIG II. PFAU, Winterthur, mit gemalten allegorischen Figuren. Angeblich aus dem Tagsatzungssaal. – 2. Rot-schwarzes *Uhrblatt* mit goldenen Zahlen, auf rechteckigem Grund. Holz, 111 × 108,5 cm. In den Eckzwickeln die vier allegorischen Gestalten «VER, AESTAS, AVTVMNVS, HYEMS». Rollwerkkartusche mit Aufschrift: «So offt und dick der hammer schlacht Zyt ist ein gütt ob allen dingen / O Mensch du din letste stund betracht. Die zyt kan niemand widerbringen. / 1609». Signatur «I V̊AE» (JAKOB VON ÄGERI). – 3. *Zwei stoffbezogene Bänke* mit umklappbarer Lehne und geschnitzten Docken im Knorpelstil. L. 276 cm. Angeblich aus dem Tagsatzungssaal. – 4. *Zwei Stimmurnen* für Kugelwahl. – 5. *Treppenpfosten* mit geschnitztem Stadtwappen. H. 112 cm. 17. Jahrhundert. – 6. Aus der Stadtkanzlei: *Empire-Hängeuhr* in flachem quadratischem Rahmen mit Messingbeschlägen. 13 × 13 cm. Erste Hälfte 19. Jahrhundert.

---

744 MERZ, Abb. 63, 206.   745 FRICKER, Baden, S. 155 f.
746 StadtA, Nr. 22, fol. 108. – Vgl. STAMMLER, S. 159, 164 f.; Tf. LXVIII. – MERZ, S. 68 f., 286. – DORA F. RITTMEYER, a.a.O., S. 36. – MITTLER, Baden II, S. 34; Tf. 2. – H. DÜRST, a.a.O., S. 42.
747 FRICKER, Baden, S. 156.
748 DORA F. RITTMEYER, a.a.O., Abb. S. 37.
749 H. SCHNEIDER, Zinn – Katalog der Sammlung des Schweizerischen Landesmuseums Zürich, Olten, Freiburg i. Br. 1970, Nr. 531; mit Abbildungen der Marke, des Wappenreliefs und der Rosette. – Mit dem Wappen ist wohl Caspar Falck, Schultheiß 1611, gemeint.
750 W. MERZ, Das Schultheißenbuch des Stadtschreibers Joh. Beat Bodmer von Baden, Aarau 1920.

Abb. 234 und 235. Baden. Rathaus. Löwenbecher von Heinrich Dumeisen, 1688 (verschollen?); sogenannter Fankhauser-Becher von Jakob Birmann, zweites Viertel 17. Jahrhundert (heute in Bern). Text S. 233f. und 232.

AMTHAUS

BAUGESCHICHTE. Das Gebäude steht auf dem Unterbau eines Vorläufers, der im 14. Jahrhundert als Markthaus und Salzspeicher errichtet worden war (Abb. 22 [26])[751]. Es wurde in der zweiten Hälfte des 16. Jahrhunderts zur Entlastung des Rathauses erbaut[752] und «vorderes» oder «oberes» Rathaus genannt (vgl. S. 214). Im 18. Jahrhundert und um 1862 erfuhr es durchgreifende Renovationen; letztere hielt sich höchstwahrscheinlich an Pläne des städtischen Bauverwalters K. J. JEUCH[753]. Im 19. Jahrhundert nahm das Haus das Bezirksamt auf; heute sind darin die Gerichtskanzlei und städtische Verwaltungsbüros untergebracht.

BESCHREIBUNG. Der mächtige Mauerbau mit spätgotischen Fassadenknicken bildet den Kopf der Häuserreihe zwischen der Rathausgasse und der Hinteren Rathausgasse (Abb. 80). Seine freie Stirnseite ragt hart vor der westlichen Trauf-

[751] WELTI, Urkunden I, S. 30. – MITTLER, Baden I, S. 126 f.
[752] Eingemeißelte Jahreszahlen; siehe unten.
[753] StadtA, Nr. 893: 1859–1862, S. 159, 418, 685, 715, 722, 735f., 818, 830, 862f., 982, 1004. – Die Renovation des 18. Jahrhunderts ersichtlich an gewissen Fensterformen.

fassade des Rathauses auf und begrenzt mit dieser ein düsteres, zum Kirchplatz führendes Verbindungssträßchen, das Rathausgäßchen. Die Hauptfront (Rathausgasse Nr. 3) trägt am Erdgeschoß und am ersten Obergeschoß die Merkmale des späten Klassizismus: Der axiale, rundbogige Eingang, dessen fein profilierte Archivolte den Bogen des nahen Stadthausportals imitiert, ist von toskanischen Rechteckpfeilern mit Scheibenfries und von einem kräftigen Gebälk gefaßt. Das leicht verkröpfte Gesims zieht sich über die ganze Fassadenbreite und dient zu beiden Seiten den gleicherweise gerahmten, symmetrisch gesetzten Doppelfenstern ebenfalls als Abdeckung. Die fünf hohen Doppelfenster am ersten Stock zeigen simple Falzrahmen und Karniesverdachungen, das mittlere ist durch ein Deutsches Band und einen Zinnenfries mit dem Stadtschild ausgezeichnet. Am zweiten Obergeschoß sitzen regelmäßig verteilte große Stichbogenlichter mit lippenförmigen Simsen aus dem 18. Jahrhundert. An der Stirnseite, in zufälliger Disposition, originale spätmittelalterliche Rundbogen- und Zwillingslichter (zum Teil mit Voluten in den Kehlenansätzen), daneben stichbogige und rechteckige Fenster von den Umbauten des 18. und 19. Jahrhunderts. Die Rückfassade weist ein gefastes Rundbogenportal mit dem skulptierten Stadtwappen zwischen der Jahreszahl 1560 und in den oberen Geschossen eine analoge Fensterglierderung wie die Hauptfassade auf. – Das breite, geknickte Dach ruht auf einem großenteils noch ursprünglichen, nachträglich jedoch oft veränderten und unübersichtlich gewordenen Stuhl, dessen Kehlbalken in den Hauptgebinden seitlich von verspannten liegenden Streben, gegen die Mitte von zwei Stuhlsäulen getragen werden und ihrerseits drei Ständer zur Stützung von

Abb. 236. Baden. Amthaus. Turmofen und Türen im ehemaligen Amtsalon, um 1862. – Text S. 237.

First- und oberen Zwischenpfetten abfangen. Zahlreiche holzverdübelte Büge. Im Dachstock eingebaut ein doppeltes (originales?) und ein einfaches, jüngeres Hängewerk, die die Plafonds zweier großer Räume tragen. – Am Spätbarock-Geländer im Treppenhaus à jour gesägte Brettstützen, die als Hauptmotiv zwei gegenläufige, sich tangierende Volutenpaare bilden. Diverse Nußbaumzimmertüren aus dem 19. Jahrhundert. Der *ehemalige Salon des Bezirksamtes* auf der Nordseite des ersten Stocks (Abb. 236) bewahrt vom Umbau des 19. Jahrhunderts noch drei zierlich gearbeitete, hell und schwarz getönte Türen zwischen feinen Lisenen mit Kelchkapitälchen, ferner einen bemerkenswerten weißen Turmofen mit pilasterbesetzten Kanten, gußeisernem, rosettenverziertem Gitterchen und knaufüberhöhter Kalotte. In einem südseitigen Zimmer meergrüner Jugendstil-Kachelofen. Im Gang eine Barock-Bank mit umklappbarer Rückenlehne (vermutlich aus dem ehemaligen Tagsatzungssaal; vgl. S. 234). An der Gipsdecke eines nordseitigen Raumes im zweiten Obergeschoß großer spätklassizistischer Lorbeerblattrahmen mit Randleisten und winkelfüllenden Akanthuswedeln. In einem Südzimmer zweiflügeliger Barock-Schrank mit diamantbesetztem Sockel und drei schwarzen, gewundenen Halbsäulen auf konischen Postamenten. Vom Gang des zweiten Stocks kann man über einen wettergeschützten, durchfensterten Steg ins zweite Obergeschoß des Rathauses gelangen (vgl. S. 229f.). Im Scheitel des rundbogigen Sandsteindurchgangs die Jahreszahl 1585, seitlich zwei flach gemeißelte Stadtwappenschilder; an den Ansätzen des Kehle-Wulst-Profils zwei Löwenmasken; Steinmetzzeichen (identisch mit jenen am gegenüberliegenden Eingang ins Rathaus; siehe Tabelle II, Nr. 27).

EHEMALIGES KORNHAUS

GESCHICHTE UND BAUGESCHICHTE. Das erste, 1369 nachweisbare Kornhaus in Baden lag am Kirchhof und war privates Eigen[754]. Neben ihm dürfte das Kaufhaus am Marktplatz, das sich die Stadt kraft eines herzoglichen Privilegs vom Jahre 1353 errichtet hatte[755], als öffentliches Kornmagazin gedient haben (es stand anstelle des Neubaus Weite Gasse Nr. 9[756]; Abb. 22 [25]). Seit unbestimmter Zeit und mindestens bis ans Ende des 18. Jahrhunderts wurde auch auf dem obersten Geschoßboden im Rathaus Frucht gestapelt[757]. Das heute als Kornhaus bekannte Gebäude an der Kronengasse (Abb. 23 [32]) hat sich das städtische Spital im Jahre 1511 – in erster Linie für seine eigenen Bedürfnisse – errichtet[758]. Es wird jahrhundertelang «Spitalhaus» oder «Spitalmagazin» genannt, ist aber ohne Zweifel schon im 16. oder 17. Jahrhundert auch allgemeine Kornschütte der Bürgerschaft gewesen[759]. 1801 heißt es «Schütten und Keller Gebäud der Stadt»[760]. In der Helvetik hielt das Haus vorübergehend als Kaserne her[761]. 1843 wurde in seinem obersten Stockwerk für die

---

[754] WELTI, Urkunden I, S. 85.
[755] WELTI, Urkunden I, S. 30. – MITTLER, Baden I, S. 126.
[756] WELTI, Urkunden II, S. 774. – P. HABERBOSCH, Die Häuser und Hausnamen in der Badener Altstadt, Bad. Njbll. 1947, S. 60, 74. – Das Haus wird 1671 «Kornhaus» genannt.
[757] Plandokument Nr. 22, mit entsprechender Beschriftung.
[758] Gemeißelte Jahreszahl am Portalbogen.
[759] P. HABERBOSCH, a.a.O., S. 70, 74.
[760] N. HALDER, Die helvetische Zentralzuchtanstalt Baden 1801 bis 1803, Aarau 1940, S. 45.
[761] N. HALDER, a.a.O., S. 71–74.

Abb. 237 und 238. Baden. Ehemaliges Kornhaus. Gassenfassade von Südwesten; Kapitell und Sattelholz in einer Speicherhalle. – Text unten und S. 239.

Gefangenen der benachbarten kantonalen Strafanstalt (vgl. S. 299) eine Arbeitsstätte hergerichtet, die 1851 verbrannte[762]. 1954 Eröffnung eines Kleintheaters im Keller des Hauses. 1962–1965 moderner, beispielhafter Ausbau zu einem Jugendhaus.

BESCHREIBUNG. Das riesenhafte, von zwei Treppengiebeln gefaßte Gebäude steht in der flußseitigen Häuserreihe der Kronengasse (Nr. 10) und gibt sich neben den schmalbrüstigen Wohnhäusern seiner Umgebung deutlich als ein für bürgerliche Gemeinzwecke bestimmter Bau zu erkennen (Abb. 237). Seiner ursprünglichen Funktion gemäß ist es verhältnismäßig spärlich durchfenstert; die streng axialen Lichter sind an beiden Trauffassaden bloß zu dreien nebeneinandergereiht[763]. Die flußwärts gerichteten und die äußeren an der Gassenfront zeigen konventionelle, vermutlich im 17. Jahrhundert erneuerte Rechteckrahmen mit Falz und Kehlung. Über dem breitspurigen Rundbogenportal in der straßenseitigen Mittelachse dagegen liegt eine Folge originell variierter Fenster, die ehemals auch als Einlasse für die mit einem Aufzug gehobenen Lebensmittel dienten: das unterste schließt stichbogig, das mittlere halbkreisförmig, jenes im dritten Stock bildet – mit einem konsolengestützten Sturz – einen Schulterbogen. Am Portalscheitel das gemeißelte Datum 1511. – Im Inneren sind zwei der drei Magazinböden großenteils intakt geblieben. Über

[762] P. HABERBOSCH, Badener Zuchthäuser und Gefangenschaften, Bad. Njbll. 1958, S. 33.
[763] Ein diese Regelmäßigkeit mißachtendes Fenster am Nordende der Gassenfassade scheint, mit dem darunter liegenden Rechteckportal, spätere Zutat zu sein.

zwei quer zum First verlaufenden Mauern, die das Erdgeschoß in drei gleich große Räume sondern, ragen im ersten und zweiten Obergeschoß zwei Reihen stämmiger Hartholzpfeiler auf, welche die Decken der großflächigen Speicherhallen stützen. Schmucklos belassene Viereckpfosten alternieren mit reizvoll skulptierten, von Rundstäben umwundenen Achtecksäulen, deren Diagonalseiten mit sphärischer, sich verjüngender Fase in die Kanten der rechteckigen Basen und Kapitelle auslaufen. In den gabelförmig endenden Kapitellen (Abb. 238) liegen wulstverzierte Sattelhölzer, darauf die Unterzüge der Deckenbalken. – Der Dachstuhl, ein sogenanntes einfaches, mit Rafen besetztes Hängewerk, dessen Strebenpaare und Säulen von Zangen umklammert sind, datiert aus dem 19. Jahrhundert (kürzlich renoviert).

ÄLTERE EHEMALIGE LANDSCHREIBEREI

BAUGESCHICHTE. Das Haus wurde 1610 durch Dietrich Falck, Wirt im Badgasthaus «Zum Hinterhof», anstelle eines älteren Gebäudes errichtet (Abb. 24 [43]) [764]. 1668 erwarben es die dreizehn regierenden Orte mit der Absicht, Archiv und Landschreiberwohnung darin unterzubringen [765]. 1737 wurde das Gebäude – wie es scheint nach einem Projekt des bernischen Architekten (DANIEL oder ALBRECHT?) STÜRLER und unter Zuzug des Zürcher Werkmeisters RUDOLF WEBER – durchgreifend renoviert [766]. Zwanzig Jahre später erfuhr das Erdgeschoß auf Grund von Plänen des Zürchers DAVID MORF eine Umgestaltung: Auf der Westseite richtete man ein zweites Kanzleizimmer ein, während der die ganze Haustiefe durchmessende Archivraum auf der Ostseite neue Schriftenregale erhielt und mit entsprechenden Tür- und Jalousieflügeln in verstärktem Maß gegen Einbruch und Feuer gesichert wurde [767]. 1779 gaben die drei regierenden Orte das Quartier auf und dislozierten die Kanzlei ins Haus «Zum Roten Turm» (heute Stadthaus; vgl. S. 217) [768]. Das seither wieder in privater Hand stehende Gebäude wurde 1963/64 zum letztenmal umgebaut.

BESCHREIBUNG. Das Haus steht in der nordseitigen Gebäudezeile der Rathausgasse (Nr. 12). Seine Hauptfront hat ihren Reiz durch die modernen Veränderungen im Erdgeschoß verloren. Die Fenster mit Falz- und mit Kehlrahmen gehen auf die Renovation von 1737 zurück. Der vierte Stock hat Fensterrahmen aus dem späten 19. Jahrhundert. Der rückseitigen Fassade an der Zwingelhofgasse (Abb. 279) ist ein stämmiger *Halbkreisschneggen* von 1610 vorgebaut, der neben einem einfachen Rechteckportal und gekehlten Barock-Lichtern noch ein kleines Spitzbogenfenster mit zwei Maßwerknasen sowie eine Schlüssellochscharte bewahrt. Der über drei Geschosse laufende Aborterker trat im 20. Jahrhundert an die Stelle mehrerer separater «Privetlein». Der oberste Turmstock sitzt auf einer Ziegeltraufe und trägt, seiner polygonalen Form entsprechend, ein Zeltdach [769]. Das Hausinnere ist modernisiert.

764 P. HABERBOSCH, Das Haus mit dem Schneggen an der Salzgasse, Bad. Njbll. 1964, S. 61.
765 StA Zürich, A 315,3: Nr. 62. – StadtA Baden, Nr. 134, S. 366. – Vorher logierte der Landschreiber in einem privaten Bürgerhaus der Stadt.
766 StA Zürich, A 315,8: Fasz. 4 (5., 8. und 15. Dez. 1735 und 14. Jan. 1736). B VIII, 187, Abschiede 1735 und 1736.
767 Plandokumente Nr. 21. – StA Bern, Baden-Buch Q, S. 617–624, 635, 639f.
768 StA Bern, Baden-Buch V, S. 237–242.   769 1964 rekonstruiert; vgl. Bilddokument Nr. 62.

EHEMALIGES BERNERHAUS

BAUGESCHICHTE. Als einziger eidgenössischer Stand besaß die mächtige Stadtrepublik Bern ein eigenes Absteigequartier im Tagsatzungsort Baden. Von 1564 an logierten ihre Gesandten im Haus «Zum Grünen Berg» am Cordulaplatz (heute abgebrochen; vgl. S. 279) [770]. 1665 vermochten die Berner den Sitz trotz den wachsenden religionspolitischen Spannungen gegen ein Haus in der Weiten Gasse abzutauschen, das zwar «umb etwas spatioser unndt beßer gelegen» war, nach Meinung der neuen Inhaber jedoch eines sofortigen Umbaus bedurfte (Abb. 24 [49]) [771]. 1676 wurde auf Grund von Plänen des bernischen Werkmeisters ABRAHAM I. DÜNZ ein vollständiger Neubau in Angriff genommen, der unter der Aufsicht des Badener Schultheißen Johann Bernhard Silberisen und des Berner Tagsatzungsgesandten und alt Bauherrn Obrist von Diesbach stand und im März 1678 vollendet war [772]. 1719 erwarb Bern das hinter seinem neuen Sitz gelegene Gebäude an der Mittleren Gasse, in dem vermutlich schon vorher bernische Stallungen untergebracht worden waren (Abb. 24 [50]) [773]. 1734/35 wurde das Hinterhaus abgebrochen und durch ein von ALBRECHT STÜRLER projektiertes neues Haus ersetzt, das ausschließlich für

[770] StadtA, Nr. 134, S. 297 f. – Das Privileg einer Privatunterkunft teilte später mit Bern nur noch der Botschafter Frankreichs; vgl. Abb. 23 und 24 [34].

[771] StadtA, Nr. 134, S. 298. Nr. 14, S. 19, 32 f., 51, 61. – StA Bern, Rm 152, S. 222.

[772] StA Bern, Rm 176, S. 224, 248; 177, S. 482; 178, S. 53; 179, S. 176; 180, S. 100; 181, S. 30; 183, S. 20, 276.

[773] StadtA, Nr. 138, fol. 82 v. – StA Bern, Rm 79, S. 193 f. BX 8, S. 210 f.

 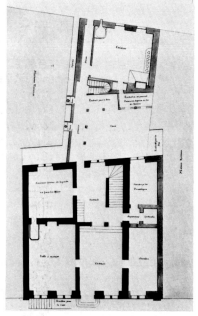

Abb. 239 und 240. Baden. Ehemaliges Bernerhaus. Hauptfassade und Grundriß eines Umbauprojektes, 1734. Federzeichnungen von Albrecht Stürler (Plandokumente Nr. 23). – Text Anm. 774.

Abb. 241. Baden. Ehemaliges Bernerhaus von Nordosten, zwischen den Häusern Weite Gasse Nr. 15 (rechts) und Nr. 11. – Text S. 242 und 269.

Wohnzwecke bestimmt und mit dem Hauptgebäude durch eine mehrgeschossige Galerie verbunden war[774]. Stallungen und Remise verlegte man vor das Mellinger-

[774] Zwei in der Stadtbibliothek Bern liegende Grundrisse von der Hand STÜRLERS (Plandokumente Nr. 23; Abb. 240) zeigen, daß das Hinterhaus zunächst mit einer dreiachsigen Front gegen die Mittlere Gasse und mit einer (der südlichen Hofseite entlang laufenden) mehrstöckigen Verbindungsgalerie projektiert war. Für die Obergeschosse waren Zimmer, für das Erdgeschoß eine Küche geplant. Ungeachtet des wesentlichen Platzgewinns, der damit in Aussicht stand, hätte nach Ausweis der gleichen Grundrisse das Vorderhaus an der Weiten Gasse nach Norden verbreitert werden sollen, wodurch neben Umbauten im Innern auch der Bau einer neuen fünfachsigen Hauptfassade nötig geworden wäre. Für diese waren ein Mittelportal und ein dreiachsiges Dachgeschoß unter vasenbekröntem italienischem Dreieckgiebel vorgesehen (Plandokument Nr. 23; Abb. 239). Der Plan scheiterte, vermutlich an der Kostenfrage. Der zweite Entwurf STÜRLERS, der schließlich zur Ausführung gelangte, war jedenfalls beträchtlich einfacher. Der Hauptbau sollte jetzt im wesentlichen seinen alten Zustand beibehalten, während für das Hinterhaus vier Fensterachsen und in den Obergeschossen zahlreichere, aber kleinere Räume bestimmt wurden (Plandokumente Nr. 23). – StA Bern, Baden-Buch G, S. 442, 451 f. BX 11, S. 115–122. Rm 1734, 19. Nov. – StadtA, Nr. 44, fol. 132, 134.

tor[775]. – 1779 gründliche Renovation von Haupt- und Hinterhaus durch den Berner Werkmeister EMANUEL ZEHENDER [776]. – Während des Friedenskongresses von 1714 bewohnte der Gesandte Frankreichs, Graf du Luc, das Bernerhaus.

BESCHREIBUNG. *Hauptbau.* Das Haus ist nach Art eines spätgotischen Bürgerbaus in die geschlossene westliche Häuserzeile der Weiten Gasse gestellt (Nr. 13) (Abb. 241). Durch seine Lage kommt es wenig zur Geltung, um so mehr aber durch Form und Gliederung seiner Fassade. Über drei vierachsigen Geschossen, die von hohen Lisenen und einem ausladenden Dachgesims gefaßt sind, erhebt sich ein zweiachsiger, von Estrichfenstern flankierter Giebelbau mit Halbwalm und buggestützter, typisch bernischer Rŭnde. Konstruktiv stellt er, wie die seitlichen Traufenansätze erkennen lassen, einen Quergiebel dar, optisch dagegen kommt er einem Hauptgiebel gleich, der im fast nur aus traufständigen Häusern bestehenden Altstadtbild seltsam eigenwillig wirkt. Die weiten, von Zwischenpfeilern geteilten Fenster und das in die äußerste Achse rechts gesetzte Portal werden von fein getreppten, geohrten Sandsteinrahmen gefaßt; den wulstförmig vorkragenden Sohlbänken entsprechen kräftig profilierte, segmentbogige Sturzverdachungen[777]. Über den beiden Giebelfenstern vermittelt ein querovales Ochsenauge einen gelungenen Übergang zum Kreisbogen der Rŭnde, die ein geschweift konturiertes Stirnbrett trägt und an ihrer Untersicht ein hübsch gemaltes Rosenmuster neueren Datums zeigt. Eine Hauptzierde der Fassade ist die auf dem Portalsturz sitzende *Rollwerkkartusche mit dem Berner Wappen* zwischen üppigen Fruchtgehängen und der Jahreszahl 1678. Auf dem Giebelfirst knopfbesetzte Kupfernadel. – Im ersten Obergeschoß ist der ehemalige Audienzsaal noch einigermaßen erhalten. Sein klassizistisches Wandtäfer, vermutlich aus dem Jahr 1779, wird von einer feinen korinthischen Pilasterordnung mit eingespannten Blendbogen gegliedert. Im Treppenhaus steinerne Rundbogendurchgänge aus der Bauzeit. Diverse Biedermeier-Türen. – Unter den wenigen profanen Barock-Fassaden in Baden ist diejenige des Bernerhauses die motivreichste und kennzeichnendste.

Hinterhaus. Vom «Hinteren Bernerhaus» des 18. Jahrhunderts (heute Mittlere Gasse Nr. 12) ist nur noch die Fassade vor den beiden Obergeschossen in unverdorbenem Zustand überkommen. Zwischen durchlaufenden Ecklisenen mit sichtbarem Fugenschnitt liegen je vier rechteckige Fenster mit gefalzten Rahmen und Wulstsimsen. Das von STÜRLER projektierte Mezzanin wurde nie ausgeführt. – Die *Stallungen* vor dem Mellingertor sind im 19. Jahrhundert geschlissen worden.

ALTES SCHULHAUS

BAUGESCHICHTE. Der erste Vorstoß des Gemeinderates zum Bau eines alle Klassen zusammenfassenden Schulhauses erfolgte bald nach Erlaß des kantonalen Gesetzes zur Gründung der Bezirksschule im Jahre 1835 [778]. Gestützt auf einen Expertenbericht

---

[775] StA Bern, Baden-Buch G, S. 453, 464. BX 11, S. 131–134. Rm 1734, S. 263 f.; 1734/35, S. 163 f. – Plandokumente Nrn. 24, 25.

[776] StA Bern, BX 22, S. 376–383. Baden-Buch V, S. 735–740.

[777] Die Fenster des Erdgeschosses für die Zwecke eines Ladengeschäftes umgestaltet.

[778] StadtA, Nr. 893: 1836/37, S. 47 (6. März 1836). – Für das Jahr 1489 ist ein Schullokal in

ALTES SCHULHAUS

von Architekt KARL FERDINAND VON EHRENBERG in Zürich, nahm die Ortsbürgerschaft am 14. August 1837 das Areal des Agnesenspitals westlich der Stadtkirche als Bauplatz in Aussicht (Abb. 22 [19] und 29)[784]. Das Bauvorhaben zerschlug sich indessen, vermutlich weil der vorgesehene Standort doch nicht befriedigte. Erst 1853 wurde es wieder spruchreif, wobei diesmal das Gelände des Kapuzinerklosters und des westlich anstoßenden Gublerschen Gutes zur Rede stand[785]. Zu Beginn des Jahres 1855 eröffneten Baukommission und Gemeindebehörde einen freien Projektwettbewerb, zu welchem «die drei anerkannt tüchtigen und wohlrennomirten» Architekten FERDINAND STADLER und JOHANN JAKOB BREITINGER von Zürich und FELIX WILHELM KUBLI von St. Gallen als Experten zugezogen wurden[786]. Ende Mai stach der einheimische Architekt ROBERT MOSER alle fünfzehn Konkurrenten, unter denen sich auch der Badener KASPAR JOSEPH JEUCH befand, aus[787]. Über den Bauplatz waren den Wettbewerbsteilnehmern keine Vorschriften gemacht worden. Die Stadt hielt sich in dieser offenbar heiklen Frage an die Meinung des Preisgerichts, welches das Terrain der Gublerschen Besitzung bevorzugte, weil hier das Gebäude den Blickfang der Weiten Gasse bilden konnte (Abb. 29 [8])[788]. Am 29. April 1856 wurde der Grundstein gesetzt; Anfang Oktober feierte man Aufrichte, ein Jahr später die Einweihung[789]. Maurerarbeiten von JOSEPH DREYER und STEPHAN BADER in Baden; Zimmerarbeiten von MATTHIAS MÜLLER, Würenlos; Schreinerarbeiten von DAMIAN LANG, Baden; Steinmetzwerk von J. J. BREITER, Zürich[790]. Steine aus dem Bruch im Hundsbuck bei Baden[791]. Die Konventgebäude des dem Neubau benachbarten ehemaligen Kapuzinerklosters wurden geschlissen; die Kirche richtete man als Schulkapelle her (vgl. S. 194)[792].

BESCHREIBUNG. *Lage.* Das Schulhaus steht vor dem südlichen Ausgang der Altstadt am heute wichtigsten Straßenknoten Badens (Abb. 32). Der vom Bruggerturm her durch die Weite Gasse schreitende Besucher vermag vorerst nur den westlichen Seitenrisalit des Gebäudes zu erkennen und steht an der Gassenmündung vor dem

---

einem Gebäude, das anstelle des heutigen Hauses Weite Gasse Nr. 20 stand, verbürgt; seit dem 16. Jahrhundert wurde am Kirchplatz, im heutigen Haus Nr. 14, unterrichtet (Abb. 23 [35], 24 [40]). Eine separate Mädchenschule war von 1638 bis 1795 im Kloster Mariä Krönung untergebracht. Im Jahre 1810 und später wurden Schulklassen im ehemaligen Landvogteischloß einlogiert. Nach 1841 diente zusätzlich das alte Kapuzinerhaus zu Schulzwecken.

784 StadtA, Nr. 893: 1837–1839, S. 113, 134, 140, 146 f., 151, 245, 321, 456, 556, 562.

785 Vom Schulrat des Bezirks und von der Erziehungsdirektion waren wiederholt Mahnungen eingegangen. – StadtA, Nr. 893: 1852–1854, S. 12, 174, 253, 372, 388 f., 413 f., 480, 485, 642, 775. Nr. 894c, S. 17, 39–41.

786 StadtA, Nr. 893: 1852–1854, S. 833; 1855–1859, S. 22, 55, 61, 123 f., 144. Nr. 925: Akten Schulhausbau, 30. Juni 1855.

787 StadtA, Nr. 893: 1855–1859, S. 167 f., 202 f., 238. Nr. 894c, S. 65 f. Nr. 925: Akten Schulhausbau, 21. Mai 1855 (Gutachten STADLERS, BREITINGERS und KUBLIS). – Plandokumente Nr. 26.

788 StadtA, Nr. 925: Akten Schulhausbau, 21. Mai, 30. Juni und 3. Juli 1855. Nr. 893: 1855–1859, S. 295.

789 StadtA, Nr. 893: 1855–1859, S. 253 f., 289, 295, 389, 486, 586, 840 f., 849 f.

790 StadtA, Nr. 810: Akten Bauamt 1856–1860. Nr. 1097: Prot. der Schulhausbaukommission, passim.

791 StadtA, Nr. 925: Akten Schulhausbau, 6. Mai 1856.

792 StadtA, Nr. 810: Akten Bauamt 1858–1860, einschlägige Akten. – Vgl. Bilddokumente Nrn. 71, 121.

Abb. 242. Baden. Altes Schulhaus. Aufriß der Hauptfassade, 1855. Federzeichnung von Robert Moser (Plandokument Nr. 26). – Text unten.

weiten Vorplatz einem groß dimensionierten, breitgelagerten Baukörper gegenüber. Die Neugestaltung des Platzes im Zusammenhang mit der Verkehrssanierung 1961 hat den Weitblick auf das ernst-majestätische Schulhaus und den ihm vorgestellten Obeliskenbrunnen erheblich geschmälert.

Äußeres. Der dreigeschossige Bau (Abb. 32 und 242) besteht aus einem 22 m langen Mitteltrakt und zwei symmetrisch angefügten, 11 m breiten Querflügeln, die auf der Südseite um einen, an der Hauptfassade im Norden um 3,5 Meter vorspringen. Das auf dem Haupttrakt liegende, in zwei Schrägen endende Flachdach stößt mit seinen Kanten direkt auf die Firstlinien der Flügel, die vorder- und rückseitig über breiten Vollwalmen enden. Kräftige Ecklisenen – unten gequadert, oben mit Leisten gerändert – fassen die Flügelbauten, die das Aussehen strukturell selbständiger Annexe haben und nur durch den Gebäudesockel, ein Gurtgesims über dem Erdgeschoß sowie durch einen ziegelroten Würfelfries und eine monotone Sequenz schmückender Konsolen unter der Dachtraufe mit dem Haupttrakt liiert sind. Der axiale, stadtwärts gerichtete Haupteingang liegt in einer inkorporierten Vorhalle, die sich an der Fassadenflucht mit einer dreiteiligen Stichbogenarkade öffnet. Deren Grundform wird von den segmentbogigen Parterrefenstern und den beiden einfachen Portalen im Süden und Osten repetiert, während die auf der Stockgurte sitzenden Lichtöffnungen des ersten und die frei in den Fassadenflächen schwebenden Fenster des zweiten Obergeschosses einfach profilierte Rechteckrahmen mit simsartigen Verdachungen aufweisen. Einziges anspruchsvolleres Schmuckmotiv am Äußern ist ein die Gurte begleitender Akanthus- und Flechtbandfries (von J. J. Breiter).

Inneres. Im Gebäudeinnern ist die schon vom Preisgericht 1855 lobend erwähnte Disposition der sechzehn Klassenzimmer bemerkenswert, von denen die Mehrzahl nach Süden, keines indessen ausschließlich nach der Nordseite geht. Hier sind, in gegengleicher Anordnung, die beiden Treppenhäuser, die Abortanlagen und (über der Vorhalle) Räume für besondere Zwecke untergebracht. Sämtliche Zimmer sind von langen Korridoren im Mitteltrakt aus erreichbar. Die grundrißliche Symmetrie im Erdgeschoß, gegen die nur der östliche Hauseingang verstößt, ist in den Obergeschossen im großen und ganzen unverändert wiederholt (eine nennenswerte Abweichung zeigt der zweite Stock, wo der Singsaal die gesamte Grundfläche des Westflügels beansprucht). Auch vor den Modernisierungen, die im Innern während der letzten Jahrzehnte vorgenommen wurden, beschränkten sich die schmückenden Zutaten auf die stilisierten Weinlaubreliefs an den Trapezkapitellen der Treppenpfeiler. – Die einzelnen Räumlichkeiten haben heute zum Teil andere Funktionen als ursprünglich.

KURSAAL-KASINO

GESCHICHTE

1857 erfolgt aus privaten Kreisen ein erster Anstoß zur Errichtung eines Kurhauses[793]. Zur Hebung des Kurbetriebs wird am 28. April 1865 ein Kurverein gegründet, dem unter anderen Interessenten Gasthof- und Badhotelbesitzer in Baden und Ennetbaden angehören und den Gemeindeammann J. Zehnder präsidiert[794]. Die vom Vorstand bei Fachleuten eingeholten Ratschläge und Studien für den Bau des Kurhauses und eines zugehörigen Parks lassen Schwierigkeiten, vor allem finanzieller Art, an den Tag treten, weshalb am 5. Mai 1871 eine Subskription zur Bildung einer Aktiengesellschaft eröffnet wird[795]. Im Juni konstituiert sich die Gesellschaft und wählt Badewirt J. Borsinger im «Verenahof» zum Präsidenten ihres Verwaltungsrates. Der Bau des Hauses endet im Frühjahr 1875 mit einem gewaltigen Ausgabenüberschuß, der ein Anleihen von Fr. 475000.– notwendig macht[796]. Die Einwohnergemeinde, «in der Überzeugung, das Kurhaus als solches und als Impuls zu weiterer Vergrößerung des Badeortes sei geeignet, in kurzer Zeit zur Wohlfahrt der Gemeinde beizutragen»[797], beschließt am 17. Mai die Übernahme der Garantie für Zins und Kapital[798]. Die ersten beiden Betriebsjahre bringen ein empfindliches Defizit[799]. Anfang 1878 steht die Kurhaus-AG vor dem Geldstag; die Einwohnergemeinde als Garantin erklärt sich aber außerstande, die zum Ankauf

---

[793] StadtA, Nr. 893: 1855–1859, S. 909.

[794] Gedruckter «Jahresbericht des Vorstandes des Badener Kurvereins an die Vereinsversammlung [pro 1865] vom 18. März 1866, Baden». – Gedruckte «Statuten des Kurvereins in Baden (revidiert am 2. April 1867)». – StadtA, Nr. 978a: Fasz. I.

[795] StadtA, Nr. 971a, 5. Juni 1871. – Gedruckte «Statuten der Kurhaus-Gesellschaft Baden vom 26. April 1871». – Gedruckter «Prospektus und Einladung zur Unterzeichnung von Aktien der Kurhausgesellschaft Baden». – StadtA, Nr. 978a: Fasz. I. – Die Gesamtkosten für Gebäude und Park sind in den Statuten auf Fr. 300000.– veranschlagt.

[796] StadtA, Nr. 971a, 28. April bis 7. Mai 1875.

[797] Gedruckter «Bericht der ortsbürgerlichen Commission betr. Reorganisation des Kurhausbetriebes ... Januar 1893». – StadtA, Nr. 978a: Fasz. I.

[798] StadtA, Nr. 893: 1875/76, S. 126 f. Nr. 971a, 13. und 31. Mai 1875.

[799] Gedruckte «Generalrechnung über Bau und Betrieb des Kurhauses Baden vom 1. Aug. 1871 bis 31. März 1877». – StadtA, Nr. 978a: Fasz. I.

des Hauses notwendigen Mittel aufzutreiben, worauf die Ortsbürgergemeinde am 15. Januar 1878 beschließt, das Gebäude und den Garten zu erwerben. Den Betrieb des Hauses übernimmt die Einwohnergemeinde[800]. 1893 verpachtet die Ortsbürgergemeinde das dauernd defizitäre Etablissement den vereinigten Badewirten in Baden und Ennetbaden[801]. Die dabei gehegte Hoffnung, Baden würde trotz der Konkurrenz ausländischer und schweizerischer Thermal- und Luftkurorte an Bedeutung gewinnen, erfüllt sich nicht. Nach Ablauf des Pachtvertrags organisiert der Gemeinderat auf Grund eines Normalbudgets im Jahre 1901 eine neue Kasinogesellschaft, bestehend aus den Direktoren der damals rentabelsten Hotels («Schiff», «Verenahof», «Limmathof», «Grand Hôtel»)[802]. 1911 erneute Verpachtung an sämtliche Badewirte der Stadt[803]. 1914 Beitritt der Hoteliers in Ennetbaden zum Pachtvertrag[804]. Seit 1932 steht das Kurhaus unter der Aufsicht einer Betriebskommission der Ortsbürgergemeinde.

Quellen. Akten im Semper-Archiv der ETH und im StadtA Baden (Nrn. 965, 966, 970, 971, 972, 975, 978a, 894d, e, 895, 1081a).

Literatur. Zum Bau Mosers: Biographisches Lexikon des Kantons Aargau 1803-1957, Aarau 1958, s.v. «Moser, Robert», «Moser, Karl Cölestin», S. 549–554 (H. CURJEL) (mit Literaturangaben). – W. BEELER, Wie der Badener Kursaal entstand, Aargauer Volksblatt vom 27. und 31. Dez. 1973 und 5. Jan. 1974. – J. FREI, Bestand der Bäume und bemerkenswertesten Sträucher des Kasinoparkes Baden, Bad. Njbll. 1926, S. 8–27. – FRICKER, Baden, S. 483–484. – B. FRICKER, Baden in der Schweiz (= Europäische Wanderbilder 11), Zürich (1880), S. 18 f. – (G.) G(ULL), Robert Moser (Nekrolog), ASA NF III (1901/02), S. 322. – Künstler-Lexikon der Schweiz (20. Jahrhundert) II, Frauenfeld 1963–1967, s.v. «Moser, Karl», S. 666 f. (mit Literaturangaben). – MITTLER, Baden II, S. 319 f. – J.R. R(AHN), Robert Moser (Nekrolog), Schweiz. Bauzeitung vom 21. Dez. 1901, S. 276. – SKL II, s.v. «Moser, Robert», S. 430 (mit Literaturangaben). – U. THIEME, F. BECKER, Allgemeines Lexikon der bildenden Künstler XXV, s.v. «Moser, Robert», S. 184. – A. WAGNER, Die Mängel des gegenwärtigen Kurbetriebes und Vorschläge zur Beseitigung derselben, Baden 1890 (StadtA, Nr. 978a: Fasz. I). – Zum Projekt Sempers: M. FRÖHLICH, Gottfried Semper – Kritischer Katalog (= Geschichte und Theorie der Architektur ETH XIV), Basel 1974, S. 164–171 (mit Abbildungen). – J. GANTNER, A. REINLE, Kunstgeschichte der Schweiz IV, Frauenfeld 1962, S. 48, 116. – C. LIPSIUS, Gottfried Semper in seiner Bedeutung als Architekt, Berlin 1880 (auszugsweise wiedergegeben in: Deutsche Architektur II [1953], S. 262–264), S. 7. – SKL III, s.v. «Semper, Gottfried», S. 130. – U. THIEME, F. BECKER, a.a.O. XXX, s.v. «Semper, Gottfried», S. 490.– Zu Sempers Tätigkeit im allgemeinen: SKL III, s.v. «Semper, Gottfried», S. 136–143. – U. THIEME, F. BECKER, a.a.O. XXX, s.v. «Semper, Gottfried», S. 491. – H. LASCH, Architekten-Bibliographie (deutschsprachige Veröffentlichungen 1920–1960), Leipzig 1962. – Bibliographie zur Kunstgeschichte des 19. Jahrhunderts (Publikationen 1940–1966), zusammengestellt von H. LIETZMANN, München 1968. – Überdies in den seit 1934 regelmäßig erschienenen Faszikeln «Schrifttum zur deutschen Kunst», hg. vom Deutschen Verein für Kunstwissenschaft, Berlin 1934 ff.

Bilddokument Nr. 119. Ferner zahlreiche Photographien älteren Datums in der Sammlung F.X. Münzel, Baden.
Plandokumente Nrn. 36–72.

---

800 StadtA, Nr. 895: 1877–1880, S. 238–272.
801 StadtA, Nr. 894d, S. 13–17, 127. – Gedruckter «Bericht der ortsbürgerlichen Commission betr. Reorganisation des Kurhausbetriebes, 1893».
802 StadtA, Nr. 894d, S. 143–151.
803 Ebenda, S. 345–349.
804 Ebenda, S. 406 f. Vgl. Nr. 894e, Register.

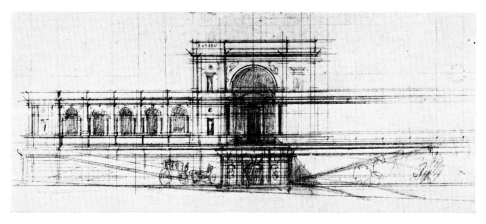

Abb. 243. Baden. Kursaal–Kasino. Konzept der Hauptfassade, 1866. Bleistiftskizze von Gottfried Semper (Ausschnitt aus Plandokument Nr. 40). – Text S. 248.

DAS BAUPROJEKT GOTTFRIED SEMPERS[805]

ENTSTEHUNGSGESCHICHTE. Die erste Jahresversammlung des jungen Kurvereins im Frühjahr 1866 beauftragt den Vorstand mit der Vorbereitung und Prämiierung von Bauunterlagen und faßt Liegenschaftskäufe in der Nordostecke des Haselplateaus, über dem absteigenden Teilstück der Badhalde, ins Auge[806]. Am 14. April 1866 ersucht der Verein GOTTFRIED SEMPER in Zürich um ein Urteil zum aufgestellten Bauprogramm und um Stellungnahme in der Frage des Landbedarfs[807]. Der Architekt sendet sein Gutachten erst im Herbst ein, legt aber unaufgefordert noch Pläne bei, die nichts weniger als ein fertiges Projekt für den Bau des Kurhauses darstellen. Für Terrainankauf, Bau des Hauses, Parkanlage und alle übrigen Notwendigkeiten veranschlagt er eine Kostensumme von rund Fr. 800 000.–[808]. Im Mai 1867 kommt SEMPER das Gerücht zu Ohren, seine Zeichnungen und sein Gutachten lägen in den Händen des Badener Architekten ROBERT MOSER. Er bittet schriftlich um Auskunft über das Schicksal seines Projektes. Offenbar in Sorge, vergeblichen Mühaufwand geleistet zu haben, und skeptisch, MOSER könnte seine Arbeit als Plagiat mißbrauchen, fügt er bei, daß sein Projekt durchaus noch diskutabel sei und daß ein architektonisches Werk in jedem Fall immer erst auf Grund gegenseitiger Absprache zwischen Bauherrn und Architekt zustande komme[809]. Der Vereinsvorstand beruhigt SEMPER am 1. Juni, in keiner Sitzung habe MOSER je zur Diskussion gestanden[810]. Am 17.

---

805 Bei der Abfassung dieses Kapitels hat mir Herr Dr. Martin Fröhlich, Zürich, uneigennützig Auskünfte und Hilfeleistungen gegönnt, wofür ihm an dieser Stelle ausdrücklich gedankt sei. Die folgenden Ausführungen stützen sich weitgehend auf das Manuskript zu seinem Buch.
806 Gedruckter «Jahresbericht des Vorstandes des Badener Kurvereins an die Vereinsversammlung [pro 1865] vom 18. März 1866, Baden».
807 Semper-Archiv ETH, Brief vom 14. April 1866.
808 Semper-Archiv ETH, Briefe vom 18. und 30. April und vom 26. Sept. 1866. Unvollendeter, undatierter Entwurf SEMPERS zu seinem Gutachten. – Plandokumente Nrn. 41–47.
809 Semper-Archiv ETH, eigenhändiger, undatierter und unsignierter Briefentwurf SEMPERS.
810 Semper-Archiv ETH, Brief vom 1. Juni 1867.

Juni wird der Architekt für sein Gutachten mit Fr. 500.– und für seine Pläne mit Fr. 1000.– rechtmäßig honoriert[811]. Die Beziehungen zwischen ihm und dem Kurverein scheinen daraufhin aber abzubrechen. Auf eine anderthalb Jahre später vom Vorstand eröffnete Bitte, ein Projekt für eine Trinkhalle zu liefern, geht SEMPER nicht ein[812].

BESCHREIBUNG. *Die Skizzen.* Von SEMPERS Studien sind insgesamt 12 Zeichnungsblätter erhalten (Plandokumente Nrn. 36–42, 44–48). Fünf davon (Plandokumente Nrn. 36–40) tragen nur in Blei geführte Skizzen, von denen die meisten mit dem endgültigen Projekt keine Ähnlichkeit haben (Abb. 243)[813]. Es handelt sich um verschiedene Plankonzepte, die der Architekt offenbar gegeneinander abgewogen hat, bevor er sich für einen bestimmten Baugedanken entschied. Sie verfolgen im wesentlichen zwei Grundgedanken: Der eine zielt auf die reine Zentralorganisation, freilich mit mehr oder minder erheblichen Konzessionen an eine gerichtete Achse; der andere trachtet nach einer Betonung des Theaterbaus, obschon das Theater von

811 Semper-Archiv ETH, Brief vom 17. Juni 1867.
812 Semper-Archiv ETH, Briefe vom 26. Nov. und 27. Dez. 1868. – Dennoch findet sich in SEMPERS Nachlaß die Skizze für eine Trinkhalle in Baden (Plandokument Nr. 32). Vgl. S. 326, Anm. 1004.
813 FRÖHLICH, Abbildungen S. 166–169.

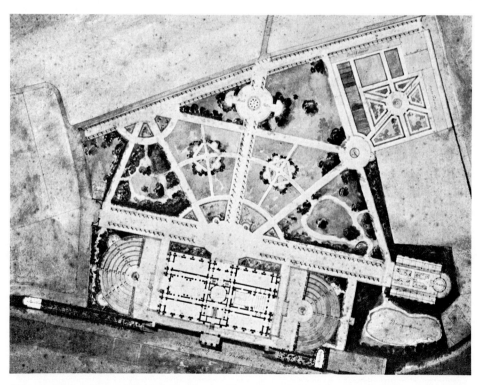

Abb. 244. Baden. Kursaal–Kasino. Projekt des Kurparks und des Gebäudegrundrisses, 1866. Federzeichnung von Gottfried Semper (Plandokument Nr. 41). – Text S. 249.

den Bauherren kaum als wichtigstes Desiderat der ganzen Anlage bezeichnet worden sein dürfte. Die Idee ist typisch für SEMPER, den Planer von Theater- und Opernhäusern für Dresden, München, Wien und Rio de Janeiro. Keiner dieser beiden Grundgedanken jedoch schien dem Architekten schließlich ratsam für die Verhältnisse in Baden; er ließ einen anderen in das endgültige Projekt ausreifen.

Das definitive Projekt. Der von SEMPER dem Kurverein vorgelegte Bauentwurf ist in sechs Tuschzeichnungen und einer Bleistiftzeichnung überliefert (Plandokumente Nrn. 41, 42, 44–48). Daß der Meister an großdimensioniertes Bauen gewöhnt ist, beweisen schon sein Plan für den *Park* (Plandokument Nr. 41; Abb. 244) und seine schriftlichen Vorschläge für den *Standort des Konversationshauses*[814]. SEMPER faßt ein großes Geländestück im Spitz zwischen der Badhalde (heute Bäderstraße) und der alten Haselstraße (heute Römerstraße) ins Auge, ungeachtet der kostspieligen Landankäufe, die damit nötig werden. Ausschlaggebend hiefür und wegweisend für die künstlerische Gestaltung der ganzen Anlage ist die unumstößliche Absicht des Künstlers, das Gebäude auf die kleine ostseitig abfallende Rebhalde zu stellen und die Hauptfassade gegen die Badhalde zu richten. Das unregelmäßige Geviert des Parks wird auf SEMPERS Situationsplan mit Richtscheit und Zirkel so gut als möglich in eine Symmetrie gezwungen. Hinter dem Konversationshaus erstreckt sich ein fächerförmiges Wegnetz, das einen Musikpavillon, einen Botanischen Garten mit Orangerie und eine Voliere als Zielpunkte hat und durch englische Bosquetten und einen Tiergarten vor der nördlichen Schmalseite des Hauses gelockert ist. Die Höhendifferenzen des Baugrundes nützt der Architekt dadurch, daß er unter einer Fußgängerterrasse vor der Gebäudehauptfront in ganzer Breite Verkaufshallen projektiert, die sich gegen die niveaugleiche Straße öffnen. – Der *Gebäudegrundriß* sieht einfach aus (Plandokument Nr. 42; vgl. Nr. 41). Alle vom Kurverein geforderten Räumlichkeiten sind in ein 244×122 Schuh haltendes Rechteck einbeschrieben, dem straßenseitig, auf der quergerichteten Hauptachse, eine Portikus vorgelagert ist[815]. Die Treppe hinter dem Hauptportal führt, flankiert von zwei Vestibülen, zu einer zentralen Rotunde. Dieser sind als architektonische Dominanten zwei longitudinale Räume angegliedert, links (südlich) der Konversationssaal, rechts der Theatersaal mit Bühne. Den Konversationssaal flankieren ein Speisesaal und eine Bibliothek, das Theater zwei Kafferäume und ein Ausstellungsraum. Zwischen Bibliothek und Galerie liegt das Vestibül des parkseitigen Hauseingangs. In den Fassaden der Schmalseiten – vor dem Konversationssaal und der Theaterbühne – öffnen sich kleine Vorhallen – die Szenen für Konzerte im Freien und für das Sommertheater. Als entsprechende Auditorien sind amphitheatralische Rasenstufen vorgesehen. – Dem *Konversationshaus* versucht der Künstler mit einer antiken architektonischen Instrumentierung einen für die örtlichen Verhältnisse überaus anspruchsvollen Charakter zu geben (Plandokumente Nrn. 44–48; Abb. 245 und 246). SEMPER projektiert das Gebäude eingeschossig, überhöht aber Saal und Theater in der Längsachse und die Vestibüle in der Querachse mit zwei Lichtgaden, die mit ihren basislosen Quergiebeln und Thermenfenstern an römische Badeanlagen

---

[814] Semper-Archiv ETH, Gutachten.
[815] Bei der kleineren Projektvariante betragen die Maße des Baus 200×100 Schuh.

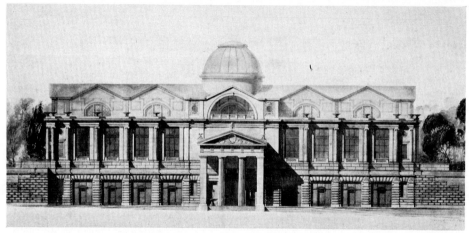

Abb. 245 und 246. Baden. Kursaal–Kasino. Projekt der südlichen Seitenfassade und der Hauptfassade, 1866. Federzeichnungen von Gottfried Semper (Plandokumente Nrn. 47 und 46). – Text S. 249f.

erinnern. Im Schnittpunkt – über der zentralen Rotunde – ist eine Kuppel mit verglastem Opaion vorgesehen. Das auf der Straßenseite über Tag liegende, vorgezogene Untergeschoß mit den Verkaufsläden wird mit kräftigen Rustikaquadern als Gebäudesockel markiert. Das Hauptgeschoß gliedern ionische Säulen unter vasenbesetzten Gebälkverkröpfungen. Dem Hauseingang ist in der Art einer Tempelvorhalle eine dorische Portikus mit Triglyphenfries und akroterenbesetztem Dreieckgiebel vorgestellt, die gleichzeitig die Funktion einer repräsentativen Portalarchitektur und einer wettergeschützten Vorfahrt für Pferdedroschken erfüllt. – Die antiken Motive offenbaren SEMPERS Ansicht, daß «der Eindruck, den ein Bauwerk auf die Massen hervorbringt, zum Theil auf Reminiszenzen begründet ist»[815a].

[815a] SEMPER zu seinem Projekt für die Nikolaikirche in Hamburg. – LIPSIUS, S. 27.

DAS BAUPROJEKT JEUCHS UND HEIZINGERS

Die Gründe, weshalb es im Sommer 1867 zwischen dem Kurverein und SEMPER zum Bruch kam (vgl. S. 248), sind archivalisch nicht faßbar, standen aber ohne Zweifel in Zusammenhang mit den vom Architekten errechneten hohen Baukosten. Aus den folgenden vier Jahren ist fast keine Nachricht zur Baugeschichte überkommen. Indessen kann auf Grund zahlreicher Skizzen und Pläne erschlossen werden, daß in dieser Zeit KASPAR JOSEPH JEUCH aus Baden die Projektierung fortgeführt hat (Plandokumente Nr. 49; Abb. 248)[816]. Überdies haben sich Notizen, Briefe und eine im Mai 1871 eingereichte Planpause des Münchner Gartentechnikers FRANZ VON HEIZINGER erhalten, die einigen Aufschluß über den damaligen Stand des Unternehmens vermitteln (Plandokument Nr. 50; vgl. Nr. 51)[817]. Die JEUCHSCHEN Pläne kreisen großenteils um die Idee eines Mehrzwecksaalbaus, der gleichzeitig als Konversationsraum und als Theater dienen soll und dessen eine Schmalseite zu einer klassizistischen Schaufront ausgebildet ist. HEIZINGERS Gartenplan nimmt offenbar auf ein Projekt von JEUCH Bezug. Er rechnet, von kleinen Ausnahmen abgesehen, mit dem gleichen Geländeumfang wie der Situationsplan SEMPERS, hat im übrigen aber nichts mit diesem gemeinsam. Das im Grundriß eingetragene Konversationshaus – ein Rechteck von etwa 36 × 15 m – steht nicht mehr unmittelbar an der Badhalde, sondern um etwa 30 m davon abgerückt auf der Geländeterrasse (am Platz des heute bestehenden Kursaals). Es beansprucht mit rund 6000 Quadratfuß etwa fünfmal weniger Grundfläche (!) als SEMPERS Palast. Allerdings ist es ohne Theater konzipiert, denn HEIZINGERS Plan vermerkt ein etwa 65 Fuß langes Theater in separierter Lage in der südwestlichen Parkecke.

Auch JEUCHS und HEIZINGERS Werk vermag die Bauherrschaft nicht zu befriedigen. Die am 5. Juni 1871 gegründete neue Kurhaus-AG verwirft alle bislang unternommenen Anstrengungen zur Errichtung eines Kuretablissements und macht einen grundsätzlichen Neuanfang.

DER BAU VON ROBERT MOSER

BAUGESCHICHTE. Der Verwaltungsrat der Aktiengesellschaft einigt sich im Sommer 1871 auf ein neues Bauprogramm, wobei er aber am bisher in Betracht gezogenen Gelände auf der Ebene über der Badhalde festhält[818]. Das Kurhaus soll «in Mitte der Anlagen, auf die Höhe des Plateaus» zu stehen kommen; vor seiner Hauptfassade im Osten ist ein freier Platz mit Musikpavillon vorgesehen. Das Gebäude muß «deshalb auf dieser Seite ganz geöffnet werden können und wo möglich mit einer Terrasse in Verbindung stehen»[819]. Im Park begehrt man einen Teich, einen Wildgarten, Volieren, Turn- und Spielplätze, eine Reitbahn und einen Kunstgarten mit Treibhäusern zu haben. Aus der respektablen Anzahl von 23 Projektverfassern

---

816 Neben den unter Nr. 49 erfaßten Plänen sind eine Anzahl weiterer Entwürfe JEUCHS zu nennen, die erst in jüngster Zeit durch Dr. Ulrich Münzel auf dem Archiv des Stadtplanungsamtes in Baden gefunden wurden. Ein Kommentar dazu im Rahmen dieses Buches war nicht mehr möglich.
817 StadtA, Nr. 1081a: Briefe HEIZINGERS (der älteste datiert vom 16. Jan. 1869).
818 StadtA, Nr. 971a, 10. und 12. Juni 1871.
819 Ebenda, 10. Juni 1871.

geht Anfang Oktober der Badener ROBERT MOSER als Sieger hervor[820]. Am 25. November genehmigt die Generalversammlung der Aktionäre MOSERS Pläne und ermächtigt den Verwaltungsrat zu den notwendigen Landerwerbungen und zur Aussetzung eines Baukapitals für Gebäude und Park von Fr. 400000.–. Drei Wochen später wird ein auf MOSERS Projekt abgestimmter Plan zum Kurpark aus der Hand des zürcherischen Stadtgärtners BLATTNER akzeptiert[821]. Um die Jahreswende beginnt der Erdaushub, im Juli 1872 wird die Maurer- und Steinhauerfirma WIDMER & WILD in Zürich zur Bauübernehmerin bestimmt[822]. Auf Empfehlungen MOSERS, dem die Bauleitung anvertraut worden ist, vergibt man die Handwerksarbeiten: Dachstuhl von Zimmermeister L. GARNIN aus Zug; Eisensäulen ins Erdgeschoß von A. REINLE in Baden; gußeiserne Vasen, Türfüllungen, Lambrequins und Kandelaber

[820] Ebenda, 12. Okt. 1871. – Gedruckter «Experten-Bericht über die eingegangenen Concurs-Arbeiten für das Kurhaus in Baden» im StadtA. – Mit dem zweiten Preis wurde Architekt J. J. STAMM in Paris bedacht.
[821] StadtA, Nr. 971a, 25. Nov. und 19. Dez. 1871.
[822] Ebenda, 8. Febr., 10. Juni, 3., 5., 10. und 12. Juli 1872. – StadtA, Nr. 965: 1874/75, S. 1–2.

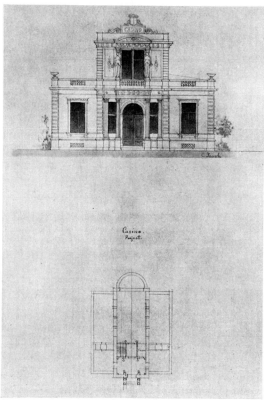

Abb. 247 und 248. Baden. Kursaal–Kasino. Aufriß der Saallängswand, 1873, Federzeichnung von Robert Moser (Plandokument Nr. 63); Entwurf zur Hauptfassade, um 1867–1870, Bleistiftskizze von Kaspar Joseph Jeuch (Plandokument Nr. 49). – Text S. 257 und 251.

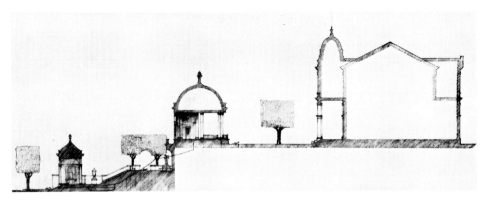

Abb. 249. Baden. Kursaal–Kasino. Profil eines Neubauprojektes für den Parkeingang und den Musikpavillon, 1919. Bleistiftzeichnung von Karl Moser (Plandokument Nr. 72). – Text unten und S. 254.

von der Firma RUDOLF PREISWERK in Basel. Die Steinplastiken am Äußern schafft Bildhauer A. LAURENTI in Bern, den Zierat im Innern Bildhauer P. PFLUGER in Solothurn. Figürliche Dekorationsmalerei von der Firma OTT & WITT, Zürich[823]. Im Februar 1873 beginnt Gärtner WILHELM STEYER aus Neumünster (Zürich) mit der Ausführung der Parkanlagen nach den Unterlagen BLATTNERS. Das Parkareal wird auf der Westseite um einen beträchtlichen Landstrich erweitert, nachdem sich die Gemeinde entschlossen hat, die hier vorgesehene Promenade (heute Parkstraße) als direkte, geradlinige Fortsetzung der Bahnhofstraße anzulegen[824]. Von den ursprünglich geplanten Gartenamüsements wird außer den Pflanzenkulturen nur der Teich ausgeführt[825]. – Am 28. November 1874 unterbreitet der Verwaltungsrat den Aktionären eine provisorische Schlußabrechnung, in der die Kosten für Kurhaus und Park mit Fr. 573 000.–, die gesamten Aufwendungen hingegen mit Fr. 749 000.– verbucht sind[826]. Diese den Kostenvoranschlag von 1871 um rund 80% überschreitende Summe beschließt die Gesellschaft – in vollem Vertrauen auf die künftige Rentabilität des Etablissements – durch ein entsprechendes Darlehen zu decken. – Am 13. Mai 1875 werden Gebäude und Garten mit einem Festakt eröffnet[827].

UMBAUTEN IM 20. JAHRHUNDERT. 1917/18 wurde der in Zürich wirkende KARL MOSER aus Baden gebeten, Vorschläge zur Erneuerung des Musikpavillons, zu einem neuen Parkzugang von der Badstraße her und zu einer Gebäudeerweiterung zu unterbreiten. Der Architekt arbeitete ein Planwerk aus, dessen Umfang und Kosten die Vorstellungen der Kasinokommission jedoch bei weitem überstiegen und diese

---

823 StadtA, Nr. 971a, 28. Febr., 27. März, 2. Aug. und 29. Nov. 1873, 4. Juli, 6., 10. und 14. Nov. 1874 und 14. März 1875. Nr. 965: 1874/75, S. 9, 12, 30 f. – Die Giebelreliefs der Pavillons – Lyren mit Eichenlaub – und des Westportals – das Stadtwappen – werden aus Zement, die übrigen Arbeiten aus Berner Sandsteinen gefertigt.

824 StadtA, Nr. 971a, 14. Mai, 26. Okt. und 14. Nov. 1872, 9. und 29. Mai und 4. Juli 1874.

825 Vgl. die gedruckte «Generalrechnung über den Bau und Betrieb des Kurhauses vom 1. Aug. 1871 bis 31. März 1877». StadtA, Nr. 978a.

826 StadtA, Nr. 971a, sub dato. – Das in der «Generalrechnung» von 1877 enthaltene Baukostentotal des Kurhauses beträgt sogar Fr. 511 470.—.

827 StadtA, Nr. 971a, 13. und 19. Febr., 3. April, 3. und 7. Mai 1875.

für geraume Zeit von ihrem Bauvorhaben abbrachten (Plandokumente Nrn. 66–72; Abb. 249)[828]. Erst am 6. Februar 1931 wurde ein durch den Badener Bauverwalter H. STÖRI ausgearbeiteter Umbauvorschlag von der Ortsbürgerversammlung akzeptiert. Die Anfertigung der definitiven Detailpläne überband man Architekt L. VÖLKI, Winterthur[829]. Der am 18. September 1931 beschlossene Umbau war im Spätherbst 1932 vollendet[830]. Neue, langgestreckte Eingangspartie mit Garderoben, Büros und Toiletten auf der Westseite; Umgestaltung des Vestibüls und der Lesezimmer zu einer Halle; halbkreisförmig schließender Anbau an das Restaurant auf der Südseite; Schließung der Loggia und Einbeziehung in den Saal unter Belassung der Säulenarkade; offene Sitzterrasse mit zwei Zugangsrampen und Mitteltreppe auf der Ostseite; Entfernung der Kuppel auf dem Mittelpavillon; Zwischengeschoß über dem Restaurationsraum; Veränderungen im Obergeschoß; neuer Portalvor-

---

[828] StadtA, Nr. 894e, S. 212–216. – Ein Aufriß der Ostseite des projektierten Musikpavillons (Plandokument Nr. 71) zeigt eine durch Doppelpilaster gegliederte, von Okuli durchbrochene Rotunde mit kalottenförmiger, vasenbekrönter Kuppel. Sie steht auf einer Balustradenterrasse, deren hohe Stützmauer von drei Rundbogennischen mit römischen Springbrunnen belebt wird. – Für die Gebäudeerweiterung entwarf KARL MOSER zwei Projekte. Nach dem einen (Plandokumente Nrn. 66, 67) sollte der Altbau seine west-östliche Dimension beibehalten, dafür nach Norden und Süden symmetrisch verlängert und entsprechend aufgestockt werden. Nach dem anderen (Plandokumente Nrn. 68–70) war bei gleichbleibender Gebäudelänge (in der Nord-Süd-Achse) eine Erweiterung nach Osten – durch Vorziehen der Loggia – und nach Westen vorgesehen. Während beim ersten Projekt der Saal seine alten Ausmaße beibehält, wird er im zweiten beträchtlich vergrößert. – Auf einem zum zweiten Projekt gehörenden Situationsplan (Plandokument Nr. 68) ist auf der Nordseite des Kurgebäudes ein separates Theater eingezeichnet.

[829] StadtA, Nr. 894e, S. 363, 373, 376 f. Nr. 895: 1926–1929, Akten zur Ortsbürgergemeinde-Versammlung vom 20. Dez. 1929 (Nr. 4); 1930–1932, Akten zur Ortsbürgergemeinde-Versammlung vom 8. Juli 1930 (Nr. 2) und vom 6. Febr. 1931 (Nrn. 4–5).

[830] StadtA, Nr. 895: 1930–1932, Akten zu den Ortsbürgergemeinde-Versammlungen vom 18. Sept. 1931 und 23. Dez. 1932 (Nrn. 3–5).

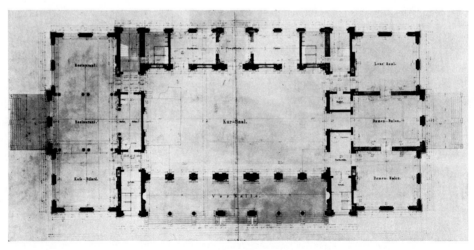

Abb. 250. Baden. Kursaal–Kasino. Grundriß, 1872. Federzeichnung von Robert Moser (Plandokument Nr. 56). – Text S. 256.

Abb. 251. Baden. Kursaal–Kasino von Südosten (Zustand 1875). – Text S. 256f.

platz mit Springbrunnen; Umgestaltung der westlichen Parkpartie. – 1933 neuer Musikpavillon von VÖLKI. Seither mehrfache Veränderungen im Gebäudeinnern und im Park (hier vor allem im Zusammenhang mit dem Neubau des Kurtheaters 1950–1952). Letzter Umbau 1975.

BESCHREIBUNG DES URSPRÜNGLICHEN ZUSTANDES. *Die Gartenanlage.* Der Park fand auf der Ost- und Nordseite eine natürliche Begrenzung durch Badstraße und ehemalige Haselstraße (heute Römerstraße), im Süden dehnte er sich bis zum projektierten Trassee der späteren, neuen Haselstraße, im Westen bis zur Linie einer geplanten Promenade, die die gerade Fortsetzung der Bahnhofstraße bilden sollte (heute Parkstraße). MOSERS Konzept der Parkanlage – auf einer kleinmaßstäblichen Kopie seines Situationsplanes überliefert (Plandokument Nr. 52) – wurde nicht realisiert. BLATTNERS Plan, welcher der Parkgestaltung zugrunde lag, hat sich weder im Original noch in Nachzeichnungen erhalten. Eine Vorstellung davon vermitteln noch BARTHOLOMÄUS FRICKERS Beschreibung aus dem Jahr 1880, diverse Photographien in der Sammlung F. X. Münzel und eine Skizze von J. FREI und P. HABERBOSCH von 1925[831].

Das Konversationshaus. Das Projekt zum Kursaal ist mit Dutzenden von Plänen belegt (Plandokumente Nrn. 53–65; Abb. 247, 250, 252 und 253). MOSER stellt das Gebäude, wie schon JEUCH versucht hatte, in die Mitte des Gartens. Der ostseitige Musikvorplatz gewährt freie Sicht auf die tiefer liegende Badstraße, die ferne Altstadt und auf den Lägernberg. Die im Bauprogramm festgesetzte finanzielle

---

[831] FRICKER, Baden in der Schweiz, S. 18 f. – FREI, Planbeilage.

Limite und die Vorschriften über den Flächeninhalt von seiten der Bauherrschaft zwangen zu einem verhältnismäßig einfachen Projekt und bestimmten im vornherein den Saal als Prinzipalraum. – Der *Grundriß* (Plandokumente Nrn. 54, 56; Abb. 250) zeigt ein Rechteck, berechnet auf etwa 35,5 × 26,5 m, dem sich an den Schmalseiten zwei leicht eingezogene, 9,5 m breite Flügel angliedern. Der zentrale, knapp 400 m² haltende Konzert- und Ballsaal ist von der westlichen Breitseite her durch ein quadratisches, von zwei Lesezimmern flankiertes Vestibül zugänglich; auf der Ostseite öffnet er sich in ganzer Breite nach einer Loggia. An den Schmalseiten vermitteln Passagen eine Verbindung zu den Seitenflügeln, in denen das Restaurant mit Billard (auf der Südseite) bzw. zwei Damensalons und ein weiteres Billardzimmer (auf der Nordseite) untergebracht sind. Beide Flügel können über zwei breite Treppen direkt vom Garten her erreicht werden. Hinter den Ecken des Saalgevierts liegen Treppenhäuser und Toiletten. – Das *Äußere* ist im Gegensatz zum elementaren Grundriß überraschend vielgliedrig (Plandokumente Nrn. 59, 61, 62; Bilddokument Nr. 119; Abb. 251 und 252). Dem flachgedeckten Erdgeschoß sind in rhythmischer Verteilung ganz funktionsverschiedene Aufbauten aufgestockt. In der Mitte, über Saal und Passagen, sitzt ein Lichtgaden mit Walmdach; auf den Seitenflügeln sind ihm firstgleiche Obergeschosse mit Spitzgiebelfronten angegliedert, west- und ostseits, über entsprechenden Fassadenrisaliten, zwei bzw. drei Pavillons: die Treppen- und Aufenthaltsräume für die Benützer der Flachdachterrassen. Die östliche, dem Konzertplatz zugewandte Breitseite des Gebäudes ist durch eine aufwendige architektonische Strukturierung zur Hauptfront ausgestaltet. Die gefluchtete Loggia präsentiert sich mit einer siebenteiligen Arkade, deren seitliche Bogen auf eleganten ionischen Säulen ruhen, während der mittlere – vom Hauptpavillon belastet – von kräftigen Pfeilern getragen wird. Mit der leicht wirkenden Vorhalle steht die massige Schwere des darüber aufragenden Mittelpavillons in eigentümlichem Kontrast. Die Freisäulen unter seinem Fenstersturz, das hohe Gebälk, die vasenbekrönte Attika mit der musizierenden Figurengruppe und schließlich die durch romantische Ziermotive bereicherte vierkantige Kuppel mit Helmspitze attestieren dem Architekten die Kenntnis eines reichen Formenvokabulars, wirken in ihrer Kombination jedoch etwas hochtrabend. Bescheidener nehmen sich die Seiten-

Abb. 252. Baden. Kursaal–Kasino. Aufriß der Westfassade, 1872. Federzeichnung von Robert Moser (Plandokument Nr. 61). – Text oben und S. 257.

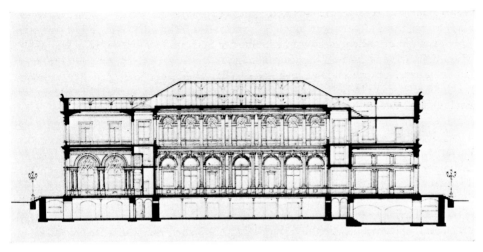

Abb. 253. Baden. Kursaal–Kasino. Längsschnitt von Osten, 1874/75. Federzeichnung von Robert Moser (Plandokument Nr. 65). – Text unten.

pavillons mit den akroterenbesetzten, reliefverzierten Stichbogengiebeln aus, deren Form von den Giebeln der westseitigen Pavillons und vom Frontispiz des westlichen Portals wiederholt wird. Die Mauern des Erdgeschosses sind aus großen Hausteinen gebildet und, in Analogie zum Arkadenmotiv der Loggia, um das ganze Gebäude herum mit hohen Rundbogenfenstern versehen; in den aus glatten, unverputzten Hausteinen errichteten und von Pilastern rhythmisierten Wänden des oberen Stockwerks sitzen simsverdachte Rechtecklichter. – Dem *Innern* verleiht MOSER mit antikisierenden und renaissancistischen Schmuckmotiven eine nobel-ernste Note (Plandokumente Nrn. 55, 57, 58, 63, 65; Abb. 247 und 253). Die Langseiten des zweigeschossigen Saales sind durch eine doppelte korinthisierende Pilasterordnung mit eingespannten Arkaden gegliedert, über den Passagen an den Schmalseiten öffnen sich pfeilergestützte Galerien, die eine direkte Verbindung zwischen den west- und den ostseitigen Dachterrassenpavillons herstellen. Gemalte Zwickelfüllungen, Arabesken und Friese sowie büstenbesetzte Scheitelsteine beleben den strengen tektonischen Wandaufbau des Hauptraums. Das Restaurant teilt der Architekt mit zwei Bogenpaaren über gekuppelten Gußeisenstützen in drei gleich große Sektionen; Buffet und Office an der Rückwand der mittleren erschließt er mit einem triumphbogenförmigen Durchlaß; in den seitlichen bringt er spitzgieblige, von Hermenpilastern gefaßte Ädikulen an. Der Schmuck in den drei nördlichen Spiel- und Aufenthaltsräumen beschränkt sich auf eine einfache Pilasterverkleidung, die die Wände in Hauptgeschoß und Mezzanin sondert.

BESCHREIBUNG DES DERZEITIGEN ZUSTANDES. *Der Garten.* Der Badener Kurpark hat seinen ursprünglichen romantischen Charakter eingebüßt und präsentiert sich heute, abgesehen vom alten Baumbestand, in einem modernen Zustand. Der einst freiliegende Konzertplatz über dem Rand des Haselplateaus wurde im Lauf der vergangenen Jahrzehnte durch Bäume und dichtes Gebüsch eingefangen.

Das Kurhaus. Mosers Kurhaus ist 1932 übel verunstaltet worden, läßt am Äußern aber seine einstige Struktur noch einigermaßen erkennen. Wo nicht moderne Anbauten die Fassaden verbergen wie auf der Süd- und Westseite, zeigt das Erdgeschoß noch die Lager- und Stoßfugen sichtbar lassende Schichtung aus grünlichem Hindelbanker, Ostermundiger und Bolliger Sandstein, die über den Fensterbogen, wo die Keile und die horizontalen Quader rechtwinklig in Verband gebracht und zwei verschiedene Grüntöne verwendet sind, besonders reizvoll wirkt. Kräftige (nachträglich abgestockte) Rustikalisenen markieren die Kanten des Baukörpers und seiner Risalite, während ein Kämpfersims und eine umlaufende Gurte über dem Parterre die Horizontale betonen. An den Aufbauten ist die dorische Pilastergliederung erhalten geblieben, die sich am Obergaden des Saales, wo die einstigen Fenster zugemauert worden sind, heute allerdings dürftig ausnimmt. Auf dem Obergaden sitzt das ursprüngliche Walmdach; die Aufbauten der Seitenflügel und die vier seitlichen Pavillons über den Längsfassaden bewahren ihre ursprünglichen Satteldächer mit spitzen und stichbogigen Giebeln. – Neben der störenden Wirkung der Erweiterungsbauten und dem Verlust der oberen Saalfenster ist die Zweckentfremdung der Loggia gegen den Musikplatz, deren Bogenstellungen zurzeit verglast sind, am meisten zu beklagen. Der seiner Kuppel beraubte Mittelpavillon macht den Eindruck eines provisorischen Torso; die Preisgabe der balustradenumrandeten Flachdachterrassen auf dem Erdgeschoß hat dem Aussehen des Gebäudes ebenfalls geschadet. Viele Details sind verschwunden, so der die Musik allegorisierende Figurenschmuck am Mittelpavillon, die Giebelreliefs und Akroteren und der Reliefschmuck an den Schlußsteinen und in den Arkadenzwickeln; andere, wie die Säulenschäfte und Kapitelle, wurden durch die vergangenen Renovationen ersetzt, wieder andere – die Häupter der vier Jahreszeiten und des Bacchus über den Loggienbögen – erfuhren eine sorgfältige Restaurierung. – Das Innere hat nichts von den originalen Verzierungen und Ausstattungsgegenständen behalten.

Im Restaurant und im Spielsalon hängen vier nachträglich an ihren Platz verbrachte *Gemälde*. 1. *Niederländische Meeresküste.* Öl auf Holz. 74 × 105,5 cm. Unsigniert. 17. Jahrhundert. Düsteres, stimmungsvolles Landschaftsbild in Grün-, Gelb- und Brauntönen, mit Booten und einer Uferfestung. – 2. *Bewegte See mit Fischerbooten.* Öl auf Leinwand. 75 × 105 cm. Unsigniert. Romantisch, Mitte 19. Jahrhundert. Das in grau-blauen Farben gehaltene Bild ist kompositionell eine freie Abwandlung von Nr. 1. – 3. *Italienische Landschaft.* Öl auf Leinwand. 95 × 144 cm. Signiert «J(ohann) W(ilhelm) Schirmer». Romantisch, zweites Viertel 19. Jahrhundert. Im Vordergrund bewaldete Kuppe, Schafhirte, Eseltreiber und wasserschöpfende Frauen; im Hintergrund Flußlauf. – 4. *Bildnis einer sitzenden Dame mit jungem Mädchen vor drapiertem Vorhang* (Abb. 254). Öl auf Leinwand. 138 × 105 cm. Signiert und datiert «P./mignard/pinx./1660»[832]. Vornehm-höfisches Gemälde in den kräftig leuchtenden Farben Rot, Kognak, Weiß, Blau und Braun. Sehr qualitätvoller Vertreter der französischen Porträtkunst. Die Identität der beiden adeligen Dargestellten noch unbekannt.

---

832 Authentisch? – Zur Frage steht wohl eher Pierre I Mignard (1612–1695) als dessen gleichnamiger Neffe und Schüler Paul (1639–1691).

Abb. 254. Baden. Kursaal–Kasino. Bildnis einer sitzenden Dame mit jungem Mädchen, Ölgemälde von P. Mignard, 1660. – Text S. 258.

KUNSTGESCHICHTLICHE WÜRDIGUNG

GOTTFRIED SEMPER ist der begabteste Künstler, der in Badens Geschichte mitgewirkt hat. Die Inanspruchnahme dieses Mannes durch den Kurverein war ein lokalpolitischer Fehltritt mit kurzen unangenehmen Folgen; für die schweizerische Kunstgeschichte bleibt sie von großer Bedeutung. SEMPER greift mit seinen Zeichnungen freimütig auf die römische Antike zurück – ohne servil zu kopieren, mit dem ihm eigenen künstlerischen Zug, Bauten nach den zugrunde liegenden praktischen Bedürfnissen zu gestalten, als «Organismen, die im ganzen und einzelnen ihre Bestimmung mit physiognomischer Schärfe aussprechen»[833]. Seine wohl augenfälligste Antikenrezeption sind die Obergaden mit den klassischen Thermenfenstern. Dieses Motiv soll nicht allein wegen seiner Zweckmäßigkeit und seines antiken

[833] LIPSIUS, S. 100.

Ursprungs zur Anwendung kommen, sondern es hat eine dem ganzen Gebäude zugrunde liegende Idee anschaulich zu machen: Der den Mußestunden der Badegäste und der höheren Gesellschaftsschicht vorbehaltene Palast erfüllt den nämlichen Sinn wie die römischen Badeanlagen. Das von überlegener theoretischer Einsicht getragene Planwerk SEMPERS reiht sich – als «Architektur, die nie gebaut wurde» – ebenbürtig neben die Bauten und Projekte der berufensten Stilhistoristen Europas: die aus romantischem Geist erwachsenen Kirchen eines KARL FRIEDRICH SCHINKEL in Berlin, die phantasievollen gotischen Entwürfe eines AUGUSTUS W. N. PUGIN oder die archäologisch fundierten klassizistischen Gebäude eines CHARLES ROBERT COCKERELL in England. – ROBERT MOSER hat im ausgeführten Kursaal sein Hauptwerk geschaffen – ein namhaftes Gebäude schweizerischer Neurenaissance und einen der besten Bauten seiner Zeit im Kanton Aargau. Der Palast beweist ein Verständnis für die bei der gestellten Bauaufgabe notwendige Verbindung von Zweckmäßigkeit und Repräsentation. SEMPERS sorgenvolle Vermutung vom Mai 1867, MOSER würde sich seine Pläne zu eigen machen, hat sich nicht bewahrheitet. Wenn MOSER die Pläne überhaupt zu Gesicht bekam, so ging er nachher seinen eigenen Weg; es blieb ihm angesichts der von den Bauherren auferlegten Einschränkungen gar nichts anderes übrig. Freilich, die Quaderung am Erdgeschoß, die Loggia, die Fenstersäulen des Mittelpavillons sind Motive der italienischen Hoch- und Spätrenaissance, denen schon SEMPER gelegentlich zu neuer Geltung verholfen hatte. An ihnen zeigt sich aber nur ein mittelbarer Einfluß des großen Meisters auf den jüngeren Zeitgenossen.

HAUPTBAHNHOF

GESCHICHTE. Die Geschichte des Badener Bahnhofs ist ein Stück Entstehungsgeschichte der schweizerischen Eisenbahn. Schon während der ersten Bestrebungen der Schweiz, eigene Schienenwege zu bauen, spielte die Stadt in das Geschehen hinein. Als im Frühjahr 1836 die Ingenieure ALOIS NEGRELLI aus Wien und JOHANNES ESCHMANN aus Zürich im Auftrag der zürcherischen Handelskammer das in Betracht fallende Trassee für eine Linie Zürich–Basel prüften, erklärte sich die Einwohnerschaft Badens zu allen erforderlichen Opfern bereit[834]. Am Ende des Jahres 1837 zeichnete die Gemeinde zwölf Aktien für das geplante Unternehmen[835]; im Ausschuß der Bahngesellschaft, der sich aus Vertretern der Kantone Zürich, Aargau, Basel-Stadt, Basel-Landschaft und Graubünden zusammensetzte, war sie durch Gerichtspräsident Eduard Dorer vertreten[836]. Im Frühjahr 1838 begann ein Geniekorps unter Leitung von Oberst HEGNER aus Winterthur die Vermessungsarbeiten; im Juli kam der unter STEPHENSON geschulte englische Ingenieur JOSEPH LOCKE in die Schweiz, um Ratschläge für die Linienführung im einzelnen zu erteilen. Danach sollte das Trassee von Zürich nach Dietikon verlaufen, bei Würenlos über die Limmat führen, am rechten Ufer über Wettingen und Ennetbaden ins untere Aaretal gelangen und auf dem linken Rheinufer Basel erreichen[837]. Von einer solchen

---

[834] WRUBEL, S. 9. – WELTI, S. 32.
[835] StadtA, Nr. 893: 1837–1839, S. 229, 264.   [836] WELTI, S. 47. – WRUBEL, S. 17.
[837] WRUBEL, S. 21–23. – WELTI, S. 48–51. – LEUTHOLD, Schweizerische Eisenbahn, S. 13, 15f.

Streckenführung versprach sich Baden allerdings wenig Vorteile, und die Stadt nutzte deshalb die in den Folgejahren aufgetretenen politischen und finanziellen Schwierigkeiten der Bahngesellschaft, indem sie im Herbst 1841 ein Angebot großzügiger Landabtretungen und Materiallieferungen mit dem Wunsch verknüpfte, eine linksufrige Bahnzufahrt mit einem stadtnahen Bahnhof zu erhalten[838]. Die Frage war noch nicht entschieden, als die Zürich-Basel-Eisenbahngesellschaft am 5. Dezember 1841 aufgelöst wurde[839]. 1843 sah sich Baden mit dem ganzen Limmattal vor der Gefahr, von den Befürwortern einer Glattalbahn, die Zürich den Weg ins Ausland erschließen sollte, übergangen zu werden, zumal Zürich eine weitere Zusammenarbeit mit Basel für aussichtslos hielt. Unter diesen Umständen setzte sich Baden bei der aargauischen Regierung mit Energie für eine andere, auch von Zürich erwogene Idee ein, wonach der Anschluß ans großherzoglich-badische Nachbarland bei Koblenz gesucht werden sollte. Passives Abwarten des Kleinen Rates, der einen zentralen Verbindungsweg durch den Bözberg vorgezogen hätte und auf das Einlenken der finanzkräftigen Stadt Basel hoffte, brachte auch dieses Bemühen zum Scheitern[840]. Zürich bot dem Aargau eine letzte Chance, als es im Frühjahr 1845 das Koblenzer Projekt von neuem aufgriff, jedoch eine Zweigbahn nach Aarau mit der Möglichkeit einer Fortsetzung nach der Westschweiz in Aussicht stellte. Diesmal zögerten die Behörden nicht lange; am 3. Juli wurde das Dekret zur Konzession und Expropriation vom Großen Rat genehmigt[841]. Am 16. März 1846 konstituierte eine Generalversammlung der Aktionäre die Schweizerische Nordbahngesellschaft und wählte den Hauptinitianten des Unternehmens, Martin Escher-Heß aus Zürich, zum Direktionspräsidenten[842]. Im Verwaltungsrat war der Aargau diesmal durch keinen Badener vertreten. – Vom April 1846 bis August 1847 Bau der ersten Sektion Zürich–Baden. Nach anfänglich gutem Zuspruch bedenklicher Rückgang des Verkehrsvolumens; deshalb Fortsetzung der Linie erst nach der Fusionierung der Nordbahn mit der Zürich-Bodensee-Bahn zur Nordostbahn: nach Brugg 1856, nach Aarau 1858, nach Koblenz–Waldshut 1859[843]. – Heute ist die Linie Zürich–Brugg die meistbefahrene des SBB-Streckennetzes.

1877 erhielt Baden einen zweiten Bahnanschluß an der Linie Wettingen–Aarau (Bahnhof Baden-Oberstadt); seit 1962 steht auch die Bahnstation in Dättwil auf Gemeindeboden (vgl. S. 339).

Quellen. Akten und Prot. im SBB-Archiv in der Sihlpost Zürich, im Archiv des Verkehrshauses der Schweiz in Luzern, im StA Aarau und im StadtA Baden.
Literatur. FRICKER, Baden, S. 636–650. – F. GUBLER, Die Anfänge der schweizerischen Eisenbahnpolitik auf Grundlage der wirtschaftlichen Interessen 1833–1852, Zürich 1915. – A. HAUSER, Der Architekt Ferdinand Stadler, 1975 (noch ungedruckte Dissertation in der Zentralbibliothek Zürich). – R. LEUTHOLD, Aus der Entstehungsgeschichte der ersten schweizerischen Eisenbahn von Zürich nach Baden 1836–1847, Aarau 1947 (erschienen auch in Argovia LIX [1947], S. 1–112). – Ders., Aus der Entstehungsgeschichte der Spanischbrötlibahn, Bad. Njbll. 1947, S. 14–21. – A. LUZ, Die Anfänge der

---

838 LEUTHOLD, Schweizerische Eisenbahn, S. 31–37.
839 WRUBEL, S. 31–33. – WELTI, S. 64–66.
840 LEUTHOLD, Schweizerische Eisenbahn, S. 38–48. – LEUTHOLD, Spanischbrötlibahn, S. 15–21. – WELTI, S. 71–77.
841 LEUTHOLD, Schweizerische Eisenbahn, S. 49–53. – WRUBEL, S. 93–104. – WELTI, S. 79–86, 180–189.
842 WRUBEL, S. 48 f., 105–107. – WELTI, S. 94 f., 190–192.   843 LUZ, S. 91–123.

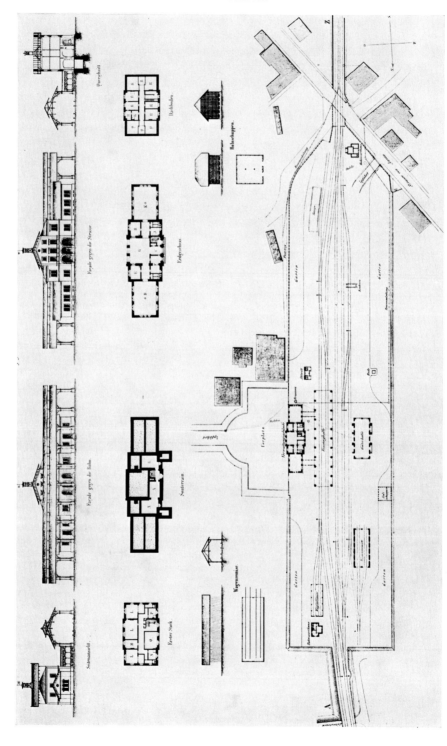

Abb. 255. Baden. Hauptbahnhof. Grundrisse, Aufrisse und Schnitte, 1867. Lithographie nach den Originalplänen Ferdinand Stadlers von 1846 (Plandokument Nr. 27). – Text S. 265 f.

Schweizerischen Nordostbahn bis zur Vollendung des Stammnetzes, 1852–1859, Zürich 1932. – E. MATHYS, Männer der Schiene, Bern 1947. – MITTLER, Baden II, S. 234–245. – W. STUTZ, Schweizer Bahnhofarchitektur im 19. Jahrhundert, 1974 (noch ungedruckte Dissertation in der Zentralbibliothek Zürich), Katalog Nr. 38. – O. WELTI, Zürich–Baden – Die Wiege der schweizerischen Eisenbahnen, Zürich 1946. – F. WRUBEL, Die Schweizerische Nordbahn – Ein Beitrag zur Vorgeschichte der Nordostbahn, Zürich 1897.

Bilddokument Nr. 123.
Plandokumente Nrn. 27, 28, 29, 30.

BAUGESCHICHTE [844]. Escher-Heß und seinen ersten Mitarbeitern schwebte für die Strecke Zürich–Baden von Anfang an ein durchwegs linksufriges Trassee vor; erst unterhalb der Stadt, in der Gegend von Rieden, sollte es die Limmat kreuzen [845]. Der mit der Generalinspektion des Bahnbaus beauftragte ALOIS NEGRELLI stimmte Ende Oktober 1845 dieser Linienführung, die eine Durchtunnelung des Schloßbergs notwendig machte, im wesentlichen zu [846]. Damit war die alte Streitfrage um das Trassee zugunsten der Gemeinde Baden entschieden. Eine neue Kontroverse aber entbrannte nun an der Frage um die Plazierung des Bahnhofs. Kaum hatte der Große Rat das Konzessionsdekret beschlossen, meldete sich die Ortsbürgergemeinde mit dem Begehren, die Linie nach Aarau in Baden abzweigen zu lassen; besonders gelegen kam ihr dabei der Wunsch der Lenzburger, an diese Zweiglinie angeschlossen zu werden [847]. Unter diesen Umständen wäre für den Badener Bahnhof nur ein Platz in der Nähe des Kapuzinerklosters, auf der Südseite der Stadt, in Betracht gefallen. NEGRELLI schied aber im Oktober eine Verbindung über Lenzburg nach Aarau aus dem Streckenprogramm aus, und Mitte Februar 1846 wurde dem Gemeinderat der unvermutete und eigenmächtige Entscheid der Bahndirektion zuteil, es sei «der Platz im Hasel (bei der reformierten Kirche)» in Aussicht genommen. Escher-Heß rechtfertigte ihn unter anderem damit, daß der Standort «im Mittelpunkt zwischen der Stadt und den Bädern liegt und folglich der größten Anzahl der die Eisenbahn benützenden Personen die wünschbare Bequemlichkeit darbietet» [848]. Am 13. März erklärte sich die Ortsbürgergemeinde-Versammlung mit dem Bauplatz einverstanden [849]. Am 31. März 1846 genehmigte die Bahndirektion einen Operationsplan NEGRELLIS, wonach Architekt FERDINAND STADLER aus Zürich «speziell den Bau des Stationsgebäudes und der vier nächsten Wärterhäuser am Stationsplatz in Baden» leiten sollte [850]. Der für den Bahnhof Dietikon verantwortliche Architekt FRANZ MEYER wurde beauftragt, «die innere Einrichtung..., mit Bezug auf die Anordnung, welche für den Locomotiv- und Wagendienst nötig war», zu überwachen [851]. Mitte April legte STADLER Baupläne vor, die gegenüber seinem ursprünglichen Konzept eine kostenersparende Vereinfachung darstellten; gleichzeitig wurde

---

844 Den Herren Dr. G. Germann, Basel, und Dr. A. Hauser, Zürich, verdanke ich wertvolle Informationen. Die folgenden Zitate aus den Protokollen der Nordbahngesellschaft sind der Arbeit Hausers entnommen.
845 Neue Zürcher Zeitung vom 18. Mai 1845. – WRUBEL, S. 41.
846 LEUTHOLD, Schweizerische Eisenbahn, S. 59 f.
847 LEUTHOLD, Schweizerische Eisenbahn, S. 54–58.
848 LEUTHOLD, Schweizerische Eisenbahn, S. 62 f. – StadtA, Nr. 893: 1844–1846, S. 465 f., 473 f.
849 LEUTHOLD, Schweizerische Eisenbahn, S. 65.
850 SBB-Archiv in der Sihlpost Zürich, Prot. der SNB, sub dato. – HAUSER. – STUTZ.
851 SBB-Archiv in der Sihlpost Zürich, Prot. der SNB, 21. April 1846. – HAUSER.

Abb. 256. Baden. Hauptbahnhof. Platzfassade von Südosten (Zustand 1966). – Text S. 265 f.

das Gebäude ausgesteckt [852]. Einen Monat später vergab die Bahndirektion die Bauaufträge: Aufnahmegebäude an die Baumeister J. J. LOCHER, Zürich, und FRIEDRICH JÄGER, Brugg; Einsteigehalle und Arealeinfriedung an die Zimmermeister BRUNNER & ALDER, Riesbach (Zürich); Heizhaus, Wagenremise und Wärterhäuschen an KASPAR JOSEPH JEUCH, Baden [853]. Ende 1846 konstatierte die Bauherrin bei STADLER eine «wenig ordentliche» Rechnungsführung [854]; dazu kam, daß im folgenden Jahr die Pfeiler der hölzernen Einsteigehalle durch den Schub des Dachs zu wiederholten Malen schiefgedrückt wurden, wofür die Direktion auf Grund mehrerer Expertisen ebenfalls den Architekten verantwortlich machte. Die Schäden – eine «Folge der Construction ..., welche nur auf ganz vorzügliche Materialien ... berechnet war» – wurden durch GUSTAV ALBERT WEGMANN, den Architekten des Bahnhofs Zürich, mittels Eisenschlaudern behoben [855]. Im Frühjahr 1847 drei Bahnhofuhren von J. MANNHART, München, und Turmuhr von FRECH (in wo?) [856]. Im April gelang der Durchstich im Schloßberg [857]; im Mai begannen die Probefahrten [858]. Am 7. August 1847 eröffnete die Nordbahngesellschaft die erste Eisenbahnstrecke in der Schweiz [859]. – Im Frühjahr 1874 Vergrößerung des Aufnahme-

[852] SBB-Archiv in der Sihlpost Zürich, Prot. der SNB, 7., 11., 16. und 30. April 1846. – STUTZ. – HAUSER. – StadtA, Nr. 893: 1844–1846, S. 494–496.
[853] SBB-Archiv in der Sihlpost Zürich, Prot. der SNB, 16. Mai 1846. – STUTZ. – HAUSER.
[854] SBB-Archiv in der Sihlpost Zürich, Prot. der SNB, 12. Nov. 1846. – HAUSER.
[855] SBB-Archiv in der Sihlpost Zürich, Prot. der SNB, 18. und 25. März, 15. und 24. April, 6. und 27. Mai 1847, 15. und 20. Jan. 1848. – HAUSER.
[856] SBB-Archiv in der Sihlpost Zürich, Prot. der SNB, 27. März und 15. April 1847.
[857] LEUTHOLD, Schweizerische Eisenbahn, S. 80–87, 96 f. – MITTLER, Baden II, S. 239–241.
[858] WELTI, S. 111 f.   [859] Neue Zürcher Zeitung vom 9. Aug. 1847.

gebäudes[860]. Ende 1912 Umbau desselben und zwei neue Perronüberdachungen in Eisenkonstruktion[861]. 1938/39 Umbau der Einnehmerei[862]. 1961 Beendigung der Bahnverlegung zwischen der Wettinger Eisenbahnbrücke und dem Bahnhof (vgl. S. 48). 1968–1972 mehrgeschossiger Ausbau des Bahnhofplatzes im Rahmen der städtischen Verkehrssanierung.

BESCHREIBUNG. *Lage* (Abb. 7, 12, 29 und 33). Der Hauptbahnhof liegt auf dem Haselfeld, vor dem nördlichen Ausgang des Schloßbergtunnels. Das Gebäude, das 1846 in eine noch wenig berührte Landschaft gestellt wurde, steht heute inmitten einer modernen Industrie- und Geschäftszone. Sein ursprünglicher, halbrund ausbuchtender Vorplatz, der durch ein axiales Straßenstück mit der Badhalde in Verbindung stand, ist seit einigen Jahren in ein vollständig neues Areal umgebaut, das sich, den Erfordernissen des Verkehrs entsprechend, in eine Fahrzeugebene, eine Fußgängerpassage und zwei Parkgeschosse unterteilt und von interessanten, aber zu mächtig dimensionierten Baukuben umstellt wird.

Äußeres (Abb. 7, 255 und 256). Das Administrationsgebäude STADLERS hat seine Grundstruktur des 19. Jahrhunderts trotz der hektischen baulichen Entwicklung in seiner Umgebung bis zum heutigen Tag fast unverändert bewahrt. Es präsentiert einen abgestuften Haupttrakt, dessen dreiachsige, überhöhte Mittelpartie ihre Giebel den süd-nördlich verlaufenden Geleisesträngen und dem Vorplatz zuwendet. Seitlich fügen sich symmetrisch je zwei Annexgebäude an: die eingeschossigen, traufständigen Flügel von 1846 und die im Jahre 1874 errichteten Anbauten, die mit ihren Ecklise-

860 STUTZ.   861 StadtA, Nr. 857: Bahnhofumbau.
862 Archiv im Verkehrshaus der Schweiz Luzern, Schachtel SNB, Bahnhöfe.

Abb. 257. Baden. Dampflokomotive mit Kohlentender der «Spanischbrötlibahn», Kopie nach dem Original von 1847 (hergestellt in der Schweizerischen Lokomotiv- und Maschinenfabrik Winterthur).

nen, Stockgurten und schwach geneigten Satteldächern in kleineren Proportionen die Grundform des Mittelrisalits wiederholen. Axialer Haupteingang in Form einer dreigliedrigen Rundbogenarkade (das Glasvordach modern). In rhythmischem, gegengleichem Wechsel verteilen sich am ganzen Bau gekuppelte und einfache, simsüberhöhte und unverdachte Rechteckfenster. Kleine Okuli beleben die Giebel, hölzerne Konsolenfriese die Dachuntersichten. Auf dem Mittelfirst steht ein vierbeiniges Uhrtürmchen mit scharfrandigem, geschweiftem Blechhut und Wetterfahne. Die Eingänge in den Flügelbauten stammen von 1912 und aus jüngerer Zeit – mit Ausnahme der perronseitigen Türen am Wartsaal und am heutigen Gepäckraum, von denen ursprünglich zwei Holzgalerien zur alten Einsteigehalle führten. Diese – ein Holzgerüst mit 11 oktogonalen Pfeilerpaaren – überdeckte zwei Geleise und hatte einen von den Dachschrägen abgehobenen First, der den Rauch der Lokomotiven seitlich entweichen ließ. Seit 1912 ist sie durch die derzeitigen beiden Perrons mit Eisendächern ersetzt.

Inneres (Abb. 255). Um ein zentrales Rechteckvestibül gruppierten sich im ursprünglichen Zustand die Kasse (im Nordosten), das Büro des «Inspectors» (im Südosten), das Gepäckbüro (im Nordwesten) und das Treppenhaus mit einer Portierloge (im Südwesten); die Flügel bargen die Wartesäle erster, zweiter und dritter Klasse, im nördlichen Giebelanbau war vorübergehend ein Buffet untergebracht. Seit 1912 sind das Vestibül verändert und der nördliche Flügel der Gepäckspedition eingeräumt. Durch die jüngst erfolgte Verlegung der Billett- und Auskunftschalter in die Fußgängerebene unter dem Vorplatz und durch den Bau direkter, unterirdischer Perronzugänge hat das Vestibül seine Funktion als Sammelpunkt und Schleuse der Reisenden verloren.

Heizhaus und Güterhalle, die ehemaligen Wagenremisen und die Wärterhäuser sind im Lauf des 20. Jahrhunderts verschwunden oder Neubauten gewichen.

WÜRDIGUNG. STADLER greift mit der Außenarchitektur seines Bahnhofs auf ein Bauschema zurück, das sein Lehrer, FRIEDRICH EISENLOHR, seit 1838 für kleine Aufnahmegebäude der badischen Eisenbahn geschaffen hatte. Insbesondere die vorspringenden Dächer erinnern an dessen charakteristischen Holzstil. – Der Bau in Baden bildet den Prototyp der Bahnhöfe in Winterthur, St. Gallen, Weinfelden und Zug (W. STUTZ). Er ist heute der älteste Bahnhof der Schweiz.

Von Zürich nach Baden.

Abfahrt von Zürich.	Ankunft			
	in Altstetten	in Schlieren	in Dietikon	in Baden
Täglich	Uhr. Min.	Uhr. Min.	Uhr. Min.	Uhr. Min.
Vormittag { 7 30 / 10 —	7 37 / 10 7	7 44 / 10 14	7 50 / 10 20	8 15 / 10 45
Nachmittag { 2 — / 6 —	2 7 / 6 7	2 14 / 6 14	2 20 / 6 20	2 45 / 6 45

Abb. 258. Baden. Weite Gasse von Nordosten, mit den Gasthäusern «Zur Waage» (links vorne) und «Zum Roten Schild» (rechts) (beide abgebrochen), 1850. Bleistiftzeichnung von J. Nieriker (Bilddokument Nr. 80). – Text S. 268.

WOHNBAUTEN

BÜRGERHÄUSER DER ALTSTADT

ALLGEMEINES. Badens Altstadt hat mehrere Entwicklungsphasen durchlaufen. *Noyeau préurbain* ist die Kirche mit den zugehörigen Pfarreigebäulichkeiten, die allerdings noch im 13. Jahrhundert nur eine lockere Bautengruppe gebildet haben dürften (Abb. 19). Gegen 1250 müssen die drei radial verlaufenden Straßenzüge *Weite Gasse*, *Mittlere Gasse* und *Obere Gasse* entstanden sein, wobei der Weiten Gasse die Rolle des Marktraumes, der Mittleren Gasse die Rolle des Verkehrsstrangs zwischen der nördlichen und der westlichen Toranlage zugedacht wurden (Abb. 20). Der rechtlichen Erhebung zur Stadt kurz vor 1300 folgten der Zusammenschluß des Gassenfächers mit dem Kirchenbezirk und mit dem Schloß und eine erste Fortifikation (Abb. 21). Ein halbes Jahrhundert später wurde die Stadt nordwärts und gegen den Fluß hinunter erweitert und erneut befestigt; bei dieser Gelegenheit entstanden die Trassees der heutigen *Rathausgasse* und der *Haldenstraße*, auf denen sich fortan der die Brücke passierende, vorher um die Stadt herumziehende Verkehr zwischen Basel und Zürich abwickelte (Abb. 22). – Im Grundriß hat sich die Stadt des 14. Jahrhunderts bis heute weitgehend erhalten (Abb. 32). Von wenigen Ausnahmen (Stadtkirche, Landvogteischloß) abgesehen, reicht aber kein Bau mit seinem aufsteigenden Mauerwerk in diese Zeit zurück. Vereinzelt finden sich Gebäude aus dem 15. und der ersten Hälfte des 16. Jahrhunderts, häufiger solche vom Ende des 16. bis zum 19. Jahrhundert. Die verflossenen dreißig Jahre haben manche Lücke in den alten Häuserbestand gerissen, ohne mit den neuen Ersatzbauten durchwegs zu befriedigen. In den Geschäftsstraßen, namentlich der Weiten Gasse, sind auch in Altbauten die Erdgeschosse häufig modernisiert worden. Die Regel bilden traufständige, ununterbrochene Häuserzeilen von drei bis vier Geschossen. Vorwiegender Dachtyp ist die von Schrägstreben und Kehlbalken verstärkte Sparrenkonstruktion ohne, seltener mit Firstpfette. Der am besten erhaltene und im Durchschnitt älteste Straßenzug ist die Obere Gasse (Abb. 272 und 273). Die reizvollste und von den Künstlern der vergangenen Jahrhunderte auch am häufigsten wiedergegebene *Gesamtansicht* bietet die Stadt gegen Südosten: Das von der Hochbrücke her erfaßbare Ortsbild zählt zu den eindrücklichsten der Schweiz (Abb. 48; vgl. Abb. 5, 11, 47). – So schmuck und stilvoll das architektonische Ensemble Badens sich ausnimmt, so unauffällig und diskret präsentieren sich in den meisten Fällen seine einzelnen Häuser. Als Kunstwerke halten sie einem Vergleich mit den Bauten bernischer Provinzstädte, ostschweizerischer Städtchen wie Stein am Rhein oder Schaffhausen, ja sogar eines Marktfleckens wie Zurzach nicht stand. Die öffentlichen Gebäude ausgenommen, fallen relativ wenig Häuser durch ein außergewöhnliches Gepräge auf.

Die durch P. HABERBOSCH anhand von Archivalien eruierten alten Hausnamen und die Daten ihrer erstmaligen Erwähnung bleiben im folgenden ungenannt. Sie sind vor einigen Jahrzehnten an den Häusern selbst angebracht und vom genannten Autor 1947 systematisch zusammengestellt worden [864]. Im übrigen hat dieser nachträglich in mehreren Fällen an ihrer Richtigkeit gezweifelt. – Die Beschreibung gehorcht dem itinerarischen Prinzip [865].

Quellen und Literatur siehe S. 11 f., 13.
Bild- und Plandokumente siehe S. 20, 22.

WEITE GASSE (Abb. 258)

Gasthaus «Zur Rose» (Nr. 23) (Abb. 259). Spätgotischer Mauerbau mit typischen Reihen-, Staffel- und Zwillingsfenstern. Die beiden weiten, segmentbogigen Öffnungen im Erdgeschoß sind in jüngerer Zeit an die Stelle verunstaltender Lichter aus dem 19. Jahrhundert getreten. Das siebenteilige, über einem durchgehenden Fassadensims liegende Zeilenfenster im ersten Obergeschoß erhellt einen gefälligen Speisesaal, dessen gekehlte Deckenbalken beidseitig auf einem reich profilierten hölzernen Zinnenfries auflagern (Abb. 262). Die Fenstersäulen mit Beschlagwerkreliefs modern. Im Treppenhaus Reste eines spätbarocken Dockengeländers. Mächtige Bundbalken aus der Zeit vor 1700. – *Nr. 21* (Abb. 259). Vierachsige Front

[864] P. HABERBOSCH, Die Häuser und Hausnamen in der Badener Altstadt, Bad. Njbll. 1947, S. 54–78.
[865] Fast alle Altstadthäuser sind in Fassadenaufrissen des städtischen Hochbauamtes festgehalten. Herrn J. Tremp, Chef des Hochbauamtes Baden, danke ich für wertvolle Auskünfte und uneigennütziges Entgegenkommen.

Abb. 259. Baden. Weite Gasse. Gasthaus «Zur Rose» (rechts) und Haus Nr. 21. – Text S. 268 und unten.

zwischen Strebepfeilern, die noch gotisch-ungleiche Fensterintervalle bewahrt. Die weiten, schnittigen Rechtecklichter aus der ersten Hälfte des 18. Jahrhunderts. Prismatischer, hölzerner Nasenerker unter geschwungenem Helmdach. Neben dem Portal nachträglich eingemauertes, zum Haus gehörendes Flachrelief einer blütengeschmückten Banderole mit Jahreszahl 1544 und Steinmetzzeichen (Tabelle II, Nr. 25). – *Nr. 19.* Zweiachsig, mit nachträglich angehobenem, nahe dem First gebrochenem Dach. Um 1800. – *Nr. 17.* Ähnlich wie Nr. 21, aber dreiachsig und mit nachgotischen, gekehlten Fensterbänken. Die Erkerfenster mit niedlicher Sprossenteilung. 18. Jahrhundert. – *Nr. 15* (Abb. 239). Schmalbrüstiges, mehrfach aufgestocktes Haus von zwei Achsen (4,10 m), mit klassizistischen Fenstern. Der straßenseitige Giebel weicht von der ortsüblichen Bauweise ab und ist im 19. Jahrhundert vermutlich dem giebelständigen Dach des angrenzenden Bernerhauses nachgebildet worden. – *Ehemaliges Bernerhaus* (Nr. 13), siehe S. 240. – *Nr. 11* (Abb. 241 und 270). Eckhaus Weite Gasse–Vordere Metzggasse, unter Pultdach mit säulengestützter Mittelpfette; an beiden Straßenseiten in den oberen Geschossen noch gotische Einzel- und Zwillingsfenster.

Das abgewinkelt stehende Doppelhaus *Nrn. 4–6* auf der gegenüberliegenden Seite der Weiten Gasse verrät noch, daß deren östliche Häuserreihe früher halbkreisförmig direkt in die südliche Gebäudezeile der Hinteren Metzggasse überleitete (Abb. 23 und 29). An Nr. 4 massiver, 1847 aufgemauerter Strebepfeiler; nachgotisches gekehltes

Fenster. Nr. 6 mit Fenstern aus dem 19. Jahrhundert. Rückseitig (am Kirchweg) präsentiert sich das Doppelgebäude zwischen zwei mittelalterlichen Strebepfeilern unter einem Giebel des 19. Jahrhunderts mit weit vorstoßenden, buggestützten Pfetten. – *Nr. 8.* Die ehemalige, 1343 erstmals erwähnte Badstube der Stadt (Abb. 22) [866], wie die benachbarten Häuser Nrn. 10 und 12 tiefer liegend als die übrigen Bauten dieser Straßenseite. Die zweiachsige Fassade, einheitlich aus dem späten 18. oder frühen 19. Jahrhundert, zeigt zart profilierte Portal- und Fensterrahmen aus Sandstein. Rückseitig (Kirchweg Nr. 5) spätgotische Zwillingsfenster. Kniestocksparrendach mit stehendem Stuhl. Im Innern Fachwerkwände. – *Nr. 10.* Fassade aus dem 19. Jahrhundert. Innen Fachwerkwände. Im zweiten Obergeschoß weißer, fein gerippter Biedermeier-Ofen (Abb. 260); an seinem kelchbekrönten Rundturm ein plastischer Fries mit gegenständigen Greifen und Tuchgirlanden; um 1840. Im ersten Obergeschoß ähnlicher, aber einfacherer Ofen. – *Nr. 12.* In den oberen Geschossen unregelmäßig gesetzte gotische Zwillingslichter und, über einem durchlaufenden Fassadensims, vierteiliges Zeilenfenster. Auf dem steinernen Türrahmen in der dahinter liegenden Stube Jahreszahl 1538; Nußbaumtüre mit barockem Beschläge. In zwei weiteren Zimmern Eichenbalkendecken. Im Treppenhaus spitzbogiger Durchgang aus Mägenwiler Sandstein. Eines der ältesten Wohnhäuser der Stadt. – Aus dem Vorläuferbau des modernen Hauses *Nr. 14* gelangte eine Renaissance-Fenstersäule mit beschlagwerkverziertem Schaft, rosettengeschmücktem Kapitell und Steinmetzzeichen (Tabelle II, Nr. 28) in die Städtische Sammlung im Land-

[866] HABERBOSCH, Hausnamen, S. 58f. – HABERBOSCH, Stadt und Schloß, S. 18 f.

 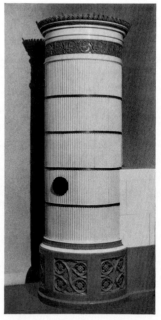

Abb. 260 und 261. Baden. Weite Gasse, Biedermeier-Kachelofen in Haus Nr. 10, um 1840; Bäderstraße, Biedermeier-Kachelofen in Haus Nr. 25, um 1830. – Text oben und S. 307.

Abb. 262. Baden. Weite Gasse. Deckenfries im Gasthaus «Zur Rose», 16. Jahrhundert. – Text S. 268.

vogteischloß; gegen 1600 (Abb. 275). – *Nr. 20.* Symmetrisch gegliederte dreiachsige Fassade mit spätbarocken Stichbogenfenstern. Rückseitig (am Kirchplatz) rechteckige, teilweise erneuerte Fensterrahmen, wovon einer mit der gravierten Jahreszahl 1715. Das Innere birgt einen reichgeschnitzten Régence-Treppenbaluster mit Blattspitzen, Muschel- und Rautenmotiven sowie einer blütengezierten Kartusche mit dem Wappen Keller(?) [866a]. – *Restaurant «Zum Roten Bären»* (Nr. 22). Am ersten Obergeschoß fünfteiliges gotisches Bandfenster mit konsolengestütztem, prismatischem Barock-Erker unter konkav geschweiftem Spitzhelm. Die gekehlten mittelalterlichen Fensterrahmen am zweiten und dritten Obergeschoß entbehren, vermutlich seit dem 18. Jahrhundert, ihrer ursprünglichen Mittelpfosten. Über dem Erker Rokoko-Kartusche mit Inschrift «zum Rothen Bären 1769». Rückseitig (am Kirchplatz) gotischer Strebepfeiler und Rechteckportalrahmen aus dem 17. Jahrhundert. – *Nr. 24.* Schmaler Bruchstein- und Fachwerkbau spätmittelalterlichen Ursprungs. Das hohe Mansardgiebeldach, die schnittigen straßenseitigen Rechteckfenster und der Nasenerker mit krönender Empire-Urne am ersten Obergeschoß aus der Zeit um 1800–1820. An der nördlichen Stirnseite im sogenannten Pfaffengäßlein unregelmäßig verteilte gotische Lichter. Im Innern eine Nußbaumtüre mit Biedermeier-Messingbeschlägen. – *Nr. 26.* Gleicher Fassadenaufbau wie Nr. 20. Prismatischer Erker am ersten Obergeschoß aus dem 18. Jahrhundert. Rückseitig (am Kirchplatz) klassizistischer Anbau, nach 1863. – *Nr. 28.* Schmal parzellierter, ursprünglich vierstöckiger, seit Beginn des 19. Jahrhunderts aber um ein Geschoß erhöhter Bau, der neben den klassizistischen Rechtecklichtern noch ein gotisches Staffelfenster bewahrt. Rückseitig (am Kirchplatz) Anbau, nach 1863. – *Nr. 30.* Fünfgeschossiges Haus mit steilem Sparrendach über stehendem Stuhl. In der Fassade fünf- und dreiteilige Zeilenfenster auf Karniesgesimsen, mit fein profilierten Rahmen, gekehlten Pfosten und zusammenhängenden giebelförmigen Verdachungen. Am ersten Obergeschoß skulptierte Ziermuschel aus Mägenwiler Sandstein.

866a Linkarm, einen Schlüssel schwingend.

Rückseitig (am Kirchplatz) Anbau, nach 1863. Der Altbau, ein charakteristischer Vertreter des spätgotisch-barocken Übergangsstils, um 1630–1650. – *Nr. 32*. Fünfgeschossig mit spätgotischen Lichtöffnungen (das sechsteilige Bandfenster renoviert). Innen ein barockes, vom ersten Obergeschoß bis in den Dachstock führendes Treppengeländer mit bemerkenswerten Eichendocken. In der Städtischen Sammlung im Landvogteischloß zwölf spätgotische Deckenbalken aus der Stube im ersten Obergeschoß, mit vierfacher Kehlung und maßwerkverzierten Köpfen.

MITTLERE GASSE

Nr. 15 (Abb. 263). Anmutiger Kopfbau zwischen Oberer und Mittlerer Gasse, dieser mit vier, jener mit drei Geschossen zugewandt. Der ursprünglich aus zwei hintereinanderliegenden, separaten Häusern bestehende Gebäudekomplex ruht mit seinem vordern Teil auf einem aus dem Felsen geschlagenen Keller und ist in den unteren Geschossen in Bruchstein-, in den oberen in Fachwerktechnik konstruiert. Kniestocksparrendach. Im ersten Obergeschoß der schmalen, von kräftigen Eckstrebepfeilern gefaßten Giebelfront dreiteiliges gotisches Bandfenster, im zweiten und dritten Obergeschoß Zwillingsfenster, alle mit Ziervoluten im Ansatz der Rahmenkehlen. An den von weiteren Strebepfeilern verstärkten Traufseiten zufällig disponierte Lichtöffnungen, unter denen ein (heute blindes) fünfteiliges Reihenfenster in die Augen springt. Im Estrich Reste eines roten Tonfliesenbodens mit eingravierter Jahreszahl 1535. Ältestes datiertes Wohnhaus der Stadt. – *Restaurant «Central»* (Nr. 13). Bemerkenswertes gotisches Bruchstein- und Fachwerkhaus mit gekehlten Zeilen- und Zwillingsfenstern in den beiden mittleren und einfachen, im 19. Jahrhundert eingesetzten Rechteckfenstern im obersten Geschoß. Durchlaufendes Fassadensims. Im Sturz einer gekuppelten Lichtöffnung die gemeißelte Jahreszahl 1585. – *Nr. 11*. Sehr schmales, einachsiges Haus (3,55 m) mit gotischem Zeilenfenster. Rückseitig (Obere Gasse Nr. 10) das oberste Geschoß zurückspringend. – *Nr. 9*. Mauer- und Fachwerkbau mit regelmäßig sitzenden, schnittigen Biedermeier-Fenstern, die obersten in Holzkonstruktion. Rückseitig (Obere Gasse Nr. 8) spätgotische Lichter. – *Nr. 7*. Symmetrische spätbarocke Rechteckfenster über wulstförmigen Gesimsen. Das Fachwerk im obersten Geschoß kommt an der Rückseite (Obere Gasse Nr. 6) unverputzt in einer Neukonstruktion des 19. Jahrhunderts zur Geltung. – Das Doppelhaus *Nr. 5*, mit unverdorbenem Erdgeschoß, spiegelt deutlich zwei verschiedene Bauphasen. Der vierachsige Südwesttrakt weist mit seinen roh gefügten Kalksteinstrebepfeilern, dem von Kehle und Wulst begleiteten segmentförmigen und dem fein profilierten runden Portalbogen in die Zeit der zäh nachwirkenden, aber doch schon mit der Renaissance Zwiesprache haltenden Spätgotik; das Korbbogengericht mit Kämpfern und kartuschengeschmücktem Schlußstein am zweiachsigen Nordosttrakt und die großen Rechtecklichter über den Wulstgesimsen sind dem Spätbarock verpflichtet. Im Scheitel des Rundportals Jahreszahl 1608 zwischen zwei leeren Wappenschildern. An der rückseitigen Fassade (Obere Gasse Nr. 4) überlebt das Spätmittelalter in der unregelmäßigen Fensterverteilung und in einem Portalgewände mit Blattwerkvoluten am Kehlen- und Wulstansatz, das 18. Jahrhundert in den Fensterrahmungen, dem kleinen (erneuerten) Balkon und vermutlich auch im stichbogigen Portalsturz, dessen Profile und zierende Wappen-

Abb. 263. Baden. Haus Mittlere Gasse Nr. 15 (Kopfbau), Gasthaus «Zum Wilden Mann» (rechts hinten) und Haus Obere Gasse Nr. 35 (rechts vorne). – Text S. 272 und 282f.

schilder dem Formenvokabular des 16./17. Jahrhunderts entlehnt sein dürften. In der Städtischen Sammlung im Landvogteischloß: Blau bemalter Kuppelofen von MICHAEL LEONTIUS KÜCHLER aus Muri, um 1770 (Abb. 268). Auf seinen weißen Lisenen und Friesen Landschaften und Darstellungen luzernischer Schlösser zwischen Rocaillen und Blumenbuketten. Der geschweifte Turm von einer Blumenvase bekrönt[867].

Auf der Südostseite der Mittleren Gasse *Nr. 16*, kleines Dixhuitième-Haus mit Segmentbogenlichtern und Louis-XVI-Aushängeschild. – *Nr. 12*. Hinterhaus des ehemaligen Bernerhauses, siehe S. 240. – *Nr. 10*. Symmetrisch komponierte Fassade des Spätbarocks; im Innern à jour gesägtes Biedermeier-Treppengeländer. – In der niedrigen Stube von Haus *Nr. 8* spätgotisch-frühbarocke Deckenbalken mit Kehlen- und Wulstprofilen.

---

[867] K. FREI, Zur Geschichte der aargauischen Keramik des 15.–19. Jahrhunderts, ASA NF XXXIII (1931), S. 167f.

CORDULAPLATZ UND METZGGASSE

Wie der Löwenplatz beim Bruggertor (vgl. S. 288) ist der Cordulaplatz Sammelpunkt mehrerer Straßen, die einst auf das Mellingertor zuführten (Abb. 22 H und 49). Neben der Mittleren und Oberen Gasse nimmt er die Vordere und die Hintere Metzggasse auf, welche die Weite Gasse mit dem Stadtausgang verbanden. Seitdem der Weiten Gasse auf der Südseite ein direkter Durchbruch geschaffen wurde (vgl. S. 46), liegt der Platz in wohltuender Abgeschiedenheit vom Verkehr.

Restaurant «Zum Paradies» (Mittlere Gasse Nr. 3 und Obere Gasse Nr. 2) (Abb. 24). GESCHICHTE. Dem stattlichen, blockhaften Kopfbau zwischen den Mündungen der Mittleren Gasse und der Oberen Gasse gingen zwei spätgotische, schmal parzellierte Bürgerhäuser, das «Paradies» (östlich) und der «Hasen» (westlich), voraus[868]. Sie wurden zu Beginn des 17. Jahrhunderts von Schultheiß Ulrich Schnorff und dessen Sohn, dem Zeugherrn und Leutnant Hans Ulrich, erworben[869] und dürften noch im ersten Jahrhundertviertel miteinander vereinigt und umgebaut worden sein. Bis 1755 hielt das Bürgergeschlecht den Sitz inne. Zur Amtszeit des angesehenen Schultheißen Caspar Ludwig Schnorff (1675–1721) war das Haus Treffpunkt hoher, auch ausländischer Diplomaten, so vermutlich auch bei Anlaß des Friedenskongresses 1714, als der französische Gesandte de Saint Contest darin logierte[870]. Gründliche Restaurierung 1954/55; Fassadenrenovation 1966.

[868] HABERBOSCH, Hausnamen, S. 62f.   [869] StadtA, Nr. 132, S. 69, 142. – MERZ, Stammtf.
[870] Zur Bedeutung der Familie Schnorff: MERZ, S. 262–273 mit Stammtafel. – MITTLER, Baden II,

Abb. 264 und 265. Baden. Cordulaplatz. Frühbarock-Buffet und Zimmertüre im Restaurant «Zum Paradies», beide um 1660–1670. – Text S. 277.

Abb. 266. Baden. Cordulaplatz. Restaurant «Zum Paradies» von Süden. – Text unten und S. 276.

BESCHREIBUNG. *Äußeres* (Abb. 266). Der viergeschossige Bau ruht unter einem mächtigen geknickten Sparrendach mit Lukarnen, das über der platzseitigen Hauptfront nach der Gepflogenheit barocker Bürgerbauten einen Vollwalm präsentiert. An den drei freistehenden Fassaden gehen späteste Gotik und Frühbarock eine eigentümliche Verbindung ein. In der willkürlichen Fensterverteilung, im Typus der gekuppelten Zwillingsfenster und der dreiteiligen Zeilenlichter (Südwest- und Nordwestseite) sowie in der Kehlung ihrer Rahmen und Pfosten behaupten sich noch mittelalterliche Bauprinzipien; die zart getreppten Profile der Einzelfenster, die Karniesbänke, die spitzen, basenlosen Fenstergiebel und die an der Hauptschauseite angestrebte Symmetrie sind dem beginnenden Barock verschrieben. Die neue Fassadengestaltung richtet sich noch unverkennbar nach der alten Raumdisposition im Innern und dürfte, wie nordwestseitig auch die von Doppelkehle und Wulst geformte Archivolte eines früheren Kellerportals nahelegt,

S. 46 und Register, s.v. «Schnorff». – D. FRETZ, Die Schnorf – Geschichte und Werdegang eines zürcherischen Landleutegeschlechtes vom See, Zürich 1925, S. 46–60, 117–126. – Zur Geschichte und kunstgeschichtlichen Bedeutung des Hauses: E. MAURER, Das Haus «zum Paradies» in Baden, Bad. Njbll. 1956, S. 16–19; mit zwei Abbildungen.

großenteils das ältere Mauerwerk übernommen haben. Die stichbogigen und rechteckigen Fenster und Portale im Erdgeschoß rühren von einer Renovation in der Mitte des 18. Jahrhunderts her, auf die eine an der Platzseite eingelassene schwarze Tafel mit goldener Inschrift «ZVM / PARADIS / RNRT. Ao. 1756» hinweist. – Unter allen Profanbauten der Stadt offenbart das Haus den stilistischen Durchstoß in die Neuzeit am augenfälligsten. Charakteristisch hiefür sind das Großmaßstäbliche und die Tendenz des Gebäudes, selbständig, mit freien Fassaden und koordinierendem, giebellosem Dach aufzutreten. Schönster Bürgerbau Alt-Badens. – *Inneres*. Drei vorzügliche Räume aus dem Frühbarock, um 1660–1670. Im südlichen Eckzimmer des ersten Obergeschosses schwere Holzkassettendecke mit rosettenförmigen Abhänglingen; gerahmte, von perspektivischen Rundbogennischen eingenommene Fenstergewände in feiner Intarsientechnik und eine Türe mit Intarsienfarbwechsel. Den auf dem gleichen Boden liegenden westlichen Eckraum (das sogenannte *Paradiesstübli*), mit gleichartiger Türe, überdecken ebenfalls kräftig profilierte Kassetten, deren Fundus wie die kassettierten Leibungen der Fensterstürze mit Roll- und Beschlagwerkreliefs besetzt ist. Der durch ähnliche Motive belebte und von Würfelband und gedrücktem Kymation begleitete Deckenfries wird von vollplastischen Voluten und triglyphenartigen Verkröpfungen rhythmisiert. Eingebauter Wandtresor

Abb. 267 und 268. Baden. Cordulaplatz, Turmofen von David Pfau aus dem Restaurant «Zum Paradies», 1704 (heute in Lugano); Mittlere Gasse, Kuppelofen von Michael Leontius Küchler aus Haus Nr. 5, um 1770 (heute in der Städtischen Sammlung im Landvogteischloß). – Text S. 278 und 273.

Abb. 269. Baden. Cordulaplatz. Stube mit frühbarockem Eckbuffet im Restaurant «Zum Paradies», um 1660–1670. – Text unten und S. 278.

mit zwei kunstvoll beschlagenen Türflügeln aus Schmiedeisen. Tessiner Nußbaumbuffet mit Pilastergliederung, gewundenen Freisäulen und Ohrmuschelschnitzereien; auf den unteren Türen die kreisrund gerahmten Profilbildnisse eines bärtigen Mannes und einer Frau sowie ein leeres Wappenschild in Flachrelief. Um 1660–1670 (Abb. 264). Am Möbel angebracht ein Zinngießfaß, H. 27 cm, von «HILLER / ST. GALLEN», um 1850. An seiner ausbauchenden Vorderseite ein löwengesichtiger Ausguß und gravierte Blumen, auf dem Deckel urnenförmiger Knauf. Kubischer, weißer Kachelofen, dessen blau gemalter, opulenter Rokoko-Zierat (Muschelwerk, Füllhörner, Blattstengel, Girlanden) geschwungen konturierte Kartuschen mit idyllischen Landschaftsbildern umfängt; vermutlich 1756. Die *westliche Eckstube im zweiten Obergeschoß*, der anspruchsvollste Raum des Hauses (Abb. 269), hat außer ihrer Kassettendecke noch größere Teile eines zarten, von Blendarkaden und Zweipaßfeldern gegliederten Renaissance-Täfers behalten. Daneben überwiegt aber eine barocke Holzauskleidung in Form zweier Türrahmen (Abb. 265) und eines wuchtigen Eckbuffets. An diesem kommen triumphbogenartige Blendarkaden mit konischen Pilastern und hohem Gebälk, geohrte Türflügelfüllungen, Intarsien und Beschlagwerkreliefs zur Geltung; jene nehmen den Blick durch ihre schnittigen Stützglieder mit vegetabilen Ranken und durch einen maskenbesetzten Gebälkfries gefangen. In einer kleinteilig ornamentierten Rechtecknische des Buffets prismatisches zinnenes

Gießfaß mit geschweiftem Deckel, von HANS JAKOB WIRZ aus Zürich, um 1850[870a]. Nur noch in wenigen Profanbauten des Kantons (Gasthof «Zur Sonne», Bremgarten; Schloß Wildegg) offenbart sich der gravitätische Ernst des Frühbarocks so typisch an der sperrigen, scharflinigen Kunst des Schreinergewerbes wie in dieser Stube. – Im Treppenhaus frühbarocke geschnitzte Eichentruhe. Darüber unsigniertes und undatiertes Brustbild eines Mannes. Öl auf Leinwand, 89,5 × 72 cm (ohne Rahmen), um 1690. Aufschrift aus dem 18. Jahrhundert: «Anthonius Kuenz / Linus, Med: Doct: / Archiater et H.B. / Consiliarius, P. B. F. / Natus Ao. 1649 / die 29 Maij. st: v. / et obiit die 13 feb: / 1713. / Amara patien/tia dulcescunt.» Auf dem Schriftstück in der Linken des Dargestellten: «Simplicium qua/litates non sunt / considerādae / sed eorum / arcana.» Nach einem viel späteren Vermerk auf der Rückseite des Rahmens soll das Bild von JOHANN SULZER aus Winterthur stammen. – *Abgewanderte Kunstgegenstände.* Privatbesitz von Frau Marianne Belloni-von Richthofen, Suvigliana bei Lugano: Weißer Barock-Turmofen mit figürlicher und ornamentaler, in Blau, Gelb, Grün und Weinrot gehaltener Bemalung (Abb. 267). Kartusche mit Aufschrift «David / Pfaüw / Hoffner / 17 W(interthur) 04». Das mittelmäßig erhaltene, 1955 zufällig im Kunsthandel aufgetauchte Prunkstück ist an seinem heutigen Standort unrichtig zusammengesetzt, weshalb die Gruppierung der Bilder und ihrer auf separaten Kacheln angebrachten Beischriften keinen zusammenhängenden Sinn ergibt. Den rechteckigen, auf fratzenbesetzten Volutenfüßen ruhenden Unterbau und den quadratischen Turm mit Attika und stehenden Kranzkacheln gliedern in der Horizontalen breite Pilaster, in der Vertikalen stark ausladende, verkröpfte Gesimse. Auf den Füllkacheln Szenen aus der Vita Christi und dem Leben König Ludwigs des Heiligen (Namenspatrons des Schultheißen Schnorff) in Rollwerkrahmen, auf den Pilastern Standfiguren der Apostel; in den Sockelzonen und an der Attika Blumen, Fruchtfestons und Landschaftsmotive, am Kranz volutenumspielte Engelshäupter und, frontseitig, das Wappen des Auftraggebers C. L. Schnorff[871]. Die in sehr fehlerhaftem Vulgärlatein gehaltenen Beischriften lassen die Vermutung zu, daß nicht nur diese, sondern auch die figürlichen Bilder nach einer Vorlage geschaffen wurden[872]. – Städtische Sammlung im Landvogteischloß Baden: Adelsbrief für Caspar Ludwig Schnorff (1642–1721), Schultheiß, Herr zu Schneisingen; gegeben durch Kaiser Leopold I. in Neustatt bei Wien am 15. August 1681. Pergamentlibell in rotsamtenem Einband mit rotem Majestätssiegel an Goldschnüren. Auf einer Rectoseite, 31,4 × 25 cm, kunstvoll gemaltes Schnorff-Wappen (Kleinode: rechts in gelber Krone schwarzer Gemsbock wachsend, links in gelber Krone der gelbgekrönte schwarze Adler[873]).

Die Westseite des Cordulaplatzes beschließt heute eine moderne, nord-südwärts verlaufende Häuserreihe, die dem Altstadtcharakter schlecht und recht angepaßt ist (Nrn. 1–5; Abb. 33). Sie ersetzt eine 1962 den Bedürfnissen der Verkehrssanierung geopferte Zeile von fünf Häusern, die eine nordwestlich-südöstliche Richtung verfolgte und dem heute trapezförmigen Platzgeviert mit dem gegenüberliegenden «Paradies» und den Bauten der beiden Schmalseiten einen eher recht-

---

[870a] BOSSARD I, Nr. 104.   [871] MERZ, Abb. 207.
[872] Beschreibungen der figürlichen Bilder und Beischriften im KDA Aarau.
[873] Text und Wappen des Briefes wiedergegeben bei MERZ, S. 266–268; Abb. 205.

Abb. 270 und 271. Baden. Vordere Metzggasse, Haus Nr. 4 mit dem anschließenden Haus Weite Gasse Nr. 11; Cordulaplatz, Restaurant «Zum Brunnenstübli». – Text S. 280, 269 und unten.

eckigen Grundriß verlieh (Abb. 29). Sie fiel vor allem durch zwei spätgotische Häuser und ein im 18. Jahrhundert barockisiertes, von 1564 bis 1665 als Bernerhaus nachgewiesenes Gebäude auf (vgl. S. 240). Die Eile, mit welcher der Abbruch vorangetrieben wurde, vereitelte eine systematische baugeschichtliche Untersuchung. Zahlreiche treffliche Beobachtungen sind im letzten Augenblick von ROBERT KAPPELER angestellt und, mit zwei Dutzend Abbildungen und Photographien illustriert, im Jahre 1969 publiziert worden[874].

Südostwärts zwischen Vorderer und Hinterer Metzggasse liegen drei schmale traufständige Bauten aus der Spätgotik. Das *Restaurant «Zum Brunnenstübli»*, links (Abb. 271), zeigt ein bemerkenswertes gestaffeltes Reihenfenster im ersten Stock und Zwillingsfenster in den darüber liegenden Geschossen; an der gassenseitigen Stirnwand renovierte gotische und nachgotische Lichter. Im Innern ist eine oktogonale Fenstersäule mit gekehltem Kämpfer und abgefaster Würfelbasis erhalten. *Cordulaplatz Nr. 4*, in der Mitte, mit verputzter Fachwerkfassade und gekehlten hölzernen Fensterrahmen, trägt an seinem fünfteiligen Zeilenlicht einen Erker unter geschweifter Verdachung. *Nr. 2*, rechts, wird an der Stirnseite von einem vermutlich im 17. Jahrhundert angebauten polygonalen Treppenturm flankiert. – Am vollständig und unschön renovierten sechsgliedrigen Reihenfenster des Hauses *Nr. 8* an der *Vorderen Metzggasse* ein vermutlich nach altem Vorbild rekonstruiertes

[874] R. KAPPELER, Vom alten Cordulaplatz, Bad. Njbll. 1969, S. 31–44.

Abb. 272. Baden. Obere Gasse. Aufriß der nordwestlichen Häuserzeile (linke Seite). – Text S. 282.

Wappen Müller (halbes schwarzes Mühlrad, darüber drei Rosen[875]), ferner ein weiteres, wohl modernes Wappen (aus Dreiberg wachsend drei Blütenknospen mit sich überkreuzenden Stielen zwischen den Initialen «M S»), drei (originalgetreu?) wiederhergestellte Steinmetzzeichen (Tabelle II, Nrn. 29–31) und die Jahreszahl 1551. – Im benachbarten Haus *Nr. 6* spätmittelalterliche Balkendecke über vielfach abgetrepptem Holzbalkenfries und ständergestützte Dachpfetten. – Außergewöhnlich die Fassade des Hauses *Nr. 4* (Abb. 270), an der über die ganze Höhe eine konsequente Geschoßunterteilung mit durchgezogenen, gekehlten Simsen realisiert ist. Zu den lebendig gesetzten Zwillings- und Staffelfenstern üblicher Bauart gesellt sich im obersten Stock die gefaste Rundbogenöffnung eines früheren Aufzugs. In der Stube im ersten Stock trommelförmige, in der untern Hälfte modern verkleidete Fenstersäule unter einfachem Blockkapitell und Kämpfer mit steigendem Karniesprofil. Ferner Wandofen aus weißen Kontur- und grünen, vierpaßgefelderten Füllkacheln, mit turmartigem Aufbau und Sitzkunst, über kurzen kannelierten Vierkantfüßen; um 1800. – Die im Kern noch spätgotischen Häuser *Nrn. 1/3 und 5* an der *Hinteren Metzggasse* richten heute ihre Hauptfassaden stadtauswärts dem belebten Schulhausplatz zu. Über Nr. 1 ein liegender Dachstuhl mit Hahnenbalken, die von senkrechten, auf den Kehlbalken stehenden Säulen gestützt sind; die Haut des westseitigen Halbwalms ruht auf Parallelsparren. – Nahe dem Haus, über dem Eingang zur modernen Fußgängerunterführung, stand bis 1874 der Mellingerturm (Abb. 49; vgl. S. 73).

[875] Vgl. MERZ, S. 213 und Abb. 171.

Abb. 273. Baden. Obere Gasse. Aufriß der nordwestlichen Häuserzeile (rechte Seite). – Text S. 282f.

An der durch die Verkehrssanierung in Mitleidenschaft gezogenen, nur noch sehr schmalen Nordseite des Cordulaplatzes das hübsche Haus *Obere Gasse Nr. 13* (Abb. 272 und 289). Es steht mit dem benachbarten Gebäude Nr. 15 auf dem angeschütteten Niveau des westlichen Gassenendes und bildet über der hohen Stützmauer einen originellen Blickfang[876]. Seine noch weitgehend unversehrte Fassade aus dem Ende des 16. Jahrhunderts beeindruckt durch wuchtige, quadrierte Strebepfeiler, ein Rundbogenportal und durch spätgotische Zwillings- und Reihenfenster. In der Portalarchivolte zwei Kehlen und Wulst, der über blattverzierten Renaissance-Voluten aufsteigt und am Ansatz mit rautenförmig gekreuzten gotischen Stegen versehen ist. Barocke Türflügel mit originalem Schmiedeisenbeschläge; das fein gepunzte und ziselierte Schloß mit Nachtriegel. Am Sturz des vierteiligen Bandfensters im ersten Obergeschoß und am Eckstrebepfeiler die gemeißelten Jahreszahlen 1586 und 1741. Im Innern ebenerdiger Zugang zu einem aus dem Fels geschlagenen ehemaligen Weinkeller; im doppelt gekehlten, rundbogigen Portalrahmen Jahreszahl 1536; an den erneuerten Türflügeln noch vergitterte barocke Senkläden. Die Stube liegt unter einer Holzdecke, deren gekehlte Balken einfachen Mäanderfriesen aufliegen; durch ihre Hinterwand führt ein rechteckiges Steinportal mit Jahreszahl 1538; spätbarocke Nußbaumtüre mit Messinggriff. Zahlreiche Fragmente eines grünen Renaissance-Kachelofens, mit erhabenen Ziermotiven. – Eines der ältesten und am besten erhaltenen Wohnhäuser der Altstadt.

876 Auf die Mauer beziehen sich wohl auch die von P. HABERBOSCH eruierten Namen der beiden Häuser «Zur Moren» und «Auf der Mooren». Freundliche Mitteilung von Herrn R. Kappeler, Baden.

OBERE GASSE

Nr. 15 (Abb. 272 und 289). Ähnliche Fassade wie das eben genannte Haus Nr. 13, jedoch ohne Strebepfeiler und mit einfacherer Portalarchivolte. Über dem halbkreisförmig schließenden Fenster im Erdgeschoß ein polygonales Blendbogenhaupt. Darunter ein zur Hälfte unterirdisches, von der Straße her zugängliches Kellerportal mit gefaster Rundung. Am Reihenfenster im ersten Stock Jahreszahl 1559. – Haus *Nr. 17* (Abb. 272) war die erste Wohnung für den reformierten Pfarrer in Baden[877]. Das in den unteren Partien noch spätgotische Gebäude muß anfänglich wie seine Nachbarhäuser traufständig gewesen und um 1726 durch die regierenden Berner im vierten Geschoß umgebaut und darüber mit seinem Kniestockgiebel versehen worden sein[878]. Das rundbogige Hausportal, dessen Fase auf halber Höhe in eine Kehlung übergeht, trägt zwei leere gemeißelte Wappenschilder zwischen der Jahreszahl 1593. Das hälftig unterirdische, gassenseitige Kellerportal mit vegetabil ornamentiertem Schulterbogen. Die volutenverzierten Fenster im zweiten und dritten Geschoß über durchlaufenden Fassadensimsen. Die durchfensterte Giebelfront, wie der vierte Stock vermutlich in jüngerer Zeit renoviert, präsentiert sich als rein konstruktive Fachwerkwand mit Schwelle, Bundbalken, Wandstielen und Brustriegeln. Unter dem weit vorgezogenen Gerschilddach mit Fluggespärre und buggestützten Wandpfetten ein Flaschenzug. – *Nr. 19* (Abb. 272). Schmaler, spätgotischer Haustyp; das vierte Geschoß in verputzter Fachwerkkonstruktion. – *Nr. 21.* Spätgotisch; umgebaut. Im Innern ebenerdiger Kellerzugang mit konsolengetragenem Portalsturz. – *Nr. 25.* Aus der Zeit um 1600, mit stämmiger Strebemauer, gefastem Rechteckportal und sechsteiligem Renaissance-Bandfenster. Innen Rest eines à jour gesägten Treppengeländers[879], um 1800. – *Nr. 27.* Sparrendach mit Firstständer, ohne Zwischenpfetten. – Das freundliche Haus *Nr. 29* (Abb. 273), vermutlich einst Wohnstätte des Badener Malers Durs von Ägeri, verdient vor allem wegen seiner charakteristischen spätgotischen Unterpartie mit drei Strebepfeilern und dem auf 1604 datierten Rundbogenportal Aufmerksamkeit. Am sechsteiligen Zeilenfenster im ersten Obergeschoß ein nachträglich erneuerter Holzerker; das ihn krönende Puttenhaupt ist eine Kopie des im Hause noch verwahrten holzgeschnitzten Originals aus dem 17. oder 18. Jahrhundert. Im zweiten Obergeschoß weites Barockfenster. Breites Sparrendach mit außergewöhnlich langen, nur von seitlichen Stuhlsäulen gestützten Kehlbalken. Innen ein weißer, kubischer Biedermeier-Ofen. – *Nr. 31* (Abb. 273). Mit spätgotischen Einzel- und Zwillingsfenstern. – *Gasthaus «Zum Wilden Mann»* (Nr. 33) (Abb. 273 und 263). Beim Friedenskongress 1714 Quartier des kaiserlichen Gesandten Graf von Goes[879a]. Stattlicher Mauerbau, dessen nordöstliche Stirnwand gegen die Hintere Niklausstiege schaut. Die Hauptfront belebt ein schmaler, unter dem Dachhimmel endender Risalit, in dem die Schneckentreppe untergebracht ist. Sein rechteckiges, gekehltes Türgericht trägt die gemeißelten, farbig gefaßten Allianzwappen Angeloch–Tamman[880] zwischen der Jahreszahl 1600 (Abb. 274). In der linken Fassadenpartie rundbogiges, in der rechten kielförmiges Steinportal; ein breites spätgotisches Segmentbogenfenster neben dem Eckstrebepfeiler erhellt die

---

[877] Haberbosch, Hausnamen, S. 61.   [878] Mittler, Baden II, S. 79.
[879] Gleich jenem im Amthaus; siehe S. 237.
[879a] C. J. Dorer im Berner Taschenbuch XIII (1864), S. 11.
[880] Merz, S. 16f.; Abb. 20.

Abb. 274. Baden. Obere Gasse. Allianzwappen Angeloch–Tamman am Gasthaus «Zum Wilden Mann».
Text S. 282.

Wirtsstube. An den drei Obergeschossen einfache, gekuppelte und zeilenförmige Fenster, die zwar der stereotypen Renaissance-Voluten in den Pfostenkehlen entbehren, im obersten Geschoß aber als kennzeichnendes Merkmal der Bauzeit Kreuzstöcke aufweisen. Ansprechendes Louis-XVI-Wirtshausschild. Mächtiges Sparrendach mit liegendem Stuhl, wohl noch aus dem 17. Jahrhundert. Hinter dem vierteiligen Zeilenfenster am ersten Obergeschoß, zwischen stichbogigen Stürzen, oktogonale Säule unter gekehltem Kämpfer, mit Krallen an der Basis, nach 1600. Im Geschoß darüber analoge, aber reich skulptierte Fensterstütze (in ihrer Wirkung durch eine nachträglich eingezogene Zwischenwand wesentlich beeinträchtigt) (Abb. 277). Über dem mit Rosen ornamentierten, zylinderförmigen Sockel ein von Akanthusblättern umschlossener Schaft mit männlichen Masken und Fruchtgirlanden; Blattkelchkapitell; am akanthusverzierten Gebälk die Allianzwappen Angeloch (verbaut und unsichtbar)–Tamman; Renaissance, nach 1600. In den segmentförmigen Leibungsbögen saftiger Akanthus- und Kartuschenstuck, hochbarock, um 1680–1700. Den inwendig kreisrunden Treppenturm überspannt zuoberst ein Kreuzgratgewölbe mit Puttenhaupt im Schlußstein. Die beiden Steinöfen im Erdgeschoß und ersten Obergeschoß in neuester Zeit abgestockt und mit Reliefs geschmückt. Diverse Nußbaumtüren mit barocken schmiedeisernen Beschlägen. – Das Haus ist ein vortrefflicher Vertreter der Profanarchitektur aus der Übergangszeit vom Spätmittelalter zur Renaissance und nach den Wirtshäusern «Zum Paradies» (Abb. 266) und «Zur Krone» (Abb. 290) der künstlerisch wertvollste Bürgerbau von Alt-Baden. – *Nr. 35*, das nordöstliche Eckhaus zur Hinteren Niklaussteige (Abb. 263), zeigt renovierte gotische Zwillingsfenster und ein Sparrenpultdach mit Zwischenpfette.

Auf der Südostseite wird die Obere Gasse von den Rückfassaden der Häuser Nrn. 5–13 in der Mittleren Gasse gesäumt. Nur jene von Nr. 5 ist als eigentliche Schaufassade instrumentiert (vgl. S. 272f.).

ST.-NIKLAUS-STIEGE

Der die Schloßruine Stein mit der Altstadt verbindende, über den abfallenden Bergkamm führende Treppenweg leitet seinen Namen vom Titelheiligen der Schloßkapelle her (vgl. S. 173). Er gabelt sich, ehe er auf der Altstadtterrasse den Löwenplatz erreicht (vgl. S. 288), in zwei Arme, die südliche (Hintere) und die nördliche (Vordere) Niklausstiege. Die südliche ist nur von Seiten- und Rückfassaden begrenzt.

An der nördlichen Stiege (Abb. 278): *Nr. 1* (Abb. 280). Kühn auf den zutage tretenden Gratfelsen gebautes Haus aus der Spätgotik, mit gefastem Rundbogenportal und mannigfaltigen Fensterformen (beachtenswert auch die dem Bruggerturm zugekehrte Rückseite mit Balkon). Auf einer Konsole an der Fassade nachträglich angebrachte kniehohe Sandsteinstatue einer Madonna mit Kind, ungefaßt, zweite Hälfte 14. Jahrhundert (Abb. 281). Sehr qualitätvolles, verhältnismäßig gut erhaltenes Beispiel seiner Zeit; charakteristisch der schönlinig ondulierende Gewandsaum, die ausschwingende Körperbewegung sowie das bekleidete Jesuskind. Im Erdgeschoß nachträglich angebrachte gotische Dienstkonsole mit dem skulptierten Brustbild eines schildhaltenden Mannes; im ersten Obergeschoß ein ebenfalls später in die Wand versetztes männliches Haupt aus Stein, um 1600. Hinter dem viergliedrigen Bandfenster Zimmer mit barocken Beschlägen an Türe und Wandschränken. – Angebaut *Nr. 3*, mit gotischem Schulterportal, Zeilenfenster und mit Fachwerkmauern im zweiten Obergeschoß. Die Rückfassade ragt jäh über der nördlichen Kalksteinwand des Berggrates auf und ist von einem gemauerten Blend-

Abb. 275, 276 und 277. Baden. Weite Gasse, Renaissance-Fenstersäule aus Haus Nr. 14, vor 1600 (heute in der Städtischen Sammlung im Landvogteischloß); Kronengasse, Dachbug von Haus Nr. 41, 1629 (heute ebenda); Obere Gasse, Renaissance-Fenstersäule im Gasthaus «Zum Wilden Mann», kurz nach 1600. – Text S. 270f., 300 und 283.

Abb. 278 und 279. Baden. Niklaussstiege von Westen, mit Bruggerturm und Stadtkirche, um 1850, Bleistiftzeichnung von F. Stierlin (Bilddokument Nr. 45); Zwingelhofgasse von Osten, mit Älterer Eidgenössischer Kanzlei (links) und Bruggerturm, 1896, Federzeichnung von J. R. Rahn (Bilddokument Nr. 62). – Text S. 284 und 239.

bogen unterfangen (sichtbar von der Westseite des Bruggerturms her). – Angebaut Nr. 5. Im 17. und 18. Jahrhundert vermutlich ein obrigkeitliches Haus, in dem ein Weibel der regierenden Orte wohnte[881]. Das oberste Gebäude auf dem Berggrat, über dessen senkrecht abfallender Nordwand errichtet und mit der zum Schloß aufsteigenden Ringmauer bündig gesetzt (imposanter Anblick von der Westseite des Stadtturms her). Außen in jüngerer Zeit fast durchwegs erneuert, bewahrt es innen noch alte Balkendecken und auf der südseitigen Fachwerkwand im zweiten Obergeschoß ein 1941 freigelegtes Gemälde in Kaseintechnik (65 × 87 cm) aus der zweiten Hälfte des 17. Jahrhunderts (Abb. 282)[882]. Es stellt in zwei Zonen je vier numerierte Fahnen dar, die im Ersten Villmerger Krieg 1656 vom katholischen Heer den Bernern abgenommen wurden. Dreizeilige, die ganze Bildbreite einnehmende Überschrift in gotischen Lettern: «Verzeichnus/ Der fahnen Welche Dei (sic) Von Luzern Denen Vō Bern abgwunēn Jn/Einer treffe (sic) In Freinampt Bei Vilmergen Den 24 Jener 1656». Die Fahnen der oberen Reihe: 1. Weißes eidgenössisches Kreuz mit durchgehenden Armen, das Feld vierteilend; in I und II auf Gelb zwei blaue antithetische

---

[881] Dies muß entgegen anderer Feststellungen HABERBOSCHS (Hausnamen, S. 72) angenommen werden; vgl. StadtA, Nr. 136, fol. 222, mit HABERBOSCH, Hausnamen, S. 61 (Nr. 37).
[882] E. A. GESSLER, Das Villmerger Fahnenfresko von 1656 in Baden, Bad. Njbll. 1943, S. 44–49.

Löwen, III und IV je sechsmal von Gelb und Blau senkrecht gespalten. Fahnenquasten in denselben Farben. Unterschrift «Oberist Mey von Ruott». – 2. Durchgehendes weißes Kreuz, alle Quartiere sechsmal in Gelb und Blau senkrecht gespalten. Gleichfarbige Quasten. Ohne Beischrift, aber ebenfalls als Fahne des Obersten May deutbar. – 3. In weißem Feld von heraldisch rechts oben nach links unten ein gewellter blauer Bach, darin eine weiße Rose mit blauen Butzen. Weiße Quasten. Unterschrift «Ist Dem stettli Wütlsbac (sic) In Der / Vogtei Bipp / Von Heren stürler Des schrift lutet SDG MDCXXII». Gemeint das Städtchen Wiedlisbach und die Aufschrift auf dessen Fahne «S(oli) D(eo) G(loria) 1622». – 4. Durchgehendes weißes Kreuz. In I und IV auf Rot zehn blaue Herzen, drei zu zwei untereinander angeordnet, in II und III auf Blau zehn gleich angeordnete rote Herzen. Auf dem waagrechten Kreuzbalken die Aufschrift «SUB VUMBRA (sic) ALARUM TUARUM». Weiße Quasten. Unterschrift «Obrister Wachtmeister Flamberg von Bern». – Die Fahnen der unteren Reihe: 5. Durchgehendes weißes Kreuz. I–IV je siebenmal schwarz-weiß-gelb waagrecht gespalten. Gleichfarbige Quaste. Unterschrift «Das Stetli Zofingen. / Etlich sagen Er Von Bobach / Sii». Mit der Verschreibung Bobach ist

Abb. 280 und 281. Baden. Niklaussteige, Haus Nr. 1; Niklaussteige, Sandsteinstatue einer Muttergottes mit Kind an Haus Nr. 1, zweite Hälfte 14. Jahrhundert. – Text S. 284.

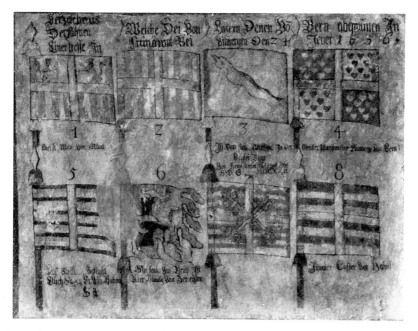

Abb. 282. Baden. Niklausstiege. Fahnenfresko in Haus Nr. 5, zweite Hälfte 17. Jahrhundert. – Text S. 285–287.

das Dorf Rohrbach im Bezirk Aarwangen BE gemeint. – 6. Auf Weiß das schwarze Wappen der Stadt Brugg. Schwarz-weiße Quaste. Unterschrift «Stat fendli von Brug Jst / aller Bluotig Und Zer/rissen». – 7. Durchgehendes weißes Kreuz. I und II je sechsmal weiß-rot waagrecht gewellt, III und IV je sechsmal rot-weiß waagrecht gesparrt. Die ganze Fahne mit gekreuzten Rebzweigen mit blauen Trauben belegt. Rot-weiße Quasten. Ohne Beischrift, aber als Fahne des Hauptmanns Clavel von Cully bei Lausanne deutbar. – 8. Durchgehendes weißes Kreuz. I–IV je viermal rot-gelb waagrecht gespalten. An den Enden und im Schnittpunkt der Kreuzbalken je ein gelber Stern. Obere Quaste gelb, untere rot. Unterschrift «Juncker Casper von Halwil». – Der unbekannte Maler der Feldzeichen hat sich mit Sicherheit an eine Vorlage gehalten, was vor allem die Irrtümer in den Aufschriften beweisen. Immerhin muß diese ihrerseits schon beträchtlich vom originalen Luzerner Fahnenbuch (heute im Schweizerischen Landesmuseum), in das die 1656 erbeuteten Banner abgemalt worden sind, abgewichen sein. Neben den augenfälligen Erinnerungen an das zweite Villmerger Treffen von 1712 (Ruine Stein, reformierte Kirche) bildet das Fresko ein kleines, aber geschichtlich preziöses Denkmal des ersten Religionskrieges im Freiamt. – Nr. 2. Vorder- und rückseitig gekehlte spätmittelalterliche Fenster; spitzbogiges Kellerportal; im Innern Balkendecken. – Angebaut Nr. 4. Keller- und Erdgeschoß aus Bruchsteinmauern; das teilweise sehr stark vorkragende Obergeschoß in verputzter Fachwerkkonstruktion mit zwei buggestützten, firstparallelen Wandrähmen und sichtbar auflagernden Geschoßbalken (Abb. 278 zeigt noch freiliegende Riegel an der Stirnseite des Hauses).

LÖWENPLATZ

Der Verkehrsknoten der Altstadt, an dem sich die frühere Transitstraße Basel–Zürich (Rathausgasse), die frühere Straße aus Richtung Bern–Mellingen (Mittlere Gasse), die ehemalige Marktstraße (Weite Gasse), die Obere Gasse, die vom Schloß absteigende Niklaustiege und ein Verbindungsweg vom Kirchplatz her treffen (Abb. 2; vgl. Abb. 22)[883].

Westseits begrenzt durch die Häuser Weite Gasse Nrn. 29–37. – *Nr. 29*. Konvex gebrochene Spätbarock-Fassade mit symmetrisch sitzenden, stichbogigen Maueröffnungen. Das Hauptportal mit weich profiliertem Rahmen; im Nebenportal Türflügel aus dem vorgerückten 19. Jahrhundert. Im Innern ein aus dem Jurafels geschlagener Keller; ferner ein à jour gesägtes Treppengeländer[884] und eine Nußbaumtüre, beide aus der Bauzeit der Fassade. – *Nr. 31*. Zweiachsiges, fünfstöckiges Haus zwischen Eckstrebepfeilern, mit geknicktem, wohl im beginnenden 19. Jahrhundert erhöhtem Sparrendach. Im zweiten und dritten Obergeschoß regelmäßige Spätbarock-Lichter. An der gegen die Niklaustiege hin freistehenden Nordmauer gefastes Korbbogenportal und willkürlich verteilte Fenster aus dem 17./18. Jahrhundert. Buckelquaderung. – *Nr. 33*. Unter weit oben geknicktem Dach, mit Rafen anstelle von Aufschieblingen; Fenster um 1800. – *Nr. 35*. Über trapezförmigem Grundriß, mit hoch oben geknicktem Sparrendach; Fassade 1968 im klassizistischen Stil erneuert; auf der Hinterseite an der Niklaustiege spätgotisches gefastes Portal mit Schulterbogen. – *Nr. 37*. Neubau mit breiter nördlicher Giebelfassade, die mit dem gegenüberliegenden Vorstadthaus (Schloßbergplatz Nr. 3; siehe S. 328), der westlichen Mauer des Bruggerturms und der senkrechten östlichen Schloßbergfelswand einen Hof begrenzt. – Östlich, wie Nr. 37 an den Turm stoßend, das *ehemalige Hotel «Zum Engel»* (Rathausgasse Nr. 24) (Abb. 2)[885]. Spätestbarocker, viergeschossiger Mauerbau unter dreiseitig ausgebildetem Mansardendach, mit straff gesetzten Rechteckfenstern in vier bzw. fünf Achsen; um 1815. Die durch Arkaden erhellte Fußgängerpassage im Erdgeschoß und die Terrasse an der Nordseite von 1941/42; noch jünger die Vermauerung der linken Fensterachse an der Südfassade. Dachstuhl und Inneres vollständig erneuert. An einem modernen Trägerarm das originale Wirtshausschild. Einziger Altstadtbau, der den Typus des Dixhuitième-Palais zum Vorbild hat (vgl. das Haus «Zum Schwert» bei der reformierten Kirche, Abb. 317, und das sogenannte Schlößli in Ennetbaden, Abb. 339). – Das mächtige viergeschossige Gebäude *Rathausgasse Nr. 7* bildete früher mit dem benachbarten Haus Nr. 8 der Hinteren Rathausgasse den renommierten Gasthof «Zum Löwen»[886]. Sein hohes Dach, gleichzeitig eine Schrägstreben- und Mehrsäulenkonstruktion, mit doppelten Kehlbalken, langen, auf Kniemäuerchen ruhenden Aufschieblingen und breitem, tief hinuntergreifendem Gerschild, deckt gassenseitig acht, platzseitig drei Fensterachsen. Das im Kern noch gotische Haus offenbart eine für seine Zeit charakteristische Bauweise mit gemauerter Unterpartie und meterbreit vorkragenden, in Fachwerk erstellten Obergeschossen. Die im frühen 19. Jahrhundert erneuerten Fenster zum Teil mit simsförmigen Verdachungen. Am noch spätmittel-

---

883 Vgl. die Beschreibung des Platzes bei HESS, S. 458 f.
884 Gleich jenem im Amthaus; siehe S. 237.
885 Bilddokumente Nrn. 83, 84. 886 Bilddokument Nr. 85.

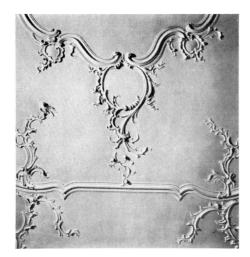 

Abb. 283 und 284. Baden. Löwenplatz. Deckenstukkaturen im dritten Stock des Restaurants «Zum Rathauskeller», um 1755–1760. – Text unten.

alterlichen Dachgeschoß unter dem Himmel des Halbwalms holzgerahmte Spitzbogenöffnung eines früheren Aufzugs. Im Estrich eine Kammer mit dekorativ bemalten Bretterwänden, 17./18. Jahrhundert. – Das anstoßende *Restaurant «Zum Rathauskeller»* (Hintere Rathausgasse Nr. 8) (Abb. 59), ehedem der Südteil des «Löwen» und in den riesenhaften Ausmaßen ein ebenbürtiger Partner des Nordtraktes, präsentiert gegen den Löwenplatz eine dreiachsige Trauffassade mit systematisch disponierten Stichbogenfenstern aus der Mitte des 18. Jahrhunderts und einem über alle Geschosse aufsteigenden spätmittelalterlichen Eckstrebepfeiler. Die der Hinteren Rathausgasse bzw. dem Kirchplatz zugewandte Giebelfront mit bossierter Unterpartie ist von sehr unregelmäßig gesetzten gotischen (teilweise später erneuerten) Lichtern durchbrochen, deren eines die Jahreszahl 1569 trägt; im Erdgeschoß neugotische Staffelfenster unter Blendstichbogen, gegliedert von niedlichen Dreiviertelsäulen mit Knospenkapitellen. Liegender Dachstuhl in doppelter Kehlbalkenkonstruktion, ohne Firstpfette; 16./17. Jahrhundert. Im dritten Stock, gegen Löwen- und Kirchplatz gelegen, ein nachträglich in drei Räume unterteilter ehemaliger Gasthaussalon mit köstlicher, fast intakter Rokoko-Stuckdecke von etwa 1755–1760 (Abb. 283 und 284). Den mit einer Hohlkehle über dem Kranzgesimse ansetzenden Spiegel beherrschen ein oblonger Rahmen mit paßförmig ausbauchenden Winkeln und ein eingeschriebenes kurvilineares Medaillon. Mit ihrer markanten Profilierung kontrastieren feinnervige, locker hingeworfene Louis-XV-Kämme, die in den Eckquartieren und auf der Querachse groß- und kleinflächige Kartuschen aussparen, daneben organische Motive wie tangential entsprießende Blattwedel, Rosengirlanden, Birnengeäst, Rebenlaub und sitzende Tauben. Der ideenreich lebendige und gleichzeitig kunstvoll ausgewogen komponierte Deckenzierat zählt zu den entzückendsten Schöpfungen des 18. Jahrhunderts im Bezirk Baden und übertrifft an Qualität alle Stuckdekorationen, die in dieser Region überhaupt noch erhalten geblieben sind.

RATHAUSGASSE

Der bis ins 19. Jahrhundert «Salzgasse» genannte Straßenzug leitete seinen frühern Namen von dem mittelalterlichen Markthaus her, das später im Amthaus (siehe S. 235) aufgegangen ist. Seine Häuserfassaden haben ihren spätmittelalterlichen Charakter zum überwiegenden Teil durch neuzeitliche Umbauten eingebüßt. Neben gekehlten Rechtecklichtern des Frühbarocks, wie sie an Haus *Nr. 20* und in der Westachse von *Nr. 6* auftreten, sind an den Gebäuden *Nrn. 10, 8, 6 und 5* Stichbogenfenster mit wulstförmig profilierten Bänken aus der zweiten Hälfte des 18. Jahrhunderts erhalten; besonders hervorzuheben Nr. 8, mit fünf regelmäßigen Achsen, und der siebenachsige Bau Nr. 5, das Restaurant «Zum Roten Turm», mit schmuckem, spätbarockem Aushängeemblem (Abb. 285). Die Häuser *Nrn. 18, 16, 14* zeigen spätklassizistische Lichtöffnungen, letzteres ferner eine Brandmauer mit gotischem Treppengiebel. Augenfällige spätmittelalterliche Züge bewahren noch Nr. 12, die *ehemalige Eidgenössische Kanzlei* (siehe S. 239), *Nr. 4* mit seinen gekehlten Zwillingsfenstern, vor allem aber *Nr. 2*. Das originelle Haus, im Jahre 1420 als Schmiede bezeugt (Abb. 23)[887], steht am unteren Gassenende neben dem Torbogen zur Haldenstraße. Während seine östliche Stirnfassade von weitem sichtbar über der Haldensteile aufragt, schmiegt sich seine schmale Gassenseite bescheiden zwischen die Nachbarbauten. Sie ist, unter ungebrochener Traufe, winkelförmig gestaltet, wobei auch in der westseitigen Flanke des weit vortretenden Risalites Lichtöffnungen ausgespart sind. Über dem Erdgeschoß mit künstlichem Fugenschnitt aus der ersten Hälfte des 19. Jahrhunderts drei spätgotische Zwillingsfenster, das eine, unter stark vorkragendem Blendstichbogen, im Winkel mit dem westlichen gekuppelt, das dritte mit Jahreszahl 1592 und Steinmetzzeichen im Sturz (Tabelle II, Nr. 32). Darüber gekehlte Barock-Lichter. Im zweiten Obergeschoß zwei Türen mit barockem Beschläge, unter pilastergestützten Gebälken aus Nußbaumholz, um 1660. Liegender Dachstuhl mit Hahnenbalken über abgebundenen Säulen. – Unter Haus Nr. 6 auf der Gassennordseite spitzbogiger Straßendurchgang nach der Zwingelhofgasse und dem Theaterplatz, ausgebrochen um 1840 von K. J. JEUCH[888].

Durch das Rathausgäßchen, an Stadthaus, Rathaus, ehemaligem Zeughaus und an der Stadtkanzlei vorbei, gelangt man auf den Kirchplatz.

KIRCHPLATZ

Die Vorläufer der die Nordseite säumenden Häuser Nrn. 5–2 sind in spätmittelalterlichen Quellen als Wohnungen der Geistlichkeit und des Sakristans nachgewiesen (Abb. 22)[889]; es dürften ihnen schon um die Jahrtausendwende Pfarreigebäulichkeiten vorausgegangen sein. – *Nrn. 5 und 4* wurden 1845/46 nach Plänen von K. J. JEUCH als neue Chorherrenhäuser errichtet[890]. Sauber akzentuierter

---

887 WELTI, Urkunden I, S. 339f.

888 StadtA, Nr. 893: 1839–1842, S. 83. – D. MÄDER, Architekt Kaspar Jeuch von Baden 1811–1895, Feuilleton einer noch nicht identifizierten Zeitung aus der Jahrhundertwende, 4. Folge.

889 P. HABERBOSCH, Schulhäuser, Pfarrhöfe und Kaplaneien im alten Baden, Bad. Njbll. 1960, Faltplan bei S. 32.

890 StadtA, Nr. 893: 1839–1842, S. 559, 599, 789, 794f., 813, 821; 1842–1844, S. 64f., 706, 712, 731f., 735f., 755f., 759; 1844–1846, S. 447f.

Abb. 285 und 286. Baden. Rathausgasse, spätbarockes Aushängeemblem am Restaurant «Zum Roten Turm»; Haldenstraße, Louis-XVI-Aushängeschild am Restaurant «Zum Großen Alexander». Text S. 290 und 296.

Doppeltrakt mit streng symmetrischer Schauseite. In den Tympana der beiden nebeneinanderliegenden Portale verglastes Holzmaßwerk. Neuromanische gekuppelte Parterrefenster mit ausgelochtem Vierpaß im Abschlußbogen, von Steinmetz BERNHARD DREIER, Baden. Die fein profilierten Fenster im ersten Stock sind durch eine Gurte auf Sohlbankhöhe zusammengebunden, jene im zweiten sitzen auf individuellen Karniesgesimsen. Ähnlich die rückseitige Fassade in der Hinteren Rathausgasse. – *Nr. 3*. An beiden Trauffassaden Fenster aus dem 18. Jahrhundert. Die Aufschieblinge des gleichzeitigen stützenlosen Sparrendachs auf einem Kniegerüst. – *Nr. 2*. Den gotischen Ursprung des Hauses verraten sein Eckstrebepfeiler und die Fachwerkmauern im Innern. Barocke, zum Teil noch gekehlte Lichter. Die Stichbalken im 19. Jahrhundert durch Entfernung des Dachhimmels sichtbar gemacht. – Auf der Südwestseite der Kirche Haus *Nr. 12*. Der behäbige Kopfbau zwischen Platz und Kirchweg, mit vierachsigen Traufseiten, ist aus zwei schmal parzellierten Häusern hervorgegangen, die durch eine noch heute erkennbare Brandmauer voneinander getrennt waren. Beide sind schon fürs 14. Jahrhundert als Pfarreigebäude bezeugt (Abb. 22)[891]; im östlichen wohnte der Leutpriester[892], das westliche war Pfrundhaus[893]. Das dreigeschossige Haus zeigt heute allseitig Stichbogenfenster auf Wulstgesimsen aus der Zeit um 1780. An der Stirnseite weich profiliertes, simsüberhöhtes Spätbarock-Portal und Klebedach. In der biedermeierlich getäferten Stube des ersten Stocks weißer kubischer Kachelofen mit Ecklisenen und hohem Gebälk, um 1830. Gleichzeitige Messingtürbeschläge. An einer Decke im zweiten Obergeschoß vierseitig symmetrische Stucksonne mit Frucht- und Blumenvasen, langstieligen Blüten und Rocaillen, aus der Bauzeit des Hauses. – Das an-

[891] WELTI, Urkunden I, S. 15.
[892] HABERBOSCH, Pfarrhöfe, S. 23. [893] HABERBOSCH, Pfarrhöfe, S. 32.

stoßende Gebäude *Nr. 14*, ursprünglich ein Wohnhaus, wurde in der ersten Hälfte des 16. Jahrhunderts zum Schulhaus ausgebaut (Abb. 24)[894] und 1781/82 als solches renoviert[895]. Seit Eröffnung des Schulhauses südlich der Weiten Gasse im Jahre 1857 (siehe S. 242) wieder in privater Hand. Der ersten Umbauphase gehören die beiden spätmittelalterlichen Treppengiebel an (durch die die öffentliche Funktion des Gebäudes unterstrichen werden sollte), der zweiten die spätbarocken Rechtecklichter, die zwei platzseitigen Stichbogenportale und vermutlich auch die Strebewand vor dem südseitigen Erdgeschoß. – *Katholisches Pfarrhaus* (Nr. 15). 1564 noch

[894] HABERBOSCH, Pfarrhöfe, S. 21 f.
[895] StadtA, Nr. 61, fol. 73, 93, 145, 155, 158 v., 213 v., 216, 231v. Nr. 62, fol. 80.

Abb. 287. Baden. Haldenstraße. Kopfbau Nr. 18 zwischen Oberer und Unterer Halde und Häuser Nrn. 33, 31 und 29 (links). – Text S. 294 f.

als Pfrundhaus nachgewiesen, übernahm das Gebäude seine Funktion im vorgerückten 16. oder beginnenden 17. Jahrhundert, nachdem bereits die Häuser Kirchplatz Nrn. 12 und 2 und das seit 1847 abgebrochene Haus am Südende der Weiten Gasse als Pfarrhäuser gedient hatten (Abb. 24). 1617 wurde es um ein westlich anstoßendes schmales Haus erweitert[896]. Behäbiger, dreigeschossiger Mauerbau, dessen geknickte nördliche Trauffassade mit zwei ehemaligen Rundbogeneingängen noch die ursprüngliche Doppelparzellierung erkennen läßt. Wuchtiger spätgotischer Eckstrebepfeiler. Die Jahreszahl 1689 im westlichen Portalscheitel weist auf eine umfassende Renovation, während welcher unter anderem die weiten gekehlten Fensterrahmen eingesetzt worden sein dürften. An der hälftig freistehenden östlichen Stirnwand spätbarockes Stichbogenportal mit weicher, breiter Profilierung und keilförmigem Scheitelstein; Ende 18. Jahrhundert. Im Inneren barocke Türe mit originalem Schloß, ferner diverse Biedermeier-Türen. – Bewegliche Kunstgegenstände: Heilige Familie. Öl auf Leinwand, 135 × 105 cm; frühbarock, um 1630–1650. – Kruzifix. Farbig gefaßtes Holz, H. 44 cm; spätgotisch-frühbarock, um 1630 (Kreuz modern). – Pieta. Farbig gefaßtes Holz, H. 65 cm; barock, um 1700. – Zwei gegengleiche, kniende Kerzenhalter-Engel. Linde in Lüsterfassung, Höhe (mit Sockel, ohne Dorn) 37,5 bzw. 39,5 cm; barock, um 1700. Hübsche Vollplastiken, vielleicht vom Kirchenumbau am Ende des 17. Jahrhunderts (vgl. S. 98). – Schwarz gebeizter Garderobeständer neueren Datums mit frühbarocken, geschnitzten Kassettenfüllungen (festonverzierte Kartusche, Masken, Fruchtgehänge, Akanthusvoluten, Amphoren); um 1650–1670. – *Nrn. 8, 9 und 10* sind die Häuser Nrn. 33, 31 und 29 an der Oberen Halde (siehe S. 295), die hinter einer mehr als mannshohen, ziegelgedeckten Mauer neben der Sebastianskapelle mit malerisch verwinkelten Dachschrägen in Erscheinung treten. – *Nr. 7*, ein würfelförmiger Bau aus dem frühen 19. Jahrhundert mit Walmdach, steht am Platz eines mittelalterlichen Beinhauses (Abb. 22; vgl. S. 150).

HALDENSTRASSE

Obere Halde. Nr. 36, ehemalige Propstei[897]. Das im Kern wohl noch gotische Gebäude erhielt sein heutiges Aussehen im Jahre 1821[898]. Dreigeschossiger Kopfbau unter geknicktem Gerschilddach mit Rûnde und Fußwalm. Die scharflinigen, axial gesetzten Rechteckfenster über spätbarocken geböschten Simsen. Von der gegenüberliegenden erhöhten Kirchenterrasse aus führt seit dem Mittelalter ein Steg direkt ins zweite Obergeschoß[899]. 1969 wurde das Haus im Innern umgebaut und zu einer Kunstgalerie hergerichtet[900], wobei es äußerlich geringfügige Veränderungen erfuhr. – Häuser *Nrn. 32 und 28*. Das erste mit gotischen Zeilen- und Zwillingsfenstern, das zweite mit Lichtern aus dem 19. Jahrhundert; beide in den Obergeschossen in wirkkräftiger Fachwerkkonstruktion, wahrscheinlich aus dem 18. Jahrhundert (Rähme mit Unterzügen, Stiele, Riegel, schräge und S-förmige Streben). – *Nr. 26.* Über dem gemauerten, von gotischen Lichtern erhellten Unterbau zwei zurückspringende

---

896 HABERBOSCH, Pfarrhöfe, S. 21, 25, 31; Faltplan.   897 HABERBOSCH, Pfarrhöfe, S. 30.
898 StadtA, Nr. 893: 1819–1823, S. 110. – Vgl. Bilddokumente Nrn. 1, 12, 82.
899 Bilddokument Nr. 20.
900 Bemerkenswerte, von den Umfassungsmauern unabhängige Stahlmontur mit Zwischenböden, von den Architekten MEYER & BURKARD, Baden.

Obergeschosse aus symmetrisch konstruierten Fachwerkwänden mit hölzernen Karniesfenstersimsen. Die freistehende talseitige Stirnwand modern eingeschindelt, mit Eckstrebepfeiler. Am Erdgeschoß gemeißelte, wohl nachträglich an den jetzigen Platz versetzte Jahreszahl 1735 (Datum des Umbaus der oberen Stockwerke) und eine Tafel mit Inschrift «ZVM / ROT. EGEN / N(OSTRI?) S(EMPER?) D(OMINI?) / HAVS». – *Nr. 24.* Mit konvex gebrochener Fassade. Über den beiden gemauerten unteren Geschossen ein verputzter, etwas einspringender Fachwerkstock. Gefastes Rundbogenportal; gotische mehrgliedrige Fenster. Auf seitlichen Säulen stehender Dachstuhl. – An *Nr. 22* fünfteiliges gotisches Bandfenster. – Haus *Nr. 20* präsentiert sich an der Oberen Halde dreigeschossig, mit einem Renaissance-Reihenfenster, auf der Rückseite (Untere Halde Nr. 16) in fünf Geschossen, die mit ihren Reihen- und Staffelfenstern noch unveränderte spätgotische Züge aufweisen. Im Innern zwei grüne Biedermeier-Kachelöfen mit weißen Ecklisenen und Gesimsen. Die Aufschieblinge des stehenden Dachstuhls auf einem geriegelten Kniemäuerchen. – Der hangseitig zwei-, talseitig dreistöckige Kopfbau zwischen Oberer und Unterer Halde, *Nr. 18* (Abb. 287), zählt zu den schmucksten Bürgerhäusern Alt-Badens. Auf seinen gemauerten Erdgeschossen erheben sich rein konstruktive, stockweise abgezimmerte Fachwerkwände, die erst vor wenigen Jahren von einer jüngeren Tünche befreit worden sind. An den Trauffassaden, deren eine über buggestützten Deckenbalken vorkragt, treten Stockrähm, Unterzüge und Saumschwelle, ferner Langriegel, Stiele und Streben zutage. An der Stirnseite fallen im Giebel die der Wand aufliegenden Sparren mit dem Bundbalken, die Sperrafen sowie Brust- und Sturzriegel des dreiteiligen Fensters auf; als Unikum im Kreis der Altstadthäuser finden sich im

Abb. 288 und 289. Baden. Haldenstraße, Gasthaus «Zum Rebstock»; Obere Gasse, Häuser Nrn. 13 (links) und 15. – Text S. 296 und 281 f.

zweiten Obergeschoß hölzerne Kreuzstöcke. An der Oberen Halde Portal mit kielförmig abschließendem Schulterbogen. In der Giebelfront Spitzbogenportal neben breiter Strebemauer mit gekehltem Barock-Fenster und der gemeißelten Jahreszahl 1584. Gegen die Untere Halde der auf 1588 datierte, gefaste Rundbogen eines ehemaligen Kellereingangs.

Den beschriebenen Häusern des oberen Gassenstücks steht auf der Westseite die hohe Stützmauer der aufgeschütteten Kirchenterrasse gegenüber. Sie verleiht der Straße etwas von der Enge einer Schlucht, von der sich der Betrachter erst da, wo durchfensterte Häuserfassaden die Mauer ablösen, befreit fühlt. Neben den Substruktionen des hochgelegenen, nur vom Kirchplatz her zugänglichen ehemaligen Beinhauses (vgl. S. 293) die fünfgeschossigen Häuser *Nr. 33*, mit barocken Rechtecklichtern, und *Nr. 31*, unter straßenseitigem, einfachem Fachwerkgiebel; anschließend *Nr. 29* mit gotischen Zeilen- und Zwillingsfenstern, deren eines am Sturz ein Steinmetzzeichen (Tabelle II, Nr. 33) zwischen der Jahreszahl 1548 trägt (Abb. 287). Alle drei Häuser sind im obersten Stock vom Kirchplatz her betretbar (Nrn. 8, 9, 10; vgl. S. 293). In ihrem Bereich muß früher ein direkter Treppenweg von der Oberstadt in die Halde geführt haben (Abb. 22 ff.). – *Nr. 25* im Haldenrank zeigt spätestbarock-frühklassizistische Rechtecklichter. – Das anstoßende, vor kurzem restaurierte Haus *Nr. 23* mit schmaler zweiachsiger Traufseite (4,55 m) trägt südseitig gegen die einmündende Grabenstraße eine imposante Giebelfront zur Schau. Der Eckstrebepfeiler und die rechteckigen und spitzbogigen gefasten Lichtscharten am Unterbau weisen diesen ins 15. Jahrhundert; er bildet mithin vermutlich den ältesten erhalten gebliebenen Profanbau unter den Bürgerhäusern. Das dritte Obergeschoß und der Dachstock, beide in Riegeltechnik, dürften im späten 17. Jahrhundert hinzugekommen oder anstelle eines älteren Aufbaus gesetzt worden sein. Die hölzernen Fensterrahmen aus dem 18./19. Jahrhundert. Die Sparren des ungebrochenen (im vorigen Jahrhundert erneuerten?) Daches enden auf den vortretenden Köpfen der Bundbalken. Die gefachten Geschosse mit Lang- und Kurzriegeln, Wandstielen, Streben und sparrenparallelen Sperrafen. In der aus älteren Werkstücken um 1800 zusammengefügten Leibung des traufseitigen Rechteckportals Jahreszahl 1697. Im Parterre Reste von Fachwerkzwischenwänden. In der Flucht der westlichen Hauswand setzte sich früher die vom Kirchplatz absteigende Ringmauer zum Nesselhufenbollwerk fort (Abb. 22 ff.); in ihr befand sich ein Durchlaß, das Nesselhufentor, durch das man die Halde ohne Umweg über die Oberstadt Richtung Westen verlassen konnte (vgl. S. 36).

Untere Halde. Die Obere Haldenstraße biegt in scharfer Kurve in die Untere Halde ein, die geradewegs dem alten Flußübergang entgegenzielt. Dem erwähnten Kopfbau (Nr. 18) folgt Haus *Nr. 16*, siehe oben. – In der Fassade von *Nr. 14*, einem mehrfach aufgestockten Gebäude von sechs Geschossen, sitzt ein dreigliedriges Renaissance-Bandfenster mit Voluten in den Kehlenansätzen. – *Nr. 12* zeigt an einem der beiden nachgotischen Zeilenfenster die Jahreszahl 1698. – *Nr. 8*, ein von klassizistischen Fenstern gegliedertes Doppelhaus. – An *Nr. 6* ein gefastes, spätestgotisches Rechteckportal (mit jüngst angebrachtem Datum 1606) und freundliche, aus älteren Werkstücken konstruierte Rechtecklichter des Spätbarocks. In der Sturzleibung des einen das Jahreszahlfragment 16... Den Gang des Erdgeschosses

überspannen mächtige Kantbalken. – Das hübsche, lediglich 4,40 m breite Haus
Nr. 4 wird am Erdgeschoß von drei rustizierten Kalksteinstrebepfeilern begleitet.
Der erste und der zweite Stock öffnen sich in viergliedrigen Zeilenfenstern über
Kehlgesimsen, die beiden oberen Geschosse, mit verputzten Riegelwänden, in
einfachen Rechtecklichtern. Über dem gedrückten Blendkielbogen des Portals
Jahreszahl 16 + 07; am Fenstersturz im zweiten Obergeschoß Jahreszahl 1·6·0·6.
Im linken Pfeiler Flachrelief mit Passionssymbolen: über Schädel und Gebeinen das
Kreuz mit Inschrift «INRI», Lanze und Ysop. An der Holzdecke der Stube Balken
mit Doppelkehlung und Wulst, über dreifach abgetrepptem Mäanderfries. – Das
Restaurant «Zum Großen Alexander» (Nr. 2), ein massiv gemauerter, gotischer Eckbau
am Eingang zur Kronengasse, ist durch Sandsteinstrebepfeiler und unregelmäßige
Achsenintervalle mit Fenstern aus dem späten 18. Jahrhundert gekennzeichnet. Sein
gegen die Kronengasse abgewalmtes Pultdach aus dem 17./18. Jahrhundert hat
einen liegenden Stuhl mit zusätzlichen geneigten Streben. Hübsches klassizistisches
Wirtshausschild (Abb. 286).

Das *Gasthaus «Zum Rebstock»* (Nr. 21) (Abb. 288) bildet heute den oberen Kopfbau
der Häuserreihe auf der südlichen Straßenseite. Bis zur Entfestigung der Stadt im
zweiten Viertel des 19. Jahrhunderts waren ihm zwei weitere Häuser vorgebaut, die
den heute offenen Haldenrank gegen Süden abschirmten. Die zweiachsige Traufseite
des Baus gliedern symmetrisch gesetzte gekehlte Renaissance-Fenster mit den
kennzeichnenden Volutenverzierungen im ersten und mit Kreuzstöcken im zweiten
Obergeschoß. An der freistehenden Stirnseite eine bis ans dritte Obergeschoß
reichende, nach dem Abbruch des Nachbarhauses aufgeführte Strebemauer mit
zwei seitlichen Fenstern von 1840–1850; die rundbogige Nische war früher
Standplatz des vor dem Hause stehenden Brunnens (vgl. S. 89). Im zweiten Stock
Decke mit motivreichem klassizistischem Stuckrahmen. – *Nr. 19*, mit gotischen
Doppelfenstern. – *Nr. 17*. Im ersten Stock zwei gotische Zwillingslichter über ge-
meinsamem gekehltem Gesimse; in der Stube dahinter zeitgenössische, aber neu
gefaßte Balkendecke mit beachtlichen Ziermotiven in erhabener und versenkter
Schnitztechnik (Blendmaßwerk, Treffs, langgezogene Spitzen, Sterne und Vierpässe).
– An *Nr. 15* Biedermeier-Türflügel mit Dreieck- und Rechteckfelderung. – *Nr. 13*,
mit Rechteckfenstern über Kehlgesimsen aus dem vorgerückten 18. Jahrhundert. –
Nr. 9. Nachgotisches Zeilenfenster und Rechtecklichter aus dem 17./18. Jahrhundert.
Im Korridor des Erdgeschosses Freisäule mit Entasis und einfach gekehltem Recht-
eckkapitell, 17. Jahrhundert. Der wohl gleichzeitige, liegende Dachstuhl zeigt in
den Hauptgebinden eine doppelte Kehlbalken- und Spannriegelkonstruktion; das
Gewicht des Mittelrähms und des Zwischenbodens über der unteren wird von
genuteten Hängesäulen mitgetragen. – *Nr. 7*. Neben modernen zwei gekehlte
barocke Fenster und eine (authentische?) aus unregelmäßig konturierten Hausteinen
gefügte spätmittelalterliche Rundbogennische. Der Dachstuhl steht über seitlichen
Säulen. – *Nr. 5*. Mauer- und Fachwerkbau mit noch spätmittelalterlich ungleichen
Achsenintervallen. Die straff gesetzten Fenster des 19. Jahrhunderts sind von
renaissancistischer Voluten- und Bandelwerkmalerei mit krönenden Masken und
Muscheln gerahmt, in der das Monogramm «DS» erkennbar ist. Dreisäulendach-
stuhl; die Aufschieblinge auf einem Kniegerüst; 17. oder 18. Jahrhundert. – *Nr. 3*.
In jüngerer Zeit umgestalteter, im Kern noch gotischer Bau mit Eckstrebepfeilern

aus Muschelsandstein. – *Restaurant «Zur Alten Brücke»* (Nr. 1). Freistehender, giebelständiger Mauerbau, dessen Gesicht noch geringe gotische Züge (seitlicher Strebepfeiler, Zwillings- und Staffelfenster) bewahrt, vorwiegend aber durch spätbarocke Segmentbogenfenster geprägt wird. Gerschild und Klebedach. Am stichbogigen Portal mit Wulstprofilierung Jahreszahl 1808; Biedermeier-Türe.

KRONENGASSE

Der dem Fluß parallel laufende Gassenzug – früher auch «Hintere Halde» oder «Schellengasse» genannt[901] – beginnt am unteren Ende der Haldenstraße und führt in nördlicher Richtung vor ein modernes Haus (Nr. 41), das am Platz der ehemaligen Unteren Mühle steht. Hier konnte er bis zur Stadtentfestigung nur durch das enge Mühletörchen gegen den Ölrain hin oder über die jetzt noch bestehende sogenannte Lange Stiege, die zur Oberstadt zurückführt, verlassen werden (Abb. 4, 9, 22 und 25). Heute setzt sich die Gasse in der platanenbestandenen, 1828–1830 angelegten Limmatpromenade fort, die ihrerseits nach etwa 750 Metern beim Städtischen Inhalatorium das Bäderquartier erreicht[902]. Auf der westlichen Seite, am steilen Haldenhang, wird die Gasse fast ausnahmslos von drei- bis viergeschossigen, schmalparzellierten Bürgerhäusern gesäumt, die im Grundriß noch auf das 14. Jahrhundert zurückgehen (Abb. 291). In die ostseitige Häuserzeile sind im 16. und 17. Jahrhundert mehrere große Gebäude mit öffentlicher Zweckbestimmung gesetzt worden. Die Reihe stieß mit ihren Rückfassaden bis vor kurzem hart ans Wasser; heute ist sie durch einen schlecht passenden kleinen Betonquai davon geschieden.

Ostseite: *Wirtshaus «Zur Krone»* (Nr. 2) (Abb. 290)[903]. Der mächtige Kopfbau aus dem 17. Jahrhundert – neben dem «Paradies» eines der stattlichsten Bürgerhäuser der Altstadt – erhebt sich über trapezförmigem Grundriß. Seine breitere Traufseite wendet er der Gasse, die schmalere der Limmat zu. Die nach der Haldenstraße gerichtete Giebelfassade zeigt noch Spuren eines Umbaus im 19. oder frühen 20. Jahrhundert. Ihr Haupteingang lag ursprünglich zu ebener Erde (vermutlich unter der zweitäußersten Fensterachse links), ist aber später um ein Geschoß höher gelegt und über einen steinernen Treppensteg mit Pultdach zugänglich gemacht worden. Augenfällig das dritte Obergeschoß des Hauses und der Giebel, die nach Art ostschweizerischer Weinbauernhäuser in Fachwerk errichtet sind. Die Giebelfront wird am steinernen Unterbau von zweimal drei Fensterachsen, die merklich voneinander distanziert liegen, rhythmisiert; in den Trauffassaden befinden sich unregelmäßig verteilte einfache und gekuppelte Lichter. Mit Ausnahme einiger Fenster im Erdgeschoß, an der Limmatfront und jener auf der rechten Seite der Stirnfassade, die alle im 18./19. Jahrhundert erneuert wurden und entsprechende gefalzte Rahmen aufweisen, sind Gewände und Stürze mit abgetreppten, volutenverzierten Kehlen versehen. Im ersten Stock, dem vornehmsten Geschoß, sitzen sie auf einer karniesförmigen Gurte (in der renovierten rechten Hälfte der Stirnseite entfernt), im zweiten auf individuellen Kehlsimsen. Das schmucke dritte Obergeschoß läßt unten die Stockrähme, Unterzüge und Saumschwellen, oben die Wand-

---

901 Nach der mit «Schallen-» oder «Schellenhaus» bezeichneten Zuchtanstalt, die sich hier befand; siehe S. 299, Nr. 12.

902 StadtA, Nr. 893: 1827–1830, Register, s.v. «Promenade».   903 Bilddokument Nr. 86.

Abb. 290. Baden. Kronengasse. Wirtshaus «Zur Krone» von Südwesten. – Text S. 297 und unten.

pfetten und Bundbalken und dazwischen Wandstiele, Streben und Riegel nebst dekorativen Rauten und Kreisformen sichtbar. Der mächtige Giebel, an der Basis mit vier, in der Spitze mit einem Fenster besetzt, zeigt über den vorstehenden, buggestützten Wandpfetten eine Flugsparrenkonstruktion, deren Dreiecke am Fuß jedoch beim Bau eines unpassenden Klebedachs nach 1800 in Wegfall gerieten. An den kerbschnittverzierten, geschweiften Bügen der beiden mittleren Zwischenpfetten zwei skulptierte Wappenschilder und die gravierte Jahreszahl 16/59. Am selben Pfettenpaar kleine Stichbalken und knaufverzierte Hängesäulchen. Die Büge des obersten Pfettenpaares mit geschnitzten Diamanten. Die Fachwerkwand des Giebels durchqueren in der Mitte Kehl- und Spannbalken und von Stielen und Streben unterbrochene Riegel, zwischen denen die Fenster liegen. Am Riegelwerk des Giebels läßt sich die Bauart des Dachstocks fast bis ins einzelne ablesen: Sparrenkonstruktion, deren untere und mittlere Pfetten von liegenden Streben und deren obere von stehenden Säulen gestützt werden; Stichbalken mit Aufschieblingen; keine Firstpfette. Die breiten Schleppgauben auf den beiden Dachflächen aus jüngerer Zeit. Über dem gassenseitigen Rechteckeingang moderne Relieftafel aus Kunststein mit den barockisierenden Allianzwappen Wanger[904]–Amberg[905], den Initialen «MVW», «DCS(!)» und der Jahreszahl 1750; Fälschung? – Im Innern ist das Haus modernisiert. – Zwi-

[904] Wie Merz, Abb. 249, aber ungeteilt.
[905] Wie Merz, Siegeltafel I/5, aber mit dem seltsamen Kleinod eines Flügels.

schen der Stirnfassade und der Haldenstraße senkt sich ein schmales Gäßchen vom Parterreniveau zum Flußufer ab; nahe beim Wasser passiert es den rundbogigen Durchlaß eines kurzen Mauerstücks, das schon im Mittelalter die Lücke zwischen «Krone» und Brücke schloß. – *Nr. 4*. Fünfachsig, mit Rechteckfenstern und zwei gefasten Rechteckportalen aus dem 17./18. Jahrhundert. Am ersten Obergeschoß prismatischer Holzerker mit geschweifter Blechhaube und kerbschnittverziertem Bretterrahmen; die rundum angebrachte Barockmalerei stellt eine Krone, gerolltes und gewinkeltes Bandwerk und bandumschlungene Blumengehänge dar; Kartusche mit Inschrift «Zur / kleinen Krone / 1735». In der Stube dahinter spätbarock-klassizistisches Einbaubuffet mit kannelüren- und rosettengeschmückten Fasen; daneben hellblau-weißer Kachelofen mit gemalten Rosetten und Lorbeerfestons, Akanthusspitzen, Kymatien und locker tordierten Schnürfriesen. Um 1810–1820. Auf dem gleichen Stockwerk mehrere Nußbaumtüren mit Rechteckkassetten und klassizistischen Beschlägen aus dem 19. Jahrhundert. – *Nr. 6*. Schmales Bürgerhaus mit gekuppelten Rechtecklichtern. Am vierten Geschoß (renovierte) sichtbare Fachwerkkonstruktion mit Unterzügen, Saumschwelle, Stielen und Riegeln. 17./18. Jahrhundert. – Ähnlich das benachbarte zweiachsige Haus *Nr. 8*, das indessen anstelle der Rechteckfenster im 18. Jahrhundert stichbogige Lichtöffnungen erhielt. – *Nr. 10* ist das *ehemalige Kornhaus* (siehe S. 237). – *Nr. 12* steht am Platz des früheren Neuen Spitalhauses, das 1673 nach Plänen GREGOR ALLHELGS zur Entlastung des Agnesenspitals in der Oberstadt (Abb. 22 [19]) errichtet und in der Helvetik zur eidgenössischen Zuchtanstalt umgebaut worden war [906]. Die viergeschossige Straßenfassade mit streng symmetrisch verteilten Fenstern wird durch ein breites Korbbogenportal markiert, das die ursprüngliche Funktion des Gebäudes als Scheune erkennen läßt. Am Portalrahmen Wehrsteine, kapitellförmige Kämpfer und ein Scheitelstein mit Monogramm und Jahreszahl «BK / 1857». Im Hochparterre auf der Limmatseite wiederverwendete gekehlte Rechteckfenster aus dem 17. Jahrhundert; darüber klassizistische Lichter, in der mittleren Achse gekuppelt. Vor der nördlichen Giebelwand steht noch die Stirnmauer der ehemaligen Gerberei, die am Ende des 18. Jahrhunderts abgebrannt ist und bis heute eine Hauslücke hinterlassen hat [907]. – Das vollständig erneuerte Gebäude *Nr. 16* über schmalem, mittelalterlichem Grundriß. – Am angebauten Haus *Nr. 18* ein spätestgotisches viergliedriges Zeilenfenster mit rundstabbesetzten Kehlungen (einziges Beispiel in Baden). Dahinter, in der Stube, halbrunder Stützpfeiler, der in sphärischen Trapez- und Lanzettformen direkt in den Rechteckkämpfer überleitet. An einer neuen Schranktüre ziselierte Beschläge und ein Schloß aus der Mitte des 17. Jahrhunderts. – *Nr. 20*. Ehemaliges Mittertenn-Bauernhaus. Am Ökonomietrakt Halbmondfenster und korbbogiges Scheunentor mit Wehrsteinen. Vorgerücktes 19. Jahrhundert.

Westseite (Abb. 291): *Nr. 1*. Zweiachsig. Am ersten Obergeschoß Kehlfenster aus dem 17. Jahrhundert. – *Nr. 3*. Schmale Fassade mit gekuppelten breiten Fenstern aus Stein und Holz. 16./17. Jahrhundert. – *Nr. 5*. Ähnlich wie Nr. 3. In der Stube oktogonale Fenstersäule aus Mägenwiler Sandstein; unter dem bündig aufsitzenden

---

906 StadtA, Nr. 643: Abrechnung über das Spitalhaus. – P. HABERBOSCH, Badener Zuchthäuser und Gefangenschaften, Bad. Njbll. 1958, S. 25–29; mit Abbildungen. – N. HALDER, Die helvetische Zentralzuchtanstalt Baden 1801–1803, Aarau 1940, bes. S. 34–65; mit Abbildungen.
907 N. HALDER, a.a.O., S. 45. – HABERBOSCH, Zuchthäuser, S. 25.

quadratischen Abakus vier Ecksporen; am weitgekehlten Kämpfer die Jahreszahl 1553. – *Nr. 7.* Ähnlich wie Nr. 3. Über dem Doppelfenster in der Stube weitgespannter Segmentbogen. – *Nr. 9.* An den beiden unteren Geschossen bemerkenswerte gotische Reihenfenster. Im zweiten Stock unbearbeitete Balkendecke mit Querträger und unverputzte Fachwerkbrandmauer. – *Nr. 11.* Äußerlich ähnlich wie Nr. 9. Über dem Niveau des Gehsteigs der übriggebliebene Scheitel eines ehemaligen rundbogigen Kellerportals. – *Nr. 15.* Am ersten und zweiten Obergeschoß gekehlte Doppelfenster aus dem 16./17. Jahrhundert über durchgezogenen Simsen. Auf dem ursprünglichen Sparrendach, dessen Firstpfette und unverspannte Zwischenpfetten auf stehenden Säulen ruhen, wurde im 19. Jahrhundert ein Rafendach mit Kniegerüst konstruiert. – *Nr. 17.* Zweiachsig, mit Holzfenstern aus dem 19. Jahrhundert. – *Nr. 19.* Mit 3,30 m Fassadenbreite das schmalste Haus Badens. Am ersten und zweiten Stock gekuppelte Holzfenster aus dem 18. Jahrhundert. – *Nr. 21.* Fein profilierte Holzlichter des 19. Jahrhunderts. Im Innern Bohlenwände. Biedermeier-Haustüre. – *Nr. 23.* Dreiachsig. Stein- und Holzfenster aus dem 18. Jahrhundert. – *Nr. 25.* Vierachsig, 19. Jahrhundert; besetzt den Platz zweier spätgotischer Häuser. – In Haus *Nr. 27* hat sich ein bemerkenswertes dreigeschossiges Landwirtschaftsgebäude aus dem 17. oder frühen 18. Jahrhundert erhalten, das vermutlich mit den beiden anstoßenden Wohnhäusern zwei Hofstätten bildete. Abgesehen von den Brandmauern und kleinen Partien an den Trauffassaden ist es eine reine, mit vierkantigen Sprossen ausgefachte Holzkonstruktion. Das Erdgeschoß auf der Gassenseite ist aus drei Wandstielen mit Stockrähm gebaut, die durch doppelte Sturzriegel zweier großer Tenntore verspannt sind. Neben einem der Tore übereckstehende Vierkanthölzer als Gefachfüllung (Stabwand). In der Saumschwelle über den Unterzügen stecken Wandständer, die über zwei Geschoßhöhen bis zur Fußpfette des Dachs hochlaufen. Der dahinterliegende hohe Heustock wird an der Fassade mit Riegeln, die einen Zwischenboden (und somit zwei Obergeschosse) fingieren, negiert. Die von Ständern und Riegeln gebildeten Rechtecke sind durch massive vierkantige Diagonalsprossen ausgefacht, deren alternierende Schräglagen effektvolle Rautenmotive ergeben. Am «ersten» Stock zwei stichbogige Heutore mit gestemmten Flügeln. Der teilweise freistehende nördliche Fachwerkgiebel zeigt Rautenmuster und Steinfüllung. Im Innern zwei vom Boden bis zu den Dachbalken reichende Hochständer und eine querverlaufende Sprossenwand. Sparrendach über liegendem Stuhl. Schleppgauben. Im Dachstock Holzwinde. Neben dem weniger bedeutenden Haus Kronengasse Nr. 20 das letzte erhalten gebliebene Ökonomiegebäude der Altstadt. – *Nr. 31.* Schmales Bürgerhaus mit Stein- und Holzfenstern aus dem 18. Jahrhundert. Im zweiten Stock unbearbeitete Deckenbalken und Türe mit Barock-Beschlägen. – *Nr. 33.* Spätgotischer Doppelbau mit wuchtigen Strebepfeilern und südseitigem Treppengiebel. An den willkürlich verteilten, im 17. oder 18. Jahrhundert erneuerten Kehlfenstern fein profilierte Holzrahmen des 19. Jahrhunderts. Gefastes, stichbogiges Kellerportal mit Jahreszahl ·16·99· und Gewändeausrundungen für den Fässertransport. – *Nr. 35.* Großer, spätklassizistischer Mauerbau am Platz der um 1250 erwähnten Mittleren Mühle[908]. An der talseitigen sechsachsigen Trauffassade zwei seitliche Rechteckportale mit geohrten Rahmen unter Karniesgesimsen; da-

---

[908] Habsb. Urbar II/1, S. 32; vgl. S. 594.

Abb. 291. Baden. Kronengasse. Westliche Häuserzeile (links Eckhaus «Zum Großen Alexander», anschließend die Häuser Nrn. 1–19) (Zustand um 1950). – Text S. 299f.

zwischen vier stichbogige Lichter. Die drei durch eine Stockgurte abgesetzten Obergeschosse gliedern schnittig profilierte Rechteckfenster, unten mit Ohren und simsförmigen Verdachungen, zuoberst mit Randleisten. Über einem zarten Halbrundstab ein Kniestock mit sechs Ochsenaugen. Die Schmalseiten, welche die Fenstermotive der Hauptfassade wiederholen, enden in breiten Dreieckgiebeln mit ziegelgemauertem Biforium und Okulus. Im Innern weiträumiger Treppenschacht mit Oberlicht; an der dreiläufigen Stiege Biedermeier-Geländer mit zierlich gedrechselten Stäben. – Das moderne Haus *Nr. 41* – über dem Grundriß der gleichfalls schon im 13. Jahrhundert erwähnten Unteren Mühle[908a] – bewahrt von einem spätgotisch-barocken Vorläuferbau noch ein Bandfenster, zwei einfache gekehlte Lichter und ein Rechteckportal mit der Jahreszahl 1612 und einem Steinmetzzeichen (Tabelle II, Nr. 34). In der Städtischen Sammlung im Landvogteischloß geschnitzter, farbig gefaßter Dachbug in Form einer männlichen Fratze, datiert 1629 (Abb. 276).

908a Vgl. das Kapitel zur topographischen Entwicklung, bes. S. 29, 30. Abb. 20–24 [4–6].

Abb. 292. Baden und Ennetbaden. Stadt, Dorf und Bäder von Norden, um 1795. Umrißkupfer von J. H. Juillerat (Bilddokument Nr. 2). – Text S. 44, 167, 310 und 314.

WOHNBAUTEN UND HOTELS IN DEN BÄDERN

ALLGEMEINES (Abb. 27, 28 und 295). Die Bäder wurden schon im Mittelalter durch den Namen «Niederbaden» als geographisch eigenständiger, *von der Stadt getrennter Bezirk* gekennzeichnet[909]. Sie waren da, wo nicht der Fluß seinen natürlichen Schutz bot, mit Mauern umgeben, die in Kriegszeiten allerdings kaum systematisch verteidigt werden konnten und darum selten die erwünschte Wirkung hatten. 1351 ließ Rudolf Brun im Krieg gegen Österreich die Bäder einäschern, und nach den Schlachten von Sempach und Näfels erlitten sie von neuem eine verheerende Feuersbrunst[910]. Im Unglücksjahr 1712 lag der ganze Bezirk wehrlos unter der Verfügungsgewalt der Berner[911]. – Die meisten Badgasthöfe erfuhren im 19. Jahrhundert große bauliche Veränderungen. Damals entstanden auch außerhalb des alten Bannes, am neu angelegten Teilstück der Badhalde (heute Bäderstraße), zwei neue Hotels (vgl. S. 303 f.).

Die Thermalquellen waren ursprünglich ein Regal, gingen im Lauf der Zeit aber in den Besitzstand der Gaugrafen oder anderer Herren und von diesen endlich an die Herzöge von Österreich über[912]. Lange wurden sie den Badewirten nur zu Lehen gegeben[913], ehe diese sie als freies Eigentum erwerben konnten. Heute sind die Thermen zum überwiegenden Teil in der Hand Privater oder von Aktiengesellschaften.

909 WELTI, Urkunden I, S. 10 und Register, s.v. «Nieder-Baden».
910 MITTLER, Baden I, S. 63, 66, 122.
911 MITTLER, Baden II, S. 63 f.
912 FRICKER, Baden, S. 389-391. – MITTLER, Baden I, S. 257.
913 Habsb. Urbar II, S. 1, 531, 571, 585, 587. – WELTI, Urkunden I, S. 42 f., 72 f.

Quellen und Literatur. Besonders die einschlägigen Titel auf S. 11, 12, 13 und 14; ferner MERZ, passim.
Bilddokumente Nrn. 1, 2, 3, 4, 5, 6, 7, 8, 20, 26, 27, 89–92, 93–102, 103–113.
Plandokumente Nrn. 9, 10, 11, 12, 31, 32, 33, 34, 35.
Bädermodell (zitiert S. 26; Abb. 295).

BÄDERSTRASSE

Volksheilbad «Zum Freihof» (ehemals Badhotel «Zum Freihof») (Abb. 29 [5]). Erbaut 1833/34 auf Veranlassung des in Baden ansässigen Arztes Johann Baptist Meyer-Gsell aus Künten (Abb. 293)[914]. 1861/62, unter dem neuen Besitzer Engelhard aus Zürich, Umbau der straßenseitigen Schaufront nach Plänen des Badener Architekten KASPAR JOSEPH JEUCH[915]. 1890 ging das Haus an den Staat über, der daraufhin das Armenbad an der Promenade aufhob (vgl. S. 327) und im «Freihof» ein kantonales Volksheilbad einrichtete. Um die Jahrhundertwende erfolgten durchgreifende Renovationen und Erweiterungen. – Der am Steilhang zwischen Bäderstraße und Flußpromenade stehende Bau bewahrt straßenseitig noch das JEUCHSCHE Erdgeschoß. Zwei leicht vorspringende pilastergegliederte Flügel nehmen eine vier Säulen zählende Portikus in ihre Mitte. Die Stützenordnung folgt der

[914] StadtA, Nr. 627: Akten «Freihof». Nr. 893: 1830–1834, S. 333, 344, 362–364, 496f.; 1834/35, S. 83f.; 1836/37, S. 67, 77. – Bilddokumente Nrn. 5, 105, 106, 110.

[915] D. MÄDER, Architekt Caspar Jeuch von Baden 1811–1895, Feuilleton einer noch nicht identifizierten Zeitung aus der Jahrhundertwende (ein Exemplar im Besitz von Dr. U. Münzel, Baden), 5. Folge. – G. RÜSCH, Baden im Kanton Aargau ..., St. Gallen 1842, S. 57. – Photographie LSB.

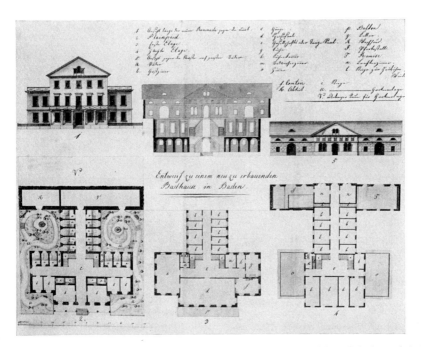

Abb. 293. Baden. Badhotel «Zum Freihof» (heute Volksheilbad). Grundrisse, Schnitt und Aufrisse zum Bau von 1833/34. Anonyme Federzeichnung (Plandokument Nr. 34). – Text oben.

toskanischen Regel, zeigt als besondere Merkmale aber kannelierte Schäfte und Rosettenfriese. Das ursprüngliche Gebälk fehlt. In den stichbogig schließenden Leibungen der dreiachsigen Risalite, in denen früher Fenster und Türen lagen, sind heute marmorne Donatorentafeln angebracht. Neues Obergeschoß mit Mansardendach und breiten Seitengiebeln.

Bäderheilstätte «Zum Schiff» (ehemals Badhotel «Zum Schiff») (Abb. 29 [6]). Geschichte: Bauherr des Hauses war Stadtrat und Spitalverwalter Bernhard Brunner, der von der Gemeinde zu Beginn der dreißiger Jahre des 19. Jahrhunderts einen Wasseranteil aus der Limmatquelle erworben hatte und ihn in einem eigenen Hotel nutzbringend anzuwenden trachtete. 1834 wurde das Gebäude aufgeführt[916]; Nachrichten über den Architekten fehlen. Der Gasthof zählte zeitweilig zu den auserlesenen Absteigequartieren der vornehmen Gesellschaft. In seinem Speisesaal fand am 7. August 1847 das splendide Bankett der zur Eröffnung der «Spanischbrötlibahn» geladenen Honoratioren statt. In der zweiten Hälfte des 19. Jahrhunderts nahm das Hotel den neuen Namen «Quellenhof» an. 1928 wurde es von der Schweizerischen Unfallversicherungsanstalt übernommen, die dem Haus seinen alten Namen zurückgab und darin ein Sanatorium für Unfallinvalide einrichtete. – Beschreibung: Der Bau nimmt die nämliche Lage wie der «Freihof» am Steilufer östlich der Bäderstraße ein. Seine niedrige, klassizistische Straßenfassade präsentiert sich mit einer kleinen, die Mittelachse markierenden Giebelfront, symmetrisch angefügten, von Kolonnaden begleiteten Verbindungstrakten und mit traufständigen, zweigeschossigen Kopfbauten (die Interkolumnien des südlichen Verbindungstraktes heute vermauert). Ostseitig, gegen die Limmat, fallen die Flügelpartien in fünf bzw. sechs Geschossen auf das Promenadenniveau ab. Hinter den Kolonnadentrakten liegt ein schachtartiger Rechteckhof, den an der östlichen Langseite ein mächtiger, kubisch gefügter Baukörper mit flußwärts orientierter Schaufront, an den Schmalseiten zwei einfache vierachsige Flankenbauten umstehen (der nordseitige Flankenbau in neuerer Zeit aufgestockt). Die Limmatfront (Abb. 294), mit künstlich gequadertem Erdgeschoß, zeichnet sich durch einen dreistöckigen, übergiebelten Mittelrisalit von fünf Achsen und durch zwei höhere, pavillonförmige Eckbauten mit Mezzanin und Walmdächern aus. Allenthalben einfache, teilweise simsverdachte Rechteckfenster; im zuoberst liegenden Hauptgeschoß des flußseitigen Risalits Rundbogenlichter und ein kleiner Balkon, dahinter der Speisesaal[917]. Alle Trakte tragen flachgeneigte Sparrendächer ohne Firstpfetten; das breiteste über dem Risalitbau weist in die Kehlbalken und Spannriegel verklammerte Hängesäulen auf. In der Rundbogennische des straßenseitigen Giebelbaus moderner Brunnen; darüber Bronzestatue eines Jünglings, von WALTER SQUARISE, 1956. Am südlichen Kopfbau nachträglich angebrachter Balkon. Architekt des nüchtern-monumentalen Hotels könnte der Schöpfer des Säulenhauses und des Großratsgebäudes in Aarau, FRANZ HEINRICH HEMMANN, gewesen sein[918]. – Im umgebauten Innern, das man heute durch die nördliche Säulenhalle von der Straße her oder aber durch ein Mittelportal an der Promenade erreicht, ist einzig ein vermutlich von Anbeginn im

---

916 StadtA, Nr. 893: 1830–1834, S. 168, 382, 472; 1834/35, S. 136f., 211, 232, 238. – Bilddokumente Nrn. 5, 110.
917 Ursprünglich mit Fresken geschmückt. – RÜSCH, S. 56f.
918 Vgl. Kdm. Aargau I, Abb. 54 und 98.

Abb. 294. Baden. Badhotel «Zum Schiff» (heute Bäderheilstätte) von Nordosten, um 1845. Aquatinta von J. Meyer (Bilddokument Nr. 110). – Text S. 304.

Hause gewesenes Hüftbildnis eines unbekannten Mannes bemerkenswert. Öl auf Holz; oval, 52 × 41,5 cm; rückseitig signiert: «M.A. Zeüger pinxit». Die Entstehungszeit (das Jahr 1756) erschließbar aus der Aufschrift «Natus 29 Jun: 1719 / AEtat: 37». Schwer erkennbares, nicht zu deutendes Wappen (über Dreiberg eine Vogelschwinge?). – Im englischen Garten nördlich des Hauses ein volutengerahmtes Steinrelief unbekannten Ursprungs, mit akanthusumspieltem Stadtwappen und der Jahreszahl 17·53. Eiserner Gartenzaun mit vasenbesetzten Steinpfosten aus dem dritten Viertel des 19. Jahrhunderts.

Der Heilstätte gegenüber, Bäderstraße *Nrn. 9–13*, die 1835 erstellte ehemalige Remise des Hotels «Zum Schiff» (Abb. 29 [7])[919]. Langgezogener Putzbau mit quergiebligen Seitenrisaliten, der in den beiden Obergeschossen noch die alte Fensterdisposition bewahrt. – *Nr. 17.* Dreigeschossiges, systematisch gegliedertes Haus unter steilem Sparrendach, aus der ersten Hälfte des 19. Jahrhunderts; über dem Hauptportal konsolengestütztes, verkröpftes Gesims mit Zahnschnitt und einer von Eichenlaub umwundenen Wappenkartusche Borsinger[920], aus der zweiten Jahreshälfte. – Das anschließende dreistöckige Haus *Nr. 19* von etwa 1840 stößt nördlich an das *Hotel «Excelsior»*, einen hochragenden Jugendstilpalast unter Mansardendach, mit Giebelaufbau; im Erdgeschoß stämmige Dreiviertelsäulen, vor den Obergeschossen ionisierende Pilaster; Halbkreisbalkone. – *Nrn. 26 und 28.* Die beiden Häuser stehen über den Fundamenten des ehemaligen Schröpfgadens, der im zweiten Viertel des 19. Jahrhunderts zum Wohnhaus «Zu den Drei Eidgenossen» umgebaut wurde (Abb. 27 und 28)[921]. Neben den damals eingesetzten Rechteck-

[919] StadtA, Nr. 893: 1834/35, S. 327, 415, 433, 449f.; 1836/37, S. 194.   [920] MERZ, Abb. 36.
[921] RÜSCH, S. 63. – Vgl. die Plandokumente Nrn. 10 und 11.

lichtern haben sich nordwestseitig an Nr. 28 noch Barockfenster mit gekehlten Rahmen erhalten. Das Haus verkeilt sich – just über dem Torbogen der Bäderstraße – in das abgewinkelt stehende Haus *Nr. 23*, ehemals «Thiergarten» und «Rößli», das südseits mit dem Hotel «Excelsior» zusammengebaut ist, nordseits aber eine noch vorklassizistische, geknickte Fassade mit weiten gekehlten Fensterrahmen und einer lisenengeschmückten Biedermeier-Türe mit Mäandermotiv präsentiert. Die Traufen des gebrochenen Sparrendachs sind an der westlichen Stirnseite durch ein Klebedach verbunden. Im Innern hölzernes Treppengeländer mit à jour gearbeiteten Quer- und Hochovalfüllungen, ferner Nußbaumtüren mit originalen Messinggriffen; erste Hälfte 19. Jahrhundert. – *Nr. 25* ist das Haus «Zu den Drei Sternen», das um 1830 als Ersatz für das damals dem neuen Straßentrassee weichende Doppelhaus «Sternen-Tanne» erbaut wurde (Abb. 27 und 28) [922]. Symmetrisch gegliederter, von Stockgurten unterteilter Rechteckbau, dessen fünftes Geschoß unter dem flachgeneigten Sparrenwalmdach als Mezzanin ausgebildet ist. Talseits eine stattliche fünfachsige Hauptfassade mit Rechteckportal und (teilweise übergiebelten) Triforiumfenstern. Dreiachsige Schmalfront. Hübsche klassizistische Türflügel mit Zahnschnitt und Rhombusmusterung. Empire-Wassersammler an den Dachkännelecken. Innen spitzarkadenförmiges Biedermeier-Treppengeländer. Im Erdgeschoß eine

[922] StadtA, Nr. 821: Straßenbau, sub annis 1825/26.

Abb. 295. Baden und Ennetbaden. Bäder und Dorf im Zustand von 1670. Modell von P. Haberbosch und E. Wehrle. – Text S. 40, 167, 302, 310, 314 und 350.

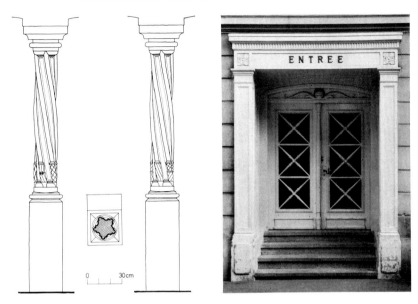

Abb. 296 und 297. Baden. Badhotel «Zum Ochsen». Spätgotische Fenstersäulen im sogenannten Ochsensalon, um 1569/70; Haupteingang, um 1850–1860. – Text S. 308.

als Treppenstufe verwendete Steinplatte eines älteren Baus mit der fragmentarischen Jahreszahl 17.. und den Buchstaben G/H. Im ersten Obergeschoß zwei runde Turmöfen aus gerippten, weiß glasierten Kacheln, mit Weinrankenfries und Palmettenkamm auf dem Kranzgesims (Abb. 261); im zweiten Obergeschoß kubischer blau-weißer Kachelofen mit Blumen- und Palmettenschmuck und Weinlaubfries; alle aus der Bauzeit. – Gegenüber das Haus *Nr. 30* am Platz der ehemaligen Herberge «Zur Sense» (Abb. 28 [23]), ein würfelförmiger Kopfbau zwischen dem Blumengäßchen und dem steilen Zugangsweg zum Kurplatz, mit geknicktem Walmdach und Zahnschnitt am Himmel; um 1830–1840.

Badhotel «Zum Ochsen» (Abb. 28 [17]). Geschichte: Der am Ende des 14. Jahrhunderts erstmals erwähnte Gasthof «Zum Roten Ochsen»[923] erlebte mehrfachen Besitzerwechsel, bevor er 1702 durch Heirat an Ratsherrn Caspar Joseph Diebold gelangte und fortan bis zur Mitte des 19. Jahrhunderts in den Händen von dessen Nachkommen blieb[924]. 1569 legte ein Brand das Gebäude vollständig in Asche[925]. Das anschließend wieder aufgebaute Haus hat sich im Kern bis zum heutigen Tag erhalten. – Beschreibung: Behäbig-breiter, west- und südseitig freistehender Eckbau von unregelmäßigen Umrissen, dessen untere Geschosse in Bruchsteinen, die oberen in verputztem Fachwerk errichtet sind und den ein weitgreifendes Geschilddach deckt (Abb. 4, 6 und 302). Das oberste Stockwerk in spätmittelalterlicher Manier

---

923 StadtA, Nr. 119. – FRICKER, Baden, S. 399.   924 MERZ, S. 63f., 340; Stammtafel Diebold I.
925 D. FRETZ, Die Schnorf – Geschichte und Werdegang eines zürcherischen Landleutegeschlechtes vom See, Zürich 1925, S. 51. – EA IV/2 b, S. 1100.

abgetreppt. Zufällig verteilte Lichter, zum Teil noch mit den originalen gekehlten Steinrahmen. An der Südkante des Hauses eingemauert ein Löwenhaupt und eine Maskenkonsole im Renaissancestil, zwei vermutlich vom Bau selber stammende Spolien. Spätklassizistischer Haupteingang mit pfeilergetragenem, ornamentiertem Gebälk; durchfensterte Türflügel mit diagonalen Ziersprossen (Abb. 297). Hinter dem westseitigen sechsteiligen Zeilenfenster der sogenannte *Ochsensalon*, ein intimer, getäferter Gästeraum, in dem zwischen den stichbogigen Fensterstürzen zwei bemerkenswerte spätgotische Säulen mit tordierten, kerbschnittverzierten Rippen (Abb. 296)[926] sowie ein zylinderförmiger weißer Louis-XVI-Ofen mit Fruchtfestons, Weinranken und Palmettenfries auffallen. – Außer dem Hotel «Zur Blume» (siehe S. 318) der einzige Badgasthof, der seine mittelalterlich-barocken Züge im großen und ganzen bewahrt hat. – In der Städtischen Sammlung im Landvogteischloß: Steinrelief mit den Allianzwappen eines früheren Besitzerpaares, beschriftet «JOHAN̄ JACOB / WIDERKEHR · 1695 · / ANNA BARBARA / MV̄LLERIN ·» (Abb. 312)[927]. – *Dependance «Zum Ochsen»* (Abb. 27 [18] und 28 [18]). Geschichte: Vorläufer des heutigen Hauses war der 1518 indirekt erwähnte «Kleine Ochsen», von dem JOHANN JAKOB LEUTHY 1840 noch berichtet, er habe Remise und Stallung, daneben aber nur vier Gästezimmer enthalten[928]. Den bestehenden Bau ließ 1845 der damals neue

---

926 Ähnliche, gleichzeitige Fensterstützen im Hotel «Zum Bären»; siehe S. 310.
927 MERZ, S. 342; Stammtafel S. 340; Abb. 261.
928 FRICKER, Baden, S. 399. – J.J. LEUTHY, Der Begleiter auf der Reise durch die Schweiz ..., Zürich 1840, S. 426. – Ähnlich RÜSCH, S. 62.

Abb. 298. Baden. Dependance «Zum Ochsen» von Norden. – Text oben und S. 309.

Ochsenwirt Joseph Diebold durch KASPAR JOSEPH JEUCH aus Baden errichten [929]. – Beschreibung (Abb. 298): Doppelgeschossiger, nur zweiseitig sichtbarer Putzbau unter ungebrochenem Sparrenwalmdach; der fünfachsige Mitteltrakt von zwei symmetrischen Risaliten begleitet. Das durch künstliche Horizontalfugen belebte Erdgeschoß zeigt hohe Bogen-, das Obergeschoß Rechtecklichter, die an den Flügelbauten jeweils gepaart auftreten. Vor der südöstlichen Schmalwand sockelhohe Terrasse. Die Zwickelmedaillons am Mittelteil, der unter dem Gurtgesims verlaufende stilisierte Palmettenfries und die an den Bänken der Risalitfenster angebrachten antithetischen Greifenpaare bilden einen sehr dekorativen, der italienischen Frührenaissance und dem Mittelalter entlehnten Reliefschmuck, der trotz seinen unterschiedlichen Anregungsquellen überzeugend auf einen Nenner gebracht ist. Zum Rundbogenportal mit der einflügeligen, diagonal vergitterten Glastüre führt eine zweiseitige Treppe mit zeitgenössischem Eisengeländer. In den Bogenfeldern der Fenster Radialsprossen in Form stilisierter Lilienstengel. – Ein dem romantischen Klassizismus verpflichtetes Gebäude von ausgeglichenen Proportionen und fein empfundenen Details, das den künstlerischen Werdegang seines Schöpfers – die Schulung in München und Italien – unter all dessen Badener Bauten am schönsten widerspiegelt. – An die Nordwestseite der Dependance fügt sich ein drei- und viergeschossiger nüchterner Anbau mit gestaffelten Trakten, welche Fenstersturzgesimse und, rückseitig, pfeilergestützte Balkone zeigen; um 1870.

Badhotel «Zum Bären» (Abb. 27 [15] und 28 [15]). Geschichte: Der Gasthof wird 1361 als Badhaus, «so man nennet des Berners Geseste» erwähnt; er dürfte demnach seinen Namen von einem früheren Inhaber übernommen haben [930]. Um 1450 ist vom «Swartzen Beren by den bedern» die Rede [931]. Der Hof brannte um 1490 und im Jahre 1569 (damals gleichzeitig mit dem benachbarten «Ochsen») nieder. Seit 1526 war er in der Hand des aus Dorfmeilen eingewanderten Badener Geschlechtes der Schnorff; 1732 gelangte er durch Einheirat an die Familie Dorer, die ihn bis ans Ende des 19. Jahrhunderts innehatte [932]. – Beschreibung: Das in der Fortsetzung des «Ochsen» an der Bäderstraße liegende Hotel besteht aus zwei gefluchteten Trakten, die beide über den mittelalterlichen Badgewölben stehen. Der südliche wurde 1908/09 durch Architekt EUGEN SCHNEIDER aus Ennetbaden von Grund auf neu erbaut [933]. Der nördliche, 1908/09 aufgestockt und in jüngster Zeit modernisiert, bewahrt auf der Westseite im ersten und zweiten Obergeschoß noch Fenster mit geohrten Rahmen, Dreieckgiebeln und simsüberhöhten Stürzen von einem Umbau des frühen 19. Jahrhunderts. Die zwei plastischen Gasthausembleme am Hauptportal von 1924. Nordseitig mächtiger neunachsiger *Fassadenvorbau* mit stumpfem Dreieckgiebel, errichtet 1881 von Architekt KASPAR O. WOLFF, Hottingen (Zürich) (Abb. 299) [934]. Die der früheren Stirnwand um einige Meter vorgesetzte Schaufront zeigt über einem Rustikaerdgeschoß zwei von rustizierten Pilastern gegliederte

---

929 D. MÄDER, a.a.O., 4. Folge. – Vgl. StadtA, Nr. 821: Akten Bäder, sub anno 1843. Nr. 893: 1842–1844, S. 530f. – Plandokument Nr. 35.
930 FRICKER, Baden, S. 396. – MITTLER, Baden I, S. 257.   931 StadtA, Nr. 183, fol. 25v.
932 D. FRETZ, a.a.O., S. 31f., 50, 58–60, 91, 118, 122, 128f. – MERZ, Stammtafel Dorer.
933 Pläne im Archiv des Hochbauamtes Baden.
934 Grundriß im Archiv des Hochbauamtes Baden.

Obergeschosse unter verkröpften Gebälken, deren fünf Mittelachsen sich in Form von offenen Terrassen mit Gußeisengeländern präsentieren[935]. Über einer Attikazone setzt sich die dergestalt akzentuierte Mittelpartie in fünf von Pilastern und Gebälk gefaßten Giebelachsen fort, in welche alternierend rundbogige Fenster und Figurennischen mit den Allegorien des Wassers und der Gesundheit gesetzt sind. Das Ganze krönt eine im Giebelstumpf angebrachte, von Koren begleitete Rollwerkkartusche mit dem Wappen des Bauherrn Kaspar Karl (oder Anton Albert) Dorer und der Jahreszahl MDCCCLXXXI. Die Silhouette der Fassade, die Stützenordnung nach dem Muster des Kolosseums, aber auch die Details, unter denen neben den bereits genannten die gußeisernen Löwenhäupter und Fratzen, die Groteskenmotive an den Geländern, die Muscheln in den Bogenkonchen und die Gittermusterung in den abgeschrägten Giebelachsen hervorzuheben sind, machen das Bauwerk zu einem eindrücklichen Vertreter der an deutschen und (mittelbar oder unmittelbar) an südländischen Denkmälern inspirierten Neurenaissance. – Im Kreuzgratgewölbe einer unterirdischen Badekabine stark verwittertes Sandsteinmedaillon mit Wappen Schnorff, Dm. 50 cm. Im ersten Obergeschoß zwei nachträglich neben eine Zimmertür versetzte spätgotische Fensterstützen, zweifellos vom Neubau der Jahre 1569/70, mit gedrehten Rippen, die unten mit abwechslungsreichen Stegmustern verziert und an den akanthusgeschmückten Kapitellen mit den Wappen Bodmer (links)[936] und Schnorff (rechts)[937] versehen sind[938]. In den Eckräumen zwischen dem Fassadenvorbau und der alten Stirnwand motivreicher Deckenstuck von 1881. – Die *Dependance «Zum Bären»* auf der gegenüberliegenden Straßenseite wurde 1917/18 durch die Architekten SCHNEIDER & SIDLER in Baden errichtet. Ihr ging der «Kleine Bären» voraus (Abb. 28 [16]), der um 1607/08 von Ulrich Schnorff anstelle des Gasthofs «Zum Krebs» erbaut worden war und nach Aussage von DAVID HESS wie das heutige Haus über eine Brücke vom Hauptbau her erreicht werden konnte[939]. Das Gebäude bewahrt noch ein barockes Türgericht mit fein profiliertem Rahmen und kräftigem Gesims; darüber, in einem gesprengten Giebel, Allianzwappen (Franz Carl) Dorer–(Maria Anna) Egloff[940]; um 1750.

Im Blickfang der Bäderstraße, hart am Limmatufer, stehen die langen Trakte des *Römerbades* (Parkstraße Nr. 31), die früher einen Teil des gebäudereichen, in sich geschlossenen «Schinderhofs» ausmachten[941]. Geschichte: Die Badgaststätte, in der Mitte des 14. Jahrhunderts nach ihrem damaligen Lehensträger «des Schinders Hoff»[942] und vom 16. Jahrhundert an «Hinderhof» bzw. «Hinterhof» genannt, bildete bis weit ins 17. Jahrhundert hinein mit dem benachbarten «Staadhof» den Glanzpunkt der Bäder von Baden (Abb. 4, 27 [12], 28 [12] und 295)[943]. Nach vielen

---

[935] Vgl. Bilddokumente Nrn. 103, 104.   [936] MERZ, Abb. 33.   [937] MERZ, Abb. 206.

[938] Beim Wiederaufbau des «Bären» nach dem Brand von 1569 war dessen Besitzer, der damals erst siebzehnjährige Hans Beat Schnorff, durch seinen Vormund Heinrich Bodmer, alt Landschreiber und nachmaligen Schultheißen, verbeistandet. – D. FRETZ, a.a.O., S. 50. – MERZ, S. 33 und zugehörige Stammtf. – Ähnlich den Fenstersäulen im «Bären» sind die gleichzeitigen im «Ochsen» (Abb. 296).

[939] MERZ, Stammtafel Schnorff. – StadtA, Nr. 7, S. 204. – HESS, S. 30.

[940] MERZ, Stammtafel Dorer.   [941] Vgl. Bilddokumente Nrn. 1, 2, 92, 108.

[942] U. MÜNZEL, Der Hinterhof, Njbl. der Apotheke F.X. Münzel Baden, 1946, S. 1.

[943] H. PANTALEON, Wahrhaftige und fleißige Beschreibung der uralten Statt ... Baden ..., Basel 1578, S. 82–85. – S. HOTTINGER, Thermae Argovia-Badenses ..., Baden 1702, S. 57–62.

Abb. 299. Baden. Badhotel «Zum Bären» von Norden. – Text S. 309f.

Handänderungen kam er 1569 an die Familie Falck, 1639 an die Dorer, die ihn nach sieben Generationen im Jahre 1872 an die Aktiengesellschaft der «Neuen Kuranstalt» verkauften, worauf er fast vollständig dem Bau des «Grand Hôtel» Platz machen mußte[944]. Nur dem Umstand, daß dieses wegen finanzieller Schwierigkeiten nicht im vollen projektierten Umfang erbaut werden konnte, ist es zu verdanken, daß noch heute eine Partie des «Hinterhofs» Bestand hat. Sie diente bis zum Abbruch des «Grand Hôtel» 1944 als dessen Dependance. – Beschreibung: Die erhalten gebliebenen Gebäulichkeiten sind der 1778 aufgeführte sogenannte Neubau mit westseitigem Gerschild[945] (anstelle des «Zeithauses», Abb. 27 [13] und 28 [13][946])

---

[944] Hess, S. 23–27. – Merz, Stammtafeln Falck und Dorer.
[945] Hess, S. 20. – Rüsch, S. 60. – Münzel, Hinterhof, S. 5; Abb. 5. – Bilddokument Nr. 2. – Plandokument Nr. 11.
[946] Bilddokument Nr. 1. – Hottinger, S. 59f. – Münzel, Hinterhof, S. 5; Abb. 6.

Abb. 300 und 301. Baden. Badhotel «Zur Blume», Bildnis der ehemaligen Hausinhaberin Karolina Borsinger, um 1830; ehemaliger Badgasthof «Hinterhof», Stauf von 1592 (heute in Luzern). – Text S. 321 und unten.

und der ostseitig durch einen Risalit damit zusammengefaßte, siebenachsige Annex von etwa 1860[947] (anstelle des «Habsburgerhauses», Abb. 27 [14] und 28 [14][948]). Am schlichten dreigeschossigen «Neubau» ein wiederverwendetes barockes Portalgericht mit toskanischen, von reliefgezierten Sockeln getragenen Halbsäulen und verkröpftem Gebälk; auf dem Sims gemeißelte Wappensupraporte Dorer[949]. Rückseitig, an der Limmatfassade ein nachträglich eingemauertes Relief mit dem gleichen Wappen, unter einem lisenengestützten Dreieckgiebel; um 1650. In einem Kreuzgewölbe des Badekorridors oktogonales Medaillon mit weiterem Wappen Dorer und der Umschrift «CASPARVS · DORER · SCHVLTHES · VND · PANERHERR · DER · STATT · BADEN · ANNO · 1661 ·»; Dm. 48 cm. – In Privatbesitz von Herrn C. Falck, Luzern: Steinernes Relief, 53 × 45 cm, mit dem Doppelwappen Amberg–Falck und der Jahreszahl 1598[950]. – *Stauf* (Abb. 301). Silber, vergoldet. Höhe (mit Deckel) 39,9 cm. Markenlos. Datiert 1592. Becherförmiges Gefäß mit gewölbtem, nockenbesetztem Fuß und ziergraviertem Schaftring. Die Rosette und der Kugelknauf auf dem flach gebusten Deckel sind Ersatzstücke. Unter dem Lippenrand die mehrzeilige gotische Inschrift: «Diß gschir verehren uß fründtschafft, Die gsandten gmeiner Eydtgnoschafft, Der schillt und Namen hierum sind / verzeychnet, irem gütten fründ, Dem

---

947 StadtA, Nr.875: 3, fol.2. – Plandokument Nr.12.
948 Bilddokumente Nrn.1, 2, 4. – MÜNZEL, Hinterhof, S.5, 7; Abb.2, 5.
949 MERZ, Abb. 63.   950 MERZ, S. 10f., 86.

Seckelmeyster Falcken zbaden, Drum das er sy zů gast hatt gladen / Ein Apt von Wettingen gab auch sin theyl. Den allen gäb Gott glück und heyl 1592». Darunter in Kapitälchen die Namen der einzelnen Stände und in einer zweizeiligen Sequenz hochovaler Medaillons die beschrifteten Wappen ihrer Vertreter[950a]. Auf dem Deckel die Wappen weiterer Standesvertreter mit gotischen Inschriften[950b]. Unter dem Fuß ein Rundmedaillon mit dem Wappen Falck, der Jahreszahl 1592 und der

[950a] Transkribiert, oben: Hans Keller, Bannerherr, und Gerold Escher, Stadtschreiber, von Zürich; Anton Gasser, Venner, und Michael Augsburger, von Bern; Jost Holdermeyer, Seckelmeister, und Niklaus Pfyffer, Ritter, von Luzern; Ambros Püntiner, Ritter und Landammann, von Uri; Jost Schilter, Landammann, und Rudolf Reding, Ritter und Bannerherr, von Schwyz; Wolfgang Schönenbühl, Landammann, und Melchior Lussi, Ritter und Landammann, von Unterwalden; Beat Zurlauben, Landammann, von Zug; unten: Meinrad Tschudi und Jost Tschudi, beide Landammann, von Glarus; Remigius Fäsch und Melchior Hornlocher, von Basel; Ulrich Wild, von Freiburg; H. Jakob vom Stal, Stadtschreiber, von Solothurn; I. Konrad Meyer, Bürgermeister, von Schaffhausen; Hans von Hämen, Landammann, von Appenzell; Ulrich Hölderner, von Schwyz, Landvogt in Baden; Kaspar Bodmer, Landschreiber, von Baden; Christoph Keller, Untervogt in Baden.
[950b] Transkribiert: Sebastian von Beroldingen, Landammann, von Uri; Martin Brandenberg, Seckelmeister, von Zug; Peter Krumenstall, Bürgermeister, von Freiburg; Jörg Mäder, Statthalter, von Schaffhausen; Konrad Wysser, Landammann, von Appenzell.

Abb. 302. Baden. Bäderplatz von Nordosten, mit den Gasthöfen «Blume», «Ochsen», «Löwen» und «Halbmond» und dem Verenabad (im Vordergrund rechts), Ende 18. Jahrhundert (vgl. Abb. 27). Umrißkupfer von C. Wyß (Bilddokument Nr. 94). – Text S. 40–43, 307, 315, 318 und Index S. 42.

Umschrift «CASPER FALCK · SECKELMEISTER ZV̊ BADEN»[951]. Am Schaft über dem Fuß die spätere Inschrift «⚜Casper · Dorer · Schuldheiß · und · Banerher · Der · Zit · Besitzer · des · hinderen Hoffs / Ao 1662» mit dem Wappenbild ohne Schild. – Eine angeblich aus dem Hinterhof stammende, im Haus Kapellplatz Nr. 12 in Luzern eingebaute Fenstersäule mit der Jahreszahl 1473 und dem Wappen Mattler–Schad ist nachweisbar die Imitation einer zugrunde gegangenen Fensterstütze des ehemaligen Gasthofs[952]. – Im Schweizerischen Landesmuseum Zürich: Türe mit Eisenbeschlägen und hölzerner Supraporte in Form einer Blendarkade mit üppigem Maßwerk; Ende 15. Jahrhundert (Inv. Nr. LM 5244). – Sechs flach geschnitzte gotische Friese; Ende 15. Jahrhundert (Inv. Nr. LM 5245).

KURPLATZ

Badhotel «Staadhof» (Abb. 27 [8] und 28 [8]). Von der alten Anlage, dem ursprünglich größten Badgasthof des Kurortes, sind kaum noch Spuren übriggeblieben. Sie bildete, gleich dem ehemaligen «Hinterhof» (vgl. S. 310), ein vielfältiges, aber in sich geschlossenes Anwesen mit einem vom Platz her zugänglichen Mittelhof (Abb. 4, 6, 26, 30, 292 und 295). 1361 als österreichisches Lehen des Badeners Heinrich Kaufmann bezeugt, ging der Gasthof schon 1404 in das freie Eigentum von dessen Sohn über als Abfindung für die in den Kriegen gegen die Eidgenossen erlittenen

[951] MERZ, Stammtafel Falck.
[952] Freundliche Mitteilung von Herrn Dir. C. Falck, Luzern. – Vgl. MERZ, S. 182–184.

Abb. 303. Baden. Badhotel «Verenahof» von Osten. – Text S. 316.

Schäden[953]. Durch Heirat kam er im zweiten Viertel des 15. Jahrhunderts in die
Hand des in Baden eingebürgerten Conrad am Staad aus Schaffhausen, nach
welchem er noch heute benannt wird[954]. 1640 wurde die Badherberge durch Hans
Ludwig Egloff erworben; dessen Mannesstamm führte sie bis 1844[955]. – Der «Staad-
hof» hat im 19. Jahrhundert unter Karl Martin Egloff als erstes aller Badener
Hotels sein spätmittelalterlich-barockes Kleid gewechselt und durch seine neuen
komfortablen Einrichtungen gleichzeitig dem «Hinterhof» den Rang abgelaufen[956].
Im 20. Jahrhundert verschwanden die gegen den Fluß liegenden klassizistischen
Gebäulichkeiten bereits wieder, und 1967 wich der noch stehengebliebene, dem
Platz zugekehrte Hauptbau einem modernen Hotel aus waagrecht gerippptem Sicht-
beton, der das architektonische Gefüge des alten Bäderzentrums ungeachtet seiner
künstlerischen Raffiniertheit empfindlich stört. Graphische Ansichten und die
Beschreibungen von DAVID HESS vermitteln noch eine Vorstellung der um 1815–1820
entstandenen Neubauten[957]. – Einziger Überrest des alten «Staadhofs» ist ein beim
Eingang zum neuen Thermalschwimmbad eingemauertes Relief aus Mägenwiler
Muschelsandstein, 82 × 87 cm, mit den Initialen «C(arl) L(udwig) E(gloff)» und
«M(aria) M(argareta) M(üller)» sowie den zugehörigen Allianzwappen und der
Jahreszahl 1727[958].

Badhotel «Verenahof» (Abb. 28 [37]). BAUGESCHICHTE. Das architektonisch vornehmste Haus auf dem Kurplatz steht über den Grundmauern der drei ehemaligen
Badherbergen «Zum Löwen», «Zum Halbmond» und «Zur Sonne», die teils schon
um die Mitte des 14. Jahrhunderts erwähnt sind (Abb. 27 [11, 20, 21], 6, 302)[959].
Anlaß zum Bau des bestehenden Gasthofs gab die 1844 unter dramatischen Umständen erfolgte Auffindung einer neuen Quelle im «Löwen»[960]. Noch im selben Jahr
stellte der Besitzer und Badener Stadtrat Franz Joseph Borsinger ein Baugesuch,
woraus hervorgeht, daß das projektierte Hotel nur «Löwen» und «Halbmond» ersetzen, jedoch direkt an die kurz zuvor renovierte «Sonne», die ein Ehgraben vom
«Halbmond» schied, angebaut werden sollte[961]. Der Neubau wurde im Winter
1844/45 nach Entwürfen des Architekten und städtischen Bauverwalters KASPAR
JOSEPH JEUCH ausgeführt und nach der Vollendung auf ausdrückliche Bitte des Bauherrn mit seinem heutigen Namen bedacht[962]. 1872 erwarb Borsinger von Karl
Jeuch, dem Vater des Architekten, das den Nordwestwinkel des Platzgeviertes bil-
dende Gasthaus «Zur Sonne», ließ es niederlegen und auf dem gewonnenen Platz den
«Verenahof» erweitern[963]. Schriftquellen über den damals tätigen Architekten fehlen.

---

953 R. THOMMEN, Urkunden zur Schweizer Geschichte aus österreichischen Archiven I, Basel
1899, S. 427; II, Basel 1900, S. 392f.

954 MERZ, S. 289.

955 WELTI, Regesten, S. 617. – StadtA, Nr. 893: 1844–1846, S. 30, 408, 421; 1850 1852, S. 447f.,
459f., 494. – MERZ, Stammtafel Egloff.

956 HESS, S. 48–56. – J. J. REITHARD, Die Schweiz in Bildern, Zürich [um 1850–1860], S. 34.

957 Bilddokumente Nrn. 111, 112, 113. – HESS, S. 48–56.

958 MERZ, Abb. 67; Stammtafel Egloff.   959 Bilddokumente Nrn. 93, 94, 97.

960 U. MÜNZEL, Die Thermen von Baden, Baden 1947, S. 57.

961 StadtA, Nr. 893: 1842–1844, S. 784f.

962 Ebenda: 1844–1846, S. 88. – D. MÄDER, a.a.O., 4. Folge.

963 StadtA, Nr. 893: 1872–1874, S. 213f.

BESCHREIBUNG. *Äußeres* (Abb. 303). Der Bau von 1844/45 hatte eine zweifach gebrochene Fassade, die mit drei Fensterbreiten nach Südosten schaute und in den Verbindungsweg nach der Bäderstraße vorstieß, wo sie direkt an den «Ochsen» grenzte; fünf Fensterbreiten waren nach dem ostwärts liegenden Platz gerichtet; dazwischen befand sich die schmale Hauptachse mit dem Portal. Das flachgeneigte Dach ruhte über einem Kniestock mit kleinen Rechteckfenstern[964]. Bei der Erweiterung des Hotels büßte der ältere Trakt Portal und Mezzanin ein. Im übrigen verband sich der fast dreißig Jahre jüngere Bau völlig homogen mit dem alten. Ähnlich seinem Vorläufer, der «Sonne», ist er winkelförmig gebildet, wobei der nach Osten vorgezogene Flügel aber nur in seinem Aufriß mit den platzseitigen Trakten übereinstimmt, während er grundrißlich zum mächtigen, nach Norden schauenden Speisesaaltrakt gehört. – Das nahezu die Hälfte des Kurplatzes beherrschende Hotel erhebt sich in drei Geschossen und trägt ein von Schrägstreben gestütztes Sparrendach. Die Rundbogenlichter im fugengegliederten Erdgeschoß werden über einer Stockgurte mit Anthemionfries von einfachen Rechteckfenstern abgelöst, die in der ehemaligen Hauptachse des Altbaus und über dem neuen Eingang gekuppelt sind. Die elfachsige Hauptpartie der Fassade wird im übrigen nur durch eine *Portalarchitektur* von 1873 akzentuiert, die bis über die Dachtraufe fortgeführt ist und mehr durch ihren etwas pompösen viktorianischen Charakter als durch ihre künstlerische Qualität fasziniert: zwei kannelierte toskanische Halbsäulen tragen über dem verkröpften Gurtsims ein glattes Pilasterpaar mit korinthisierenden Kapitellen, das über beide Obergeschosse hochsteigt und auf Traufenhöhe einen Volutensockel mit einer Statue der hl. Verena stützt; Wappen Markwalder(?) von 1929[965]. Die klassizistischen Eckvoluten der Dachlukarnen 1975 entfernt. Der westöstlich sich erstreckende Speisesaaltrakt, gleichzeitig mit der jüngeren Baupartie am Kurplatz entstanden, ist ein symmetrischer Kubus, der nordseitig ein gleichartiges Erdgeschoß wie die Kurplatzfassade zeigt, im übrigen aber durch einen fünfachsigen Mittelrisalit, eine vom Gurtsims unterbrochene hohe Pilasterordnung und durch ein kapitellgestütztes Kranzgesims mit Attika ins Auge fällt. Die beiden mittleren Risalitgeschosse sind durch große Rundbogenlichter zu einem einzigen Stockwerk zusammengezogen, das den Speiseraum enthält. – Es unterliegt kaum einem Zweifel, daß die Hotelerweiterung von 1872/73, gleich dem Altbau, von JEUCH entworfen worden ist, der hier Gelegenheit hatte, an die Stelle seines Vaterhauses zeitgemäße Gasträumlichkeiten zu setzen. Der «Verenahof» entbehrt im ganzen zwar der zierlichen Feingliedrigkeit, die seinem Schöpfer an der Dependance des «Ochsen» geglückt ist (vgl. Abb. 298); aber er bringt auf der Platzseite eine noch mittelalterliche Zufälligkeit des Grundrisses mit klassizistischer Strenge der Fassaden überzeugend in Einklang. – *Inneres.* Der dem Platz zugewandte Neutrakt birgt ein von toskanischen Säulen gestütztes Entree, in welchem eine dreiläufige Treppe ihren Anfang nimmt. Das Treppenhaus ist durch ölmarmorierte ionische und korinthische Säulenpaare abgestützt. Die Zierde des Gasthofs bildet der nordseits vom Treppenhaus vom ersten bis zum dritten Obergeschoß reichende, glasüberdeckte *Säulenhof* mit ölmarmorierten Stützen über hohen Sockeln und kassettierten Holzbrüstungen (Abb. 304). Er

---

[964] Photographie in der Städtischen Sammlung im Landvogteischloß.
[965] Sechsfach (von Weiß und Blau?) schräggeteiltes Schild. – Vgl. MERZ, Abb. 148. – Die Markwalder waren Besitzer im 20. Jahrhundert.

Abb. 304. Baden. Badhotel «Verenahof». Nordseitiger Säulenhof von Kaspar Joseph Jeuch, 1873.
Text S. 316 und unten.

wurde 1872/73 als Pendant dem seit 1845 im südlichen Altbau bestehenden, aber im Souterrain fundierenden Säulenhof nachgeformt, der 1929 um ein Geschoß vermindert wurde und dessen sauberen klassizistischen Zustand eine gleichzeitige, neubarocke Renovation erheblich beeinträchtigte. An den Höfen wird offenbar, daß JEUCH Italien bereist hat, wo ihn antike Atrien und Kolonnaden wie jene am Palazzo Massimi in Rom[965a] beeindruckt haben mögen. – Im pilastergegliederten *Speisesaal* eine mächtig dimensionierte Stuckdecke mit stark profilierten Oval- und Zweipaßrahmen, Puttenhäuptern, Elefantengrinden und Abhänglingen. Beispiel eines für die gesellschaftliche Oberschicht bestimmten Raumes aus dem viktorianischen Zeitalter. – Im daneben liegenden sogenannten Grünen Restaurant spätklassizistisches Kassettentäfer und Zahnschnitt am Deckenansatz. – Den im Altbau befindlichen, 1924 eingerichteten sogenannten Verenahof-Salon schmückt eine gefällige Stuckdekoration.

[965a] G. KAUFFMANN u.a., Die Kunst des 16. Jahrhunderts (= Propyläen-Kunstgeschichte VIII), Berlin 1970, Abb. 333.

Abb. 305. Baden. Badhotel «Zur Blume». Alttrakt von Nordosten. – Text S. 319f.

Badhotel «Zur Blume» (Abb. 27 [10] und 28 [10]). GESCHICHTE UND BAUGESCHICHTE. Erwähnt vom Jahre 1421 an, oft im Zusammenhang mit Streitigkeiten zwischen den Anteilhabern an der Quelle des «Heißen Steins»[966]. 1466/67 erwirbt der Ochsenwirt Heinrich Brunner mit seinem Tochtermann den Gasthof[967]; das Badener Geschlecht sitzt bis gegen Ende des 17. Jahrhunderts darauf, als er durch Heirat an die Diebold von Baden übergeht[968]. Im Jahre 1800 kauft ihn Anton Niklaus Borsinger, in dessen direkter Nachkommenschaft das Haus bis in jüngste Zeit verblieben ist[969]. – Die Platzfassade des Hotels zeigt sich auf allen Bilddokumenten seit dem beginnenden 17. Jahrhundert in fast gleichem Zustand (Abb. 4, 6, 26 und 302)[970] und macht noch heute – neben dem «Ochsen» als einzige Schauseite in den Großen Bädern – vornehmlich den Eindruck eines spätmittelalterlich-barocken Baus. Zu Beginn des 19. Jahrhunderts teilweise Renovation durch den neuen Besitzer A. N. Borsinger[971]. 1866, schon Jahre vor der Gründung der Aktiengesellschaft für den Bau des «Grand Hôtel» (vgl. S. 166), ließ der Blumenwirt Franz Xaver Kaspar Borsinger durch den Badener Architekten ROBERT MOSER Pläne für einen monumentalen «Gast- und

966 WELTI, Urkunden I, S. 346f., 538; II, Register, s.v. «Blumen». – WELTI, Regesten II, S. 630, 676, 678.
967 WELTI, Urkunden II, S. 1147.
968 MERZ, Stammtafel Brunner S. 46; S. 63; Stammtafel Diebold I.
969 B. FRICKER, Abriß zur Geschichte des Hotels «Zur Blume», Manuskript im Besitz von Frau Dr. M. Kuhn-Borsinger, Baden. – MERZ, Stammtafel Borsinger S. 40.
970 Bilddokumente Nrn. 1, 93, 94, 96, 97.   971 HESS, S. 31.

Badehof» ausarbeiten, die mit dem Abbruch des alten Hotels und seines Hinterhauses sowie der anstoßenden Häuser «Zum Gelbhorn» (vgl. S. 321) und «Zur Sense» (vgl. S. 307) rechneten und ein Etablissement über trapezförmigem Grundriß, mit südwestlich gerichteter(!) Hauptfassade vorsahen (Abb. 307). Der südseits drei-, nordseits viergeschossige, mit Seiten- und Mittelrisaliten projektierte Neubau sollte einen zentralen rechteckigen Lichthof umfangen, nach welchem sich in den untern Geschossen Wandelgalerien in Säulenarchitravkonstruktion, in den obern Zimmerfenster öffneten [972]. Das gewaltige Vorhaben, dessen Realisierung nicht nur den Kurplatz, sondern einen großen Teil des Bäderquartiers nachhaltig verändert hätte, kam aus unersichtlichen Gründen nicht zur Ausführung. Dagegen begann man 1872 mit dem Abbruch des alten Südtraktes und errichtete nach Entwürfen MOSERS im Folgejahr einen neuen, der die Konstruktion eines Säulenhofs zwischen Altbau und Neubau möglich machte [973]. 1897/98 Erstellung eines Wasseraufzugs zur Personenbeförderung [974].

BESCHREIBUNG. *Äußeres.* Der dem Platz zugekehrte dreigeschossige Alttrakt (Abb. 305) beschreibt noch den ursprünglichen Grundriß (Abb. 306) mit zweifach gebrochener, in den Verbindungsweg zur Bäderstraße einbiegender Fassade. An der Nordostkante spätgotischer Strebepfeiler. Der Ostflügel bewahrt einige barocke Rechtecklichter; in den übrigen Fassadenpartien sitzen klassizistische Fenster aus der Zeit nach 1800. Gekuppeltes Stichbogenportal mit stilisiertem Pflanzendekor, um 1840. Auffällig das gewellt abfallende Satteldach, dessen oberer, konvexer Knick durch axial übereinanderliegende Rafen und Sparren gebildet wird, während der

[972] Plandokumente Nr. 33. – Frau Dr. M. Kuhn-Borsinger, Baden, danke ich für die freundliche Überlassung der Moserschen Baupläne.
[973] Familienchronik Borsinger zur «Blume», Ms., zurzeit bei Frau G. Huber-Jann, Altdorf.
[974] B. FRICKER, a.a.O.

 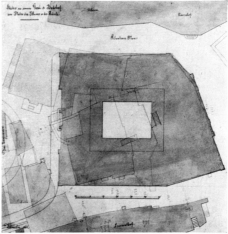

Abb. 306 und 307. Baden. Badhotel «Zur Blume». Grundriß des Bädergeschosses, 1844, Federzeichnung von F. Lehmann (Ausschnitt aus Plandokument Nr. 11); Grundriß eines Neubauprojektes, 1866, Federzeichnung von R. Moser (Plandokument Nr. 33). – Text oben.

untere, konkave durch lange, flachgeneigte Aufschieblinge zustande gebracht ist. Ostseitiger Krüppelwalm. Südseitig, am sanft ansteigenden Hang, der *Anbau* ROBERT MOSERS (Abb. 308), ein dreiseitig freistehendes, dreigeschossiges Gebäude über trapezförmigem Grundriß, mit Walmdach. Im hohen, mit künstlichem Fugenschnitt gezierten Erdgeschoß liegen gleichförmig gereihte Rundbogenlichter, die von einer Quader- und Keilsteinzeichnung begleitet und über den Zwickeln mit eingetieften Rundmedaillons bereichert sind. Die beiden von Putzquaderlisenen eingefaßten Obergeschosse erheben sich über einer kräftigen Gebälkzone, das erste von simsförmigen, dreieckigen und stichbogigen Fensterverdachungen, das zweite von feinprofilierten, geohrten Fensterrahmen mit Konsolensimsen belebt. Den Fassadenabschluß bildet ein aus den vortretenden Rafen des Dachstocks geschnitzter Konsolenfries. (Die Sandsteinfenstergiebel heute stark lädiert, teils ganz zerstört.) Dachstuhl in bemerkenswerter Hängekonstruktion. – Im «Blumen»-Neubau wirkt etwas von der blockhaften Körperlichkeit italienischer Renaissance-Paläste nach. Frei von Einflüssen der Romantik und wenig berührt vom Biedermeier hat MOSER mit diesem Hotel einen eigenständigen Bau in das variierte architektonische Ensemble des Bäderquartiers zu stellen gewußt. – *Inneres*. Im Altbau klassizistisches Entree mit toskanischen Wandpilastern. – Langgestreckter, glasüberdeckter Lichthof mit rustiziertem Erdgeschoß und zwei Galerien mit Gußeisenstützen und Eisengeländern, 1873. Das im Hof an Schienen laufende Liftgehäuse anstelle des originalen Personenaufzugs von 1898, des ersten in Baden. Allegorisches Wandbild «in Aqua Salus» mit

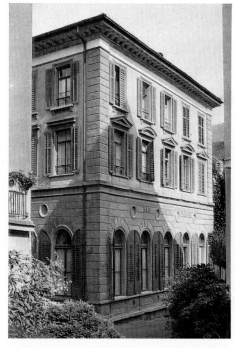 

Abb. 308 und 309. Baden. Badhotel «Zur Blume». Neutrakt von Westen; Wandpilaster und Türe im Speisesaal von Robert Moser, 1873. – Text oben und S. 321.

schmückenden Arabesken, um 1873. In der unteren Galerie, an die Wand appliziert, Bildnis eines Mannes am Fenster; Öl auf Leinwand, 84,7 × 122,5 cm, signiert und datiert «F(ranz) D(reher) 1835». – Im Erdgeschoß des Neubaus weiß getünchter vornehmer *Speisesaal*, wahrscheinlich nach Plänen R. MOSERS. Seine kannelierten Wandpilaster mit den korinthisierenden Kapitellen stützen ein Gebälk, über welches sich ein Hohlkehlenspiegel spannt. In dessen Mitte ein kleines Fresko mit der allegorischen Darstellung des heilbringenden Wassers. Geohrte Türeinfassungen, überhöht von festlichen akanthus- und girlandengezierten Stuckgiebeln mit Palmettenakroterien und neckischen Putten (Abb. 309). Neben dem Saal die «Kaspar-Borsinger-Stube», in welcher die *Bildnisse der Borsingerschen Hausinhaber* hängen[975]; sämtliche in Öl auf Leinwand, unsigniert und undatiert: 1. Kaspar Joseph Anton Niklaus Borsinger (1779–1841). 48 × 38 cm. Um 1825–1830. – 2. (Abb. 300). Karolina Borsinger-Hässig von Kasselburg (1782–1849; zweite Gattin von Nr. 1). 45,5 × 36,5 cm. Um 1825–1830. – 3. Witwe Maria Josepha Borsinger-Heer (1813–1877; Schwiegertochter von Nrn. 1 und 2) mit zwei ihrer fünf Kinder, Lina und Franz Xaver. 68 × 66,5 cm. Um 1855. – 4. Franz Xaver Kaspar Borsinger (1846–1897; Sohn von Nr. 3). Oval, 68 × 54 cm. Um 1885. – 5. Mathilde Borsinger-Müller (1851–1925; Gattin von Nr. 4). Oval, 68 × 54 cm. Um 1885.

Im Verbindungsgäßchen nach der Bäderstraße, zwischen dem Altbau der «Blume» und dem ehemaligen Haus «Zur Sense», das ursprünglich mittelalterliche, im 19. und 20. Jahrhundert aber umgebaute *Restaurant «Hörnli»* (einst Haus «Zum Gelbhorn») mit Biedermeier-Wirtshausschild.

Badhotel «Schweizerhof» (Abb. 27 [9] und 28 [9]). Geschichte: Für die Zeit um 1300 bezeugbar und somit die am frühsten erwähnte Badherberge[976]. Gelangte nach 1480 unter dem Namen «Zum Raben» in die Hand Hans Ambergs d. J.[977], unter dessen Nachkommen sie mindestens drei Generationen lang blieb. 1652 durch den nachmaligen Ratsherrn Dietrich Brunner erworben und unter seinem Sohn Johann Bernhard und seinem Enkel Johann Melchior weitergeführt. Zu Beginn des 19. Jahrhunderts ist der Gasthof als Besitz von Dietrichs Stammhalter Kaspar nachzuweisen, von ihm ging er später an den zweiten Gatten seiner Frau Elisabeth Attenhofer, den berühmten Kunstmaler Jakob Meyer, über[978]. Dieser riß in den dreißiger Jahren des 19. Jahrhunderts das spätmittelalterliche Doppelhaus (Abb. 26) nieder und erstellte auf den alten Grundmauern einen einfachen Biedermeier-Bau mit Dachhäuschen[979]. 1855 Renovation mit geringfügigen Veränderungen am Äußern[980]; gleichzeitig Umbenennung auf den heutigen Namen[981]. 1910 durchgreifender Umbau und Erweiterung nach Plänen von Architekt EUGEN SCHNEIDER, Ennetbaden[982]. – Beschreibung: Das Hotel bildet mit seinem Grundriß ein unregelmäßiges

---

[975] Vgl. MERZ, Stammtafel Borsinger.
[976] FRICKER, Baden, S. 398. – MITTLER, Baden I, S. 260.
[977] FRICKER, Baden, S. 399. – MERZ, Stammtafel Amberg.
[978] MERZ, Stammtafel Brunner S. 46.
[979] FRICKER, Baden, S. 399. – Bilddokumente Nrn. 5, 101, 109.
[980] U. MÜNZEL, Der Platz in den Großen Bädern zu Baden, Njbl. der Apotheke Dr. U. Münzel Baden, 1949, Legende zu Abb. 13.
[981] StadtA, Nr. 893: 1855–1859, S. 7f.
[982] Freundliche Mitteilung des früheren Besitzers, Herrn A. Baumgartner.

Viereck und umschließt mit vier Trakten ein zentrales Treppenhaus. Auf der Platzseite ein die Traufe unterbrechender Parabelgiebel; auf der Limmatseite ein Mansardendach mit eingebauter Säulenterrasse zwischen Seitengiebeln. Die modernen Pfeiler im Entree markieren die Westfassadenflucht der Vorläuferbauten. Im unterirdischen Bädergeschoß gemeißelte Allianzwappen, 51 × 45,5 cm, mit den Initialen «J(ohann) M(elchior) B(runner)–A(nna) B(arbara) M(üller von Mellingen)» und der Jahreszahl 17·41 [983].

LIMMATPROMENADE

Badhotel «Limmathof» (Abb. 27 [19] und 28 [33]). GESCHICHTE UND BAUGESCHICHTE. Anstelle dieses Gasthauses und seiner Dependance (siehe S. 324) stand ursprünglich der «Schlüssel», ein Anwesen von zwei parallelen Bautrakten, die nordseits, wo sie an den Kurplatz stießen, wahrscheinlich miteinander verbunden waren und einem Tordurchgang Raum ließen (Abb. 26) [984]. Der Gasthof besaß keine eigenen Bäder, hatte aber seit 1377 als einzige Herberge in den Bädern das vom Rat erteilte Recht, auch Gäste anderer Höfe verpflegen zu dürfen [985]. 1404 kam der «Schlüssel» als freies Eigentum an die Stadt, die ihn in der Folge an Verburgerte verlieh [986], 1647 das Lehen aber wieder an einen Wirt verkaufte [987]. Nachdem die im Limmatbett aufsteigende Quelle im Winter 1828/29 gefaßt worden war, machte der Besitzer des

983 MERZ, Abb. 40 (hier das Müller-Wappen irrtümlich ohne Kreuz auf der obersten Radschaufel; vgl. Abb. 163).
984 Vgl. Bilddokument Nr. 96 und Plandokumente Nrn. 9 und 10.
985 F. ALBRECHT, Rechtsgeschichte der Bäder zu Baden im Aargau, Bern 1915, S. 82 ff.
986 WELTI, Urkunden I, S. 223–225, 426 f., 573.
987 StadtA, Nr. 11, S. 277, 301, 305, 532. – FRICKER, Baden, S. 401 f.

Abb. 310. Baden. Badhotel «Limmathof» von Südosten. – Text S. 323 f.

Gasthofs, Stadtrat Bartholomäus Nieriker, bei der Gemeinde mit Erfolg Ansprüche auf das gewonnene Thermalwasser geltend[988]. Der Gedanke an hauseigene Bäder rief sofort der Idee eines großen Hotelneubaus. Im Frühsommer 1833 wurden um den flußseitigen «Schlüssel»-Trakt die Profile des projektierten Gebäudes abgesteckt, was aber heftigen Widerspruch der Wirte in Ennetbaden und die Intervention der kantonalen Baukommission zur Folge hatte[989]. Ende November entschied die Regierung, Nieriker die beträchtlich in den Fluß vorgeschobene Baulinie zurücksetzen zu lassen, und beauftragte Kantonsbaumeister FRANZ HEINRICH HEMMANN, Vorschläge für die dadurch notwendig gewordene Änderung des Bauprojektes zu unterbreiten[990]. Die Pläne des rechteckig, auf 45 × 130 Schuh bemessenen Gebäudes[991] wurden modifiziert, und zu Beginn des Jahres 1834 äußerte Nieriker, «die Breite des zu erbauenden Schlüssels auf beiden Seiten bis auf 40 Schuh zu beschränken, hingegen in der Mitte desselben einen 54 Schuh langen und 8 Schuh ... vorragenden Vorbau anzubringen»[992]. Bald danach wurden die Arbeiten begonnen und so schnell vorangetrieben, daß der Gasthof im Frühjahr 1835 unter Dach stand[993]. Am 4. März entsprach die Regierung der Bitte des Bauherrn, den Namen des Hauses in «Limmathof» abändern zu dürfen[994]. – Umbauten im Innern und am Äußern um 1910. Zwischen 1956 und 1972 gründliche Restaurationen.

BESCHREIBUNG. *Äußeres* (Abb. 310). Den mächtigen, an der Langseite dreizehn, an der Schmalseite drei Fensterachsen zählenden, rund 21 m hohen Hotelbau deckt ein niedriges Walmdach. Er erhebt sich über einem Bädergeschoß, welches auf der Landseite unterirdisch liegt, sich auf der tieferliegenden Flußseite aber als Parterre in großen Rechteckfenstern öffnet. Der Aufriß der landseitigen Eingangsfront und der limmatseitigen Schaufront ist im Prinzip der nämliche. Das Sockelgeschoß (an der Schaufront über die ebenerdigen Bäder gesetzt) wird durch ein kräftiges Kordongesims von den beiden mittleren Stockwerken geschieden; diese wieder sind durch eine Gurte vom Mezzanin getrennt. Das Charakteristikum der Eingangsfassade bildet ein fünfachsiger, lisenengegliederter Mittelrisalit mit palladianischem Fenster im Dreieckgiebel. Ihm entspricht auf der Limmatseite eine ebenfalls übergiebelte, von Lisenenpaaren gefaßte, aber mit den Flügeln gefluchtete Mittelpartie von gleicher Breite, mit Balkon im ersten Obergeschoß. Kantenquaderung aus Läufern und Bindern. Im künstlich quadrierten Sockelgeschoß und im darüber liegenden Stockwerk der Giebelachsen hohe Rundbogenlichter, daneben kräftig gerahmte Rechteck-

---

988 MÜNZEL, Thermen, S. 53 f. – MITTLER, Baden II, S. 316. – Vgl. StadtA, Nr. 893: 1830–1834, S. 300.

989 Ebenda: 1830–1834, S. 368. – StA Aarau, Prot. des Kleinen Rates 1833, S. 369, 734. Prot. der Baukommission 1833/34, S. 202, 211.

990 StA Aarau, Prot. des Kleinen Rates 1833, S. 742. Prot. der Baukommission 1833/34, S. 225 f.

991 StadtA, Nr. 821: Akten Bäder, 30. Sept. 1833.

992 StA Aarau, F. 14, Bauwesen, Bd. H: Nr. 49. – StadtA, Nr. 893: 1834/35, S. 3 f.

993 StadtA, Nr. 893: 1834/35, S. 49, 240. – StA Aarau, Prot. der Baukommission 1833/34, S. 299, 405. – Bilddokument Nr. 5 zeigt das Haus in halbfertigem Zustand.

994 StA Aarau, F. 10, Wirtschaften und Ohmgeld 1835/I: Nr. 24. Prot. des Kleinen Rates 1835, S. 96. – Nieriker begründete seinen Wunsch mit dem Argument, daß der «Schlüssel» bis anhin «nur einen geringen Rang unter den Höfen und Wirtshäusern der Bäder» eingenommen habe, und fügte bei: «Die unmittelbare Lage am Flusse, dem er [der Neubau] sozusagen durch schwere Opfer abgekämpft ist, die Geräumigkeit des Baues und dessen Ausstattung mit Bädern lassen wohl den Namen ‹Limmathof› weder als unpassend noch als prahlerisch erscheinen.»

fenster mit neubarocken Schmiedeisengeländern. Der untere Balkon auf der Flußseite von etwa 1910 (beidseitig verlängert um 1965). Die doppelstöckige, den Promenadenweg überbrückende Verbindungsgalerie zum Restaurant «Schlüssel» reicht mit ihrem unteren Geschoß noch in die Bauzeit des letzteren zurück (siehe unten). – In der Zeit des aufkommenden Tourismus entstanden, wagt das Hotel aus praktischen Gründen das Experiment, die Formensprache einer kleinen Villa ins Großmaßstäbliche zu übersetzen. Bei allen Schwächen, die diesem Versuch anhaften, bleibt der Gasthof das eindrücklichste Gebäude, das in Baden während der ersten Hälfte des 19. Jahrhunderts geschaffen wurde. – *Inneres.* Hinter dem Hauptportal im Risalit Säulenentree mit Kranzgesims, im Nordflügel Lift; beide um 1910. Im ersten Obergeschoß festlich-pompöser *Speisesaal* über T-förmigem Grundriß, aus der gleichen Zeit. Sein neubarocker Stukkaturendekor umfaßt girlandengeschmückte Wandkassetten, Frucht- und Blattstäbe, puttenbelebte Supraporten und ein Kranzgesims; über dem Portal zur Verbindungsgalerie Uhr mit schmückenden Füllhörnern. Zwischen zwei Freisäulen aus gelb-grünem Schliffmarmor gleichzeitiges Buffet im Empirestil auf vier kurzen Füßen, mit zweiflügeliger Türe und Messingbeschlägen. Zwei Puttenkerzenhalter aus Messingguß. – Diverse von der Direktion verwahrte Dachziegel mit undeutbaren gravierten Zeichen stammen angeblich vom alten Haus «Zum Schlüssel».

Taverne «Zum Goldenen Schlüssel» (Abb. 27). 1846 erwarb der Besitzer des landseitigen «Schlüssel»-Traktes, Bartholomäus Nieriker, das südlich an diesen Bau stoßende Haus «Zum Wilden Mann» (Abb. 27 [24])[995], ließ beide Gebäude abbrechen und durch eine neue Dependance – die heutige Taverne – ersetzen[996]. 1960 und 1966 durchgreifende Innenrenovationen. – Dreigeschossiger Bau über trapezförmigem Grundriß, mit ungebrochenem Walmdach. Die dem «Limmathof» axial gegenüberliegende Ostfassade wiederholt fast spiegelbildlich den symmetrischen Aufriß von dessen Westfront, nur daß sie um ein Geschoß niedriger ist, einen geringer vorladenden Risalit und nur einachsige Flügelbauten hat. An der Rückfassade im ansteigenden Blumengäßchen Rundbogen- und klassizistische Rechteckfenster zwischen vertikal gliedernden Simsen. Der schmalen Nordseite ist ein polygonaler Balkon über vier dorischen Säulen vorgebaut; die darunter liegende Terrasse erscheint als originelle Portikus, mit welcher der Architekt (vielleicht FRANZ HEINRICH HEMMANN) das Haus gegen den Kurplatz hin sehr ansprechend zu gestalten gewußt hat. Das untere Geschoß der zum «Limmathof» führenden Verbindungsgalerie, gleichzeitig mit der Taverne entstanden, charakterisieren eine eingeschindelte Sockelzone, toskanische Holzpilaster und ein Zahnschnitt. Das obere stammt von 1966/67[997]. Schmuckes schmiedeisernes Tavernenemblem aus der Mitte des 18. Jahrhunderts[998]. – Die zahlreichen Ausstattungsgegenstände im Hausinnern sind Anschaffungen aus jüngster Zeit. – *Sogenannte Dependance des «Limmathofs»* (Abb. 28 [34]). Erbaut 1835 als Scheune des «Limmathofs», unverzüglich nach dessen Voll-

[995] StadtA, Nr. 893: 1844–1846, S. 505.
[996] StA Aarau, Prot. des Kleinen Rates 1847, S. 46, 241. – StadtA, Nr. 893: 1847–1849, S. 80f.
[997] Pläne im Archiv des Hochbauamtes Baden. – Möglicherweise war schon der alte westseitige «Schlüssel»-Trakt durch eine Überführung mit dem «Limmathof» verbunden. StadtA, Nr. 821: Akten Bäder, 30. Sept. 1833.
[998] 1960 an das Haus verbracht.

Abb. 311 und 312. Baden. Sogenannte Dependance des «Limmathofs», Rokoko-Aushängeemblem, um 1770; Badhotel «Zum Ochsen», Steinrelief mit den Allianzwappen Widerkehr–Müller, 1695 (heute in der Städtischen Sammlung im Landvogteischloß). – Text unten und S. 308.

endung. Als maßgeblicher Architekt waltete vermutlich Baumeister HAUG (Abb. 313)[999]. Im vorgerückten 19. Jahrhundert wurde das Haus um einen Stock höher geführt. Heute dient es als Ökonomiegebäude des Hotels. – Viergeschossiger Biedermeier-Bau unter ungebrochenem Sparrendach. Im Erdgeschoß drei korbbogige, mit Rundbogenfenstern alternierende Scheunentore; die Mittelachse durch gekuppelte Rechtecklichter und einen die Traufe durchbrechenden Quergiebel mit Stichbogenlicht betont. Das an einem kunstvoll geschmiedeten Träger hängende Emblem des Schlüssels aus der Zeit um 1770 (Abb. 311) bezieht sich auf die benachbarte Taverne (siehe S. 324) und wurde erst 1960 am Hause angebracht.

Städtisches Inhalatorium (ehemals Trinklaube) (Abb. 28 [36]). Baugeschichte: Im Dezember 1834 trat der Kanton Aargau den ihm vorbehaltenen Anteil an der Limmatquelle an die Stadt ab, die sich zu der Gegenleistung verpflichtete, für die Errichtung eines Badarmenhauses und einer Trinklaube aufzukommen[1000]. Schon zwei Jahre zuvor hatte sich die Stadt mit der Idee einer Trinkanlage getragen und bei dieser Gelegenheit von den beiden ortsansässigen Baumeistern DAMIAN und JOHANN LANG Kostendevise und von Architekt JOHANN JAKOB HEIMLICHER in Basel Zeichnungen angefordert. Zu Beginn des Jahres 1835 lagen der städtischen Baukommission mehrere Projekte HEIMLICHERS vor, unter denen sie jenes für das vorzüglichste hielt, «wonach die Trinklaube gegen die Limmatseite auf eine fortlaufende, ununterbrochene Wassermauer zu stehen kommen sollte»[1001]. Ende März

[999] StadtA, Nr. 893: 1834/35, S. 249, 257, 308, 310, 313. – Anfang März 1836 wird dem Bauherrn Bartholomäus Nieriker durch den Stadtrat angezeigt, «daß der von ihm eingegebene Conto, den Architekt Haug betreffend, von dem Bauamt bezahlt worden sei»; StadtA, Nr. 893: 1836/37, S. 46.

[1000] StadtA, Nr. 893: 1830–1834, S. 157, 236; 1834/35, S. 262, 264, 267.

[1001] Ebenda: 1830–1834, S. 248, 253, 279; 1834/35, S. 276f., 279, ferner S. 284, 293, 302. Vgl. StadtA, Nr. 821: Akten Bäder 1832–1835, bes. 11. Okt. 1834.

wurde mit dem Bau begonnen; im Dezember des Folgejahres stand das Gebäude unter Dach. Die ausführenden Meister waren JOHANN LANG und Steinmetz JOHANN MOSER, Würenlos[1002]. 1851 und 1853 Einrichtung von zehn Baderäumen im Souterrain[1003]. Um 1890 Bau zweier axialer Kreuzgiebel[1004]. Heute Inhalatorium und Thermalbadanlage. – Beschreibung: Das langgestreckte, in der Flucht des «Limmathofs» hart am Flußufer stehende Haus war nach Ausweis mehrerer Bilddokumente trotz seinem ursprünglichen Namen von Anfang an ein eingeschossiger, geschlossener Mauerbau (Abb. 313). Seine rund 50 m messenden Langseiten sind von flachen toskanischen Sandsteinpilastern in dreizehn Achsen aufgeteilt, die von einfachen Rechteckfenstern eingenommen werden. Die beiden Quergiebel bauen sich über dreiachsigen, von Pilasterbündeln gefaßten Risaliten auf. Im landseitigen das Hauptportal; die Seitenportale in den äußersten Stützenintervallen. Biedermeier-

[1002] StadtA, Nr. 893: 1834/35, S. 334, 344, 349, 363, 370; 1836/37, S. 53, 56, 66, 373.
[1003] Ebenda: 1850–1852, S. 442, 473, 524; 1852–1854, S. 266, 292. – Die neuen Baderäume waren deshalb nötig geworden, weil man im Badarmenhaus als Ersatz für das 1849/50 eingegangene Verenabad (Abb. 26, 302) eine Schröpfanstalt untergebracht und dadurch beträchtlich an Platz eingebüßt hatte. StadtA, Nr. 821: Akten Bäder, 23. Mai 1849.
[1004] Der um 1868 projektierte Einbau einer Konzertbühne, für den u. a. GOTTFRIED SEMPER eine Skizze geliefert hat (Plandokument Nr. 32), gelangte nicht zur Ausführung.

Abb. 313. Baden. Limmatpromenade von Nordosten, mit Trinklaube (links), Hotel «Zum Schiff» (Mitte), Armenbad (rechts hinten) und Scheune des «Limmathofs» (rechts vorne), um 1840. Aquarell von J. Meyer-Attenhofer (Bilddokument Nr. 102). – Text S. 324–327.

Türflügel. Im Innern zwei auf Veranlassung der kantonalen Armenkommission geschaffene, erst nachträglich an ihren jetzigen Standort gelangte steinerne Gedächtnistafeln mit den Namen der Donatoren des 1754 gegründeten Badarmenfonds; die erste von K.J. JEUCH in Baden, 1842, die zweite von Steinmetz SUTZ in Zürich, 1861[1005]. Der von HEIMLICHER entworfene, durch JOHANN MOSER im Jahre 1836 ausgeführte Trinkbrunnen[1006] – der Kern der ehemaligen Anlage – ist nicht mehr erhalten.

Das gegenüberliegende Haus *Nr. 330* (Abb. 28 [35]) war bis 1890 die aargauische Armenbadanstalt (vgl. S. 303). Es wurde in den Jahren 1836/37 durch den Bremgarter Baumeister (FIDEL?) LEIMBACHER nach Plänen JOHANN JAKOB HEIMLICHERS erbaut, 1871 durchgreifend umgestaltet und im 20. Jahrhundert mit einem Attikageschoß versehen[1007]. – Aus der Erbauungszeit bewahrt es in modifizierter Form noch das in fünf Achsen geteilte Erdgeschoß mit seinen fein profilierten Fensterrahmen (Abb. 313). Das Obergeschoß mit den kräftigen Rechtecklichtern, der durch Pilasterbündelung betonten Mittelachse und den verkröpften Gurtgesimsen verkörpert, wie die Nordfassade des «Verenahofs», typisch den späten Klassizismus der siebziger Jahre.

VORSTADTBAUTEN

ALLGEMEINES. Badens Ausfallstraßen nach Mellingen und Brugg (Abb. 29 C, H) wurden bis in den Beginn des 19. Jahrhunderts nur von wenigen Wohnbauten gesäumt. Anders verhielt es sich mit der Verbindungsstraße zwischen der Stadt und den Bädern, deren oberstes Teilstück nach dem Zeugnis HEINRICH PANTALEONS schon im ausgehenden Mittelalter beidseitig mit «wohnhafften Heusern» besetzt war (Abb. 25 und 203)[1008]. Der Häuserbestand blieb aber auch hier durch Jahrhunderte unverändert. *Erst um 1830 setzte eine intensivere Bebauung der Vorstädte ein* (vgl. S. 44–47). Diese Verhältnisse bestätigt die Bevölkerungsstatistik. Nach einer glaubhaften Angabe vom Jahr 1780 zählte die Stadt mit den Großen und Kleinen Bädern damals insgesamt 1653 Einwohner[1009]. Eine Erhebung im Jahre 1803 erbrachte die Zahl von 1517 Bewohnern, eine 1835–1838 durchgeführte Zählung dagegen für Baden und die Großen Bäder allein bereits eine Einwohnerschaft von 1834 Köpfen. 1860 lebten im selben Bereich fast 3000 Personen[1010]. Den verhältnismäßig stärksten architektonischen Umbruch in der Biedermeierzeit erlebte naturgemäß die nach den Bädern führende Badhalde (heute Badstraße–Bäderstraße) (Abb. 29 B und 205). Sie allein hat auch bis heute noch einige signifikante Bauten aus dem 19. Jahrhundert

---

1005 StadtA, Nr. 893: 1839–1842, S. 580; 1859–1862, S. 913. – FRICKER, Baden, S. 417.
1006 StadtA, Nr. 893: 1836/37, S. 18, 117.
1007 StadtA, Nr. 821: Akten Bäder, undatierte «Beschreibung des Armenbads» von HEIMLICHER. Nr. 893: 1834–1837, Register. – FRICKER, Baden, S. 418.
1008 H. PANTALEON, Wahrhafftige und fleißige Beschreibung der uralten Statt und Graueschafft Baden..., Basel 1578, S. xlvii. – Ähnlich äußert sich SALOMON HOTTINGER in seinem Buch: Thermae Argovia-Badenses..., Baden 1702, S. 34 f.
1009 MITTLER, Baden I, S. 204.
1010 S. VOSER, Die Bevölkerung von Stadt und Bezirk Baden im Wandel der Zeiten, Bad. Njbll. 1935, S. 43–45.

bewahren können, während in der südlichen Vorstadt und an der Bruggerstraße alle Wohnhäuser von historisch-städtebaulichem Rang in jüngerer Zeit verschwunden sind.

Quellen und Literatur S. 11f., 14, 15f.
Bilddokumente Nrn. 1, 2, 4, 5, 7, 8, 11, 12, 16, 17, 20, 21, 22, 24, 26, 27, 34, 37, 42, 43, 44, 46, 78, 114–123.
Plandokumente Nrn. 6, 7, 8.

NÖRDLICHE VORSTADT

Schloßbergplatz (Abb. 29A; vgl. Abb. 31). Der kleine, heute sehr geschäftige Platz liegt vor dem Bruggerturm und entläßt in nordwestlicher Richtung die Straße nach Brugg, in nördlicher jene nach den Bädern. Neben mehreren großen, modernen Häusern sind hier noch zwei bemerkenswerte Bauten des Badener Architekten KASPAR JOSEPH JEUCH erhalten geblieben[1011]. In ihrer trichterförmigen Stellung vor dem Torchgang des Turms bilden sie eine geschlossene Zufahrt zum Eingang in die Altstadt. Östlich, *Nr. 2*, eine gelungen proportionierte Villa unter Walmdach, von 1863. Auf dem modernisierten Parterre ein von kassettierten Lisenen gefaßtes Obergeschoß, das im breiten Mittelrisalit von zwei gekuppelten, an den Flügeln von je zwei einfachen Rechteckfenstern belichtet wird. Zwischen den Stürzen und den simsförmigen Verdachungen zierliche Rosetten und Löwenmasken aus Weichsandstein. Zentraler, von der Traufe überschnittener Dachaufbau (erneuert). Auf der Nordseite ähnliche Fensterdisposition. – Westlich, *Nrn. 3/5*, ein langgezogener zweistöckiger Kubus, der vermutlich von Anfang an für Ladengeschäfte bestimmt war; erbaut um 1870. Seine Schaufront öffnet sich in neun identischen Achsen, die im Erdgeschoß durch kräftig rustizierte Wandpfeiler, in den Obergeschossen durch kassettierte, rosettengeschmückte Lisenen in drei gleich breite Abschnitte gesondert werden. Die Intensität der Portal- und Fenstergliederung im einzelnen nimmt von unten nach oben sichtbar ab: Die weiten Öffnungen im Parterre liegen zwischen stämmigen, kapitellbesetzten Pilastern mit triglyphenverziertem Gebälk; die Fenster des ersten Stocks entbehren seitlicher Stützglieder, sind aber direkt auf das Gurtgesims gesetzt und mit hohen gefelderten Gebälkstücken verdacht; jene des zweiten Stocks endlich zeigen nur noch einfach profilierte Rahmen und scheinen fast haltlos in der Mauerfläche zu schweben. Unter der Traufe des flachgeneigten Walmdachs akanthusverzierter Volutenfries.

Badstraße (Abb. 29B). Der Name dieser Geschäftsgasse verdrängte im dritten Viertel des 19. Jahrhunderts die ursprüngliche Benennung «Badhalde». Beide bezeichneten den ganzen Verbindungsweg zwischen Stadt und Bädern. Seit der kürzlich erfolgten Neugestaltung des Bahnhofquartiers, durch die der mittlere Abschnitt der Straße in den Bahnhofplatz einbezogen wurde (Abb. 33), trägt nur noch deren stadtwärts gelegene Hälfte den alten Namen, während das nördliche Teilstück «Bäderstraße» genannt wird. – *Nr. 5* (Abb. 315). Dreigeschossiger, traufständiger Biedermeier-Bau

---

[1011] D. MÄDER, Architekt Caspar Jeuch von Baden 1811–1895, Feuilleton einer noch nicht identifizierten Zeitung aus der Jahrhundertwende (ein Exemplar im Besitz von Dr. U. Münzel, Baden), 5. Folge.

Abb. 314. Baden. Stadt von Norden, mit reformierter Kirche und Öltrotte (rechts), um 1770. Radierung von M. Pfenninger (Bilddokument Nr. 12). – Text S. 206 und 332.

in geschlossener Häuserreihe, aus den Jahren 1837/38[1012]. Das Parterre war von Beginn an als Ladenraum konzipiert und öffnete sich neben dem exzentrischen rundbogigen Hausportal ursprünglich in vier hohen verglasten Rundbogen, deren mittlerer als Ladenzugang diente. Das heutige, moderne Erdgeschoß zeigt noch zwei rosettengeschmückte Pilaster, wohl von einem Umbau aus dem vorgerückten 19. Jahrhundert. Die beiden Obergeschosse haben sich rein erhalten und präsentieren eine graziöse, zartgliedrige Instrumentierung. Am ersten sind drei rundbogige mittlere Fenster zu einer pfeilergestützten Arkade zusammengezogen, während seitlich davon zierliche Pilasterpaare zwei großflächige Achsen mit geohrten Rechtecklichtern ausscheiden. Das durch eine hohe Gebälkzone mit Zahnschnitt gesonderte zweite Obergeschoß wiederholt den Rhythmus des ersten, jedoch mit konventionellen, frei in die Wandfläche gesetzten Rechteckfenstern. Der erste Stock, schon durch das originelle Triforium als Piano nobile gekennzeichnet, wird zusätzlich von palmettenbesetzten Pilasterkapitälchen, à jour gesägten Tympanonverschalungen und kleinteilig skulptierten Medaillons in den Bogenzwickeln belebt; das obere Geschoß ist niedriger gestaltet und, abgesehen von den nüchternen toskanischen Stützen, schmucklos belassen. Am Dachhimmel palmettenverzierte Holzkonsolen. Der Schöpfer der romantisch-klassizistischen Fassade kann kein anderer als jener Architekt gewesen sein, der 1845 mit demselben Feingefühl den Neubau der Dependance «Zum Ochsen» in den Bädern geschaffen hat: KASPAR JOSEPH JEUCH (vgl. S. 308).

1012 Zur Entstehungsgeschichte und zu den Besitzverhältnissen des Hauses vgl. U. MÜNZEL, Kleine Chronik des Hauses der Apotheke Münzel [= Haus Badstraße Nr. 5], Njbl. der Apotheke F. X. Münzel Baden, 1937.

An der rückseitigen, verbauten Hausfassade einfache Serliana. Im Treppenhaus zierlich gedrechselte Geländerstäbe. Im Gang des ersten Stocks zwei Ofenlöcher für die Beheizung des Salons. In diesem noch ein grüner Turmofen mit Urnenaufsatz, aus dem Ende des 19. Jahrhunderts; ferner verglaste Fenstertympana mit volutengeschmückten Radialsprossen und stilisierten vegetabilen Zwickelfüllungen. Im benachbarten Nordostzimmer mannshoher zylindrischer Ofen aus weißglasierten, gerippten Kacheln; an seinem Fries Tuchfestons und ein Greifenpaar, auf der flachen Kalotte ein Becherknauf. Das westseitige Eßzimmer besitzt einen blau-weißen kubischen Kachelofen im Biedermeierstil, der jedoch erst im 20. Jahrhundert aufgesetzt wurde. Diverse Nußbaumtüren mit Messingbeschlägen. – Das angebaute, dreiseitig freistehende Haus Nr. 7 mag ein bis zwei Jahrzehnte jünger sein als sein Nachbar und bringt an seinen Fassaden eine viel energischere Mentalität zum Ausdruck. Über dem Putzquaderparterre (nur noch auf der Hofseite und an der Stirnfassade ursprünglich erhalten) öffnet sich das Hauptgeschoß in einfach gerahmten Rechtecklichtern mit weit ausladenden konsolengestützten Simsen und wuchtigen, tief profilierten Dreieck- und Segmentgiebeln. Am zweiten Stock zierlose Rechtecklichter. Unter den Traufen und unter dem giebelseitigen Klebedach eine Sequenz verschalter Stichbalkenköpfe. Im breiten Giebelfeld gekuppeltes Rundbogenfenster. Der ehemalige straßenseitige Salon im ersten Stock birgt noch einen weißglasierten, großflächigen Kachelofen aus der Bauzeit. Seine lisenengegliederte Hauptfront überhöht ein diskret profiliertes Gebälk, das in der giebelförmig hochgezogenen Mittelpartie das bronzefarbene Relief einer akanthusumspielten Vase trägt. Im großen Zimmer des zweiten Stocks ein weiterer, ähnlich gearteter Biedermeier-Ofen mit kapitellbesetzten Eckpilastern; am skurril geschweiften Aufsatzgiebel symmetrisch disponierte Rosetten- und Doldenreliefs, am Fries eine kelchförmige Schale zwischen zwei reizenden Weinlaubstäben. Ein dritter, mobiler Biedermeier-Ofen im benachbarten Südzimmer zeigt über ovalem Grundriß einen säulenförmigen Aufbau mit schwarzer Marmordeckplatte und à jour gearbeitetem Blütenschmuck. Diverse spätestbarocke Türschlösser und -fallen. Einfache Stuckkranzgesimse. – Die folgenden beiden Häuser sind allseitig frei und leicht übereck an die Straße gestellt, woran allein schon ihr verhältnismäßig früher Ursprung erkennbar ist. In Nr. 9, einem giebelständigen Fachwerkputzbau mit breitem Gerschilddach, überlebt vermutlich ein Landwirtschaftsgebäude aus dem 17. oder 18. Jahrhundert. Im 19. Jahrhundert renoviert. Nr. 11 ist das ehemalige Kaffeehaus «Zum Hirschli», das im 18. und 19. Jahrhundert unter den Kurgästen einen verbreiteten Ruf genoß. Auffallend seine noch unregelmäßig verteilten Lichter in den beiden Obergeschossen und das hübsche geknickte Walmdach; 18. Jahrhundert, im 19. Jahrhundert renoviert. – Nr. 13, Eckbau Badstraße–Hirschlistraße. Schnittiges, spätklassizistisches Geschäftshaus mit abgekanteter, einachsiger Mittelfront und zwei stumpfwinklig anschließenden dreiachsigen Straßenschauseiten. Die simsüberhöhten Fenster im ersten Obergeschoß auf einer Stockgurte, im zweiten auf Triglyphenkonsolen. Um 1860–1870. – Auf der gegenüberliegenden Straßenseite Nr. 10. Sechsachsiger, traufständiger Mauerbau, dessen zweites Obergeschoß nach einem Brande vor einigen Jahrzehnten abgetragen wurde. Am verbliebenen Stockwerk bemerkenswerte geohrte Fensterrahmen mit außenseitigen Fasen; zwischen den tropfenbehangenen Triglyphenkonsolen der Simse ein stilisierter Lambrequin, über den Stürzen gebälkförmige Verdachungen mit gefeldertem Fries

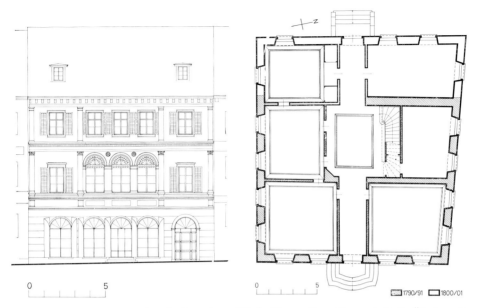

Abb. 315 und 316. Baden. Badstraße, Fassadenaufriß des Hauses Nr. 5 (Zustand 1838); Ölrainstraße, Grundriß des Hauses «Zum Schwert» (mutmaßlicher Zustand 1801). – Text S. 328f. und 333f.

und Karniesgesims. Louis XVI, um 1820–1830. – *Nr. 12.* Das Haus der 1863 gegründeten Bank in Baden, erbaut in den Jahren 1872/73, vermutlich nach Plänen Robert Mosers[1013]. Dreigeschossiger, von Stockgurten unterteilter Palast mit nordseitiger fünfachsiger Risalitfassade und fünfachsigen Flanken. In den lisenengegliederten Obergeschossen sind die ursprünglichen Rundbogenfenster erhalten geblieben. Seine übrigen Charakteristika aus der Bauzeit – das rustizierte Erdgeschoß, den monumentalen Haupteingang, die lukarnenbesetzten Steildächer und die figürlichen Fassadenreliefs – hat das Gebäude bei jüngeren Renovationen eingebüßt[1014]. – Die traufständige, dreigeschossige Häuserreihe *Nrn. 14, 16, 18* und das gestaffelt angefügte schmalbrüstige Haus *Nr. 20* sind zur Hauptsache im zweiten Viertel des 19. Jahrhunderts entstanden, respektieren aber, wie ihre von der Straßenachse abweichende Fassadenflucht erkennen läßt, eine ältere Parzellenordnung und wahrscheinlich auch die Grundrisse von Vorläuferbauten. Nr. 14 unter geknicktem Gerschilddach, Nr. 16 (Wirtschaft «Gambrinus») in sichtbarer Fachwerkkonstruktion und mit originellem Aushängeemblem. – *Nrn. 26 und 28.* Hübsche dreiachsige Biedermeier-Bauten aus der Jahrhundertmitte, ersterer mit dreieckigen Fenstergiebeln. – *Nr. 30.* Symmetrischer, neubarocker Monumentalbau mit Seitenrisaliten. An den Balkonen Gußeisengeländer aus Groteskenmotiven; schmuckes Dachsims; kartuschenverzierte Dachgauben mit Ochsenaugen. Um 1890. – Gegenüber *Nrn. 21/23.* Blockhaftes, dreigeschossiges Doppelhaus unter schnittigem Satteldach mit stirnseitigen Klebedächern; um 1860. –

1013 Heute Sitz der Schweizerischen Bankgesellschaft. – E. Wetter, Die Bank in Baden 1863 bis 1913, Baden 1914, S. 11. – Mittler, Baden II, S. 304.
1014 Photographie vom einstigen Zustand in der Sammlung F. X. Münzel, Baden.

Nrn. 27 und 29. Niedliche, ländlich wirkende Bürgerhäuser mit irregulär gesetzten Fenstern unterschiedlicher Größe; um 1700. Im 19. Jahrhundert renoviert. – *Nr. 31* und, schräg gegenüber, *Nr. 32.* Schlichte Biedermeier-Bauten mit dreiachsigem, übergiebeltem Mittelrisalit; um 1840–1850 bzw. 1860–1870. – Das zweigeschossige Haus *Nr. 34* und der niedere Kopfbau *Nr. 38* stehen über länglichen, trapezförmigen Grundrissen und sind von entsprechend verzogenen, geknickten Satteldächern gedeckt. Beide im Kern vermutlich 17. Jahrhundert; im 19. und 20. Jahrhundert renoviert. – *Nr. 33.* Backsteinbau nach dem Muster deutscher Renaissance-Paläste, um 1900. – *Nr. 35* und *Bahnhofplatz Nrn. 7 und 9.* Stattliche neubarocke Geschäftsgebäude, um 1900. – Einbezogen in die moderne Bahnhofplatzterrasse über dem Steilbord der Limmat die *reformierte Kirche* von 1713/14 (siehe S. 200). – Wenige Schritte weiter, da, wo die neugeschaffene, unter dem Kirchenvorplatz durchgeführte Ölrainstraße das Niveau der Badstraße gewinnt (Abb. 33), steht auf der Westseite die entzückende ehemalige Wirtschaft «Zum Schwert» (Ölrainstraße Nr. 29), der bedeutendste Vorstadtbau Badens.

Haus «Zum Schwert» (Abb. 29 [3]). Geschichte und Besitzverhältnisse. Vorläuferin des Hauses war die ehemalige Öltrotte der Stadt (Abb. 314)[1015]. Das Gebäude, das im Jahre 1788 durch den Badener Untervogt und Ratsherrn Caspar Joseph Baldinger gekauft worden und damit in Privatbesitz übergegangen war[1016], gelangte 1789 erbweise an dessen Stieftochter Elisabeth Katharina und ihren Gemahl Caspar Joseph Müller von Uri, einen Hauptmann in neapolitanischen Diensten[1017]. Dieser ließ es 1790 niederreißen und durch eine Villa ersetzen[1018]. Zur Zeit des Franzoseneinfalls stand das Haus leer. In den Jahren 1800/01 nahm die Witwe des inzwischen verstorbenen Besitzers Umbauten vor[1019]. 1803 verehelichte sie sich mit dem aargauischen Regierungsrat Karl Reding, dessen Schwester mit dem blutsverwandten Bruder der nunmehrigen Frau Reding-Baldinger, dem aargauischen Oberrichter Johann Ludwig Alois Baldinger, vermählt war. Nach ihrem Tode wurde das Gut «Zur Öltrotte» von Reding und seinem Doppelschwager Baldinger gemeinsam verwaltet[1020]. Die Korrektion der Badhalde im Jahre 1826 (vgl. S. 44) brachte den beiden erhebliche Nachteile, weshalb sie 1827 vom Regierungsrat als Abfindung das Wirterecht für ihr Haus erhielten. Die Wirtschaft, die zunächst nur während der Badesaison im Sommer betrieben werden durfte, bekam den neuen Namen «Zum Schwert»[1021]. Nach wenigen Jahren wurden das Haus und elf Jucharten (der größte Teil) des zugehörigen Landes separat veräußert. Die Gaststätte blieb bis ans Ende des 19. Jahrhunderts unter sechs sich ablösenden Wirten ihrer Zweckbestimmung erhalten[1022]. 1896 ging sie ein. Die noch 59 Aren haltende Liegenschaft wurde unter der Hand von Spekulanten rasch um Dreiviertel ihrer Fläche reduziert. 1898–1906 war das Gebäude Klubhaus der Firma Brown Boveri, nachher wieder

---

1015 H. Raschle, J. Zemp, Das Haus «zum Schwert» (Aargauische Kantonalbank), Aarau 1929, S. 5. – Das Bürgerhaus in der Schweiz XIII, Zürich 1924, S. 47; Tf. 96f. – Bilddokumente Nrn. 12, 13. – Im 18. Jahrhundert stand neben oder in der Öltrotte eine Weintrotte in Betrieb, nachdem der gegen die Limmat gelegene Nußbaumhain mit Rebkulturen durchsetzt worden war.

1016 StadtA, Nr. 873a, fol. 84 v.   1017 StadtA, Nr. 63, fol. 206v., 211v., 235.
1018 Ebenda, fol. 235, 248.   1019 StadtA, Nr. 885, S. 105a, 135a.
1020 H. Raschle, J. Zemp, a.a.O., S. 8f.   1021 StadtA, Nr. 893: 1823–1827, S. 522f.
1022 H. Raschle, J. Zemp, a.a.O., S. 10.

Abb. 317. Baden. Ölrainstraße. Haus «Zum Schwert». – Text unten und S. 334.

Privatgut, wobei es Umbauten im Innern erfuhr. 1919 kaufte es die Aargauische Kantonalbank, 1929 wurde es durch den Badener Architekten HANS LOEPFE restauriert und gleichzeitig zweckentsprechend für die Badener Bankfiliale verändert[1023].

BESCHREIBUNG. *Äußeres* (Abb. 316 und 317). Die ursprüngliche Gestalt des 1790 errichteten Hauses und das Ausmaß seiner Erweiterung elf Jahre danach sind noch heute relativ leicht zu erkennen. Das Gebäude wurde über einen trapezoidalen Grundriß gestellt, der nur geringfügig von der Rechteckform abwich: Östliche Hauptfront und westliche Rückfassade standen parallel zueinander und winkelrecht zur Südseite, die Nordmauer stieß stumpfwinklig an die Vorderseite und spitzwinklig an die Hinterseite. Die Tiefe von rund 13,5 m brachte man 1801 auf 18,5 m, wobei die Trapezform konsequent beibehalten wurde. Äußerlich gibt sich das Haus fast ohne Ausnahme in den Formen des Louis XV zu erkennen. Seine rosa getönten Putzmauern[1024] stehen auf einem hüfthohen, grauen Hausteinsockel[1025] und sind von freundlichen Segmentbogenfenstern belebt, deren zierliche Sprossen und Jalousieläden wesentlich an der Fassadengliederung teilhaben. Über dem ersten Stock sitzt ein behäbiges Mansardendach mit typischen, stichbogig schließenden Fenstern; seinen kurzen First krönt ein gedrungener, turmähnlicher Kaminaufbau unter karniesförmigem Blechhut. – Die Fassade an der Straße – die einzige unberührt gebliebene seit der Erbauungszeit der Villa – zählt fünf regelmäßige Achsen und öffnet sich über vorbauchender Freitreppe in einem zentralen Stichbogenportal, dessen Rahmen sich durch sein weiches, breites Profil von den scharfkantigen Fenstereinfassungen unterscheidet. Den Eingang überhöht ein kleiner Rechteckbalkon

1023 H. RASCHLE, J. ZEMP, a.a.O., S. 10–14.
1024 Farbgebung von 1929.   1025 In jüngerer Zeit erneuert.

auf volutenförmigen, vegetabil verzierten Konsolsteinen. Sein Eisengeländer zeigt zwischen horizontalen Mäandern einen von Stangen begleiteten, ausgeprägt ondulierenden Lorbeerstab mit adretten Bandschleifen und dem verschränkten Monogramm «J(oseph) M(üller-) B(aldinger)». Nur in diesen Motiven und in den urnenförmigen Wassersammlern an den Kännelecken kommt der Louis-XVI-Stil zur Sprache. Die Südseite des Hauses, ursprünglich vierachsig, zeugt mit der fünften, etwas distanziert gesetzten Achse links von dem Anbau um 1800; an der schrägen (und dementsprechend längeren) Nordseite kommt die Gebäudeerweiterung durch die zwei auseinandergezogenen Achsen rechts zum Ausdruck. Das allzu große Nordportal, in der nämlichen Form wie der Haupteingang, wurde im Jahre 1906 bei Anlaß einer Treppenverlegung im Innern angebracht[1026]. Ein wohl erst 1929 in ein Fenster umgewandeltes Mittelportal an der Rückfassade macht deutlich, daß das Erdgeschoß früher von einem axialen Korridor durchschnitten war; auch an dieser Front sitzt ein Balkon mit Louis-XVI-Geländer. – Der Dachstuhl ist eine Sparrenkonstruktion, deren liegende Streben, Kehlbalken und Spannriegel konzentrisch vier Stuhlsäulen mit Pfettenkranz umgeben (teilweise erneuert).

Inneres (Abb. 316). Der baugebundenen Innenausstattung ist in den wichtigsten Räumen trotz zweifachem Umbau im 20. Jahrhundert kein ernstlicher Schaden geschehen. Im *Direktionszimmer* ein Wandgetäfer, dessen Felderung oben noch in kurvilinearen Bögen schließt, und zwei mit stimmigen Hirtenszenen bemalte Supraporten (Öl auf Holz, je 52 × 80,5 cm); der blaugrün-weiße Turmofen weist in seiner geschmeidigen Gesamtform noch in den Spätbarock, mit den mageren Festons auf den

[1026] H. Raschle, J. Zemp, a.a.O., S. 18.

Abb. 318. Baden. Ölrainstraße. Ehemaliges Musikzimmer im Haus «Zum Schwert», um 1800/01. Text S. 335.

Abb. 319. Baden. Ölrainstraße. Supraporte im ehemaligen Salon des Hauses «Zum Schwert», um 1800/01. – Text unten.

Füllkacheln jedoch bereits in das Louis XVI. – Das geräumige, 1906 neu angelegte Treppenhaus wahrt noch große Teile des Geländers aus der Zeit um 1800. Die à jour gesägten Brettstützen unter dem Handlauf mit Volutenmotiv (gleich jenem an den Geländerstützen im Amthaus, S. 237); bei den Richtungswechseln massive, geschnitzte Pfosten von ähnlicher Grundform, mit zusätzlichen Pflanzenmotiven. – Die Ausstattung des ersten Stocks weckt abgesehen vom Wandtäfer im Gang und im Nordostzimmer kaum mehr Reminiszenzen an den Spätbarock. Wahrscheinlich ist sie zur Hauptsache erst in den Jahren nach 1800 geschaffen worden. Auf der Südostseite liegt der vornehmste Raum des Hauses, das *ehemalige Musikzimmer* (heute Sitzungszimmer) (Abb. 318). An seinen Trumeaux spröde, marmorbedeckte Wandtischchen, darüber hochrechteckige Spiegel und tropfenbehangene Holztafeln. Diese und die vier Supraporten tragen kunstvoll geschnitzte Lorbeer-, Eichen- und Buchenlaubfestons, Palmwedel und goldgefaßte, perspektivische Embleme der Musik (1929 zum Teil erneuert). Türen mit originalen Messingschlössern. An der Flachdecke straffer Stuckrahmen. Neuere dunkle Damaststofftapete. Im benachbarten *herrschaftlichen Salon* (heute Schalterraum) grau gefaßte Täferung. Der Spiegelrahmen am Fensterpfeiler von eckig-steifem Kontur, mit stilisierten Rosetten, Lorbeerumschnürung und krönender Bandschleife in Goldfassung. An den Supraporten und über dem Spiegel vier kühltonig gemalte Wasserlandschaften, die von idyllischen Architektur- und Figurenstaffagen belebt sind (Öl auf Holz, 52,5 × 89,5 cm bzw. 48 × 86 cm) (Abb. 319). An der Decke schlanker, bandumwundener Stabbündelrahmen. Neuere, mattrote Seidendamasttapete. Als Unikum im Hause hat sich zwischen den Fenstern des *Westzimmers* ein spiegelüberhöhter Kamin aus grauem Brekzienmarmor mit triglyphenverzierter Front erhalten. An den Türen und Supraporten aus Nußbaum- und Kirschbaumholz dünne Umrandungen mit einförmigem Blüten- und Blattkelchmotiv; dazwischen kerbschnittverzierte Brettverdachungen.

Bäderstraße. Die Straße ist das nördliche Teilstück der ehemaligen Badhalde (vgl. S. 328). Sie bildet die Fortsetzung der Badstraße und führt zwischen dem Plateau des Kurparks (westlich) und dem Steilhang über der Limmat mit gleichmäßigem Gefälle ins Bäderquartier. – *Haus «Zum Castell»* (Nr. 6) Der markante Bau entstand in den Jahren 1837/38 als Wohnhaus für den kantonalen Badarmenarzt Johann Alois Minnich, nach Plänen KASPAR JOSEPH JEUCHS[1027]. 1909 wurde er durch die Erben des Bauherrn verkauft und wenig später auf den heutigen Namen benannt. Er steht an der östlichen Straßenseite hoch über dem Limmatufer. Ein Ölgemälde aus der Mitte des 19. Jahrhunderts (Abb. 322) zeigt das Haus als lisenengefaßte Villa von dreimal fünf Achsen mit talseitig offenem Kellergeschoß, zwei Normalgeschossen und Mezzanin; von der Limmatpromenade ist es über vier stufenförmig angelegte Gartenterrassen, die an historische Steilpärke Italiens erinnern, erreichbar. Renovationen im 20. Jahrhundert und ein nordseitiger Hausanbau haben den Reiz von Gebäude und Park erheblich geschmälert. – *Drei Büstenreliefs* aus Alabaster, die früher im «Castell» hingen, werden heute in der Städtischen Sammlung im Landvogteischloß verwahrt. Alle tragen das Wappen des Medailleurs BEAT BODENMÜLLER (ein halbes Mühlrad auf einer Horizontallinie)[1028] und datieren aus der Zeit um 1835: 1. (Abb. 321). Dr. Johann Alois Minnich (1801–1885). 20 × 19,6 cm. – 2. (Abb. 320). Antoinette Minnich-Guggenbühler (Gemahlin von Nr. 1; 1798–1862). 19,6 × 20 cm. – 3. Albert Minnich (Sohn von Nrn. 1 und 2; 1827–1899). 17,5 × 15,2 cm. – Das erwähnte *Ölgemälde des «Castells»*, 39,5 × 49,5 cm, das ebenfalls aus dem Hause selbst stammt, befindet sich in der Privatsammlung F. X. Münzel, Baden. – *Nr. 8.* Traufständiger, dreigeschossiger Giebelbau, wohl von K. J. JEUCH, heute durch

---

[1027] StadtA, Nr. 893: 1837–1839, S. 43, 46, 71, 219, 500; 1839–1842, S. 76. – U. MÜNZEL, Dr. Johann Alois Minnich 1801–1885, Njbl. der Apotheke Dr. U. Münzel Baden, 1948. – Bilddokument Nr. 18.
[1028] Biographisches Lexikon des Aargaus, Aarau 1958, S. 85 f. (U. MÜNZEL).

Abb. 320 und 321. Baden. Bäderstraße. Alabasterbildnisse der Antoinette und des Johann Alois Minnich-Guggenbühler aus dem Haus «Zum Castell», von Beat Bodenmüller, um 1835 (heute in der Städtischen Sammlung im Landvogteischloß). – Text oben.

Abb. 322. Baden. Villa Minnich (heute Haus «Zum Castell») von Nordosten, um 1850. Ölgemälde aus der Villa selbst (heute in Privatbesitz). – Text S. 336.

einen modernen niedrigen Trakt mit dem «Castell» verbunden. In der Mitte der fünfachsigen, von reich ornamentierten Pfeilern gegliederten Straßenfassade pilasterflankiertes Stichbogenportal mit Ohren, entenförmigen Akroteren, Ranken und volutenverziertem Scheitelstein. Darüber gekuppelte Rechteckfenster, jenes im ersten Stock zwischen kannelierten Stützen unter hohem Gebälk mit fein skulptiertem Palmetten- und Amphorenfries. Um 1860–1870. – Weitere an der Bäderstraße stehende Bauten sind S. 303 ff. behandelt.

Bruggerstraße. An der Ausfallstraße vom Schloßbergplatz gegen Brugg (Abb. 29 C) die *Metallwarenfabrik Merker AG.* Geschlossenes, dreigeschossiges Traktgeviert unter Satteldächern, das mit seinem giebelständigen, repräsentativen Eingang und dem rechteckigen Innenhof das Grundrißschema barocker Klosteranlagen aufnimmt. 1891.

SÜDLICHE VORSTADT

Als einziger historischer Profanbau hat sich hier am alten Schloßbergweg ein *ehemaliges Rebhäuschen* aus dem vorgerückten 17. Jahrhundert erhalten. Anmutiger gemauerter Würfelbau unter geknicktem, hutförmigem Walmdach. Am oberirdischen Keller gefastes Rundbogenportal und fein profiliertes Vierpaßlicht; am Obergeschoß weite Fenster mit gekehlten Simsen. Die Pfosten des Garteneingangs tragen die gemeißelten Monogramme «IC · W» und «MV · WK» über der Jahreszahl 1·7-2·2. – In die Zeit der aufkommenden modernen Architektur gehören zwei sehr be-

Abb. 323. Baden. Villa Boveri von Osten. – Text unten.

merkenswerte Bauten von Karl Moser und Robert Curjel: die *Villa Boveri* (heute Klubhaus Brown Boveri) in einem Park am Ländliweg, mit Gartenhaus von Adolf von Hildebrand, 1896/97 (Abb. 323); und die *Villa Baumann* an der Burghalde, die zu ihrer Zeit ein Höhepunkt der Interieurkunst wurde, 1904/05 [1029].

EINGEMEINDETE DÖRFER

Die drei Ortschaften Münzlishausen, Dättwil und Rütihof, die von 1805 bis 1962 eine politisch selbständige Ortsgemeinde bildeten, sind allesamt schon für das beginnende 14. Jahrhundert als habsburgisch verwaltete Weiler im Amt Baden bezeugt [1030]. In Dättwil lag seit dem 12. Jahrhundert eine Dingstätte, an der noch im späten Mittelalter Gericht gehalten wurde. Hier befand sich auch der Burgergalgen des Hochgerichts von Baden (vgl. S. 7) [1031]. Bekannt geworden ist das Dorf durch die blutige Schlacht zwischen Zürich und Österreich, die 1351 in seiner Nähe stattthatte [1032].

Münzlishausen (über dem Hang hinter dem Allmendquartier, westlich der Stadt). Kleine, noch fast unberührte Gehöftgruppe aus der Zeit um 1800. – Haus *Nr. 2482 A*, mit geriegeltem Obergeschoß, birgt im Innern einen grünen Kachelofen auf Vierkantfüßen aus dem vorgerückten 19. Jahrhundert. – In Haus *Nr. 2481* ähnlicher, renovierter Kachelofen; daneben Einbaubuffet aus Nußbaumholz in spätbarocken Formen, mit Schiebetürchen zur Küche. Die angebaute Scheune unter mächtigem Sparrendach mit Kniegerüst. Auf einem ausgedienten Ziegel das gravierte Baudatum 1806. – Am Tenntor von *Nr. 2485* Christusmonogramm und die Initialen «ST M» zwischen dem Baudatum 1802. – In den Häusern *Nrn. 2483 und 2484* Kachelöfen aus dem 19. Jahrhundert.

1029 O. Birkner, R. Steiner, Der Weg ins 20. Jahrhundert [Katalog zur gleichnamigen Ausstellung in Winterthur 1969], Winterthur 1969, S. 66f.; Abb. S. 27.
1030 Habsb. Urbar I, S. 120–122; vgl. II/2, S. 39, s. v. «Dättwil». – Bronner II, S. 301 f., 358, 379.
1031 Mittler, Baden I, S. 38, 110, 115. – E. Spiegelberg, Das Gerichtswesen der Grafschaft Baden, Bad. Njbll. 1943, S. 34 f.; Abb. 3. – Mittler, Lüthi, S. 40–43.
1032 Mittler, Baden I, S. 62–65.

Dättwil (3 km südwestlich vom Stadtkern, nahe der Mellingerstraße; angeschlossen an die Bahnlinie Wettingen–Aarau). Haufendorf mit einheitlich wirkendem Häuserbestand aus dem 19. Jahrhundert. – Das auf 1858 datierte *Schul- und Gemeindehaus* hat T-förmigen Grundriß und präsentiert eine breite, symmetrisch gegliederte Hauptfront mit simsverbundenen Rechteck- und Rundbogenfenstern. – *Nrn. 2409/2410*, ein mächtiges Doppelbauernhaus aus dem Ende des 19. Jahrhunderts, ruht vermutlich über den Fundamenten eines wesentlich älteren Baus (des ursprünglichen Meierhofs?). Zeilen- und Zwillingsfenster. Am Kellerportal zweifelhaftes Monogramm «S F» und die fragmentarische Jahreszahl (1)88.. Die westlich angebaute Wohnung, das südliche Klebedach und der Gerschild aus dem frühen 20. Jahrhundert. – Haus *Nr. 2419* steht auf einem Unterbau des 17. Jahrhunderts, der noch ein originales, fein profiliertes Kellerportal bewahrt. – *Nr. 2408* zeigt am Sturz des Kellereingangs die Jahreszahl 1830 zwischen dem Monogramm «I(ohann) R(enold)» und eine hübsch gemusterte Biedermeier-Haustüre. – In *Nr. 2421* ein Hochzeitsschrank mit figürlichen und floristischen Malereien (Datum und Aufschrift erloschen), um 1800. – An *Nr. 2431* gediegene Biedermeier-Haustüre unter durchfenstertem Sturz mit lyraförmiger Sprossenreihung; am Kachelofen in der Stube originale Sitzkunst. Um 1830–1840. – In der Stube von *Nr. 2434* blau-weißer Kachelofen mit Messingtürchen, um 1860 bis 1870.

Rütihof (5 km südwestlich vom Stadtkern). Haufendorf mit zahlreichen Gebäuden aus dem 19. Jahrhundert. – Am Portal des Hauses *Nr. 2453* keilförmiger Schlußstein mit skulpiertem Stern und Monogramm «H(ermann) M(eier)/G(emeinde) R(at)», zwischen der Jahreszahl 1836; ferner treffliche Biedermeier-Türe mit Fächer- und Rippenmusterung. – Zeitgenössische Türen an den Häusern *Nrn. 2447, 2459, 2471 B, 2472 und 2477*. Letzteres, ein verputzter Fachwerkbau, liegt unter einem Walmdach des 17. oder 18. Jahrhunderts und birgt einen blau-weißen, kubischen Kachelofen aus dem vorgerückten 19. Jahrhundert. – Ein gleichzeitiger blau-weißer Ofen mit unterer und oberer Sitzkunst in Haus *Nr. 2452*. – Das äußerst baufällige, abbruchgefährdete Gebäude *Nr. 2471 A* zählt zu den wenigen Bauernhäusern des Bezirks, denen regionale Bedeutung zukommt (Abb. 324). Neben dem nördlich liegenden Tenn des 19. Jahrhunderts besteht noch ein südlicher Wohntrakt aus dem 16./17. Jahrhundert, der ein reines Ständerwerk verkörpert. Der Fußrahmen liegt auf einem aus Kieselbollen gemauerten Unterbau, der teilweise einen Keller einschließt. Seine Schwellen greifen in seltener Weise scherenförmig ineinander; die eingezapften Ständer und der obere Kranz sind durch Kopfhölzer verbunden. Als Versteifung des Gerüstes wirken horizontale, eingenutete Flecklinge und Riegel, deren einer (unter dem Fensterpaar zunächst der Türe, westseits) zu einem kräftig vorladenden Sims ausgebildet ist. In den Gefachen liegende Bohlen, seltener verputzte Bruchsteine. Rafendach aus dem 19. Jahrhundert.

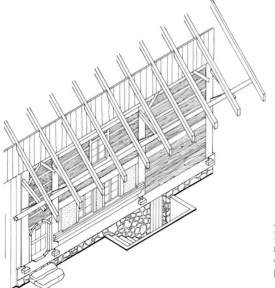

Abb. 324. Baden–Rütihof. Bauernhaus Nr. 2471 A, parallelperspektivische Zeichnung der Wohntrakt-Westseite: Ständerwerk auf gemauertem Unterbau, mit liegenden Bohlen und verputzter Bruchsteinfüllung. – Text oben.

BELLIKON

GESCHICHTE. *Allgemeines.* Zu den Zeugnissen vorchristlicher Besiedlung gehören neben neolithischen und römischen Geräteresten vor allem die 1934 entdeckten Ruinen einer römischen Villa[1]. Der Dorfname ist alemannischen Ursprungs. Der im 11. und 12. Jahrhundert nachweisbare Besitz Muris in Bellikon wird dem Freiämter Kloster 1179 durch Papst Alexander III. bestätigt[2]. Zu Beginn des 13. Jahrhunderts gehen Zinse von Bellikon ans Kloster Hermetschwil[3]. Um 1240 überträgt Arnold, Truchseß von Habsburg, sein Eigengut in Bellikon an Abt und Konvent von Engelberg[4]. 1746 zinsen das Dorf und der benachbarte Weiler Hausen unter anderem an die Kirchen in Rohrdorf, Mellingen und Bremgarten, weitaus am meisten jedoch an das am Ort selbst in einem Schlößchen residierende Junkergeschlecht der Schmid aus Uri[5]. – Als erste Hochgerichtsherren sind um 1300 die Habsburger bezeugt[6]. Die Niederen Gerichte und die Vogtei hatten damals die Bremgarter Bürger Johann und Niklaus von Maschwanden inne[7]. Vor 1343 (angeblich bereits 1314) erwarb Peter Krieg zum Adler von Zürich gewisse Rechtsame in Bellikon; 1353 gingen alle Privilegien der Maschwanden an ihn über[8]. In dem im 14. Jahrhundert aus der Aufteilung des Amtes Baden hervorgegangenen Amt Rohrdorf walteten die in Bellikon seßhaften Krieg zeitweilig als Untervögte[9]. Mit der Eroberung durch die Eidgenossen wechselten die Blutgerichtsherren, die Zwingherrschaft blieb jedoch in den Händen der bisherigen Inhaber[10]. Die Krieg veräußerten ihre Gerichtsbarkeit im 17. Jahrhundert. 1640 gelangte sie an die Urner Familie Schmid, die sie bis 1798 behielt[11].

Kirchliches. Bellikon und Hausen gehörten bis in jüngste Zeit in den Pfarrverband Oberrohrdorf. Um 1700 scheint Elisabeth Schmid zu der durch Junker Balthasar Schmid erbauten Schloßkapelle eine Kaplaneipfründe gestiftet zu haben[12]. Jedenfalls unterhielten und beherbergten die Gerichtsherren seit der ersten Hälfte des 18. Jahrhunderts einen Schloßkaplan, der jedoch anfänglich nur ihren privaten Bedürfnissen genügen durfte und erst 1768 die bischöfliche Erlaubnis erhielt, der ganzen Dorfbewohnerschaft Messe zu halten[13]. 1806 Erneuerung der Kaplanei[14]. 1925 Erhebung Bellikons zu einer selbständigen Pfarrei[15].

1 JB SGU XXI (1929), S. 49, 85. – Heimatgeschichte I, Fundkarte. – Vgl. die Bibliographie unten.
2 Acta Murensia in Quellen zur Schweizer Geschichte III/2, Basel 1883, S. 28 f., 75. – UB Zürich I, S. 210. Die Bearbeiter der UB Zürich identifizieren das «Pellinchon» genannte Dorf u. E. zu Unrecht mit Bellingen im Badischen unterhalb Basels.
3 Aarg. Urk. XI, S. 1, 17.
4 QW Urkunden I, S. 209, 318. – EGLOFF.
5 StA Aarau, Nr. 2705.
6 Habsb. Urbar I, S. 122.
7 MERZ, Burganlagen I, S. 108.
8 MERZ, Burganlagen I, S. 108 f. – HBLS IV, s. v. «Krieg».
9 MITTLER, Baden I, S. 85. – WELTI, Urkunden I, S. 357, 382, 397.
10 Urbar Baden, S. 171. – Aarg. Urk. XII, S. 68.
11 MERZ, Burganlagen I, S. 110.
12 PfarrA Oberrohrdorf, Theke 140: Hist. Notizen, Brief A. Nüschelers vom 27. Mai 1876.
13 PfarrA Oberrohrdorf, Theke 136: Filiale Bellikon, Regulativ für den Kaplan vom 1. Aug. 1811; Filialen der Pfarrei Rohrdorf, 23. Dez. 1811.
14 Ebenda: Filiale Bellikon, bischöfl. Schreiben vom 3. April 1925.
15 PfarrA Bellikon, Akten zur Pfarreigründung.

ANLAGE. Bellikon – gleich Oberrohrdorf und Remetschwil an der Straße Baden–Mutschellen gelegen – teilt mit diesen Nachbargemeinden die aussichtsreiche Hanglage am Heitersberg. Sein Kern gruppiert sich haufenförmig in der Schlaufe, welche die ostwärts abzweigende, dann nordwärts ziehende Nebenstraße nach Hausen beschreibt. Peripher, über einer nach dem nahen Künten absteigenden, waldbestandenen Runse, liegt das ehemals gerichtsherrliche Schloß, das seit dem Mittelalter die Ortschaft äußerlich mitprägt. Das ältere Dorfbild wird zurzeit zunehmend von modernen Wohnhäusern durchsetzt. Vor kurzem ist es durch die gigantischen Baukuben einer Rekonvaleszentenanstalt unschön verändert worden.

Quellen und Literatur. Akten in den PfarrA Bellikon und Oberrohrdorf, im StadtA Baden und im StA Aarau (Repertorium I, Register, s.v. «Bellikon» und «Hausen»). – A. EGLOFF, Bellikon in seiner Geschichte, Bremgarter Bezirksanzeiger 1974, Nrn. 111, 114, 117, 122, 124. – Gemeindewappen, S. 10. – O. HUNZIKER, Geschichte des Rohrdorfer Berges, Badener Tagblatt vom 24. und 29. Dez. 1962, 5., 12. und 26. Jan., 2. und 16. Febr. 1963, passim. – Katholische Kirchen, S. 59. – MITTLER, Baden I, S. 85, 165. – MITTLER, LÜTHI, S. 36f. – Zur römischen Villa: W. DRACK u.a., Die römische Villa rustica von Bellikon-Aargau, ZAK V (1943), S. 86–122. – Ders., Das römerzeitliche Landhaus von Bellikon, Bad. Njbll. 1944, S. 67–77. – Zum Schloß: R. Bosch, Die Burgen und Schlösser des Kantons Aargau, Aarau 1949, S. 28. – HBLS IV, s.v. «Krieg»; VI, s.v. «Schmid von Bellikon». – F. HAUSWIRTH, Burgen und Schlösser der Schweiz, III (Aargau), Kreuzlingen 1967, S. 31–33. – R. HUNZIKER, Von Burgen, Rittern und Bürgern der aargauischen Heimat, Aarau 1943, S. 220. – MERZ, Burganlagen I, S. 108–111; III, S. 21.

Bilddokumente. 1. Ansicht des Schlosses Bellikon von Südwesten auf einer kreisförmigen Allianzscheibe Krieg von Bellikon-Hösch, 1542 (SLM). – JENNY SCHNEIDER, Glasgemälde – Katalog der Sammlung des Schweizerischen Landesmuseums Zürich I, Stäfa 1970, Nr. 229; Abb. S. 196). – 2. Ansichten des Schlosses von Osten und Nordosten. Aquarellierte Federzeichnung. 15×24 cm. Von J.R. RAHN. 1859 (Graph. Slg. ZBZ, Slg. Rahn, Mappe XII, 95. – MERZ, Burganlagen III, Tf. XIV) (Abb. 328). – 3. Ansicht des Schlosses von Nordosten. Bleistiftzeichnung. 11,5×17 cm. Von J.R. RAHN. 1862 (Graph. Slg. ZBZ, Slg. Rahn, Skizzenbuch 413, S. 23). – 4. Kirche Bellikon von Südosten. Bleistiftzeichnung. 11,5×17 cm. Von J.R. RAHN. 1862 (ebenda, S. 22).

Wappen. BONER, Wappen, S. 20.

PFARRKIRCHE ST. JOSEPH

Vorläuferin des heutigen Gotteshauses war die Schloßkapelle von 1676 (vgl. S. 343f.). Der Bau der Kirche drängte sich erst in der Mitte des 19. Jahrhunderts auf, als die kleine, ursprünglich für private Zwecke erstellte Kapelle den Platzbedürfnissen nicht mehr genügte. 1854/55 errichtete man nach Plänen und Devis von KASPAR JOSEPH JEUCH, Baden, die einschiffige Anlage mit eingezogenem Chor, Rundbogenfenstern, Treppengiebeln und eingestelltem hölzernem Frontturm (Abb. 325)[16]. Die farbigen, zum Teil neuromanischen Decken- und Wandstukkaturen, das öl- und gipsmarmorierte Hauptretabel und die polygonale Kanzel schuf JOSEPH M. BÜRLI, Klingnau, nach Entwürfen des Architekten[17]. Auf dem Schalldeckel fand eine aus der Schloßkapelle übernommene kniehohe Barockstatuette des Titelheiligen mit dem Jesusknaben Platz, nachdem sie durch eine weiße Fassung dem Kircheninterieur

---

[16] PfarrA Oberrohrdorf, Theke 136: Filiale Bellikon, «Voraus-Maaß und Baubeschreibung» JEUCHS vom 25. Juli 1853. Danach erhielt der Turm anfänglich eine vollständige Verschindelung in Lärchenholz sowie vier Zifferblätter mit gelben Zahlen auf dunkelblauem Ring. – StA Aarau, Fasz. Bellikon, Kirche 1853–1857. – Bilddokument Nr. 4.

[17] PfarrA Oberrohrdorf, Theke 136: Filiale Bellikon, Devis der Gipserarbeit (Dez. 1854).

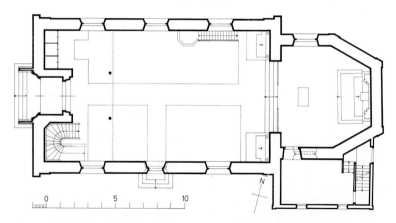

Abb. 325. Bellikon. Pfarrkirche, Grundriß. – Text S. 341.

angepaßt worden war. Drei Altarblätter mit der Himmelfahrt Christi (Mitte), dem Nährvater und der Immakulata von XAVER ZÜRCHER, Zug[18]; Stationenbilder von demselben. Für das Fenster über dem Sturz des Hauptportals und die Rose der Westfassade fertigte JOHANN JAKOB RÖTTINGER in Zürich farbige Verglasungen[19]. Kelchförmiger, gerippter Taufstein aus Jurakalk. Drei Glocken von RÜETSCHI, Aarau. Kirchenweihe am 20. Juni 1856 durch den Basler Bischof Karl Arnold[20]. – 1925 Umguß der drei alten Glocken und Herstellung einer vierten bei RÜETSCHI[21]. Ein Jahr danach neue Turmbedachung und -einkleidung. 1938 Außenrenovation und Vergrößerung der Sakristei[22]. 1944 Innenrenovation und Erneuerung der Stationenbilder durch KARL HAAGA, Rorschach[23]. 1946 erste Orgel, von METZLER, Dietikon[24]. – Heute sind der Abbruch der Kirche und ein Neubau vorgesehen.

Bewegliche Kunstgegenstände. 1. *Wettersegenmonstranz.* Kupfer, versilbert. H. 26 cm. Um 1855. Ovalfuß; lilienförmige, von knabengesichtigen Sternen besetzte Kreuzenden; ovales Ostensorium mit Strahlenkranz. – 2. *Kelch* (Abb. 354). Silber, vergoldet. H. 24 cm. Beschau Uri; Meisterzeichen (JOHANN?) IMHOF. Frühbarock, wohl 1676[25]. Weich profilierter Sechspaßfuß mit Rollwerkappliken; über dem polygonalen Schaft ein dockenförmiger Nodus; der eine niedrige Kupa umfangende, à jour gearbeitete Korb zeigt zwischen zügigen Voluten zahlreiche Passionswerkzeuge. – 3. *Meßlöffelchen.* Silber, vergoldet. L. 8,5 cm. Ohne Marken. Auf der Griffrückseite ein Johanniterkreuz und die gravierte Inschrift «C.L. 1769»[26]. – 4. und 5. *Altarleuchter.* Ein Paar. Lindenholz, silberfarben und rot gefaßt. Höhe (ohne Dorn) 64,5 cm. Um 1855. Durchbrochener, gewundener Schaft; klassizistische Eckvoluten und Rosetten. – Ein Paar. Gleich, aber kleiner, H. 55,5 cm.

18 Seitenblätter datiert 1857.
19 PfarrA Oberrohrdorf, Theke 136: Filiale Bellikon, Schreiben RÖTTINGERS vom 30. Dez. 1854.
20 Katholische Kirchen, S. 59.
21 PfarrA Bellikon, Glockenverträge 1923/24.
22 PfarrA Bellikon, Akten Kirchenrenovation 1938.
23 PfarrA Bellikon, alte Bauakten.
24 PfarrA Bellikon, Akten Orgelbau.
25 Der Kelch dürfte von einem Familienglied der Schmid in die damals erbaute Schloßkapelle gestiftet worden sein.
26 C(ommende) L(euggern)? Das Gerät könnte durch den 1925 von Leuggern nach Bellikon gekommenen Pfarrer J. Bütler in den Schatz gelangt sein. PfarrA Bellikon, Handgeschr. Inventar der Pfarrkirche, S. 21.

SCHLOSS BELLIKON

BAUGESCHICHTE UND BESITZVERHÄLTNISSE[27]. Ob der heutigen Anlage ein älterer Herrschaftssitz vorausging, bleibt ungewiß. Das Schloß kann kaum schon in der ersten Hälfte des 14. Jahrhunderts, d.h. zur Zeit, da die ersten Herren von Bellikon nachweisbar sind, gestanden haben, sondern wird erst gegen 1500, vielleicht sogar zu Beginn des 16. Jahrhunderts, errichtet worden sein. Eine im Schweizerischen Landesmuseum verwahrte, auf 1542 datierte Allianzscheibe, die es als Hintergrundarchitektur darstellt[28], zeigt ein dem heutigen Kernbau sehr ähnliches, turmartiges Gebäude mit Treppengiebeln, aber noch ohne Schneggen. Dieser wurde vermutlich im 17. Jahrhundert nach einem Besitzerwechsel und im Zuge einer Erweiterung des Innern angefügt. Um die Mitte des 19. Jahrhunderts präsentierten sich die Giebelfronten mit Klebedächern (Abb. 328). Um 1900 erhielt der Ostgiebel einen Erker. 1909 durchgreifender Umbau durch die Architekten STREIFF & SCHINDLER, Zürich: Erhöhung des Treppenturms; neuer Treppenturm an der Nordostecke; Entfernung der Klebedächer; Verbindungsloggia zur Schloßkapelle; neue Mauerumfriedung des Umgeländes mit Toreinfahrt; Neugestaltung des Innern[29].

Erbauer und erste Bewohner des Schlosses waren die in Bellikon die Niedergerichtsbarkeit ausübenden Vertreter des Rats- und Junkergeschlechtes der Krieg von Zürich. Bei Peter dem Alten wird 1343 zum erstenmal der Beiname «von Bellikon» konstatiert[30]. Die Familie, die nach der Reformation altgläubig blieb, erbte das Haus fort, bis es 1605 durch Pfarrer Samuel Gruner in Seengen samt Vogtei und Gericht erworben wurde[31]. 1616 ging es mit diesen Rechten an Beat Ludwig Keller von Basel über, worauf es 1640 Magdalena Keller, geb. Röust, an den Urner Johann Balthasar Schmid verkaufte. Bereits 1645 nennt sich dessen Vater, Johann Martin, «Herr zu Bellikon». Sein Neffe Johann Martin erhielt 1674 durch Heirat die Herrschaft Böttstein, wurde 1695 Landvogt in Baden und war zweimal Landammann von Uri[32]. Schon einige Jahrzehnte vor dem Franzoseneinbruch verließen die Schmid das Schloß; nach der Revolutionszeit kauften sie es indessen zurück[33]. – Mehrere Besitzerwechsel im vergangenen Jahrhundert. Zu Beginn des 20. Jahrhunderts diente das Gebäude vorübergehend als Kuranstalt; heute ist es wieder Privateigentum.

Bald nach Erwerbung des Schlosses plante Balthasar Schmid den Bau einer *Kapelle*. Er stieß jedoch auf erbitterten Widerstand des Leutpriesters in Rohrdorf, Matthias Feurer, der 1662 vor dem Badener Rat klagte, daß eine Kapelle in seinem Pfarreiverband «hoch nachtheillig sein möchte». Baden selbst, als Inhaber des Rohrdorfer

---

[27] Bautechnische Untersuchungen am Schloß, die allenfalls über dessen Entstehungsphasen und einstige Struktur genauere Aufschlüsse hätten erbringen können, wurden dem Verfasser nicht gestattet. Die folgenden Ausführungen, insbesondere jene über die Datierungen, werden dementsprechend mit Vorsicht formuliert.

[28] Bilddokument Nr.1.

[29] Schweiz. Bauzeitung XXI, 2 (1909), mehrere Abbildungen, worunter eine des alten Bauzustandes.

[30] Aarg. Urk. XII, S.20.

[31] BOSCH, S.28. – 1641 stirbt Rudolf Krieg, Hauptmann in österreichischen Diensten, als letzter seines Geschlechts. HBLS IV, s.v. «Krieg».

[32] MERZ, Burganlagen I, S.110; Stammtafel.

[33] PfarrA Oberrohrdorf, Theke 136: Filiale Bellikon, Schreiben Dekan Surers vom 8. Mai 1811. – MERZ, Burganlagen I, S.111.

Kirchensatzes, beschwerte sich erfolgreich über Schmids Vorhaben beim Bischof[34]. 1668 brach der Streit von neuem los; Badens Bauverbot drohte der Junker jetzt mit Hilfe seiner «fründt Jn Rom undt Schwögeren» (seiner Beziehungen zur Schweizergarde) zu übergehen[35]. Die Auseinandersetzung erreichte ihren Höhepunkt, nachdem im Dezember 1674 der Rohrdorfer Kirchmeier bei einem Aufenthalt im Land Uri erfahren hatte, Schmid beabsichtige nicht nur eine Kapelle, sondern eine Pfarrkirche für die Dörfer Künten, Sulz, Bellikon und Hausen aufzurichten, und als der Junker im Folgejahr vorgab, deswegen bereits beim Nuntius in Luzern vorgesprochen zu haben[36]. Die Proteste des Leutpriesters, des Badener Rates und des Nuntius vereitelten zwar den Bau der Kirche, aber gegen Schmids ursprüngliches Ansinnen vermochten sie schließlich nichts: 1676 wurde neben dem Schloß eine kleine Kapelle errichtet und durch den bischöflichen Vikar Sigismund Müller von Konstanz zu Ehren des Nährvaters und der hl. Barbara geweiht[37]. – Während des Zweiten Villmerger Krieges 1712 wurden Schloß und Kapelle besetzt und geplündert[38]. 1731 Neuweihe des Gotteshauses und seines Altars durch den konstanzischen Suffragan Franz Anton von Sirgenstein[39]. Wahrscheinlich nach dem Tod Joseph Maria

34 StadtA Baden, Nr. 13, S. 488, 763.
35 StadtA Baden, Nr. 14, S. 498f. Nr. 15, S. 86; vgl. S. 103b.
36 StadtA Baden, Nr. 16, S. 130b–132; vgl. S. 196b. 37 HAUSWIRTH, S. 33.
38 P. KAUFMANN, Der Rohrdorferberg im Zwölferkrieg, Bad. Njbll. 1928, S. 7.
39 PfarrA Oberrohrdorf, Theke 136: Filiale Bellikon, Schreiben vom 17. Juni 1856.

Abb. 326. Bellikon. Schloß mit Park und ehemaliger Kapelle von Südosten. – Text S. 345f.

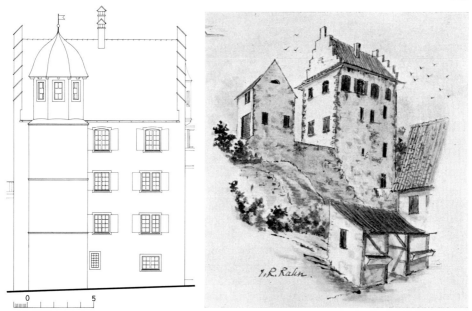

Abb. 327 und 328. Bellikon. Schloß, Aufriß der Südfassade; Schloß und Kapelle von Nordosten, 1859, Federzeichnung von J.R. Rahn (Ausschnitt aus Bilddokument Nr. 2). – Text S. 345f. und 343.

Schmids, 1854, wurde die Kapelle umgebaut und profaniert[40]. 1909 Erhöhung des Schiffdaches, neuer Dachreiter, neue Fensterverteilung[41]. Gleich dem Schloß steht das ehemalige Sakralgebäude heute in Privatbesitz.

LAGE. Der herrschaftliche Schloßbau liegt westlich von Dorf und Hauptstraße in einem baumbestandenen Park. Seine Traufen sind nach Süden und Norden gewandt, die Stirnseiten schauen berg- und talwärts. Vor dem Haus weitet sich ein großes, stellenweise von Mauerzügen umfangenes Gelände, durch welches der Dorfbach seinen Lauf sucht. In unmittelbarer Nähe des Sitzes, längs der Dorfstraße, stehen eine Scheune, die Kapelle und die früher zum Herrschaftsbetrieb gehörige Mühle.

BESCHREIBUNG (Abb. 326 und 327). Der Baukern des *Schlosses* beschreibt im Grundriß ein dem Quadrat angenähertes Rechteck. An seine südliche Langseite, westwärts aus der Mittelachse verschoben, schmiegt sich der kreisrunde Schneggen aus dem 17. Jahrhundert; der westlichen Schmalseite ist eine moderne Veranda und der Nordostecke ein zweiter, jüngerer Treppenturm, den eine Rundbogenloggia mit der Kapelle verbindet, vorgelagert. Der über vier Geschosse aufragende Hauptbau schließt an seinen Stirnfronten mit schmucken Treppengiebeln. Die gekehlten, teils von Mittelpfosten gegliederten spätgotischen Fensterrahmen des zweiten und dritten Stocks werden im obersten Geschoß von stichbogigen Dixhuitième-Lichtern abgelöst (nordseitig beeinträchtigen moderne Anbauten mit mächtigen Lichtöffnungen die

[40] Vgl. NÜSCHELER III, S. 552.   [41] Schweiz. Bauzeitung XXI, 2 (1909).

alte Fassade). Am Ostgiebel klebt zwischen zwei mittelalterlichen Scharten ein polygonaler Erker aus der Jahrhundertwende. Der ältere Schneggen, auf der Ostseite zugänglich und durch kleine gefaste Lichtschlitze erhellt, erschloß anfänglich nur die unter den Traufen liegenden Wohngeschosse; sein 1909 errichteter Aufbau wurde als achteckige Beletage mit Rechteckfenstern und ziegelbesetzter Haube gestaltet. Eine verglaste Turmlaube schließt auch den jüngern, um ein Geschoß niedrigeren Schneggen ab. – Das Innere der Schloßanlage ist heute umgebaut und dürfte nur noch in der Struktur der Trägermauern dem alten Zustand entsprechen.

Wenige Meter von der Ostwand entfernt, in die Parkmauer einbezogen, steht die nord-südlich gerichtete, 1676 erstellte *Kapelle*, ein einfacher Rechteckbau mit eingezogenem, dreiseitig schließendem Chor. Das ehedem durchlaufende Firstdach ist seit 1909 über dem Laienhaus höhergesetzt. Unter der Traufe des abgewalmten Chordachs verläuft ein Kranz geschweifter Steinkonsolen, der die Aufschieblinge trägt. Den im 19. Jahrhundert abgetragenen ursprünglichen Dachreiter ersetzt heute ein verschindeltes Türmchen mit glockenförmiger Haube und aufgesetztem Hahn. Der Eingang liegt in der Chorwestwand, muß sich aber früher auf der Straßenseite befunden haben[42]. Ein gekehltes Rundbogenfenster am Chor, zwei in der Nordwand sitzende Rechtecköffnungen mit fein profilierten, geohrten Sandsteinrahmen und ein neueres nordseitiges Bogenfenster belichten das gewölbte Innere. Die im Dachreiter hängende Glocke mit dem Bild des Gekreuzigten goß der Zürcher HEINRICH FÜSSLI im Jahre 1676[43]. – Das ehemalige Gotteshaus birgt keine originalen Ausstattungsgegenstände mehr.

Abgewanderte Bildwerke. Der genaue ursprüngliche Standort der folgenden drei Plastiken aus Bellikon ist nicht mit Sicherheit zu ermitteln, darf aber im Schloß bzw. in der Kapelle vermutet werden. – 1. *Pietà* (in der Städtischen Sammlung im Landvogteischloß Baden) (Abb. 329). Holz in weißer, nachträglicher Polimentfassung. Höhe (mit Sockel) 56 cm. Spätgotisch, um 1500. Differenziert gearbeitetes Bildwerk von großer Aussagekraft. Der als Reliquienbehältnis ausgebildete, heute leere Rechtecksockel aus der Mitte des 17. Jahrhunderts trägt anstelle der einstigen Fensterverglasung eine Holzplakette, deren lateinische Aufschrift über Provenienz und Schicksale des Kunstwerks Aufschluß gibt: «Königsfelda fuit REGINÆ Regia Sedes,/Donec ab infidâ fida repulsa fide est;/ Inde Sacrâ in Belicon Virgo Sacra Virgine fertur;/ Post Rordorf, domus haec Virginis haeres adest./ Quaesÿt haec Sedem Virgo sibi profuga quartam/ Quarta illi ex quatuor sola secunda fuit.» – 2. *Maria* aus einer Kreuzigungsgruppe (im Schweizerischen Landesmuseum Zürich, Inv. Nr. LM 19821). Abgelaugtes Lindenholz. H. 89 cm. Spätgotische Gewandfigur aus dem Beginn des 16. Jahrhunderts. – 3. *Engel* in Diakonentracht (im Schweizerischen Landesmuseum Zürich, Inv. Nr. LM 19827) (Abb. 330). Abgelaugtes Lindenholz. H. 54,5 cm. Umkreis des Zuger Bildschnitzers JOHANN BAPTIST WICKART. Frühbarock, um 1680. Breitgesichtige Jünglingsfigur in versunkener Haltung, mit streng senkrecht fallender Dalmatika.

Die nördlich vom Schloß in der Bachsenke gelegene *Mühle* ist ein barocker Mauer- und Fachwerkbau, dessen östlicher Traufseite nachträglich ein biedermeierliches Aussehen verliehen wurde. Der im 18. oder frühen 19. Jahrhundert neu errichtete Nordgiebel zeigt rein konstruktives Riegelwerk, Krüppelwalm, Klebedach und zwei Flugsparrendreiecke.

42 Bilddokument Nr. 2.
43 PfarrA Oberrohrdorf, Theke 140: Hist. Notizen, Glocken in den Filialkirchen.

Abb. 329 und 330. Bellikon. Ehemalige Schloßkapelle. Spätgotische Pietà, um 1500 (heute in der Städtischen Sammlung im Landvogteischloß Baden); frühbarocker Engel aus dem Umkreis von Johann Baptist Wickart, um 1680 (heute im Schweizerischen Landesmuseum Zürich). – Text S. 346.

DORF

Häufig ist der Bauernhaustypus, welcher Wohnteil, Tenn, Futtertenn und Stall unter einem einzigen Satteldach vereinigt. Die Mehrzahl der Bauten aus dem 17.–19. Jahrhundert sind giebelständig gegen die Berg- und Talseite. Zwei Walmdächer haben sich erhalten[44]. Neben Bruchsteinmauerung sind Fachwerk- und Ständerkonstruktionen zu treffen.

Gebäude. Nr. 50. Wohnhaus mit Klebedach am Nordgiebel; quergestellt der Stall in Ständertechnik und die teilweise aus Fachwerkwänden gebaute, breitgelagerte Scheune, die beide unter einem imposanten Walmdach ruhen. Dessen Stuhl besteht aus einem rafenbehängten Fünf-Ständerreihen-Werk mit Unterfirst und Unterpfetten; die seitlichen vier Ständerreihen werden von Horizontalbalken abgefangen, die aber ihrerseits von Säulen gestützt sind; Sperrafen. 17. Jahrhundert. – *Nr. 24.* Langgestreckter, bis um 1900 strohgedeckter Bohlenständerbau unter Halbwalmdach, bei dem sich Wohnhaus, Tenn und Stall aneinanderreihen. Südseitig teilweise modern verbaut. Der Dachstuhl, ähnlich jenem von Nr. 50, zeigt unter den Walmen konzentrische Rafenanordnung. 18. Jahrhundert. – *Nrn. 22 und 53.* Teilweise unverputzte Fachwerkbauernhäuser, ersteres mit fünfgliedriger Fensterzeile am Erdgeschoß. – *Nr. 41.* Remise und Holzschopf; doppelgeschossiges Gebäude mit vollständig freiliegenden Fachwerkwänden und westseitigem Klebedach. – *Ehemalige Schmiede* (Nr. 45). Zweigeschossiger Putzbau, bestehend aus Wohnung, Tenn und Stall, unter Krüppelwalmdach, mit geschwungener Ründe, Klebedach und kerbschnittverzierten Bügen; 18. Jahrhundert. Südseitig und quergestellt der frühere Werkstatttrakt mit gekuppelten Rundbogenlichtern; Mitte 19. Jahrhundert. – *Nr. 54.* Zweigeschossiges Biedermeier-Bauernhaus in verputzter Fachwerktechnik, mit gefluchtetem Quertrakt unter Gerschilddach. – In der *ehemaligen Dorfwirtschaft* (Nr. 21) ein grüner Schankstubenofen mit weißen, von Blumen- und Vogelmotiven belebten Kachelfriesen aus dem frühen 19. Jahrhundert. In einem ähnlichen Fries an der Sitzkunst in Haus *Nr. 40a* eine auf 1825 datierte Kachel mit dem Emblem mehrerer gekreuzter Fische

---

[44] 1844 trugen von 74 Gebäulichkeiten noch 45 eine Strohbedachung. – BRONNER II, S. 284.

(Wappen Fischer). – *Nr. 32*. Zweigeschossiges, allseitig symmetrisch gegliedertes bürgerliches Landhaus; auf der talseitigen Dachschräge zweifenstriger Ausbau, hangseitig axialer Risalit, deren Firste den Hauptfirst kreuzen. Über dem Portalsturz vorn die Jahreszahl 1841; an der Hinterseite klassizistische Eichentüre. Im südlichen der beiden gewölbten Kellerräume ein gemaltes Tier(?) sowie das Christusmonogramm zwischen der Jahreszahl 1842. – Das Gebäude *Nr. 74* in Hausen, mit hölzernen Drehpfannen und sichtbarem Schwellenschloß am Tenntor, zeigte früher eine ins 18. Jahrhundert weisende Jahreszahl.

Wegkreuze. Sämtliche sehr einfach und ohne Korpus. – 1. Datiert 1874 (nördlich der Schloßkapelle an der Hauptstraße). – 2. Um 1855 (Friedhof). – 3. Prankenförmig, schmucklos (an der Hauptstraße zwischen Bellikon und Remetschwil).

ENNETBADEN

GESCHICHTE. Siedlungsgeschichtlich bildet das Bäderdorf am rechten Limmatufer eine Einheit mit dem gegenüberliegenden Bäderquartier der Stadt Baden (vgl. S. 37 bis 44; Abb. 27 und 28). Zur Unterscheidung von diesem benachbarten, größeren Thermalquellenareal (den sogenannten Großen Bädern) wurden seine Thermen schon im Mittelalter als Kleine Bäder bezeichnet[1]. Spätestens seit augusteischer Zeit waren die beiden Badbezirke durch eine Brücke verbunden, die am rechten Ufer einen Wegstrang nach Winterthur und an den Bodensee, einen andern über das Höhtal nach Zurzach entließ[2]. – 1150 tritt das Kloster Elchingen bei Ulm Besitztum in Ennetbaden an die Abtei St. Blasien ab[3]; vom 13. Jahrhundert an war das Schwarzwaldkloster außerhalb der Bäder fast ausschließlicher Grundherr des Ortes[4]. Die Kiburger zählten Ennetbaden zu ihrem Amtsbezirk Baden[5]; in habsburgischer Zeit gehörte es zum neugeschaffenen Amt Siggenthal[6], dessen Verwaltungssitz die Niedere Feste (das nachmalige Landvogteischloß Baden; vgl. S. 59) war[7]. Kurz nach der Gründung der Stadt Baden vermochten mehrere Bewohner des Dorfes, unter ihnen die Wirte der Badgasthöfe, die bürgerlichen Rechte zu erwerben[8]. Gemäß dem Habsburger Urbar gehörten zu Beginn des 14. Jahrhunderts alle Gerichtsbarkeiten noch der Herrschaft, bald darauf aber wurden sie dem Badener Schultheißenamt unterstellt[9], mit dem sie bis in die Neuzeit verbunden blieben[10]. Dies hatte zur Folge, daß

---

1 H. GUNDELFINGER, De thermis Helveticis, 1489 (mitgeteilt von C. GESSNER, De balneis omnia quae exstant ..., Venedig 1553, fol. 292): «Thermas minores vocant, quibus plebei et rustici fere soli utuntur.»

2 H. DOPPLER, Der neubearbeitete Plan des römischen «vicus» Baden, Bad. Njbll. 1972, Plan S. 89. – P. HABERBOSCH, Die Römerbrücke am Limmatknie, Bad. Njbll. 1968, S. 77–80. – I. PFYFFER, Aquae Helveticae I, Bad. Njbll. 1929, S. 9.

3 StA Aarau, Urk. Klingnau–Wislikofen Nr. 1. – G. BONER, Kirchdorf bei Baden – Zur älteren Kirchengeschichte des Siggenthals, Argovia LXXII (1960), S. 36. – Vgl. Habsb. Urbar I, S. 111.

4 MITTLER, Baden I, S. 59f.   5 Habsb. Urbar II/1, S. 34. – MITTLER, Baden I, S. 44.

6 Habsb. Urbar I, S. 111f.   WERNLI, S. 11.

7 T. VON LIEBENAU, Urbar der niedern Burg zu Baden, Anzeiger für Schweiz. Geschichte IV (1882–1885), S. 456.

8 Habsb. Urbar I, S. 112f. – WELTI, Stadtrecht, S. 9, 63.

9 Habsb. Urbar I, S. 112. – T. VON LIEBENAU, a.a.O., S. 456. – WELTI, Stadtrecht, S. 18, 83, 43–54.

10 Urbar Baden, S. 194f.

Abb. 331. Ennetbaden. Bäder von Westen, mit den Gasthöfen «Rebstock», «Hirschen», «Engel» und «Sternen», dem Schröpfbad und dem Freibad, um 1770–1780 (vgl. Abb. 27). Anonyme Bleistiftzeichnung (Bilddokument Nr. 1). – Text S. 44 und 359.

seit dem Mittelalter auch Steuer- und Dienstpflichten gegenüber dem Landvogt zunehmend schwanden und sich nach der Stadt orientierten[11]. Das in seiner Selbständigkeit sehr eingeschränkte Dorf – zur Hauptsache handelte es nur in landwirtschaftlichen Fragen als eigene Gemeinde – erhielt erst nach dem Sturz der alten Ordnung die bürgerliche Gleichberechtigung mit Baden. Seit 1803 war es mit einer Stimme in der Stadtbehörde vertreten. Zu einer Einigung über wirtschaftliche und ökonomische Gleichstellung kam es indessen nicht[12]. Auf Betreiben Badens, aber wider Willen Ennetbadens, wurde die Ortschaft 1819 durch großrätlichen Dekretsbeschluß von der Stadt getrennt[13]. – In der Mitte des 19. Jahrhunderts Ansiedlung der ersten Industriebetriebe[14]. Der seit alters gepflegte Rebbau blüht heute noch[15]. Das hart am Limmatufer quellende Thermalwasser wird zurzeit noch von drei Badehotels, die insgesamt über rund 250 Betten verfügen, genutzt. – Das Straßensystem Ennetbadens hat in den letzten 140 Jahren starke Veränderungen erfahren. 1836 wurde vor der Flußfront der Badhotels eine Uferstraße gebaut, welche die alte, vom Dorfkern steil aufsteigende und dem Geißberghang folgende Klingnauerstraße (heute Hertensteinstraße) entlastete und eine direkte Verbindung zwischen Wettingen und dem Siggenthal schuf. Um 1850 verlegte man die von der Klingnauerstraße abzweigende Höhtalstraße südwärts an die Lägernlehne, und 1874 schließlich ersetzte eine eiserne Fahrbrücke den Fußgängersteg nach dem Bäderquartier auf der

---

11 MITTLER, Baden II, S. 199.   12 MITTLER, Baden II, S. 200.   13 MITTLER, Baden II, S. 203.
14 MITTLER, Baden II, S. 257–262. – MÜLLER, S. 19.   15 MÜLLER, S. 22–24.

linken Flußseite[16]. Die der Limmat folgende Dorfstraße, an die just an der schmalsten Stelle im Ortskern die Eisenbrücke nach Baden anschließt, vermag heute zeitweilig den starken Fahrzeugverkehr nicht mehr zu bewältigen.

Kirchlich gehörte Ennetbaden von Anfang zur Pfarrei Baden. Es besaß seit dem beginnenden 16. Jahrhundert eine Kapelle.

LAGE (Abb. 4, 33 und 295). Die Ortschaft liegt am rechten Limmatufer, in der muldenförmigen Talausweitung, die sich der Fluß hinter dem Badener Kluseingang geschaffen hat. Ihr Häuserbestand folgte im Mittelalter zeilenförmig der engen Stromkehre und begleitete in späteren Jahrhunderten auch ein kurzes Stückweit die alte, zum Höhtalpaß ansteigende Straße nach Zurzach und Kaiserstuhl. An die historische Dorfformation, die bis zur vergangenen Jahrhundertwende unberührt geblieben ist[17], schließen heute ausgedehnte, vorwiegend mit Einfamilienhäusern bebaute Wohnzonen an, die in die Hänge von Lägern und Geißberg vorstoßen.

Quellen und Literatur. Akten im StadtA Baden und im GemeindeA Ennetbaden. – WELTI, Urkunden I und II. – F.E. WELTI, Das Stadtrecht von Baden, Aarau 1900.

FRICKER, Baden, S.403f., 544–546 und passim. – P. HABERBOSCH, Das Modell der Bäder von Baden und des Dorfes Ennetbaden, Bad. Njbll. 1967, S. 31–54. – MITTLER, Baden I und II, Register, s.v. «Ennetbaden». – MITTLER, LÜTHI, S.33–35 (mit Literaturangaben). – H.K. MÜLLER, Ennetbaden, Baden 1969. – U. MÜNZEL, Die Kleinen Bäder, Njbl. der Apotheke F.X. Münzel Baden, 1947. – NÜSCHELER III, S.556f. – F. WERNLI, Die Gründung der Stadt Baden im Aargau, Affoltern a.A. 1955, S. 7–12. – Vgl. auch die S. 11f. und 13 verzeichneten Traktate über die Bäder von Baden.

Bilddokumente. Die Auswahl erfolgt nach dem kunsttopographischen Quellenwert.

1. Die Kleinen Bäder von Westen. Bleistiftzeichnung. 22,5 × 38,5 cm. Anonym. Um 1770–1780 (Graph. Slg. ZBZ, Mappe Aargau II, Baden 66) (Abb. 331). – 2. Gasthöfe «Zum Rebstock» und «Zum Hirschen» von Westen. Federzeichnung. 12,3 × 16,9 cm. Anonym. Zweite Hälfte 18. Jahrhundert (Graph. Slg. ZBZ, Slg. Steinfels, Baden XVIII, 55). – 3. Die Kleinen Bäder von Westen. Kolorierte Aquatinta. 6,9 × 10,5 cm. Gez. und gest. von H. KELLER. Um 1820 (ALZ). – 4. Die Kleinen Bäder von Süden. Getuschte Pinselzeichnung. 7,4 × 10,9 cm. Anonym. Um 1830 (Graph. Slg. ZBZ, Baden I, 123). – 5. Ennetbaden mit Limmatsteg von Südwesten. Kolorierte Feder- und Bleistiftzeichnung. 8,8 × 12,5 cm. Von F. SCHMID. Um 1840 (Graph. Slg. ETH, Baden 678). – 6. Ennetbaden von Südwesten. Stahlstich (auf einem sechs Teilansichten Badens umfassenden Blatt). 11,9 × 17,7 cm. Gest. von C. HUBER. Um 1850 (Graph. Slg. SLM, Nr. LM 50909). – 7. Die Kleinen Bäder von Norden. Kolorierte Lithographie. 11 × 16,1 cm. Gez. und lith. von J. JACOTTET. Um 1850 (Graph. Slg. SLM, Nr. LM 50940). – 8. Die Kleinen Bäder von Südwesten. Photographie. 9,4 × 14,5 cm. Um 1880 (FXM). – 9. Badhotel «Zum Schwanen». Sepialavierte Federzeichnung. 30 × 40,7 cm. Anonym. Um 1870–1880 (Hotel «Schwanen» Ennetbaden). – 10. Badhotel «Zum Schwanen». Photographie. 9,4 × 14,5 cm. Um 1900 (FXM). – 11. Diverse Photographien der Badhotels aus dem frühen 20. Jahrhundert (FXM). – Überdies ist das Dorf auf den meisten Nordansichten der Altstadt und der Bäder von Baden erfaßt; vgl. S. 16, Nrn. 1–8, und S. 17f., Nrn. 20, 27.

Plandokumente. 1. Situationsplan der Straße vom Limmatsteg bis zur St.-Anna-Kapelle vor dem Landvogteischloß. Kolorierte Federzeichnung. Etwa 1:1000. 41 × 114,6 cm. Von Straßenaufseher M. WEGMANN. Um 1830–1840 (Archiv des Kantonalen Tiefbauamtes Aarau). – 2. Situationsplan des rechten Limmatufers von den Bädern bis gegen das Landvogteischloß, mit der projektierten Uferstraße. Kolorierte Federzeichnung. 46,1 × 121,9 cm. Anonym. 1835 (ebenda). – 3. Situationsplan der projektierten Uferstraße. Kolorierte Federzeichnung. Etwa 1:1000. 51,5 × 125 cm. Anonym. 1835 (ebenda). – 4. Situationsplan des rechten Limmatufers mit der projektierten Uferstraße. Aquarellierte Federzeichnung. 64,2 × 93,2 cm. Von Straßeninspektor KESER. 1836 (ebenda). – Die Kleinen Bäder sind überdies eingetragen auf den Plänen zu den Bädern von Baden; vgl. S. 22, Nrn. 10, 11, 12.

Bädermodell (zitiert S.26; Abb. 295).

Wappen. BONER, Wappen, S.22.

---

16 StadtA Baden, Nr. 821. – MITTLER, Baden II, S. 189–192.   17 Photographie bei MÜLLER.

ABGEBROCHENE KAPELLE ST. MICHAEL

Kurz vor 1519 errichtete sich die nach Baden pfarrgenössige Bewohnerschaft Ennetbadens anstelle ihres Bildstocks eine Kapelle. Das Kirchlein überdauerte 150 Jahre und wurde 1668/69 durch einen Neubau ersetzt (Abb. 332). 1963–1966 erhielt das Dorf ein modernes Gotteshaus im Rang einer Pfarrkirche, worauf man die Kapelle schleifte. – Die ältere Kapelle – ein kleiner, nord-südwärts gerichteter Saal mit Dachreiter – lag in der Gabelung, welche die ehemalige Klingnauerstraße (heute Hertensteinstraße) und die davon abzweigende Gasse nach dem Bäderquartier bildeten (Abb. 4). Der Bau des 17. Jahrhunderts erstand knapp 200 m flußaufwärts an der Straße, die zum Landvogteischloß führt (heute Sonnenbergstraße). Er war geostet und hatte einen dreiseitigen Chorschluß (Abb. 29 [2] und 30).

Quellen und Literatur. StA Aarau, Nrn. 2786 (9) und 5477 (14. Dez. 1668). StadtA Baden, Nrn. 11, 14, 15, 46, 48, 644, 647, 893. Kath. PfarrA Baden, Weiheurkunde. PfarrA Ennetbaden, Turmknopfdokumente von 1880 und 1905.
Festschrift zur Einweihung der St.-Michaels-Kirche, Baden 1966. – MITTLER, Baden I, S. 154, 333; II, S. 67, 222.
Bilddokumente S. 16, Nrn. 1, 2, 4, 5, 7, 8.
Bädermodell (zitiert S. 26; Abb. 295).

ERHALTENES KUNSTGUT

Plastik. 1. *Statue des hl. Michael von der Hauptfassade* (auf dem Vorplatz der neuen Kirche) (Abb. 333). Muschelsandstein. H. 103 cm. Von GREGOR ALLHELG, Baden. 1668/69. Blockhafte, untersetzte Figur von nüchterner Vornehmheit[18]. – 2. *Ein Paar Altarfiguren des hl. Dominikus und des hl. Franz Xaver* (im Pfarrhaus und in der Sakristei) (Abb. 336). Lindenholz mit Spuren der originalen Fassung. H. je 110 cm. Von GREGOR ALLHELG. 1668/69. Ernst verhaltene, reglos posierende Statuen in schwer fallenden Gewändern. – 3. *Engelpaar* (in der Sakristei). Lindenholz. Maximale Spanne 75 bzw. 77,5 cm. Zugehörig zu Nr. 2. – 4. *Zwei Standfiguren der hl. Klara und des hl. Antonius von Padua* (im Pfarrhaus). Holz mit Goldfassung. H. 67 bzw. 68 cm. Frühbarock, Mitte 17. Jahrhundert. – 5. *Auferstehungschristus* (im Pfarrhaus). Holz, farbig gefaßt. Höhe (mit Sockel, ohne Standarte) 55 cm. Frühbarock, um 1680. – 6. *Kruzifixus* (in der Sakristei). Lindenholz, ungefaßt. H. 80,5 cm. Barock, um 1700–1720. – 7. *Altarkreuz* (in der Stadtkirche Baden). Holz, farbig gefaßt. H. 57 cm. Frühbarock, um 1680. Volutensockel mit

---

18 P. FELDER, Der Bremgarter Ölberg und sein Meister Gregor Allhelg, Bremg. Njbll. 1961, S. 35.

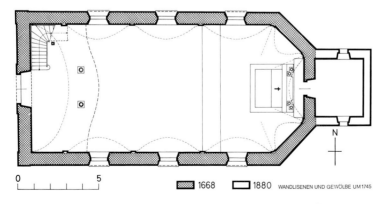

Abb. 332. Ennetbaden. Abgebrochene Kapelle St. Michael, Grundriß. – Text oben.

stilisierten Blattfriesen, Totenschädel und Wappen Schnider von Mellingen. – 8. *Altarkreuz* (in der Kirche) (Abb. 335). Gefaßtes Lindenholz (Kreuz aus Eisen, modern). Höhe des Korpus 77,5 cm. Nordspanisch oder pyrenäisch. Spätestromanisch, um 1380[19]. Sehnig-steifer, stilisierter Körper mit wulstigen Brustrippen und stark gerilltem Lendentuch. Aus dem schmalen, scharf geschnittenen Gesicht, den eng beieinanderliegenden offenen Augen und dem hohl geöffneten Mund spricht menschennahe Güte des schuldlos Gemarterten. Beachtliche Plastik.

Malerei. 1. Hauptblatt des ehemaligen Altars, darstellend den *hl. Michael im Kampf mit dem Satan* (in der Kirche) (Abb. 334). Öl auf Leinwand. 203 × 128 cm. Signiert und datiert: «Meinrad Keller Pinxit A⁰. 1740»[20]. Überschrift «QVIS VT DEVS». Thema und Komposition sind eine Nachahmung von GUIDO RENIS Michaelsbild in der römischen Kirche S. Maria della Concezione, um 1635[21]. Neben dem Datum verraten jedoch der Stil und die lichten Farben (namentlich das Gelb, das Blau und das Graublau) die wesentlich spätere Entstehungszeit. Obschon an ein Vorbild gebunden, stellt das Gemälde eine raffinierte Meisterleistung und zweifellos ein Hauptwerk seines in Baden wirkenden Autors dar[22]. – 2. Oberblatt des ehemaligen Altars, darstellend die *Rosenkranzmadonna mit dem stehenden Jesusknaben* (im Pfarrhaus). Ovales Ölgemälde auf rechteckiger Holztafel. 113 × 97 cm. Barock, 18. Jahrhundert. – 3. *Maria mit Kind* (in der Kirche). Öl auf Holz. 48 × 38 cm. 17./18. Jahrhundert. Italokretische Ikone. Typisch das fallende Haartuch und der gepunzte Heiligenschein[23].

---

19 1966 im Kunsthandel erworben.
20 Vgl. StadtA Baden, Nr. 46, fol. 182v., 216.
21 G.C. CAVALLI, C. GNUDI, Guido Reni, Florenz 1955, S. 87; Tf. 145.
22 Vgl. Kdm. Aargau II, S. 447, Kdm. Aargau IV, Abb. 339.
23 1966 im Handel erworben. – Herrn Dr. S. Amberg, Kölliken, verdanke ich wertvolle Auskünfte.

Abb. 333 und 334. Ennetbaden. Abgebrochene Kapelle St. Michael. Statue des hl. Michael von Gregor Allhelg, 1668/69; Ölgemälde des hl. Michael im Kampf mit dem Drachen, von Meinrad Keller, 1740 (heute beide neuverwendet). – Text S. 351 und oben.

Abb. 335 und 336. Ennetbaden. Neue Kirche St. Michael, spätestromanischer Kruzifixus, um 1380; abgebrochene Kapelle St. Michael, Altarstatue des hl. Dominikus von Gregor Allhelg, 1668/69 (heute neuverwendet). – Text S. 352 und 351.

Glasgemälde. 1.–6. (in der Städtischen Sammlung im Landvogteischloß Baden). Kreisförmig, Dm. je 23 cm. Sämtliche datiert 1668[24]: 1. *Stadtscheibe.* Gekrönte Wappentriade Baden-Reich mit zwei Schildhalterlöwen und gotischer Überschrift «Die Lob: Statt / Baden:». 2. *Wappenscheibe des Klosters St. Blasien.* Defekt. Geviertes Schild: 1 und 4 Abtei, 2 und 3 Abt Otto Kübler (1664–1672). Kleinodien: Hundekopf mit Ferkel zwischen den Zähnen. Inful und Pedum. Flankierendes Cherubspaar. Überschrift «ODDO von Gottes Gnaden Abtt / des wirdigen gotts Haus / St: Blasien». 3. *Wappenscheibe des Klosters Muri.* Geviertes Schild mit Inful und Pedum, von Cherubspaar beseitet: 1 Abtei, 2 und 3 Abt Fridolin I. Summerer (1667–1674), 4 Konvent[25]. Überschrift «FRIDOLINVS von Gotteß gnaden Abtt =/ deß Wirdigen Gotts Hauß Muri». 4. *Wappenscheibe des Klosters Wettingen.* Defekt. Geviertes Schild mit Inful und Pedum, von Cherubspaar beseitet: 1 und 4 Abtei, 2 und 3 Abt Gerhard Bürgisser (1659 bis 1670). Überschrift «GERHARDVS von Gottes gnad =/en Abtt deß wirdig: Gotts/haus Wettingen:». 5. *Wappenscheibe Borsinger-Schnorff*[26]. Leicht defekt. Unterschrift «Hr. Johan. Melchior. Borsinger. M.D. deß Raths Zů =/Baden. Fr. Anna Catharina Schnorffin. sein Ehegmahlin:». 6. *Eine gleiche.* Defekt. – 7. *Stadtscheibe* (in der Städtischen Sammlung im Landvogteischloß Baden). 32 × 24 cm. Gekrönte Wappenpyramide Baden-Reich, gehalten von zwei grimmigen Löwen. Schultrige Bogenarchitektur mit Rollwerk und Fruchtfestons. Unterschrift «Die Statt Baden im Ergöu 1692». – 8.–13. (im Kirchgemeindehaus). Schmückten ursprünglich die umfunktionierte Kapuzinerkirche in Baden; siehe S. 196f.

Glocke (im Kirchgemeindehaus). Dm. 53 cm. Von RÜETSCHI in Aarau. 1884.

Liturgische Geräte. 1. *Wettersegenkreuz* (in der Sakristei). Silber und Kupfer, vergoldet. H. 36 cm. Ohne Marken. Rokoko, um 1760. Auf dem Ovalfuß mit Einzügen Kämme, Päonien und Weinlaub; rocailleverzierter Birnknauf; das Ostensorium umringt von einem Kreuzkranz, Tropfsteinmotiven

---

24 Vgl. PfarrA Ennetbaden, Turmknopfdokument von 1880.
25 Kdm. Aargau V, S. 215.   26 MERZ, S. 40, 273; Abb. 36, 206.

354   ENNETBADEN

und einer weinlaubbesetzten Strahlengloriole. – 2. *Kelch* (im Schatz der Stadtkirche Baden). Kupfer, vergoldet. H. 26 cm. Louis XVI, datiert 1787. Auf dem stark gebauchten, achtfach eingezogenen Rundfuß Blattkordelfestons; gekerbter Schaft; eiförmiger Nodus; glatte Steilkupa. Unter dem Fuß Plakette mit Stifterwappen und gravierter Inschrift «Ex . DONO . B(eati) . D(ominici) . BalDinger . Parochi . in . R(ordorf) . et . D(ecani) . C(apituli) . R(egenspergensis) . 1787»[27]. – 3. *Chorampel* (in der Sakristei). Messing, versilbert. Höhe des Korbes 46 cm. Um 1820. – 4. *Ein Paar Altarleuchter* (im Schatz der Stadtkirche Baden). Zinn. Höhe (ohne Dorn) 47 cm. Ohne Marke. Barock, 17. Jahrhundert. Dreiteiliger Fuß; von Ringen gegliederter Balusterschaft. – 5. *Ein Paar Altarleuchter* (in der Sakristei). Gelbguß. Höhe (ohne Dorn) 37,5 cm. Barock, 17. Jahrhundert. Rundform; flach eingeschnürter Fuß; geschmeidiges Schaftprofil.

SOGENANNTES SCHLÖSSLI

Besitzverhältnisse und Baugeschichte. Bereits auf dem Holzschnitt in der Kosmographie von Münster (Abb. 25) ist am Platz des heutigen Gebäudes ein auffallend großer Mauerbau mit nordseitigem Schneggenturm und vier polygonalen Dachpavillons dargestellt[28]. Den herrschaftlichen Landsitz brachte Verena Dorer bald nach 1620 in ihre Ehe mit Fridolin Mattler, nachmaligem Ratsherrn und Schultheißen der Stadt Baden[29]. Die Sippe dürfte das Gut bis zu ihrem Aussterben 1690 besessen haben. Im 18. Jahrhundert erlebte das «Schlößli» mehrere Handänderungen. Damals muß es nach dem Zeugnis Salomon Hottingers auch geselligen privaten oder öffentlichen Anlässen gedient haben[30]. Im Jahre 1800 verkaufte der in

---

27 Vgl. P. Kaufmann, Aus der Geschichte der Pfarrei Rohrdorf, Bad. Njbll. 1940/41, S. 50.

28 Bilddokument Nr. 20, oben S. 17. – Merian zeichnet die Pavillons in Form von Eckerkern mit Spitzhelmen. Bilddokument Nr. 1, oben S. 16.

29 StadtA Baden, Nr. 15, S. 6a–7b. – Vielleicht war ihr das Haus durch ihren früheren Gemahl, den in Baden eingebürgerten Anton Peyer im Hof aus Schaffhausen († 1620), der in Baden ein Haus mit Reben und Trotte erworben hatte und bis zu seiner Wahl zum Schultheißen außerhalb der Stadtmauern wohnte, zugefallen. – Merz, S. 225f.

30 S. Hottinger, Thermae Argovia-Badenses..., Baden 1702, S. 69.

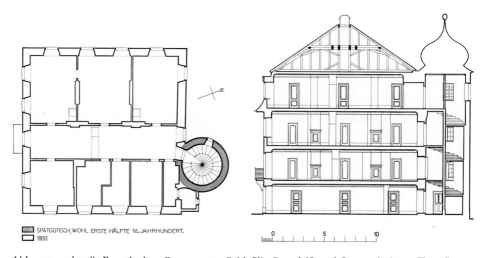

Abb. 337 und 338. Ennetbaden. Sogenanntes Schlößli, Grundriß und Längsschnitt. – Text S. 355.

Abb. 339. Ennetbaden. Sogenanntes Schlößli von Südosten. – Text unten und S. 356.

Finanznot geratene Amand Spöri «Haus und Gut zum Schlößli samt Scheure, Stallung, Garten, nebst 11 Juchart an Matt- und Akerland, alles in einem Einfang» an den Juden Wolf Dreyfuß in Baden[31]. Dieser ließ das Haus unverzüglich bis auf den Treppenturm niederreißen und neu erbauen[32]. Im frühen 19. Jahrhundert ging das Gebäude abermals an die Dorer über. Seit 1899 steht es ununterbrochen im Besitz der Familie Mäder.

BESCHREIBUNG (Abb. 29 [4], 337, 338 und 339). Die Villa liegt in einem reizenden *Garten* zwischen Schlößlistraße und Sonnenbergstraße (Schlößlistraße Nr. 53). Das ursprünglich zugehörige Kulturland, das um 1840 noch bis in die Nähe des Landvogteischlosses und weit an den Lägernhang hinauf reichte[33], ist im späten 19. und frühen 20. Jahrhundert parzelliert und mit Einfamilienhäusern überbaut worden. – Der schmucke, dreigeschossige *Bau* erhebt sich auf einem fast quadratischen Grundriß von 15 m Seitenlänge und zählt west- und ostseitig je vier streng symmetrisch angelegte Fensterachsen. Dies allein schon verrät, daß er von seinem mittelalterlichen Vorgänger außer dem Schneggen kaum viel mehr als Kellerräume übernommen hat. Der wiederverwendete Treppenturm auf der Nordseite und die Raumdisposition im Innern freilich zwangen an der Nord- und Südfassade zu einigen Kompromissen. Während dort nur die Westzimmer und die Korridore mit je einer Achse befenstert sind, folgen sich hier die Achsen von links nach rechts mit zunehmender Distanz.

31 StadtA Baden, Nr. 875: 30. Juli 1800. 32 HABERBOSCH, S. 54. 33 Plandokument Nr. 2.

Äußerlich präsentiert der Bau noch typische Merkmale der Barockzeit: ein stattliches pyramidenförmiges Mansardendach, eine blechbeschlagene Turmzwiebel[34] und hübsche Stichbogenfenster mit lippenförmigen, auffällig feinen Simsen. Eine kräftige (erneuerte) Stockgurte scheidet Parterre und Obergeschosse. Der rechteckige Konsolenbalkon über dem Südportal gehorcht den Stilprinzipien des sauberen Louis XVI. Das verschränkte Monogramm «LFD» an seinem Schmiedeisengeländer kann erst nach 1808, als das Haus an Ludwig Fidel Dorer gelangt war, montiert worden sein. Am kreisrunden Schneggen noch kleine gekehlte Rechtecklichter und ein spätestgotisches Rechteckportal, dessen verschnittenes Steg- und Wulstprofil kerbschnittverzierte und stabbündelförmige Ansätze hat; um 1530–1550. – Liegender, konzentrisch um einen mittleren Kamin gebauter Dachstuhl. Die Wendeltreppe – auch im heutigen Bau noch der einzige Zugang zu den Obergeschossen und zum Dachgeschoß – zeigt gestufte Untersicht und kreist um eine geschlossene Spindel. In den Korridoren der beiden Obergeschosse je zwei simsverdachte Kamintürchen mit Messing- und Zinnbeschlägen (Abb. 338). In mehreren Räumen originale Boiserien und Stuckplafonds; bemerkenswert jener im *Südwestzimmer des ersten Stocks*, mit kartuschenbesetztem, oblongem Louis-XV-Medaillon. Im selben Zimmer stattlicher, weißer Louis-XVI-Kachelofen mit dezenter violetter Ornamentbemalung (Abb. 341): längs der Simse Kannelüren, bandumwundene Stabbündel, Perlschnüre, Blattspitz- und Kreuzbogenfriese; auf dem Gurtenprofil über den Füllkacheln Eichelketten, am dreistufigen rechteckigen Aufbau Tuchfestons. Die Flachkuppel krönt

---

34 In jüngster Zeit erneuert.

 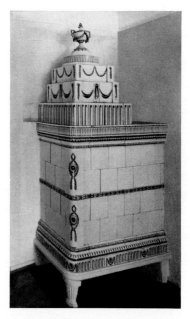

Abb. 340 und 341. Ennetbaden. Sogenanntes Schlößli. Louis-XV-Kommode, um 1760–1770; Louis-XVI-Ofen, 1800. – Text oben.

eine vollplastische, girlandengeschmückte Henkelurne. Im Nordwestzimmer und in den entsprechenden Räumen im zweiten Stock drei identische Öfen, deren Urnen jedoch abhanden gekommen sind. – Im Garten ein mehrfach renoviertes und umgebautes *Ökonomiegebäude* unter geknicktem Gerschilddach, 18. Jahrhundert; ferner ein kleiner *Wandbrunnen* mit vorbauchendem Rechtecktrog und giebelüberhöhtem Pilasterstock; zwischen seinem Datum 1804 die Initialen des Bauherrn «W(olf) D(reyfuß)».

DORF UND BÄDER

Die alte zeilenförmige Anlage längs der Limmat ist trotz manchen baulichen Eingriffen in jüngerer Zeit noch mühelos zu erkennen. Augenfällig sind die halb ländlichen, halb städtischen Wohnbauten, die der Vergangenheit Ennetbadens als Vorstadtsiedlung von Baden entsprechen. – Die *topographische Entwicklung* des Dorfs und der Bäder ist im Kapitel zur Siedlungsgeschichte Badens, oben S. 37-44, skizziert.

Schul- und Gemeindehaus. Erbaut 1882/83 nach Plänen der Architekten KEHRER & KNELL in Zürich[35]. Bemerkenswerte Lage auf einer Lägernhangterrasse über dem Dorf. Der zweigeschossige Bau, ursprünglich von einfacher Kubusform mit plattem talseitigem Mittelrisalit, wurde 1915/16 durch ein axiales Treppenhaus nach der Hangseite erweitert und später teilweise aufgestockt. Spätklassizistische, einfache und gekuppelte Rechteckfenster, im Erdgeschoß mit Konsolsimsen, im Obergeschoß mit simsförmigen Verdachungen. Niedriges Walmdach.

Badhotel «Zum Schwanen». Baugeschichte: Der Gasthof entstand in sechs Etappen. Ein erster Trakt wurde 1842/43 errichtet und bildete zunächst eine Dependance des ehemaligen Hotels «Engel» (vgl. Abb. 28 [45]). Er schloß an die Südseite des Hotels «Adler» an, war traufständig wie dieses und zählte drei fünfachsige Geschosse und ein zusätzliches Mezzanin[36]. Vor 1845 fügte sich an dieses Haus der neue Gasthof «Zum Schwanen», ein gleichfalls dreigeschossiges, fünf Achsen breites Gebäude[37]. Um die Jahrhundertmitte vereinigte der Engelwirt Peter Küpfer beide Trakte unter dem Namen «Schwanen» zu einem einzigen Badgasthof; dieser erhielt kurz darauf an seiner südlichen Stirnwand einen eingeschossigen, vierachsigen Speisesaal mit Flachdachterrasse[38]. Das dreigliedrige Biedermeier-Etablissement blieb bis zum Jahrhundertende unverändert. 1897 verlängerte man die von Norden nach Süden gewachsene Gebäudezeile durch einen neuen flachgedeckten Speisesaal, der wesentlich höher als der ältere war und sich in vier hohen Rundbogenfenstern gegen die Straße öffnete[39]. Nach der Jahrhundertwende wurden ihm zwei Geschosse und ein hohes Dach mit Jugendstilgiebel aufgestockt[40]. 1910 vollendete Architekt EUGEN SCHNEIDER aus Ennetbaden über dem Unterbau der drei älteren zwei neue Trakte, die formal dem aufgestockten Südbau angeglichen waren[41]. – Beschreibung (Abb. 342): Das mächtig dimensionierte Hotel erhebt sich hart an der Uferstraße, gleichsam als Antithese zum gegenüberliegenden Monumentalbau des Hotels «Limmathof» in Baden. Auf seinen vier hohen Geschossen ruht ein steiles traufständiges Dach, das über allen drei Trakten von imposanten geschweiften Quergiebeln rhythmisiert wird. Auf den ersten Blick erscheint die Flußfront streng symmetrisch; bei näherem Zusehen offenbart sie eine Menge Unregelmäßigkeiten – Konzessionen, die SCHNEIDER an die Struktur der Vorläuferbauten zu machen hatte[42]. Unter den Gliederungs- und Schmuckmotiven der

---

35 GemeindeA, Gemeinderatsprot. 1877-1883, S. 390f., 396, 421, 428, 439-441.
36 Bilddokumente Nrn. 8, 9, 10. – GemeindeA, Gemeinderatsprot. 1833-1844, S. 282. Brandkataster sub anno 1891.
37 Plandokument Nr. 11, oben S. 22. – Bilddokumente Nrn. 8, 10.
38 C. DIEBOLD, Der Kurort Baden in der Schweiz, Winterthur 1861, S. 61 f.
39 GemeindeA, Liegenschaftsverzeichnis 1896-1904, S. 39. – Bilddokumente Nrn. 9, 10.
40 Photographie in der Privatsammlung F. X. Münzel, Baden.
41 Freundliche Mitteilung von Herrn A. Baumgartner, Baden. – MÜNZEL, S. 8.
42 Den vier Fenstern des Speisesaals im Südtrakt entsprechen vier Achsen in den später aufgesetzten Obergeschossen. Der Nordtrakt, in dem noch das älteste Gebäude des Gasthofs (die ehemalige Dependance des «Engels») versteckt liegt, respektiert dessen Ausmaß und ist deshalb schmaler als sein Pendant, aber – im Gegensatz zu ihm und in Analogie zum Vorläuferbau – mit fünfachsigen Oberge-

Abb. 342. Ennetbaden. Badhotels «Zum Adler» und «Zum Schwanen». – Text unten und S. 357.

Fassade fallen zunächst die zahlreichen Balkone vor den Gästezimmern auf, sodann die Putzquaderung an den unteren Geschossen und die 1897 geschaffenen, noch neubarocken Fensterverzierungen am südlichen Speisesaal. Im Innern einfache Jugendstil-Ausstattung: An den beigen Wand- und Freisäulen im Entree strähnenbedeckte Basen und klotzige Kapitelle mit langstieligen Kreisblüten. Ähnlich verziertes eisernes Treppengeländer. Ebenfalls im Entree Verglasungen mit bleirutengefaßten Rosen. In verschiedenen öffentlichen Räumen des Erdgeschosses stilisierte vegetabile Deckenstukkaturen: Mohnblüten-, Hagrosen- und Kastanienrahmen nebst Akanthus- und Zyklamensternen. Am Plafond des kleinen Speisesaals geometrische Rechteckrahmen mit akanthusumspielten Rollwerkkartuschen und ein blutlos-knöchernes Mittelmedaillon. Bemerkenswert der südlich gelegene große Speisesaal mit neubarock-süßlicher Wand- und Deckenmalerei.

Nordseits mit dem Hotel verbunden das *Badhotel «Zum Adler»* (Abb. 342), ein viergeschossiger, traufständiger Mauerbau aus der Zeit um 1835–1840[43], mit hübschem Biedermeier-Aushängeschild. Anschließend, von der Straße zurückversetzt, zwei Dependancen des «Adlers». Die erste ist viergeschossig, präsentiert eine symmetrisch gegliederte, geknickte Schaufront mit spätbarockem Mansardendach und trägt das Datum 1810[44]. Die zweite bildete ursprünglich den Haupttrakt des Badgasthofs «Zum Sternen» (vgl. Abb. 28), dessen Gebäude 1943 im «Adler» und im «Hirschen» aufgegangen sind. Sie zählt drei Geschosse mit Fensterformen aus der ersten Hälfte des 19. Jahrhunderts. Im un-

schossen versehen. Der Giebel des breiten fünfachsigen Mitteltraktes ist asymmetrisch nach rechts gerückt – zum Nachteil der mittleren Baupartie, aber zum Vorteil der ganzen Front, die er ziemlich genau in der Mitte überhöht. Das wider Erwarten exzentrische Hauptportal liegt an derselben Stelle wie der einstige Eingang zum ersten Annexbau (dem eigentlichen Gasthof «Schwanen»); der kleine Saal hinter den beiden Fenstern rechts am Mitteltrakt deckt die nämliche Fläche wie das ursprüngliche Speiselokal mit Flachdachterrasse.

43 Vgl. Anm. 36.

44 Ihre südliche Hälfte ist seit 1817 als Dependance des 1943 eingegangenen Gasthofs «Zum Sternen» nachgewiesen, die nördliche gehörte im 19. Jahrhundert zum alten Gasthaus «Zum Engel» und später ebenfalls zum «Sternen». – Plandokumente Nrn. 10, 11, oben S. 22.

regelmäßigen Viereckgrundriß, in den ungleichen Fensterintervallen und sogar in der Dachform lebt jedoch noch der barocke Bau des «Sternen» nach, wie ihn eine Zeichnung des 18. Jahrhunderts wiedergibt (Abb. 331).

Spitaltrotte. Das 1962 ausgebrannte Trottengebäude wurde 1965 in reduziertem Ausmaß wiederhergestellt, wobei man ihm den historischen Dachstuhl der ehemaligen Wettinger Schartentrotte aufsetzte. Stattlicher, gemauerter Rechteckbau am Fuß eines Rebgeländes über dem Bäderbezirk, mit erneuerten, symmetrisch gesetzten Fenstern und originalem Rundbogenportal. In dessen Scheitelstein das Wappen des Spitals Baden (das Ungarnkreuz; vgl. S. 27) und die Jahreszahl 1810. Mächtiges barockes Vollwalmdach. – *Goldwandtrotte.* Hübscher Mauer- und Fachwerkbau unterhalb der Geißbergreben. An der flußseitigen Trauffassade zentrales, holzgefaßtes Korbbogenportal, darüber sieben hölzerne, mit einfachen Flügeln verschließbare Rechtecklichter. Im Innern steht noch ein wuchtiger Trottbaum von 13 m Länge und 1 m Querschnitt in Betrieb, der an der hintern Zange die Jahreszahl 1688, an der vordern die Inschrift «IOSP × BRM/ × Z × M ×» nebst Datum 1793 zeigt (1971 renoviert; Privatbesitz). Offenes Sparrendach mit Aufschieblingen und mittleren Stuhlsäulen. Der violette Kachelofen im Trottmeisterstübchen trägt das Monogramm «M B K» und die Jahreszahl 1769, die vermutlich für das ganze Gebäude als Erbauungsdatum zu gelten hat.

Wohnhäuser. Hertensteinstraße Nr.20. Spätgotisch-barocker Mauer- und Fachwerkbau mit gekehlten, zum Teil gekuppelten Steinfensterrahmen. An der Leibung des rundbogigen Kellerportals Ausweitungen für den Weinfässerdurchlaß. – *Sonnenbergstraße.* Der alte, vom Dorfkern flußaufwärts führende Fahrweg wird zu beiden Seiten von niedrigen Häusern gesäumt, die teils frei stehen, teils geschlossene Zeilen bilden (Nrn. 1–25 östlich und 8–18 westlich). Grundriß oder Unterbau reichen bei etlichen noch ins 16./17. oder ins 18. Jahrhundert zurück, an den Fassaden hat meistens das 19. Jahrhundert seine Spuren hinterlassen. – *Nr.15* noch mit gekehlten Zwillingsfenstern und gefastem Rundbogenportal aus dem 16. Jahrhundert. – *Nr.25* (ehemals Hotel «Zum Pfauen»). Allseits freistehender, breitgelagerter Rechteckbau unter mächtigem, geknicktem Walmdach. Die willkürlich disponierten kleinen Fenster weisen ins 17. Jahrhundert. – *Nr.24.* Zweigeschossige, klassizistische Industriellenvilla aus der Mitte des 19. Jahrhunderts. Ihrem straßenseitigen Mittelrisalit mit simsförmigen Fensterverdachungen und der durch Rundbogenfenster mit Balkon ausgezeichneten Mittelpartie an der Flußfassade sitzen breite Pavillons mit Walmdächern auf. Die zweiflügelige Haustüre zeigt Dreieck-, Rauten- und Fächermusterung.

Brunnen. 1. Auf dem Postplatz. Kreisrunde Granitschale des 18. oder 19. Jahrhunderts; zentraler Stock in renaissancistischen Formen mit dem Datum 1900. – 2. Vor dem Haus Sonnenbergstraße Nr.25. Wandbrunnen mit kassettiertem Rechtecktrog von 1862.

FISLISBACH

GESCHICHTE. *Allgemeines.* Jungsteinzeitliche, römische und alemannische Funde[1]. Im Hochmittelalter waren Teile des Dorfes Besitz des Klosters Engelberg[2]. Papst Luzius III. bestätigte der Abtei 1184 ihre Güter in der Ortschaft sowie ein Recht an deren Kirche[3]. 1228 und 1264 erwarben die Zisterzienser von Wettingen Grundbesitz in Fislisbach[4]. Seit 1276 teilten sie sich mit dem Gotteshaus von Engelberg in Zwing und Bann[5]. Das Hochgericht lag in den Händen der Habsburger[6]. Nach

---

1 JB SGU VI (1913), S. 125; XXX (1938), S. 132; XXXI (1939), S. 110; XXXIII (1942), S. 36; XLVII (1958/59), S. 139. – E. KOLLER in den Bad. Njbll. 1965, S. 73–78. – B. PETERHANS in der Chronik Fislisbach II (1945), S. 9–17.

2 QW Urbare/Rödel II, S. 223. – KOLLER, Fislisbach, S. 34f.

3 QW Urkunden I, S. 85.

4 KOLLER, Fislisbach, S. 35. – Vgl. UB Zürich I, S. 368.

5 QW Urkunden I, S. 1201f. – Argovia IV (1864/65), S. 256–258.   6 MITTLER, LÜTHI, S. 45.

dem habsburgischen Urbar gehörte das Dorf zum Amt Baden[7]; unter den Eidgenossen lag es im Amt Birmenstorf[8]. Im 15. und 16. Jahrhundert gelangte das Niedergericht an das Spital Baden, während die schwerwiegenden Fälle dem Landvogt vorbehalten blieben[9]. Verschuldung der Bauernsame und Unzulänglichkeit des Bodennutzungssystems brachten im 17. und 18. Jahrhundert einen wirtschaftlichen Niedergang[10]. Am 30. März 1848 legte ein Großbrand einunddreißig Wohnhäuser in Asche; die kaum zwanzig Jahre alte klassizistische Kirche wurde mit Mühe gerettet[11]. Neukonzeption und Wiederaufbau des zerstörten Dorfkerns innert anderthalb Jahren. – Da die skeptische Gemeinde 1875–1877 nur bescheiden an der Finanzierung der Nationalbahn mitwirkte, wurde ihrem Wunsch nach einem eigenen Bahnhof nicht entsprochen[12].

Kirchliches. Im 1275 angelegten Verzeichnis für die päpstliche Kreuzzugsteuer figuriert ein Leutpriester Liutold von Fislisbach, der 15 fl. Basler Gewichts als jährliches Einkommen beschwört[13]. Kollatoren waren seit dem 13./14. Jahrhundert die Herren von Büttikon[14]. 1402 veräußerte Margareta von Büttikon als Eigentümerin des Widumhofs und der Kirche diese beiden samt dem Kirchensatz an Klaus Sendler, Schultheiß von Baden, und an Spitalmeister Hans Blum, zuhanden des Spitals in Baden[15]. 1427 kaufte sich der neue Kollator von der Unterhaltspflicht am Chorturm los[16]. – Durch ihren Leutpriester Urban Wyß von Egliswil und seinen Nachfolger, Wolfgang Wyß von Baden, wurde die Gemeinde direkt in die Reformationswirren hineingezogen. 1529 räumte sie Bilder und Plastiken aus ihrer Kirche weg. 1532 Rekonziliation[17]. Durch Vermittlung eines Joseph Ambros Uhr von Glarus kam die Kirche 1779 in den Besitz eines Partikels ihrer Titelheiligen Agatha[18].

ANLAGE. Der 1848/49 systematisch neuangelegte Dorfkern liegt an der Stelle des alten, in der Senke zwischen Buchhang und Hiltiberg, und wird von einem heute gedeckten Gewässer durchflossen. Er zeigt keine geschlossenen Häuserzeilen und Gebäudegruppen mehr, sondern besteht aus isolierten Einzelbauten, die achsengleich oder rechtwinklig zueinander stehen und berechnete Abstände wahren. Der Einbezug der Überlandstraße von Baden nach Mellingen in die Neuanlage hatte zur Folge, daß die Gemeinde in der zweiten Hälfte des 19. Jahrhunderts vor allem in nördlicher Richtung wuchs. In jüngster Zeit entwickelte sich das Dorf zu einem Wohnvorort Badens, wobei es sich mit Ein- und Mehrfamilienhäusern nach Westen ausdehnte[19].

Quellen. Akten im PfarrA, im KirchgemeindeA und im GemeindeA Fislisbach, im StadtA Baden, im StA Aarau (Repertorium I, Register, s.v. «Fislisbach»), im BistumsA Solothurn (vgl. Chronik Fislisbach IX [1952], S. 24) und im KDA Aarau. – B. MÜLLER (Pfarrer in Fislisbach zur Franzosenzeit), Getreue Darstellung des unglücklichen Zustandes der Dorfgemeinde Fislisbach im Canton Baden, in: Chronik Fislisbach VIII (1951), S. 13–16. – WELTI, Urkunden I und II.

---

7 Habsb. Urbar I, S. 120.   8 Gemeindewappen, S. 13.
9 MITTLER, LÜTHI, S. 45. – Zur Frage des Niedergerichts vgl. KOLLER, Fislisbach, S. 6–15.
10 KOLLER, Fislisbach, S. 30f.   11 KOLLER, Brand und Aufbau, S. 8f.
12 J. MÜLLER in der Chronik Fislisbach III (1946), S. 85–96.
13 QW Urkunden I, S. 540. – Freiburger Diözesanarchiv I (1865), S. 223.
14 NÜSCHELER III, S. 544.   15 WELTI, Urkunden I, S. 206f.   16 WELTI, Urkunden I, S. 386f.
17 E. KOLLER, Urban Wyß und die Reformation in Fislisbach, Bad. Njbll. 1954, S. 57–64.
18 KOLLER, Fislisbach, S. 75.   19 Einwohnerzahlen: 1900: 676; 1950: 1334; 1970: 3370.

Literatur. FRICKER, Baden, S. 122f., 344f. – P. HOEGGER, Die Pfarrkirche St. Agatha in Fislisbach, 1970 (maschinengeschriebenes Manuskript im KDA Aarau). – E. KOLLER, Fislisbach im 18. Jahrhundert, Chronik Fislisbach III (1946), S. 5–84. – Ders., Geschichtliches zum Brand und Aufbau unseres Dorfes, Gedenkschrift hg. von der Vereinigung der Heimatfreunde Fislisbach, Mellingen 1948, S. 5–35. – Ders., Die Altäre der Pfarrkirche St. Agatha in Fislisbach, Chronik Fislisbach IX (1952), S. 5–24. – Ders., Zur Baugeschichte der Pfarrkirche von Fislisbach, Bad. Njbll. 1969, S. 101–109. (Vgl. die weiteren Aufsätze KOLLERS in verschiedenen Jahrgängen der Chronik Fislisbach.) – MITTLER, LÜTHI, S. 44f. – MITTLER, Baden I, S. 137, 164f., 297, 318. – J. MÜLLER, Fislisbach zur Franzosenzeit. Chronik Fislisbach VIII (1951), S. 17–36. – NÜSCHELER III, S. 543f. – I. STAFFELBACH, Fislisbach – Dorf- und Pfarrgemeinde im Aargau, Luzern 1875.

Wappen. BONER, Wappen, S. 22f.

PFARRKIRCHE ST. AGATHA

ARCHÄOLOGISCHER BEFUND ZUR MITTELALTERLICHEN KIRCHE. Den ersten schriftlichen Nachweis zur Vorläuferin der heutigen Kirche bringt eine Urkunde von 1427[20]. Die Fundamentreste dieses Gotteshauses sind 1969 im südwestlichen Viertel des bestehenden Schiffs durch O. LÜDIN aufgedeckt und von H. R. SENNHAUSER ins 12. Jahrhundert datiert worden (Abb. 343)[21]. Sie geben eine klare Vorstellung von der grundrißlichen Anlage und lassen, im Verein mit einschlägigen Schriftquellen, auch Schlüsse über den Aufriß und die Ausstattung zu. An ein sehr massiv gebautes Chorgeviert schob sich im Westen ein leicht eingezogenes, wesentlich dünnwandigeres Schiff, dessen Grundfläche nur vier Drittel der Chorgrundfläche ausmachte. Das Altarhaus wich nordwärts einige Grade von der Längsachse des Laienhauses ab; beide Baukörper aber dürften gleichzeitig erstellt worden sein[22]. Sicher trug der Chor einen Turm[23]. Die Kirche hatte ein Hauptportal im Westen und ein Nebenportal im Süden. Außer den Langhausflanken war auch die Chorscheitelmauer befenstert[24]. Das Innere barg ursprünglich einen, spätestens seit Beginn des 17. Jahr-

---

20 WELTI, Urkunden I, S. 386f. – StadtA Baden, Nr. 893: 1827–1830, S. 22.
21 PfarrA Fislisbach, Bericht, Pläne und Photographien zur Grabung. – Akten im KDA Aarau. – Vgl. für das Folgende auch HOEGGER, passim (mit detaillierten Quellenangaben).
22 Baufugen zwischen Chor und Schiff konnten keine nachgewiesen werden.
23 Vgl. Anm. 20. – PfarrA, Schriften Pfr. L. Widmer.
24 StadtA Baden, Nr. 712: Kirchenbaurechnung 1689, fol. 3, 4v., 5v. – PfarrA, Schriften Pfr. L. Widmer.

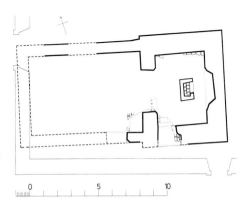

Abb. 343. Fislisbach. Pfarrkirche, archäologischer Befund zum Bau des 12. Jahrhunderts (west- und südseits Wandgrundriß der Kirche von 1828).
Text oben und S. 362.

hunderts drei Altäre[25]. Der mittlere, ein Block- oder Kastenaltar, stand frei im erhöhten Chor, die seitlichen lehnten sich an die Wände eines Triumphbogens. Einige vorgefundene Freskenfragmente erlauben die Annahme, daß der Chor schon im Mittelalter einen Gemäldeschmuck trug. – Südseitig begleitete den Turm ein doppelgeschossiger, nachmittelalterlicher Annexbau. Sein gewölbtes, nur von außen zugängliches Erdgeschoß diente lange Zeit als Beingruft, das Obergeschoß, das über drei Stufen vom Chor her betreten werden konnte, als Sakristei[26]. – 1690 wurde das Gotteshaus um 10 Schuh verlängert und um 2 Schuh höher geführt[27]. Im Jahre 1770 vollzogen Gemeinde und Kollator eine zweite große Renovation, die vermutlich einer weitgehenden Barockisierung gleichkam[28].

BAUGESCHICHTE DER KLASSIZISTISCHEN KIRCHE. Schon vor der Wende zum 19. Jahrhundert befreundete sich die Gemeinde Fislisbach mit dem Gedanken eines vollständigen Kirchenneubaus. 1804 unterbreiteten ihr Baumeister (JOSEPH?) LANG von Baden und Kantonsbaumeister JOHANN SCHNEIDER Projekte[29]. Das Vorhaben blieb jedoch jahrelang in seinem Anfangsstadium stecken, da ihm die Badener Spitalkommission als Kollator ablehnend gegenüberstand. Erst 1827 gelang es, die Patronatsherren zur Finanzierung eines neuen Chors zu verpflichten. Grundlage für das Unternehmen war jetzt ein Plan, den Architekt FIDEL OBRIST aus Gansingen AG auf Geheiß von Pfarrer Karl Trüb und Gemeindeammann Jakob Schibli gezeichnet hatte[30]. Da OBRIST unter mehreren konkurrierenden Baumeistern auch den günstigsten Kostendevis vorlegte, betraute ihn der Dorfgemeinderat am 14. August 1827 mit der Bauausführung. Drei Tage danach aber erschien der Badener Architekt JOSEPH LANG in Fislisbach und anerbot der versammelten Gemeinde, «daß er den bau wie Fidel Obrist um den nämlichen Preis machen wolle». Die Gemeinde verstand aus dieser Situation sofort Nutzen zu schlagen, indem sie die mit OBRIST gehandelte Vereinbarung eigenmächtig auflöste und das Unternehmen jenem Bewerber überlassen wollte, der es «am geringsten und wohlfeilsten» auszuführen versprechen würde. Das Feilschen ging so weit, bis keiner der beiden Architekten den andern mehr zu unterbieten wagte, aber LANG mag in diesem Moment bereits gewußt haben, daß er – als Nachbar der Gemeinde Fislisbach – die besseren Chancen als OBRIST hatte. Tatsächlich anvertraute ihm die Gemeindeversammlung mit nur einer Gegenstimme am 26. August die Ausführung der Bauarbeiten[31]. Am 11. September einigte sich LANG mit dem Gemeinderat auf einen Akkord[32]. OBRIST wurde entlassen.

Wahrscheinlich wartete LANG schon kurz nach seiner Wahl mit einem Entwurf für Chor, Sakristeien und Turm auf; sicher lag spätestens im Frühling des folgenden

---

25 AMMANN, MITTLER, S. 157. – PfarrA, Jahrzeitenbuch 1510, S. 13. – GemeindeA Fislisbach, Taufbuch 1644, Firmteil. – StadtA Baden, Nr. 712: Zinsrödel 1573, 1662.
26 KirchgemeindeA Fislisbach, Zinsbücher 1699 (S. 22 a, b), 1719 (S. 18 b), 1793 (S. 28 a), 1807 (S. 29 a, b, 30 a), wo Sakristei bzw. Beinhäuschen genannt sind.
27 StadtA Baden, Nr. 22, fol. 204 v.–205, 207, 292. Nr. 712: Kirchenbaurechnung 1689, passim.
28 KirchgemeindeA, Zinsbuch 1770, S. 26 a–28 a.
29 KirchgemeindeA, Zinsbuch 1809, S. 25 b. – StadtA Baden, Nr. 893: 1827–1830, S. 22.
30 StadtA Baden, Nr. 893: 1823–1827, S. 518; 1827–1830, S. 2, 22, 30, 56 f. – GemeindeA, Gemeinderatsprot. 1819–1834, S. 54 b.
31 Ebenda, S. 65 a–66 b.   32 Ebenda, S. 69 b–73 b.

Jahres ein solcher Entwurf vor. Badens Stadtrat versprach am 14. April 1828 ausdrücklich, sich an LANGS Chorprojekt zu halten unter der Bedingung, daß er die südliche Kirchturmmauer als Teilstück der Chorwand benützen dürfe[33]. Im Herbst 1827 begann die Dorfbevölkerung mit den Erdarbeiten und dem Brechen der Steine im nahen Buchwald[34]. Den Fundamentgraben, der (ohne Chor) ein 98 Schuh langes und 58 Schuh breites Areal einschloß, führte man dreiseitig um die bestehende Kirche herum, während er im Westen mit deren Stirnwand gefluchtet wurde[35]. Erst am 10. März 1828 ließ LANG das alte Gotteshaus schleifen[36]. Am 21. April 1828 legte Karl Ludwig Surer, Dekan des Kapitels Regensberg, «beym Portal gegen dem Bach» den Grundstein[37]. LANG verakkordierte die Maurerarbeit dem Tiroler JOSEPH HILTI in Baden, die Ausstattungsarbeiten für das Kirchenschiff dem ebenfalls in Baden ansässigen Vorarlberger Stukkateur MICHAEL HUTTLE und dem Fislisbacher Schreinermeister JOSEPH LEONZ WETTSTEIN[38]. Kunstmaler (JOSEPH DAMIAN) KAPPELER aus Freiburg i. Ü. fertigte ein Seitenaltarblatt[39]. Der Stadtrat von Baden, dem wahrscheinlich ein eigener Werkmeister zu Gebote stand, vergab im Mai 1828 die Chorbauarbeit an Maurermeister VOSER in Neuenhof und im Januar 1829 die Arbeiten für den Choraltar an JOHANN JOSEPH MOOSBRUGGER, der just in jener Zeit mit dem Einzug des neuen Langhausplafonds in der Badener Stadtkirche beschäftigt war[40]. Den Dachstuhl über dem Schiff erstellte Zimmermann OBERHOLZER aus Bremgarten, jenen über dem Chor KASPAR BORI aus Baden[41]. Im Oktober 1828 feierte man Aufrichte[42], am 8. November des Folgejahres hielt Pfarrer J. K. Rohner das erste Amt auf dem neuen Choraltar[43], und am 30. September 1830 empfingen Kirche und Altäre durch den Basler Bischof Joseph Anton Salzmann die Weihe[44].

ERGÄNZUNGEN UND RENOVATIONEN IM 19. UND 20. JAHRHUNDERT. 1839/40 neue Turmuhr mit neuen Zifferblättern[45]. 1860/61 neue Orgel von LUDWIG SCHEFOLD in Beckenried[46]. 1871/72 durchgreifende Innenrenovation: Zwei Ölgemälde in den vordem leeren Deckenspiegeln und neuer Choraltar von Architekt und Wandmaler L. J. SUTTER-MEYER, Luzern; neues Hochaltarblatt (die hl. Agatha in schwebendem Engelreigen) von FRIEDRICH STIRNIMANN, Ettiswil; farbige Fensterscheiben von JOHANN JAKOB RÖTTINGER, Zürich, anstelle der alten Wabenverglasung[47]. 1874

---

33 Ebenda, S. 82a, b, 85b. – Vgl. StadtA Baden, Nr. 893: 1827–1830, S. 102f., 195.
34 GemeindeA, Gemeinderatsprot. 1819–1834, S. 67a–68b, 75a, 77b, 78a; vgl. S. 84a.
35 PfarrA, Grabungsplan; Grabungsbericht, S. 1.
36 StadtA Baden, Nr. 893: 1827–1830, S. 165. – GemeindeA, Gemeinderatsprot. 1819–1834, S. 79b–80a.
37 Ebenda, S. 80b–81a.   38 Ebenda, S. 104a; vgl. S. 145. – PfarrA, Schriften Pfr. L. Widmer.
39 StadtA Baden, Nr. 893: 1827–1830, S. 254. Nr. 884e, S. 399. – Vgl. SKL II (1908), S. 144.
40 StadtA Baden, Nr. 893: 1827–1830, S. 209, 204; vgl. S. 416.
41 PfarrA, Schriften Pfr. L. Widmer.   42 StadtA Baden, Nr. 893: 1827–1830, S. 262, 265f., 269.
43 GemeindeA, Gemeinderatsprot. 1819–1834, S. 80a, 81a, 100b.
44 KOLLER, Altäre, S. 21. – Vgl. PfarrA, Kopie der Baurechnung.
45 GemeindeA, Gemeinderatsprot. 1832ff., S. 118f.
46 KirchgemeindeA, Prot. Orgelbau 1860/61. Missivenprot. 1862–1870, S. 24, 45, 76, 153. – STAFFELBACH, S. 198.
47 KirchgemeindeA, Rechnung über den Kirchenfonds 1865–1889, S. 78, 92, 109. Belegfasz. C, Nrn. 16–18. Kirchgemeindeprot. 1869–1888, S. 7–10, 12f., 18. – PfarrA, einschläg. Korrespondenzen.

neues Gemälde für den linken Seitenaltar (Madonna mit Kind vor dem hl. Dominikus) von STIRNIMANN und Renovation des Kreuzigungsbildes auf dem rechten Seitenaltar durch denselben[48]. – 1876 neue Zifferblätter[49]. – 1909 Dekorationsmalereien an Dielen und Chorbogen der Firma RUDOLF MESSMER, Basel, und Veränderungen am plastischen Schmuck des Choraltars[50]. – 1921 neue Orgel der Firma GOLL in Luzern[51]. – 1931 Kreuzwegstationen-Reliefs in Hartstuck[52]. – 1937/38 Außenrenovation durch Architekt ROBERT LANG, Baden (teilweise nach Konsultation von Kunstexperte LINUS BIRCHLER, Feldmeilen). Gleichzeitig Erneuerung der Holzkonstruktion in Glockenstuhl und Turmdach[53]. – 1969 umfangreiche Innenrestauration durch Architekt JOSEPH J. WEY, Sursee, unter Mitwirkung der kantonalen und eidgenössischen Denkmalpflege (Experten: P. FELDER, Aarau; K. KAUFMANN, Aarau; A. HEDIGER, Stans): Grabungen durch OSWALD LÜDIN, Windisch; Beseitigung der Farbfenster und der architekturwidrigen Ausmalungen; Wiederherstellung der ursprünglichen Stuckpolychromierung; Ersetzung des Hochaltarretabels durch einen spätbarock-klassizistischen Aufsatz von FRANZ NIKLAUS KESSLER aus der Pfarrkirche von Tafers FR; neue Kirchenbestuhlung nach dem Vorbild der alten; Renovation der beiden Beichtstühle und Anfertigung zweier neuer nach dem Vorbild der alten. 1970/71 neue Orgel der Firma METZLER & SÖHNE, Dietikon[54].

NACHRICHTEN ZU DEN GLOCKEN. Sicher waren im Turm der ersten Kirche bereits im Mittelalter mehrere Glocken untergebracht. Über ihre Anzahl und ihr Alter ist nichts bekannt. 1710 wurden durch JOHANN JAKOB GRIESHABER in Waldshut meh-

---

[48] Ebenda. – Vgl. KOLLER, Altäre, S. 23.   [49] PfarrA, Akten Turmreparaturen 1876.
[50] KOLLER, Altäre, S. 23. – Ders., Baugeschichte, S. 108f.   [51] PfarrA, Akten Orgelneubau.
[52] PfarrA, einschlägige Akten.   [53] PfarrA, Prot. Außenrenovation 1937/38.
[54] KDA Aarau, einschlägige Akten. – KirchgemeindeA, Akten Restauration 1969. – O. PERLER, Der Hochaltar des Franz Niklaus Keßler in der Pfarrkirche von Tafers, Freiburger Geschichtsblätter LVIII (1972/73), S. 78–84.

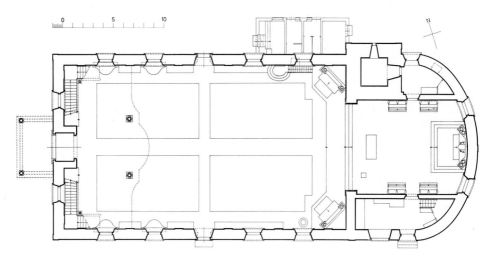

Abb. 344. Fislisbach. Pfarrkirche, Grundriß des Baus von 1828/29. – Text S. 366 und 367.

Abb. 345. Fislisbach. Pfarrkirche von Südosten. – Text S. 366.

rere neue Glocken gegossen; spätestens 1722 war ein dreistimmiges Geläute vorhanden. 1808 vollzog der Zuger Jakob Philipp Brandenberg einen Umguß der mittleren Glocke. 1829 goß Sebastian Rüetschi in Suhr für den Turm des neuen Gotteshauses eine vierte Glocke, die größer als alle älteren war. 1903 trat anstelle der Agathenglocke aus dem Jahre 1710, der bis dahin kleinsten, eine neue Stimme von Rüetschi in Aarau[55].

Beschreibung. *Lage.* Das Gotteshaus steht geostet zwischen den bewaldeten Anhöhen des Hiltibergs und des Buchhangs, auf einer künstlichen Geländeterrasse an der südlichen Lehne des letzteren. Sein Äußeres läßt deutlich erkennen, daß es das einzige vollständig intakt gebliebene Bauwerk des Dorfs aus der Zeit vor dem großen Brande bildet. Die Kirche fügt sich mit den umliegenden Bauten des 19. und 20. Jahrhunderts zu einem losen Ortsbild zusammen; ihr langer, schnittiger Dachfirst und ihr spitzer Turm passen sich vorzüglich in die von waldigen Horizonten beschlossene Landschaft ein.

[55] KirchgemeindeA, Zinsbuch 1710, S. 18b; 1722, S. 15a; 1808, S. 28a–29b. – GemeindeA, Gemeinderatsprot. 1819–1834, S. 90b, 93a–97a, 100b. – PfarrA, Schriften Pfr. L. Widmer. Akten neue Glocke 1903. – Koller, Fislisbach, S. 71f.

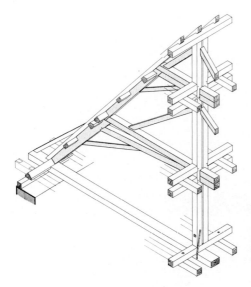

Abb. 346. Fislisbach. Pfarrkirche. Parallelperspektive eines Hauptbinders im Dachstock. Die Hängesäulen – paarweise gekuppelt – umklammern eine doppelte Kehlbalken-Spannriegel-Konstruktion und tragen das firstparallele Langholz, an dem die Bundbalken mittels Eisenstiften hochgehalten sind. – Text S. 367.

Grundriß (Abb. 344). Das Schiff deckt eine den Proportionen des Goldenen Schnittes angenäherte Rechteckfläche; die hinter eingezogenem Triumphbogen liegende gleich breite Ostpartie beschreibt die Form eines gelängten Korbbogens. Zwei parallel gezogene Trennwände scheiden das Altarhaus und zwei seitliche Sakristeien aus. In der nördlichen gründet der quadratische Turm, der als einziger gemauerter Bauteil aus dem einfachen Planumriß vorspringt. Das Schiff öffnet sich in einem Westportal und in zwei axialen Seiteneingängen; der Chor ist vom Freien her indirekt durch seine beiden Nebengelasse betretbar[56]; Turmzugang in der Nordsakristei. – Lichte Maße: Langhaus 27,5 × 15,5 m; Altarhaus 11 × 9 m. Mauerstärke 1 m. Turmgrundriß außerkant 5,5 m.

Äußeres (Abb. 345). Das Langhaus und die bündig gesetzte Ostpartie bilden einen einheitlichen, langgezogenen Bautrakt, der nur durch den viergeschossigen Turm mit dem steil hochschießenden Nadelhelm artikuliert ist. Das leicht geknickte Satteldach schließt ostseits in kegelförmiger Rundung, während es an der Westfassade mit einem Klebedach einen Giebel markiert. Die achtkantige, blechbeschlagene Turmspitze wächst aus vier geschweiften, mit Zifferblättern besetzten Wimpergen und verliert sich in Helmknopf, Kreuz und Wetterfahne. Südseits verrät eine feine Putzlisene den Übergang vom Schiff zum Chor, eine weitere kennzeichnet den östlichen Scheitel; karniesbesetzte Hausteinpilaster fassen die Schaufront, verputzte Lisenenbänder die Turmseiten. Gleichförmige, von blinden Okuli überhöhte Stichbogenfenster belichten das Innere: zwei zu seiten des Hauptportals, je fünf in den Langhausflanken und vier in der Ostpartie; zwei Rondellen in den Winkeln des Westgiebels führen in den Dachstock. An den Untergeschossen des Turms sitzen schmale Lichtscharten; das Glockengeschoß zeigt rundbogige Schallöffnungen mit Kämpfer- und Schlußsteinen. – Einzig der Hauptfront wurden etwas reichere Schmuckmotive

---

56 Das äußere Portal zur Südsakristei erst 1958 ausgebrochen.

vorbehalten. Die beiden ursprünglichen eichenen Türflügel des Portals hängen zwischen zwei Gewändepilastern, denen über hohen Kämpfern ein Gebälk mit Zahnschnitt und Karniesgesimse aufliegt. Ein dreiseitig abgewalmtes Vordach stützt sich über breiten Korbbögen auf ein toskanisches Säulenpaar. Axial über dem Vorzeichen öffnen sich in Haupt- und Giebelgeschoß zwei Stichbogennischen, in denen eine moderne Kunststeinstatue des Bruder Klaus und ein Kreuz zur Schau gestellt sind.

Dachstuhl. Der Dachstock – ein imposantes Hängewerk – geht noch auf die Bauzeit der Kirche zurück. Die Konstruktion über dem Schiff schuf Zimmermann OBERHOLZER, jene über dem Chor, die separiert von der ersten, aber nach dem gleichen Prinzip ausgeführt wurde, KASPAR BORI. Das Konzept des Stuhles wird man aber JOSEPH LANG zuschreiben dürfen, der in den archivalischen Quellen nicht nur Baumeister, sondern häufig auch Zimmermann genannt wird (vgl. Abb. 346).

Inneres (Abb. 347). Den Eintretenden überrascht die lichtfrohe Schlichtheit des weiten Langhauses, das nur durch die Altäre und den Chor mit seiner gebläht wirkenden Ostwand eine eindeutige Longitudinaltendenz erhält. Der am Äußeren realisierte Baugedanke – die großzügige, in ganzer Schiffbreite angelegte Rundung der Ostpartie – ist im Innern negiert durch die Triumphbogenmauern und die Scheidwände des Chors. Der Schöpfer des Langhausdekors, MICHAEL HUTTLE, charakterisierte Wände und Decke des Schiffs als selbständige Bauglieder. Ionische Stucklisenen besetzen die Fensterintervalle und unterfangen ein unverkröpftes Gebälk

Abb. 347. Fislisbach. Pfarrkirche. Inneres gegen Osten. – Text oben und S. 368.

mit Zahnschnitt. Der kehlenlose, flache Plafond liegt unvermittelt dem Gesimse auf. Ein gedrückter Triumphbogen stößt hart an die Gebälkzone. Zwischen den hintersten Fenstern baucht eine säulengestützte Empore ins Langhaus vor, die über zweiläufige Treppen zugänglich ist und an ihrer weißen Holzbrüstung umkränzte Musikembleme in Stucktechnik trägt. – Der erhöhte, von MOOSBRUGGER dekorierte Chor hat keine Stützenordnung. Er wird durch ein Fensterpaar in der Ostwand und durch das lünettenförmig geöffnete Obergeschoß der südlichen Sakristei erhellt. Eine entsprechende Blendlünette auf der Chornordseite verbirgt das massive Turmmauerwerk. Über einfach profiliertem Sims setzt ein flaches Spiegelgewölbe an.

Ausstattung. Sparsam angewandte, sand- und grünspanfarbene *Stukkaturmotive* akzentuieren den weißen Gipsputz: Rosen- und Tuchfestons an Sohlbänken, Kapitellen und Chorwänden; Eichenlaub über den Fenster- und Lünettenbögen; Weinlaub und Ährengarben an der Triumphbogenleibung. Die zwei großen Ovalmedaillons an Schiffdecke und Chorgewölbe zeigen Blattstab- und Girlandenrahmung und umschließen seit 1872 dunkelfarbige *Kopien von Raffaels Verklärung und von Deschwandens Einsiedler Assunta*, von Maler L. J. SUTTER-MEYER. – Einen wirkungsvollen Kontrast zur hellen Wandtünche setzen die drei Altäre und die Kanzel aus geädertem, grau-rot-schwarzem Öl- und Schliffmarmor. Der 1837 geschaffene, 1969 in Fislisbach plazierte *Hochaltar* von FRANZ N. KESSLER (Abb. 348) präsentiert ein gediegen proportioniertes Retabel. Seine gestaffelten Freisäulenpaare und die den Giebel fassenden Bandvoluten sind noch dem Spätbarock, die festonbehangenen Vasen auf den Gebälkenden und der stichbogige Aufbau dem Klassizismus verschrieben. Im Hauptgeschoß ein spätestbarockes, von KAPPELER gemaltes Bild des Gekreuzigten vor düsterem, irreal beleuchtetem Landschaftshintergrund (1828). Im Aufbau noch das ursprüngliche KESSLERSCHE Oberblatt mit einer Krönung Mariä (1837). Die farbig gefaßten seitlichen Standfiguren der Apostelfürsten stammen von unbekannter Hand, dürften aber zur Bauzeit der Kirche und für deren Hochaltar geschaffen worden sein. Die schräg in die Langhauswinkel gestellten *Seitenretabel* von MICHAEL HUTTLE sind getreue Repliken der Altaraufsätze MOOSBRUGGERS in der Badener Stadtkirche (S. 118): Die Hauptgeschosse mit korinthischen Freisäulen und geradem, verkröpftem Gebälk haben in den vier äußern; die von stilisierten Voluten flankierten Obergeschosse mit den Cherubinen in den zwei innern Retabeln von Baden ihr Vorbild. Auf der Evangelienseite Hauptblatt mit einer nazarenischen Darstellung der Immakulata, um 1870; im Giebel ein mediokres Ovalgemälde des hl. Michael. Auf der Epistelseite Hauptblatt mit der stehenden Patronin Agatha im Engelreigen, von FRIEDRICH STIRNIMANN, 1872; Giebelbild mit dem sitzenden Täufer. Die an die linke Wand gesetzte, ebenfalls durch HUTTLE gefertigte *Kanzel* aus dem Jahre 1828 (Abb. 349) repräsentiert den im Klassizismus üblichen Ovaltypus mit trichterförmigem Abhängling, lisenengegliederter Brüstung und reich profiliertem, geschwungenem Lambrequinbaldachin; das Korpus schmückt ein vergoldetes Relief des Sämanns, den Deckel die Standfigur eines Posaunenengels. Rechts kelchförmiger *Taufstein* aus grau-schwarzem Stuckmarmor, mit weich gerippter Kupa, von MICHAEL HUTTLE, 1828/29 [57].

[57] F. DE QUERVAIN, Die Taufsteine des Aargaus, Argovia LXXVI (1964) S. 63. – Ein ähnlicher Stein aus imitiertem Breccienmarmor in Oberrohrdorf; vgl. S. 443.

Abb. 348 und 349. Fislisbach. Pfarrkirche. Hochaltar von Franz Niklaus Keßler, 1837; Kanzel von Michael Huttle, 1828. – Text S. 368.

An der Südwand eine 1969 zusammengestellte frühbarocke *Kreuzigungsgruppe* in Lüsterfassung. Die noch undramatisch aufgefaßte Christusgestalt vom Beginn des 17. Jahrhunderts flankieren zwei volkstümliche Figuren Marias und Johannes' aus der Zeit um 1670–1680. Beim Windfang des Westeingangs farbig gefaßte Holzfigur des *hl. Antonius*, H. 49 cm, zweites Viertel 17. Jahrhundert. An den Längswänden des Chors zwei vierplätzige Gestühle, Nachbildungen der klassizistischen, 1969 entfernten Sitzreihen. Im Laienhaus vier moderne Bankquartiere nach dem Muster der originalen Bestuhlung von Joseph Leonz Wettstein. Vier dreiteilige *Beichtstühle* mit Flachbogenöffnungen zwischen schlanken ionischen Pfeilerchen und mit trompetenförmiger, vasenbekrönter Bedachung: zwei von J. L. Wettstein, 1828/29 (nach dem Vorbild der Beichtstühle in der Badener Stadtkirche; S. 121), zwei modern, von 1969. An Schiff und Chor klassizistische *Türen* mit motivreichen Schnitzereien. – Orgel der Firma Metzler, Dietikon, 1971.

Glocken. Zum Teil noch der originale Holzglockenstuhl von 1829. – 1. Dm. 112 cm. Am Hals: oben Edelweiß- und Rosenranken; unten Rosenfestons; dazwischen Aufschrift «gemeinde * fisslispach». Am Mantel: Kruzifix mit Schädel und Gebeinen; stehende Madonna mit Zepter und Bügelkrone, Aufschrift «s maria»; Apostelfürsten mit Aufschrift «s peterus» und «s paulus», über Paulus Medaillon mit einer Weizen- und einer Roggenähre. Am Fuß: Umschrift «gegossen von sebastian ruetschi in suhr 1829». – 2. Dm. 89 cm. Wetterglocke von Rüetschi, Aarau, mit figürlichen Darstellungen, Aufschriften und Jahreszahl 1903. – 3. Dm. 89 cm. Am Hals: stilisierter Lilienfries und Päonienfestons; Aufschrift «*bellvm pestem cvm fame per me ss : trinitas pelle anno 1710». Am Mantel: Wappen Stadt Baden, Spital Baden und Reich, zwischen zwei Schildhalterlöwen; Trinitätsdarstellung; hl. Lucia; Aufschriftkartusche «ioan / iacob / gries / haber / in walts/hvet» nebst den Emblemen von Glocke und Geschützrohr. Sechsteiliger Bügel mit männlichen Fratzen. – 4. Dm. 68 cm. Am Hals: oben Fries aus Rollwerkkartuschen und Blumenfestons; unten Männerfratzen; dazwischen Aufschrift «per mariam matrem concedat iesvs omne bonvm et pacem anno 1808». Am Mantel: hl. Katharina von Alexandrien; Schildhalterlöwen mit denselben Wappen wie auf Glocke Nr. 3; hl. Petrus; Kalvarienberg mit knieder Magdalena. Am Fuß: zwei Salbeiblätter und Aufschrift «avs dem fevr kom ich iacob philiph und ioseph antoni brandenberg gebrvder in zvg goss mich»[58].

Würdigung und Meisterfrage. Die Ahnen unserer Landkirche sind die von den Baumeisterfamilien Singer und Purtschert seit der zweiten Hälfte des 18. Jahrhunderts errichteten einschiffigen Gotteshäuser der Innerschweiz und des Freiamtes[59]. Freilich ist in Fislisbach die diesen Kirchen eigene spätbarocke Tendenz zu organischer Verschleifung von Schiff und Altarhaus nur noch an den vorgezogenen Chorstufen und an den schräggestellten Seitenaltären zu erkennen. Der Architekt gehorchte bei dieser Vereinfachung des Schemas wohl weitgehend dem Gebot spärlicher finanzieller Mittel, aber er hat sich überdies auch unkonservativ dem natürlichen Empfinden des Klassizismus angepaßt. Besonders kommt seine Unabhängigkeit am Äußern des Baus zur Geltung, wo Langhaus, Chor und Nebengelasse straff unter ein einförmiges Firstdach gebracht sind. – Die Archivalien allein erlauben es nicht, den Schöpfer des Bauplans eindeutig zu ermitteln. Von den beiden in Frage stehenden Baumeistern – Fidel Obrist und Joseph Lang – läßt sich einer jedoch als maßgeblicher Ideenträger eruieren, sofern man neben dem Quellenstudium auch kunstgeschichtliche Argumente geltend macht: Der gegenwärtige Stand der Forschung legt die Vermutung nahe, daß Lang zeit seines Lebens die Rolle eines konventionellen Baumeisters gespielt hat, während von Obrist ein Œuvre bekannt ist, das in mancher Beziehung zu den beachtlichen Leistungen des schweizerischen Spätklassizismus zählen darf[60]. Spricht dies allein schon viel eher für eine Urheberschaft Obrists, so erst recht die Tatsache, daß der gleiche Architekt 1823/24 in Unterendingen (Bezirk Zurzach) eine Kirche geschaffen hat, die (mit Ausnahme der präjudizierten Turmstellung) bis in Einzelheiten Grundriß und Aufriß der Fislisbacher Kirche vorausnimmt[61].

58 Vgl. A. Bieler, Die Zuger Glockengießerfamilien Keiser und Brandenberg und ihr Werk, Zuger Njbl. 1949, S. 48.
59 Kdm. Luzern V, S. 130, Anm. 2.
60 Vgl. Kdm. Luzern I, S. 421, 425f.; Abb. 338–342; VI, S. 28, 234, 366.
61 J. Huber, Die Kollaturpfarreien und Gotteshäuser des Stiftes Zurzach, Klingnau 1868, S. 159f. – Das Innere der Kirche wurde 1910 durch den Einbau eines von Säulen getragenen Gewölbes eingreifend verändert.

Abb. 350 und 351. Fislisbach. Abgebrochenes Pfarrhaus, Stuckkartusche von 1754 (heute in Privatbesitz); Pfarrkirche, Vortragekreuz von Franz Joseph Fuchs, um 1770. – Text S. 374 und unten.

KIRCHENSCHATZ UND ANDERES BEWEGLICHES KUNSTGUT

Kreuze. 1. *Vortragekreuz* (Abb. 351). Silber, teilvergoldet. Höhe (ohne Dorn) 60,5 cm. Ohne Marken, wahrscheinlich Werk des FRANZ JOSEPH FUCHS in Einsiedeln. Rokoko, um 1770[62]. An den Schaft- und Balkenenden beidseits üppige Silberkartuschen mit den getriebenen Ovalmedaillons der vier Kirchenväter und der Evangelisten. Dem Korpus entspricht auf der Rückseite eine stehende Schmerzensmutter. – 2. *Altarkreuz.* Teilvergoldetes Silberblech auf Holzkern. H. 120 cm. Ohne Marken. Klassizistisch, um 1830. Bombastisches Gerät mit drei Hermenfüßen, geripptem Kreuzsockel, treffelförmigen Kreuzenden, Strahlenkranz und zahlreichen Biedermeier-Verzierungen. Unter dem vergoldeten Messinggußkorpus das Brustbild des Evangelisten Johannes. – 3. *Altarkreuz.* Vergoldetes Silberblech auf Holzkern; versilbertes Gußkorpus. H. 107 cm. Ohne Marken. Um 1830–1850. – 4. *Wettersegenkreuz.* Kupfer und Silber, teilvergoldet. H. 32 cm. Ohne Marken. Louis XVI, wahrscheinlich 1797[63]. – 5. *Verwahrkreuz.* Silber, teilvergoldet. H. 32 cm. Ohne Marken. Biedermeier, um 1840–1850.

Monstranzen. 1. Kupfer, versilbert und vergoldet. H. 71,5 cm. Marken unkenntlich, vielleicht Arbeit von Goldschmied GRAF in Baden[64]. Rokoko, um 1770. Hoch gebösterter Ovalfuß mit doppelachsig symmetrischer Rocaillen- und Kartuschenverzierung, in den breitseitigen Dreipaßrahmen Päonien und Weinlaub. Birnknauf mit Muschelwerk und Vegetabilmotiven. Vor dem ovalen Strahlenkranz eine von Puttenhäuptern und farbigen Glasflüssen besetzte Wolkengloriole; am Rand der Schaukapsel Rocaillen und fransige Kämme mit blauen Trauben. Bekrönungskreuz. – 2. Kupfer, versilbert und vergoldet. H. 44 cm. Ohne Marken. Rokoko, um 1800. Auf dem Ovalfuß vier gliedernde Gurten und

---

62 KirchgemeindeA, Zinsbuch 1770, S. 24a. – Vgl. SKL I, S. 516.
63 KirchgemeindeA, Zinsbuch 1797, S. 28b.
64 KirchgemeindeA, Zinsbuch 1772, S. 24b, 26b; 1773, S. 26b.

Abb. 352, 353 und 354. Fislisbach. Pfarrkirche. Régence-Kelch, wahrscheinlich von Hans Georg J. Staffelbach, um 1730–1740; Renaissance-Ziborium, wahrscheinlich von Nikolaus Wickart, um 1620. Bellikon. Pfarrkirche. Frühbarock-Kelch von (Johann?) Imhof, wohl 1676. – Text unten und S. 342.

getriebene Päonienfestons. Wiederverwendeter sechsseitiger Balusterknauf aus der Mitte des 17. Jahrhunderts. Ovale, kreuzüberhöhte Sonne; die von einem Lorbeerreif gerahmte Schaukapsel umgeben Blattranken, Blumengebinde und fransiges Muschelwerk; unten stehende Schmerzensmutter, oben Brustbild Gottvaters und Taube, seitlich Adorationsengel und lebhafte Putten. Gefaßte Reliquie «S: Agatha V: M:».

Kelche. 1. Silber, teilvergoldet. H. 20,5 cm. Beschau Augsburg; Meisterzeichen «H». Frühbarock, um 1640–1650. Abgetreppter Sechspaßfuß mit weichem Wulst; Schellenknauf; neue Schrägkupa. – 2. Silber, teilvergoldet. H. 22,5 cm. Beschau Baden; Meisterzeichen «D» (= DIEBOLD? oder DORER?). Frühbarock, um 1650. Rundfuß mit Perlreif; über geripptem Kragen sechskantiger Dockenknauf; Steilkupa. – 3. (Abb. 352). Silber, teilvergoldet. H. 25 cm. Beschau Sursee; Meisterzeichen JOHANN PETER oder (viel wahrscheinlicher) HANS GEORG JOSEPH STAFFELBACH [65]. Régence, um 1730–1740. Auf dem Sechspaßfuß alternierend drei Volutenkartuschen mit Passionssymbolen und wellig rahmende Kämme mit schüssigen Blattranken. Vasenknauf mit volutengerahmten Schuppen-, Quadrillen- und Punzmotiven. Stark ausschwingende (jüngere?) Steilkupa. – 4. Silber, teilvergoldet. H. 25 cm. Ohne Marken. Spätklassizistisch, um 1830–1840. Auf dem stark eingeschnürten Rundfuß à jour gearbeitete Trauben und Ähren; über dem eleganten Urnenknauf ein ähnlich verzierter Kupakorb.

Ziborium (Abb. 353). Silber, vergoldet. H. 29,5 cm. Ohne Marken. Wahrscheinlich von NIKOLAUS WICKART in Zug. Renaissance–Frühbarock, um 1620. Flacher Rundfuß, dessen sechs Buckel das Monogramm «IHS» mit Passionssymbolen, das nichtidentifizierte Wappen eines steigenden Löwen und vier Cherubsköpfe zeigen. Am Nodus drei gegossene Hermenengel in Hochrelief. Kalottenförmige Kupa. Auf dem waagrechten Deckelansatz getriebenes Beschlagwerk, an seiner gekehlten, hohen Böschung die Monogramme «MRA» und «IHS», zwei Cherubshäupter und tuchbehängte Voluten; auf dem gebusten, akanthusbedeckten Abschluß ein kreuzbekrönter Rundknauf.

Rauchfaß. Getriebenes Messing, versilbert. H. 25 cm. Spätklassizistisch, um 1850. – *Schiffchen.* Getriebenes Messing, versilbert. H. 18,5 cm. Spätklassizistisch, Mitte 19. Jahrhundert.

Ölgefäß. Silber, teilvergoldet. H. 14 cm. Beschau Baden; Meisterzeichen «R S». Frühbarock, um 1630–1640. Rundfuß mit großem Wulst; Schaftreif; zylindrisches Behältnis mit Scharnierdeckel.

---

65 DORA F. RITTMEYER, Geschichte der Luzerner Silber- und Goldschmiedekunst von den Anfängen bis zur Gegenwart, Luzern 1941, S. 285 und Register.

Altarleuchter. 1. Ein Paar. Gelbguß, versilbert. Höhe (ohne Dorn) 37 cm. Mitte 17. Jahrhundert. Rundform. – 2. Ein Paar. Getriebenes Silberblech auf Holzkern. H. 50 cm. Louis XVI, um 1830. Dreiteiliger, im Umriß noch barockisierender Fuß; auf dessen Schauseiten Bandmaschen, Blattreif und Rosengirlanden. Gerippter Kugelnodus. Glatter, dünner Schaft mit schlicht verziertem Kerzenbecher. – 3. Ein Paar. Gleich wie Nr. 2, aber kleiner. H. 48 cm. – 4. Drei Paare. Getriebenes Silberblech auf Holzkern (nur vorderseitig ausgebildet). H. je 70 cm. Um 1830. In der Gesamtform und im Dekor ähnlich den Nrn. 1 und 2, qualitativ jedoch geringer. – 5. Ein Paar. Holz, abgelaugt. H. 76 cm. Zweites Viertel 19. Jahrhundert (in der Privatsammlung Emil Peterhans, Fislisbach). – *Ampel.* Silber, teilvergoldet. H. 49 cm. Ohne Marken. Biedermeier, Mitte 19. Jahrhundert. Vasenkörper mit drei volutenförmigen Kettenhaltern. An der Leibung und am Abhängling vergoldete Appliken; auf dem Gefäßrand ein à jour gearbeiteter Weinlaubreif.

Immakulata-Standbild der ehemaligen Rosenkranzbruderschaft. Silber, teilvergoldet. Höhe (mit Sockel) 179 cm. Ohne Marken. Klassizistisch, erstes Viertel 19. Jahrhundert. Reglos wirkende Statue im Kontrapost, mit gerader Haltung des Oberkörpers[66]. – *Kronreif.* Kupfer, vergoldet. Stirnseite aus feinem Filigranwerk mit farblosen Glasflüssen.

Holzplastiken. 1. Nichtidentifizierbare *stehende Heilige* (vielleicht Maria aus einer Verkündigung). Lindenholz, hinterhöhlt; neuere Lüsterfassung. H. 148 cm. Frühbarock, zweites Viertel 17. Jahrhundert. Auf eine verlorene Gegenfigur bezogene, scheu ausweichende Attitüde. – 2. *Sitzender Pantokrator.* Lindenholz in erneuerter Lüsterfassung. H. 75 cm. Barock. Diente seit 1909 als Frontispiz des ehemaligen Hochaltars. – 3. *Zwei sitzende Engel.* Lindenholz, farbig gefaßt. H. je 53 cm. Barock. Befanden sich von 1948 bis 1969 auf dem Hauptgebälk des Hochaltars. – 4. *Niklaus von Flüe* und *unbekannter, bärtiger Heiliger.* Kniefiguren aus farbig gefaßtem Lindenholz. H. 89 bzw. 83 cm. Werkstatt der Bildhauer WIDERKEHR in Mellingen. Spätbarock, um 1740–1750 (Nachlaßgegenstände von Pfr. A. Haberthür, Baden)[67].

Malerei. 1. *Guter Hirte.* Öl auf Leinwand. Rundbild, Dm. 110 cm. Wahrscheinlich von FRIEDRICH STIRNIMANN, 1872. Oberblatt vom ehemaligen Hochaltar. – 2. *Vierzehn Stationenbilder.* Öl auf Leinwand. Je 75 × 52 cm. Spätbarock, 1757 (seit 1937 in der Kirche San Carlo bei Poschiavo)[68].

DORF

Nur einzelne Partien weniger Häuser reichen ins späte 18. oder in die erste Hälfte des 19. Jahrhunderts zurück. Nach dem Brand von 1849/50 wurde der Dorfkern auf Grund eines Konzeptes von Geometer FRANZ LEHMANN, der Architekten KASPAR JOSEPH JEUCH, Baden, und ALFRED ZSCHOKKE, Aarau, sowie Pfarrer JOHANN KASPAR ROHNERS in Fislisbach neu angelegt: Nord-südlich verlaufende Landstraße; neue Ausmarchung des innerdörflichen Straßennetzes; Bachkorrektion; neuzeitlich lockere, regelmäßige Anordnung der Siedlung. Errichtung von acht Häusern in Piseetechnik, gegen den Widerstand einer großen Mehrheit, unter Anleitung von JAKOB HUBER, Heldswil TG, JOHANN STÄHELIN, Schocherswil TG, SAMUEL WEBER, Egliswil, und FRIEDRICH MÜLLER, Birmenstorf[69]. Der Großteil des Dorfs besteht aus bescheidenen Mauer- und Fachwerkbauten mit charakteristischen rundbogigen Giebelfenstern. An den Häusern Dorfstraße Nr. 4, Mitteldorfstraße Nr. 6 und Hauptstraße Nr. 2 sind geschnitzte Biedermeier-Türen erhalten. Die Gebäude Dorfstraße Nrn. 2 und 8, Mitteldorfstraße Nrn. 2, 6 und 8 und Niederrohrdorferstraße Nr. 5 bewahren noch Mauerteile in Erdstampftechnik.

Gebäude. Das 1965 abgebrochene *Alte Pfarrhaus* war ein orthogonaler zweigeschossiger Mauerbau unter geknicktem Satteldach. Seinen Eingang in der westseitigen Giebelfront rahmte ein fein profiliertes Sandsteingericht, das am Sturz die Wappen der Kollatoren (Stadt und Spital Baden) zwischen der Jahreszahl 1694 trug. Ein kleines Sälchen im Obergeschoß barg seit 1754 eine dezente Rokoko-

---

66 Sockel von 1840. Bügelkronen von 1853. Die Lanze des Jesusknaben verloren.

67 Vgl. Kdm. Aargau IV, S. 328.

68 Freundliche Mitteilung von Herrn Prof. E. Koller, Baden.

69 KOLLER, Brand und Aufbau, S. 17–31. – Die Idee des Piseebaus war durch den St. Galler Architekten F. W. KUBLI, der sie an mehreren Erdbauten im thurgauischen Hauptwil aufgenommen hatte, an JEUCH vermittelt worden. – WASMUTHS Lexikon der Baukunst IV, s. v. «Pisé».

Abb. 355. Fislisbach. Gasthof «Zur Linde» (ehemals Zehntenscheune) von Südwesten. – Text unten.

Stuckdecke (Abb. 350)[70]. Ihre Eckquartiere belebten züngelnd bewegte Kämme, Rosenlaub und schüssige Schilfblätter; die Mitte besetzte eine Kartusche mit der Wappentriade Stadt und Spital Baden und Franz Joseph Dorer (vgl. S. 448, Anm. 59). (Der Sturz heute vor dem Eingang zum neuen Pfarrhaus; die Stuckkartusche in der Privatsammlung Emil Peterhans, Fislisbach.) – *Gasthof «Zur Linde»* (ehemalige Zehntenscheune) (Abb. 355). Stattlicher, langgestreckter Bau unter geknicktem Sparrendach. Nordhälfte modern. Die 1820 umgebaute Südseite besteht aus einem gemauerten Erdgeschoß mit Sandsteinfenstern und einem Obergeschoß in verputzter Fachwerktechnik; rechteckiger Türrahmen mit Jahreszahl und Christusmonogramm. Der putzlose südliche Fachwerkgiebel – vermutlich aus dem 18. Jahrhundert – präsentiert sich mit Krüppelwalm, zwei Klebedächern und Fluggesparre. – *Gasthof «Zum Rößli»*. Symmetrisch gegliedertes, zweigeschossiges Biedermeier-Haus; um 1850. – *Dorfstraße Nr. 15*. Bauernhaus, in teilweise verputzter Fachwerktechnik, unter Rafendach mit Flugpfetten. Am Giebel des südseitigen Wohnteils Laube mit Flachbalustern, gestützt von Kerbschnittbügen. 18. Jahrhundert. – *Hiltibergstraße Nr. 3*. Wohnhaus aus der Mitte des 19. Jahrhunderts; angeschlossen eine ältere Scheune und der Stall, im Innern zum Teil mit quer zum First verlaufenden Bohlenständerwänden, außen großenteils holzverschalt. Der Ökonomietrakt trägt ein Rafendach mit Flug- und Mittelpfetten, seltsamerweise aber ohne Firstbalken. Eines der beiden Gebinde stehend, mit abgefangenem Firstständer, das andere liegend, mit Kehlbalken und Spannriegel. – *Niederrohrdorferstraße Nr. 9*. Bauernhaus unter steilem Rafendach. Südseitig gemauerte Wohnung mit Klebedach am Giebel; in der Mitte Tenn, Stall und Futtertenn in Ständerkonstruktion, zum Teil mit rautenförmigen Bohlenfüllungen; nordseitig Fachwerkscheune. 18./19. Jahrhundert. – *Waldesruhstraße Nr. 11*. Riegelbau mit Walmdach.

Steinkreuze. Außer Nr. 4 sämtliche prankenförmig. – 1. Auf dem Friedhof. Schnittig profilierter Sockel; farbig bemaltes Korpus aus Terrakotta; um 1830. – 2. Daselbst. Randleisten und farbig bemaltes, gotisierendes Korpus aus Terrakotta; um 1850. – 3. An der Niederrohrdorferstraße. Randleisten und kleines neugotisches Korpus aus Terrakotta; um 1850. – 4. Südöstlich Punkt 598 (östlich des Dorfs). Datiert 1874.

---

70 StadtA Baden, Nr. 397: 1754A, S. 73: «... ein Neuwe decki in die Camer im Pfarrhof zue Fislisbach ...».

KÜNTEN–SULZ

GESCHICHTE. Bei Sulz wurden 1837 Reste einer römischen Villa von unbekanntem Grundriß flüchtig untersucht. Ein dazugehöriges steinernes Bodenmosaik zeigt in Schwarz auf Weiß einen orthogonalen Kreuzblütenrapport, dessen einfache Form eine Datierung an den Beginn des 2. Jahrhunderts n. Chr. erlaubt[1]. Beide Siedlungen sind bereits um 1150 in den Acta Murensia verzeichnet[2]. Spätestens seit Anfang des 13. Jahrhunderts bezog auch das Kloster Hermetschwil hier Zinsen[3]; um 1380 zählten die Ortschaften zum überwiegenden Teil zu den Gütern dieses Frauenkonvents[4]. Das Hohe Gericht stand vor der Eroberung durch die Eidgenossen den Habsburgern zu[5]. Im Jahre 1392 vergabte Rudolf von Howen, Domherr zu Straßburg und Kirchherr zu Baden, ein Gut in Künten an die Badener Schloßkapelle St. Nikolaus, um einem Kaplan hier die Zelebration der Messe zu ermöglichen[6]. Nach 1415 gehörten die Ortschaften zum Amt Rohrdorf. Die Hohe Gerichtsbarkeit übte der Landvogt von Baden aus; die Niedere in Künten ebenfalls, in Sulz hatte sie das Gotteshaus Ötenbach in Zürich inne[7]. – 1866 schwerer Brand in Künten[8]. Das Dorf ist heute Sitz zweier Industriebetriebe.

Künten und Sulz waren seit dem Hochmittelalter nach der Pfarrei Rohrdorf kirchgenössig[9]. 1799 erhielt Künten eine Kaplanei; 1829 erlangte Sulz durch Einkauf Anteil an dessen Kapelle; 1901 wurden die beiden Dörfer zu einer selbständigen Pfarrei erhoben[10].

ANLAGE. Künten liegt an der Westflanke des Heitersbergs in einer kleinen granithaltigen Hügellandschaft. Ursprünglich ein Zeilendorf an der Straße Fislisbach–Bremgarten, hat es sich seit dem späten 19. Jahrhundert zu einer haufenförmigen Siedlung entwickelt, deren jüngste Bauten am Hang gegen Bellikon stehen. – Die Häuser von Sulz säumen eine Drittklaßstraße in der ebenen Talsohle südwestlich Küntens. In ihrer Nähe liegt eine tote Windung der Reuß, die dem stillen Weiler einen besondern landschaftlichen Reiz verleiht.

Quellen und Literatur. Akten im GemeindeA Künten, im PfarrA Oberrohrdorf und im StA Aarau (Repertorium I, Register, s.v. «Künten» und «Sulz»). – BRONNER II, S. 340, 397. – L. BURGENER, Die Wallfahrtsorte der katholischen Schweiz, Ingenbohl 1864. – W.P. HAUSER, Zur Geschichte von Künten, Laufenburg o.J. [1951]. – J. HUBER, Leben und Gedichte des Philipp Saxer, Aarau 1870, S. 9f. – Katholische Kirchen, S. 59. – MITTLER, Baden I, S. 85, 165. – MITTLER, LÜTHI, S. 50f. – NÜSCHELER III, S. 553.

Plandokumente. 1. Situationsplan zur Sanierung der Dorfstraße in Künten. Kolorierte Federzeichnung. 1:1000. Um 1905 (Archiv des Aargauischen Tiefbauamtes). – 2. Dasselbe. Kolorierte Federzeichnung. 1:500. 1908 (ebenda).

Wappen. BONER, Wappen, S. 25.

---

[1] VICTORINE VON GONZENBACH, Die römischen Mosaiken der Schweiz, Basel 1961, S. 126, 266; Tf. 2; Tf. A4. – Fragment im SLM, Inv. Nr. LM 3576. – Vgl. HEIERLI, S. 55, Fundkarte, und JB SGU LIII (1966/67), S. 140.
[2] Quellen zur Schweizer Geschichte III/2, Basel 1883, S. 75.   [3] Aarg. Urk. XI, S. 1, 17.
[4] ANNE-MARIE DUBLER, Die Klosterherrschaft Hermetschwil von den Anfängen bis 1798, Argovia LXXX (1968), S. 95; Karten 1 und 2, S. 78f.
[5] Habsb. Urbar I, S. 123.   [6] MITTLER, LÜTHI, S. 50.
[7] Urbar Baden, S. 170f.   [8] PfarrA Oberrohrdorf, Theke 135: Filiale Künten.
[9] MITTLER, LÜTHI, S. 50.   [10] HAUSER, S. 11f., 19f. – Katholische Kirchen, S. 59.

ABGEBROCHENE PFARRKIRCHE KREUZERHÖHUNG IN KÜNTEN

Das aus einer Wallfahrtskapelle von 1776 hervorgegangene, im 19. Jahrhundert etappenweise vergrößerte Gotteshaus wurde 1973 wegen seiner Baufälligkeit niedergelegt[11]. Es stand an der Westhalde des Eggenrains, nahe der Hauptstraße am südlichen Ausgang Küntens. Seit 1964/65 besitzt das Dorf eine moderne, von Architekt WALTER MOSER, Baden und Zürich, errichtete Kirche westlich vom Ortskern.

Erhaltene Kunstgegenstände. 1. *Kruzifix.* Lindenholz, abgelaugt; Zipfel des Lendentuchs und Kreuz neu. Höhe des Korpus 103 cm. Frühes 19. Jahrhundert. – 2. *Kruzifix.* Holz, farbig gefaßt. Höhe des Korpus 62 cm. 18. Jahrhundert. – 3. *Figurenpaar Maria und Johannes* vom Hochaltar. Hinterhöhltes Lindenholz in silbergoldener, schlecht erhaltener Lüsterfassung. H. je 100 cm. Spätbarock, um 1780. – 4. Gemälde der beiden Seitenaltäre: *Verkündigungsmaria* und *Christus in Gethsemane.* Öl auf Leinwand, heute auf Holz gezogen. Je 117 × 72 cm[12]. Ersteres signiert und datiert: «F. [oder J.?] A. Eicher pinxit 1848». Die kniende Jungfrau vom Typus einer italienischen Frührenaissance-Madonna. – 5. *Sonnenförmige Wettersegenmonstranz.* Kupfer und Silber, teilvergoldet. H. 42 cm. Ohne Marken. Übergang Rokoko–Louis XVI, um 1780–1790. Vegetabil verzierter Ovalfuß; sechskantiger Balusterknauf; vor dem kreuzbekrönten Strahlenkranz die Gußreliefs eines Engels mit dem Schweißtuch, Gottvaters, der Heiliggeisttaube und mehrerer Himmelsboten.

Zwei Glocken von RÜETSCHI in Aarau wurden von der alten Kirche in das sechsteilige Geläute der neuen übernommen. 1. Dm. 100 cm. Am Hals: Maßwerk- und stilisierter Pflanzenfries, dazwischen die Antiquaumschrift «GESTIFTET VON GESCHWISTERN MARIA URSULA UND MARIA ANNA STAUBLI VON SULZ. 1866»; am Mantel: Mondsichelmadonna mit Antiquabeschriftung «AVE MARIA / SCHALLET LAUT MEIN MUND / WEITHIN / THU ICH DEN GRUSS DES ENGELS KUND / DEN GRUSS ZU BETEN / STETS MIT FROMMEM SINN / SO RUF ICH DREIMAL / DURCH DIE LÜFTE HIN»; am Fuß: Akanthusranken und Blütenkordelfries[13]. – 2. Dm. 112 cm. Von 1902.

---

11 Grundriß, Photographie und Quellenauszüge zur Baugeschichte im PfarrA Künten und im KDA Aarau.
12 Die ursprünglich rechteckigen Bilder wurden bei einer Wiederverwendung auf neuen Seitenaltären von 1910 oben mit einem schultrigen Segmentbogen abgeschlossen und entsprechend vergrößert; heutige Höhe 129 cm.
13 PfarrA Oberrohrdorf, Theke 140: Hist. Notizen, Glocken in den Filialkirchen.

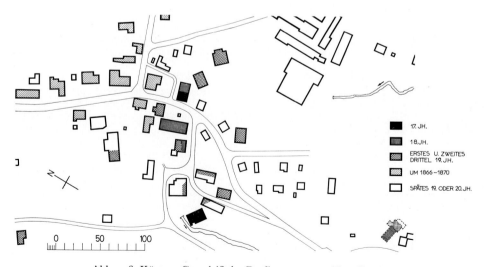

Abb. 356. Künten. Grundriß des Dorfkerns 1975. – Text S. 377.

Abb. 357. Künten. Ehemalige Mühle von Südwesten. – Text unten.

DÖRFER

Künten (Abb. 356). Die Formation von Künten gibt noch eindrücklich zu erkennen, welchen Weg sich das Großfeuer im Jahre 1866 gefressen hat. Sämtliche Gebäude in der Nordhälfte des Dorfkerns tragen die Züge später Biedermeier-Bauten mit gemauerten, zweigeschossigen Fassaden, steinernen Fenstern und breiten, fein getreppten Portalrahmen. Die Bauernhäuser vereinigen Wohnung, Tenn, Futtertenn und Stall unter langen Firsten (Nrn. 9/10, 11, 13, 17, 48). Interessant ist die fast durchwegs gleichartige Dachkonstruktion: Über einem liegenden, den Hauswänden auflastenden Stuhl hängen Rafen, die unten einem Kniestockgerüst oder den Stichbalken und in der Mitte einer Pfette aufgeklaut sind, oben jedoch der Firstpfette entbehren (vgl. neben den bereits erwähnten Gebäuden die Häuser Nrn. 45, 46, 37). – Die Südhälfte des Dorfkerns fügt sich aus Häusern des 17., 18. und frühen 19. Jahrhunderts zusammen, die vom Brande verschont blieben. Auch sie zeigen fast ausnahmslos gemauerte Fassaden, für welche große Granitbruchsteine aus der Umgebung verwendet wurden; charakteristisch sind ferner die flachbogigen hölzernen Stürze über den Tenntoren (Nrn. 26, 27, 29, 30, 31, 40, 42). Der ehemalige Mühlenweiher auf dem Vorplatz von Haus Nr. 26 ging bei der Korrektion der Dorfstraße zu Beginn dieses Jahrhunderts ein.

Gebäude. Alte Mühle (ursprünglich auch Wohnsitz des Kaplans) (Abb. 357)[14]. Der jüngst renovierte Bau im Dorfbachtobel reicht in seiner Grundstruktur vermutlich ins 17. Jahrhundert zurück. An der einstöckigen hangseitigen Trauffassade zeigt er fünf, an der zweistöckigen talseitigen sechs Fensterachsen mit gefalzten Stein- und Holzrahmen. Geknicktes Sparrendach über zwei schmucken Fachwerkgiebeln mit Fluggespärre. An der westlichen Stirnseite das aus mächtigen Bruchsteinen gemauerte Radhaus. Im Innern ein weitgehend erhalten gebliebenes Triebwerk des 19. Jahrhunderts und Kacheln eines abgetragenen rustikalen Rokoko-Ofens aus der einstigen Kaplaneistube. Am benachbarten, modernisierten Restaurant «Zur Mühle» – der früheren Bäckerei – ein wiederverwendeter Scheitelstein mit der Jahreszahl 1842 und dem Monogramm «G(e)B(rüder) M(eier)». – *Nr. 25.* Biedermeier-Wohnhaus mit symmetrisch gegliederten Fronten. Die Sparren des Dachs fußen am äußeren Ende der Stichbalken, die Streben des liegenden Stuhls auf Wandpfetten. Am Kellereingang Monogramm «G H(afner)» zwischen der Jahreszahl 1825. – *Nr. 26.* Längsgeteiltes Doppelbauernhaus mit stirnseitigen Wohnungszugängen. Stein- und Holzfenster. Die westliche Traufseite des Ökonomietraktes

---

14 Herrn Dr. Bernhard Meier, Künten, verdanke ich freundliche Auskünfte.

in sichtbarer Fachwerkkonstruktion. Konventionelles Sparrendach mit Aufschieblingen. Frühes 19. Jahrhundert. – *Nr. 30.* Stattliches, längsgeteiltes Doppelbauernhaus mit traufseitigen Zugängen. Stichbogige, leistenverzierte Holzfenster. Sparrendach mit doppelter Kehlbalken-Spannriegel-Konstruktion und Aufschieblingen auf Flugpfette. In einer der Wohnungen Einbauschrank und Rauchhurd. Spätes 18. Jahrhundert. – *Nr. 29.* Scheune unter Rafendach mit abgefangenem Firstständer; am Tor Jahreszahl 1856 zwischen dem Monogramm «IV H(afner)». – *Nr. 40.* Großes, giebelständiges Bauernhaus mit drei Geschossen, in den Hauptpartien wohl aus dem 17. Jahrhundert (Datum 1685 am Kellereingang). An den Traufseiten rechteckige, an der repräsentativen Straßenfront stichbogige Holzfenster aus dem späten 18. Jahrhundert. Das gekuppelte Rundbogenfenster in der hinteren Stirnseite und das den ursprünglichen Sparren aufgelegte Rafendach sind Zutaten des frühen 19. Jahrhunderts. Der profilierte Kielbogeneingang mit Datum 1590 und die im vorderen Giebel wiederverwendeten gotischen Kehlfensterchen dürften von einem Vorläuferbau stammen. – *Nr. 41.* Firstparallel geteiltes Doppelwohnhaus unter geknicktem Sparrendach; hübsche Steinfenster. Um 1800–1830. – *Nrn. 9/10.* Doppelbauernhaus mit quergeteiltem Wohnungstrakt und längsgeteilten Wirtschaftsräumen. In der einen Wohnung getäferte Stube und grünglasierter Kachelofen mit Doppelkunst; in der andern Einbaukasten aus Nußbaumholz. Um 1866–1870. – *Nrn. 13 und 17.* Bauernhäuser nach der Art von Nrn. 9/10, aber ungeteilt. Datiert 1866 (Jahr des Dorfbrandes). – *Gasthaus «Zur Waage»* (Nr. 14). Schnittiger Giebelbau mit dreimal fünf Achsen. Zentraler traufseitiger Eingang über zweiarmiger Treppe. Um 1866–1870.

Wegkreuz. Auf dem neuen Friedhof (bis 1973 vor der Alten Kirche). Datiert 1642, mit Inschrift «(HA)NS HOFM͞A V͞O BELIK͞O MARGE ... MEDER», Christusmonogramm und Wappen (Schild gespalten: rechts auf Dreiberg ein Kreuz zwischen zwei Sternen, links ein Seilerhaken[?] über einer stilisierten Lilie). – *Bildstock.* Am Dorfausgang gegen Baden (Pkt. 424). Einfaches Giebelgehäuse aus Stein mit moderner Muttergottesstatuette; am kubischen Sockel die Initialen «B M(eier?)» und «R W(einreber?)» sowie ein Mühlenrad zwischen der Jahreszahl 1768.

Sulz. Gebäude. Nrn. 97 und 111. Doppelbauernhäuser mit seitlichen Wohnungen und mittlerem Wirtschaftsteil. Erste Hälfte 19. Jahrhundert. – *Nr. 103.* Niedriges ehemaliges Bauernhaus mit einer Giebelwand in sichtbarer Fachwerkkonstruktion. Um 1800. – *Nrn. 100 und 102.* Gleichartige Bauernhäuser mit unverputzten Wohntrakten aus Granitbruchsteinen; am einen die Jahreszahl 1890.

Brunnen. Spätbarocke, gerippte Ovalschale; quadratischer Stock mit Deckplatte aus dem 19. Jahrhundert. – *Wegkreuz.* Am Waldeingang auf dem Weg nach Künten. Datiert 1864.

MÄGENWIL

GESCHICHTE. Die berühmten Muschelsandsteinbrüche Mägenwils wurden schon von den Römern ausgebeutet[1]. Die Siedlung ist alemannischen Ursprungs. Um 900 bezieht hier die Zürcher Fraumünsterabtei Zinsen, während im 14. Jahrhundert die Klöster Engelberg und Königsfelden zu den Grundeigentümern in Mägenwil gehören[2]. Unter den Kiburgern und Habsburgern zählte das Dorf zum Amt Lenzburg[3]; nach 1415 bildete es mit Büblikon–Wohlenschwil eine eigene Untervogtei in den neu geschaffenen Freien Ämtern[4]. 1798–1803 lag Mägenwil im Kanton Baden, nachher kam es zum gleichnamigen Bezirk. 1834 schwere Brandkatastrophe. 1877 erhielt das Dorf Anschluß an die Nationalbahn.

Kirchlich gehört die Ortschaft zur Pfarrei Wohlenschwil.

[1] HEIERLI, S. 58.
[2] QW Urbare/Rödel II, S. 235, 246–248. – KAPPELER, Ortsnamen, bes. S. 65.
[3] Habsb. Urbar I, S. 156; II/1, S. 5.   [4] Gemeindewappen, S. 14.

ANLAGE. Der bescheiden dimensionierte Gemeindebann liegt am Nordende eines jungtertiären Molassehöhenzugs. Die historischen Bauten des Dorfs säumen zur Hauptsache die Landstraße von Mellingen nach Lenzburg. An einem südwärts abzweigenden Fahrweg befindet sich das alte Oberdorf. Einige hundert Meter östlich der Siedlung, abseits der Landstraße, gruppiert sich der Weiler Eckwil.

Quellen und Literatur. Akten im PfarrA Wohlenschwil, im GemeindeA Mägenwil und im StA Aarau (Repertorium I und II, Register, s.v. «Mägenwil» und «Eckwil»).
BRONNER II, S. 350. – Chronik des Kantons Aargau V, Zürich 1969, S. 95. – Gemeindewappen, S. 14. – MITTLER, LÜTHI, S. 51f.
Wappen. BONER, Wappen, S. 25f.

LORETOKAPELLE

BAUGESCHICHTE. Das Kirchlein wurde 1699 als Replik der «Casa Santa» in Loreto errichtet[5]. 1768 konsekrierte Weihbischof August Johann Nepomuk darin einen Altar zu Ehren der hl. Jungfrau[6]. 1896–1899 sukzessive Innenrenovation nach Plänen von Zimmermeister JOSEPH SEILER, Mägenwil. 1902 Außenrenovation; 1911 und 1974 Erneuerung des Turms[7].

BESCHREIBUNG. *Äußeres.* Die geostete Kapelle steht 100 Meter südlich der Landstraße im Kern des alten Oberdorfs. Ihr Grundriß beschreibt ein strenges Rechteck[8]; westlich und östlich schließt sie, nach Art eines Profanbaus, mit spitzen Giebelwänden. Auf der Südseite jüngere Sakristei unter abgeschlepptem Dach, wohl von 1896–1899. Den Chor überhöht ein befensterter, eingeschindelter Vierkantreiter mit Nadelhelm und barocker Wetterfahne. Traufseitig je zwei Rundbogenlichter, in den Stirnseiten Giebelrondellen. Das von gefasten Rechteckfensterchen begleitete Westportal hat die Form einer kräftig profilierten Ädikula mit seitlichen toskanischen Pilastern und verkröpftem, gesprengtem Dreieckgiebel; an der rustizierten Archivolte das Baudatum 1699. – Das ungeknickte Sparrendach verbirgt eine gemauerte Rundtonne und ruht auf einem entsprechend konstruierten Schwerterstuhl; der im 20. Jahrhundert zweimal erneuerte Dachreiter steht auf zwei Längsrähmen, die unvermittelt dem Gewölbe aufgelegt und in den Stirnwänden verankert sind[9].

Inneres. Laienbereich und Chor werden von der einheitlichen Tonne koordiniert und bilden einen unstrukturierten, noch typisch frühbarocken Kastenraum. Der Altarbezirk ist nur durch einige Treppenstufen unauffällig ausgeschieden. Im braun-goldenen Freisäulenretabel von 1896–1899 rundbogiges Ölgemälde der Heiligen Familie, signiert und datiert «Joseph Heimgartner pinx. 1928»; auf den kräftigen Gebälkstücken und über dem Scheitel des segmentförmigen Abschlußbogens eine Kreuzigungsgruppe in Lüsterfassung (Abb. 358): neben einem muskulös-verzerrten Korpus aus der Zeit um 1700 ausdrucksstarke Assistenzfiguren des Spät-

---

5 StadtA Mellingen, Nr. 8, S. 7. – PfarrA Wohlenschwil, Nr. 2, vorn.
6 PfarrA Wohlenschwil, Weiheurkunde.
7 GemeindeA, Gemeindeversammlungsprot. 1891–1912, S. 97, 216, 379.
8 Maße außerkant 13,9 × 7,2 m.
9 Zwischen den Tonnenansätzen im Innern Schlaudern von 1896–1899.

Abb. 358 und 359. Mägenwil. Loretokapelle. Maria aus der Kreuzigungsgruppe, Werkstatt des Caspar Joseph Widerkehr, 1768; Statue der hl. Agatha, vermutlich von Bartholomäus Cades, um 1630. Text S. 379 und unten.

barocks, sehr wahrscheinlich aus der Werkstatt des Mellinger Bildhauers CASPAR JOSEPH WIDERKEHR, 1768. Seitlich vom Altar, auf Wandkonsolen, die beiden Holzstandbilder der hl. Agatha (Abb. 359) und der hl. Apollonia in Lüsterfassung (H. je 84 cm), die ins zweite Viertel des 17. Jahrhunderts zu datieren und wohl dem Bildschnitzer BARTHOLOMÄUS CADES aus Baden zuzuschreiben sind. An den simslosen Ansätzen der Rundtonne gemalte Kartuschen mit Darstellungen aus der lauretanischen Litanei, 1896–1899. Kreuzwegstationen von 1934[10].

Glocken. Neben zwei jüngeren Glocken RÜETSCHIS von 1908 birgt das Türmchen noch eine Stimme von 1802. Dm. 41 cm. Am Hals Akanthusfries, darunter weisende Hand gefolgt von der Aufschrift «AVE MARIA GRATIA PLENA DOMINVS TECVM» und von einem Salbeiblatt; am Mantel Kruzifix, Mondsichelmadonna, der Nährvater und Wilhelm Tell mit dem Knaben (die symbolträchtige Apfelschußszene war zur Zeit der Helvetik besonders auf Gemeindesiegeln und Wappen üblich); am Fuß weisende Hand gefolgt von der Aufschrift «IA(COB) · PH(ILIPP) · B(RAN)D(EN) · BERG IN ZVG GOSS MICH ANNO 1802».

Kelche. 1. Silber, teilvergoldet. H. 23 cm. Beschau Baden; Meisterzeichen «I D» (Dorer? Diebold?). Frühbarock, um 1660. Auf dem geböschten Sechspaßfuß symmetrische Akanthuswedelpaare; Dockenknauf; zierlose Steilkupa. – 2. Silber, vergoldet. H. 25 cm. Beschaumarke fehlt; Meistermarke XAVER WEISSENBACH von Bremgarten. Spätbarock-klassizistisch, um 1790–1800. Eingeschnürter Dreipaßfuß mit geschuppten Vertikalrippen; Birnenknauf; an der Kupa stark ausladender Lippenrand.

---

10 PfarrA Wohlenschwil, Theke 78 b.

DORF

Trotz sprunghafter Überbauung mit modernen Häusern sind im Dorf noch eine Anzahl spätestbarocker Gebäude mit charakteristischen Segmentbogenfenstern erhalten geblieben, so die Nrn. 92, 83, 40 (Altes Schulhaus von 1809), 69, 72. Relativ häufig sind (meist umfunktionierte) Bauernhäuser des Biedermeiers, worunter solche mit gekuppelten Korbbogenportalen vorkommen (Nrn. 38, 45, 75).

Gebäude. Nr. 92. Gemauertes Bauernhaus mit quergiebig angeschlossenem Ökonomietrakt. Die breitgelagerte, zweigeschossige Wohnung ruht unter einem behäbigen Gerschilddach, dessen Fluggespärre vorderseitig einen Balkon und ein Klebedach und rückseitig zwei Klebedächer trägt (sämtlich wohl jüngeren Datums als das Haus selbst). Die langen Aufschieblinge lagern auf den buggestützten Bundbalkenenden. An der Hauptfront hübsche, auf sechs Achsen verteilte Stichbogenfenster und ein exzentrisches Portal mit dem gravierten Christusmonogramm zwischen der Jahreszahl 1791. Der rückseitige Giebel in sichtbarer Fachwerkkonstruktion. Innen hellgrüner Jugendstil-Kachelofen. – *Nr. 83.* Ehemaliges Doppelbauernhaus, das sowohl die Wohnungen wie den Wirtschaftstrakt unter dem First geteilt hatte. Das Rafendach der Wohnung deckt zwei Trauffassaden mit gefälligen Stichbogenöffnungen und eine symmetrisch gestaltete Stirnwand, deren zentrales Hauptportal gleichfalls von segmentbogigen Lichtern begleitet wird und welche seitlich zwei unterirdische Kellerportale mit den Initialen «I(oseph) H(uber)-H(uber)» nebst den Jahreszahlen 1811 und 1812 zeigt. – *Nrn. 49–51* (Abb. 360). Drei zweigeschossige, symmetrisch aneinandergefügte Bauernwohnhäuser mit traufseitiger Hauptansicht. Das mittlere, unter einem Quergiebel, mit vier regelmäßigen Fensterachsen; die seitlichen um eine einwärts liegende Achse bereichert, in der sich ein großer Korbbogendurchgang nach dem Hinterhof öffnet. Durchwegs gleichförmige, konventionelle Biedermeier-Fenster; im Quergiebel gekuppeltes Rundbogenlicht. Hübsche Vorgärten. Nach gesicherter mündlicher Tradition brannten die beiden westlichen Trakte 1834 nieder, worauf sie 1841 neu und in stilistischer Anlehnung an den Osttrakt erbaut wurden. Im Hinterhof, achsenparallel zu den Wohngebäuden, eine große symmetrische Doppelscheune mit Ställen (Nr. 52; zugehörig zu den Nrn. 49 und 50), deren Rafendach beidseits auf den Flugpfetten eines Ständergerüsts auflastet und von einem liegenden Stuhl gestützt wird; ferner ein kleines, separiert stehendes Ökonomiegebäude (Nr. 53; zugehörig zu Nr. 51). – *Nr. 85* bewahrt Teile eines gemauerten Erdgeschosses, eines Obergeschosses in sichtbarer Fachwerktechnik und eines Walmdachs aus dem 18. Jahrhundert. – An Haus *Nr. 14* im Weiler Eckwil flachbogiges Tenntor mit Baujahr und Initialen in geschnitztem Schild: «18 H ST(REBEL) 18».

Brunnen. 1. Gegenüber Restaurant «Zum Löwen». Konischer Rechtecktrog mit abgeschrägten Kanten; an einer Schmalseite quadratischer, kassettierter Stock mit karniesförmiger Deckplatte. Datiert 1881. – 2. Gegenüber Haus Nr. 92. Ähnlich wie Nr. 1, der Stock jedoch an einer Breitseite. Datiert 1865. – 3. Vor Haus Nr. 43. Ovaler Kelchtrog; Stock fehlt. Frühes 19. Jahrhundert.

Wegkreuze. 1. Am Dorfausgang gegen Wohlenschwil. Sehr groß, auf Tamboursockel, mit geschweiftem Schaft und Querbalken. An den treffelförmigen Enden ein skulptiertes Engelshaupt, die Sonne und der Mond; gravierte Jahreszahl 1604 nebst «INRI»; am Fuß Schädel und Gebeine. – 2. Im Oberdorf. Auf den Treffeln die skulptierten Gestirne; am Balken Christusmonogramm zwischen der Jahreszahl 1737. – 3. In Eckwil. Treffelförmig mit Inschrift «INRI» und Jahreszahl 1769.

Abb. 360. Mägenwil. Bauernwohnhäuser Nrn. 49–51, Aufriß der Südfassade. – Text oben.

STADT MELLINGEN

GESCHICHTE. Nach ausgiebigen Funden zu urteilen, muß im Bereich des heutigen Gemeindebanns beidseitig der Reuß eine neolithische Siedlung gelegen haben[1]. Die von Oftringen bis nach Mägenwil verfolgbare und im Fislisbacher Feld wiederum festgelegte Römerstraße traversierte wahrscheinlich einen halben Kilometer unterhalb des heutigen Städtchens die Reuß[2]. Die patronymische Bildung «-ingen» im Ortsnamen gehört zur ältesten Gruppe alemannischer Siedlungsbezeichnungen[3]. 1019 erste urkundliche Erwähnung Mellingens[4]. Grund und Boden des Dorfs waren um diese Zeit zum großen Teil Eigengut der Grafen von Lenzburg[5]. Nach dem Aussterben des Geschlechtes im Jahre 1173 erlebte Mellingen mit dem übrigen lenzburgischen Allod im Aargau einen wechselvollen Erbgang, der es 1254 unter die Grundherrschaft Graf Hartmanns d. J. von Kiburg brachte[6]. Bereits vorher – am wahrscheinlichsten in den dreißiger Jahren – wurde die Ortschaft durch den Lehensmann der Lenzburger Güter, Hartmann d. Ä., zum befestigten Markt ausgebaut[7]; gleichzeitig dürfte die 1253 erwähnte Reußbrücke geschlagen worden sein. Neben dem wirtschaftlichen Zweck erfüllte der Markt die militärische Aufgabe der Überwachung des Verkehrs über den Fluß und auf dem Fluß. 1247 wird ein durch den Grundherrn gesetzter Schultheiß bezeugt, dem die Aufsicht über Markt und Steuern, das Marktgericht und Niedergericht überbunden sind[8]. Außenpolitisch unterstand Mellingen dem kiburgischen Amt Lenzburg; nach dem Herrschaftswechsel von 1273 bildete es einen den übrigen Ämtern gleichgestellten habsburgischen Verwaltungsbezirk[9]. 1296 formelle Verleihung des Stadtrechtes durch Herzog Albrecht von Österreich[10]. Bald danach schloß Mellingen ein Burgrecht mit dem nahen, reußaufwärts gelegenen Zisterzienserinnenkloster Gnadenthal[11]. 1364 erwarb die Stadt vom aargauischen Dienstmannengeschlecht der Trostburger die Niedere Gerichtsbarkeit im benachbarten Gebiet jenseits der Reuß, 1543 von den Nachkommen ihres Mitbürgers Johann Segesser jene über das südliche Nachbardorf Tägerig[12]. Seit dem Niedergang der österreichischen Herrschaft um 1400 übte sie auf ihrem Bann das Blutgericht, freilich ohne das Privileg, dieses Recht auch eigens an den

---

1 JB SGU XXVII (1935), S. 24; XXXII (1940/41), S. 65; XXXIII (1942), S. 41. Vgl. JB SGU XXXIV (1943), S. 54.

2 A. LÜTHI in den Aarauer Njbll. 1963, S. 16–18. – E. KOLLER in den Bad. Njbll. 1965, S. 75f. – A. MATTER in den Bad. Njbll. 1940/41, S. 38–40; Abb. S. 41.

3 KAPPELER, Ortsnamen, S. 65; vgl. S. 67.

4 QW Urbare/Rödel III, S. 374. – HUNZIKER, Mellingen-Dorf, S. 10.

5 J. J. SIEGRIST, Lenzburg im Mittelalter und im 16. Jahrhundert, Aarau 1955, S. 26–30.

6 J. J. SIEGRIST, a. a. O., S. 26–33.

7 ROHR, S. 10–12. – 1242 wird Mellingen «oppidum», 1244 und 1248 «civitas» und 1256 «castrum» genannt.

8 UB Zürich II, S. 178, 227. – ROHR, S. 15f.   9 Habsb. Urbar II/1, S. 5, 121; I, S. 130f.

10 MERZ, Stadtrecht, S. 268–270. – ROHR, S. 29–32.   11 ROHR, S. 37f.

12 StadtA, Urk. Nr. 7. – LIEBENAU, S. 113. – S. MEIER, Geschichte von Tägerig, Argovia XXXVI (1915), S. 9. – ROHR, S. 68f., 74f.; Plan S. 77. – Der Umfang des sogenannten «Trostburger Zwings» entsprach dem heutigen Gemeindegebiet auf dem rechten Reußufer.

Abb. 361. Mellingen. Stadt von Nordosten, um 1640. Kupferstich von M. Merian (Bilddokument Nr. 4). – Text passim.

selbständig gewählten Schultheißen vergeben zu dürfen[13]. 1415 wurde Mellingen durch Luzern und Zürich erobert und gleichen Jahres der gemeineidgenössischen Herrschaft Baden zugeteilt[14]. Seine verbrieften und unverbrieften Freiheiten – Schultheißen- und Pfarrwahl, Blutbann, Verfügung über die städtischen Gelder und Zölle – blieben aber unangetastet. Am 1. September 1505 vernichtete ein Großfeuer nahezu alle Gebäude der zu wirtschaftlicher Blüte gelangten Gemeinde[15].

An Ostern 1529 traten Rat und Bürgerschaft fast einhellig zur Lehre Zwinglis über, nachdem der Reformator im Jahre zuvor auf seinem Weg zum Berner Religionsgespräch die Reußstadt noch in gespannter religiöser Atmosphäre getroffen hatte[16]. Vom Landfrieden 1531 blieb Mellingen ausgeschlossen, da es bis ans Ende des Religionskrieges auf Unterstützung Berns gehofft und sich nicht in die Niederlage der Reformierten geschickt hatte. 1532 wurde die Stadt durch die fünf Innern Orte rekatholisiert, wobei sie wesentliche Teile ihrer Autonomie einbüßte[17]. – Seit 1415 hatte Mellingen als Kontrolltor im Verkehr zwischen Ost und West für die Eidgenossen große Bedeutung[18]. Seine Brücke war der einzige feste Reußübergang zwischen Bremgarten und der Mündung des Flusses. Erwies sich dieser Paß in der Reformation vor allem für Zürich und Bern von Vorteil, so nahmen ihn im vorgerückten 16. und 17. Jahrhundert die katholischen Stände in Anspruch: 1582 und 1585 bei der steigenden Spannung zwischen den Religionsparteien; 1620 und 1635 während der Bündner Wirren; 1656 im Ersten Villmerger Krieg. In Mellingens Mauern wurde nach dem Bauernkrieg 1653 über die Freiämter Rebellen Gericht gehalten (vgl. S. 459)[19]. Im übrigen führte die Stadt bis in den Beginn des 18. Jahrhunderts ein politisches «Stilleben» (LIEBENAU). Auf kulturellem Gebiet darf sie

13 Dieses Recht hat Mellingen nie erlangt. – ROHR, S. 51f.
14 MERZ, Stadtrecht, S. 300. – ROHR, S. 79f.   15 LIEBENAU, S. 35–38.
16 LIEBENAU, S. 46f., 51. – HUNZIKER, Reformiert Mellingen, bes. S. 17–19, 25f.
17 LIEBENAU, S. 57–69, 76.
18 Seine strategisch günstige Lage wurde bereits im Alten Zürichkrieg von beiden Parteien genutzt. – LIEBENAU, S. 22–29. – ROHR, S. 63.
19 LIEBENAU, S. 76f., 82f.

Abb. 362 und 363. Mellingen. Ehemaliges Rathaus. Bildnis des Schultheißen Carl Joseph Müller, von Joseph Reinhardt, 1781 (heute in Privatbesitz); Bildnis des Abtes Augustin Müller in St. Urban, um 1760 (heute im Ortsmuseum). – Text S. 423 und 424.

sich rühmen, mehrere hervorragende Stützen der katholischen Partei hervorgebracht zu haben wie z.B. Johann Jodok Singisen, Abt von Muri (1596–1644), Edmund Schnider, Abt von St. Urban (1640–1677), Ulrich Meyer, Abt von Wettingen (1686–1694), und Dr. Johannes Schnider, den ersten Propst des Badener Chorherrenstifts (1624–1633)[20]. – Im Religionskrieg von 1712 wurde Mellingen von den innerörtischen Truppen ohne Schwertstreich den bernischen und zürcherischen Kompagnien preisgegeben, die den katholischen Platz besetzten und entwaffneten. Mit der gesamten Grafschaft Baden geriet die Stadt jetzt unter die Landeshoheit der beiden reformierten Stände und von reformiert Glarus; in der Religionsübung gewährten ihr die Siegermächte Freiheit, ebenso beließen sie ihr die überbrachte Verfassung[21]. 1798–1803 gehörte Mellingen zum helvetischen Kanton Baden; 1803 wurde es dem Bezirk Baden im neu gegründeten Kanton Aargau zugeteilt. Ein düsteres Kapitel in der jüngeren Stadtgeschichte bildet die Nationalbahnkatastrophe, welche die Gemeinde dem Konkurs entgegentrieb und um ihren gesamten Wald- und Kulturlandbesitz brachte[22]. Im 19. Jahrhundert größere Gewerbebetriebe (Roßhaar- und Baumwollverarbeitung, Stickerei, Zwirnerei und Dampfziegelei). Heute zählt Mellingen über ein halbes Dutzend moderne Industrieunternehmen. Geographisch und bevölkerungsmäßig ist die von jeher kleine Stadt auch

20 Von den drei ersten befinden sich Bildnisse im Ortsmuseum Mellingen; vgl. S. 423 f.
21 LIEBENAU, S. 83–86. – P. KAUFMANN, Der Rohrdorferberg im Zwölferkrieg, Bad. Njbll. 1928, S. 3–11.
22 O. MITTLER, Aargauische Städte in der Tragödie um die Nationalbahn, Bad. Njbll. 1956, bes. S. 63 f., 73 f.

in den letzten Jahrzehnten relativ mäßig gewachsen (Einwohnerzahlen: 1850: 746; 1900: 899; 1920: 1444; 1941: 1482; 1960: 1941; 1974: 3351).
Die *kirchlichen Verhältnisse* sind unten, S. 399, skizziert.

TOPOGRAPHISCHES. Mellingen liegt am linken Ufer der Reuß, etwa acht Kilometer vor deren Mündung in die Aare. Seine Bauten stehen auf einer langgestreckten Kiesbank, die das umliegende Schwemmland überragt und früher von Wasser oder Sumpf umschlossen war[23]. Die Formation des Städtchens offenbart sofort, daß dieses mit dem Zweck einer Sicherung des Flußübergangs und einer wirtschaftlichen Nutzung der geographischen Vorteile angelegt worden ist (Abb. 364). Sein Grundriß gleicht einem an das Wasser gedrückten, annähernd gleichschenkligen Dreieck. Die alte Fahrstraße von Lenzburg nach Baden stößt beim stumpfen Winkel durch das Südwesttor und setzt sich in der gradlinigen Hauptgasse fort, die nach hundert Metern die Stadt durch das Osttor verläßt und auf die Brücke mündet. Neben der wichtigen West-Ost-Route kam den flußparallelen Verkehrswegen aus Richtung Bremgarten, die beidseits der Reuß vor das Städtchen führen, geringere Bedeutung zu. Dasselbe gilt von der Straße, die Mellingen direkt mit Brugg verbindet und die Ortschaft früher am Nordspitz verließ. Erst in jüngster Zeit ist sie saniert und vor dem Westtor mit der Lenzburgerstraße verbunden worden. – Die locker bebauten Vorstadtbezirke haben unterschiedliche Entwicklungsphasen durchlaufen. Der

23 ROHR, S. 20, Anm. 35a.

Abb. 364. Mellingen. Altstadt und rechtsufrige Vorstadt von Westen, Flugansicht von 1947. – Text S. 385f., 389f. und 428. – Vorne, beim stumpfen Dreieckwinkel, der Zeitturm mit dem Lenzburgertor; am andern Ende der kurzen Hauptgasse das Brückentor, flankiert vom spätgotischen ehemaligen Rathaus. Im oberen Stadtspitz die frühbarocke Pfarrkirche mit dem spätmittelalterlichen Turm, dahinter der Ibergerhof. Am unteren Stadtspitz der noch unrestaurierte, gezinnte «Hexenturm».

rechtsufrige gehörte ursprünglich zum Zwingkreis der Trostburger (siehe S. 382), hatte schon im Mittelalter dorfähnlichen Charakter und wurde von der Stadt schließlich in Abhängigkeit gebracht. Der linksufrige lag von Anfang an im Stadtbann, war aber nur dünn besiedelt und hat auch im 19. Jahrhundert noch kein wesentliches Wachstum erfahren. Beide Quartiere sind im 20. Jahrhundert mit Wohn- und Industriebauten besetzt worden, die das schöne Bild der geschlossenen Altstadt schwer beeinträchtigen. – Mellingens Bahnhof liegt, ungünstig exzentrisch, an der Linie der ehemaligen Nationalbahn, die im Norden der Stadt auf Dämmen und in Hohlwegen das Gelände durchschneidet und auf hoher Brücke den Fluß überquert.

QUELLEN, LITERATUR, BILD- UND PLANDOKUMENTE

Quellen. Urkunden, Bücher und Akten im StadtA, im Zeitturmarchiv und im kath. PfarrA Mellingen, ferner im StadtA Baden, in den StA Aarau, Zürich und Luzern und im Archiv der Familie Segesser von Brunegg in Luzern. (Vgl. W. MERZ, Inventar des Stadtarchivs Mellingen, in: Die Inventare der aargauischen Stadtarchive I, hg. von W. MERZ, Aarau 1917, S. 173–196. – Repertorium I, Register, s.v. «Mellingen», «Iberg», «Trostburger Twing».) – Aarg. Urk. XII; XIV. – EA, passim. – W. MERZ, Das Stadtrecht von Mellingen, Aarau 1915 (= Die Rechtsquellen des Kantons Aargau I/6, S. 261–564). – C. SCHRÖTER, T. VON LIEBENAU, E.L. ROCHHOLZ, Regesten zur Geschichte der Stadt Mellingen, in: T. VON LIEBENAU, Die Stadt Mellingen, Argovia XIV (1884), S. 95–205 (zitiert: LIEBENAU, Reg.). – P.A. VON SEGESSER, Die Segesser in Mellingen, Aarau und Brugg 1250–1550 – Stammesgeschichte und Regesten, Bern 1884. – Weitere, zahlreiche Quellenvermerke bei H. ROHR in Argovia LIX (1947), S. 302–304.

Literatur. Zur allgemeinen Geschichte: O. HUNZIKER, Mellingen-Dorf, Mellingen 1966 [betrifft den Gemeindeteil rechts der Reuß]. – P. KAUFMANN, Das Haus Hünegg zu Mellingen und seine Bewohner, Bad. Njbll. 1945, S. 21–26. – H. KREIS, Die Grafschaft Baden im 18. Jahrhundert, Zürich 1909. – K. KUNZ, Die bedeutendsten Geschlechter Mellingens bis zum Jahr 1850, Mellingen 1913. – Ders., Aus Mellingens Vergangenheit – Beiträge zur Pfarr- und Stadtgeschichte, Mellingen 1915. – T. VON LIEBENAU, Die Stadt Mellingen – Ortsgeschichte, Urkunden und Chronik, Argovia XIV (1884), S. 1–92. – S. MEIER, Geschichte von Tägerig, Argovia XXXVI (1915), S. 1–210. – MERZ, Burganlagen I, S. 264–267; II, S. 402–407; III, S. 52, 82. – O. MITTLER, Die Grafschaft Baden, «Aargauer Heimat» (Festschrift Arthur Frey), Aarau 1944, S. 41–70. – H. ROHR, Die Stadt Mellingen im Mittelalter, Aarau 1947 (erschienen auch in Argovia LIX [1947], S. 113–307) (mit umfänglicher Bibliographie). – P.A. VON SEGESSER, Die Segesser in Mellingen, Aarau und Brugg 1250–1550 – Stammesgeschichte und Regesten, Bern 1884. – R. STÖCKLI, Geschichte der Stadt Mellingen von 1500 bis Mitte des 17. Jahrhunderts (erscheint voraussichtlich 1976; die Zitate beziehen sich auf das maschinengeschriebene Manuskript des Verfassers).

Zur Kirchengeschichte: K. HEUBERGER, Die Pfrundgüter und ihre Herausgabe an die Kirchgemeinden, Zürich 1908. – O. HUNZIKER, Aus der Reformationsgeschichte der Stadt Mellingen, Bad. Njbll. 1950, S. 34–39. – Ders., Reformiert Mellingen, Mellingen 1954. – Katholische Kirchen, S. 43 f. – K. KUNZ, Aus Mellingens Vergangenheit – Beiträge zur Pfarr- und Stadtgeschichte, Mellingen 1915. – Ders., Die Stadtpfarrer von Mellingen bis zum Jahre 1659, Sonderdruck aus dem Reußboten, Mellingen 1920. – T. VON LIEBENAU, Die Stadt Mellingen – Ortsgeschichte, Urkunden und Chronik, Argovia XIV (1884), S. 1–92. – NÜSCHELER III, S. 551 f. – NÜSCHELER in Argovia XXVI (1895), S. 28 f., 41–44, 94. – H. ROHR, Die Stadt Mellingen im Mittelalter, Aarau 1947, S. 164–188. – R. STÖCKLI, Geschichte der Stadt Mellingen von 1500 bis Mitte des 17. Jahrhunderts (erscheint voraussichtlich 1976), S. 200–259 (die Zitate beziehen sich auf das maschinengeschriebene Manuskript des Verfassers).

Zur Heraldik: BONER, Wappen, S. 14–18. – F. HAUPTMANN, Das Wappen der Grafen von Lenzburg, Schweizer Archiv für Heraldik 1912, S. 1–5. – MERZ, Burganlagen II, S. 403 f.; III, S. 82. – W. MERZ, Die Gemeindewappen des Kantons Aargau, Schweizer Archiv für Heraldik 1913, S. 182 f. – Ders., Das älteste Stadtsiegel von Mellingen, Taschenbuch der Historischen Gesellschaft des Kantons Aargau 1929, S. 215. – H.A. VON SEGESSER, Die Wappen und Panner von Mellingen, Schweizer Archiv für Heraldik 1920, S. 122–130. – H.J. WELTI, Die Wappen auf den Kabinettscheiben in der Stadtkirche Mellingen, 1974 (maschinengeschriebenes Manuskript im KDA Aarau).

Zur Kunstgeschichte: H. BOLLIGER, Die Sammlung Alt-Mellingen im Zeitturm, Bad. Njbll. 1968, S. 65–67. – P. FELDER, Barockplastik des Aargaus [Katalog zur gleichnamigen Ausstellung in Aarau 1972], Aarau 1972, S. 47–49. – A. FUCHS, O. HUNZIKER, A. NÜSSLI, Mellingen, Mellingen o.J. – J. KILLER, Die Holzbrücken von Baden und Umgebung, Bad. Njbll. 1934, S. 25–28. – K. KUNZ, Joseph Ritter von Luzern baut die Reußbrücke zu Mellingen, Vaterland 1919, Nr. 254. – C. VON MECHEL, Plan, Durchschnitt und Aufriß der drey merkwürdigsten hölzernen Brücken in der Schweiz [Schaffhausen, Wettingen, Mellingen], Basel 1803, S. 15–18; mit Stahlstich. – MERZ, Burganlagen I, S. 264–267; II, S. 402–407. – A. NÜSSLI, Die Glasgemälde in der Stadtkirche von Mellingen, Der Reußbote vom 24. März 1972. – J.R. RAHN, Gefährdete Kunstschätze: Die Glasgemälde in der Pfarrkirche von Mellingen, ASA 1880, S. 306–308. – STAMMLER, Register, s.v. «Mellingen». – R. STÖCKLI, Zur Baugeschichte der Pfarrkirche [in Mellingen], Der Reußbote vom 24. März 1972. – Ders., Geschichte der Stadt Mellingen von 1500 bis Mitte des 17.Jahrhunderts (erscheint voraussichtlich 1976), S. 260–281 (die Zitate beziehen sich auf das maschinengeschriebene Manuskript des Verfassers).

Bilddokumente. 1. Mellingen von Nordosten. Eiweißtempera auf Pergament. 25,7 × 17,2 cm. In: DIEBOLD SCHILLING, Luzerner Bilderchronik, 1513, fol. 41 b (Bürgerbibliothek Luzern. – Faksimileausgabe, Genf 1932, Tf. 44). – 2. Mellingen von Osten. Holzschnitt. 7,9 × 16,8 cm. In: JOHANNES STUMPF, Gemeiner loblicher Eydgnoschafft ... Chronick, Zürich 1548, VII, fol. 204b (StA Aarau) (Abb. 368). – 3. Mellingen von Osten. Aquarell. In: J.J. FUGGER, Spiegel der Ehren des Erzhauses Österreich, um 1555 (Österreichische Nationalbibliothek Wien, Cod. Vindob. 8613). – 4. Mellingen von Nordosten. Kupferstich. 9,5 × 31,2 cm. Gez. und gest. von M. MERIAN. In: M. ZEILLER, Topographia Helvetiae ..., Frankfurt 1642, fol. 74 (StA Aarau, Bildersammlung) (Abb. 361). – 5. Mellingen von Nordosten. Radierung. 14,4 × 28,6 cm. Gez. und gest. angeblich von J. MEYER. Um 1712–1715 (StA Aarau, Bildersammlung). – 6. Mellingen von Nordosten (auf einem Gesellenbrief). Radierung. 16,5 × 33,6 cm. Gez. und gest. von J.J. CLAUSNER. Um 1780–1790 (StA Aarau, Bildersammlung. – Ortsmuseum Mellingen. – ALZ). – 7. Mellingen von Osten. Öl auf Leinwand. 95,5 × 122,5 cm. Anonym. Ende 18. Jahrhundert (Ortsmuseum Mellingen). – 8. Mellingen von Nordosten (auf einem Gesellenbrief). Radierung. 14,1 × 37,9 cm. Gez. und gest. von M. PFENNINGER. Um 1800 (StA Aarau, Bildersammlung). – 9. Marktgasse von Osten. Lichtdruck (20,9 × 14,9 cm) nach einer Bleistiftzeichnung von H. ORELLI 1891 (Privatbesitz von Herrn A. Nüßli, Mellingen).

Plandokumente. 1. Grundriß und Situationsplan der alten und der neuen Kirche. Aquarellierte Federzeichnung (fragmentarisch). 43 × 33,5 cm. Anonym. Um 1674/75 (StA Aarau, Nr. 2889). – 2. Grundriß, Längsschnitt und Querschnitt der Holzbrücke von JOSEPH RITTER. Aquarellierte Federzeichnungen auf einem Blatt. Maße unbekannt. Anonym; vermutlich Originalplan RITTERS. Um 1793/94 (StA Aarau, genauer Standort unbekannt; Photographie im KDA Aarau) (Abb. 376). – 3. Dasselbe. Stahlstiche auf einem Blatt. 22,8 × 55,5 cm. Gez. von J. RITTER. Um 1795–1800. In: C. VON MECHEL, Plan, Durchschnitt und Aufriß der drey merkwürdigsten hölzernen Brücken der Schweiz ..., Basel 1803. – 4. Dasselbe. Aquarellierte Federzeichnungen auf einem Blatt. 31,3 × 56,7 cm. Von Ing. H. HICKEL. 1911 (Ortsmuseum Mellingen). – 5. Helm des Zeitturms (Ansicht von Südosten, Schnitt und Grundriß). Kolorierte Federzeichnung. 59,4 × 43,3 cm. Von D. MEIER d.J., Baumeister in Wohlenschwil. 1869 (Zeitturmarchiv Mellingen).

SIEGEL, FAHNEN, WAPPEN

Siegel[24]. Schon Jahrzehnte vor der Verleihung des Stadtrechts waren die Ansiedler im neugegründeten Markt Mellingen zu einem politischen und wirtschaftlichen Gemeinwesen mit weitgehender Selbstverwaltung zusammengeschlossen. Das sprechendste Zeugnis dieser Körperschaft ist das Siegel, mit dem die Bürger 1265 urkunden. Sein Bild nimmt weder auf den Namen des Marktes noch auf dessen Gründer (die Kiburger) Bezug, sondern zeigt das Symbol des Kirchenpatrons Johannes Ev. Ein zweites Siegel Mellingens ist seit 1293 nachweisbar. Es entstand also ebenfalls noch in der Zeit vor der

---

[24] Sämtliche hier besprochenen Siegel in Form von Gipsabgüssen im StA Aarau. Daselbst auch die Belege für ihr erstmaliges Vorkommen.

Abb. 365, 366 und 367. Mellingen. Erstes Stadtsiegel, nachweisbar 1265; Kanzleisiegel, nachweisbar 1694; zweites Stadtsiegel, nachweisbar 1293 (alle etwa 3/4 natürlicher Größe). – Text S. 387f.

formellen Erhebung zur Stadt, zeigt aber als Novum das Wappenschild der habsburgischen Herrschaft. Erst in der Neuzeit begann der Rat mit dem Zeichen des Mellinger Banners zu siegeln, das doch immerhin schon fürs 14. Jahrhundert nachweisbar ist[25]. – 1. *Stadtsiegel* (Abb. 365). Kreisrund, Dm. 4,6 cm. Ein stehender, heraldisch nach rechts gewandter Adler mit nimbiertem, zurückgewandtem Haupt; in den Fängen ein heute leeres Schriftband. Umschrift in gotischen Majuskeln: «+ s· civivm · de · m(ell)ingen·». Nachweisbar an Urkunde von 1265; in Gebrauch bis spätestens 1293. – 2. *Stadtsiegel* (Abb. 367). Kreisrund, Dm. 4,9 cm. Dreieckiges Wappenschild, im Haupt die zweigeteilte österreichische Binde, darunter der nach rechts gewandte, aufgerichtete Habsburger Löwe. Umschrift in gotischen Majuskeln: «s. comunitatis: ciuiū: ī mellig». Nachweisbar an Urkunde von 1293; geschaffen nach 1281; in Gebrauch vermutlich bis in die Neuzeit. – 3. *Stadtsiegel*. Oval, 4,2 × 3,8 cm. Wappenschild von geschwungen symmetrischem Umriß, flankiert von Voluten und Rosengehängen; überhöht von Lambrequin und Krone; das Bild wie auf Nr. 2. Umschrift in Antiqualettern: «sigillum ciuitatis mellingensis». Nachweisbar an Schriftstück von 1748; geschaffen um 1720–1730; in Gebrauch vermutlich bis ans Ende der Alten Eidgenossenschaft. – 4. *Sekretsiegel*. Kreisrund, Dm. 3,1 cm. Ähnlich wie Nr. 2, die Binde aber nur einmal geteilt. Umschrift in gotischen Majuskeln: «+ s′ . civivm. in . mellingen». Nachweisbar an Urkunde von 1391; in Gebrauch bis mindestens ans Ende des 17. Jahrhunderts. – 5. *Sekretsiegel*. Kreisrund, Dm. 3,3 cm. Analog Nr. 4, das Schild unten jedoch halbkreisförmig und von Rollwerk umrahmt. Umschrift auf Banderole in Antiqualettern: «✶ statt mellingen ✶». Nachweisbar an Urkunde von 1737; geschaffen vermutlich zu Beginn des 17. Jahrhunderts; in Gebrauch wahrscheinlich bis zur Mitte des 18. Jahrhunderts. – 6. *Kanzleisiegel* (Abb. 366). Oval, 2,5 × 2,0 cm. Geschweiftes Wappenschild mit dem ursprünglichen Mellinger Fahnenabzeichen: einer Kugel in leerem Feld (siehe unten). Darüber: «M · E». Nachweisbar an Schriftstück von 1694; geschaffen im vorgerückten 17. Jahrhundert; in Gebrauch vermutlich bis gegen Mitte des 18. Jahrhunderts. – 7. *Kanzleisiegel*. Oval, 2,0 × 1,8 cm. Ovales Wappenschild, flankiert von Rollhenkeln, überhöht von Krone; das Bild ist das spätestens seit 1512 in Geltung stehende Mellinger Fahnenabzeichen: eine weiße Kugel in rotem Feld (siehe unten). Unterschrift: «sig: canc: mellingensis». Nachweisbar an Schriftstück von 1776; geschaffen in der ersten Hälfte des 18. Jahrhunderts; in Gebrauch bis spätestens 1779. – 8. *Kanzleisiegel*. Oval, 2,6 × 2,2 cm. Ovales Wappenschild, flankiert von Blattkelch, Füllhorn und Blüten, überhöht von Krone; das Bild wie auf Nr. 7. Umschrift: «.sigillum . cancellarie . mellingensis». Nachweisbar an Urkunde von 1779; geschaffen um 1775; in Gebrauch bis 1798. – 9. *Kanzleisiegel*. Oval, 2,6 × 2,2 cm. Ovales Wappenschild, flankiert von Füllhörnern, überhöht von Krone; das Bild wie auf Nr. 7. Umschrift wie auf Nr. 8. Nachweisbar an Aktenstück von 1798; geschaffen vermutlich 1798.

Fahnen. Soweit bekannt, ist das zweite, bis in die Neuzeit verwendete Siegelbild Mellingens – die Kombination des habsburgischen mit dem österreichischen Wappen (siehe oben) – nie ins Stadtbanner aufgenommen worden, obschon es sich als Feldzeichen sehr gut geeignet hätte. Den ältesten Nachweis

---

25 Rohr, S. 16, 31, 66f. – Boner, Wappen, S. 14–16.

eines Mellinger Fahnenbildes erbringt das in der Schlacht bei Sempach an die Luzerner verlorengegangene Banner, das sich zwar nicht erhalten hat, aber im Jahre 1491 auf Befehl des Luzerner Rates getreu kopiert und außerdem im 16. Jahrhundert von mehreren Autoren konterfeit worden ist. Es zeigte eine rote Kugel in weißem Feld mit einem roten Schwenkel[26]. Am 24. Juli 1512 erhielt die Stadt, die im Pavier Zug erfolgreich für Julius II. gestritten hatte, von Kardinal Schiner das Privileg, in ihrem Banner die beiden päpstlichen Schlüssel zu führen. Das Diplom präzisiert, daß diese im oberen und unteren Teil golden, im mittleren rot zu sein hätten[27]. Vielleicht hängt es damit zusammen, daß die Farben der Fahne in jener Zeit umgekehrt wurden: seit dem 16. Jahrhundert erscheint das Feld rot und die Kugel, in der die beiden Schlüssel dargestellt werden, weiß[28]. – 1. *Stadtbanner*[29]. Leinwand. Breitrechteckig, 70 × 87 cm (ohne Schwenkel; dieser 18 × 162 cm). Auf weißem Feld rote Kugel, roter Schwenkel. Farben verblaßt, Schwenkel ausgeschlissen. Kopie des bei Sempach verlorenen Banners; 1491 im Auftrag Luzerns durch Meister NIKLAUS hergestellt (Historische Sammlung Schloß Heidegg LU, Nr. 623). – 2. *Juliusbanner*. Seidentaffet. Länglich, mit abgerundeten Ecken, 213 × 235 cm. Auf rotem Feld, aus der Mitte gegen die Stange gerückt, weiße Kugel. Darauf gemalt zwei goldene Schlüssel, durch Kordel zusammengehalten, darüber päpstliche Schnur mit Quasten. Im Obereck nächst der Stange farbig aufgemalt einerseits Mondsichelmadonna, anderseits der Täufer. Gut erhalten, Netzkonservierung. Ende 16. Jahrhundert (SLM, Inv. Nr. Dep. 486). – 3. *Stadtfahne*. Seidentaffet. Breitrechteckig, 165 × 205 cm. Auf rotem Grund durchgehendes weißes Kreuz. In den Quartieren je eine zentrale, auswärtsgehende weiße Flamme. Schlecht erhalten. 18. Jahrhundert (SLM, Inv. Nr. Dep. 487).

Wappen. Im Wappenschild der Stadt hat deren Fahnenemblem Verwendung gefunden (vgl. oben). Das älteste erhaltene Wappen ist das in die Zeit um 1530 zu datierende Beispiel am ehemaligen Rathaus (siehe S. 422). Es erscheint bereits mit den umgekehrten Farben: der weißen Kugel auf dem roten Feld (ohne Schlüssel). Alle späteren Wappen zeigen die nämliche Farbenkombination (Abb. 372). (Die Tatsache, daß die Siegel das Wappen Habsburg–Österreich anachronistisch bis ins 18. Jahrhundert weiterführen [vgl. S. 388], mag den Gemeinderat 1935 zum historisch ungerechtfertigten Entscheid veranlaßt haben, im offiziellen politischen Verkehr anstelle des echten Wappens das Siegelbild zu verwenden.)

BEFESTIGUNGEN UND BRÜCKE

Die einschlägigen Urkunden lassen keinen Zweifel daran, daß der Markt Mellingen von Anfang an befestigt war[30]. Die Fortifikation erklärt sich aus dem finanziellen Risiko, das die Marktgründung in sich schloß, und daraus, daß den Kiburgern zwischen ihren Ämtern Lenzburg und Baden ein sicherer Reußübergang erwünscht sein mußte. Der Umfang der heutigen Altstadt erweist, daß sich die ursprüngliche Anlage bereits über dem nämlichen Grundriß erhoben hat (Abb. 364 und 369): Die regelmäßige Dreieckform mit dem fast symmetrischen Straßensystem ist nicht etappenweise gewachsen, sondern einem planmäßigen Gründungsakt entsprungen[31].

Über die Einzelheiten des Befestigungswerks in der Frühzeit läßt sich nur ein halbwegs klares Bild gewinnen. Das Südwesttor gegen Lenzburg dürfte seit je von

---

26 H.A. VON SEGESSER, S. 122–126. – ROHR, S. 67f. – BONER, Wappen, S. 16–18 (wo die Herkunft des Fahnenbildes zu erklären versucht wird). – Dieselbe Fahne, aber ohne Schwenkel, zeigt die Berner Chronik TSCHACHTLANS von 1470 (fol. 455).

27 StadtA, Urk. Nr. 94. – Vollständiger Wortlaut des Bannerprivilegs bei H.A. VON SEGESSER, S. 127.

28 H.A. VON SEGESSER, S. 127–130; Fig. 148–151.

29 Zum Folgenden vgl. A. und B. BRUCKNER, Schweizer Fahnenbuch I, St. Gallen 1942, S. 80f. (Katalog); Abb. S. 18 (Fahnengeschichte); Tf. 83.

30 QW Urkunden I, S. 210. – UB Zürich III, S. 45.

31 ROHR, S. 10f. – Vgl. P. HOFER, Die Stadtwerdung Badens im dreizehnten Jahrhundert, Bad. Njbll. 1975, bes. S. 15–17.

einem Turm überragt worden sein, da ein Beobachterposten für einen strategischen Stützpunkt unerläßlich war. Am oberen Ende der Stadt stand schon im 13. Jahrhundert der Ibergerhof – ein Eigen der Herren von Iberg –, der damals ein integrierender, militärisch gesicherter Kopf gewesen sein mag[32]. Bestimmt ist der nordöstliche Stadtausgang gleichzeitig mit dem Bau der Brücke in der ersten Hälfte des 13. Jahrhunderts durch ein befestigtes Tor gesichert worden[33]. Das Untere Tor, das am nördlichen Stadtspitz die Straße nach Brugg entließ, war als Durchgang im Mittelalter von geringer Bedeutung. Dennoch befanden sich in seinem Bereich wohl schon im 13., spätestens aber seit dem 14. Jahrhundert die beiden Rundtürme, deren einer bildlich überliefert, der andere noch erhalten ist. Den eigentlichen Wehrgürtel bildeten zum größeren Teil die geschlossenen Hausfronten; freistehende Mauerzüge befanden sich im nur locker verbauten nördlichen Dreieckschenkel und im Bereich des Ibergerhofs und der Kirche. Ein kurzes Mauerteilstück am Reußufer neben der Kirche ist noch erhalten. Südwestseitig, wo der natürliche Schutz des Flusses fehlte, zog sich ein Wassergraben um die Siedlung; auch von ihm ist noch heute ein Abschnitt zwischen Lenzburgertor und Ibergerhof wahrzunehmen[34].

Im 18. Jahrhundert gerieten die Stadtmauern und die Rundtürme rasch in Zerfall. Schon bald nach dem Zwölferkrieg muß der reußseitige Rundturm geschlissen worden sein[35]. 1836 fiel der Untere Torbogen mit seinem Wehrgang der Spitzhacke zum Opfer[36]. Der westliche Rundturm, der Zeitturm über dem Lenzburgertor, das Brückentor und der Ibergerhof sind bis heute erhalten geblieben.

32 MERZ, Burganlagen I, S. 265; Stammtafel Iberg.
33 Ob darüber jemals ein Turm gestanden hat, ist fraglich. DIEBOLD SCHILLINGS Bilderchronik, die auf einer Mellinger Vedute einen Brückenturm vorstellt, erweckt in diesem Punkt kein Vertrauen. Bilddokument Nr. 1.
34 STÖCKLI, Mellingen, S. 264–266. – Bilddokumente Nrn. 2 und 3.
35 Vgl. Bilddokument Nr. 6.
36 Zeitturmarchiv, Gemeinderatsprot. 1834–1838, S. 309, 385.

Abb. 368. Mellingen. Stadt von Osten, 1548. Holzschnitt in der Chronik J. Stumpfs (Bilddokument Nr. 2). – Text S. 392, 394, 395, 398, 399, 426.

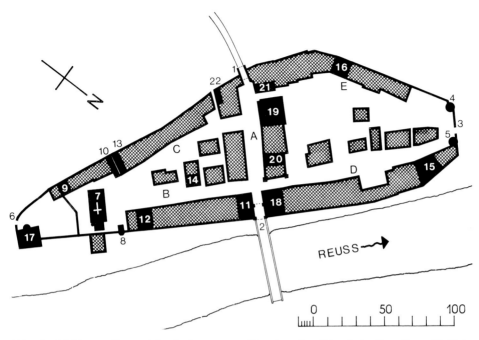

Abb. 369. Mellingen. Zustand der Stadt um 1520, Situationsplan (historische Grundlagen H. Rohr und R. Stöckli). – Text passim. – *1* Zeitturm mit Lenzburgertor, *2* Großes Tor oder Brückentor, *3* Unteres Tor oder Bruggertor, *4* Rundturm, heute «Hexenturm», *5* Rundturm (abgegangen), *6* Hinteres Tor, *7* Kirche, *8* Beinhaus (abgegangen), *9* Pfarrhaus? *10* Frühmesserkaplanei? *11* Rathaus, *12* Spital, *13* Schulhaus? *14* Badstube, *15* sogenannte Sust (Güterhalle des Schiffverkehrs), *16* Stadtscheuer? *17* Ibergerhof, *18* «Hirschen», *19* «Löwen», *20* «Krone», *21* und *22* Schmieden? – *A* Marktgasse, heute Hauptgasse, *B* Große Kirchgasse, *C* Kleine Kirchgasse, *D* Schweingasse, heute Bruggerstraße, *E* Scheunengasse.

ZEITTURM MIT LENZBURGERTOR

BAUGESCHICHTE. Die Warte steht am Platz eines älteren Turms, der vermutlich seit dem 13. Jahrhundert das befestigte Städtchen sichern half. Ihre Erbauung fällt mit größter Wahrscheinlichkeit in die Zeit des Alten Zürichkriegs oder in die Jahre unmittelbar danach, als Mellingen sich für die Eidgenossen als wichtiger Sperriegel erwiesen hatte[37]. Nach dem Stadtbrand 1505 notdürftige Reparaturen durch Maurermeister CONRAD BUR aus Baden[38]. 1544 durchgreifende Renovation und neue Bedachung durch BERNHARD TRATZ, Zürich, unter Stadtbaumeister Rudolf Singisen[39]; gleichzeitig vermutlich Uhrwerk und Zifferblätter[40]. 1672 Arbeiten an der Ziehbrücke[41]. 1682 Erneuerung des Uhrblattes durch Maler JAKOB ABLÜTZ,

---

[37] Für eine solche Baudatierung spricht nicht allein der historische Sachverhalt, sondern auch der Umstand, daß der Turm, soweit die Quellen zu schließen erlauben, den Stadtbrand von 1505 mit verhältnismäßig geringen Schäden überdauert hat und danach nicht neu errichtet, sondern nur renoviert worden ist. Vgl. ROHR, S. 171.
[38] STÖCKLI, Mellingen, S. 262.
[39] Turmknopfurkunde 1544 (besprochen im Reußboten vom 29. Juli 1949).
[40] STÖCKLI, Mellingen, S. 265.   [41] StadtA, Nr. 5, S. 451.

Mellingen[42]. Wenige Jahre später – vielleicht 1694 – konstruierte man über dem zinnenbewehrten Steinplatten-Flachdach ein pyramidenförmiges Ziegel- oder Schindeldach[43]. 1717 Ausbesserung des Glockenträgers[44]. In einer Expertise stellte Pater FRANZ KELLER aus dem Kloster Wettingen 1839 Schäden am Mond- und Tierkreistriebwerk der Uhr und die verkehrte Aufzeichnung der Monate auf dem nordostseitigen Zifferblatt fest[45]. 1845 wurde der verkehrshemmende kleine Torbogen erweitert, nachdem zwei Jahre zuvor K. J. JEUCH aus Baden für diese Sanierung sowie für die damals zur Frage stehende Beseitigung des Turms einen Kostendevis gemacht hatte[46]. 1869 zerstörte ein Blitzschlag den eingeschindelten Helm des Dachreiters[47]. 1891 Außenrenovation am ganzen Bau durch Zimmermann DOMINIK MEIER, Wohlenschwil, Maurermeister JOHANN BELSER, Bremgarten, und andere[48]. 1952/53 Gesamtrenovation unter Mitwirkung der eidgenössischen und kantonalen Denkmalpflege (Experten: K. KAUFMANN, Aarau; R. BOSCH, Seengen): Unter anderem zweite Fahrbahn und separate Fußgängerpassage unter dem südostseits anstoßenden Wohnhaus. Neues Uhrwerk von BÄR in Sumiswald BE. 1954 Herrichtung der Turmräume zum Ortsmuseum.

BESCHREIBUNG. *Lage* (Abb. 364 und 369). Der stämmige Wehrbau – seit dem 16. Jahrhundert «Zeitturm» genannt – steht am stumpfen Winkel des dreieckigen Stadtgrundrisses, wo er die wichtigen Straßen von Lenzburg, Brugg und Bremgarten aufnimmt und unvermittelt in die Hauptgasse leitet (vgl. S. 385). Auf der Stadtseite klammern sich zwei Bürgerhäuser schutzsuchend an seine Kanten, stadtauswärts stößt er mit einem Vorwerk über die benachbarten Gebäudefronten hinaus. Bis 1924 war dieses Torhaus noch über eine steinerne Bogenbrücke zugänglich, die, wohl im 18. Jahrhundert, die ausgediente Zugbrücke ersetzt hatte.

Äußeres (Abb. 371 und 406). Der etwa 7,7 m breite und 5,6 m tiefe Turmschaft überragt seine Nachbarbauten nur mäßig. Noch heute kann man sich von seiner ursprünglichen Struktur, die durch Illustrationen im österreichischen «Ehrenspiegel» und in STUMPFS Chronik überliefert ist[49], an Ort und Stelle ein Bild machen (Abb. 368). In der vorkragenden, fensterlosen Kniestockmauer unter der Dachtraufe verbirgt sich der am Ende des 17. Jahrhunderts zugesetzte Zinnenkranz, in dem ein schlankes Glockentürmchen hochragte. Durch das damals konstruierte flachgeneigte Pyramidendach und den seiner Spitze aufgesetzten neuen Glockenträger hat der Turm eine in der Region verbreitete Eindeckung erhalten und etwas an Eleganz gewonnen. Westseitig präsentiert er sich in nüchterner Strenge. Seine Eckquaderung ist seit 1953 verputzt. Am Vorwerk – dem einzigen erhaltenen Beispiel im Kanton

---

42 StadtA, Nr. 6, S. 516.
43 StadtA, Nr. 7, S. 537. – Vgl. die Bilddokumente Nrn. 4 und 5.
44 Turmknopfurkunde 1717 (besprochen im Reußboten vom 1. Aug. 1949).
45 Zeitturmarchiv, Gemeinderatsprot. 1838–1841, S. 333.
46 Zeitturmarchiv, Gemeinderatsprot. 1841–1843, S. 493; 1843–1845, S. 337, 473.
47 Turmknopfurkunde 1870 (besprochen im Reußboten vom 10. Aug. 1949). – Plandokument Nr. 5. – Herrn A. Nüßli sen., Mellingen, verdanke ich wertvolle Hinweise.
48 Turmknopfurkunde 1891 (besprochen im Reußboten vom 12. Aug. 1949). – Zeitturmarchiv, Gemeinderatsprot. 1878–1891, S. 771, 773, 856, 859, 861, 863, 865.
49 Bilddokumente Nrn. 2 und 3.

Abb. 370 und 371. Mellingen. Brückentor von Südwesten (Zustand um 1910); Zeitturm von Südwesten. – Text S. 395f. und 392f.

Aargau – grobe Bossenverkleidung; über seinem rundbogig geöffneten Erdgeschoß eine mit Schlitz- und Schlüssellochscharten versehene Wehrkammer, deren Front mit einem gotisierenden Kreuzigungsbild geschmückt ist[50]. Am zweiten und dritten Turmstock kärglich gesetzte Rechteckfenster mit Fasen- und eingetreppten Kehlrahmen, vermutlich aus dem 16. Jahrhundert. Unter dem einen ein steinerner Ausguß – eine Pechnase? –, an den Kanten unter dem Kniestock tiergesichtige steinerne Wasserspeier des einstigen Flachdachs im Zinnenkranz. Blaues Uhrblatt mit goldenen Zahlen auf grünem Kreis. – Die gassenseitige, durchwegs verputzte Front erhebt sich auf einem gefasten, spitzen Bogen, der, wie der Zugang im Vorwerk, erst 1845 seine jetzigen Ausmaße erhielt. Über dem Scheitel (Abb. 372) das skulptierte, von verschnittenen Stäben gefaßte Doppelwappen der Stadt unter kräftigem Wasserschlag, flankiert von zwei gemalten Schildhalterlöwen (1953 restauriert); gravierte Inschrift «· PVGNA · PRO · PATRIA ·» und Jahreszahl 1544; Steinmetzzeichen (Tabelle II, Nr. 35). Die zwei axialen Rechtecköffnungen des ersten und zweiten Stocks und das symmetrisch disponierte Fensterpaar mit Kehlrahmen im dritten Stock werden auf der blinden Wandfläche des vierten Obergeschosses von einem interessanten *Uhrblatt* abgelöst, das vermutlich von 1544 an (wenn auch in oft veränderten Einzelformen) die stolze Zier des Turms bildete (Abb. 373). Es zählt vier konzentrische polychrome Kreise, von denen der äußerste die zwölf Stundenzahlen, der zweite die geschriebenen Monatsnamen, der dritte den siderischen Tierkreis

50 Kopie nach einem spätmittelalterlichen Original, von Karl Huber, Pfäffikon SZ, 1954.

Abb. 372 und 373. Mellingen. Zeitturm. Stadtwappen über dem inneren Torbogenscheitel, 1544; Uhrblatt an der stadtseitigen Fassade. – Text S. 393f.

und der innerste die astronomischen Tagessymbole trägt und die alle von individuellen Zeigern (einem Handzeiger, einem Sonnenstab, einer Lanze und einem Pfeil) bedeutet werden. Unter dem Dachansatz ein zusätzliches Zifferblatt, das die Minuten und – in Form einer drehenden Kugel mit gelb-schwarzen Hälften – die Vollmond- und Neumondphasen angibt. Auf dem 1949 erneuerten Kupferhelm des Dachreiters Kugel und Wetterfahne von JOSEF SCHERER in Mellingen.

Inneres. Die einzelnen Geschosse werden über steile ein- und zweiläufige Treppen erstiegen, deren erste hinter einer Bretterverschalung im nordwestseitigen Torbogenschenkel ihren Anfang nimmt. Die Mauern des Kniestocks umzieht auf Hüfthöhe eine steinerne Wasserrinne aus der Zeit, da der Turm noch sein Flachdach mit den Zinnen trug. Die Bund- und Stichbalken des Dachstuhls, die darauf aufliegenden sechs Radialhölzer und die sechs strebengestützten Säulen des Reiters sind die ursprünglichen des 17. Jahrhunderts. Sparren und Aufschieblinge des Pyramidendachs und die steilen Sparren der Reiterspitze von 1949. – *Zwei Glocken,* identisch geschmückt und beschriftet. Dm. 45,5 bzw. 36 cm. Am Hals Akanthusfries; am Mantel «GEGOSSEN VON / M. SUTERMEISTER / IN AARAU» und «GEMEINDE / MELLINGEN / 1869».

SOGENANNTER HEXENTURM

GESCHICHTE. Der zylinderförmige Hexenturm und der ihm einst benachbarte, heute verschwundene zweite Rundturm am unteren Stadtende (Abb. 361, 368 und 369) ermöglichen die Beobachtung des sektorenförmigen Vorgeländes im Nordosten, Norden und Nordwesten der Stadt. Beide sind im 14. Jahrhundert, wenn nicht schon bei der Markt- oder Stadtgründung im 13. Jahrhundert angelegt worden[51]. Nach dem Aufkommen der Handfeuerwaffen dienten sie zur Sicherung des

Wehrgürtels; 1578, als der Weg nach Brugg zur Landstraße ausgebaut wurde, erlangten sie auch als schützende Torflanken Bedeutung[52]. Der Hexenturm stand ursprünglich frei und war durch zwei kurze Mauerstücke mit dem Tor und mit dem nächsten Gebäude des Stadtrings verbunden. Nach dem Großfeuer 1505 wurden ihm südlich, nach dem Abbruch des Tors 1836 (vgl. S. 390) auch östlich Gebäude angefügt[53]. Im Anschluß an den Stadtbrand vermutlich weitgehende Erneuerungsarbeiten. 1902 brannte der schindelbedeckte Turm mit sechs benachbarten Häusern aus, worauf ihn Baumeister JEAN MACCHI durch einen Zinnenkranz notdürftig verschönerte[54]. 1951 Restaurierung unter Leitung von Architekt JEAN FREY, Mellingen, und unter Mitwirkung der eidgenössischen und der kantonalen Denkmalpflege (Experten: M. STETTLER, Aarau; R. BOSCH, Seengen, K. KAUFMANN, Aarau)[55].

BESCHREIBUNG (Abb. 364). Der steinsichtig verputzte Turm hat einen Durchmesser von etwa 7,5 m bei einer maximalen Mauerstärke von 2 m. Nordostseitig zeigt er noch den mannshohen Einstieg (mit renoviertem Rundbogenrahmen), der früher direkt mit dem Wehrgang über dem Stadtportal verbunden war. Im Schaft willkürlich gesetzte Rechteck- und Schlüsselscharten. (Sämtliche Maueröffnungen im 16. Jahrhundert vermutlich neu angelegt; eine Sequenz horizontaler Luken unter der Traufe 1951 vermauert.) Das gekehlte Kranzgesims trägt ein leicht geschweiftes ziegelbesetztes Kegeldach mit Knopf und Stadtwappenfahne. In der Wand des nordöstlich angebauten Hauses ein Stück der alten Stadtmauer.

GROSSES TOR ODER BRÜCKENTOR

GESCHICHTE. Der Durchgang von der Reußbrücke zur Hauptgasse hieß im Mittelalter «meres» Tor, zur Unterscheidung vom sogenannten minderen Tor unter dem Zeitturm[56]. Der Stadteingang war vermutlich immer von zwei bewohnbaren Stockwerken unter traufständigem Satteldach überhöht, wie es noch heute der Fall ist (Abb. 361 und 368)[57]. Im Brand von 1505 nahm der Torbogen Schaden. 1683 wurde er erneuert, 1845 erhöht und 1930, nach dem Bau der Eisenbrücke, verbreitert, wobei die ehemalige Zollstube, die sich neben dem nordwestlichen Bogenschenkel befand, verlorenging[58]. 1967 Außenrenovation unter Mitwirkung der kantonalen Denkmalpflege (Experte: E. BOSSERT).

BESCHREIBUNG. *Äußeres* (Abb. 370, 401 und 411). Das Torhaus steht Schulter an Schulter mit dem Rathaus und dem Gasthof «Zum Hirschen». Nordöstlich ist es mit der reußseitigen Stadtfront bündig gesetzt; im Stadtinnern dagegen springt es beträchtlich hinter die Fassadenflucht der benachbarten Häuser zurück. Ein stadtseitiges Staffellicht und vor allem zwei Kreuzstockfenster auf der Flußseite lassen

---

51 PfarrA, Nr. 33, fol. 30v. – ROHR, S. 20.   52 STÖCKLI, Mellingen, S. 265.
53 STÖCKLI, Mellingen, S. 261 f. – Photographien im KDA Aarau.
54 Neue Zürcher Zeitung vom 1. Juli 1902 (Nr. 180). – Zeitturmarchiv, Gemeinderatsprot. 1902. – Akten im KDA Aarau. – Mitteilungen von Herrn A. Nüßli sen., Mellingen.
55 Akten im KDA Aarau.   56 STÖCKLI, Mellingen, S. 265.   57 Vgl. Bilddokument Nr. 3.
58 STÖCKLI, Mellingen, S. 261. – StadtA, Nr. 6, S. 530, 567, 573, 575, 581. – Zeitturmarchiv, Gemeinderatsprot. 1843–1845, S. 2f., 337, 473.

vermuten, daß das Bauwerk gleichzeitig mit dem Rathaus 1528–1536 seine heutige Gestalt erhielt. Die Wulstgesimse unter den spätgotisch gekehlten Zwillingsfenstern am ersten Stock sind Zutat des 17. oder frühen 18. Jahrhunderts. Die frühbarocke Freskodarstellung eines Kriegers neben den Schildern der Acht Orte, des Reichs und der Stadt auf der Südwestseite wich 1930 einer Kopie des MERIANSCHEN Mellinger Prospektes[59]. Blau-weiß geflammte Fensterläden mit dem Aargauer Wappen von 1967. – Bemerkenswertes, echtes Kniestock-Sparrendach, dessen Bundbalken den Estrichboden frei überspannen; 16./17. Jahrhundert.

Inneres. Der erste Stock birgt einen interessanten weiß-blauen *Steckborner Ofen*, der indessen im 19. oder 20. Jahrhundert in reduziertem Ausmaß neu aufgesetzt und dabei an verschiedenen Teilstücken unschön beschnitten worden ist. Seine Form beschränkt sich heute auf eine breite Rückwand mit einer Sitzkunst auf Dockenfüßen. Die Füllkacheln zeigen – in willkürlicher Reihenfolge – selten dargestellte Szenen aus dem Alten Testament: 1. Der Herr bei Abraham in Mamre (Genesis XVIII, 1ff.). 2. Jaël tötet Sisera (Richter IV, 21) (Abb. 374). 3. Moses auf dem Berge Sinai (Exodus XIX, 16ff.) (Abb. 375). 4. Hiob auf dem Misthaufen (Hiob II, 8)? 5. Josuas Sieg bei Gibeon (Josua X, 10ff.). 6. Das Urteil Salomos (1. Könige III, 16ff.). An den Frieskacheln kleine Staffagelandschaften, am aufgesetzten Kranz die beschrifteten Wappen der städtischen Amtsinhaber und eine Kartusche mit Auf-

[59] Das Reichs- und die Standeswappen 1975/76 durch WILHELM KRESS, Brugg, wiederhergestellt.

Abb. 374 und 375. Mellingen. Brückentor. Jaël tötet Sisera und Moses auf dem Sinai, Kachelbemalungen von Rudolf Kuhn an einem Ofen der Meyer-Werkstatt in Steckborn, 1754. – Text oben.

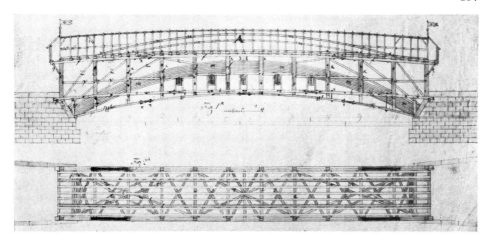

Abb. 376. Mellingen. Abgebrochene Reußbrücke. Grundriß und Längsschnitt, um 1794. Federzeichnung (von Joseph Ritter?) (Ausschnitt aus Plandokument Nr. 2). – Text unten.

schrift und Jahreszahl: «Der Ofen ist ge=/macht von den Hafner/Meÿeren in Stekboren/ 1754». Die phantasievolle, krautige Ornamentik mit den fledermausähnlichen Gebilden an den Lisenen verraten untrüglich die Hand des RUDOLF KUHN, der im Dienste der MEYER-Werkstatt den Ofen bemalt haben muß[60]. – Im zweiten Stock spätgotische Deckenbalken mit geschnitzten Köpfen auf Mäanderfries.

ABGEBROCHENE REUSSBRÜCKE

Die erste, 1253 urkundlich erwähnte Brücke wurde im Lauf der Jahrhunderte durch mehrere Neubauten abgelöst[61]. Bemerkenswert und über die Landesgrenzen hinaus bekannt war die 1794 vom Luzerner Werkmeister JOSEPH RITTER geschaffene pfeilerlose Holzbrücke[62], die bis 1927/28 Bestand hatte und damals einem kunstlosen eisernen Überbau Platz machen mußte (Abb. 376). Sie war ein klassisches Hängewerk mit zwei achtfachen, unverzahnten Lamellenbögen. Die Fahrbahn hing an zehn Paar Säulen, die die Bögen als Zangen umklammerten. Eigenartigerweise hatte der Zimmermeister das auf seinem Plan als «Lehrgerüst» bezeichnete flachbogige Balkenpaar unter den Streckbalken stehengelassen und durch Andreaskreuze mit diesen in Verband gebracht. Durch die übermäßige Beanspruchung des Bauwerks in den Napoleonischen Kriegsjahren war 1816 die Konstruktion eines Mittelpfeilers notwendig geworden. – Zwei Büge mit dem skulptierten Stadtwappen und die holzgeschnitzten Stadtschilder mit klassizistischem Zweig- und Girlandendekor von den beiden Giebelfeldern im Ortsmuseum.

60 Vgl. Kdm. Thurgau III, S. 302f.; Abb. 251. – Vgl. K. FREI, Bemalte Steckborner Keramik des 18. Jahrhunderts, Mitteilungen der Antiquarischen Gesellschaft Zürich XXXI, 1 (1932), bes. S. 76f.
61 Die Quellenangaben zur Geschichte der Brücke bis ins 17. Jahrhundert bereits bei STÖCKLI, Mellingen, S. 263f. Vgl. auch Abb. 361 und 368.
62 StadtA, Nr. 139 II. – MECHEL. – KUNZ, Joseph Ritter. – K. KUNZ, Der Brückenbau von 1794 und seine Reparaturen, Der Reußbote Nrn. 66–68, 1913. – KILLER, S. 25–28.

BRUNNEN UND WEGKREUZE

Brunnen. Innerhalb des Wehrgürtels standen im Mittelalter – wahrscheinlich seit der Marktgründung – drei Brunnen. Sie wurden durch eine einzige Leitung gespiesen, die südlich der Stadt, bei einer Quelle im «Himelrich», ihren Anfang nahm. Der obere Brunnen befand sich im Bereich der Kirche, der mittlere in der Marktgasse vor dem Brückentor, der untere vermutlich in der Schweingasse (Bruggerstraße) (Abb. 368)[63]. Der Marktbrunnen stand bis 1835 in der Straßenmitte. Damals wurde er durch einen neuen an der Südmauer der Wirtschaft «Zum Hirschen» ersetzt, der aber um 1930 wieder aus dem Stadtbild verschwand (Abb. 370)[64]. Die andern Brunnen machten im 19. Jahrhundert ebenfalls neuen Trögen Platz, die noch erhalten sind. – 1. *Brunnen vor der Kirche.* Granitstein. Gefertigt 1859, sehr wahrscheinlich von einem Steinmetzen PEDRUZZI. Großer Rechtecktrog mit abgeschrägten Kanten; an einer Langseite quadratischer Stock mit Pyramidenspitze. – 2. *Brunnen an der Bruggerstraße.* Jurakalkstein. Geschaffen 1835 von Steinmetz URS PARGÄTZI in Solothurn, auf Grund eines Entwurfs von ROMAN ZUMSTEIN (in Mellingen?). Über zwei Rechtecktrögen, die schmalseitig aneinandergefügt sind, ein stämmiger quadratischer Stock mit Deckplatte; darauf eine steinerne Standfigur des Täufers aus dem vorgerückten 19. Jahrhundert; wiederverwendete barocke Ausgußröhren mit Löwenmasken. – 3. *Brunnen vor dem Ibergerhof.* Jurakalkstein. Geschaffen um 1840 von einem Steinmetzen CASTELLI. Konischer Trog mit abgeschrägten Kanten; an einer Langseite quadratischer kassettierter Stock mit aufgesetzter skulptierter Eichel[65].

Kreuze. 1. Auf dem Friedhof bei der Antoniuskapelle. Eigenwillig geschweifte Balken. Auf den treffelförmigen Enden die skulptierten Gestirne, in der Kreuzmitte die Jahreszahl 1669, überhöht von der Inschrift «INRI»; am Schaft die gemeißelten Initialen «A M» und «E H», darunter unbekanntes Wappen (eine frontal stehende weibliche [?] Figur; zu seiten von deren Haupt zwei Trauben). – 2. An der Straße nach Stetten, außerhalb des Städtchens. Auf übereckgestelltem quadratischem Sockel, mit treffelförmigen Schaft- und Balkenenden; Inschrift «INRI» und Christusmonogramm zwischen der Jahreszahl 1825.

63 ROHR, S. 26; vgl. S. 59f.; Stadtplan S. 27.
64 Sein segmentförmiger Trog mit dem übergiebelten, urnenbesetzten Stock war durch ROMAN ZUMSTEIN (in Mellingen?) entworfen und von Steinmetz URS PARGÄTZI in Solothurn gemeißelt worden.
65 Zeitturmarchiv, Gemeinderatsprot. 1834–1838, S. 49, 59–61, 67, 75f., 94, 116f., 162, 184; 1838–1841, S. 40; 1841–1843, S. 366; 1857–1864, S. 144, 153.

Abb. 376a. Mellingen. Hauptgasse. Geschnitztes Füllbrett in Haus Nr. 3, um 1510. – Text S. 430.

PFARRKIRCHE ST. JOHANNES EV. UND ST. JOHANNES BPT.

GESCHICHTE. Älteste urkundliche Erwähnung 1045[66]. Das Gotteshaus war ursprünglich eine lenzburgische Eigenkirche und spätestens seit dem 11. Jahrhundert dem Frauenkloster Schänis vergabt, das die Vorfahren der Grafen von Lenzburg gegründet hatten. Seine Entstehung fällt wohl ins frühe Mittelalter. Es scheint jedoch noch im 11. Jahrhundert keinen residierenden Leutpriester gehabt zu haben[67]. 1178 bestätigt Papst Alexander III. dem Schäniser Kloster seinen Besitz, wobei er neben der Kirche die Schifflände des Dorfes Mellingen erwähnt, deren Erträgnisse vermutlich dem Unterhalt eines Geistlichen dienten[68]. Ein solcher wird 1248 erstmals genannt[69]. Als Marktherren Mellingens und als Kastvögte über Schänis vermochten die Kiburger oder die ihnen folgenden Habsburger das Kloster zur Abtretung der Kirche und des Patronatsrechtes zu veranlassen[70]. 1415 gelangte der Pfarrsatz an die Stadt[71], die schon im 14. Jahrhundert auch Einfluß auf die Verwaltung des kirchlichen Vermögens genommen hatte und im 15. Jahrhundert bereits vollumfänglich die wirtschaftlichen Belange der Kirche kontrollierte[72]. Als Patron des Gotteshauses ist 1265 Johannes der Evangelist bezeugt[73]; spätestens seit der Mitte des 14. Jahrhunderts wurde der Täufer als zweiter Titelheiliger verehrt[74]. Der Pfarrsprengel Mellingens war äußerst klein und das Einkommen davon entsprechend gering, weshalb Inkorporationsversuche durch Klöster oder Stifte der Umgebung unterblieben[75]. – Das Stadtgebiet jenseits der Reuß, der ehemalige Trostburger Zwing (vgl. S. 382), war nach Rohrdorf kirchgenössig. Es wurde bis ans Ende des 18. Jahrhunderts durch einen Helfer des dortigen Leutpriesters, seither durch den Pfarrer in Mellingen versehen (vgl. S. 436). 1896 Zuteilung zur Kirchgemeinde Mellingen[76].

Pfrundstiftungen sind behandelt bei ROHR, S. 177–182.

VORLÄUFERBAUTEN UND BAUGESCHICHTE. Die heutige Kirche hat mindestens zwei Vorgängerinnen. Denn das älteste, vor der Jahrtausendwende entstandene Gotteshaus (vgl. oben) kann nicht mit jenem stattlichen Bau identisch gewesen sein, den die spätmittelalterlichen Veduten, der Stich MERIANS und ein erhalten gebliebener Grundriß vorstellen (Abb. 361, 368 und 369)[77]. Von dieser bildlich überlieferten Kirche wiederum ist hinlänglich bekannt, daß sie im 17. Jahrhundert einer neuen, der jetzigen Kirche Platz gemacht hat[78]. Ihr einschiffiges Langhaus stand winkel-

---

66 Monumenta Germaniae historica – Dipl. reg. ... Germ. V/1, Berlin 1931, S. 162f.
67 ROHR, S. 9f., 164f.
68 LIEBENAU, Reg. Nr. 2. – Urkundensammlung zur Geschichte des Kantons Glarus, hg. von J. J. BLUMER, I, Glarus (1865), S. 21.
69 QW Urkunden I, S. 261 (= Regest einer Urkunde im StA Aarau [Nr. 3115, S. 31]).
70 Habsb. Urbar I, S. 131. – ROHR, S. 166.
71 Urbar Baden, S. 198.
72 ROHR, S. 169–172.
73 Sein Symbol, der Adler, schmückt das erste Stadtsiegel; Abb. 365.
74 Gemäldezyklus zu dessen Vita im Chor aus dem letzten Drittel des 14. Jahrhunderts; vgl. S. 411f.
75 Freiburger Diözesan-Archiv I (1865), S. 235. – ROHR, S. 170.
76 WELTI, Urkunden I, S. 304. – PfarrA, Nr. 8: Pfarrgrenzstreit.
77 Bilddokumente Nrn. 2, 3 und 4. Plandokument Nr. 1.
78 Grabungen sind bislang unterblieben.

recht zum derzeit bestehenden und maß etwa 24 × 15 m. Es wurde beidseitig von je drei Fenstern erhellt, war durch ein axiales Hauptportal und zwei Nebenportale betretbar und mündete im Nordosten hinter eingezogenem Triumphbogen in einen Turmchor. Das erste Obergeschoß des Turms erstieg man über einen südseitigen Schneggen. Nordwestseitig lag eine rechteckige Sakristei, die offensichtlich erst im vorgerückten 16. Jahrhundert errichtet worden war[79]. Das massive, mehr als einen Meter starke Mauerwerk und die Befensterung des heute noch erhaltenen Turms weisen diesen ins vorgerückte 13. oder ins 14. Jahrhundert. – 1629–1632 wurde die Kirche unter Baumeister MATTHÄUS RATGEB umfänglich renoviert[80]: Einwölbung des Chors[81]; Wappenscheiben der Fünf Inneren Orte und der vermöglichen Abteien der Region[82]. Am 9. Mai 1635 Konsekration von drei Altären durch den Konstanzer Weihbischof Johann Anton Tritt[83].

[79] 1973 wurden in der Nordwestwand des Turmchors die Umrisse eines hohen vermauerten Spitzbogenfensters konstatiert, das zweifellos aus der Bauzeit des Turms stammte und einst, zusammen mit zwei gleichen Fenstern nordöstlich und südöstlich, dem Altarraum Licht zuführte. Es muß zu jenem Zeitpunkt zugemauert und durch ein heute noch vorhandenes, höher gelegenes Rechtecklicht ersetzt worden sein, da man den Platz auf der Nordwestseite für die Sakristei beanspruchte. Die das Fenster verschließende Mauerpartie birgt innen ein Sakramentshäuschen. Seine gravierte Jahreszahl 1583 liefert einen wohl zuverlässigen Anhaltspunkt für die ungefähre Datierung des Umbaus. Auch der Schulterbogen des 1973 wieder freigelegten ehemaligen Zugangs vom Chor in die Sakristei gehört dem 16. Jahrhundert an.

[80] StadtA, Nr. 133, S. 99, 107, 113.

[81] Das Kreuzgratgewölbe überschneidet die beiden Fenster des ersten Turmstocks und trägt derbe figürliche und dekorative Gemälde mit dem Datum 1636.

[82] EA V/2, S. 589.

[83] PfarrA, Nr. 34, fol. 49 v. – Weiteres zur Baugeschichte der Alten Kirche bei STÖCKLI, Pfarrkirche.

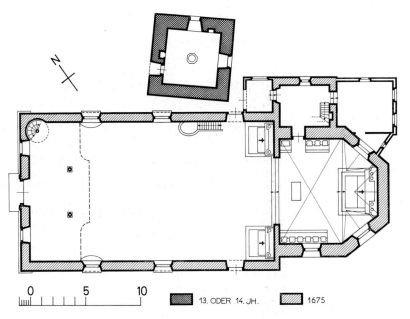

Abb. 377. Mellingen. Stadtkirche, Grundriß. – Text S. 402, 404, 405 und 410.

Wenige Jahrzehnte danach erwies sich die Kirche wieder als baufällig. Am 5. April 1674 faßten Kleiner und Großer Rat den Entschluß, das Langhaus zu schleifen und, um 90 Grad nach Südosten gewendet, in größeren Dimensionen neu zu errichten [84]. Am 11. März 1675 begann die Bürgerschaft unter Bauherrn Rudolf Stutz mit dem Abbruch; Mitte Mai setzte sie den neuen Dachstuhl auf [85]. Den alten Turm ließ man isoliert neben dem Neubau stehen. Im Herbst 1676 wurde die Kirche durch den Weihbischof Georg Sigismund Müller von Konstanz konsekriert [86]. Die Ausstattung – soweit sie nicht aus dem alten Gotteshaus übernommen wurde – schufen einheimische Meister: 1675 Kanzel von den Bildhauern HIERONYMUS GROSSMANN und JOHANN ADAM WIDERKEHR. 1677 Hochaltar mit vier seitlichen Schnitzfiguren von WIDERKEHR, unter Mitarbeit von Maler HANS GEORG WIDERKEHR; 1679 Erneuerung eines Seitenaltars durch dieselben. 1684 neue Ratsherrenstühle von GROSSMANN und J. A. WIDERKEHR [87]. – Danach erfuhr die frühbarocke Kirche fast ein volles Jahrhundert lang keine einschneidenden Veränderungen mehr. – 1776–1778 baute JOSEPH BUMBACHER aus Mellingen eine neue Orgel mit reliefgeschmücktem Gehäuse [88].

Im 19. Jahrhundert erfolgte eine durchgreifende klassizistische Umgestaltung des Kircheninnern: 1829/30 neue Seitenaltäre, neuer Hochaltar, neue Kanzel, Renovation des Taufsteins und Weißelung von Decke und Wänden durch MICHAEL und JODOK HUTTLE, Baden. Vier neue Beichtstühle von XAVER GRETENER, Mellingen. 1831 neues Blatt für den Kreuzaltar von KASPAR MOOS, Zug [89]. 1834 neue Uhrtafeln am Turm. 1835 neue Bestuhlung, vermutlich von GRETENER [90]. – Ein abermaliger gründlicher Innenumbau unter Leitung von Architekt A. BETSCHON, Baden, begann 1907 mit der Verakkordierung einer neuen Orgel bei THEODOR KUHN in Männedorf [91]. 1911/12 neues Uhrwerk im Turm mit Zifferblatt im Schiffassadengiebel; Einwölbung des Schiffs mit einer Flachtonne; bombastischer, neubarocker Stuckzierat in Langhaus und Chor von ZOTZ & GRIESSL, Zug; Deckenspiegelgemälde der Taufe Christi von GEORG TROXLER, Luzern; farbige Stuckwappen der Familien Segesser an den Rippenkonsolen und am Schlußstein des Chorgewölbes auf Grund heraldischer Anleitung ROBERT DURRERS, Stans; dekorativ gerahmte Fensterscheiben von Kunstverglaser G. RÖTTINGER, Zürich; Neuverteilung der Kabinettscheiben [92]. – 1924 Ausbesserung des Dachreiters und Verschließung des Auslugs mit Jalousien. 1927 Turmdachreparatur [93]. – 1959/60 Renovation des Glockenturms durch Architekt JEAN FREY, 1961 Außenrenovation des Schiffs durch Architekt

---

84 StadtA, Nr. 5, S. 559, 568. Nr. 6, S. 1, 9, 11, 25, 41, 43. Nr. 81: 2, 4. April 1675. – Plandokument Nr. 1.
85 PfarrA, Nr. 1a: 1675 (Kopie der Grundsteinurkunde). – StadtA, Nr. 6, S. 50, 66.
86 StadtA, Nr. 6, S. 170, 172, 177. Nr. 81: 2, 16. Okt. 1676.
87 StadtA, Nr. 6, S. 68, 77, 162, 168, 207, 241, 253, 318, 322, 374, 586, 610. Nr. 7, S. 9.
88 StadtA, Nr. 81: 3, 1. Aug. 1776, 11. März und 11. Dez. 1778.
89 Zeitturmarchiv Mellingen, Gemeinderatsprot. 1825–1831, S. 267, 277, 293, 314, 359, 385. Rechnung Pfarrkirchenfonds 1830, S. 3f.; 1831, S. 4.
90 Zeitturmarchiv, Gemeinderatsprot. 1834–1838, S. 17, 64, 153.
91 PfarrA, Nr. 8: 1899–1912.
92 PfarrA, Nr. 5: Akten Kirchenrenovation 1911/12. – Zeitturmarchiv, Kirchenrenovationsrechnung 1912 und zugehörige Belege.
93 PfarrA, Nr. 62: 13. April, 7. Aug., 26. Okt. und 4. Dez. 1924; 4. Sept. 1927.

Franz Meier, beide aus Mellingen, unter Mitwirkung der eidgenössischen und der kantonalen Denkmalpflege (Experten: K. Kaufmann; P. Felder)[94]. – 1970–1972 Restauration des Kircheninnern im klassizistischen Stil von 1830, unter Leitung von Architekt J. J. Wey, Sursee, und unter Mitwirkung der eidgenössischen und kantonalen Denkmalpflege (Experten: H. Meyer-Winkler, Luzern, A. Hediger, Stans; P. Felder, Aarau): Rekonstruktion der flachen Decke und Entfernung des Stukkaturenschmucks an Wänden und Chorgewölbe; neue Sängerempore mit Orgel von Metzler in Dietikon[95]; Rückkauf und Renovation der 1912 veräußerten originalen Haupteingangstüre aus dem Kunsthandel[96]. – 1973 Innenrenovation des Turmerdgeschosses unter Leitung Weys aus Sursee und auf Grund der Beratung durch die eidgenössische und kantonale Denkmalpflege und durch Restaurator Oskar Emmenegger, Merlischachen: Freilegung des ehemaligen Sakristeiportals auf der Nordwestseite und Schließung des alten Eingangs im zugemauerten einstigen Chorbogen auf der Südwestseite; Ablösung einer schlecht erhaltenen Barock-Malschicht und einer Renaissance-Malschicht von allen vier Wänden und Restaurierung einer zutage getretenen spätgotischen Malschicht durch Wilhelm Kress, Brugg[97].

Beschreibung. *Lage* (Abb. 364). Die Kirche liegt in der Südspitze des Stadtgürtels vor dem Knie, das die Kleine und die Große Kirchgasse formen. Während sich der gotische Vorläufer riegelartig zwischen die Bürgerhäuser und den Ibergerhof schob (Abb. 369), steht der Bau von 1675 auf der verlängerten Achse der Großen Kirchgasse, wobei er dieser als Blickfang seine Eingangsfront zuwendet. Der freistehende spätgotische Glockenträger nordöstlich vom Schiff bildet wie der Zeitturm und der Hexenturm einen architektonischen Angelpunkt in der planmäßigen Stadtanlage.

Äußeres (Abb. 377, 378 und 410). Das Gotteshaus besteht aus einem einfachen Rechteckschiff von außerkant 14 × 23,5 m und einem geringfügig eingezogenen Fünfachtelchor mit Seitenlängen von etwa 5 m. Ein großflächiges Satteldach faßt beide Bauteile straff zusammen. Der nordöstlichen Chorlängswand ist eine doppelgeschossige Sakristei angefügt, die im 20. Jahrhundert durch zwei Annexe erweitert wurde. Über den drei Walmen des Altarhauses sitzt ein sechseckiger, eingeschindelter Reiter mit jalousiegeschützten Spitzbogenöffnungen und kreuzbekrönter Barock-Zwiebel. An den Kanten der weißen Putzmauern sind die hellbraunen Läufer und Binder bloß gelassen; die kurzen Aufschieblinge des Dachs stützen sich auf ein kräftiges Karniesgesims (1961 erneuert). Gleichförmige, hohe Rundbogenfenster gliedern die Schiffflanken und den Chor, ein kleineres Fensterpaar und eine mittlere Rondelle das obere Geschoß der Stirnfront. Alle zeigen Wasserschlagsimse, gekehlte Scheibenanschläge und eine grau gemalte Rahmung. Dagegen sind die Rechtecklichter zu seiten des Haupteingangs mit mehrfach getreppten Sandsteinrahmen und Wulstsimsen gefaßt. Die schnittigen Giebelschrägen setzen über zwei stilisierten Muscheln an und enden unter einem klotzigen Akroterenpaar, zwischen dem sich

---

[94] Akten im KDA Aarau.
[95] Akten im KDA Aarau. – Freundliche Auskünfte verdanke ich Herrn M. Imoberdorf, Mellingen.
[96] PfarrA, Nr. 8: Akten Kirchentüre.
[97] Akten im KDA Aarau, worunter besonders das Gutachten zu den Wandgemälden von O. Emmenegger.

Abb. 378. Mellingen. Stadtkirche von Nordwesten. – Text S. 402f.

ein gebälkverdachter Aufbau mit geschweiften Flanken, krönendem Steinkreuz und einem hübschen rot-goldenen Uhrblatt erhebt. Ein flaches Horizontalband markiert die Basis des Giebels, zwei vertikale Lisenen teilen ihn in drei Felder. (Der gesamte Giebelschmuck von A. BETSCHON, 1911/12.) – Schwerpunkt der Gebäudefront ist das reich skulptierte *Portal* (Abb. 380). Sein Gericht besteht aus einem pfeilergestützten Rundbogen mit maskenbesetztem Schlußstein, vorgeblendeten kannelierten Pilastern und einem verkröpften Dreieckgiebel. In den Bogenzwickeln Cherubshäupter und das Baudatum 16–75, im Giebelfeld ein farbig gefaßtes Relief mit dem Doppelwappen der Stadt unter dem gekrönten Reichsadler[98]. Die Türflügel und das Tympanon – vermutlich von JOHANN ADAM WIDERKEHR – tragen üppigen Schnitzzierat: Kartuschen, Festons, Engelsköpfe und geohrte Kassetten mit stilisiert vegetabilen Füllungen und rahmenden Männerfratzen; auf dem ondulierenden, geschuppten Trumeau ein ionisches Kapitell über diabolischer Maske. Die vortreffliche, nach erstrangigen Vorlagen geschaffene Holztüre darf sich mit den besten Ornamentstücken des Knorpel- und Ohrmuschelstils in der Schweiz messen (vgl. die gleichzeitigen Türen an den Kirchen von Sachseln und Neudorf LU). – Unter dem vordersten Fensterpaar am Langhaus zwei Nebeneingänge mit hübsch profilierten, geohrten Sandsteinrahmen.

98 Das **Relief** ist eine Nachbildung des im Ortsmuseum Mellingen verwahrten Originals (68,5 × 64,5 cm), auf welcher die weißen Ballen in den roten Wappenschilden durch Witterungseinflüsse schwarz geworden sind.

Der wuchtige spätmittelalterliche *Vierkantturm* (Abb. 410) steht um eine Schrittlänge neben der linken Langhausflanke. Sein Käsbissen erhob sich einstmals achsengleich über dem gotischen Vorläuferbau, heute liegt er quer zum First des Schiffdachs. Die vier ungleichen Geschosse sind durch Gesimsgurten markiert. Das unterste öffnet sich in einem nordwestlichen Rechteckportal (dem ursprünglichen Sakristeizugang), in zwei Maßwerkfenstern nordöstlich und südöstlich und in einem hochliegenden nordwestlichen Rechtecklicht, das beim Bau der Alten Sakristei ein preisgegebenes drittes Maßwerkfenster ersetzte. (Die beiden zurzeit bestehenden Maßwerkfenster und der Eingang 1973 wiederhergestellt.) Am ersten und zweiten Stock spärlich gesetzte Lichtscharten und Lanzetten, am Glockenstock weite spitzbogige Schallöcher. Die Obergeschosse sind seit der Innenrestaurierung des Turmparterres nicht mehr von daher, sondern über einen gedeckten Steg vom Dachstock des Kirchenschiffs aus zugänglich.

Dachstock. Einfach konstruiertes Hängewerk. Das feste Traggerüst bilden Sparren mit liegenden Streben, Spannriegeln, Kehlbalken, Fuß-, First- und zwei Mittelpfetten. Die Säulen werden von Strebenpaaren, die in den Kehlbalken fußen, eingeklemmt und sind mit den Kehlbalken und den Spannriegeln überblattet. Der mit den Säulen verdübelte Hängebalken trägt die Bundhölzer mittels Eisenstiften. Der Stuhl über dem schmaleren Chor weist nur eine einzige konstruktiv notwendige Säule auf, die auf dem vordersten Bundbalken steht und den konzentrischen Spannriegeln unter dem Dachpolygon Halt gewährt. Sie setzt sich als Pfeiler im Dachreiter fort; dessen übrige Pfeiler stecken in Radialhölzern auf den Kehlbalken.

Abb. 379 und 380. Mellingen. Stadtkirche. Rechter Seitenaltar von Michael und Jodok Huttle, 1830; Aufriß des Hauptportals (von Johann Adam Widerkehr?), 1675. – Text S. 406 und 403.

Abb. 381. Mellingen. Stadtkirche. Inneres gegen Südosten. – Text unten.

Inneres von Schiff und Chor (Abb. 381). Das helle Schiff und der dreiseitig schließende Chor erinnern nur noch von ferne an die ernste Feierlichkeit eines frühbarocken Kirchenraums. Als Charakteristikum des 17. Jahrhunderts fällt der Chorbogen auf, dessen Fasenansätze mit einem Kerbschnittmuster und zwiebelförmigen Sporen verziert sind und der über weich profilierten Deckplatten zum Rund ansetzt. An den noch gotisierenden Frühbarock gemahnt das tief ansetzende Chorgewölbe mit den scharfkantigen, spitz zulaufenden Stichkappen. Im übrigen dominiert der 1972 rekonstruierte kühle Stil des Klassizismus. Die Wände zeigen keinerlei Strukturierung. Hart über den Fenstern des Schiffs verläuft ein schmächtiges Kranzgesims, über dem eine simple Kehle in den Plafond biegt. Dieser trägt ein zentrales Ovalmedaillon und zwei gradlinige Rahmen. Die niedrige Sängertribüne ruht auf hölzernen Freisäulen mit wuchtiger Entasis und präsentiert eine vorspringende, uniforme Balustrade. Reizvoll die liturgischen Prinzipalstücke der Brüder HUTTLE von 1830. Der *Hochaltar* birgt noch den originalen Kalksteinblock von 1675. Sein satt in den Schildbogen eingepaßtes, schwarz-rot marmoriertes Retabel fügt sich aus korinthischen Freisäulenpaaren, Gebälkstücken und einem schwunglos geschweiften Aufsatz zusammen. Qualitätvolles Hauptblatt mit der Kreuzigung Christi, von KASPAR MOOS, 1831[99]; auf dem Oberblatt der sitzende Täufer als Jüngling, frühes 19. Jahrhundert[100]. An den Flanken des Hauptgeschosses zwei farbig gefaßte Standbilder vom Barock-Altar JOHANN ADAM WIDERKEHRS aus dem Jahre 1677[101], links

---

[99] Bis 1970 auf dem epistelseitigen Nebenaltar. [100] 1971 im Kunsthandel erworben.
[101] 1830 weiß gefaßt, 1971 restauriert durch G. ECKERT, Luzern, und H. STALDER, Sursee.

Abb. 382 und 383. Mellingen. Stadtkirche. Johannes Bpt. und Johannes Ev. am Hochaltar, von Johann Adam Widerkehr, 1677. – Text S. 405f.

Johannes Bpt., rechts Johannes Ev. (Abb. 382 und 383). Bei allen provinziellen Zügen lassen die Figuren einen Künstler verspüren, der älteren, aber noch gleichzeitig tätigen Meistern wie den WICKART oder GREGOR ALLHELG einiges an lyrischem Empfinden voraus hat (vgl. Abb. 423 und 424). Schwerpunkte der Mellinger Bildhauertradition[102]. – Auf den Kredenztischen die etwa meterhohen Holzstatuen des hl. Benedikt, Anfang 17. Jahrhundert, und des hl. Nepomuk vom Anfang des 18. Jahrhunderts[103]. – Die *Nebenaltäre* an der Triumphbogenwand tragen stuckmarmorierte, schwarz-grau-weiße Ädikularetabel mit Freisäulen, Gebälk und Dreieckgiebel. Im rechten (Abb. 379) eine Sacra Conversazione zwischen der Gottesmutter und den Apostelfürsten; im linken eine Darstellung des Sposalizio von der gleichen Hand[104]. Gute Renaissance-Gemälde in reichem Farbenakkord, mit starken italienischen und geringeren niederländischen Stileinschlägen; um 1600 bis 1620. Auf der Evangelienseite ovale *Empire-Kanzel* mit Lambrequinschalldeckel und krönender Statue des Jakobus major. – Das zehnplätzige *Chorgestühl* mit barock strukturierten Rückwänden und Brüstungen stammt von 1971, bewahrt aber noch die knorpeligen Wangen und einige Lisenenschäfte der Sitzreihen von GROSSMANN und WIDERKEHR. In der linken Reihe öffnet sich das barocke *Sakristeiportal*, über dem – als einziges Relikt des Umbaus von 1912 – das stuckierte Wappen des Propstes Franz L. Segesser von Luzern[105] prangt (geviert: in 1 und 4 auf Gold drei schwarze Leoparden; in 2 und 3 auf Schwarz mit goldener Umrandung eine silberne Sensen-

---

102 Vgl. FELDER, S. 47.   103 Beide bis 1972 in der Antoniuskapelle in Mellingen.
104 Beide Bilder 1972 im Kunsthandel erworben.   105 HBLS VI (1931), S. 330.

klinge). – Freistehender steinerner Zelebrationsaltar von OTHMAR ERNST, 1972[106]. – Zwei segmentbogenförmige Beichtstühle mit urnenbesetzter, geschweifter Bedachung und lisenengefaßten Zugängen: Kopien nach den Originalen GRETENERS von 1830 (einzelne Details ursprünglich). Die Bänke im Laienhaus imitieren ebenfalls die klassizistische Bestuhlung. – An den Wänden *14 Stationenbilder.* Öl auf Leinwand; je etwa 55 × 40 cm. Nach spätbarocker Vorlage, um 1800–1820. – Beim Haupteingang Statuette des *hl. Antonius* auf einem Sockel mit geflügeltem Puttenhaupt. Lindenholz, farbig gefaßt; Höhe (ohne Nimbus) 88 cm. Frühbarock, um 1680–1690. – Orgel in klassizistischem Stil von METZLER in Dietikon, 1972.

In den Fenstern von Schiff und Chor prangen paarweise die *14 Wappen- und Standesscheiben,* welche die Stadt Mellingen um 1630 und im Jahre 1675 von zahlreichen Gönnern an die Renovation bzw. an den Neubau ihrer Kirche erhielt und die das Gotteshaus bis heute ununterbrochen geziert haben. Zwei Exemplare lassen sich auf Grund ihrer Meistermonogramme zweifelsfrei dem Luzerner Glasmaler JACOB WEGMANN und dem Konstanzer JERONYMUS SPENGLER zuweisen (Abb. 385). Die übrigen zwölf Glasgemälde hat FRANZ WYSS mit einleuchtenden Argumenten für drei andere Künstler in Anspruch genommen[107]: acht für MICHAEL II. MÜLLER in Zug (Abb. 384), zwei für dessen Sohn PAUL MÜLLER in Zug (Abb. 386) und weitere zwei – die beiden einzigen aus der Zeit des Kirchenneubaus 1675 – für CARL LUDWIG THUOT in Sursee (Abb. 387). Die frühen Gemälde, namentlich jene MICHAEL MÜLLERS, verkörpern sehr beachtliche Leistungen der letzten hohen Blüte schweizerischer Kabinettscheibenmalerei. – Die folgende Beschreibung beginnt beim hintersten Fenster rechts und endet beim hintersten Fenster links. Die Wappen sind nur dann blasoniert, wenn es ihrer Seltenheit wegen geboten erscheint. Die Deutung der Geschlechterwappen verdanken wir HERMANN J. WELTI, Leuggern. – Durchschnittliche Maße der Scheiben 73 × 62 cm.

1. *Scheibe des Abtes Beat Göldlin von Tiefenau.* Von JACOB WEGMANN. Farben: Gelb, Braungold, Rot, Violett, Blau, wenig Grün. Vor einer Säulen-Architrav-Konstruktion die gestürzten Schilde Cîteaux-Göldlin von Tiefenau, überragt von Inful und Pedum. Dahinter Madonna mit Kind im Strahlenkranz; links der hl. Bernhard, rechts der hl. Papst Urban; unten eine von zwei Engeln gehaltene Rollwerkkartusche mit Aufschrift in gotischer Fraktur: «Beatus von Gottes gnadē Abtt / des würidgē (sic) gotteshus S. Urben / 1631 / iw». – 2. *Scheibe des Abtes Edmund Schnider.* Von CARL LUDWIG THUOT. Farben: mehrere Gelb- und Rottöne, Dunkelblau, Graubraun und Grün. Auf einem Fliesenboden vor balustradenbesetzter Renaissance-Architektur das gevierte Wappen von St. Urban mit Herzschild. In diesem das Wappen Schnider von Mellingen; 1 und 4 Wappen Cîteaux; 2 Wappen derer von Langenstein: geteilt von Blau und Silber, überdeckt von rotem Löwen mit Doppelschweif und silberner Zunge; 3 Wappen derer von Liebenfels: in Rot ein silberner Flügel (Klosterbesitz bei Herdern TG). Auf dem Schild die Inful mit senkrecht durchgestecktem Abtstab, beseitet von zwei Spangenhelmen mit den Helmzieren: Heraldisch rechts ein weißer Schwanenhals mit goldenem Schnabel und goldener Krone, silbernen Pfauenspiegeln und goldenem Kamm; links, aus einer Helmkrone wachsend, ein roter Löwe mit Doppelschweif. Auf zwei Postamenten seitlich des Schildes die Hl. Urban und Bernhard. Auf der von zwei Engeln gehaltenen Fußkartusche Inschrift in Antiqualettern: «EDMVNDVS. DEI GRATIA / ABBAS MONASTERII. B.M. VIRḠ. / S: VRBANI: VICARIVS. GENERALIS. / PER HELFETIAM

---

106 Kopie nach dem Abendmahlstisch in der Stadtkirche Lenzburg.
107 Maschinengeschriebenes Manuskript, 1941, im KDA Aarau. – Vgl. NÜSSLI; ferner H. LEHMANN, Geschichte der Luzerner Glasmalerei von den Anfängen bis zu Beginn des 18. Jahrhunderts, Luzern 1942, S. 180, 218f., und F(RITZ!) WYSS, Beitrag zur Geschichte der Glasmalerei im Kanton Zug, Zuger Njbl. 1939, S. 43–54; 1940, S. 22–57.

Abb. 384 und 385. Mellingen. Stadtkirche. Wappenscheibe vom Stein, von Michael II. Müller, 1630; Wappenscheibe Segesser-Bernhausen, von Jeronymus Spengler, 1631. – Text unten.

(sic). ALSATIAM ET / BRISGOIAM . A⁰. M.DC.LXXV.». – 3. *Scheibe des Konvents von St. Urban* (Abb. 387). Von CARL LUDWIG THUOT. Farben wie bei Nr. 2, dazu Braungold und Hellgrün. In einer Landschaft vor dem Hintergrund einer stattlichen Klosteranlage die Szene der Lactatio (die im Gewölk thronende Maria von 1890/91). Die das Bild rahmende Bogenarchitektur trägt im Scheitel das Wappenschild von Cîteaux mit schräg durchgestecktem Pedum, seitlich davon sowie an den Pfeilern und an der Fußleiste die beschrifteten Wappenschilder der dreißig Konventualen. Unten Kartusche mit Aufschrift in Antiqualettern: «VENERABILIS ET RELIGIOSVS (ET = Flickstelle) / CONVENTVS MONASTERII B. MA./VIRG: DE S.ᵗᵒ VRBANO: ANNO: 1675:». – 4. *Scheibe des Komturs vom Stein* (Abb. 384). Von MICHAEL II. MÜLLER. Farben: Braungold, Rot, Hellrot, Blau, Braun, wenig Grün, Grau. In einer Pfeiler-Architrav-Konstruktion gevierter Schild. 1 und 4 Wappen des Deutschen Ordens: in Silber ein durchgehendes schwarzes Kreuz; 2 und 3 Wappen derer vom Stein: in Gold drei gestürzte schwarze Wolfseisen übereinander. Die dem Schild aufgesetzten Spangenhelme tragen die Helmzieren: Heraldisch rechts ein aus goldener Helmkrone wachsender silberner Flug mit dem schwarzen Kreuz; links ein aufrechtes goldenes Wolfseisen, dessen Spitzen in Pfauenfederbüsche auslaufen. Neben dem Wappen die Hl. Johannes Ev. und Johannes Bpt. auf trommelförmigen Podesten. Unter einer kleinen Arkade auf dem Architrav der hl. Georg im Kampf gegen den Drachen (Mitte) und die Hl. Jakobus d. Ä. (links) und Jakobus d. J. Unten Rollwerkkartusche mit Inschrift in gotischer Fraktur: «Der Hochwirdig woledel und / Gestreng Herr Herr Johan Jacobus / vom Stein teutsch Ordens LandtCometh=/ur der Balley Elsas uñ Burgundt Comethur zu Alsc/hhauseñ uñ Beückeñ. Röm. Keis: maÿ. Raths uñ Cammer / 1630». Sehr qualitätvolle Scheibe. – 5. *Scheibe von Segesser–von Bernhausen* (Abb. 385). Von JERONYMUS SPENGLER. Farben: Gelb, Braungold, Rot, Violett, Hell- und Dunkelblau, Braun, Grün, wenig Oliv. Vor einer mit Architrav und Voluten abschließenden Kolonnade gevierter Schild. 1 und 4 Wappen Segesser: in golden gerandetem schwarzem Feld eine silberne Sensenklinge; 2 und 3 Wappen Bernhausen: in Gold drei grüne Balken. Die den Schild besetzenden blau-goldenen Spangenhelme tragen die Helmzieren: Heraldisch rechts zwei abgekehrte silberne Sensenklingen; links ein Büffelhörnerpaar mit der Zeichnung des Bernhausen-Wappens. Zu seiten des Schildes die Hl. Jakobus d. Ä. und Maria Cleopha. Oben in der Mitte der hl. Beatus vor der Quelle. In den Scheibenecken vier

Abb. 386 und 387. Mellingen. Stadtkirche. Scheibe mit den Patronen des Klosters Wettingen, von Paul Müller, 1629; Wappenscheibe des Konvents von St. Urban, von Carl Ludwig Thuot, 1675.
Text unten und S. 408.

Wappenschilde, die eine Ahnenprobe des Ehepaars Segesser-Bernhausen ergeben[108]. Oben, heraldisch rechts, Murer von Istein (Basel): in Schwarz mit goldenem Schildrand drei silberne Kugeln übereinander; links Blarer von Wartensee: in Silber ein schreitender roter Hahn mit goldener Bewehrung und silbernen Kreuzchen auf Lappen und Kamm. Unten, heraldisch rechts, von Ulm: geteilt von Blau und Rot, belegt mit einem fünfmal gebrochenen silbernen Balken; links von Hausen: in Silber über goldenem Dreiberg ein schreitender schwarzer Widder mit roter Zunge. Auf der Fußkartusche Aufschrift in gotischer Fraktur: «Beath Jacob Segesser von Brüneg Fre · Bisch / Costantzischer Erbschenck und Obervogt der / Herrschafft Arbon · und M. Jakobe von Bern=/haußen Sein Ehegemahel. A⁰ 1631. I. SP.». Flickstück in der Mitte der Schriftkartusche mit richtig ergänztem Text. Qualitätvolle Scheibe. – 6. *Scheibe des Abtes Peter II. Schmid.* Von PAUL MÜLLER. Farben: Gelb, Rot, Violett, Hell- und Dunkelblau, Braun, Grün. Auf einem Fliesenboden unter üppiger Bogenarchitektur ovale gevierte Rollwerkkartusche mit Wappen Citeaux als Herzschild. 1 Rapperswil, 2 von Homberg, 3 Peter II., 4 Abtei Wettingen. Darüber Inful und senkrecht durchgestecktes Pedum mit Velum, beseitet von zwei Spangenhelmen mit den Helmzieren: Heraldisch rechts die aus einer Helmkrone wachsende Rose (Rapperswil), links zwei silberne Schwanenhälse (Homberg). In den Bogenzwickeln der Englische Gruß. Auf der Fußkartusche Aufschrift in gotischer Fraktur: «Pettrus Von Gottes Gna=/den Abbte des Wirdigen Gots=/hußes Wettinge̅ Anno Do̅m. 1629.». – 7. *Scheibe der Patrone des Klosters Wettingen* (Abb. 386). Von PAUL MÜLLER. Farben: Braungold, mehrere Rot, Violett, Blau, Braun, Grün. Auf einem Fliesenboden in einer Pfeiler-Architrav-Konstruktion mit rückseitiger Balustrade die Mondsichelmadonna zwischen den Hl. Benedikt und Bernhard. Zu dessen Füßen der Schild von Citeaux. Über dem Gebälk Rollwerkkartusche mit dem Brustbild des hl. Petrus (Namenspatrons des Abtes Peter II.) zwischen zwei Vasen und einem Engelpaar. Auf der Fußkartusche, in gotischer Fraktur: «Pattronen des wirdigen Gots=/hußes Wettingen Anno. 1629.». – 8. *Scheibe des Klosters Muri.* Von MICHAEL II. MÜLLER. Farben: Goldgelb, Braungold, Rot, wenig Violett, Blau,

---

108 Genealogische Einzelheiten hiezu in einem Manuskript von H. J. WELTI, 1974, im KDA Aarau.

Hellbraun, wenig Grün, Oliv. Auf einem Fliesenboden vor einer Bogenarchitektur mit rückseitiger Balustrade der hl. Martin zu Pferd mit dem Bettler. Oben die Verkündigung an Maria. Unten links der Wappenschild der Abtei Muri, dahinter senkrechtes Pedum mit Velum; rechts jener des Abtes Johann Jodok Singisen. Auf der Fußkartusche, in gotischer Fraktur: «Das Wirdig Gotshuß / Muri Wappen · 1629 ·». – 9. *Scheibe des Abtes Johann Jodok Singisen.* Von MICHAEL II. MÜLLER. Farben: Goldgelb, Braungold, mehrere Rot, wenig Violett, Blau, Dunkelbraun, Grün, wenig Oliv. Vor einer Bogenarchitektur (gleich wie auf Nr. 8) gevierter Schild. 1 und 4 Wappen der Abtei Muri, 2 und 3 Wappen von Abt Singisen. Darüber Infül und senkrecht durchgestecktes Pedum mit Velum. Seitlich auf Rechteckpodesten die Hl. Martin und Benedikt. Oben die kleinen Standfiguren der Hl. Johannes Ev. (links) und Rochus. Unten Rollwerkkartusche mit Aufschrift in gotischer Fraktur: «Joañes Jodocus von Gottes / Gnaden Abbt deß wirdigen / Gotshuß Muri · Año · 1629 ·». – 10. *Scheibe von Luzern.* Von MICHAEL II. MÜLLER. Farben: mehrere Gelb- und Rottöne, Violett, Hell- und Dunkelblau, wenig Grün. Vor einer Säulenarchitektur rechts das Standeswappen, überhöht vom gekrönten Reichsschild, links der hl. Leodegar. In der Fußkartusche: «Die Statt Lucern · 1629 ·». – 11. *Scheibe von Uri.* Von MICHAEL II. MÜLLER. Farben: Braungold, Rot, Violett, Hell- und Dunkelblau, Braun. Aufbau wie bei Nr. 10, das Wappen jedoch links, der Patron – hier der hl. Martin – rechts[109]. In der Fußkartusche: «Das Landt Urÿ Año 1629». – 12. *Scheibe von Schwyz.* Von MICHAEL II. MÜLLER. Farben: Braungold, mehrere Rottöne, Hell- und Dunkelblau, Hellbraun, wenig Grün und Oliv. Vor einem Pfeilerpaar mit volutengestütztem Gebälk rechts das Standeswappen, überhöht vom gekrönten Reichsschild, links der hl. Martin zu Pferd mit dem Bettler. In den oberen Zwickeln zwei Engel. In der Fußkartusche: «das Landt Schwÿtz / 1629». – 13. *Scheibe von Unterwalden.* Von MICHAEL II. MÜLLER. Farben und Aufbau wie bei Nr. 12, das Wappen (rot-weiß geteilt, mit goldenem Doppelschlüssel belegt) jedoch links, der Standespatron – hier der hl. Petrus – rechts[110]. In der Fußkartusche: «Daß Landt Underwald · / 1629». – 14. *Scheibe von Zug.* Von MICHAEL II. MÜLLER. Farben: Braungold, mehrere Rottöne, Hell- und Dunkelblau, Braun, wenig Grün. Vor einer Pfeilerarchitektur mit muschelbesetztem Architrav rechts das Standeswappen, überhöht vom gekrönten Reichsschild, links Michael als Seelenwäger. In den oberen Zwickeln zwei Engel. In der Fußkartusche: «Statt und Ampt Zug · 1629».

Turminneres (Abb. 377 und 388). Das 1973 zur *Taufkapelle* umgebaute Turmerdgeschoß – den Chor der alten Kirche – betritt man durch das ehemalige Sakristeiportal auf der Nordwestseite. Sein tiefes Rechteckgewände faßt einen schulterbogigen Türrahmen aus Mägenwiler Sandstein, der im Innern mit der Wand gefluchtet und von einem dünnen Rundstab konturiert ist. Im Nordosten und Südosten zwei erneuerte spitzbogige Maßwerkfenster; eine dritte, vermauerte Lanzette in der Nordwestwand ist durch eine Putzfuge markiert, desgleichen der einstige Chorbogen auf der Südwestseite. Blechbeschlagener, barocker Türflügel vom Sakristeiportal der heutigen Kirche. Das grätige Kreuzgewölbe liegt seit dem Umbau über einer schlichten Weichholzdecke verborgen. In der Nordostwand querrechteckige Piscina. Rechts vom Eingang ein spätgotisch-renaissancehaftes *Sakramentshäuschen* mit der Jahreszahl 1583 und dem Steinmetzzeichen des Bruggers ANTON WYG (Tabelle II, Nr. 36) (1973 fast vollständig erneuert). Seitlich seiner Öffnung gemeißelte Blüten und zwei von Kehlen begleitete Wulste, die kerbschnitt- und spiralenverzierten Füßen entwachsen und sich oben zu einer Kielspitze vereinigen. Zwischen dieser und einem flankierenden Pinakelpaar zwei Bandvoluten; im Bogenfeld und unter dem profilierten Fußgesims geflügelte Engelsköpfe. – In der Mitte des Raumes kelchförmiger Taufstein von OTHMAR ERNST, 1973.

[109] Uri kannte keinen speziellen Standesheiligen. Wenn auf Urner Kunstgut der hl. Martin abgebildet wurde, handelte es sich um eine Entlehnung des Schwyzer Patrons. – Vgl. Abb. 222, wo die Banner ohne Patron gegeben sind.

[110] R. DURRER, Das Wappen von Unterwalden, Schweizer Archiv für Heraldik 1905, S. 3–28.

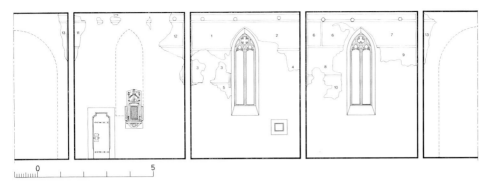

Abb. 388. Mellingen. Stadtkirche. Ehemaliger Turmchor, Wandaufrisse. – Text S. 410–412.

Spätgotische Wandgemälde. TECHNIK UND BESCHREIBUNG. Den köstlichsten Schmuck der Kirche stellen die Wandmalereien im Turmerdgeschoß dar, die 1973 an allen vier Wänden unter zwei jüngeren Malschichten hervorgeholt und restauriert worden sind (Abb. 388). Der unterschiedliche Erhaltungsgrad des Vorhandenen läßt erkennen, daß die Bilder zuerst in rotbraunen Strichen vorgezeichnet und nachher «al secco» – in der Regel ohne modellierende Abstufungen – dünnschichtig koloriert wurden. Die Farbskala umfaßt Schwarz, Grau, Kalkweiß, Ocker, Rotbraun, Lachsrot und lichtes Blau. – Unter der Flachdecke verläuft ein Rankenfries mit kelchförmigen Blüten, der auf der Nordost- und der Nordwestseite praktisch intakt geblieben ist. Darunter sind die befensterten Wände in mehrere Zonen gegliedert. Ursprünglich dürften deren fünf die ganze Wandhöhe eingenommen haben, heute sind allseitig noch die drei oberen vollständig oder partiell erhalten. Ein geringer, 2,75 m hoch liegender Gemälderest an der Triumphbogenwand läßt schließen, daß sich auch diese in mehrere Zonen schied, die jedoch mit den Registern der übrigen Wände nicht korrespondierten. – Ikonographisch folgt der Bilderzyklus keinem sichtbar disziplinierten Gedankengang. *Nordostwand, oberste Zone.* Links vom Fenster (Abb. 390): Zwei nicht mit Gewißheit identifizierbare weibliche Heilige im Dreiviertelprofil präsentieren auf einem Tuch das ungemarterte Antlitz Christi (1)[111]. Rechts vom Fenster: Epiphanie (2). – *Nordostwand, zweitoberste Zone.* Links vom Fenster: Ein Mann in knielangem Gewand schreitet mit einem Stab durch ein von Fischen belebtes Gewässer (Partie oberhalb der Schultern verloren; hl. Christophorus?); anschließend die hl. Katharina von Alexandrien und eine weitere, undeutbare Heilige (3). Rechts vom Fenster: Undeutliche Spuren (4). – *Nordostwand, drittoberste Zone.* Links vom Fenster: Geringe Spuren (mit einer Standfigur?) (5). Rechts vom Fenster: Bild verloren. – *Südostwand, oberste Zone.* Links vom Fenster (Abb. 389): Johannes der Täufer im Kerker und – durch ein Vertikalband davon getrennt – das Gastmahl des Herodes; über den Häuptern der Figuren geschweifte Spruchbänder mit fragmentarischen, unlesbaren Texten (6). Rechts vom Fenster (Abb. 391): Das Ölmartyrium Johannes' des Evangelisten (7). – *Südostwand, zweitoberste Zone.* Links

---

111 Offenbar eine späte Darstellung jener Tradition, wonach Veronika *vor* Christi Passion die auf ein Tuch gedrückten Gesichtszüge des Erlösers empfing. – Vgl. Reallexikon zur Deutschen Kunstgeschichte I (1937), s. v. «Antlitz, heiliges», Sp. 732–742.

vom Fenster (Abb. 389): Enthauptung Johannes' des Täufers und Salome mit dessen Haupt (8). Rechts vom Fenster: Zwei Figuren in Soldatentracht schauen einem Geschehen zu, dessen Darstellung verloren ist (9). – *Südostwand, drittoberste Zone.* Links vom Fenster: Eine stehende nimbierte Gestalt in einer Türöffnung und ein nimbierter Reiter (10). Rechts vom Fenster: Bild verloren. – *Nordwestwand, oberste Zone.* Links vom Fenster: Geringe Spuren mit einer nimbierten (bärtigen?) Gestalt (11). Rechts vom Fenster: Fragmentarische Darstellung einer (knienden?) Figur in langem Mantel vor einem Kastenaltar (Partie oberhalb der Brust verloren) (12). – *Nordwestwand, zweitoberste und drittoberste Zone.* Bilder bis auf geringe Reste zerstört. – In den *Zwickeln des Triumphbogens* sind noch zwei Baldachinarchitekturen je zur Hälfte sichtbar (13).

WÜRDIGUNG UND DATIERUNG. Trotz ihrem unvollkommenen Erhaltungszustand lassen die Wandbilder noch ein gutes stilistisches Qualitätsniveau erkennen. Die Sinopien sind mit sicherer Hand gezogen, die Gesichtszüge minuziös ausgebildet, und die linke Frauengestalt neben dem Heiligen Antlitz beweist durch ihr nuancenreiches, weich modelliertes Gewand, daß der hier tätig gewesenen Werkstatt auch ein gewisses Verständnis für Plastizität eignete. Ihrem Stile nach sind die Gemälde der oberrheinisch-konstanzischen Malerei des 14. Jahrhunderts zuzuordnen. Ein retardierendes Kennzeichen sind die Spruchbandaufschriften – von starken Unzialelementen und Apizes durchsetzte Kapitalisbuchstaben –, die ähnlich, aber in noch gotischeren Formen in den Scheiben von Königsfelden (um 1325–1330) vorkom-

Abb. 389. Mellingen. Stadtkirche. Der Täufer im Kerker, Gastmahl des Herodes, Enthauptung des Täufers und Salome mit dessen Haupt im Freskenzyklus des ehemaligen Turmchors, letztes Drittel 14. Jahrhundert. – Text S. 411 und 412.

Abb. 390 und 391. Mellingen. Stadtkirche. Antlitz Christi und Ölmartyrium des Evangelisten Johannes im Freskenzyklus des ehemaligen Turmchors, letztes Drittel 14. Jahrhundert. – Text S. 411.

men[112]. Altertümlich wirkt auch die additive Aufreihung der Figuren, die allenthalben den planen Hintergrund sichtbar läßt und in dieser Beziehung an die locker und raumlos komponierten Bildträger in den Freskenzyklen von Buch TG[113] und Oberwinterthur[114] aus der Zeit um 1330 gemahnt. Eine gleich frühe Datierung der Mellinger Gemälde läßt freilich die körperlich aufgefaßte Heilige an der Nordostwand nicht zu, und erst recht gehören die mondän gekleideten Tafelnden im Herodesgastmahl und die geckenhaften Schergen in der Szene des Ölmartyriums schon in die um Jahrzehnte jüngere bürgerlich aufgeschlossene Epoche. Wir möchten deshalb für die Wandbilder eine Datierung ins letzte Drittel des 14. Jahrhunderts vorschlagen, in eine Zeitspanne, während welcher auch die Bildfolge in der Martinskapelle in Bregenz[115] und die biblischen Szenen in Rhäzüns[116] und Salux[117] entstanden sind, wo sich viele ähnliche Einzelheiten der künstlerischen Handschrift nachweisen lassen.

Glocken. Im Dachreiter der Kirche: 1. Dm. 51 cm. Am Hals ein Blattrankenfries und die Aufschrift «IA(COB) PH(ILIPP) B(RAN)D(EN)BERG IN ZUG GOSS MICH»; am hölzernen Joch die Jahreszahl 1797. – Vom alten, 1959 ersetzten Geläute aus dem Turm wird noch eine Glocke im Pfarrgarten gehütet[118]: 2. Dm. 83 cm. Am Hals Antiquaaufschrift zwischen Arabeskenfriesen « +A PESTE VINDICA TVOS S SEBASTIANE

---

112 Kdm. Aargau III, Abbildungen passim.
113 Kdm. Thurgau I, Abb. 29–33.   114 Kdm. Zürich VI, Abb. 230–241.
115 A. KNOEPFLI, Kunstgeschichte des Bodenseeraumes I, Konstanz, Lindau, Stuttgart 1961, S. 163f.; Abb. 143.
116 Kdm. Graubünden III, Abb. 51f.
117 A. WYSS in: Unsere Kunstdenkmäler XX (1969), Abb. S. 189, 191f.
118 Beschreibungen der fünf im Jahre 1959 eingeschmolzenen Glocken im PfarrA (Nr. 8), im StadtA (Nr. 81: 3) und im KDA Aarau.

svpplices anno dni 1.6.4.1»; am Mantel der hl. Sebastian und das vom Reichsadler überragte Doppelwappen der Stadt. – Im Ortsmuseum Mellingen befindet sich das vom gekrönten Reichsadler besetzte doppelte Stadtwappen mit der Unterschrift «melinga» der ehemals größten Glocke aus dem Jahre 1637, 11 × 14 cm.

GRABDENKMÄLER UND BEWEGLICHES KUNSTGUT

1. *Epitaph für Johann Christian Gretener*, Ratsherrn und Bauherrn der Stadt, 1722–1796. Weicher Sandstein. 172 × 85 cm. Oben in ovaler Kartusche das skulptierte Wappen des Verstorbenen; darunter vielzeilige Antiquainschrift, die sein Wirken würdigt. – 2. *Grabplatte des Wilhelm Probstatt*, † 28. März 1713, und der *Maria Elisabeth (Ruple?)*. Weicher Sandstein. 137 × 89 cm (unten angeschnitten). Oben gekrönte Allianzwappen; darunter Antiquainschrift, die den Verstorbenen als Burger und Salzfaktor von Luzern und Ratsherrn von Mellingen ausweist. – 3. *Elf Grabplatten* aus Mägenwiler Muschelsandstein, 17. und 18. Jahrhundert, mit skulptierten Wappen von Mellinger Bürgern. Noch nicht näher identifiziert. – 4. *Epitaph für Maria Ursula von Beroldingen*, †20. Juli 1630. Messingguß. Ovalform, 23,5 × 22,5 cm. Mit Wappen und Umschrift (im Ortsmuseum Mellingen).
5. *Kruzifix*. Korpus farbig gefaßtes Lindenholz, Kreuz Tannenholz. Höhe (mit Sockel) 102,5 cm. Frühbarock, erstes Drittel 17. Jahrhundert. Gut proportionierter Körper; spitze Gesichtszüge mit gebrochenen Augen. – 6. *Altarkreuz*. Korpus Gelbguß, H. 39 cm. Manieristisch-frühbarock, um 1630. – 7. *Altarkreuz*. Holz, farbig gefaßt. Höhe (mit Sockel) 66 cm. Barock, um 1680. Voluttenflankierter Sockel mit knorpeligen Simsen und akanthusumrahmtem Stadtwappen. Leblos-steifes Korpus mit stark blutenden Wundmalen. Gute Qualität. – 8. *Altarkreuz*. Elfenbeinkorpus, H. 19,5 cm. Ende 17. Jahrhundert. – 9. *Altarkreuz*. Elfenbeinkorpus, H. 19,5 cm. Frühes 18. Jahrhundert. Jansenistentypus mit steil erhobenem Haupt. – 10. *Johannesadler* (Abb. 392). Lindenholz, alter Kreidegrund. H. 44 cm. Barock, Anfang 18. Jahrhundert. Vermutlich Bekrönungsfigur des ursprünglichen Kanzelschalldeckels. – 11. *Verkündigung an Maria*. Öl auf Leinwand. 206,5 × 138 cm. Signiert und datiert «L. Niederberger 1891». Bis 1971 auf dem linken Seitenaltar. – 12. *Kasel*. Weiß. Broschierter Lyoner Seidendamast. Mit roten Blumenbuketten, Trauben, Kordeln und Bandschleifen. Um 1760.

Abb. 392 und 393. Mellingen. Stadtkirche. Johannesadler, vermutlich vom ursprünglichen Kanzelschalldeckel, Anfang 18. Jahrhundert; Madonnenbüste mit Jesus als Wickelkind, von Franz Xaver Widerkehr, 1717 (heute im Schweizerischen Landesmuseum Zürich). – Text oben und S. 418.

Abb. 394 und 395. Mellingen. Stadtkirche. Spätgotische Monstranz aus der Mitte des 16. Jahrhunderts, renoviert von (Hans Georg?) Krauer 1671/72; Barock-Kelch von Ferdinand Schlee, um 1680–1690. Text unten und S. 416.

KIRCHENSCHATZ

Kreuze und Monstranzen. 1. *Vortragekreuz.* Silberblech auf Holzkern, silbergegossenes Korpus. Höhe (ohne Dorn) 48,5 cm. Beschau Baden; Meisterzeichen WANGER. Manieristisch-frühbarock, um 1640. An Schaft und Querbalken graviertes Voluten- und Blattwerk; auf den treffelförmigen Enden vorderseitig vergoldete Evangelistenmedaillons in Treibarbeit, rückseitig analoge, beschriftete Medaillons mit den Brustbildern der vier Kirchenväter; schmächtiges, vergoldetes Korpus. Sehr gute Qualität. – 2. *Wettersegenkreuz.* Kupfer, versilbert und vergoldet. H. 43,5 cm. Louis XVI, um 1800. Weit gekehlter Ovalfuß, gerippter Urnenknauf, ovale Schaukapsel mit dreischichtig montiertem Zierat. – 3. *Kreuzpartikelmonstranz,* kreuzförmig. Silber, teilvergoldet; silbergegossener Kruzifixus. H. 53 cm. Beschau Beromünster; Meisterzeichen FERDINAND SCHLEE. Frühbarock, 1677/78[119]. Stumpfovaler, geböschter Fuß; glatter Birnenknauf; treffelförmige Balkenenden und Strahlen in den Kreuzwinkeln. Hinter dem Haupt des noch manieristisch überlängten, vergoldeten Korpus ein ovales Ostensorium mit glasgefaßter Reliquie «Lig(num) SS. + (= crucis)». – 4. *Monstranz* (Abb. 394). Silber, teilvergoldet. H. 76,5 cm. Beschau Luzern; Meisterzeichen (HANS GEORG?) KRAUER. Spätgotisch, Mitte 16. Jahrhundert; 1671/72 von KRAUER renoviert[120]. Auf dem frühbarocken gelängten Vierpaßfuß vier gegossene Puttenhäupter inmitten von üppigem Federwerk. Am schlanken Schaft feine Ringe und drei flache Schellenknäufe. Der hohe Aufbau steht auf kleinem Barock-Blattkelch mit seitlich stützenden Voluten und bildet eine kühne gotische Pfeilerarchitektur mit krabbengeschmückten Fialen und Kielbögen und mit tiergesichtigem barockem Rollwerk. Zu seiten des quadratischen, mit Tafelsteinen besetzten Ostensoriums stehen die fingerlangen Statuetten Johannes Bpt. und Johannes Ev., darüber in einem Baldachingehäuse mit Flamboyant-Maßwerk die Mondsichelmadonna zwischen den miniaturhaft kleinen Figuren Heinrichs II. und Bernhardins von Siena; in einer Turmlaube der Schmerzensmann (sämtliche Figuren von 1672). Krönendes Kruzifix; an der Laubenarkatur zwei Schilder mit dem gleichen Wappen (auf Dreiberg drei Tannen, das eine Mal zwischen zwei Sternen: Walder?).

---

119 StadtA, Nr. 6, S. 200, 222.   120 StadtA, Nr. 5, S. 344b, 419.

Preziöses Prunkstück, das durch die Veränderung im 17. Jahrhundert ein interessantes stilpluralistisches Aussehen bekam. – 5. *Reliquienmonstranz* (Kulissenreliquiar). Vergoldetes Silberblech auf Holz. H. 36,5 cm. Meisterzeichen «IBC». Rokoko, datiert «año 1782». Reicher Louis-XV-Dekor. Das von Päonien umkränzte Ostensorium offenbart sich zwischen zwei illusionistisch hochgezogenen Vorhangtüchern. Fußkartusche mit Inschrift «De Reliquiis St: / Antonij Patavini».

Kelche. 6. Silber, vergoldet. H. 18,8 cm. Beschau Mellingen; Meisterzeichen CASPAR FREY[121]. Frühbarock, datiert 1611. Auf dem flach und weich profilierten Rundfuß sechs Zungen, die steil in den hexagonalen Schaft überleiten; zwischen schnittigen Ringen blütengeschmückter Schellenknauf; erneuerte Schrägkupa. Auf einer Zunge graviertes unbekanntes Wappen «A S» (über Dreiberg ein Stern zwischen zwei Mondsicheln). – 7. Silber, vergoldet. H. 24 cm. Beschau Baden; Meisterzeichen WANGER. Frühbarock; um 1630. Leicht gekehlter Rundfuß mit lappenbesetzter Sechspaßböschung, an den Konturen fleischige Voluten; über dem kurzen Hexagonalschaft Dockenknauf; steile Kupa. Auf einer Fußlappe das applizierte Wappen «IO(HANNES) SCHNIDER D(OCTOR)», des ersten Propstes im Badener Chorherrenstift[122]. – 8. Silber, vergoldet. H. 22,5 cm. Meisterzeichen «F.P.». Frühbarock, um 1660–1670. Geböschter Sechspaßfuß, dessen kielbogige Lappen sanft in den kurzen Schaft überleiten; Balusternodus; moderne Kupa. Auf einer Lappe das fiktive Wappen Brunegg (zwei Löwen in Lilienhaspel)[122a]. – 9. (Abb. 395). Silber, teilvergoldet. H. 27 cm. Beschau Beromünster; Meisterzeichen FERDINAND SCHLEE. Frühbarock, um 1680–1690. Auf dem akanthusgeschmückten Sechspaßfuß alternieren drei nimbierte Cherubsköpfe mit dem Christusmonogramm, dem Marienmonogramm und dem Stadtwappen. Der mit Federwerk verzierte, von drei vollplastischen Puttenhäuptern besetzte Birnenknauf steht auf einem Blattkragen und führt zum Überfang der steilen Kupa, in deren à jour gearbeiteten Ranken die Leidenswerkzeuge sichtbar sind. – 10. Silber, teilvergoldet. H. 28 cm. Beschau Zug; Meisterzeichen HANS GEORG OHNSORG. Frühbarock, um 1690[123]. Hoher Sechspaßfuß, dessen Böschung mit Rollwerk und Akanthusbüscheln verziert ist; spitze Zungen – alternierend glatt und mit Akanthus besetzt – führen zum Schaftkragen. Am Nußknauf drei Engelknaben in Hochrelief, die paarweise drei Rollwerkkartuschen mit dem Christusmonogramm, dem Marienmonogramm und dem Namen des Nährvaters halten. Der durchbrochene Kupaüberfang besteht aus üppigen Blattranken, denen die Hüftbilder dreier Engel entwachsen. – 11. (Abb. 396). *Johannesweinbecher.* Silber, vergoldet. H. 13 cm. Beschau Augsburg; Meisterzeichen unkenntlich. Spätgotisch-frühbarock, datiert 1638. Platter, in der Mitte gebuster Rundfuß (Dm. 6,8 cm); zierlicher Balusterschaft; relativ große Steilkupa mit gerippter Rundung und Ziergravur; unter dem Lippenrand die gravierte Inschrift «WERNI WESSMER DES RATS ZV MELLINGEN . AO 1638» nebst Wappen Waßmer[124].

Ziborien. 12. (im Schweizerischen Landesmuseum Zürich, Inv. Nr. LM 10452). Kupfer und Silber, vergoldet. H. 30,5 cm. Ohne Marken. Spätgotisch, erstes Viertel 16. Jahrhundert. Auf den sechs Lappen des Rundfußes Fischblasengravuren; hexagonaler Schaft, flacher Schellenknauf; an der trompetenförmigen Überleitung zum Behältnis gleiches Muster wie am Fuß. Die sechs Seiten des Gefäßes zieren die gravierten Standfiguren eines unbekannten Bischofs mit Stifter nebst Wappen (wachsender Hundekopf mit Halsband), der hl. Anna selbdritt, und der Hl. Paulus, Petrus, Andreas und Margareta. Scharnierdeckel mit Kugelknauf und Bekrönungskreuz. Vorzügliche Zimelie. – 13. Silber, teilvergoldet. H. 27,5 cm. Beschau Baden; Meisterzeichen HEINRICH MERKL[125]. Nachgotisch–Renaissance, um 1600. Flacher, fein gekehlter Rundfuß, dessen abgestufter Sechspaß sich zum hexagonalen Nußknauf hochzieht. Dieser zeigt die Leidenswerkzeuge, Cherubim, Rollwerk und Fruchtgehänge. Glatte Kalottenkupa und gebuster, kreuzbekrönter Deckel mit Bajonettverschluß. – 14. Silber, vergoldet. H. 37,5 cm. Beschau Augsburg; Meisterzeichen unkenntlich. Frühbarock, um 1660–1670. Mehrfach eingeschnürter Rundfuß, der trompetenförmig in den kurzen Schaft ausläuft; Dockenknauf; Kalottenkupa; geböschter, oben leicht gebuster Deckel mit Bekrönungskreuz.

Meßkännchen und Platte. 15. Silber. Beschau Bremgarten; Meisterzeichen FRANZ SEBASTIAN BUCHER. Barock–Régence, um 1710–1720. Platte, 21,5 × 28,3 cm: geschweifter Umriß mit Wellenband- und Perlschnurbordüre; auf dem Rand und im Fundus dünnstielige, symmetrische Akanthusranken und Muscheln. Kännchen, H. 13 cm: auf den Böschungen von Fuß und Deckel gleiches Rankenmuster; an der Gefäßbauchung Vertikalrippen, unter dem Rand graviertes Bandelwerk mit Blüten.

---

121 STÖCKLI, Mellingen, S. 168.   122 Vgl. die Wappentafel im Ortsmuseum.
122a Gemeint wohl Segesser von Brunegg. Manuskript von H. J. WELTI, 1975, im KDA Aarau.
123 Vgl. PfarrA, Nr. 1 a: Kirchenzieraten, sub anno 1691.
124 Vgl. die Wappentafel im Ortsmuseum.   125 Vgl. MERZ, Abb. 160.

Abb. 396 und 397. Mellingen. Stadtkirche. Johannesweinbecher, Augsburger Arbeit von 1638; frühbarockes Rauchfaß von Ferdinand Schlee, 1677. – Text S. 416 und unten.

Rauchfässer und Schiffchen. 16. Rauchfaß (Abb. 397). Silber. H. 20 cm. Beschau Beromünster; Meisterzeichen FERDINAND SCHLEE. Frühbarock, 1677[126]. Am sechspaßförmigen Gefäßkörper alternieren Akanthusblüten und Engelkoren, deren vollplastische Köpfe als Kettenhalter dienen; der geschweift umrissene, à jour gearbeitete Deckel zeigt Blumenschmuck, der Handgriff Blattwerk im Knorpelstil. – 17. Rauchfaß. Gelbguß. H. 33,5 cm. Frühbarock, Anfang 17. Jahrhundert. – 18. Schiffchen (zugehörig zu Nr. 16). Silber. H. 21,5 cm. Marken und Datierung wie bei Nr. 16. Stumpfovaler, hoch gebuster Fuß; harpenförmiger Schaft; an der Leibung des Gefäßes Rippen, Schuppenmuster und Männerfratze; am Haltegriff rundplastischer Cherubskopf. Dazu silberner Löffel mit dem Standfigürchen des Jakobus minor. L. 14,5 cm. 1677. – 19. Schiffchen. Silberblech, Fuß Messing, versilbert. L. 16,5 cm. Ohne Beschaumarke; Meisterzeichen unbekannt. Zweite Hälfte 17. Jahrhundert. Oben stilisierte Blattranken, Arbor vitae mit «IN*RI» und Christusmonogramm.
Ölgefäße. 20. Für Taufe. Silber, teilvergoldet. H. 24 cm. Beschau Baden; Meisterzeichen «C S». Nachgotisch-frühbarock, um 1600. Geböschter Rundfuß; am röhrenähnlichen Schaft ein rosettenverzierter Schellenknauf; der längliche Vierpaßpodest mit gerauteter Stirnseite trägt zwei zylindrische Behältnisse («O» und «C») mit trompetenförmigen, sphärenbesetzten Scharnierdeckeln. – 21. Für Krankenseelsorge. Silber, teilvergoldet. H. 16,5 cm. Beschau Baden; Meisterzeichen unbekannt. Frühbarock, zweites Viertel 17. Jahrhundert. Ziselierter Rundfuß; kurzer konischer Schaft; weich profilierter Balusterknauf; zylinderförmiges Behältnis mit Scharnierdeckel («I» = Oleum Infirmorum).
Altarleuchter. 22. Ein Paar. Gelbguß. Höhe (ohne Dorn) 55 cm. Drittes Viertel 17. Jahrhundert. Dreiecksockel auf Tatzenfüßen; vielfach gekehlter Schaft mit Einodus und balusterförmigem Oberende. – 23. Ein Paar. Gleich wie Nr. 22, Höhe jedoch 50 cm. – 24. Zwei Paare. Silber, teilvergoldet. Höhe (ohne Dorn) 106 cm. Ohne Marken. Louis XVI, um 1810. Tambourförmiger Sockel auf drei Volutenfüßen; dünner, kannelierter Schaft; motivreiche Verzierungen. – 25. Ein Paar. Gleich wie Nr. 24, an der Sockelfront jedoch ein zusätzliches Medaillon mit dem von Inful und Pedum überhöhten Wappenpaar Abtei Wettingen–Geygis[127]. Gute Qualität. – *Verschiedenes.* 26. Ampel. Silber. H. 39 cm. Beschau Einsiedeln; Meisterzeichen MELCHIOR EFFINGER. Régence, um 1730. An der Gefäßleibung Medaillons mit den getriebenen Brustbildern Johannes' des Evangelisten und Johannes' des Täufers sowie dem Stadtwappen, zwischen Bandelwerk, Blumenfestons, Kämmen und Rauten; am Abhängling ähnliche Régence-Motive. Engelshäupter als Kettenhalter. – 27. und 28. *Zwei Weihwasserkessel.* Gelbguß; Dm. 25,5 cm; um 1620. Kupfer; Dm. 27 cm; 17. Jahrhundert. – 29. *Zwei Paar Kulissenvasen.* Vergoldetes Silberblech auf Holz. H. 28,5 cm. Motivreiche Louis-XV-Arbeiten.

126 StadtA, Nr. 6, S. 180, 200. Nr. 81: 3, 14. Febr. 1677.
127 Benedikt II. Geygis von Bremgarten, Abt 1807–1818. Die Leuchter Nrn. 24 und 25 sind Säkularisationssilber aus dem aufgehobenen Kloster Wettingen.

VERSTREUTE KUNSTWERKE

Schweizerisches Landesmuseum Zürich: 1. *Stehende Madonna mit Kind* (Inv. Nr. LM 16760). Lindenholz, farbig gefaßt. H. 67 cm. Um 1530. – 2. *Unbekannter Heiliger* (Inv. Nr. LM 16761). Lindenholz, farbig gefaßt. H. 67 cm. Um 1530. – 3. *Unbekannter Heiliger in Kukulle* (hl. Leonhard?) (Inv. Nr. LM 16762). Lindenholz, farbig gefaßt. H. 65,5 cm. Um 1530. – 4. *Hl. Sebastian* (Inv. Nr. LM 7411). Farbig gefaßtes Holzrelief. H. 127 cm. Um 1600. – 5. *Hl. Sebastian* (Inv. Nr. LM 7410). Lindenholz, farbig gefaßt. H. 130,5 cm. Um 1600. Gute Qualität. – 6. *Johannes Ev.* (Inv. Nr. LM 7409). Lindenholz. H. 135 cm. Umkreis des BARTHOLOMÄUS CADES, Baden. Um 1620–1630. Gute Qualität. – 7. *Unbekannter Bischof* (Inv. Nr. LM 7408) (Abb. 424). Lindenholz, Spuren der Originalfassung. H. 133 cm. Von JOHANN ADAM WIDERKEHR. Um 1678. Ehemalige Altarfigur; sehr gute Qualität[128]. – 8. *Madonnenbüste mit Jesus als Wickelkind* (Inv. Nr. IN 7050) (Abb. 393). Lindenholz, farbig gefaßt. H. 46 cm. Von FRANZ XAVER WIDERKEHR. Auf der Rückseite die Allianzwappen «F(ranz) X(aver) W(ider) K(ehr) – A(nna) C(atharina) SCH(wendimann)» nebst der Jahreszahl 1717[129]. – 9. *Kapitelbild* (Inv. Nr. LM 50402). Öl auf Holz. Kreisförmig, Dm. 62 cm. Datiert 1664. Maria mit Kind, umgeben von sechs Wappen von Geistlichen des Kapitels Mellingen[130]. – 10. *Ziborium.* Siehe S. 416, Nr. 12.

Unbekannter Privatbesitz in Mellingen: 11. *Kapitelscheibe.* 42,3 × 33,5 cm. In der Mitte Strahlenkranzmadonna zwischen Engeln, Christusmonogramm und Marienmonogramm; am Rand die Wappen von sechzehn Pfarrherren aus dem Landkapitel Mellingen. Aufschrift auf Fußkartusche «VENERANDVM CAPI/TVLVM MELLINGENSE,/OLIM LENTZBVRGENSE./ Anno 1621».

KAPELLE ST. ANTONIUS

BAUGESCHICHTE. 1555 erste Erwähnung. 1666 erhielt Mellingen die bischöfliche Erlaubnis, in einer im Bau befindlichen, offenbar neuen Antoniuskapelle Messe lesen zu lassen. 1669 wird ein Altarblatt bezeugt[131]. – 1736 ließ die Bürgerschaft durch Baumeister GEORG ABT neben der «ruinos und bauwlos» gewordenen Kapelle ein neues, etwas größeres Kirchlein errichten. In sein Türmchen lieferte P. L. KEISER von Zug zwei Glocken[132]; auf dem Altar fand 1739 ein Tabernakel aus der Werkstatt des Mellinger Schultheißen FRANZ XAVER WIDERKEHR und seines Sohnes CASPAR JOSEPH Platz[133]. – 1840 neue Bedachung, 1842 neuer Schindelbeschlag am Glockenträger. Im selben Jahr Weißung des Kapellenäußern[134]. 1865 neugotischer Altar von BERTLI in Schruns und Farbverglasungen von RÖTTINGER in Zürich[135]. 1899 Ersetzung der kleinen Glocke durch RÜETSCHI in Aarau[136]. 1923 Gesamtrenovation nach Plänen A. BETSCHONS, Baden: Neue Fundamentierung und Betonkranz über den Mauern; neuer Dachstuhl; Rabitzgewölbe anstelle des flachen Gipsplafonds; neuer Altar von ALOIS PAYER und FRANZ WIPPLINGER, Einsiedeln; neue Bestuhlung, neue Türe[136a].

---

128 FELDER, S. 47; Abb. 27.   129 FELDER, S. 48; Abb. 44.
130 Jahresbericht SLM LXXXI (1972), Abb. S. 28.
131 STÖCKLI, Mellingen, S. 269. – PfarrA, Nr. 1a: 1666. – StadtA, Nr. 5, S. 20, 104; vgl. S. 205.
132 PfarrA, Nr. 1a: 1736. – Weihe des Gotteshauses im Oktober durch den Luzerner Stiftspropst Johann Caspar Mayr von Baldegg; Weihe der Glocken am 16. Juni durch den Wettinger Abt Alberich I. Beusch, zu Ehren der Hl. Maria, Anna, Alberich, Meinrad und Anton bzw. der Hl. Katharina, Hilaria, Georg und Melchior.
133 StadtA, Nr. 9, S. 1321.
134 Zeitturmarchiv, Gemeinderatsprot. 1838–1841, S. 405; 1841–1843, S. 165.
135 Zeitturmarchiv, Gemeinderatsprot. 1857–1864, S. 425; 1864–1878, S. 22, 24, 42, 51, 77.
136 PfarrA, Nr. 8: 1953.
136a PfarrA, Nr. 4: Akten 1923–1930. Nr. 8: Pläne. Nr. 62: 30. Mai und 11. Juli 1922; 15. März, 22. April, 14. Mai, 7. und 14. Juni und 10. Sept. 1923. – Katholische Kirchen, S. 44.

Abb. 398. Mellingen. Antoniuskapelle von Norden. – Text unten.

BESCHREIBUNG. *Lage und Äußeres* (Abb. 398). Die schmucke Kapelle steht einige hundert Schritte südlich vom Städtchen, in der Gabelung der Straßen nach Lenzburg und Bremgarten. Sie erhebt sich über einem Grundriß von 14,5 m Länge und 8,2 m Breite. Südwestlich schließt der Bau mit einem dreiseitigen Chor, vor der Hauptfassade im Nordosten präsentiert er eine an südländische Loggien erinnernde dreiteilige Rundbogenarkade, deren hohe toskanische Säulen auf einer Brustmauer stehen. Die mit rohem Kieselputz verkleideten Wände sind seitlich von je zwei Fenstern durchbrochen; das axiale Portal liegt unter einem eigenartigen halbkreisförmigen Schulterbogen, der von zwei querrechteckigen Lichtern begleitet und von einer Rondelle überhöht wird; im Portalscheitel das gemeißelte Baudatum 1736. Über dem nordöstlichen Vollwalm des leicht geknickten Satteldachs erhebt sich ein verschindelter Sechskantreiter mit jalousiegeschützten Rundbogenfenstern, großer blechbeschlagener Zwiebelhaube und krönendem Barock-Kreuz (die Eternitschindeln und die derzeitige Form der Zwiebel von 1923).

Inneres. Das Laienhaus und der unvermittelt anschließende, um zwei Stufen erhöhte Chor sind seit 1923 mit einer Tonne eingewölbt, in die vier große Fensterkappen stechen. Das Kranzgesimse endet an der Chorscheitelmauer in einer pilastergefaßten Rundbogennische aus derselben Zeit. Auf ihrem Fundus und auf den seit-

Abb. 399 und 400. Mellingen. Hauptgasse, Hausmadonna am Restaurant «Zum Scharfen Eck» von Franz Xaver Widerkehr, um 1740–1750; Antoniuskapelle, Tabernakel mit Kniefigur des hl. Antonius von Caspar Joseph Widerkehr, 1739. – Text S. 430 und unten.

lichen Chorwänden breiten sich kunstlose Hochreliefs von A. PAYER und F. WIPPLINGER (Gottvater in der Engelglorie und Wunderszenen aus dem Leben des hl. Antonius); den Blickfang in der Nische bildet der geschnitzte, durch Figuren bereicherte *Tabernakel* von 1739, der aus stilistischen Gründen CASPAR JOSEPH WIDERKEHR zugeschrieben werden muß (Abb. 400) [137]. Vor dem volutenflankierten, schemelförmigen Régence-Gehäuse kniet der Titelpatron mit dem Jesuskind in devotverzückter Haltung. Die Vollplastik, deren ursprüngliche Fassung durch einen Weißanstrich verdeckt ist, besticht durch ihre Qualität und durch die höchst originelle Komposition, in welcher sich die typisch barocke Idee vom einheitlichen Gesamtkunstwerk manifestiert.

Glocken. 1. Dm. 44 cm. Am Hals Arabeskenfries mit angehängten Akanthusblattmasken. Am Mantel der hl. Antonius von Padua, die Mondsichelmadonna im Strahlenkranz, der Gekreuzigte und das gekrönte, von Palmwedeln flankierte Wappen Müller; darunter die Aufschrift «EX: DONO IO: GEORG: MVLLER PRAET: GEORG: NICOL: MVLLER: ARCHIGRA: IO: IACOBI: MVLLER». Am Schlagring Salbeiblätter und weitere Aufschrift «PETTER LVDWIG KEISSER IN ZVG HAT MICH GEGOSSEN ANNO 1736». – 2. Dm. 35,5 cm. Am Hals Blattfries. Von RÜETSCHI in Aarau, 1899.

[137] FELDER, S. 49; Abb. 46.

EHEMALIGES RATHAUS

GESCHICHTE UND BAUGESCHICHTE. Nach einer vagen Überlieferung soll der Kern des Hauses schon im 12. oder 13. Jahrhundert bestanden haben. Eine 1943 bei Umbauten im ersten Stock geborgene Fenstersäule zeigt romanische Stilmerkmale, die diese Tradition stützen können (Abb. 405)[138]. Das Gebäude diente ursprünglich als festes Haus zur Sicherung des benachbarten Brückentors und war durch die Herrschaft an Ministeriale zu Lehen gegeben. 1435 nahm es Hans Ulrich Segesser als Lehentrager der Stadt vom Zürcher Bürgermeister Johann Swend in Empfang; 1436 verlieh es Bürgermeister Rudolf Stüssi an zwei Mellinger Bürger, denen die Stadt das Haus, vermutlich in Geldnot, für 55 Gulden verkauft hatte. Schon um 1465 war der wehrhafte Bau wieder im Besitz der Stadt, für die in der Folge stets ein Trager aus dem Kleinen Rat das Lehen vom Zürcher Bürgermeister empfing. In den sechziger Jahren des 15. Jahrhunderts Umbau zum Rathaus[139]. 1507 und 1541/42 erhielt Mellingen von den regierenden Orten Wappenscheiben in seine Ratsstube[140]. Zwischen 1528 und 1536 erfolgten gründliche Umbauten, an denen sich Altschultheiß Conrad Murer mit einer Spende von 100 Gulden beteiligte[141]. – Im 19. Jahrhundert geriet das Haus in Zerfall. 1856 wurden die Verwaltungsräumlichkeiten der Gemeinde in das ehemalige Wirtshaus «Zur Krone» verlegt[142]. Das seither kommerzialisierte Alte Rathaus erfuhr 1923, 1967 und 1975 Außenrenovationen, zuletzt unter Mitwirkung der kantonalen Denkmalpflege (Experte: E. BOSSERT)[143].

[138] Akten im KDA Aarau.   [139] ROHR, S. 13, 22–24.
[140] EA III/2, S. 382f.; EA IV/1c, S. 418; EA IV/1d, S. 40. – STÖCKLI, Mellingen, S. 264.
[141] STÖCKLI, Mellingen, S. 264. – Vgl. Anm. 144.
[142] Dieses 1962 zum zweitenmal zweckentsprechend umgebaut. – Zeitturmarchiv, Gemeinderatsprot. 1825–1831, S. 40; 1852–1857, S. 4, 265f. – Der Reußbote vom 29. Aug. 1956.
[143] Akten im KDA Aarau.

Abb. 401 und 402. Mellingen. Ehemaliges Rathaus und Brückentor, Aufriß der Südwestfassaden und Ansicht von Westen (Zustand 1974). – Text S. 395f. und 422.

Beschreibung. *Äußeres* (Abb. 401, 402 und 410). Das zweistöckige Gebäude schiebt sich bündig in die flußseitige Häuserfront der Altstadt. Seine nordwestliche Giebelmauer bildet mit der gegenüberliegenden Fassade des Hotels «Zum Hirschen» den kurzen engen Zugang von der Hauptgasse zum Brückentor; seine Traufseiten sind dem Fluß und der Großen Kirchgasse zugewandt. Zwei hohe spätgotische Treppengiebel – die einzigen des Städtchens – betonten einst die öffentliche Funktion des Hauses und nehmen ein steiles Dach in ihre Mitte. Vornehme Fassadengliederung aus der Zeit um 1530: Am ersten Stock gegen die Kirchgasse drei mächtige Kreuzstockfenster mit ausgesprochen tiefer Kehlung. Darüber dreiteilige Staffellichter auf durchgezogenem Kaffsims; Steinmetzzeichen (Tabelle II, Nr. 37). Unter einem Wasserschlag skulptiertes Stadtwappen zwischen zwei Schildhalterlöwen in Hochrelief; Steinmetzzeichen (Tabelle II, Nr. 38) [144]. Ein klassizistisches Stadtwappen am Wassersammler des Dachkännels. Die Reußseite zeigt hohe gekehlte Zwillingsfenster, die freistehende Partie der nordwestlichen Stirnwand ein heute blindes vierteiliges Staffellicht. Die blau-schwarz geflammten Fensterläden mit dem Aargauer Wappen stammen von 1928. – Imposanter, wohl noch spätgotischer Dachstuhl mit seitlichen senkrechten Säulen, abgefangenen Firstständern und einem Unterfirst.

Inneres. Das Haus bewahrt keine alte Ausstattung mehr. Portal, Holztäfer und Decke der spätgotischen *ehemaligen Ratsstube* gelangten 1889 ins Helmhaus Zürich, später ins Schweizerische Landesmuseum, wo sie neu montiert wurden (Abb. 403) [144a]. Eichenes Türgericht, außen mit dreifach gekehltem, krabbenbesetztem Kielbogen, seitlichen Pinakeln und einem gestürzten Stadtwappenpaar, innen mit rechteckigem Türfalz unter gekehltem Eselsrücken, dessen Zwickel von feinem Fischblasenmaßwerk eingenommen werden. Am tannenen Wandtäfer schmale Blendlanzetten mit Nasen und Zwickelmaßwerk (größtenteils erneuert), über den Stichbögen der drei Staffelfenster vorgeblendete weitzügige Flamboyant-Motive (vollständig erneuert). Die Köpfe der Deckenbalken sind mit naturalistischen und stilisierten Blättern, Blüten, Eicheln und Treffeln verziert und zeigen Pfeilspitzen mit eingerollten Widerhaken, die mit analogen Spitzen in der Balkenmitte korrespondieren. An der Unterseite der beiden mittleren Träger zwei Rundmedaillons mit einem Hasen und einem Wildmann zwischen antithetischen Löwen und Fabelwesen; an den Balkenflanken eine Aufschrift in gotischer Fraktur, die den Namen des Bildschnitzers und das Entstehungsdatum seines Werks preisgibt: «ich hans widerker ∗ WerchkMeister diser stat/ anno · domini · ∗ M · cccc · lxvii/ der nit hat pfenig noch pfand der eß der truben ab der w̄ad». Der Sinnspruch bezieht sich auf das Füllbrett zwischen den beiden Balken, wo neben Wellenranken Trauben und Weinlaub dargestellt sind. – Die linke der beiden Fenstersäulen ist moderne Rekonstruktion, die rechte stammt aus der Bauzeit der Stube. Über ihrem Rechteck-

---

[144] Photographien aus der Zeit nach der Jahrhundertwende in Mellinger Privatbesitz erweisen, daß das gassenseitige, heute mit Schaufenstern versehene Erdgeschoß offenbar bis 1923 ebenfalls noch seinen alten Bauzustand bewahrte: Unter der linken Fensterachse – überhöht vom Stadtwappenrelief – lag der von toskanischen Halbsäulen gefaßte Haupteingang; unter den beiden andern Achsen öffnete sich ein breitspuriges Segmentbogenportal mit gekehlter Rundung; rechts davon befand sich ein dritter, spitzbogiger Zugang mit Fasen. Sein Rahmen mit der Jahreszahl 1536 ist bei den Renovationsarbeiten 1975 unter dem Verputz zum Vorschein gekommen.

[144a] ASA 1888, S. 6of.; 1889, S. 285.

Abb. 403. Mellingen. Ehemaliges Rathaus. Ratsstube mit Decke von Hans Widerkehr, 1467 (heute im Schweizerischen Landesmuseum Zürich). – Text S. 422f.

sockel ein dreiseitig ausgearbeiteter Polygonaltambour und ein dicker Schaft mit acht breiten tordierten Kehlen; das Kapitell besteht aus einem sporenbesetzten Zylinder und einem quadratischen Block, der allseitig mit geschweift konturierter Kielspitze auf dessen Leibung hinuntergreift; am doppelt gekehlten Kämpfer zwei leere Wappenschilder. – Eines der schönsten spätgotischen Zimmer des Aargaus.

Abgewanderte Kunstwerke. 1. *Romanische Fenstersäule* (Ortsmuseum Mellingen) (Abb. 404 und 405). Weicher Sandstein. H. 78 cm (Höhe von Basis und Kapitell je 19 cm). Mitte oder zweite Hälfte 12. Jahrhundert. Quadratischer Stylobat; Rundbasis mit attischem Profil und Ecksporen; zylinderförmiger Schaft; Würfelkapitell mit stilisierten Palmetten unter Blendbogenfries. Gehörte vermutlich zum Vorläuferbau des heutigen Hauses; 1943 in einer 1,5 m starken Mauer des ersten Stocks aufgefunden. Sehr seltenes Beispiel eines romanischen Zierstücks in der Region. – 2. *Wappentafel der Schultheißen von Mellingen* (Ortsmuseum Mellingen). Öl auf Leinwand. 179 × 151 cm. Oben beschriftet: «Ehrenwappen/ der Herren Schultheißen zu Mellingen/ samt den Insignien der Stadt und derer Gerichten/ 1790» (letzte nachgetragene Schultheißenamtsperiode 1811-1831). Unten Stadtvedute von Nordosten. – 3.–10. *Porträte bedeutender Mellinger Persönlichkeiten*[145]: 3. *Johann Georg Widerkehr*, Schultheiß seit 1686, † 1724 (Ortsmuseum Mellingen). Anonymes Ölgemälde auf Leinwand. 75 × 58 cm. Um 1720. Wappen nebst Aufschrift «Joannes Georgius Widerkehr. Schultheis/ Ætatis Suae 75.». 4. *Carl Joseph Müller*, Schultheiß seit 1761, † 1795 (in Privatbesitz in Mellingen) (Abb. 362). Öl auf Leinwand. 76,6 × 61,4 cm. Signiert und datiert «Joseph Reinhardt pinx./ 1781». Mit Allianzwappen Müller-Agnes Widerkehr und Beischrift «Æ(tatis) S(uae) 44./1781». 5. *Johann Jodok Singisen*, seit 1596 Abt in Muri, † 1644 (Ortsmuseum). Anonymes Ölgemälde auf Leinwand. 77 × 59,5 cm. Um 1610. Wappen mit Inful und Pedum. 6. *Edmund Schnider*, seit 1640 Abt in St. Urban, † 1677 (Ortsmuseum).

---

145 Zeitturmarchiv, Gemeinderatsprot. 1838–1841, S. 227.

Abb. 404 und 405. Mellingen. Ehemaliges Rathaus. Romanische Fenstersäule, vermutlich vom Vorgängerbau, Mitte oder zweite Hälfte 12. Jahrhundert (heute im Ortsmuseum Mellingen). – Text S. 423.

Anonymes Ölgemälde auf Leinwand. 75 × 60,5 cm. 1669. Geviertes Wappen mit Inful und Pedum: 1 Cîteaux, 2 Schnider, 3 Kloster St. Urban, 4 von Liebenfels (HBLS IV, S. 677f.) (vgl. S. 407, Nr. 2). 7. *Johann Ulrich Meyer*, seit 1686 Abt in Wettingen, † 1694 (Ortsmuseum). Anonymes Ölgemälde auf Leinwand. 75 × 59,5 cm. Ende 17. Jahrhundert. Wappen mit Inful und Pedum. 8. *Jost Ranutius Segesser von Brunegg*, Bürger zu Luzern und Mellingen, Chorherr in Beromünster, † 1745 (Ortsmuseum). Anonymes Ölgemälde auf Leinwand. 77 × 62 cm. Um 1740. Geviertes Wappen: im Herzschild in Schwarz eine silberne Sensenklinge, 1 und 4 in Weiß drei schwarze Leoparden hinter goldenem Lilienhaspel, 2 und 3 ein goldenes Einhorn. 9. *Augustin (Arbogast) Müller*, seit 1751 Abt in St. Urban, † 1768 (Ortsmuseum) (Abb. 363). Anonymes Ölgemälde auf Leinwand. 82 × 68 cm. Um 1760. Mit infuliertem Wappen. 10. *Maria Bernarda Hümbelin*, seit 1789 Priorin in Gnadenthal, † 1847 (Ortsmuseum). Öl auf Leinwand. 69 × 54,5 cm. Signiert «H K». 1839. – 11. *Standesscheibe von Luzern* (in Privatbesitz in Mellingen). 42,3 × 31,8 cm. Doppelwappen der Stadt, überhöht vom gekrönten Reichsschild; dahinter zwei stehende Junker mit Banner und Halbarte; oben zwei Schlachtenbilder. Datiert 1542. – 12. und 13. *Zwei silberbeschlagene Gerichtsstäbe*: L. 101 cm. 17. Jahrhundert. Mit Polsterknauf und aufgesetztem (beschädigtem) Löwen als Stadtwappenhalter (Schweizerisches Landesmuseum Zürich, Inv. Nr. Dep. 485). – L. 113 cm. Um 1650 (Abb. 415). Mit tordiertem Kugelknauf, Rollwerkhenkeln, Hermen und rundplastischem Schildhalterlöwen (ebenda, Inv. Nr. Dep. 484).

IBERGERHOF

Geschichte und Besitzverhältnisse. Wie sein Name sagt, gehörte das Haus dem ursprünglich kiburgischen Dienstmannengeschlecht derer von Iberg, deren Stammburg bei Inwil im Reußtal lag. Es kam durch Erbgang oder als Mitgift einer Katharina von Iberg zu Beginn des 14. Jahrhunderts in den Besitz Johannes' I. Segesser und blieb bis ans Ende des 16. Jahrhunderts in der Hand von dessen Nachkommen[146]. Zwischen 1591 und 1594 erwarb es Christoph Eberhart Flach von Schwarzburg, Sohn von Philipp Flach, Großpriors des Johanniterordens in Deutschland, und Tochtermann von Schultheiß Hans Caspar Segesser in Mellingen. Geldnöte zwan-

---

146 P. A. von Segesser I, S. XVI; S. 4f.; Stammtafel. – Merz, Burganlagen I, S. 265; Stammtafeln von Iberg, bei S. 264, und Segesser, bei S. 166. – Rohr, S. 24f.

gen ihn jedoch, das Schlößchen im Jahre 1602 an Hartmann von Hallwyl, Komtur von Beuggen, zu veräußern. Auch für das Deutschordenshaus indessen war der «Iberg», trotz dem umfangreichen zugehörigen Kulturland, keine vorteilhafte finanzielle Anlage, weshalb es den Hof seit der zweiten Hälfte des 17. Jahrhunderts mit allen Mitteln wieder loszuwerden trachtete[147]. 1731 kaufte Chorherr Jost Ranutius Segesser in Beromünster den ehemaligen Familienbesitz zurück; 1737 bezog er ihn in das von ihm gestiftete Familienfideikommis ein. 1779 verkaufte Jost Heinrich Segesser mit Zustimmung seiner Brüder den Hof an die Stadt, die ihn dem Pfarrer als Wohnung anwies. 1856 wurde der «Iberg» Spital und Armenhaus, später Altersasyl. 1968/69 Teilrenovation. Seither dient das Haus als Kinderhort[148].

Der «Iberg» war ein befestigter Eigenhof, der die Stadt reußaufwärts abschloß, sich aber im späten Mittelalter durch eine Mauer selber vom eigentlichen Stadtbann sonderte (vgl. S. 390; Abb. 369). Zur Zeit der österreichischen Herrschaft war der Inhaber des Sitzes als Dienstmann verpflichtet, zur Wehrfähigkeit der Stadt beizutragen, auch wenn er rechtlich nicht in deren Verband gehörte[149].

BESCHREIBUNG. *Lage* (Abb. 364 und 410). Der ländlich-behäbige Mauerbau steht am oberen Stadtspitz hinter dem Chorscheitel der Kirche. Die nordöstliche Traufseite wendet er der Reuß zu, die südwestliche der Kleinen Kirchgasse, welche die Stadt reußaufwärts verläßt und im Mittelalter zwei Tore in der Hofumfriedung

---

147 STÖCKLI, Mellingen, S. 270f. – Unter anderem gab der Orden damals vor, falls Mellingen den Sitz nicht um 6000 fl. erwerbe, würde man einen protestantischen Interessenten berücksichtigen. Die katholischen Orte erließen daraufhin ein entsprechendes Verkaufsverbot. MERZ, Burganlagen I, S. 266.
148 MERZ, Burganlagen I, S. 266. – FUCHS, HUNZIKER, NÜSSLI, S. 12.
149 ROHR, S. 24–28.

Abb. 406 und 407. Mellingen. Hauptgasse von Nordosten mit Blick auf den Zeitturm; Ibergerhof von Nordwesten. – Text S. 392f., 429 und 426.

passierte. Von der ehemaligen Ummauerung ist das flußparallele, mehr als vier Meter hohe Teilstück erhalten geblieben.

Äußeres (Abb. 407). Zwei baugebundene Jahreszahlen verraten, daß das Schlößchen in den siebziger Jahren des 16. Jahrhunderts durch Schultheiß H. C. Segesser sein heutiges Aussehen erhielt[150]. Über großem trapezförmigem Grundriß erheben sich drei Geschosse, die von einem leicht geknickten Gerschilddach gedeckt sind. Der Südwestseite schmiegt sich ein runder Schneggenturm an, der mit zwei Stockwerken die Traufe überragt und durch zwei übereinanderliegende unbefensterte Korridore mit dem Dachstock verbunden ist. Das oberste, polygonale Turmgeschoß mit Schindelverkleidung und niedrigem Zeltdach stammt vermutlich aus dem späten 18. Jahrhundert; Wetterfahne von 1970. Rohe Buckelsteine mit Randschlag markieren die Gebäudekanten; eine gekehlte Simsgurte scheidet die beiden Obergeschosse. Einfache und pfostengestützte Rechteckfenster mit Kehlrahmen sowie eine Anzahl Kreuzstocklichter (auf der Flußseite) offenbaren in ihrer unregelmäßigen Verteilung die reizvolle Zwanglosigkeit der Spätgotik. (Fünf getreppte Rechtecklichter und ein heute blinder Stichbogenrahmen am ersten Stock wahrscheinlich aus der zweiten Hälfte des 18. Jahrhunderts.) Im steinernen Turmschaft sitzen drei Fenster, deren schrägparallele Simse und Stürze der Treppensteigung folgen; ein viertes von rechteckiger Form bildete vor der Aufstockung des Schneggens den obersten Auslug am Treppenende. Der stadtwärts gerichtete – und damit in Kriegszeiten geschützte – *Turmzugang* (Abb. 409) zeigt einen zügig geschweiften Schulter-

---

[150] STÖCKLI, Mellingen, S. 270. – Die Bilddokumente Nrn. 2 (Abb. 368) und 3 zeigen übereinstimmend ein noch völlig diverses Doppelgebäude. Abb. 369 wäre in diesem Sinne zu korrigieren.

Abb. 408 und 409. Mellingen. Ibergerhof. Aufriß eines Renaissance-Zimmerportals, um 1610–1620; Schneggenportal von Anton Wyg, 1578. – Text S. 428 und 426f.

Abb. 410. Mellingen. Reußufersilhouette des oberen Stadtteils von Osten, mit Ibergerhof, Stadtkirche und ehemaligem Rathaus (rechts). – Text S. 402, 404, 422 und 425.

bogen mit kielförmiger Spitze; in seiner weiten Kehlung skulptiertes Tartschenschild mit dem Wappen Segesser, an der Stirne die Jahreszahl 1578 und das Steinmetzzeichen des Brugger Bildhauers ANTON WYG (Tabelle II, Nr. 36). Unmittelbar neben dem Portal, in der südwestlichen Hauswand, liegt ein rechteckiger Eingang zum ebenerdigen Keller, dessen Rahmenfasen sich am Sturz zu einem vorgeblendeten Eselsrücken verformen; Doppelwappen des Deutschordens und des Komturs Heinrich Schenk von Castell zwischen der Jahreszahl 1633[151].

Dachstock. Sparrendach mit auffälligen Hauptbindern: Über einer gemeinüblichen Konstruktion aus liegenden Streben, Spannriegel und Kehlbalken stehen senkrechte Stuhlsäulen, die das oberste, strebenverspannte Pfettenpaar stützen; Andreaskreuze.

Inneres. Wendeltreppe mit geschlossener Spindel und gestufter Untersicht. Am Podest zuoberst ein wiederverwendeter Wappenstein aus dem Vorgängerbau des Hauses, der drei Schilder weist: heraldisch rechts Ringoltingen (drei Ringe auf einem Vertikalband), links Erlach (ein Sparren auf einem Vertikalband), in der Mitte Helm und Kleinod der Segesser[152]. – Im westlichen Eckzimmer des ersten

---

151 Der «Iberg» war während des Dreißigjährigen Krieges Zufluchtsstätte der Komturen von Beuggen. 1632–1634 weilte Schenk des öftern in Mellingen; von 1638 bis 1646 war das hiesige Haus sein ständiger Wohnsitz. – STÖCKLI, Mellingen, S. 271.

152 Johann Rudolf I. Segesser (nachgewiesen zwischen 1451 und 1522, tot 1523) war zum erstenmal verehelicht mit Margareta von Erlach, zum zweitenmal, seit 1483/84, mit Johanna von Ringoltingen. – P.A. VON SEGESSER I, S. XXXIV–XXXVI; Stammtafel.

Stocks eine oktogonale Fensterstütze, die einer analog geformten, aber breiteren Basis entwächst und unmittelbar unter einem frontseitig vorbauchenden Kämpfer endet; sie trägt das gespaltene Wappenschild Segesser–Ringoltingen und muß demnach ebenfalls schon den Vorläuferbau geziert haben. Im *östlichen Eckzimmer* ein köstliches Renaissance-Getäfer in Form einer blinden Pilasterbogenstellung, mit kannelierten Stützen und Triglyphengebälk; dazwischen zwei hölzerne Türeinfassungen, bestehend aus applizierten Sockeln und Pfeilern, diamantengeschmücktem Fries und gesprengtem Dreieckgiebel; Kassettendecke. Vermutlich kurz nach dem Übergang des Hauses an den Deutschritterorden, um 1610–1620, entstanden; heute grau übermalt. – Der Zugang zum zweiten Obergeschoß liegt unter einem spätestgotischen Stichbogen mit Fase und winziger Scheitelspitze. In den südlichen Eckraum führt ein bemerkenswertes *Weichholzportal* aus der Spätrenaissance, das auf dem Flur und im Zimmer zwei fast identische Gerichte aufweist: die toskanischen, intarsienverzierten Pilaster und ihre Sockel mit Maqueteriediamanten sind breiten Pfeilern mit dunkler Intarsienzeichnung vorgestellt und stützen ein Gebälk, dessen Fries von flach geschnitzten Arabeskenmotiven belebt ist; am Türflügel gepunzte und gravierte Schmiedeisenbeschläge und kräftig umrandete Kassetten mit eingelegten schwarzen Diagonalstreifen. Um 1610–1620. Zwischen den Stichbogennischen der beiden Rechteckfenster eine Säule, deren Schaft aus einem Blattkelch aufwächst und ein zu vier Lünetten verkümmertes Würfelkapitell trägt; am dreiseitig gekehlten Rechteckkämpfer das Baudatum 1578. Wandtäfer mit Blendarkaden und Triglyphenfries; heute grau übermalt. Auf dem Flur ein weiteres Renaissance-Portal, identisch mit dem genannten, jedoch mit zusätzlichem Volutengiebel in Flachschnitzerei (Abb. 408). Im östlichen Eckzimmer zwei pilasterflankierte Türen, überhöht von breitem Fries mit Zahnschnitt. – Ein Nordwestfenster des Dachstocks zeigt am Sturz zwei skulptierte Wappenschilder Segesser, die, wie die beiden Daten am Schneggenportal und im Südzimmer des zweiten Stocks, auf die Bauzeit im späten 16. Jahrhundert hinweisen[153].

BÜRGERBAUTEN DER ALTSTADT

Mellingen ist ein bezeichnendes Beispiel jener Stadtsiedlungen, die als geschlossener Häuserverband ein außergewöhnlich schönes Denkmal bilden, ohne daß die Bauten an sich einen überdurchschnittlichen künstlerischen Wert beanspruchen dürften: Das Ganze ist mehr als die Summe der einzelnen Teile – was freilich nicht heißt, daß die einzelnen Häuser keines denkmalpflegerischen Schutzes würdig sind (Abb. 364). Dem fast starr systematischen, dreieckigen Stadtumriß entspricht im Innern eine ebenso systematische Straßenanlage: Beidseits der Transversalstraße (früher Markt-, heute Hauptgasse) folgen den peripheren Häuserzeilen je zwei Gassenzüge, die südöstlich (vor der Kirche) bzw. nordwestlich (vor dem Hexenturm) in spitzem Winkel aufeinandertreffen und zwischen denen sich lockere Häuserhaufen gruppieren (Abb. 369). – Charakteristisch für die kunstgeographische Grenzlage Mellingens zwischen östlichem und westlichem Aargau ist das Nebeneinander von trauf- und giebelständigen Bauten. Zahlreiche Gebäude zeigen Fassaden aus dem zweiten und dritten Viertel des 19. Jahrhunderts mit einfach getreppten Fensterrahmen und vorladenden kubischen Simsen. Neben den konventionellen Dachkonstruktionen mit liegenden Streben, Spannriegeln und Kehlbalken sind stehende Dachstühle nicht selten. – Die anschließende Beschreibung folgt itinerarischem Prinzip.

---

153 Bauherr Hans Caspar (1552–1591) war der letzte in Mellingen seßhafte Segesser. – P.A. VON SEGESSER I, S. XXXIV; Stammtafel.

Abb. 411. Mellingen. Hauptgasse von Südwesten, mit Gasthof «Zum Löwen» (links) und Brückentor (hinten). – Text S. 395, 429f. und 432.

Hauptgasse (Abb. 406 und 411). *Wirtschaft «Zum Stadttor»* (Nrn. 18/16). Eng an den Zeitturm geschmiegter, viergeschossiger Mauerbau, dessen Fassade unter durchgehender Traufe rechtwinklig einspringt. Die Kantenbossen und zwei gekehlte Zwillingsfenster (heute ihrer Pfosten beraubt) weisen ins 16. oder frühe 17. Jahrhundert. Im zweiten Stock zweitüriger Einbauschrank aus der ersten Hälfte des 19. Jahrhunderts. – Eckhaus *Hauptgasse–Scheunengasse Nr. 1*. An der Stirnseite in der Scheunengasse noch zwei spätgotische Zwillingsfenster mit der Jahreszahl 1639. Die liegenden, verspannten Streben des Sparrendachs reichen bis zur Firstpfette, keine Kehlbalken. – *Gasthof «Zum Löwen»* (Nrn. 14/12) (Abb. 369 und 411). Der linke Trakt der Hauptfassade zeigt zwei fünfachsige Obergeschosse mit Fenstern aus dem 18. Jahrhundert (die geböschten Simse teils erneuert), darüber einen dritten Stock mit drei breiten, unregelmäßig verteilten Rechtecklichtern aus der Zeit um 1600; der zweiachsige rechte Trakt ist einheitlich durch Fenster des späten 18. Jahrhunderts gegliedert. In einer Nische über dem ersten Stock lebensgroßer liegender Löwe, Vollplastik aus Würenloser Sandstein von HANS TRUDEL, 1923. Trotz der ungewöhnlich dimensionierten Haustiefe von etwa 20 m wurde der Dachstuhl des traufständigen Gebäudes ohne stehende Säulen gezimmert (Abb. 412): seine Hauptbinder zeigen liegende Streben mit zweifacher Kehlbalken-Spannriegel-Konstruktion, wobei die untere an einem firstparallelen Langholz, das von einer zangenförmigen Hängesäule getragen wird, Halt findet. Über der Stirnseite an der Scheunengasse Halbwalm. – An Haus *Nr. 10*, das nach der Form seiner gekehlten Simse im Kern noch ins 17. Jahrhundert reicht, ein originaler Pfettenbug mit Kerbschnittverzierung und geschnitztem, leerem Wappenschild. – *Nr. 4.* Stattlicher fünfachsiger Bau mit zweiachsigem Quergiebel unter Gerschilddach und Rûnde; Beginn 20. Jahrhundert. – *Nr. 2.* Spätestgotischer Doppelbau mit Eckstrebepfeiler, 16./17. Jahrhundert. Am ersten Stock zweimal zwei gekuppelte Zwillingsfenster mit getreppten Rahmen. In der ehemaligen Stube des linken Traktes (heute Tea-Room) eine wiederverwendete Fenstersäule über quadratischer Basis mit lünettenförmigen Seiten; am Würfelkapitell unbekanntes Wappen (zwei parallele, stehende Schlüssel); am Kämpfer mit dreiseitigem flachem Kehlenansatz und stirnseitigem Wulst weiteres skulptiertes Wappenschild[154] (Frey von

---

[154] Vgl. die Wappentafel im Ortsmuseum.

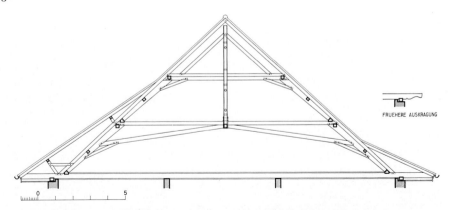

Abb. 412. Mellingen. Hauptgasse. Binder im Dachstuhl des Gasthofs «Zum Löwen». – Text S. 429.

Mellingen?: der Dreiberg fehlt, das Einhorn steigt nach links) nebst Jahreszahl 1583. Diverse weißglasierte Füllkacheln mit violett gemalten Landschaftsmotiven von einem ehemals baugebundenen Ofen aus der Zeit um 1780. Geknicktes Sparrendach über stehendem Stuhl, mit Halbwalm gegen die Bruggerstraße. – Auf der gegenüberliegenden Gassenseite steht das 1974 modernisierte *Restaurant «Zum Scharfen Eck»* (Nr. 1), das einstige Wohnhaus des Bildhauers FRANZ XAVER WIDERKEHR und seiner Familie. An der freistehenden Hauskante hat der Künstler eine vollplastische, lebensgroße Kontrapostfigur der Muttergottes mit Kind hinterlassen, die auf ihrem Holzkern eine wetterfeste Stuckfassung trägt (Abb. 399). Um 1740–1750[155]. – *Nr. 3*. Dreigeschossig, mit dreiachsig, streng symmetrisch disponierten Stichbogenlichtern aus der Zeit um 1780. Die Stube im ersten Stock liegt unter einer bemerkenswerten spätgotischen Holzdecke mit zwei Mäanderfriesen. An den Köpfen der seitlichen Balken skulptierte, rund konturierte Pfeilspitzen, an jenen der beiden mittleren Blendmaßwerk; das mittlere Füllbrett (Abb. 376a und 413) trägt einen flach geschnitzten Rankenfries, in welchem zahlreiche Jagdmotive – ein Fasan, ein Hirsch, ein Hund und Vögel – zu erkennen sind. Um 1510. Im selben Haus mehrere braunglasierte Fragmente von Tonwerkfiguren in Halb- und Hochrelief, die bei einer Renovation im Jahre 1944 in der Brandschicht von 1505 zum Vorschein kamen: ein stehendes, sich umschlingendes Liebespaar (H. 26 cm) (Abb. 414); das Brustbild eines Bärtigen neben einem Maßwerkbogen mit aufgesetztem Falkennest (16,5 cm); ein Ritter (14 cm); ein Page (18 cm); Hunde; Blendmaßwerk u.a. Die Darstellungen, die vielleicht von einem Kachelofen stammen und ins beginnende 15. Jahrhundert zu datieren sind, gehören zu den kostbarsten mittelalterlichen Terrakottaarbeiten im Kanton Aargau. – Das geschnitzte Füllbrett einer spätgotischen Balkendecke aus Haus *Nr. 5*, ähnlich jenem in Nr. 3, befindet sich im Ortsmuseum. – *Nr. 7*. Dreiachsiges Haus mit vier Geschossen, wovon das oberste aus verputzten Fachwerkmauern. Über dem straßenseitigen Giebel ein weit vorgezogenes Gerschilddach mit kerbschnittverzierten Bügen und dekorativem Fluggespärre. 19. Jahrhundert. – *Nr. 11* (Abb. 411). Schlanker, viergeschossiger Eckbau, der seine Giebelfassade der Hauptgasse, seine Flanke der Kleinen Kirchgasse zuwendet. Zweiachsig disponierte Fenster in gefalzter Rahmung, jene im ersten Stock über durchgezogenem Kehlgesims; seitlich und hinten (Kleine Kirchgasse Nr. 1) gekehlte Rechtecklichter. Eckstrebepfeiler. Das oberste Geschoß und das Dach wie bei Nr. 7. Ende 17. Jahrhundert. – Eckhaus *Hauptgasse–Kleine Kirchgasse Nr. 2*. Viergeschossig, mit straffer Fensteranordnung; Sparrendach über stehendem Stuhl. 18. Jahrhundert. Stirnseitig, gegen die Kleine Kirchgasse, modernisiert. – Die beiden anschließenden Häuser *Hauptgasse Nrn. 13 und 15* sind zweistöckige Biedermeier-Bauten aus dem zweiten Viertel des 19. Jahrhunderts (Wassersammler an den Dachkänneln). Letzteres stößt im rechten Winkel an das langgestreckte Gebäude *Nr. 17* (Abb. 371), dessen eine Stirnseite mit der südöstlichen Wand des Zeitturms in Verband steht und welches stadtauswärts über sechs unregelmäßig verteilten Fensterachsen des 17. und 18. Jahrhunderts ein fünffach befenstertes Mansardendach aus dem beginnenden 19. Jahrhundert präsentiert. Daneben ein schmalbrüstiges Haus mit hübschem gekehltem Zwillingslicht aus der Spätgotik.

---

155 FELDER, S. 48.

Kleine Kirchgasse. Auf der Nordseite der Gasse stehen Gebäude aus dem 19. und 20. Jahrhundert in lockerer Folge. Die Südseite wird von einer gleichförmigen Zeile zweistöckiger, traufständiger Häuser gesäumt, deren Rückseite hinter dem Graben einst Teilstück des festen Stadtgürtels war. Die Bauten sind mehrheitlich dreiachsig; in etlichen Fällen zeigen sie, der schmalen Parzellierung entsprechend, nur eine zweiteilige Fenstergliederung (Nrn. 4, 6, 8, 12, 14, 32, 38), erreichen aber bis zu 15 m Tiefe. Neben der südwestlichen Langseite der Kirche setzt sich die Gasse zum Ibergerhof fort. Ihre Häuserflucht weicht hier sprunghaft zurück; sie folgt noch der alten Baulinie, die das einst südwest-nordöstlich gerichtete Kirchenschiff respektierte (vgl. S. 399f.; Abb. 369). – *Nr. 6.* Am Erdgeschoß und ersten Stock breite Fenster mit Kehlrahmen aus dem frühen 17. Jahrhundert; am geriegelten, verputzten zweiten Stock jüngere Stichbogenlichter. Im gefasten Portalrahmen zwei spätbarock-klassizistische Türflügel mit geschnitzten Kassettenfüllungen und kleinen, verglasten Ochsenaugen. In der Stube im ersten Obergeschoß Balkendecke und grünglasierter kubischer Biedermeier-Ofen auf Vierkantfüßen. – In *Nr. 8* grüner Kachelofen mit weißem Fries und Messingknöpfen, Mitte 19. Jahrhundert. – *Nr. 10.* Mit spätgotischen dreigliedrigen Bandfenstern in den Obergeschossen, um 1600. Nachträglich veränderter, stehender Dachstuhl. – *Nr. 12.* Mit gekehltem Doppelfenster am ersten Stock. Im Estrich Fachwerkmauer mit lehmverstrichenem Rutengeflecht. Erste Hälfte 17. Jahrhundert. – *Nr. 18.* Mit ebenmäßig verteilten Segmentbogenfenstern, um 1800. Das Sparrendach mit stehendem Stuhl wohl älter. – *Nr. 24.* Am ersten Obergeschoß drei Fenster des 19. Jahrhunderts über durchlaufender Sohlbank des 17. Jahrhunderts; im Innern breites rundbogiges Kellerportal. – *Nrn. 30 und 32.* Mit spätbarocken Stichbogenfenstern und stehenden Dachstühlen (aus dem 17. Jahrhundert?). An der hälftig sichtbaren Stirnseite von Nr. 32 spätmittelalterliche Konsolsteine. – *Nrn. 40 und 42.* Mit Stichbogenfenstern im zweiten Obergeschoß, um 1800. – *Nr. 46.* Barocker Riegelbau, eingreifend renoviert.

Große Kirchgasse. In der geschlossenen nordöstlichen Häuserzeile, die rückseitig den oberen Teil der Flußfront Alt-Mellingens bildet (Abb. 410), überwiegen zwei- und dreiachsige Bauten mit drei Geschossen. – *Nr. 32* (zwischen Kirchturm und Reuß). Bemerkenswerte gemauerte Scheune unter breitem Gerschilddach. Kleine Rechtecklichter; im Scheitel des gefasten, rundbogigen Tenntors leeres Wappenschild. Vor dem geriegelten flußseitigen Giebel ein von Stichbalken getragener Balkon; die vortretenden buggestützten Wandpfetten, das geschnitzte Fluggespärre, die Fachwerkhölzer und der gekuppelte Balkonzugang tragen Spuren einer originalen Ochsenblutbemalung. Um 1600. – Angeschlossen an das *Neue Rathaus* (vgl. S. 421) Gebäude *Nr. 21*, mit spätbarocken Stichbogenfenstern. – *Nr. 13* hat dreigliedrige Fensterreihen über durchgezogenen Karniessimsen; um 1700. Im gleichfalls karniesförmigen Portalrahmen ein Biedermeier-Türflügel mit geschnitzten Pyramiden, Rauten und Fächern; um 1830. Stehender Dachstuhl. – Die Fassade des viergeschossigen Hauses *Nr. 11* ruht unter einem Zwerchdach mit Gerschild und Ründe. Ihre beiden gekuppelten Zwillingslichter am ersten Stock weisen ins späte 16. Jahrhundert. In der Stube Fenstersäule mit ausgeprägter Entasis, niedrigem Wulstkapitell und grätig profiliertem Kämpfer; ferner ein grün-weißer, kubischer Kachelofen mit Doppelkunst, um 1830–1850, darüber in der Decke ein rechteckiger Wärmedurchlaß

Abb. 413. Mellingen. Hauptgasse. Füllbrett mit geschnitztem Jagdfries an der Stubendecke in Haus Nr. 3, um 1510. – Text S. 430.

Abb. 414 und 415. Mellingen. Hauptgasse, Liebespaar, vermutlich von einem zerstörten Kachelofen des 15. Jahrhunderts, in Haus Nr. 3; ehemaliges Rathaus, silberner Schildhalterlöwe auf einem Gerichtsstab, Mitte 17. Jahrhundert (heute im Schweizerischen Landesmuseum Zürich). – Text S. 430 und 424.

in den oberen Stock. In einer nordöstlichen Dachkammer drei originelle Wandbilder in Röteltechnik: zwei Heilige mit Buch bzw. Kreuz, eine Wappenkartusche, zwei brettspielende Affen an einem perspektivisch gezeichneten Tisch; Mitte 17. Jahrhundert. – *Nr. 3*. Dreiachsig und viergeschossig, mit geböschten Fenstersimsen, 18. Jahrhundert. – Gegenüber die *Wirtschaft «Zum Frohsinn»* (Nr. 2), mit hübscher vierachsiger Front unter einem Querdach, um 1840. – Die Gasse führt am Alten Rathaus (vgl. S. 421) vorbei in die Hauptgasse und setzt sich jenseits davon in der Bruggerstraße fort.

Bruggerstraße (ehemals Schweingasse). Die nordöstliche Häuserreihe dieses Straßenzugs, die einst die Unterstadt gegen die Flußseite schützte, trägt ein ähnliches Gepräge wie die Gebäudezeile der Großen Kirchgasse, während die Häuser auf der Südwestseite – wiederum wie dort – locker gruppiert sind und wenig Interesse beanspruchen. – Eckhaus Nr. 2 ist der *Gasthof «Zum Hirschen»* (Abb. 369 und 411), der mit seiner Traufseite die Hauptgasse flankiert und an der Bruggerstraße einen hohen Quergiebel unter weit vorgezogenem Gerschilddach zeigt. Allenthalben gefalzte einfache und doppelte Rechteckfenster mit Wulstsimsen, 17. Jahrhundert. Am nordwestlichen Annex breite Kehlfenster und ein vierteiliges Zeilenlicht, 16./17. Jahrhundert. Tavernenschild aus der Biedermeierzeit (Abb. 406)[156]. – *Nr. 4*. Mit hohem Quergiebel über der ganzen dreiachsigen Hausbreite; am ersten und zweiten Stock spätbarocke Stichbogenfenster über modernisierten Simsen. – Im ersten Stock von

---

[156] Zur Geschichte des Hauses vgl. O. HUNZIKER im Reußboten vom 13. Okt. 1944.

Nr. 6 kleiner, blauglasierter Kachelofen mit weißem Fries, Mitte 19. Jahrhundert; im zweiten Stock ähnlicher Ofen. Das breitspurige Dach hat zwar einen liegenden Stuhl, aber verstrebte Spannriegel und zusätzlich Hahnenbalken, 17. oder 18. Jahrhundert. – *Nrn. 8, 10 und 12* liegen unter gemeinsamem Dachstock; riesiger stehender Stuhl mit Unterfirst, 17. oder 18. Jahrhundert. – An *Nr. 18* Haustüre mit gravierten Blumen und Christusmonogramm zwischen den Buchstaben «V-H» und der Jahreszahl 17-89. Im Innern zwei hellblaue kubische Biedermeier-Kachelöfen; zwischen dem Parterre in der vordern und dem etwas tieferen Keller in der hintern Hauspartie ein gefastes Rundbogenportal mit dem Datum 1686. – Die *ehemalige städtische Herberge* (Nr. 30) bewahrt neben Fenstern des frühen 19. Jahrhunderts noch ein gefälliges gotisches Kreuzstocklicht. An der Fassade gemeißeltes Baudatum 1541 und zwei Reliefschilder mit dem Stadtwappen und einem Drudenstern (dieser wies im Mittelalter die wandernden Gesellen auf die unentgeltlich gewährte Unterkunft und Verpflegung hin)[157]. – Die schmalen Häuser *Nrn. 32 und 34* haben einen gemeinsamen Dachstock mit senkrechten Säulen und Unterfirst. – Das breite Gebäude *Nr. 36* – die sogenannte Sust (Abb. 369) – war bis zu seinem Umbau im frühen 20. Jahrhundert die Güterhalle des Schiffverkehrs. In der Fassade ein skulptiertes Stadtwappen mit Jahreszahl 1763. An den wesentlich älteren Ursprung des Hauses erinnert jedoch ein Steinrelief (86 × 125 cm) mit dem Stadtwappen, einem Schildhalterlöwen und dem Datum 1600, das früher die Flußseite des Hauses schmückte und heute im Ortsmuseum hängt.

Scheunengasse. Auch diese Straße wird auf der rechten Seite von einer Gebäudereihe gesäumt, welche die Stadt einst gegen außen abriegelte. Sie hat von allen fünf Altstadtgassen die eingreifendsten modernen Veränderungen erfahren. – *Nr. 11.* Ehemaliges Bauernhaus mit angeschlossenem Ökonomietrakt, dessen Heustock hinter sprossenartig, diagonal gesetzten Kanthölzern liegt (renoviert). – *Nr. 7.* Ehemaliges landwirtschaftliches Ökonomiegebäude unter Sparrendach mit stehendem Stuhl. Die diagonal zwischen Wandstiele und Riegel verzapften Kanthölzer der porösen Heustockwand ergeben hübsche Sparren- und Viereckmuster. Wohl 18. Jahrhundert. – *Nr. 5.* Giebelständiges Haus unter vorgezogenem Dach mit Gerschild und geschnitztem Fluggesparre. Das oberste der vier Geschosse sowie der Dachstock in teilweise sichtbarer Fachwerktechnik. Die beiden Rechteckportale mit sporen- und blattgeschmückten Fasenansätzen, die dreiachsig, symmetrisch disponierten Falzfenster und ein durchgezogenes Kehlgesims an der Hinterfassade weisen den Bau in die erste Hälfte des 17. Jahrhunderts. Die liegenden Streben des Dachs reichen bis zur Firstpfette; keine Spannriegel.

VORSTADTBAUTEN

Bahnhofstraße. Das stattliche Haus *Nr. 9* (Restaurant «Zum Rosengarten») ist aus dem ehemaligen Schlößchen Hünegg hervorgegangen, das als Verwaltungssitz des Trostburger Zwings eine bewegte Vergangenheit hatte (Abb. 361)[158]. – *Nr. 11.* Frei stehendes Vorstadthaus mit baumbestandenem Vorgarten. Der Rechteckbau mit Ecklisenen und Walmdach zählt an der Straßenfassade fünf, an den Schmalseiten je drei Achsen und umfaßt zwei Obergeschosse, die sich vom Parterre durch eine Simsgurte scheiden. Hübsche Stichbogenlichter; rückseitiger Treppenrisalit. Am Portal die skulptierten Initialen «X(aver) F(rey)» mit dem Einhorn des Familienwappens, zwischen dem Baudatum 1814. Im Innern Nußbaumtüren mit originalen Beschlägen und ein blauer Biedermeier-Kachelofen unter weißem Kranzgesimse. – *Nrn. 15–29.* Charakteristische einstöckige Vorstadthäuserzeile aus der Zeit um 1830–1840. – Im umgebauten Biedermeier-Haus *Nr. 10* ein weißglasierter runder Turmofen von 1863, mit Messingreifen und stilisierten vegetabilen Friesen und Gitterchen aus ungefaßter Terrakotta. – *Altes Schulhaus.* Errichtet 1896/97 nach Plänen von Architekt Vogler in Zürich. Dreigeschossiger Mauerbau unter niedrigem Walmdach. An der monumentalen, siebenachsigen Hauptfassade ein übergiebelter Mittelrisalit. Mehrfach renoviert und umgebaut[159].

Lenzburgerstraße. Nr. 25. Dreigeschossiger klassizistischer Rechteckbau mit dreimal sieben Achsen. Die Karniesgesimse unter den Falzfenstern sind Reminiszenzen des Spätbarocks, der eichene Türflügel des zentralen Portals trägt die üblichen Motive des Biedermeiers. Um 1820–1830. In der Stube des ersten Obergeschosses Stuckdecke mit Mittelstern und Eckranken aus der Bauzeit.

---

157 Fuchs, Hunziker, Nüssli, S. 8.   158 Kaufmann, Hünegg, passim.
159 Zeitturmarchiv, Gemeinderatsprot. 1891–1900, S. 254, 263, 269f., 312f., 327f., 336f., 340, 361.

NIEDERROHRDORF

GESCHICHTE. Vgl. das einleitende Kapitel zur Gemeinde Oberrohrdorf, S. 436. Während die frühen Quellen die beiden Orte stets mit dem gemeinsamen Namen «Rohrdorf» nennen, wird in einer Urkunde von 1393 erstmals Niederrohrdorf speziell erwähnt[1]. In seiner Nähe liegt das Hochmoor «Taumoos», das den beiden Dörfern «am Rohre» den Namen gegeben hat. Im Jahr 1300 gelangten zwei Höfe im Bann Niederrohrdorfs vom Zisterzienserkloster Kappel an das Kloster Gnadenthal[2], das im Dorf spätestens seit dem 15. Jahrhundert auch die Niederen Gerichte besaß[3]. Die erhalten gebliebene spätmittelalterliche Offnung von Niederrohrdorf kündet von einem verhältnismäßig eigenständigen Dasein des Bauerndorfs. Am Ende des 18. Jahrhunderts bildete es mit 42 volljährigen Bauern und 22 Firsten die zweitgrößte Siedlung unter allen elf Orten im Amt Rohrdorf[4]. – 1849 Ansiedlung eines heute blühenden Industriebetriebes der Metallbranche.

Kirchlich gehörte Niederrohrdorf bis in jüngste Zeit zum Sprengel der Kirche in Oberrohrdorf. Es besaß eine im 17. Jahrhundert und später erwähnte Antoniuskapelle[5]. 1972 wurde es selbständige katholische Pfarrei. Seit 1964 hat die Ortschaft eine reformierte Kirche.

LAGE. Das haufenförmige Dorf liegt an der wichtigen Nord-Süd-Achse Baden–Bremgarten, auf kleiner Geländestufe zwischen der Reußtalsohle und dem Fuß des Heitersbergs. Mit dem nahen, aber 60 m höher gelegenen Oberrohrdorf ist es durch einen geraden, steilen Fahrweg verbunden; eine Nebenstraße führt von Niederrohrdorf westwärts an die Reuß und nach Mellingen.

Quellen und Literatur. Akten im GemeindeA Niederrohrdorf und im StA Aarau (Repertorium I und II, Register, s.v. «Rohrdorf»).
BRONNER II, S. 375f. – Chronik des Kantons Aargau V, Zürich 1969, S. 103f. – Gemeindewappen, S. 16f. – HBLS V (1929), S. 684f. – MITTLER, LÜTHI, S. 60f. – J. VILLIGER, Unsere Wohngemeinde Niederrohrdorf, Baden 1966.
Wappen. BONER, Wappen, S. 26f.

DORF

Der Kern des Dorfs ist in den letzten Jahrzehnten zu einer Schul-, Industrie-, Gewerbe- und modernen Wohnzone geworden, deren alter Häuserbestand keinen besonderen Reiz mehr bietet. – In der modernen katholischen Kirche – einem bemerkenswerten Bau der Architekten SUTER & SUTER AG, Basel – kniehohe Holzplastik einer thronenden, gekrönten *Muttergottes mit Kind*, farbig gefaßt; innerschweizerisch(?); wohl Mitte 14. Jahrhundert.

Gebäude. Schulhaus. Erbaut 1895/96 nach Plänen des kantonalen Hochbaumeisters ROBERT AMMANN[6]. Zweigeschossiger Mauerbau unter Walmdach, mit stichbogigen Fenstern im Erd- und kräftig gerahmten, rechteckigen Fenstern im Obergeschoß. Asymmetrischer rückseitiger Treppenhausrisalit. – An Haus *Mülimattstraße Nr. 5* spätklassizistisches Portal von 1868 unter Zwerchgiebel; an *Nr. 1* an der

---

[1] Aarg. Urk. XII, S. 30.   [2] Aarg. Urk. XII, S. 7.
[3] E. WELTI, Aargauische Offnungen, Argovia IV (1864/65), S. 266.   [4] MITTLER, LÜTHI, S. 61.
[5] PfarrA Oberrohrdorf, Nr. 154, S. 6. Nr. 210, S. 130f.
[6] GemeindeA, Verhandlungsprot. des Gemeinderates 1886–1898, S. 307, 309, 322, 324, 327f., 354, 377, 389.

Abb. 416 und 417. Niederrohrdorf. Wegkreuz im Weiler Vogelrüti, 1696. Bußlingen. Wegkreuz von 1692 mit neugotischem Korpus, 1975 zerstört. – Text unten und S. 451.

Oberdorfstraße ein wiederverwendeter Türsturz mit Wappen «I B» (das Emblem ein Anker) und mit dem Datum 1827. – Im Weiler Holzrüti, südwestlich des Dorfs, Haus *Nr. 11* aus dem 19. Jahrhundert mit dreigliedrigem spätgotischem Reihenfenster. – Am *gegenüberliegenden Bauernhaus* eine Trauffassade in sichtbarer Fachwerkkonstruktion mit verputzter Lehm- und Strohwickelfüllung; zwischen den mit Ochsenblut bestrichenen Balken sind ein langes Zeilen- und zwei Zwillingsfenster mit weich profilierten Simsen ausgespart. 17. Jahrhundert (Scheune und westlicher Anbau jünger). – Haus *Nr. 13* mit dem Datum 1864 bewahrt eine Spätbiedermeier-Haustüre mit gerippten Kreis- und Halbkreismustern. In der vollständig getäferten Stube Einbaukästen und ein blau-weißer Kachelofen aus der Bauzeit.

Wegkreuze. Alle mit treffelförmigen Schaft- und Balkenenden. 1. Über dem Brunnen beim Gemeindehaus. Auf den Treffs die skulptierten Gestirne; am Schaft graviertes Christusmonogramm und Datum 1675. – 2. An der Straße nach Oberrohrdorf. Schaft mit skulptierter Aufschrift «ies/us/las/dei/ nli/den/an/uns/me(nschen)/nic/ht/ver/lon/wer/den»; darunter eine kleine Leuchter- oder Bildnische; auf dem geschweiften Sockel das Wappen von Mellingen(!) mit der Inschrift «g(e)m(einde)/ nider·rodorf». Mitte 17. Jahrhundert. (Nächst dem Kreuz hat sich nach glaubhafter mündlicher Tradition früher die Antoniuskapelle befunden.) – 3. Am Dorfausgang gegen Bremgarten. Mit skulptierten Gestirnen und Jahreszahl 1817; am Schaft das unbekannte Wappenemblem eines liegenden Schlüssels. – 4. Im Weiler Vogelrüti, südöstlich des Dorfs (Abb. 416). Nebst Sonne und Stern die skulptierten Wundmale Christi (Herz, Hände und Füße); unten ein Schädel mit Gebeinen und die Inschrift «cast/ori· f/ogler·/16·96·» nebst zugehörigem Wappen in Rollwerkkartusche. – 5. Im Weiler Holzrüti, südwestlich des Dorfs. Auf den Treffs die skulptierten Gestirne; am Querbalken graviertes «INRI» zwischen der Jahreszahl 16-67; am Schaft die Initialen «I·M(üller)» mit zugehörigem skulptiertem Wappen; am Sockel das Initialenpaar «G·N(otter)» und «H·N(otter)» mit zugehörigem, heute unkenntlichem Wappen. – 6. Ebenda. Mit skulptierten Gestirnen; am Balken Jahreszahl 1808 und Monogramm Mariä; am Schaft der Name «iacob/no(tter)» über zugehörigem Wappen (eine hochgeschlängelte gekrönte Otter); jüngeres Metallkorpus.

OBERROHRDORF-STARETSCHWIL

GESCHICHTE. *Allgemeines.* In der Umgebung Oberrohrdorfs kamen zu wiederholten Malen römische Münzen und Statuetten zum Vorschein[1]. Westlich vor der Kirche fand man 1940 ein Alemannengrab mit Skramasax und Lanzenspitze[2]. Als ältester Grundherr läßt sich im 11. Jahrhundert in beiden Dörfern das Kloster Muri nachweisen[3]. Papst Luzius III. bestätigt 1184 dem Stift Engelberg Güter in Staretschwil; im ungefähr gleichzeitigen Ältesten Einkünfteurbar des Klosters figuriert auch Rohrdorf[4]. Unter den Habsburgern gehörten die Siedlungen zum Amt Baden. Nach der Eroberung durch die Eidgenossen (1415) bildete Rohrdorf eine Untervogtei[5]. Gerichtsherren waren bis 1344 die Freien von Rüßegg, bis 1415 die Habsburger, nachher die regierenden Orte. Auf zwei Höfen in Staretschwil hatte das Kloster Wettingen die geringfügigen Bußfälle zu richten[6]. – Im Religionskrieg 1712 wurde das von der Bewohnerschaft fluchtartig verlassene Rohrdorf von Zürcher Truppen ausgeplündert[7]. – Die früher mit den beiden Dörfern politisch vereinten Ortsbürgerschaften Niederrohrdorf und Remetschwil trennten sich 1854 als selbständige Gemeinden los[8].

Kirchliches. Entgegen anderen Meinungen[9] muß angenommen werden, daß die Kirche in Oberrohrdorf im 11. Jahrhundert durch das Kloster Muri gestiftet worden ist[10] und anfänglich auch diesem inkorporiert war[11]. Um 1100 bezog Muri einen Viertel des Rohrdorfer Zehnten[12]. Das im spätmittelalterlichen Rohrdorfer Jahrzeitenbuch erstmals erwähnte Martinspatrozinium[13] dürfte in die Gründungszeit zurückreichen[14]. Im 13. Jahrhundert gehörten Widemhof und Patronat der Kirche dem elsässischen Kloster Murbach[15], später den Habsburgern. Diese belehnten damit im 14. Jahrhundert die Freien von Rüßegg, 1344 die Edeln von Hünenberg und 1410 den Vogt zu Rapperswil, Hans von Homburg[16]. 1413 vergabte Herzog Friedrich IV. die Kirche mit allen ihren Rechten dem Spital in Baden[17]. Dem Leutpriester des Gotteshauses oblag die Pastoration in allen Dörfern zwischen Heitersberg und Reuß von Bellikon und Künten bis zum rechtsufrigen Mellingen[18].

1 HEIERLI, S. 72 und Fundkarte. – Heimatgeschichte II, Fundkarte. – JB SGU XLII (1952), S. 92; vgl. XLVI (1957), S. 130f.
2 JB SGU XXXII (1940/41), S. 167. – Bad. Njbll. 1940/41, S. 40; Plan bei S. 64.
3 Acta Murensia, in Quellen zur Schweizer Geschichte III/2 (1883), S. 28, 75.
4 QW Urkunden I, S. 85. – QW Urbare/Rödel II, S. 223.
5 Aarg. Urk. VIII, S. 60, 127, 130, 197. – Gemeindewappen, S. 16.
6 Urbar Baden, S. 171–173. – Habsb. Urbar I, S. 123.
7 P. KAUFMANN, Der Rohrdorferberg im Zwölferkrieg, Bad. Njbll. 1928, S. 8f.
8 Gemeindewappen, S. 16.
9 Heimatgeschichte IV, S. 290. – MITTLER, LÜTHI, S. 59. – MITTLER, Baden I, S. 137.
10 M. BECK, Die Patrozinien der ältesten Landkirchen im Archidiakonat Zürichgau. Schweizer Studien zur Geschichtswissenschaft XVII/1 (1933), S. 105f., 152f.
11 Acta Murensia, S. 114. – HBLS V, S. 684f.
12 Acta Murensia, S. 75, vgl. S. 117. – KAUFMANN, S. 44. – Vgl. Aarg. Urk. XII, S. 4.
13 PfarrA Oberrohrdorf, Nr. 154, passim.
14 Heimatgeschichte IV, S. 285. – M. BECK, a.a.O., S. 152f.   15 QW Urkunden I, S. 393.
16 QW Urkunden II, S. 534; III, S. 356, vgl. S. 299. – WELTI, Urkunden I, S. 257.
17 WELTI, Urkunden I, S. 273–275, vgl. S. 276–294, 322f. – MITTLER, Baden I, S. 165–167.
18 PfarrA, Nr. 210, S. 209. – MITTLER, LÜTHI, S. 59.

1529 trat die Kirchgemeinde als eine der ersten in der Gemeinen Herrschaft Baden zum neuen Glauben über; Rekonziliation nach dem Zweiten Kappeler Krieg[19]. Auf Ansuchen Pfarrer Matthias Feurers, eines Rohrdorfer Geistlichen von hoher Bildung und gewandter Feder, und durch Vermittlung Pfarrer Jakob Pfyffers in Rickenbach LU erhielt die Kirche 1652 von Papst Innozenz X. den Leib des Katakombenheiligen Castorius[20]. 1666 Einsetzung eines Kaplans; 1719 Errichtung einer Kaplaneipfründe durch den Stadtrat von Baden[21]. Im späten 19. und im 20. Jahrhundert trennten sich die Gemeinden mit Filialkirchen im alten Pfarreiverband Rohrdorf von der Mutterkirche los: 1888 Stetten, 1901 Künten, 1925 Bellikon[22].

ANLAGE. Die Gemeinde rühmt sich einer vorzüglichen Lage am Westabhang des Heitersbergs, die einen Weitblick über das aargauische Reußtal bis zu den Alpen bietet. Oberrohrdorf breitet sich als Haufendorf an der Straße Baden–Mutschellen. Als Wegknoten ist es mit Staretschwil im Norden und mit den beiden 60 m tiefer liegenden Dörfern Bußlingen im Süden und Niederrohrdorf im Nordwesten verbunden; ferner nimmt in Oberrohrdorf die schon im Spätmittelalter erwähnte Straße[23], die vom Reußtal über den Heitersberg ins Limmattal führt, ihren Anfang. Der abseits der wichtigen Verkehrswege liegende Kern von Staretschwil bildet eine Streusiedlung. Beide Dörfer zählen zu den bevorzugten Wohngebieten des Bezirks und haben in den vergangenen Jahrzehnten starke bauliche Eingriffe erfahren.

Quellen und Literatur. Akten im PfarrA und im GemeindeA Oberrohrdorf, im StadtA Baden und im StA Aarau (Repertorium I und II, Register, s.v. «Rohrdorf» und «Staretschwil»).
A. EGLOFF, Der heilige Castorius von Rohrdorf, Freiburg i.Ü. 1952. – FRICKER, Baden, S. 345f. – Geschichte des Rohrdorfer Berges, Badener Tagblatt vom 24. Dez. 1962 und jüngere Ausgaben (insgesamt sieben Beiträge). – P. HOEGGER, Die Kirche St. Martin in Oberrohrdorf, 1971 (maschinengeschr. Manuskript im KDA Aarau). – Katholische Kirchen, S. 28f. – P. KAUFMANN, Aus der Geschichte der Pfarrei Rohrdorf, Bad. Njbll. 1940/41, S. 43–51. – MITTLER, Baden I, S. 44, 85, 115f., 137, 166f., 311, 317f., 326; II, S. 143, 159. – O. MITTLER, Zur Baugeschichte der alten Kirche in Rohrdorf, Bad. Njbll. 1940/41, S. 52–67. – MITTLER, LÜTHI, S. 59–61. – NÜSCHELER III, S. 542f.
Plandokumente. 1. Dorfkern mit Straßenkorrekturprojekt. Kolorierte Federzeichnung. 59,6 × 271 cm. Von B. GIGER. 1866 (Archiv des Aargauischen Tiefbauamtes). – 2. Übersichtsplan des Rohrdorfer Berges. Aquarellierte Federzeichnung. 1:25000. 40,5 × 113,5 cm. Anonym. Um 1860 (ebenda).
Wappen. BONER, Wappen, S. 27–29.

PFARRKIRCHE ST. MARTIN IN OBERROHRDORF

GRABUNGSBEFUNDE UND BAUGESCHICHTE (Abb. 418). Bei der Errichtung der heutigen Kirche in den Jahren 1939/40 sind Fundamente und Mauerreste unterschiedlichen Alters entdeckt und durch Bauleiter ROBERT LANG in Baden aufgezeichnet worden. Sie geben zusammen mit den erhaltenen einschlägigen Archivalien ein erfreulich präzises Bild verschiedener Bauphasen seit dem 11. Jahrhundert. Das derzeitige Gotteshaus hatte zwei Vorläuferinnen. Sie waren wie dieses nahezu geostet und lagen unter sich fast achsengleich. Keine erreichte auch nur die Hälfte der

---

[19] KAUFMANN, S. 47f. – HÖCHLE, S. 87f., 137. [20] EGLOFF, S. 59–67, vgl. S. 46.
[21] KAUFMANN, S. 50. – NÜSCHELER III, S. 543. [22] KAUFMANN, S. 51.
[23] F. WERNLI, Beiträge zur Geschichte des Klosters Wettingen, Basel 1948, S. 6.

Grundrißfläche des gegenwärtigen Baus. – Ältester Fund waren die Maueransätze einer romanischen Saalkirche mit eingezogenem Rechteckchor, außerkant 21,7 × 8,5 m. Nördlich vom Altarhaus lag eine Sakristei. Bei dem Mauerwerk muß es sich um die Spuren der ersten Rohrdorfer Kirche aus dem 11. Jahrhundert handeln. Wohl im 14. Jahrhundert entstand anstelle der Sakristei ein mächtiger quadratischer Turm, dessen Erdgeschoß im derzeitigen Glockenträger noch erhalten ist. Den preisgegebenen Nebenraum ersetzte man durch ein neues Gelaß auf der Südseite des Chors. 1514/15 wurde im Winkel zwischen Turm und Schiff eine dem hl. Ursus und seinen Gefährten bestimmte Kapelle errichtet[24] und 1565 das romanische Schiff in ganzer Breite um 5,8 m nach Westen verlängert[25]. In der nämlichen Epoche dürfte der Turm vier neue Obergeschosse erhalten haben.

Unter Pfarrer und nachmaligem Dekan Matthias Feurer erfolgte ein vollständiger Neubau. Zu Beginn des Jahres 1638 legte man das alte Langhaus nieder; im August stand das neue, rechteckige Schiff unter Dach[26]. Da die Ursuskapelle den dritten Teil ihres ursprünglichen Ausmaßes einbüßte, wurde sie westwärts um anderthalb Meter erweitert; gleichzeitig erhielt sie ein kreisrundes Taufbecken[27]. 1639 ließ das Spital Baden als Kollator einen neuen, polygonalen Chor erbauen, wobei es den bisherigen Hochaltar mit den Patrozinien der Hl. Martin, Mauritius, Ursus, Viktor

24 PfarrA, Nr. 154, S. 96–100.   25 PfarrA, Nr. 210, S. 223.
26 PfarrA, Theke 140: Hist. Notizen, Kopie eines Gedichtes von Feurer auf die neue Kirche. – StadtA Baden, Nr. 717: Rohrdorfer Rechnungsrödel 1637/38.
27 MITTLER, S. 61 f.

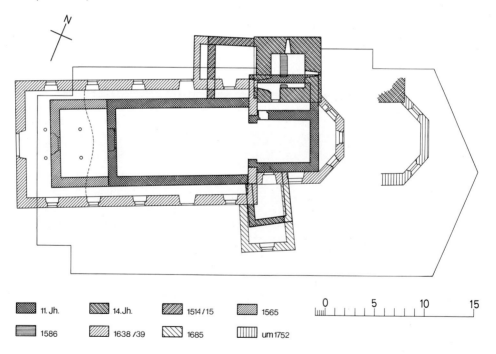

Abb. 418. Oberrohrdorf. Pfarrkirche, Grundriß mit archäologischem Befund. – Text S. 437–439.

Abb. 419 und 420. Oberrohrdorf. Turm der Pfarrkirche und Gasthof «Zum Löwen» von Osten; ehemalige Kaplanei von Süden. – Text S. 441 und 448.

und des Erzengels Michael wiederverwendete[28]. Kirchweihe durch den Konstanzer Weihbischof Franz Johann Voigt am 13. Juli 1642[29]. 1643 Chorfresken von WILHELM HAGENWEILER, Baden[30]; 1646 Hauptaltarblatt mit dem Englischen Gruß vom Badener Maler ULRICH HANAUER[31]. – 1675 neuer Hochaltar mit Schaugehäuse für den Leib des Märtyrers Castorius[32]. 1685 Vergrößerung der Sakristei; im selben Jahr neuer goldgefaßter Altar mit Plastiken eines Zuger Bildschnitzers in der Seitenkapelle[33]. – Bald nach 1750 wurde eine Barockisierung des Kircheninnern ins Werk gesetzt. Wölbung des Altarhauses mit einer Stichkappenkalotte; Rundung des Triumphbogens und der Chorfenster; reicher Stukkaturenschmuck sowie neue Wand- und Deckengemälde[34]. 1769 neuer Altar in der Ursuskapelle[35]. Mit der umfänglichen Renovation läßt sich kein Künstlername in Verbindung bringen.

Zur Zeit des Klassizismus wurden fast alle liturgischen Ausstattungsstücke ersetzt: 1809/10 neuer Taufsteindeckel mit farbig gefaßtem und marmoriertem Schnitz-

---

28 StadtA Baden, Nr. 397: 1639A, s.v. «Verbauen an der Kirche zu Rohrdorf». Vgl. Nr. 10, S. 250. – PfarrA, Nr. 154, S. 92, vgl. S. 23. – MITTLER, S. 60.
29 PfarrA, Nr. 154, S. 21 (Abschrift der Weiheurkunde).
30 PfarrA, Theke 140: Hist. Notizen, Geschichtl. Notizen über den Kirchenbau.
31 StadtA Baden, Nr. 397: 1647A, s.v. «Allerlei Ausgeben» (letzter Eintrag). Vgl. ebenda, viertletzte Seite. – PfarrA, Nr. 154, S. 115.
32 StadtA Baden, Nr. 14, S. 182f. Nr. 16, S. 116b. Nr. 397: 1675A, S. 59a.
33 StadtA Baden, Nr. 20, fol. 170v., 197v. – PfarrA, Nr. 8, hinten.
34 StadtA Baden, Nr. 52, fol. 194. – PfarrA, Nr. 210, S. 117f., 121. Nr. 16, S. 71a, b. Nr. 17, S. 71a, b. Nr. 18, S. 71a. – EGLOFF, S. 107–109. – MITTLER, S. 65. – Vgl. S. 447, Anm. 57a.
35 PfarrA, Nr. 32, S. 70b, 71a.

werk [36]; 1813 Installation der Orgel aus der Pfarrkirche Waldshut durch MICHAEL GASSER, Koblenz [37]; 1838 neue Nebenaltäre, 1840 neuer Choraltar aus der Werkstatt der Brüder MICHAEL und JODOK HUTTLE, Baden; zugehörige Blätter von JOSEPH BUCHER, Sins (Seitenaltäre) und Kunstmaler KAPPELER, Baden (Hauptaltar) [38]. – 1876–1878 Innenrenovation unter Leitung von Architekt L. J. SUTTER-MEYER, Luzern: unter anderem neuer Gemäldeschmuck an Schiff- und Chorgewölbe durch K. F. DECKLER und G. TROXLER; neue Hauptblätter auf die seitlichen und neue Oberblätter auf alle drei Altäre von JOSEPH BALMER, Luzern; sechs Glasgemälde in die Chorfenster von RÖTTINGER, Zürich [39]. 1879–1882 Umgestaltung des Äußern im Stil der Neugotik durch SUTTER-MEYER; lebensgroße Baldachinstatuen an den Fassaden von E. MÜLLER, Luzern [40]. 1887 neue Orgel von J. N. KUHN, Männedorf, in einem Gehäuse von Kunstschreiner JOSEPH EIGENMANN, Luzern [41].

[36] PfarrA, Nr. 72, S. 52a. Nr. 73, S. 51a und beiliegende Rechnungen.
[37] PfarrA, Theke 139: Orgelbau 1813. Nr. 76, S. 51b. – StadtA Baden, Nr. 888b, S. 196a.
[38] PfarrA, Nr. 101, S. 16 und Belege Nrn. 15–17a. – StadtA Baden, Nr. 893: 1837–1839, S. 528; 1839–1842, S. 180, 298, 353.
[39] PfarrA, Theke 139: Restaurierung der Pfarrkirche 1867–1876. Nr. 200, S. 2–4.
[40] PfarrA, Theke 131: Voranschlag zur Kirchenrestaurierung 1879. Theke 139: Akten Kirchenstiege, Schiffgewölbe, Chorreparatur. Rechnung zur Renovation, S. 7 f. – Photographische Aufnahme der Kirche im renovierten Zustand von Osten im PfarrA, Theke 133; von Südosten bei EGLOFF, Abb. 7; von Westen bei MITTLER, S. 52.
[41] PfarrA, Theke 142: Akten Orgelbau.

Abb. 421 und 422. Oberrohrdorf. Pfarrkirche. Trumeau-Detail und Aufriß des Hauptportals, um 1640–1650. – Text S. 442.

Das zu klein gewordene Gotteshaus wurde 1939 – nach genau dreihundertjährigem Bestehen – niedergerissen und im folgenden Jahr am gleichen Platz durch eine weit größere, von den Architekten W. MEYER, Basel, und A. GERSTER, Laufen, konzipierte Anlage ersetzt. Der alte Turm blieb erhalten; mehrere alte Ausstattungsstücke fanden in der neuen Kirche wieder Verwendung[42]. – 1955 neues, sechsstimmiges Geläute[43].

BESCHREIBUNG (Abb. 418). *Die abgebrochene Kirche von 1638/39.* Obschon seit seiner Entstehung jedes Jahrhundert von neuem daran gebaut hatte, verkörperte das Gotteshaus in Grund- und Aufriß noch deutlich den für spätgotische Landkirchen üblichen Typus mit Rechteckschiff, eingezogenem Polygonalchor und flankierendem Turm. Einzig das neugotische Beiwerk am Äußern wirkte disparat. Der bescheidene Bau überraschte im Innern durch seine reizende *Rokokoverkleidung*, die in der Sakralarchitektur des Aargaus und der ganzen Nordwestschweiz nur wenige ähnlich preziöse Vergleichsbeispiele gekannt hat (Göslikon, Rheinfelden, Arlesheim) und deren engste stilistische Parallele wohl in der Kartause von Ittingen TG gesucht werden muß. Während das zurückhaltend stuckierte und ausgemalte Schiff die Zeichen eines Kompromisses zwischen den Ansprüchen des Dixhuitième-Dekors und der ländlich gotischen Architektur trug, strahlte der Chor als lichter Hochraum mit einer vollständig integrierenden Ausstattung[44]. Er empfing seinen Reiz von der Gegensätzlichkeit einer systematischen Wandachsengliederung mit Stichkappen und des spielerischen, üppigen Stuckzierats.

Der stehengebliebene mittelalterliche Turm. 1939/40 wurde der alte Turm zur Hälfte in den nördlichen Seitengang des neuen Schiffs einbezogen. Kreuzförmig angelegte Durchstiche in seinem Erdgeschoß erlauben es, ihn durch ein Portal von außen her und – quer dazu – in Richtung des Ganges zu passieren. Der von Simsgurten gegliederte, fünfgeschossige Schaft mit Käsbissen hat seinen dominierenden Charakter auch neben dem neuen, wesentlich größeren Kirchengebäude bewahrt (Abb. 419). Das aus dem 14. Jahrhundert stammende Erdgeschoß zeigt einen wiederverwendeten rundbogigen Portalrahmen von 1638/39. Die obern, wohl ins 16. Jahrhundert zurückreichenden Stockwerke sind von unverputzten Läufern und Bindern gefaßt und von schmalen Lichtscharten durchbrochen. Auf den 1940 vergrößerten Fenstern der Glockenstube vier erneuerte Zifferkreise. Verziertes Firstkreuz, vermutlich von 1641[45]. Unter der nördlichen und südlichen Schallöffnung die stark verblaßten Wappen der Stadt und des Spitals Baden sowie der Alten Orte nebst der Jahreszahl 1641. – Von den sechs ehemaligen Glocken wurde die älteste aus dem Jahre 1431 ins neue Geläute von 1955 übernommen. Dm. 60 cm. Am Hals Aufschrift in gotischen Minuskeln: «maria * muoter * gottes * zellt * hab * uns * in * diner * huot * mccccxxxi + »[45a].

---

[42] PfarrA, Theken 132f. – Festschrift zur Einweihung der neuen Martinskirche in Rohrdorf 1940, Baden 1940.

[43] StadtA Baden, Nr. 26, fol. 75, 116, 118, vgl. fol. 157. – ZAK XXIII (1963/64), S. 145–166 (155f.). – PfarrA, Nr. 64, S. 49b–50a. Nr. 65, S. 49b. Nr. 95, S. 17.

[44] HOEGGER, S. 6–8, 12f. – Photographische Aufnahmen des Innern bei MITTLER, EGLOFF und in Katholische Kirchen.

[45] Vgl. MITTLER, S. 62.   [45a] Älteste Glocke im Bezirk Baden.

Abb. 423 und 424. Oberrohrdorf. Pfarrkirche. Standfigur des hl. Ulrich am Hochaltar, von Gregor Allhelg, 1675. Mellingen. Stadtkirche. Standfigur eines unbekannten Bischofs, von Johann Adam Widerkehr, um 1678 (heute im Schweizerischen Landesmuseum Zürich). – Text S. 443 und 418.

Wiederverwendete Ausstattungsteile in der neuen Kirche. In einer Arkadenvorhalle an der Westfront liegt das *Hauptportal* (Abb. 421 und 422). Rundbogiges, teilweise erneuertes Gericht von 1639, dessen Doppelkehle und Wulst über akanthusgezierten Voluten ansetzen. Steinmetzzeichen (Tabelle II, Nrn. 39, 40, 41). Türflügel und Bogenfeld sind Schnitzarbeiten in Eichenholz, die 1940 in Sursee erworben wurden. Die vom Boden bis ins Tympanon reichende, dessen einbeschriebenen Spitzgiebel durchbrechende Mittelleiste ist durchsetzt von blattförmig auslaufenden Voluten, Kartuschen, von Bandwerk und einem Cherubshaupt. Beidseitig verteilen sich rechteckige und geohrte, giebelbesetzte Kassetten, die von Groteskenmotiven und kräftig gebildeten Fratzen, Engelsköpfen, Obelisken und von Rollwerk belebt werden. Das Ganze umschließt eine ionische Zierleiste, die dem Verlauf des Steinrahmens folgt. Um 1640–1650. Vortreffliche Skulptur in den Übergangsformen des Manierismus – stilistisch ein unmittelbarer Vorläufer der frühbarocken Kirchentüre in Mellingen (siehe S. 403). – Links vom Portal, in die Mauer eingesetzt, der *Grundstein* der Alten Kirche mit der Jahreszahl 1638. – An der Südfassade rundbogiges *Seitenportalgericht* von 1638/39. – In und an der Vorhalle sowie über dem nördlichen Eingang am Turm verteilen sich die *Kunststeinfiguren* EDUARD MÜLLERS, 1881/82.

Sämtliche Altäre, die Kanzel und der Taufstein, welche zuletzt im Alten Gotteshaus verwendet worden waren, haben in der neuen Kirche Platz gefunden. Im Winkel des zweiseitigen Chorschlusses *Hauptretabel* der Brüder HUTTLE von 1840. Sprödes, schwarz-grau-rot marmoriertes Freisäulenretabel mit hoher Sockelzone, verkröpftem Gebälk und pilastergerahmtem Aufsatz[46]. Hauptblatt mit dem

---

[46] Die Cherubshäupter am Tabernakel von Altarbauer (JOSEPH) MOOSBRUGGER, um 1877; das silbergetriebene Türchen und die Lisenen am Stipes von 1940.

hl. Martin, von KARL HAAGA, 1940; Oberblatt mit dem Bildnis des Täufers, von JOSEPH BALMER, 1877/78. Die vier seitlichen, seit 1840 weiß gefaßten Holzbildwerke (Abb. 423) stammen vom alten Hochaltar aus dem Jahre 1675. Ihrem Stile nach können sie zweifelsfrei dem Badener GREGOR ALLHELG und seiner Werkstatt zugeschrieben werden. Unten die vom Meister selbst herrührenden hl. Bischöfe Konrad (links) und Ulrich in gebauschten, kantig knitterten Gewändern, mit schwermütig sinnendem Gesichtsausdruck. Oben die mit Schwert gerüsteten Thebäerheiligen Mauritius und Ursus (oder Viktor?) in Schreitstellung, etwas weniger überzeugende Gesellenarbeiten. Das untere Figurenpaar dürfte das letzte größere Werk seines 1676 verstorbenen Autors darstellen [47]. Neben dem Chorbogen die HUTTLESCHEN *Seitenretabel* von 1838, die im großen und ganzen den Aufbau des Hauptaltars vorausnehmen [48]. Retabelgemälde von BALMER, 1877/78: auf den Hauptblättern die Darstellungen der Immakulata (links) und der Ölbergszene; auf den kreisförmigen Oberblättern die Bildnisse einer unbekannten Nimbierten mit geschlossenem Rotulus und des Nährvaters. Im verglasten Sockel des epistelseitigen Altaraufbaus der *Leib des Katakombenheiligen Castorius* (Abb. 425). Das auf der Seite liegende Skelett trägt eine rotsamtene Soldatentracht mit mannigfaltigem Rokoko-Dekor in goldener Applikationsstickerei (Kartuschen, Gitterwerk, gelockte Kämme und Rocaillen). In der Linken des Heiligen ein Galanteriedegen. Eine große herzförmige Öffnung im Brustpanzer gibt den Blick auf die Rippen des Toten frei, wo, wie über den Beinen, an den Armen und am Hals, reich gefaßte Glasflußsteine funkeln. Gewandung und Steinschmuck sind Arbeiten der Gnadenthaler Klosterfrauen aus der Mitte des 18. Jahrhunderts [49]. – In einer nördlichen Seitenkapelle, über einer neuen Mensa, das 1769 geschaffene nischenförmige *Säulenretabel aus der ehemaligen Ursuskapelle*. Rundbogiges nazarenisches Hauptblatt mit der hl. Magdalena zu Füßen des Gekreuzigten; hochbarockes Oberblatt mit der Beweinung Christi in dramatischer, italienischer Manier (vermutlich vom älteren Kapellenaltar von 1685). – Am Turmschaft klassizistische *Ovalkanzel* in polychromer Schliffmarmorierung; auf dem Schalldeckel die mosaischen Gesetzestafeln in einem Strahlenkranz. Wohl Werkstatt der Brüder HUTTLE, um 1830–1840 (die ölmarmorierte Treppe von 1940). – Nahe dem Haupteingang grauer, rosa und weiß gefleckter *Gipsmarmortaufstein* in schlichter Kelchform mit gebustem Deckel, um 1840 [50].

Im weiten Blendbogen an der Turmwand befindet sich eine lebensgroße, lüstergefaßte *Kreuzigungsgruppe*. Der Kruzifixus wurde 1960 aus dem Kunsthandel erworben; die Assistenzfiguren dürften von Anfang an für die Kirche bestimmt gewesen sein, sind archivalisch jedoch nicht faßbar. Das Korpus in frühestbarockem Stil mit horizontal gespannten Armen, um 1630. Die künstlerisch bemerkenswerten Trauernden (Abb. 428 und 429) sind stilistisch in die Werkreihe des in Baden tätig gewesenen BARTHOLOMÄUS CADES einzuordnen und in die zwanziger oder frühen dreißiger Jahre des 17. Jahrhunderts zu setzen. Gesichtszüge, Gewandfalten und Proportionen berühren sich eng mit den ehe-

---

47 P. FELDER, Der Bremgarter Ölberg und sein Meister Gregor Allhelg, Bremgarter Njbll. 1961.
48 Der krönende Goldzierat von 1877 und 1940.
49 PfarrA, Nr. 210, S. 116f. – EGLOFF, S. 108f.
50 F. DE QUERVAIN, Die Taufsteine des Aargaus, Argovia LXXVI (1964), S. 63.

Abb. 425. Oberrohrdorf. Pfarrkirche. Reliquienleib des Katakombenheiligen Castorius, mit bestickter Tracht aus dem Zisterzienserinnenkloster Gnadenthal, um 1752. – Text oben.

maligen Altarfiguren der Stadtkirche in Baden (vgl. Abb. 150 und 151) und mit den Bildwerken des Ölbergs daselbst (vgl. Abb. 86–89)[51].

In die Turmwand eingemauert *zwei Rundplaketten* aus Bronzeguß. 1. Dm. 31 cm. Aufschrift «OBYT 26. OCTOB. A⁰ 1670./ MATHIAS FEÜRER PAR(OCHUS) ROR(ORFENSIS)/ DECAN(US) CAPIT(ULI) REGENIP. (= REGENSPERGENSIS)/ AETAT(IS) 59», mit Wappen. – 2. Dm. 33 cm. Umschrift «Adm(irandus) R(everen)d(u)s D(ominus) Io(annes) Casp(ar) Keller Bad(ensi)s ss Th(eologi)ae Doc(tor) Not(arius) Apo(stolicus) Dec(anus) et Par(o)ch(us) In Rordorff Obyt 23. Ian: 1716/ AEtatis Suae 74:», mit Wappen.

BEWEGLICHES KUNSTGUT, PARAMENTE UND KIRCHENSCHATZ

1. *Kruzifix.* Holz, mit erneuerter farbiger Fassung. Höhe des Korpus 75 cm. Frühbarock, letztes Viertel 17. Jahrhundert. – 2. *Altarkreuz.* Holz, farbig gefaßt. H. 78 cm. Spätestgotisch, um 1600–1640. Auf dem Sockel Christusmonogramm. Muskulöses, verkrampftes Korpus mit gesenktem Haupt und steifem Perizoma. – 3. und 4. *Zwei Bischofsbrustbilder* (vom Altar in der Ursuskapelle der Alten Kirche) (Abb. 427). Lindenholz in silber-goldener Lüsterfassung. H. 64 bzw. 65 cm. Barock, 1685. Von CARL SCHELL aus Zug?[52]. Wahrscheinlich die Hl. Konrad von Konstanz und Ulrich von Augsburg. Ausgezeichnete Charakterbildnisse. – 5. und 6. *Zwei Bildnisse Christi und Mariä* (Abb. 426). Öl auf Leinwand (übermalt). Je 64 × 48 cm (mit Rahmen). Barock, um 1680–1690. Von JOHANN GEORG WIDERKEHR aus Mellingen?[53]. Kontrastreiche Hell-Dunkel-Gemälde, appliziert auf bemalte hölzerne Rollwerkretabel. – 7. *Vier Reliquientafeln.* Holz in goldener Lüsterfassung. H. 94,5 cm. Spätestbarock-klas-

---

51 Läßt man die Zuweisung an CADES gelten, so können die Bildwerke nicht mit der Neuerrichtung der Kirche 1638 in Zusammenhang stehen, da der Künstler 1635 in Sitten nachgewiesen ist und zwei Jahre später dort starb. – MITTLER, Baden I, S. 331.

52 PfarrA, Nr. 8, hinten: «denen zweyn Jung(en) des Bildhawerß geben zum trinckhgeld, und ds sie die bilder von Zug gen Rordorff getragen 2 lb 18 B». – Vgl. Kdm. Aargau V, Abb. 393–395; Register, s.v. «Schell, Carl, Bildhauer».

53 Vgl. Kdm. Aargau IV, Abb. 309f., 332.

Abb. 426 und 427. Oberrohrdorf. Pfarrkirche. Bildnishaupt des Schmerzensmannes, vielleicht von Johann Georg Widerkehr, um 1680–1690; Bildnisbüste des hl. Ulrich von Augsburg, vermutlich von Carl Schell, 1685. – Text oben.

Abb. 428 und 429. Oberrohrdorf. Pfarrkirche. Maria und Johannes aus einer Kreuzigungsgruppe, von Bartholomäus Cades, um 1630. – Text S. 443 f.

sizistisch, zweites Viertel 19. Jahrhundert. Pyramidaler Aufbau[54]. – 8.–12. *Kaseln:* 8. Rot. Seidendamast mit Granatapfelmusterung. Gemalte Aufschrift: «D(ominus) M(atthias) F(eurer) D(ecanus) R(ordorffensis) 1666» nebst den Wappen Feurers und des hl. Martin. Mittelstreifen mit vegetabilem Dekor aus der zweiten Hälfte des 18. Jahrhunderts. 9. Rot. Broschierter Seidendamast mit stilisiertem Blumen- und Blattdekor und Quadrillenmuster. Um 1730. Der kreuzförmige Mittelstreifen um 1860. 10. Grün. Seidendamast mit großförmigem symmetrischem Stoffschleifen-, Lyra- und Rosenmuster. Um 1830. Kreuzförmiger Mittelstreifen aus broschiertem Reps aus der Mitte des 19. Jahrhunderts. 11. Golden. Lyoner Seidenbrokat. Christusmonogramm zwischen Granatapfeldekor und vielfarbigen floristischen Ranken. Um 1830. 12. Violett. Seide. Reich variierte, bunte Blumenstickerei und Agnus Dei. Mitte 19. Jahrhundert. – 13. *Tunizella.* Gelber Seidenbrokat; Seitenteile vollständig golden broschiert. Mittelstreifen mit streng symmetrischen Buketten und Blumenranken. Um 1830. – 14. *Zwei Bursen.* Die eine aus rotem Seidendamast, Mitte 17. Jahrhundert; die andere zugehörig zu Kasel Nr. 12.

1. *Vortragekreuz.* Silber und Kupfer, teilvergoldet; Korpus vergoldeter Kupferguß. Die rückseitigen Lamellen verkehrt montiert. Höhe (mit Dorn) 64 cm. Ohne Marken. Spätrenaissance, datiert 1626. Wappen «B(ERNHARD) VAE (GERI)» und «S(ANCTUS) M(ARTINUS)»[55] nebst gravierter Inschrift «H.M.G.W KILCHMEIER RORDORF». Zart gravierte, von Vögeln und Engelputten belebte Fruchtgehänge und Blumenranken. Beidseitig auf den Vierpaßenden und rückseitig über der Kreuzmitte getriebene und gepunzte Rundmedaillons der vier Evangelisten bzw. Gottvaters, Mariä, der beiden Kirchenväter Augustin und Ambrosius und der Geburt Christi (rückseitig nicht in der originalen Disposition). An Schaft und Armen Tafelsteine. – 2. *Altarkreuz.* Silber, teilvergoldet. Höhe (mit Dorn) 52 cm. Ohne Marken. Spätbarock, um 1800. – 3. *Wettersegenkreuz.* Kupfer, vergoldet. H. 41 cm. Biedermeier, um 1840–1850. Vorderseitig verglaste Reliquien des hl. Castorius; rückseitig ein silbergetriebener Kruzi-

---

[54] Die Reliquienbeschriftungen verzeichnet bei EGLOFF, S. 35 f.
[55] Bernhard von Ägeri, Pfarrer in Rohrdorf 1615–1628. – Vgl. Abb. 435.

fixus. – 4. *Monstranz* (Abb. 430). Silber, teilvergoldet. H. 84,5 cm. Beschau Augsburg A; Meisterzeichen «I F». Régence, 1733–1735. Achtlappiger Ovalfuß mit getriebenem Blattwerk und Weinlaub, vier rundplastischen Cherubshäuptern und applizierten Reliefmedaillons der Evangelisten. Am doppelten Wulstknauf stilisierte Vegetabilmotive und zwei gegossene Engelsköpfe. Darüber prunkvolle Mandelglorie, deren züngelnde Strahlen von üppigen Akanthusranken übersponnen sind. Herzförmiges Hostiengehäuse unter einer von Engeln flankierten Bügelkrone. Die den Ranken aufgesetzten Relieffiguren stellen Maria und den Verkündigungsengel, Gottvater mit der Heiliggeisttaube sowie einen Papst und einen Bischof (beide nicht identifiziert) dar. Farbige Glasflußsteine. Sehr preziöse Goldschmiedearbeit. – 5.–8. *Kelche:* 5. Silber, teilvergoldet. H. 26 cm. Beschau Baden; Meisterzeichen undeutlich. Frühbarock, um 1650. Sechsfach eingezogener Rundfuß; auf seiner Böschung ein getriebener Perlreif, darin der zungenförmig auslaufende Rundschaft. Fruchtgeschmückter Kragen und stark eingeschnürter Birnenknauf mit Cherubreliefs zwischen Astwerk. Steilkupa jüngeren Datums. 6. (Abb. 431). Silber, teilvergoldet. H. 26 cm. Beschau Zug; Meisterzeichen JOHANN MELCHIOR I. ODER II. BRANDENBERG. Frühbarock, um 1679[56]. Der mit Päonien und krautigem Akanthus gezierte Rundfuß trägt auf seinen sechs Lappen sternblütengerahmte Reliefmedaillons mit dem Wappen des Konventualen Benedikt Brandenberg, der thronenden Maria mit Kind (über dem Wappen des Klosters Wettingen), dem Evangelisten Johannes und den Hl. Bernhard, Jakobus d. Ä. und Joseph. Auf dem Blattkragen des kurzen Schaftes ein eiförmiger Nodus mit Cherubshäuptern und geflügelten Hermen. Der à jour gearbeitete Korb der Kupa imitiert üppiges Akanthus- und Rebengewächs, in welchem drei Engelputten die Passionssymbole präsentieren. 7. Silber, vergoldet. H. 22 cm. Beschau- und Meisterzeichen unkenntlich. Spätrégence–Rokoko, zweites Viertel 18. Jahrhundert. Eingeschnürter Rundfuß mit symmetrischem Rollwerk, Wellkämmen, unregelmäßigen Rocaillekartuschen und Rosenfestons. Am

---

[56] Primizkelch des Wettinger Konventualen Benedikt Brandenberg. – D. WILLI, Album Wettingense, Limburg a. d. L. 1892, Nr. 634. – STAMMLER, S. 138.

Abb. 430 und 431. Oberrohrdorf. Pfarrkirche. Régence-Monstranz eines Augsburger Meisters, um 1733 bis 1735; Frühbarock-Kelch von Johann Melchior (I. oder II.?) Brandenberg, um 1679. – Text oben.

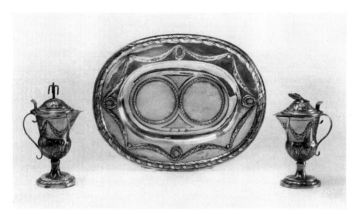

Abb. 432 und 433. Oberrohrdorf. Pfarrkirche. Meßkännchen und Platte, vermutlich eines Biberacher Meisters, um 1790; spätgotisches Taufgefäß von Heinrich Merkli, Ende 16. Jahrhundert. – Text unten.

eiförmigen Knauf volutengerahmte wellige Lappen. Schrägkupa jüngeren Datums. 8. Messing, versilbert und vergoldet. H. 26 cm. Spätklassizistisch, 1830–1840. – 9. *Ziborium*. Silber, vergoldet. H. 35,5 cm. Beschau Zug; Meisterzeichen HANS GEORG OHNSORG. Frühbarock, um 1680. Glatter Sechspaßfuß; konischer Rundschaft mit Dockenknauf; auf dem Sechspaßdeckel mit Bajonettverschluß ein Nodus und eine weibliche Heiligenstatuette (Maria?). – 10. *Meßkännchen und Platte* (Abb. 432). Silber. Beschau Biberach(?); Meisterzeichen «IAZ» und Lotstempel 13 [57]. Louis XVI, um 1790. Ovalplatte mit getriebener Zopfstilornamentik; 28,5 × 22 cm. Kännchen mit ähnlichem Dekor und akanthusumfangener Bauchung; auf den Scharnierdeckeln eine Weintraube bzw. eine Wasserfontäne; H. 14,5 bzw. 15,5 cm. – 11. *Taufgefäß* (Abb. 433). Silber, teilvergoldet. H. 25 cm. Beschau Baden; Meisterzeichen HEINRICH MERKLI. Spätgotisch, Ende 16. Jahrhundert. Niedriger, weich getreppter Sechspaßfuß. Der dünne Hexagonalschaft, von feinen Rautenfriesen umzogen, wird von einem breiten Kissenknauf unterbrochen und weitet sich oben zu einer länglichen Vierpaßplatte mit kantig profilierter Stirnseite. Zylindrische Behältnisse für Öl und Chrisam mit kreuzbekrönten Deckeln. – 12. *Taufschälchen*. Silber. H. 7 cm. Meisterzeichen «A W» (A. WENGI, Klingnau?) und Lotstempel 13. Erstes Drittel 19. Jahrhundert. Muschelform mit Ringgriff, über einfach profiliertem Rundfuß. – 13.–16. *Altarleuchter:* 13. Ein Paar. Gelbguß (aus Nürnberg?). Höhe (ohne Dorn) 35 cm. Erste Hälfte 17. Jahrhundert. 14. Ein Paar. Gelbguß. Höhe (ohne Dorn) 25 cm. Erste Hälfte 17. Jahrhundert. 15. Ein Stück. Messingguß. Höhe (ohne Dorn) 28 cm. 17. Jahrhundert. 16. Drei Paare. Gefaßtes Holz. H. je 62 cm. Mitte 19. Jahrhundert. – 17. *Kanontafeln*. Dreimal drei Stück. Mit Silberrahmen. Um 1840. – 18. Spätmittelalterliches *Jahrzeitbuch* mit den aquarellierten Wappen der Rohrdorfer Pfarrherren, eingetragen durch Pfarrer MATTHIAS FEURER, um 1650, und durch spätere Hände (Pfarrarchiv, Nr. 154) (Abb. 435) [57a].

DÖRFER

Die alten Ortsbilder von Oberrohrdorf und Staretschwil sind in jüngerer Zeit mit zahlreichen Ein- und Mehrfamilienhäusern durchsetzt worden, wobei der Bestand an historischen Bauten häufig weichen mußte. Während Staretschwil kunsttopographisch heute kein Interesse mehr beansprucht und auch keine vereinzelten Kunstgegenstände mehr aufweist, stehen im Kern von Oberrohrdorf noch einige nennenswerte Denkmäler.

---

57 Vgl. Kdm. Aargau V, S. 312.

57a Das Buch diente bei der Kirchenrenovation in der Mitte des 18. Jahrhunderts als Vorlage zu einem heraldischen Freskenschmuck im Chor. – MITTLER, Abb. S. 64.

Gebäude. Pfarrhaus (Nr. 20) (Abb. 434). Errichtet in den Jahren 1751–1753 auf Veranlassung des Spitals in Baden[58]. Gut proportionierter Mauerbau unter geknicktem Walmdach. Die einstöckige Hauptfassade öffnet sich mit drei Achsen gegen den terrassierten Kirchenvorplatz; Rückseite und Schmalfronten gründen in abfallendem Gelände und zählen dementsprechend ein Geschoß mehr. Breitgerahmtes, zentrales Stichbogenportal mit Ohren und feinem Profil; in seinem vergitterten Bogenfeld die applizierten Wappen Dorer, Spital und Stadt Baden aus Eisenblech[59]. Der Unterbau und die Eckstrebepfeiler rühren von einem wohl mittelalterlichen Vorläufer her. – *Ehemalige Kaplanei* (Nr. 14) (Abb. 420). Erbaut 1668 auf Grund eines Maurerverdings HANS KAPPELERS von Mellingen und HANS CONRADTS von Bellikon mit dem Spital Baden[60]. Dreigeschossiger Mauerbau mit breiten Kehlfenstern und einem traufseitigen, hübsch profilierten Rundbogenportal. Das geknickte Sparrendach mit den Gerschilden erneuert. – *Ehemalige Zehntenscheune* der Untervogtei Rohrdorf (zeitweilig auch als Trotte benützt). Breitgelagerter, ursprünglich nur spärlich befensterter Mauerbau unter mächtigem Sparrendach. Das im Kern vermutlich noch spätmittelalterliche Gebäude zeigt an der straßenseitigen Trauffassade ein gefastes Rundbogenportal mit den Wappen des Spitals und der Stadt Baden zwischen der Jahreszahl 1660. – *Gasthof «Zum Löwen»* (Nr. 24) (Abb. 419). Dreigeschossiges, lisenengefaßtes Haus, neuerrichtet nach einem Brand von 1758[61]. Das geknickte Dach mit Krüppelwalmen liegt über zwei dreiachsigen Schmalseiten und einer achtachsigen Hauptfassade, die in der Mitte von einem Zwerchhaus überhöht ist. Fein gearbeitete, stichbogige Fenster mit lippenförmigen Simsen (im obersten Geschoß der Hauptfront Biedermeier-Brustgeländer). Rückseitig ein winkelrecht angebauter Saal aus dem 19. Jahrhundert. Die Rafen seines großflächigen Dachs zeigen Kerbschnittverzierung, seine hohen Holzfenster sind dreieckig abgeschlossen. – *Nr. 26*. Hübsches Wohnhaus ungeklärten Ursprungs (ehemals vielleicht eine Wirtschaft). Über dem gemauerten Erdgeschoß ein Obergeschoß, dessen Fachwerkbalken an den Stirnseiten sichtbar sind. 18. Jahrhundert. Im Innern Nußbaumtüren aus der Zeit um 1800. Das große Nordwestzimmer im Erdgeschoß (der ehemalige Speiseraum?) birgt ein spätbarockes Eckbuffet aus Nußbaumholz mit geschweiften Docken und Rahmenmotiven sowie einen cremefarbenen Jugendstil-Kachelofen. Vor dem darüberliegenden Zimmer im Obergeschoß (dem einstigen Sälchen?) ein breites Segmentbogenportal mit weich profiliertem Holzrahmen und zweiflügeliger Türe. Unter den weitern Kachelöfen des Hauses sind ein weiß-violetter

---

58 StadtA Baden, Nr. 397: 1750A; 1751A; 1752A; 1753A.
59 Franz Joseph Dorer, Spitalmeister in Baden, war Vertreter des Kollators.
60 StadtA Baden, Urk. Nr. 1802.   61 PfarrA, Nr. 210, S. 173.

Abb. 434. Oberrohrdorf. Pfarrhaus von Süden. – Text oben.

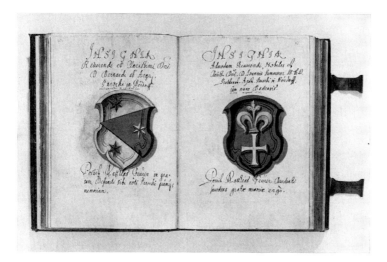

Abb. 435. Oberrohrdorf. Pfarrhaus. Spätgotisches Jahrzeitbuch mit den Wappen der beiden Rohrdorfer Geistlichen Bernhard von Ägeri († 1628) und Johannes Summerer (seit 1639 Leutpriester in Baden), eingetragen um die Mitte des 17. Jahrhunderts. – Text S. 447.

Louis-XVI-Ofen (sehr ähnlich den Beispielen im «Schlößli» in Ennetbaden, aber ohne Aufbau; vgl. Abb. 341) und ein weißer, zylindrischer Biedermeier-Ofen aus der Mitte des 19. Jahrhunderts mit à jour gearbeitetem Weinlaubfries hervorzuheben. – *Nr. 30.* Eindrückliches Doppelbauernhaus in Form eines mehrreihigen Ständerbaus mit Rafendach. Quer zum First geteilter Wohntrakt in verputzter Fachwerktechnik und firstparallel gesonderte Landwirtschaftsräume mit Bohlenwänden. Unter dem nordöstlichen Giebel Klebedach. – An *Nr. 1* eichene Biedermeier-Haustüre mit geschnitzten Fächern, Herzschildern, Pyramiden und Rosetten; 1852.

Brunnen. 1. Gegenüber Gasthaus «Zum Löwen». Konischer Rechtecktrog; Vierkantstock mit toskanischem Kapitell; datiert 1854. – 2. Vor der ehemaligen Kaplanei. Ähnlich wie Nr. 1; datiert 1867.

Wegkreuze. 1. Neben dem Pfarrhaus. Am Querbalken der nur teilweise lesbare Namenszug «JACOB SCHV...»; am Fuß skulptierter Schädel mit Gebeinen; 18. Jahrhundert. – 2. Punkt 664, im Wald östlich von Oberrohrdorf. Treffelförmig, mit skulptiertem Schmuck: Auf den Enden die Gestirne; am Schaft ein Herz nebst Inschrift «AÑA», darunter ein Tartschenschild mit Inschrift und Datum «RO 1700». (Wurde 1892 vom Dorf an seinen jetzigen Standort versetzt.)

REMETSCHWIL-BUSSLINGEN

GESCHICHTE. An zwei entlegenen Stellen in Remetschwil fanden sich römische Brandgräber, wovon eines mit Beigaben aus dem 1. Jahrhundert n. Chr. und aus der La-Tène-Zeit[1]. In Bußlingen römische Ziegelfunde[2]. Remetschwil – um 1190 Reimirswilare, um 1260 Reimmerswiler genannt – dürfte im 8. Jahrhundert durch einen Alemannen Raginmar oder Rainmar als Weiler gegründet worden sein[3]. Grundherren im hohen und späten Mittelalter waren außer den die Hohe Gerichts-

1 JB SGU XLVI (1957), S. 134; XXXIX (1948), S. 72.   2 HEIERLI, S. 70.
3 BONER, Remetschwil. – Vgl. KAPPELER, Ortsnamen, bes. S. 61.

barkeit ausübenden Kiburgern und den ihnen folgenden Habsburgern[4] die Klöster Engelberg (verbürgt Ende 12. Jahrhundert)[5], Wettingen (verbürgt um 1240)[6], Ötenbach (verbürgt 1275)[7], dem auch die Niedere Gerichtsbarkeit gehörte[8], das Zürcher Fraumünster (verbürgt 1286)[9] sowie Muri und Gnadenthal (verbürgt um 1300)[10]. Der auf dem Heitersberg gelegene Sennhof war seit dem 13. Jahrhundert eine Schweige des Klosters Wettingen[11]. Unter den Kiburgern und Habsburgern lagen die Dörfer im Amt Baden, die Eidgenossen schlugen sie zum Amt Rohrdorf. Früher mit der Gemeinde Rohrdorf vereinigt, wurden Remetschwil und Bußlingen, zusammen mit dem Weiler Sennhof, 1854 zu einer selbständigen politischen Gemeinde erhoben[12].

Kirchlich gehören die Ortschaften zur Pfarrei Oberrohrdorf.

LAGE. Der Grenzverlauf von Remetschwil–Bußlingen verrät noch die willkürliche Ausmarkung des 19. Jahrhunderts. Der Gemeindebann schiebt sich ähnlich einem Riegel über die beiden parallelen Verkehrswege an der Westflanke des Heitersbergs und über dessen Wasserscheide nach dem benachbarten Limmattal. Abgesehen von steilen Waldpfaden existiert noch heute keine direkte Verbindung zwischen den beiden Dörfern. Das Ortsbild des höher gelegenen Remetschwil, dessen Häuser nicht längs der obern Hauptstraße, sondern an einem S-förmig gekrümmten Weg sich aufreihen, verrät eindrücklich die vor Jahrhunderten gebaute ältere Wegbahn. Hier nimmt die Bergstraße nach dem Weiler Sennhof und dem Limmattal ihren Anfang. Bußlingen, an der untern Heitersbergstraße, besetzt die Einmündungen der beiden Straßen von Oberrohrdorf und Stetten. – In Remetschwil hat der Bau moderner Wohnhäuser eingesetzt.

Quellen und Literatur. Akten im PfarrA Oberrohrdorf, im StadtA Baden und im StA Aarau (Repertorium I, Register, s.v. «Remetschwil» und «Bußlingen»). – WELTI, Urkunden I und II.

G. BONER, Remetschwil, Der Reußbote vom 30. Dez. 1960. – BRONNER II, S. 300, 370. – Gemeindewappen, S. 16. – MITTLER, Baden I, S. 39, 44, 85. – MITTLER, LÜTHI, S. 58. – A. NÜSSLI, Der Klosterhof zu Remetschwil, Der Reußbote vom 30. Dez. 1960.

Wappen. BONER, Wappen, S. 29f.

DÖRFER

Remetschwil. Gebäude[13]. *Nr. 79.* Bauernhaus unter Krüppelwalmdach mit Fluggespärre; Erdgeschoß gemauert, Obergeschoß und Giebel in Fachwerktechnik; Stall in Ständerbauart mit liegenden Balken. – *Nr. 61.* Mächtiges, 1960 weitgehend umgebautes Bauernhaus. Der traufseits sechsachsige Wohntrakt früher in drei Wohnungen unterteilt. Das ursprüngliche Rafendach mit durchgehenden Hochstuden, Unterfirst, Sperrafen und großem ostseitigem Halbwalm nur noch teilweise erhalten. 17./18. Jahrhundert[14]. Ein zum Haus gehörender Speicher wurde 1960 abgebrochen[15]. – *Nr. 54.* Tenn und Stall

---

4 Habsb. Urbar I, S. 122f.   5 QW Urbare/Rödel II, S. 223.   6 QW Urkunden I, S. 258.
7 UB Zürich IV, S. 318; V, S. 68.   8 Urbar Baden, S. 170.
9 UB Zürich V, S. 284; X, S. 195.   10 Aarg. Urk. VIII, S. 4; XII, S. 9, 12, 20f.
11 BONER, Remetschwil. – W. MERZ, Schweighöfe im Aargau und den Nachbarkantonen, Argovia XLIV (1932), S. 187–202, bes. S. 194f. – Ders., Sennhöfe, Argovia XLV (1933), S. 158–160.
12 Gemeindewappen, S. 16.   13 Aufnahmen der Schweiz. Bauernhausforschung im KDA Aarau.
14 Die 1960 von A. NÜSSLI versuchte Identifizierung des Gehöftes mit dem Remetschwiler Hof des Klosters Wettingen wird heute vom Autor selber abgelehnt.
15 Abbildung im Reußboten vom 30. Dez. 1960.

Abb. 436 und 437. Remetschwil. Ständerbau im Weiler Sennhof, Aufriß der Nordwestfassade und Ansicht von Süden. – Text S. 452.

in Ständerwerk, ursprünglich unter einem Krüppelwalm-, heute unter einem Giebeldach mit abgefangenen Hochstuden und windschiefen Rafen. Der angebaute Doppelwalmtrakt aus dem 19. Jahrhundert zeigt Giebelründe, Fluggespärre und ein von fünf Bügen gestütztes Klebedach mit gesägtem Zierfries. – *Nr. 56.* Bauernwohnhaus unter Krüppelwalmdach mit verschalten Flugsparrendreiecken. In der getäferten Stube zweitüriger Biedermeier-Wandschrank und grüner, gemusterter Kachelofen mit Sitzkunst auf gedrechselten Holzbeinen. – *Nr. 67.* Breiter, zweigeschossiger Mehrzweckbau. Der Fachwerkwohntrakt mit Sparrendach über sieben Pfetten und einem Flugpfettenpaar trägt an der Giebelbasis eine von Kerbschnittbügen gestützte Laube. Scheune und Stall großenteils in jüngerer Zeit umgebaut. – Eine *Baumtrotte,* die bei Haus Nr. 61 stand (Länge etwa 12,5 m), wurde 1951 demontiert und ins Weinbaumuseum Stäfa ZH verbracht.

Brunnen. 1. Westlich der Hauptstraße. Rechteckig; klassizistischer Stock an einer Schmalseite; an der andern Kleintrog; Jahreszahl 1847. – 2. Östlich der Hauptstraße. Rechteckig; klassizistischer Stock an einer Schmalseite; Jahreszahl 1869 und (neuere) Initialen «Q W(ettstein)».

Wegkreuze. 1. Östlich der Hauptstraße. Prankenförmig; mit den Himmelskörpern in Relief, der Inschrift «INRI» und der Jahreszahl 1683. – 2. Punkt 669, östlich des Dorfs. Datiert 1886. – 3. Westlich der Hauptstraße. Prankenförmig; mit farbig gefaßtem Korpus und Inschrift «FH 1877».

Bußlingen. Gebäude. Nr. 10. Breitgelagertes Haus mit gemauertem Wohnteil, dessen östliche Giebelfront eine interessante symmetrische Fensterdisposition mit Intervallen unterschiedlicher Breite aufweist. Pfetten von Stirnbrettern verdeckt. – *Nr. 19.* Reizendes Bauernhaus (ehemals Wirtshaus) unter leicht geknicktem Satteldach mit Dachhimmel. Der gemauerte, zweigeschossige Wohnteil öffnet sich an der östlichen Längsfront über fünfstufiger Freitreppe in einem Stichbogenportal mit Schlußstein und Jahreszahl 1819. In der Giebelmauer des Ökonomietraktes ovale Luftlöcher. Westseitig jüngere Scheunenerweiterung mit Kreuzfirst. – *Nr. 23.* Biedermeier-Bauernhaus mit hübscher klassizistischer Türe. – *Ehemalige Mühle* (Nr. 32), bis etwa 1930 in Betrieb. Dreigeschossiger Mauerbau; das oberschlächtig getriebene Wasserrad befand sich an der östlichen Traufseite, in deren Flucht sich noch Reste eines gemauerten Aquädukts erhalten haben. – *Nr. 35.* Zur Mühle gehöriger Speicher. Der Keller, hälftig in die Wiesenböschung hineingemauert, mit sehr massivem Tonnengewölbe; darauf ein über eine Brücke zugängliches Giebelgeschoß in unverputzter Fachwerkkonstruktion unter Sparrendach; bemerkenswert der unter den Mittelpfetten eingebaute, von zwei holzgerahmten Fenstern flankierte Eingang.

Wegkreuze. 1. (Abb. 417). Im Wald an der Straße nach Oberrohrdorf. Mit qualitätvollem neugotischem Korpus in Kunststein; am Querbalken die Inschrift «IAKOB HUBER 1692». (Kreuz und Korpus im Frühjahr 1975 durch ein Mißgeschick zerstört.) – 2. Im Dorfkern. Prankenförmig; mit Monogramm «IHS» und Datum 1820. Dient seit 1892 als Stock eines rechteckigen Brunnens. – 3. An der Hauptstraße. Datiert 1882.

Weiler Sennhof. Gebäude. Nr. 102. Kleines zweigeschossiges Wohnhaus mit vierteiligem Zeilenfenster an der südlichen Traufseite. Frühes 19. Jahrhundert. – *Sogenannter Tanzsaal* (Nr. 100). Stand früher beim Gasthaus «Zum Löwen» in Oberrohrdorf; heute, nur in ungefährer Rekonstruktion, als Schopf benützt. Origineller würfelförmiger Ständerbau mit Pyramidendach. Die eingeschindelten, zum Teil bretterverschalten Fassaden präsentieren sich am Erdgeschoß mit Rundbogeneingängen und am südseitig besteigbaren Obergeschoß mit Rechteckfenstern. 19. Jahrhundert. – Oberhalb des Weilers, auf dem breiten Rücken des Heitersbergs, steht als kunsttopographischer Fremdling ein 1964/65 aus Littau LU hergebrachtes *Innerschweizer Bauerngehöft*, das indessen nicht mehr landwirtschaftlichen Zwecken dient (Abb. 436 und 437). Die ursprünglich aneinandergebauten und achsengleich liegenden Trakte der Wohnung und der Stall-Scheune stehen heute separiert. Das Wohnhaus ist ein zweigeschossiger, reiner Ständerbau mit liegenden Flecklingen über gemauertem Keller. Das geknickte Krüppelwalmdach überdeckt traufseitig zwei Lauben; die Giebelfronten sind durch Klebedächer bereichert. Fenster mit Schiebeläden. Pfetten mit Stirnverschalung. Die an der Hauptfassade auf der Nordseite angebrachte Jahreszahl 1784 ist nicht authentisch. 18. Jahrhundert [16]. Die ehemalige Scheune, ein Ständerbau mit Knickdach und Krüppelwalm, bewahrt nur noch ungefähr ihr originales Aussehen [17].

Wegkreuz. Mit Jahreszahl 1860 und den Initialen «I W(ettstein)».

STETTEN

Geschichte. *Allgemeines.* Funde aus der Jungsteinzeit, der La-Tène-Periode und der Römerzeit bezeugen eine frühe Besiedlung [1]. Eine Anzahl Skelettgräber in der Nähe des Eichhofs sind wohl alemannisch. Schwer datierbar ist die kleine Wehranlage mit Halsgraben über der Reuß, 2 km nordwestlich des Dorfs [2]. – Stetten gehörte ums Jahr 1000 als Ganzes dem Stift Einsiedeln [3]; in der Mitte des 12. Jahrhunderts erwähnen es die Acta Murensia, am Ende des Jahrhunderts figuriert es im Ältesten Einkünfteurbar des Klosters Engelberg [4]. Zu Anfang des 14. Jahrhunderts zählen auch die Klöster Hermetschwil und Ötenbach in Zürich, etwas später das Kloster Königsfelden zu den Grundeigentümern im Dorf [5]. Herren des Hochgerichts waren vor 1415 die Habsburger. Nach der Eroberung durch die Eidgenossen lag die Hohe Gerichtsbarkeit in den Händen des Badener Landvogts, die Niedere bei der

16 In Einzelheiten wurde der Bau bei der Versetzung modifiziert. So steht er heute auf einem höheren Kellergeschoß als ursprünglich. Sein Haupteingang auf der Nordostseite befand sich früher in der gegenüberliegenden Trauffassade, die inwendige Treppe ins Obergeschoß verlief in entgegengesetzter Richtung, und die als Halle eingerichtete Ostecke im Erdgeschoß war ein separiertes Gemach. Nicht alle Fenster sitzen genau am ursprünglichen Platz. Das Dachhäuschen ist neu, der Dachstuhl nicht originalgetreu rekonstruiert.

17 Unter der Dachvorkragung auf der Nordseite ein ursprünglich nicht zugehöriger Holzpfeiler mit der Jahreszahl 1642 und den Initialen «H W».

1 Heimatgeschichte I, Fundkarte. – JB SGU XXVI (1934), S. 37; XXXIX (1948), S. 59; LI (1964), S. 120. – Argovia LX (1948), S. 159.

2 Heimatgeschichte III, Fundkarte. – JB SGU XXIV (1932), S. 124; XXVII (1935), S. 69, 75.

3 QW Urbare/Rödel III, S. 373. Vgl. Mittler, Baden I, S. 40f. – UB Zürich XIII, S. 7.

4 Acta Murensia, in Quellen zur Schweizer Geschichte III/2 (1883), S. 75. – QW Urbare/Rödel II, S. 223.

5 Anne-Marie Dubler, Die Klosterherrschaft Hermetschwil von den Anfängen bis 1798, Aarau 1968, S. 95, 244. – Aarg. Urk. XI, S. 8, vgl. S. 65f.; XII, S. 7f. – UB Zürich VIII, S. 63. – Mittler, Lüthi, S. 65.

Stadt Mellingen. 1493 wurde die Ortschaft ihr eigener Niedergerichtsherr[6]. – Am Ende des 18. Jahrhunderts war Stetten nach Anzahl seiner Häuser das größte Bauerndorf der Rohrdorfer Untervogtei. Trotz mehreren modernen Industriebetrieben gedeiht seine Landwirtschaft auch heute noch.

Kirchliches. Schon im 12. Jahrhundert scheint in Stetten ein Gotteshaus mit Vinzenzpatrozinium bestanden zu haben[7]. 1316 wird ein Kirchherr bezeugt, was wohl auf eine selbständige Pfarrei schließen läßt[8]. Um 1370 jedoch gehörte das Dorf zum Sprengel der Kirche Oberrohrdorf[9]. Kollator war seit 1413, wie bei der Mutterpfarrei, das Spital Baden. 1829 Errichtung einer Kaplanei[10]. Seit 1888 selbständige Pfarrei. – Eine Hofstatt in der Wildenau am Reußufer südlich des Dorfs diente im späten Mittelalter als Einsiedelei[11].

ANLAGE. Stetten breitet sich als Haufendorf in einer Mulde nahe dem rechten Reußufer. Abseits von den Hauptverkehrswegen des Heitersbergs und des Reußtals, wird es durch kreuzförmig auseinanderlaufende Ortsverbindungsstraßen mit Mellingen, Künten, Bußlingen und – über eine Flußbrücke – mit dem Kloster Gnadenthal und Niederwil verbunden. Neuerdings dehnt sich die Gemeinde mit Ein- und Mehrfamilienhäusern rapid in nordöstlicher Richtung aus.

Quellen und Literatur. Akten im PfarrA Stetten, im PfarrA Oberrohrdorf, im StadtA Baden und im StA Aarau (Repertorium I und II, Register, s.v. «Stetten»).
G. BONER, Stetten, Der Reußbote vom 31. Dez. 1963. – HBLS VI, S. 545. – O. HUNZIKER, Geschichte des Rohrdorfer Berges VII, Badener Tagblatt vom 16. Febr. 1963. – Katholische Kirchen, S. 72f. – MITTLER, Baden I, S. 39, 44, 85, 88, 162f., 165. – MITTLER, LÜTHI, S. 65. – NÜSCHELER III, S. 552, 558.
Wappen. BONER, Wappen, S. 30f.

PFARRKIRCHE ST. VINZENZ

BAUGESCHICHTE. Die ältesten Nachrichten über Arbeiten an der schon im Mittelalter bezeugten Kapelle (siehe oben) datieren aus dem Jahre 1650. Damals wurde das vom Verfall bedrohte Gotteshaus auf Kosten seiner Mutterkirche in Rohrdorf und ihres Leutpriesters Matthias Feurer renoviert[12]. 1670 hielt der Badener Stadtrat als Vertreter des Kollators die Kirche Rohrdorf dazu an, 50 fl. an eine Vergrößerung der Filialkapelle zu leisten[13]. Am 26. Oktober 1676 konsekrierte Georg Sigismund Müller, Suffragan des Bischofs von Konstanz, den Altar des erweiterten Gotteshauses zu Ehren der Hl. Vincentius, Laurentius, Carl Borromäus und Rochus[14]. 1774 wurde das ganze Laienhaus niedergelegt und unter Aufsicht des Badener Spitalverwalters Joseph Nieriker und des Rohrdorfer Leutpriesters Dominik Baldinger neu aufgeführt[15]. Das alte Altarhaus erhielt neuen Schmuck[16]. Provisorische Ein-

---

6 Urbar Baden, S. 170. – H. ROHR, Die Stadt Mellingen im Mittelalter, Argovia LIX (1947), S. 72–74.
7 MITTLER, LÜTHI, S. 65.   8 NÜSCHELER III, S. 552.   9 BONER, Stetten.
10 PfarrA Stetten, Turmknopfurkunde 1923. – Katholische Kirchen, S. 72.
11 WELTI, Urkunden I, S. 120f.   12 PfarrA Oberrohrdorf, Nr. 154, S. 33.
13 StadtA Baden, Nr. 15, S. 46a, b.   14 PfarrA Oberrohrdorf, Nr. 154, S. 9.
15 PfarrA Oberrohrdorf, Nr. 210, S. 193. Nr. 37, S. 67b.
16 PfarrA Oberrohrdorf, Nr. 210, S. 193.

Abb. 438, 439 und 440. Stetten. Abgebrochene Kapelle. Zwei Projekte zum Turmneubau, Januar und März 1881. Kopien nach den Originalplänen Hans Baumanns. – Text unten und S. 455.

segnung des Neubaus im Oktober 1774 durch den Wettinger Abt Sebastian Steinegger[17]. – 1809 Bau eines hölzernen Vorzeichens[18]. 1839/40 neuer Choraltar der Brüder HUTTLE, Baden[19]. 1843/44 Verlängerung des Schiffs[20].

Im Januar 1881 entwarf Architekt HANS BAUMANN in Villigen AG Pläne für einen neuen Kirchturm (Abb. 438)[21]. Diese sahen ein Glockengeschoß mit dreieckigen Uhrgiebeln und einem vierkantigen Spitzhelm vor, ferner eine neue, niedrige Sakristei im Winkel zwischen Turmschaft und Chornordwand. Im März zeichnete BAUMANN eine Planvariante, welche einen achtkantigen Nadelhelm zeigt (Abb. 439 und 440)[22]. 1881/82 wurde der Glockenträger durch Maurermeister KARL JOSEPH WETTER aus Bußlingen aufgeführt[23]. Ungeklärt bleibt, ob er gemäß BAUMANNS Plänen am Platz des alten Turms, im Mauerverband mit der Kapelle, stand oder ob er, im Hinblick auf einen Neubau des Gotteshauses, allseitig frei neben die Kapelle gestellt war[24]. Im Februar 1882 beschloß die Kirchgemeinde, Schiff und Chor zu ersetzen[25]. 1883/84 Bau der neuen Kirche nordöstlich des Turms unter Einbeziehung desselben in die Westfassade. Leitung HANS BAUMANN; Mithilfe der Architekten E. ISLER, Wohlen, und J. LEUPPI, Villmergen[26]. Der axiale Frontturm erhielt

17 PfarrA Oberrohrdorf, Nr. 210, S. 203f. Theke 136: Filiale Stetten.
18 PfarrA Oberrohrdorf, Nr. 72, S. 51a und beiliegende Rechnung.
19 StadtA Baden, Nr. 893: 1839–1842, S. 37; 1837–1839, S. 142, 594.
20 PfarrA Oberrohrdorf, Theke 136: Filiale Stetten, 19. April 1859.
21 PfarrA Stetten, «Baubeschreibung und Vertrag über den Umbau des Kirchthurmes», signierter und datierter Riß.
22 PfarrA Stetten, zweiter signierter und datierter Riß.
23 PfarrA Stetten, Kirchenrechnungsprot. Nr. VII: Rechnung Turmbau, S. 3, 8.
24 Der genaue Standort der heute verschwundenen Kapelle ist nicht bekannt.
25 PfarrA Stetten, Turmknopfurkunde 1923.
26 PfarrA Stetten, Kirchenrechnungsprot. Nr. VII: Rechnung Kirchenbau, S. 1, 15, 17, 23. Kirchenbaurechnung 1883–1891, Abbildung. – Dem Neubau wich ein altes Strohhaus.

ein Rundbogenportal und eine Fensterrose von OSKAR ZINK, Mägenwil. Kanzel der Firma FRANZ und AUGUST MÜLLER, Wil SG; dekorative Wand- und Deckenmalereien von JOHANN STEIMER, Baden[27]. Einsegnung der Kirche am 11. Juni 1891 durch Bischof Leonhard Haas[28]. – 1891/92 drei neue Altäre von JOSEPH EIGENMANN, Luzern[29]. 1923 Turmrenovation[30]. 1931 Orgel. 1941 Innenrenovation. 1964 Außenrenovation[31].

BESCHREIBUNG. Die stattliche Kirche liegt – ähnlich ihrer Vorläuferin – firstparallel zwischen der Unterdorfstraße und der kleinen Senke des Dorfbachs. Ihre straßenseitige Langwand ruht auf natürlichem Boden, die hangseitige auf einer gemauerten Terrasse. Den topographischen Voraussetzungen entsprechend schauen der Chor nach Nordosten und die Eingangsfront nach Südwesten.

Von der bis 1883 bestehenden *Kapelle* geben außer den schriftlichen Nachrichten die Risse zum Turmneubau von 1881 noch eine Vorstellung (Abb. 438 und 440). Das 1774 errichtete, siebzig Jahre später nach Westen verlängerte Schiff war ein Rechteckbau mit Satteldach, niedrigen Segmentbogenfenstern und einem nördlichen Nebeneingang. Der spätestens um 1675 entstandene, vielleicht wesentlich ältere eingezogene Chor lag unter gleichem First wie das Langhaus, hatte einen drei-

---

27 PfarrA Stetten, Kirchenrechnungsprot. Nr. VII: Rechnung Turmbau, S. 4, 22. – Turmdachstuhl von Zimmermeister JOHANN HEINRICH KELLER, Villigen. Ebenda, S. 5.
28 PfarrA Stetten, Turmknopfurkunde 1923.
29 PfarrA Stetten, Kirchenrechnungsprot. Nr. VII: Kirchenrechnung 1891, S. 12; 1892, S. 10.
30 PfarrA Stetten, Turmknopfurkunde 1923.
31 PfarrA Stetten, Urkunde zur Außenrenovation 1964.

Abb. 441. Stetten. Pfarrkirche von Südosten. – Text S. 456.

seitigen Ostabschluß und war vermutlich nur in der Scheitelwand durchfenstert. An der nordseitigen Nahtstelle von Altarhaus und Langhaus stand ein Glockenturm[32].

Die 1881–1884 durch BAUMANN erstellte *Kirche* (Abb. 441) ist ein weiter Saal mit eingezogenem, dreiseitig schließendem Chor. Dieser tritt außen nur mit seiner polygonalen Apside in Erscheinung; sein Vorjoch liegt unter dem hohen Schiffdach verborgen und wird beidseitig von doppelgeschossigen Sakristeien flankiert, die als quergiebige Risalite vor die Längswände treten. Die Hauptfassade markiert ein eingestellter Turm, dessen gewölbtes Erdgeschoß als Vorhalle dient. Über den rundbogigen Schallöffnungen spitze Uhrgiebel und ein hoher Nadelhelm. Am nordöstlichen Firstende des Schiffs vierkantiger Dachreiter. Große neuromanische Fenster an Schiff, Sakristeien und Chor; achtspeichiges neuromanisches Radfenster über dem Westportal. Seiteneingänge. – Im Innern eine von Gußsäulen gestützte Empore. Über dem Laienhaus flache Kassettendecke; im Chor zweijochiges, auf Wanddiensten ansetzendes Kreuzgurtengewölbe. An der Scheitelwand und vor den Chorbogenmauern drei wimpergüberhöhte Schreinretabel mit Holzplastiken in romanisch-gotischem Stil, von JOSEPH EIGENMANN, 1891/92. Im mittleren ein Kruzifixus zwischen den Hl. Laurenz und Vinzenz; im linken die Immakulata zwischen den Hl. Barbara, Katharina, Cäcilia und einer unbekannten Märtyrin; im rechten der Nährvater mit den Hl. Wendelin, Sebastian, Franz Xaver und Antonius Eremita. An den Längswänden des Schiffs Stationenbilder, die, mit einer Ausnahme, aus der alten Kapelle übernommen sind. Öl auf Tannenholz, ohne Rahmen je 45 × 29 cm. Spätbarock, 1810[33] (das neunte Bild moderne Imitation). Mit Verve gemalte Szenen, noch in den lichten Farben und im theatralischen Pathos des Dixhuitième. Die Darstellung der Grablegung, die vorab Züge einer Auferstehung trägt (Abb. 442), beweist, daß der Künstler einen Passionszyklus oder eine Bildfolge der Vita Christi zur Vorlage hatte. In den Fensterscheiben farbige Medaillons mit Apostel- und Evangelistenporträts, von FRIEDRICH BERBIG, Enge (Zürich), 1883. – Im Turm sechs Glocken von RÜETSCHI, Aarau, 1882.

Bewegliche Kunstgegenstände. 1. *Vortragekreuz.* Silber, teilvergoldet. Höhe (ohne Dorn) 48,5 cm. Ohne Marken. Spätgotisch, gegen 1600. Vorne: Weich modelliertes Korpus; auf den Vierpaßenden von Schaft und Balken Medaillons mit den Evangelistensymbolen (der Adler unten zerstört). Hinten: Gravierte Vegetabilranken; in der Vierung Brustbild Mariä mit Kind in Steinschlifftechnik (jünger); Büsten der vier Kirchenväter. – 2. *Wettersegenkreuz.* Kupfer, vergoldet, und Silber, teilvergoldet. H. 32 cm. Ohne Marken. Rokoko, um 1760–1770. In der Vierung vierpaßförmiges Ostensorium mit einer Vinzenzreliquie. – 3. *Monstranz* (Abb. 443). Bronze, versilbert und teilvergoldet. H. 71 cm. Um 1630–1650. Prunkstück mit barockem Fuß und Vasenknauf und pyramidalem, aus gotischen und renaissanceförmigen Motiven gebildetem Aufsatz. In dessen Flanken und in der Spitze die säulengerahmten Figuren der Hl. Theodul und Jakobus d. Ä. sowie der Muttergottes im Strahlenkranz. Krönendes Kruzifix. – 4. *Ziborium.* Silber, teilvergoldet. H. 22,5 cm. Ohne Marken. Spätgotisch, erste Hälfte 16. Jahrhundert. Einfacher Trompetenfuß; fein profilierter Schaft mit Kissennodus; konisch sich weitendes Behältnis mit gebauchtem Scharnierdeckel, darauf eine kreuzüberhöhte tordierte Kugel. – 5. *Kelch.* Silber und Kupfer, vergoldet; Silberappliken. H. 22 cm. Ohne Marken. Renaissance, um 1630. Auf dem mehrfach eingeschnürten Rundfuß, am eiförmigen Knauf und am à jour gearbeiteten Rollwerküberfang der Kupa zierliche Engel- und Puttenhäupter. – 6. *Kruzifix.* Lindenholz, erneuerte Fassung. Höhe des Korpus 64 cm. Spätgotisch, Ende 16. Jahrhundert; Kreuz neu. Gelängter, knochiger Körper mit seitlich ausweichenden Knien.

---

[32] Dieser ist archivalisch mehrfach bezeugt; z. B. PfarrA Oberrohrdorf, Nr. 76, S. 50b.
[33] PfarrA Oberrohrdorf, Theke 136: Filiale Stetten, 18. Mai 1810.

Abb. 442 und 443. Stetten. Pfarrkirche. Letztes Bild im Kreuzwegzyklus, 1810; spätgotisch-frühbarocke Monstranz, um 1630–1650. – Text S. 456.

DORF

Stetten besitzt einen weitgehend intakten, von Neubauten verschont gebliebenen Dorfkern aus dem späten 18. und dem frühen 19. Jahrhundert. Die Mehrzahl seiner Bauten – meist stattliche Mittertennhäuser – zeigen ein auffallend einheitliches Gepräge, das sich vom Gebäudecharakter in den Nachbardörfern markant unterscheidet. Kennzeichnend sind die großflächigen Rafendächer und die mit Randleisten gezierten Holzfenster, welche in verputzten Fachwerkwänden, bisweilen auch in massiven Steinfassaden sitzen. Nennenswert die Häuser Nrn. 12, 17, 20/96, 22, 23, 24, 32, 38, 40, 45, 67, 76/77, 83, 85 (die Dächer in vielen Fällen nach der Entfernung des Strohs oder infolge von Bränden erneuert).

Gebäude. Schul- und Pfarrhaus (Nr. 31). Errichtet 1807 als Schulgebäude auf dem Areal des damaligen Friedhofs; seit 1829 auch Wohnung des Kaplans, seit 1888 des Pfarrers[34]. Heute Pfarrhaus und Kindergarten. Behäbiger Mauer- und Fachwerkbau vor der Turmfront der Kirche. Das geknickte Walmdach deckt schmalseitig zwei, an der Straßenfront sieben Achsen mit zierlichen, teilweise stichbogigen Holzfenstern. Axialer Haupteingang mit karniesförmigem, stützenlosem Vordach. – *Ehemalige Mühle* (Nr. 25). Der gemauerte Giebelbau am Bachufer steht am Platz eines im Jahre 1305 erstmals erwähnten Mühlegebäudes[35]. An der östlichen Stirnseite gefastes Rundbogenportal und gekehlte steinerne Zwillings- und Bandfenster aus dem 16. Jahrhundert. Der oberste Stock des ehemals dreigeschossigen Hauses vor einigen Jahren abgetragen. Als Rest des Mahlwerks ist im Innern das Antriebsrad erhalten geblieben. – Am benachbarten Gebäude *Nr. 29* ähnliche spätgotische Fenster. – *Nr. 36*. Umgebaut; bewahrt ein Rafendach auf hölzernem Kniestockgerüst. Erste Hälfte 19. Jahrhundert. – *Nr. 32*. Mächtiges Doppelbauernhaus mit seitlichen Wohnungen und mittlerem Ökonomietrakt (großenteils umgebaut). An der Stirnwand und hinteren Traufseite der nordöstlichen Wohnung hölzerne Stichbogenfenster; in der getäferten Stube schmuckes eingebautes Buffet mit geschweiften Docken. Um 1800 (das Datum 1681 über dem Kellereingang bezieht sich auf einen Vorgängerbau). – *Nr. 24*. Mit Stall aus Bohlenständerwänden. Erste Hälfte 19. Jahrhundert. – *Nr. 35*. Mächtiges, umfunktioniertes Bauernhaus, bei dem sich Stall, Futtertenn, Tenn und Wohnung aneinanderreihen. Diese zeigt eine

---

34 StadtA Baden, Nr. 888a, S. 189a.
35 A. Nüssli im Reußboten vom 31. Dez. 1963. – UB Zürich VIII, S. 103.

siebenachsige Längswand mit Steinfenstern und eine streng symmetrische Stirnseite, deren Portal mit zwei Rechtecklichtern gekuppelt ist; Biedermeier-Türflügel. Um 1830. – *Nr. 12*. Bauernhaus mit Ökonomietrakt in Ständertechnik. Der zwischen Tenn und Futtertenn liegende Stall ist allseitig von Bohlenwänden umgeben. Frühes 19. Jahrhundert. – *Nr. 18*. Zweigeschossiges, gemauertes Wohnhaus mit stichbogigen Holzfenstern; schmalseitig mit zwei, an der symmetrischen Eingangsfassade mit drei Achsen. Geknicktes Sparrendach; unter den Giebeln nachträglich angefügte Klebedächer. Ende 18. Jahrhundert. – *Nr. 41*. Hübsches Bauernhaus über winkelförmigem Grundriß, mit entsprechend gewalmten Dachflächen. Unregelmäßig verteilte kleine Holzfenster. Im hölzernen Sturz des Kellerportals das Datum 1808. – *Restaurant «Central»* (Nr. 54). Gedrungener Giebelbau mit Partien aus dem 17. Jahrhundert. – *Nr. 67*. Firstparallel geteiltes ehemaliges Doppelbauernhaus. In einer Stube eingebautes Eckbuffet aus Kirschbaumholz. Erste Hälfte 19. Jahrhundert. – *Nr. 72*. Würfelähnlicher Wohnbau mit zwei Geschossen über ebenerdigem Keller; kurzfirstiges Walmdach; Holzfenster. Um 1800. – *Nr. 63* (ehemalige Wirtschaft «Zur Krone»). Hoher, dreigeschossiger Mauerbau, giebelseitig mit fünf, traufseitig mit acht bzw. sieben Achsen. Gurtgesims und lisenengefaßte Kanten. Stirnseitiger Haupteingang über zweiarmiger Treppe; am südlichen Seiteneingang schöner Biedermeier-Türflügel. Im zweiten Stock ehemaliger Saal. Um 1830.

Im *Weiler Eichhof*, nordwestlich des Dorfs, *Haus Nr. 1*. Ansehnlicher Gutshof, erbaut 1801/02 durch den Mellinger Ratsherrn und Luzerner Salzfaktor Bernhard Xaver Gretener[36]. Die verputzten Fachwerkmauern öffnen sich im Erdgeschoß mit rechteckigen, im Obergeschoß mit stichbogigen, fein profilierten Holzfenstern. Am südlichen Giebel sichtbar belassene Stiele und Riegel, Fluggespärre und kerbschnittverzierte Büge.

Brunnen. Im Oberdorf. Halbkreisbecken aus Granitstein mit lippenförmigem Rand; renovierter quadratischer Stock mit Deckplatte; Datum 1841 und Monogramm «A K I H(umbel?)».

Wegkreuze. 1. Am Dorfausgang gegen Bußlingen. An den Treffenden skulptierte Gestirne; auf dem Balken «16 IHS 81», am Schaft «GEMEIN/D'STET/TEN». – 2. Punkt 396, am Dorfausgang gegen Mellingen. Treffelförmig; skulptierte Beschriftung: oben «INRI», am Balken «18 IHS 21», am Schaft «IACB/ FISH/ VND/ SEIN/ SOHN/ IOSEF/ FISH» nebst Herz Jesu und Wappen Fischer (zwei diagonal gekreuzte Fische). – 3. An der Landstraße gegen Mellingen (Nähe Eichhof). Treffelförmig; am Balken «JNRJ», am Rechtecksockel «JG NF(ischer?)». Vorgerücktes 19. Jahrhundert.

WOHLENSCHWIL–BÜBLIKON

GESCHICHTE. *Allgemeines.* In einem längst versandeten Reußlauf östlich Büblikons steht ein Pfahlwerk, das mit aller Wahrscheinlichkeit zum konjizierten Flußübergang des römischen Straßenstücks Fislisbach–Mägenwil gehört hat[1]. Unweit davon fand man ein Gräberfeld des 7. Jahrhunderts[2]. Wohlenschwil wird 924 erstmals schriftlich bezeugt, sicher hat dort aber schon um 910 die Fraumünsterabtei in Zürich Erblehenszinse bezogen[3]. Von 1189 bis zum Beginn des 14. Jahrhunderts sind in Wohlenschwil Güter des Klosters Muri nachweisbar[4]. Beide Dörfer lagen im frühmittelalterlichen Aar-Gau, in welchem seit der Jahrtausendwende das Geschlecht der Lenzburger mit dem Grafenamt belehnt war. Unter den nachfolgenden Kiburgern (seit 1254) und Habsburgern (seit 1273) waren sie Teil des Amtes Lenzburg[5],

---

36 A. NÜSSLI im Reußboten vom 30. Dez. 1955.
1 A. MATTER in Bad. Njbll. 1940/41, S. 38–40; mit Abb.
2 JB SGU XXI (1929), S. 110; LIII (1966/67), S. 180.
3 QW Urbare/Rödel II, S. 246–249. – Vgl. STAMMLER, S. 20.
4 UB Zürich I, S. 229. – QW Urbare/Rödel III, S. 322, 330.
5 Habsb. Urbar II/1, S. 1–5; I, S. 157.

das einen selbständigen, dem Landesherrn unterstellten Blutgerichtssprengel bildete[6]. Die Eidgenossen gliederten die Ortschaften als nördlichstes Teilstück den Freien Ämtern an, wodurch deren Landvogt Hochgerichtsherr wurde[7]. Das Niedergericht über Wohlenschwil war spätestens vom Beginn des 14. Jahrhunderts an durch die Grafen von Habsburg-Laufenburg den Freiherren von Rüßegg zu Lehen gegeben; diese verliehen es wenig später den Herren von Seengen weiter; 1348 wurde die Gerichtsbarkeit dem Kloster Königsfelden verkauft. Von 1528 bis 1798 übte sie der hier eingesetzte bernische Hofmeister aus[8]. In Büblikon, wo schon um 1250 ein kiburgischer Eigenhof stand, verfügte bis in die Neuzeit die jeweilige Landesherrschaft über Zwing und Bann[9]. – Wohlenschwil war am 3. Juni 1653 Hauptschauplatz des schweizerischen Bauernkrieges[10]; damals legte ein Großbrand fast das ganze Dorf in Asche. – 1906 politische und ortsbürgerliche Verschmelzung der beiden Gemeinden.

Kirchliches. 1270 erster Nachweis der Kirche von Wohlenschwil[11]. 1654 wird das Leodegarpatrozinium erwähnt[12]. Die Kollatur erlebte denselben Inhaberwechsel wie die Niedere Gerichtsbarkeit[13]; nach der Aufhebung des Klosters Königsfelden im Jahre 1528 gelangte sie an Bern. Unter dem Einfluß Zürichs entschied sich im Mai 1529 eine Mehrheit der Kirchhörigen für die Reformation und räumte Bilder und Zierden aus dem Gotteshaus weg. 1531 wurde Wohlenschwil mit allen andern Gemeinden der Freien Ämter durch die Fünf Orte rekatholisiert[14]. – Büblikon war vermutlich von Anfang an nach Wohlenschwil pfarrgenössig.

ANLAGE. Die beiden Dörfer liegen am westlichen Randhang der weiten Talsohle, die sich durch die Gletscherregression und durch das Wasser der Reuß zwischen den Höhen des Heitersbergs und des Meiengrüns gebildet hat. Die Dorfstraße Wohlenschwils war früher ein Abschnitt des Verkehrsweges von Mellingen nach Lenzburg, ist seit 1930 jedoch durch eine Umfahrungsstraße entlastet. Büblikons Häuser säumen einen Fahrweg, der Wohlenschwil in nördlicher Richtung mit der Achse Mellingen–Brugg verbindet.

Quellen und Literatur. Akten im PfarrA und im GemeindeA Wohlenschwil, im StadtA Mellingen und im StA Aarau (Repertorium I und II, Register, s.v. «Wohlenschwil» und «Büblikon»).
G. BONER, Büblikon, Der Reußbote vom 29. Dez. 1961. – BRONNER II, S. 298, 414. – W. BÜRGISSER, Altarweihe in Wohlenschwil und Mägenwil, Bad. Njbll. 1968, S. 83f. – Chronik des Kantons Aargau V, Zürich 1969, S. 160. – Katholische Kirchen, S. 54f. – MITTLER, LÜTHI, S. 71f. – NÜSCHELER in Argovia XXVI (1895), S. 65–67. – A. NÜSSLI, Die Mühlen in Wohlenschwil, Der Reußbote vom 28. Jan. 1966. – Ders., Der «Lindenhof» in Wohlenschwil, Der Reußbote vom 31. Dez. 1969.

---

6 J.J. SIEGRIST, Lenzburg im Mittelalter und im 16. Jahrhundert, Aarau 1955, S. 82, 94f., 103.
7 Chronik Aargau V, S. 160.
8 Habsb. Urbar II/1, S. 760. – StA Aarau, Urk. Königsfelden Nrn. 220–222.
9 Habsb. Urbar II/1, S. 5; I, S. 157. – BONER, Büblikon.
10 E. DÜRR, R. FELLER, H. VON MURALT, H. NABHOLZ, Geschichte der Schweiz II, Zürich 1931, S. 74–76.
11 PfarrA, Jahrzeitenbuch 1566, S. 41.   12 PfarrA, Urk. vom 1. Aug. 1655.
13 A. LÜTHI, Wirtschafts- und Verfassungsgeschichte des Klosters Königsfelden, Zürich 1947, S. 100f.
14 A. BUCHER, Die Reformation in den Freien Ämtern und in der Stadt Bremgarten, Sarnen 1950, S. 96f., 173–176.

Bild- und Plandokumente. 1. Alte Kirche von Südwesten. Lavierte Bleistiftzeichnung. 15,7 × 12 cm. Von H. MAURER. 1818 (ALZ). – 2. Entwurf (Grund- und Aufriß) zum Hochaltar. Kolorierte und lavierte Feder- und Bleistiftzeichnung. 36,4 × 22,2 cm. Von J. HUTTLE. 1832 (StA Aarau). – 3. Plan der Hauptstraße in Wohlenschwil. Aquarellierte Federzeichnung. 39,3 × 57,8 cm. Von C. AUER. Um 1840 (Archiv des Aargauischen Tiefbauamtes). – 4. Diverse Pläne zur neuen Kirche (PfarrA Wohlenschwil).

Wappen. BONER, Wappen, S. 33–35.

ALTE PFARRKIRCHE ST. LEODEGAR IN WOHLENSCHWIL

GRABUNGSBEFUNDE UND BAUGESCHICHTE (Abb. 445). Die 1952 unter Leitung von REINHOLD BOSCH vorgenommenen Grabungen brachten zwar einiges Licht in die Entstehungsgeschichte der Kirche, reichten aber noch nicht hin, alle Bauetappen zweifelsfrei abzuklären[15]. Die folgenden Ausführungen bleiben dementsprechend in gewissen Punkten Hypothese. – Als Rest einer ersten Kirchenanlage, wohl des 12. Jahrhunderts, konnte ein Grundrißgeviert von etwa 13,5 × 6 m freigelegt werden. Teile seines aufgehenden Mauerwerks stecken noch in der südöstlichen Flanke des derzeitigen Schiffs (Abb. 444). Neben der nordwestlichen Langseite dieses Rechtecks wurden die Grundmauern einer großen Sakristei gefunden, die im späteren Mittelalter angebaut worden sein dürfte. Ein gerades, vor der Front der ersten Anlage eruiertes Mauerfundament darf als Indiz einer dritten Bauphase gelten, während welcher man das alte Schiff um 3 m verlängerte und die ganze Kirche nach Nordwesten erweiterte. Über der Sakristei, die durch diese Vergrößerung die Hälfte an Grundfläche eingebüßt hatte, erstand in einer vierten Etappe der noch erhaltene quadratische Turm. Dritte und vierte Bauphase müssen zeitlich nahe aufeinander gefolgt sein und fallen mit Sicherheit noch ins späte Mittelalter, vermutlich in die Zeit um 1500. Dies beweisen die Spuren eines zugemauerten Spitzbogenfensters in der gegenwärtigen rechten Längswand (Abb. 444) und die kleinen Rechtecklichter am Turmschaft[16]. – Im Dorfbrand 1653 ging das Gotteshaus in Flammen auf[17]. Bei der anschließenden Erneuerung[18] wurde der Chor verlängert, dreiseitig geschlossen und im Innern durch einen Triumphbogen ausgeschieden. Im August 1654 weihte Bischof Franz Johann Voigt von Konstanz den Hauptaltar zu Ehren der Hl. Leodegar, Kastor, Synesius, Verena und der Drei Könige und den Altar auf der Evangelienseite zu Ehren der Hl. Barbara, Antonius, Wolfgang und Hilarius[19]. 1741 erhielt die Gemeinde durch Vermittlung der Nuntiatur in Luzern die Gebeine des Katakombenheiligen Florian[20]. Im Jahr danach ließ man diese im Frauenkloster Gnadenthal fassen. Vor der Translation in die Kirche wurde das Langhaus umfassend renoviert: Verlängerung um 18 Schuh nach Südwesten; Vorzeichen durch die Mellinger Zimmermeister CASPAR ANTON GROSSMANN und URBAN LEHE; neuer Dachstuhl von ARBOGAST GROSSMANN u. a.; neuer Scheitelstein im

---

15 Grabungsplan von Architekt P. SCHERWEY, Lenzburg, im KDA Aarau.

16 Das 1566 angelegte Jahrzeitenbuch im PfarrA memoriert die 1479 erfolgte Stiftung eines Altars zu Ehren der Hl. Barbara, Antonius und Wolfgang (S. 57); eine nicht mehr erhaltene Glocke trug das Datum 1507 (NÜSCHELER in Argovia XXVI [1895], S. 67).

17 PfarrA, Tauf-, Ehe- und Sterberegister 1653 ff., Frontispiz.

18 EA VI/1, S. 190, 1360. – StadtA Baden, Nr. 12, S. 272.

19 PfarrA, Urk. vom 1. Aug. 1655.   20 PfarrA, Akte vom 11. Aug. 1741.

ALTE PFARRKIRCHE

Chorbogen; Deckenstukkaturen; Retabel mit Reliquienschaugehäuse auf dem epistelseitigen Nebenaltar durch Franz Xaver und Caspar Joseph Widerkehr, Mellingen; Butzenscheiben[21]. Am 22. September 1768 – erst 25 Jahre nach Vollendung der Renovation – weihte der konstanzische Titularbischof August Johann Nepomuk den linken Seitenaltar der hl. Barbara und den rechten dem hl. Florian[22]. Ein durch den Wohlenschwiler Untervogt und Baumeister Felix Geissmann um 1750 errichtetes neues Glockengeschoß fand allgemeine Mißbilligung und scheint noch im 18. Jahrhundert vergrößert worden zu sein[23]. 1781 wurde der Chor mit einem Aufwand von 1000 bernischen Florinen unter Leitung Geissmanns dem barockisierten Schiff angepaßt[24]. Neuer Hochaltar, neuer evangelienseitiger Nebenaltar und neue

21 PfarrA, Theke 49: 1744, passim. Gesamtkosten 2933 fl.   22 PfarrA, Urk. sub dato.
23 PfarrA, Theke 49: «Kurtzer Auszug ... aus dem Protocol der Lobl. Pfarkirch zu Wollenschwill».
24 PfarrA, Tauf-, Ehe- und Sterberegister 1735–1795, vorn.

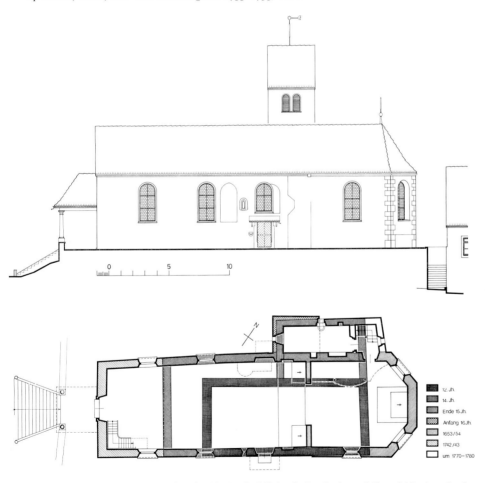

Abb. 444 und 445. Wohlenschwil. Alte Pfarrkirche, Aufriß der Südostflanke und Grundriß mit archäologischem Befund. – Text S. 460, 462f.

Kanzel, alle mit Skulpturen von Bildhauer JOHANN BECK aus Bremgarten[25]. Spätestens zur Zeit dieser Renovation wird man das alte Portal zwischen Altarhaus und Sakristei vermauert und den Zugang in das Nebengemach indirekt – durch einen neu errichteten Vorraum – angelegt haben[26]. 1830 Turmumbau durch FIDEL KIRSCHER aus Bremgarten; 1832 neuer Taufstein und neuer Hochaltar der Gebrüder HUTTLE in Baden; um 1840 Altarblatt von M. P. DESCHWANDEN[27]. – 1907–1909 Bau einer neuen Kirche zweihundert Meter nordwestlich der alten, nach Plänen von Architekt WILHELM HECTOR aus St.-Johann-Saarbrücken: mächtige Betonkonstruktion im Stil der rheinischen Romanik; im Innern Dekorationsmalereien von M. BEUL, Zürich, und Altäre und Kanzel von T. SCHNELL, Ravensburg (auf Empfehlung P. ALBERT KUHNS, Einsiedeln); 1913 Orgel von SPÄTH in Rapperswil[28]. – 1952/53 Renovation der Alten Kirche nach Plänen von Architekt P. SCHERWEY, Lenzburg. 1955 konstituierte sich eine Stiftung, die im Gotteshaus das *Schweizerische Bauernmuseum* einrichtete[29].

Schon in vorreformatorischer Zeit hingen im Kirchturm drei Glocken. Während des Brandes 1653 schmolz die größte zu einem Erzklumpen, den die Zürcher bei ihrem Abzug mit sich schleppten[30]. Die verlorene Stimme wurde darauf durch eine neue ersetzt, die jedoch 1782 bei BRANDENBERG in Zug umgegossen werden mußte[31]. Für die Neue Kirche stellte die Firma F. und A. CAUSARD in Colmar ein fünfstimmiges Geläute her; die drei alten Glocken gelangten in eine Diasporagemeinde[32].

BESCHREIBUNG. *Lage und Grundriß* (Abb. 453 und 445). Die Alte Kirche liegt auf einer kleinen, mauergestützten Erdterrasse im Dorfkern. Ihr Chor schaut talwärts nach Nordosten; der südwestliche Haupteingang ist über eine steile Vortreppe erreichbar. Das Gebäude bildet einen integrierenden Bestandteil des intakt gebliebenen historischen Ortsbildes. – An ein verhältnismäßig schmales, rechteckiges Laienhaus fügt sich bündig ein dreiseitig schließender Chor. Der linken Schiffsflanke ist ein quadratischer Turm angebaut. Bis zur Renovation 1953 zählte die Kirche neben dem stirnseitigen Hauptportal zwei traufseitige Nebeneingänge; heute ist der linke vermauert. In der nordwestlichen Längswand des Chors führt ein Durchlaß zu einem kleinen Vorgemach, das sich nach der Sakristei öffnet und einem verwinkelten Aufstieg zu deren Obergeschoß Platz bietet. Die Sakristei greift in konstant bleibender Breite direkt ins Turmerdgeschoß ein, ohne die Spur eines Wanddurchbruchs erkennen zu lassen. Dieses rätselhafte Fehlen der nordöstlichen Turmwand findet im Obergeschoß seine Erklärung, wo die Turmmauer durch einen kräftigen Rundbogen unterfangen ist.

25 PfarrA, Theke 49: Rodel Pfarrkirche und Rosenkranzbruderschaft 1781–1783.
26 In der aus Bruchsteinen geschichteten Südostwand der Sakristei glaubt man Fugen wahrzunehmen, die durch die Schließung des einstigen Portals entstanden sein könnten. Der erwähnte Vorraum ist sicher nach dem Chorneubau entstanden, da seine Stirnwand die Sichtquaderung der Chornordkante teilweise verdeckt.
27 PfarrA, Theke 51: Kirchenrechnung 1830, S. 10f.; 1832, S. 11; 1833, S. 12; 1836, S. 14. Rechnung der marianischen Bruderschaft 1841, S. 4. – Plandokument Nr. 2.
28 PfarrA, Prot. und Gesch. über den Kirchenbau 1890–1910, passim. Theke 77.
29 BÜRGISSER, S. 83.
30 NÜSCHELER in Argovia XXVI (1895), S. 67. – MITTLER, LÜTHI, S. 72.
31 PfarrA, Theke 49: Rodel Pfarrkirche und Rosenkranzbruderschaft 1781–1783.
32 PfarrA, Prot. und Gesch. über den Kirchenbau 1890–1910, S. 175.

Abb. 446 und 447. Wohlenschwil. Alte Pfarrkirche. Schiff und Turm von Westen; Inneres gegen Nordosten (heute Schweizerisches Bauernmuseum). – Text unten und S. 464.

Äußeres (Abb. 444, 445 und 446). Die langgestreckte Kirche birgt in ihrem Kern noch Teile aller durchlaufenen Bauphasen, die freilich nicht überall leicht zu erkennen sind. Langhaus und Altarhaus liegen unter einheitlichem Satteldach, das über den Chorseiten in steilen Walmen abfällt. Die Wände werden von großen Rundbogenfenstern gegliedert, die – wie die Fugen älterer, vermauerter Rundbogenlichter vermuten lassen – auf die beiden Renovationen des 18. Jahrhunderts (1743 und 1781) zurückgehen. Das hinterste, erst in den Jahren 1742/43 angefügte Schiffjoch präsentiert eine elegante Front mit säulengestütztem Vordach und spätbarockem Korbbogenportal. Darüber ein wiederverwendeter skulptierter Engelskopf des 17. Jahrhunderts. Den nach dem Brand von 1653 aufgeführten Chor ziert eine diskrete Kantenquaderung. Unter dem vordersten Fensterpaar des Schiffs zwei rechteckige, gefaste Seitenportale von 1742 (gefügt aus Werkstücken des 17. Jahrhunderts); seitlich davon steinerne Weihwasserbehältnisse. Untrügliches Merkmal des etappenweisen Bauvorgangs ist das Dachgesimse, das am Schiff noch mit spätgotischer Kehle, am Chor mit barockem Karniesprofil ausgebildet wurde. In der Mitte der südöstlichen Langwand sitzt ein schmales romanisches Rundbogenlicht vom Bau des 12. Jahrhunderts. Unmittelbar daneben zeugt der in den Putz gezeichnete Kontur eines großen Spitzbogenfensters von der spätgotischen Kirchenerweiterung um 1500. Sakristei und Turmunterbau ruhen noch auf dem Fundament des ersten Sakristeigemachs. Simsgurten teilen den Turmschaft in drei ungleiche Geschosse, deren untere noch simpel gefügte spätmittelalterliche Rechtecklichter aufweisen; das Glockengeschoß mit seinen gepaarten, rundbogigen Schallöchern und dem aufgesetzten Käsbissen ist eine Neukonstruktion von 1953 (bis dahin trug der Turm einen klassizistischen Nadelhelm über vier niedrigen Wimpergen aus dem

Jahre 1830[33]). In der südwestlichen Turmwand liegt auf rund 3 m Höhe die Schwelle eines zugemauerten Rechteckportals. Dieses führte einst auf einen gedeckten Balkon, von dem man durch ein Törchen (anstelle des vordersten Schiffensters) direkt auf die Kanzel gelangte[34].

Inneres (Abb. 447). Das zum Museum hergerichtete Innere hütet neben rustikalem Kunstgut Waffen und Fahnen aus der Zeit des Bauernkriegs sowie Modelle schweizerischer Bauernhaustypen. Von der originalen liturgischen Ausstattung ist nur wenig überkommen. – Der klar proportionierte Triumphbogen von 1653/54 zeigt feine Fasen und reich profilierte, simsförmige Kämpfer; die stuckierte Jahreszahl 1743 an seinem Scheitel weist auf die spätbarocke Renovation und Erweiterung des Langhauses. An den Bogenwänden und an der Scheitelwand des leicht erhöhten Chors *drei Blockaltäre*, die im 18. Jahrhundert unter Verwendung älterer Mensen neu errichtet wurden[35]. Die Wandnischen seitlich der Nebenaltäre mögen Altarbilder des gotischen Vorläuferbaus geborgen haben. An den Decken stilreine *Régence- und Rokoko-Stukkaturen:* im Schiff zwei verschränkte Rechteckrahmen mit rosengezierten Eckkartuschen und geometrisch konturiertem Mittelmedaillon (von 1743); am ähnlich geschmückten Muldengewölbe des Chors zusätzlicher, bewegter Fensterscheiteldekor (Schilfwedel-, Garben- und Rocaillemedaillons mit füllenden

[33] Bilddokument Nr. 1.
[34] An die seltsame, erst 1952 preisgegebene Passage erinnern noch eine steinerne Balkenkonsole und eine Nut, die als Lager eines Buges diente.
[35] Links Barbaraaltar, Mitte Leodegaraltar, rechts Florianaltar. – Die unleserlich gewordene Inschrift auf der Mensa des Hochaltars weist diese als ehemalige Grabplatte aus.

Abb. 448 und 449. Wohlenschwil. Alte Pfarrkirche. Barock-Ziborium, 1693; Régence-Monstranz von Franz Felix Rüssi, 1728. – Text S. 466 und 465.

Abb. 450 und 451. Wohlenschwil. Alte Pfarrkirche. Holzbildwerk des hl. Christophorus, zweites Viertel 16. Jahrhundert (heute im Bauernmuseum Wohlenschwil). Büblikon. Wegkreuz, vermutlich von Steinmetz M. Hübscher, 1639. – Text S. 466 und 472.

Trauben, Vögeln und Tropfsteinkrusten) (von 1781). Im Schiff einfache Empore, 1953 renoviert. An der linken Chorlängswand spätbarocker, säulengestützter Sängerbalkon. Zwei gleichzeitige *Chorstuhlreihen* mit bewegt umrissenen Docken. – Unter dem nordwestlichen Sakristeifenster halbkreisförmiges, steinernes Handbecken, dessen Ablauf durch die Wand ins Freie führt; gegenüber einfaches Sakramentshäuschen mit barocker Schmiedeisentüre, 1953 renoviert.

Silbergeräte und verstreute Kunstwerke. In der neuen Kirche: 1. *Vortragekreuz.* Silber, teilvergoldet. Höhe (ohne Dorn) 45,5 cm. Ohne Marken. Barock, Beginn 18. Jahrhundert. An Schaft und Balken getriebene Akanthusranken; silbergegossenes, vergoldetes Korpus; Strahlen in den Kreuzwinkeln. Die beidseitig auf die treffelförmigen Enden genieteten Rundmedaillons mit den schreibenden Evangelisten datieren aus dem frühen 17. Jahrhundert. – 2. *Wettersegenkreuz.* Silber, teilvergoldet. H. 39,5 cm. Ohne Marken. Spätbarock-klassizistisch, um 1800. Ovalfuß mit getriebenen Rokoko-Motiven, Rosen und Girlanden; Urnenknauf; am treffelförmigen Kreuz à jour gearbeitete floristische Appliken. – 3. *Prunkmonstranz* (Abb. 449). Silber, teilvergoldet. H. 73,5 cm. Beschau undeutlich (Rapperswil?); Meisterzeichen «F R» (wohl FRANZ FELIX RÜSSI). Régence, datierbar 1728[36]. Auf dem durch Einzüge rhythmisierten Ovalfuß Engelsköpfe, Akanthusranken und vier Medaillons mit den Figuren Johannes' d. T. und der Hl. Georg, Bernhard und Antonius von Padua. Anstelle des Schaftes steht eine originelle rundplastische Karyatide mit ausgebreiteten Armen. Die ihrem Haupt aufgesetzte Ovalsonne umfängt eine herzförmige, kronenüberhöhte Schaukapsel und ist mit à jour gearbeiteten Blattranken belegt; unten präsentiert sie das Bildnis der Muttergottes, oben jenes Gottvaters mit der Heiliggeisttaube, seitlich die Figuren der Wohlenschwiler Altarpatrone Leodegar und Barbara (vgl. S. 460); schmückende Tafelsteine. Gute Qualität. – 4. *Kelch.* Silber, vergoldet. H. 22,5 cm. Beschau Baden; Meisterzeichen «ID». Frühbarock, datierbar 1679[37]. Gebößter Sechspaßfuß, Balusterknauf, Steilkupa. – 5. *Kelch.* Kupfer, versilbert und vergoldet. H. 25 cm. Ohne Marken. Rokoko, um 1750; wiederverwendeter frühbarocker Dockenknauf, um 1670. Auf dem geschweift umrissenen, zum Rund

---

36 PfarrA, Nr. 29, sub anno 1729.   37 PfarrA, Jahrzeitenbuch 1566, S. 59.

tendierenden Fuß und am Kupaüberfang üppige getriebene Louis-XV-Motive. Unter dem Fuß eine Rundplakette mit dem Wappen «M(üller)-S(eiler)» (über einem halben Mühlrad ein Seilerhaken zwischen zwei Sternen). – 6. *Ziborium* (Abb. 448). Silber, teilvergoldet. H. 39,5 cm. Ohne Marken. Hochbarock, datiert 1693. Hoch geböschter Sechspaßfuß mit getriebenen Päonien und Akanthusblättern; eiförmiger, von drei Knabengesichtern belebter Nodus; der durchbrochene Kupaüberfang wiederholt die vegetabilen Motive des Fußes. Auf dem gebusten, analog verzierten Deckel eine rundplastische Mondsichelmadonna. Unter dem Fuß der gravierte Namenszug «ADAM BLUNSCHI». Gute Qualität. – 7. Im epistelseitigen Altar das *kunstvoll gefaßte Skelett des Katakombenheiligen Florian*. Der Märtyrer trägt Soldatentracht mit knielanger Tunika, Laschenpanzer und Galanteriedegen. Der mit goldener Applikationsstickerei und Tafelsteinen geschmückte Brustkorb ist geöffnet und läßt das Herz des Toten sichtbar. Gewandung und Schmuck sind Arbeiten aus dem Zisterzienserinnenkloster Gnadenthal von 1742.

Im Bauernmuseum Wohlenschwil: 8. *Hl. Christophorus* (Abb. 450). Lindenholz mit ursprünglicher Fassung. H. 93 cm. Spätgotisch, zweites Viertel 16. Jahrhundert[38].

Im Schweizerischen Landesmuseum Zürich: 9. *Glocke* (Inv. Nr. LM 11688). Dm. 48 cm. Am Hals Umschrift in gotischer Fraktur «+ ❀ o · rex · glorie · criste · veni · cum · pace · ❀». Vermutlich spätes 15. Jahrhundert[39].

LANDGUT «LINDENHOF» IN WOHLENSCHWIL

BESITZVERHÄLTNISSE UND BAUGESCHICHTE. Im Jahre 1793 ließ sich Felix Geißmann, Untervogt des Amtes Wohlenschwil und Besitzer der Dorfmühle, ein Landhaus errichten[40]. Da er darin eine Pintenwirtschaft zu betreiben gedachte, mußte das Gebäude, den Vorschriften gemäß, in Rufnähe zum Dorf stehen[41]. Als Jagdaufseher und passionierter Jäger bedachte der Bauherr die Schenke mit dem Namen «Zum Hirschen». Nach der Revolutionszeit ging das Haus an Geißmanns Sohn Martin Florian über, der die Wirtschaft in eine konzessionierte Taverne umwandelte und vermutlich gleichzeitig vergrößerte. 1839 erbte den Sitz in dritter Generation der ehemalige radikale Verfassungsrat und spätere Bezirksamtmann Johann Martin Florian Geißmann[42]. Als dieser 1850 aus politischen Gründen flüchtig geworden war, veräußerte man seinen gesamten Besitzstand – neben der Taverne die Alte und die Neue Dorfmühle (vgl. S. 468), den Mühlenweiher u.a. – an den Basler Emanuel Landerer-Zwilchenbart in Wohlen. 1862 verlor das Haus das Wirtschaftspatent; im Jahr 1865 wurde es renoviert und zum ausschließlichen Wohnsitz umgebaut[43]. Seit Landerers Tod, 1875, erlebte das Landgut mehrfache Handänderungen. Es ist noch heute Privateigentum.

BESCHREIBUNG. *Lage* (Abb. 452). Der «Lindenhof» steht hundert Schritte südöstlich des Dorfs. Mit den zugehörigen Ökonomiebauten erweckt er noch heute den Eindruck einer abseitigen Villa. Die Alte Landstraße nach Mellingen, die im 19. Jahrhundert mit Absicht an der Taverne vorbeigeführt wurde, hat freilich den Park mit seinem Baumbestand jäh vom Hause getrennt und dieses auf der Nordseite

---

38 E. MAURER, P. FELDER, H. DÜRST, Gotische Plastik des Aargaus [Katalog zur gleichnamigen Ausstellung auf Schloß Lenzburg 1959], Zofingen 1959, Nr. 60.
39 Die beiden andern Glocken des alten Geläutes wurden in jüngster Zeit eingeschmolzen.
40 NÜSSLI, Lindenhof. Vgl. NÜSSLI, Mühlen.
41 Damit waren allfällige Hilferufe aus der Schenke im Dorf vernehmbar.
42 Biographisches Lexikon des Aargaus, Aarau 1958, S. 260f. (G. BONER).
43 Entsprechende Bleistiftnotiz unter einem Parkettboden. Freundliche Auskunft vom derzeitigen Hausbesitzer, Dr. F. Wyß.

Abb. 452. Wohlenschwil. Landsitz «Lindenhof» von Westen. – Text S. 466f.

dem Verkehr ausgesetzt. Die südseits gruppierten Landwirtschaftsbauten formen einen weiten Hof, dessen Einfahrt in einer mehr als mannshohen Mauer neben dem Wohnhaus liegt.

Äußeres (Abb. 452). Kernstück des Wohnhauses ist ein lisenengefaßter, zweigeschossiger Giebelbau unter geknicktem Sparrendach. Seine westseitige Eingangsfassade zählt fünf, seine nördliche Schmalseite drei symmetrische Achsen; an der Hoffront ist die mittlere Achse mit der rechten gekuppelt. Zum stichbogigen Portal mit dem klassizistischen Türflügel führt eine rechteckige Freitreppe; die gleichfalls stichbogigen, fein profilierten Fenster ruhen auf kräftig vorladenden Bänken, die am obern Geschoß noch einen barocken Wulst, am untern ein klassizistisches Eckprofil über dekorativer Brüstung zeigen. Ebenfalls unten originelle «hutförmige» Fenster- und Portalverdachungen aus rechtwinklig geknickten Leisten, vermutlich von 1865; in die gleiche Zeit gehören die schmucken Brustgitterchen in den Fenstern des Obergeschosses und schließlich das Dachgesims mit den spröden Volutenkonsolen und Füllrosetten. Am ebenerdigen Kellerportal in der Straßenfront ein skulptierter Schlußstein mit dem Baudatum 1793 und einem halben Mühlrad über Dreiberg[44]. Östlich ist dem Haus ein quergieliger Flügel aus dem beginnenden 19. Jahrhundert angebaut. Seine straßenseitige Flanke, die um ein geringes hinter die Giebelfront des Alttraktes zurückspringt, ist dreiachsig und weist die nämlichen Fensterformen und die nämlichen Spätbiedermeier-Ergänzungen auf wie dieser.

[44] Anspielung auf den Mühlenbesitz des Bauherrn.

Stirnseitig unregelmäßig gesetzte Stichbogenlichter und ein Balkon von 1865 (mit erneuertem Geländer). Der südöstliche Winkel zwischen Alttrakt und Flügel, den bis in jüngste Zeit eine doppelgeschossige Holzlaube einnahm, ist heute modern verbaut.

Inneres. Unter beiden Bautrakten ein großer Keller mit vier Kreuzgratgewölben. Die erwähnenswerten Einzelheiten der Innenausstattung stammen alle vom Umbau des Jahres 1865. Im Südwestzimmer des Erdgeschosses blau-weißer, kubischer Biedermeier-Ofen, im Korridor hinter dem Hausportal einläufige Steintreppe mit gezogenen Stufen und Gußeisengeländer. Mehrere Stuckdecken; bemerkenswert jene im Nordwestzimmer des Obergeschosses, die über einem Kranzgesims mit Eierstab und Palmettenfries liegt. In den Gängen Ofentürchen mit karniesförmigen Verdachungen. Tür- und Fensterbeschläge.

Im *Hof* ein gemauertes, spätbarockes Landwirtschaftsgebäude (Nr. 4) unter geknicktem Sparrendach; an seiner Schauseite links das Tenntor mit gekuppelter Stalltüre, in der Mitte der Zugang zum Futtertenn, rechts ein zweiter Stall. Um 1793. – Gegenüber ein umgebautes ehemaliges Kutscherhaus mit Remise (Nr. 5), teilweise aus der ersten Hälfte des 19. Jahrhunderts. – Der klassizistische *Brunnen* mit der Jahreszahl 1796 wurde auswärts erworben und erst in jüngster Zeit an seinen Platz verbracht.

DÖRFER

Wohlenschwil. Allgemeines. Der Kern von Wohlenschwil (Abb. 453) hat seine organisch gewachsene alte Struktur bis heute zu bewahren vermocht. Bemerkenswert ist der weiträumige Dorfplatz, der von der Alten Kirche, dem ältesten Pfarrhaus, der Wirtschaft «Zur Mühle», den Landwirtschaftsgebäuden Nrn. 12, 20 und 22 und vom zweiten Pfarrhaus umstanden wird und der neben dem ehemaligen Mühlenteich einen schönen Baumbestand und einen frühbarocken Brunnen aufweist. An der Steilhalde gegen den Oberberg und am Nordwestende des Dorfs haben sich Zonen mit modernen Einfamilienhäusern gebildet. In der Fernsicht wird das Dorfbild von der imposanten neuromanischen Kirche dominiert. – Auffällig sind einige vortreffliche Fachwerkbauten. Unter den Dächern ist vorwiegend der Typus der Sparrenkonstruktion, meist über liegendem Stuhl und ohne Firstpfette, vertreten. – Um die Mitte des 19. Jahrhunderts standen im Dorf 60 Gebäude, von denen noch ein Drittel eine weiche Bedachung trug[45].

Gebäude. Der einstöckige Giebelbau Nr. 17, unmittelbar hinter dem Chor der Alten Kirche, ist das *älteste Pfarrhaus* (Abb. 453). An der südöstlichen Traufseite gefastes Rundbogenportal und axial gesetzte Zwillings- und Reihenfenster mit spätgotischen Kehlrahmen; an der talseitigen Stirnfassade und auf der Nordwestseite unregelmäßig verteilte Lichter mit Falz und Fase. Der ursprüngliche Haupteingang – ein Rechtecktor mit dem Baudatum 1651 – liegt hangwärts im Obergeschoß, wurde jedoch in jüngerer Zeit durch eine Hausverlängerung dem Blick entzogen. – *Wirtschaft «Zur Mühle»* (Nr. 13). Erbaut als Mühlengebäude um 1830, zusätzlich zur bereits bestehenden Mühle des 17. Jahrhunderts (vgl. unten)[46]. Mächtig dimensionierter, orthogonaler Mauerbau mit dreigeschossiger, dem Dorfplatz zugewandter Hauptschauseite und viergeschossiger Talfassade. Monoton gereihte Falzfenster mit Blocksimsen. Über dem Haupteingang wuchtiges, profiliertes Gebälk. Am vierten Geschoß der südöstlichen Schmalfront ein axialer Balkon mit Biedermeier-Geländer, im Giebel eine Serliana. Die nordwestliche Schmalseite, an der früher das oberschlächtige Wasserrad drehte, zeigt zwischen zwei schmalen Seitenrisaliten eine doppelstöckige Holzlaube, die sich unten in einer Arkade, oben in gekuppelten Rundbogenfenstern öffnet. Im obersten Geschoß zwei blaue kubische Kachelöfen mit weißen Ecklisenen und Friesen, vermutlich aus der Bauzeit des Hauses. – Unterhalb der Wirtschaft steht die *Alte Mühle* (Nr. 9) (Abb. 455), ein stilvoller, 1955 renovierter Riegelbau mit zwei gemauerten

---

45 Bronner II, S. 414.   46 Nüssli, Mühlen, Sp. 1 unten, 3 unten.

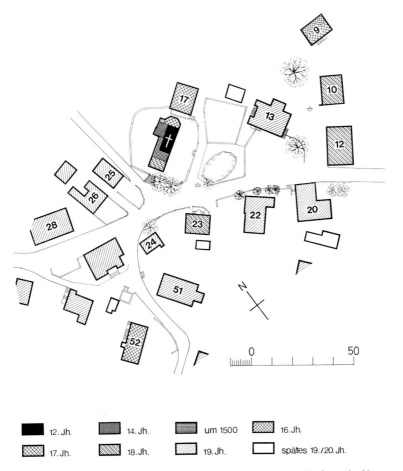

Abb. 453. Wohlenschwil. Grundriß des Dorfkerns 1975. – Text S. 462 und 468–471.

Kellern von 1582 (Datum an einem Portal)[47]. Der untere – kleinere – liegt dem Gelände entsprechend teilweise im Boden, der obere steht allseitig frei, wobei die Hälfte seiner hangseitigen Längswand hinter die Gebäudeflucht zurückspringt und zwei Stützpfeilern Platz läßt. Unter der solcherart gebildeten Laube liegen die Treppe in den tieferen und ein gefastes Kielbogenportal in den höheren Keller. Die schmale, lange Radkammer hinter der talseitigen Längsmauer steht heute leer. Die beiden aufgesetzten Wohngeschosse reichen ins 17. Jahrhundert zurück und bieten alle Kennzeichen der rein konstruktiven Fachwerkbauweise: Eckständer, Stockrähme, Unterzüge und Saumschwellen, Wandstiele, Streben und Riegel; vor den Giebeln Fluggespärre (ostseits heute entfernt) und kleine Gerschilde. Die Wohnstuben der beiden Stockwerke öffnen sich nach Süden mit einem Zwillingslicht, nach Osten mit drei- und vierteiligen Reihenfenstern. Unter dem nordseitigen Küchenfenster steinerner Ausgußkännel eines inseitigen Wassersteins. An einem der beiden erneuerten Laubenpfeiler das skulptierte Wappen Seiler, vermutlich einem originalen Wappen nachgebildet, das sich auf den Erbauer der beiden Obergeschosse bezog (rechts ein halbes Mühlrad, in der Mitte ein Seilerhaken, links eine stilisierte Lilie). Das Haus zählt mit dem Restaurant «Zur Krone» in Baden zu den bedeutendsten Fachwerkbauten des Bezirks. – *Nr. 10* (Abb. 455). Einfaches landwirtschaftliches Ökono-

---

47 NÜSSLI, Mühlen.

miegebäude vermutlich des 18. Jahrhunderts, später teilweise verändert. Auf einem wiederverwendeten sockelähnlichen Werkstein unbekannter Herkunft die Inschrift «JOHANES SEILER/ VNDERRVOGT/ ALHIE» nebst dem zugehörigen Wappen (ein Seilerhaken zwischen zwei stilisierten Lilien), dem Datum 1653 und dem Steinmetzzeichen eines Meisters «M S» (Tabelle II, Nr. 42)[48]. – *Nr. 12.* Landwirtschaftliches Ökonomiegebäude, dessen Hauptfront in der Mitte ein Tenntor mit gekuppeltem Stallportal, links außen das Portal zum Futtertenn und rechts außen den Zugang zu einem zweiten Stall präsentiert. In den Scheitelsteinen der stichbogigen Stürze und über dem Kellereingang auf der nordöstlichen Schmalseite graviert zweimal das Wappen Müller (ein Mühlrad), zweimal das Wappen Müller–Schwendimann von Mellingen(?) (über einem halben Mühlrad ein Mühleisen[49]) und dreimal die Jahreszahl 1767. An den Stichbalken Bretterreste des Dachhimmels mit profilierter Stirnseite. – *Nr. 8.* Mitterntennhaus in verputzter Fachwerkkonstruktion. Am nordöstlichen Tenntor Zapfenschlösser. Zwischen den beiden Wohngeschossen ein hölzerner Rautenfries. Hübsche Stirnseite mit Balkon längs der Giebelbasis. Zweites Viertel 19. Jahrhundert. – *Nr. 7.* Gleicher Haustyp wie Nr. 8, aber jünger. – *Nrn. 20 und 22.* Mitterntennhäuser, welche die Giebelseiten ihrer Wohntrakte dem Dorfplatz zukehren; Holzfenster mit Randleisten. Am ersten die Jahreszahl 1829 und die Initialen «M M(eier)». In der Stube des zweiten bemerkenswerter Kachelofen, dessen weiße Gebälkzone mit fein gemalten Girlanden und Blumenranken geschmückt ist (in den Girlanden Musikembleme, Früchte und Blumen); Rafendach. – *Nr. 23* ist das um 1800 erbaute zweite Pfarrhaus des Dorfs (Abb. 453). Der hohe zweigeschossige Mauerbau zeigt große, symmetrisch gesetzte Fenster mit profilierten Simsen und an der dreiachsigen Hauptfassade ein geohrtes Portal über einer zweiarmigen Stiege. Neugotische Treppengiebel in Rustikaquaderung, um 1880–1890. Im Innern cremefarbener Kachelofen mit stilisiertem Weinlaub und originellen Raubvogelgesichtern, aus derselben Zeit. – *Nr. 24.* Schmächtiges Biedermeier-Wohnhaus mit dreimal zwei Achsen. Straßenseitig am Erdgeschoß ein vermauertes Rundbogenportal mit Kämpfern und Scheitelstein zwischen analog gebildeten Rundbogenfenstern. Hangseitig am ersten Stock originale Haustüre unter langem Holzbalkon. Um 1830. – *Nr. 51.* Ehemaliges Mitterntennhaus mit profilierten Holzfenstern. Breite nordwestseitige Stirnwand mit Halbwalm über Fluggespärre. – *Nr. 52.* Reizendes, winkelrecht zum Hang gestelltes Fachwerkbauernhaus,

---

[48] Vgl. Kdm. Aargau II, Tabelle II, Nr. 26.
[49] Vgl. die Wappentafel im Ortsmuseum Mellingen.

Abb. 454. Wohlenschwil. Doppelbauernhaus Nr. 31 von Süden. – Text S. 471.

Abb. 455. Wohlenschwil. Dorfwinkel mit Alter Mühle (hinten), Haus Nr. 10 und Brunnen Nr. 3 (vgl. Abb. 453). – Text S. 468f., 469f. und 472.

heute umfunktioniert. Der talwärts schauende, zweigeschossige Wohntrakt ruht über einem gemauerten Unterbau, der gleichfalls als Wohnung ausgebildet ist, der Ökonomietrakt – firstparallel in Tenn und Stall geteilt – liegt ebenerdig. Das gegenwärtig mit Brettern verschalte Balkenwerk läßt einen verzapften Schwellenrahmen, Eckständer, Stockrähme und eine konstruktive (im Giebel auch dekorative) Gefachunterteilung erkennen; vorgezogene buggestützte Pfetten; hübsche Flugsparrendreiecke; die Aufschieblinge auf einer Flugpfette. Um 1700. – *Nr. 25.* Zweigeschossiges Biedermeier-Haus; am traufseitigen Portal das Baujahr 1834 und ein Keilstein mit den Initialen «G B / W(ohlenschwil)». Im Innern blau-weißer Kachelofen mit Sitzkunst auf balusterförmigen Vierkantfüßen. – *Nr. 26.* Ähnlich wie Nr. 25, datiert 1834. – *Nr. 28.* Langgestrecktes Landwirtschaftsgebäude mit eindrücklicher Straßenfassade. Am mittleren, flachbogigen Tenntor zwei rautengeschmückte Türflügel, vor der Remise rechts ein Korbbogenportal; links das Futtertenn, links außen der Stall. In der Holzverschalung der Heubühne ziervoll ausgesägte Luftschlitze; durchgehender Zahnschnitt. Um 1830. – *Nr. 30.* Großes Mitterntennhaus in verputzter Fachwerkkonstruktion; geknicktes Sparrendach; die Holzfenster der Wohnung mit Randleisten. Im Kern wohl noch 18. Jahrhundert. – *Nr. 31* (Abb. 454). Ehemaliges Doppelbauernhaus. Südöstlich die quer zum First geteilten Wohnungen, nordwestlich der firstparallel geteilte Ökonomietrakt mit einer kleinen Knechtbehausung. Über dem gemauerten Erdgeschoß ein Obergeschoß in Fachwerktechnik, südöstlich mit freiliegenden Balken und mit Fluggespärre. Am stichbogigen Zugang der innern Wohnung die Initialen «I A W(ohlenschwil)» zwischen der Jahreszahl 1792. Imposantes Sparrendach auf liegendem Stuhl. – *Nr. 35.* Mitterntennhaus unter Rafendach. Im Innern ein Kachelofen. Vorgerücktes 19. Jahrhundert.

Im Dorfteil Oberberg: *Nr. 58.* Verputztes Fachwerkbauernhaus; die Dachsparren fußen an den äußern Enden der Stichbalken, die liegenden Streben über der Hauswand. Am Wohnungsportal geschuppter Steinsturz mit Jahreszahl 1835 und den Initialen «G ST(EINMANN)». – *Nr. 68.* Sehr kleines, eingeschossiges Bauernhaus, dessen Ökonomieteil firstparallel in Tenn und Stall geschieden ist; am Tenntor Jahreszahl 1841. Im Innern grüner Kachelofen mit weißem Fries aus der Bauzeit. – *Nr. 76.*

Umfunktioniertes dreigeschossiges Doppelbauernhaus mit stattlicher traufseitiger Schaufront. Links und rechts die beiden giebelseitig zugänglichen Wohnungen mit symmetrisch wechselnder Fenstergliederung; in der Mitte der firstparallel getrennte Ökonomietrakt. Dach wie bei Nr. 58. Datiert 1835.

Brunnen. 1. Auf dem Dorfplatz. Rechtecktrog mit abgeschrägten Kanten; der auf hohem Achtecksockel stehende Stock hat die Form einer toskanischen Säule mit blattgeschmücktem Schaftansatz; drei gespreizte Ausgußröhren. Wohl um 1660. Auf dem Abakus Standbild des hl. Nikolaus von Flüe aus dem vorgerückten 19. Jahrhundert. – 2. Vor Haus Nr. 51. Rechtecktrog; an einer Schmalseite kubischer, gefaster Sockel, darüber ein Rundstock mit markant profilierter Basis, kegelförmigem Schaft und gerundetem Knauf zwischen Blattkragen. Gravierte Jahreszahl 1589. – 3. Vor Gebäude Nr. 10 (Abb. 455). Halbkreisschale mit lippenförmigem Rand aus dem 18. Jahrhundert; dahinter ein frühbarocker, weich silhouettierter Rundstock; die viereckige, klassizistische Aufsatzurne trägt ein vegetabil verziertes Volutenkapitell aus der Zeit des Rokokos. Gelungene Kombination stilistisch unterschiedlicher Werkstücke.

Wegkreuze. 1. An der Straße gegen Mellingen. Treffelförmig, mit skulptierten Gestirnen und Inschrift «INRI». Um 1860–1870. – 2. Punkt 401, an der Straße gegen Mägenwil. Mit eingezogenen halbkreisförmigen Enden. Am Schaft «INRI» und das von Kreuz und Anker belegte Herz Jesu; am Balken Jahreszahl 1866.

Büblikon. Gebäude. Das Siedlungsbild des Dorfs wird von meist umfunktionierten kleinen Mittertennhäusern aus dem frühen oder vorgerückten 19. Jahrhundert beherrscht; ihre verputzten Fachwerkwände tragen oftmals Sparrendächer nach der Art von Haus Nr. 58 in Wohlenschwil. Zu diesem Gebäudetypus zählen die Häuser Nrn. 103, 122, 123, 129, 130, 132, 133 und 145. Nr. 128 bewahrt noch einen stichbogigen Wohnungseingang mit der Namensabbreviatur «SA(MUEL) ME(IER)» und der Jahreszahl 1793. – *Nr. 136.* Stattliches gemauertes Doppelbauernhaus mit talseitigem Wohnungs- und hangseitigem Wirtschaftstrakt. Dieser ist parallel zum First, jener quer dazu geteilt (zwei gemeinsame Haustüren an den Traufseiten). Im Innern ein blauer Kachelofen mit Sitzkunst und zwei Einbaubuffets aus der Bauzeit. Datiert 1862. – *Nr. 134.* Zugehöriger Schopf mit einem aus stehenden Holzsprossen konstruierten Erdgeschoß und einem Obergeschoß in Fachwerktechnik. 19. Jahrhundert. – *Nr. 127.* Niedrig proportionierter, bemerkenswerter Ständerbau mit verputzten Fassaden. In der Wand zwischen Wohnung und Tenn liegende Bohlen und lehmverstrichene Ruten und Staken. An der südlichen Traufseite zwei Fenster über durchgezogenem Holzgesims. 18./19. Jahrhundert. Der Wohnungsstirnseite vorgebaut ein gleichzeitiger Schopf unter konventionellem Sparrendach mit Flugpfette, Bügen, Zugbändern und langen Aufschieblingen; das ursprüngliche, heute ersetzte Dach des Hauses mag gleicher Art gewesen sein. – *Gasthof «Zum Rößli».* Schnittiger Biedermeier-Bau, stirnseitig mit sechs, traufseitig mit fünf symmetrischen Achsen (nördliche Traufseite umgebaut). Portal unter kräftigem Karniesgesims. Um 1830[50]. – *Nr. 115.* Großer Mittertennbau in verputzter Fachwerkkonstruktion. Das ungeknickte Sparrendach zeigt noch zwei spätbarocke Gerschilde. Am Scheitel des flachbogigen hölzernen Tenntors Jahreszahl 1823 zwischen den Initialen «A M(eier)». – *Nr. 89.* Bauernhaus mit Gerschilddach, 18./19. Jahrhundert.

Wegkreuze. 1. (Abb. 451). Gegenüber Gasthof «Zum Rößli». An den treffelförmigen Kreuzenden drei Engelshäupter in Hochrelief; unter einer Rollwerkkartusche mit der Abkürzung «INRI» die den Balken einnehmende Inschrift «VDALRICVS/HVPSHER VON/BVOBLCON»; am Schaft das skulptierte Wappen von Königsfelden nebst den Initialen «V H» und der Jahreszahl 1639[51]. Am Fuß Schädel und Gebeine, begleitet vom Zeichen eines Steinmetzen «M H W» (wahrscheinlich M. HÜBSCHER, Wohlenschwil; Tabelle II, Nr. 43). Auf der Front des großen kubischen Sockels weichklappiges Blattwerk und ein weiteres Wappen mit dem abgekürzten Namen «R H(übscher?)» (über Dreiberg ein unkenntlicher Gegenstand zwischen zwei Sternen). Eigenwillige Steinmetzarbeit der Renaissance. – 2. Vor Haus Nr. 115. An den treffelförmigen Enden skulptierte Gestirne; auf dem Balken die Inschrift «BERNARD SEILER/VNDERVOGT VND/ANA̅ GEISMAN 1663», darunter das Wappen Seiler (ein Seilerhaken). – 3. Am südlichen Dorfeingang. Dornenkrone, Wundmale und Herz Jesu in Hochrelief; Datum 1769 und Abbreviatur «G M(EIER)/B(ÜB)L(I)K(ON)». – 4. Gegenüber Haus Nr. 100. Gleich wie Wegkreuz Nr. 2 in Wohlenschwil (siehe oben), jedoch mit Datum 1868 und Metallkorpus.

---

50 Zur Geschichte des Gasthofs vgl. A. NÜSSLI im Reußboten vom 23. Jan. und 27. Febr. 1939.
51 Ulrich Hübscher war vermutlich der vom Kollator in Königsfelden bestellte Kirchmeier in Wohlenschwil.

473

KORRIGENDA

S. 82, Zeile 20: *Joseph Ritter* statt Johann Ritter.
S. 110, Zeile 31: *Ährengarbe* statt Ährengabe.
S. 126, Anm. 407: *ntrae* (= nostrae) statt utrae.
S. 130, zweitunterste Zeile: *P(eter)* statt P(ater).
S. 138, Zeile 4: *um 1615* statt um 1620–1630.
S. 150 und 185, Zeile 20 bzw. 2f.: *Antonius Eremita* statt Antonius der Abt.
S. 235, Zeile 5f.: Die Renovation des 19. Jahrhunderts hielt sich nicht an Pläne Kaspar Joseph Jeuchs, sondern an solche von *Robert Moser*, die sich im Archiv des Stadtplanungsamtes Baden erhalten haben.
S. 310, Zeile 6: *Hermen* statt Koren.
S. 372, Zeile 6f.: *Meisterzeichen wohl Heinrich Herz, R_3, Nr. 437*, statt Meisterzeichen «H»; *um 1630* statt um 1640–1650.
S. 416, Zeile 29: *Meisterzeichen «R»* statt Meisterzeichen unkenntlich.
S. 417, Zeile 10: *Beschau Konstanz (?)* statt ohne Beschaumarke; *ohne Meisterzeichen* statt Meisterzeichen unbekannt.
S. 421, Zeile 19: Neben der kantonalen wirkte auch die eidgenössische Denkmalpflege an der Renovation von 1975 mit (Experte: Alois Hediger, Stans).

Abb. 456. Städtische Sammlung Baden. Christus tröstet die weinenden Frauen, unvollendetes Relief von Gregor Allhelg, um 1675 (ursprünglicher Bestimmungsort unbekannt).

TABELLE I: GOLDSCHMIEDEZEICHEN

Maßstab etwa 1:1

Nr.	Meister-zeichen	Meister	Zeit	Gegenstand	Standort	Seite
		AUGSBURG				
1	H	wohl Heinrich Herz	um 1630	Kelch	Fislisbach. Pfarrkirche	372, 473
2	R	Meister R	1638	Johannes-weinbecher	Mellingen. Stadtkirche	416, 473
3	GB	Gottlieb Bauer od. Gabriel Besmann	3. Drittel 17. Jh.	Kelch	Baden. Stadtkirche	128
4	III	Meister III od. IM (= Johann Miller?)	3. Drittel 17. Jh.	Kelch	Baden. Stadtkirche	128
5	PS	Joh. Philipp I. od. II. Schuch	Anfang 18. Jh.	Kelch	Baden. Stadtkirche	130
6	DS	David Schneeweiß	um 1710	Kelch	Baden. Stadtkirche	130
7	IF	Meister IF	1733–1735	Monstranz	Oberrohrdorf. Pfarrkirche	446
8	TDS	Meister TDS	1737–1739	Kännchen und Platte	Baden. Stadtkirche	131
9	PD	Philipp Jakob Drentwett (?)	1747–1749	Altarleuchter	Baden. Stadtkirche	134
10	IWG	Joseph Wilhelm Gutwein	1747–1749	Kännchen und Platte	Baden. Stadtkirche	131
11	CM	Gottlieb Mentzel	1755–1757	Altarleuchter	Baden. Stadtkirche	134
12	GB	Georg Ignaz Bauer	1763–1765	Kelch	Baden. Stadtkirche	130
13	GB	Georg Ignaz Bauer	1763–1765	Kännchen und Platte	Baden. Stadtkirche	131
14	CXS	Caspar Xaver Stippeldey	1793–1795	Kännchen und Platte	Baden. Stadtkirche	132
15		Caspar Xaver Stippeldey	1795–1797	Monstranz	Baden. Stadtkirche	128

Nr.	Beschau/Meisterz.	Meister	Zeit	Gegenstand	Standort	Seite
			BADEN			
16	MS	Meister MS	Mitte 16. Jh.	Teller für Taufölgefäß	Baden. Stadtkirche	132f.
17		unbekannt	um 1600	Ziborium	Baden. Stadtkirche	130
18		Heinrich Merkli	Ende 16. Jh.	Taufgefäß	Oberrohrdorf. Pfarrkirche	447
19		Heinrich Merkli	um 1600	Ziborium	Mellingen. Stadtkirche	416
20	CS	Meister CS	um 1600	Taufölgefäß	Mellingen. Stadtkirche	417
21	C S	Meister CS	um 1600–1620	Kelch	Baden. Kapelle Maria Wil	192
22		Meister RB	um 1620	Kännchen und Platte	Baden. Stadtkirche	131
23		unbekannt	2. Viertel 17. Jh.	Ölgefäß	Mellingen. Stadtkirche	417
24		Meister RS	um 1630–1640	Ölgefäß	Fislisbach. Pfarrkirche	372
25		Meister D	um 1650	Kelch	Fislisbach. Pfarrkirche	372
26		Wanger	um 1630	Kelch	Mellingen. Stadtkirche	416
27		Wanger	um 1640	Vortragekreuz	Mellingen. Stadtkirche	415
28		Wanger	1649	Altarleuchter	Baden. Stadtkirche	133
29		Wanger	um 1640–1650	Rauchfaß	Baden. Stadtkirche	132
30		Wanger	1650	Altarleuchter	Baden. Stadtkirche	133

Nr.	Beschau/Meisterz.	Meister	Zeit	Gegenstand	Standort	Seite
		BADEN (Fortsetzung)				
31		Peter Wanger	1642	Brustreliquiar hl. Verena	Baden. Stadtkirche	138
32		Peter Wanger	1647	Altarleuchter	Baden. Stadtkirche	133
33		Peter Wanger	1654	Kelch	Baden. Stadtkirche	128
34		Peter Wanger	1655	Kännchen und Platte	Baden. Stadtkirche	131
35, 36		Caspar Wanger	um 1660	2 Kelche	Baden. Stadtkirche	128
37		Caspar Wanger	um 1670–1680	Ziborium	Baden. Stadtkirche	130f.
38		Meister ID	3. Viertel 17. Jh.	Ziborium	Baden. Kapelle St. Anna	183
39		Meister ID	um 1660	Kelch	Mägenwil. Kapelle	380
40		Meister ID	1679	Kelch	Wohlenschwil. Neue Pfarrkirche	465
		BASEL				
41		Jakob Birmann	2. Viertel 17. Jh.	Pokal	Baden. Rathaus (Bern)	232
42		Meister FP (Beschau fragl.)	um 1720–1730	Kelch	Baden. Stadtkirche	130
		BEROMÜNSTER				
43		Ferdinand Schlee	1677	Rauchfaß	Mellingen. Stadtkirche	417
44		Ferdinand Schlee	1677	Schiffchen	Mellingen. Stadtkirche	417
45		Ferdinand Schlee	1677/78	Monstranz	Mellingen. Stadtkirche	415
46		Ferdinand Schlee	um 1680–1690	Kelch	Mellingen. Stadtkirche	416

GOLDSCHMIEDEZEICHEN   477

Nr.	Beschau/Meisterz.	Meister	Zeit	Gegenstand	Standort	Seite
			BIBERACH			
47		Meister IAZ (Beschau fragl.)	um 1790	Kännchen und Platte	Oberrohrdorf. Pfarrkirche	447
			BREMGARTEN			
48		Franz Sebastian Bucher	um 1710–1720	Kännchen und Platte	Mellingen. Stadtkirche	416
49		Xaver Weißenbach (ohne Beschau)	um 1790–1800	Kelch	Mägenwil. Kapelle	380
			CHUR			
50		Meister BR (Beschau fragl.)	Ende 17. Jh.	Altarleuchter	Baden. Stadtkirche	134
			EINSIEDELN			
51		Melchior Ignaz Effinger	um 1730	Chorampel	Mellingen. Stadtkirche	417
			KLINGNAU			
52		Albert Wengi (?) (ohne Beschau)	1. Drittel 19. Jh.	Taufschälchen	Oberrohrdorf. Pfarrkirche	447
			KONSTANZ			
53		Leonhard Stütz	1614	Silberplastik Muttergottes	Baden. Stadtkirche	136f.
54		Leonhard Stütz	um 1615	Silberplastik Salvator	Baden. Stadtkirche	137f.
55		Leonhard Stütz	um 1615	Silberplastik Johannes Ev.	Baden. Stadtkirche	138, 473
56		Beschau fragl. (ohne Meisterz.)	2. Hälfte 17. Jh.	Schiffchen	Mellingen. Stadtkirche	417, 473
			LUZERN			
57		(Hans Georg?) Krauer	1671/72	Teile einer Monstranz	Mellingen. Stadtkirche	415
58		Joseph Gaßmann	um 1740	Sanktusschelle	Baden. Stadtkirche	140
59, 60		Joseph Gaßmann	um 1750	2 Wettersegenmonstranzen	Baden. Kapelle Maria Wil	192

478   GOLDSCHMIEDEZEICHEN

Nr.	Beschau/Meisterz.		Meister	Zeit	Gegenstand	Standort	Seite
				MELLINGEN			
61			Caspar Frey	1611	Kelch	Mellingen. Stadtkirche	416
				RAPPERSWIL			
62			Heinrich Dumeisen	1688	Pokal	Baden. Rathaus (verschollen?)	233f.
63			Heinrich Dumeisen	1690	Hüftreliquiar hl. Cordula	Baden. Stadtkirche	139
64			Heinrich Dumeisen	1690	Hüftreliquiar hl. Damian	Baden. Stadtkirche	139
65			Franz Felix Rüssi	1728	Monstranz	Wohlenschwil. Neue Pfarrkirche	465
				REGENSBURG			
66			Meister HMS	um 1680–1690	Monstranz	Baden. Kapelle Maria Wil	192
				SCHAFFHAUSEN			
67			Speisegger (?)	um 1700	␣ännchen und Platte	Baden. Stadtkirche	131
				SURSEE			
68			Hans Peter Staffelbach	um 1700	Kelch	Baden. Stadtkirche	129f.
69			Hans Peter Staffelbach	um 1700–1710	Altarleuchter	Baden. Stadtkirche	134
70			Hans Peter Staffelbach	1715	Monstranz	Baden. Ehem. Frauenkloster	200
71			wohl Hans Georg Staffelbach	um 1730–1740	Kelch	Fislisbach. Pfarrkirche	372

Nr.	Beschau/Meisterz.	Meister	Zeit	Gegenstand	Standort	Seite
		URI				
72		(Johann?) Imhof	wohl 1676	Kelch	Bellikon. Pfarrkirche	342
		ZÜRICH				
73, 74		wohl Johann Caspar Wüest	1833	2 Abendmahlskelche	Baden. Ref. Kirche	213
		ZUG				
75, 76		Melchior Maria Müller	Ende 17. Jh.	2 Nautilusbecher	Baden. Rathaus (SLM)	232f.
77		Joh. Melchior I. od. II. Brandenberg	um 1679	Kelch	Oberrohrdorf. Pfarrkirche	446
78		Hans Georg Ohnsorg	um 1675	Ziborium	Oberrohrdorf. Pfarrkirche	447
79		Hans Georg Ohnsorg	1686	Kelch	Baden. Stadtkirche	129
80		Hans Georg Ohnsorg	um 1690	Kelch	Mellingen. Stadtkirche	416
81	(nachträgl.?) beschriftet: «ADAM BLUNSCHI»	Adam Blunschi (ohne Beschau)	1693	Ziborium	Wohlenschwil. Neue Pfarrkirche	466
		ORT UNBEKANNT				
82	Ba	Meister Ba (oder Bs?)	um 1600–1620	Taufschale	Baden. Stadtkirche	133
83	FP	Meister F.P.	um 1660–1670	Kelch	Mellingen. Stadtkirche	416
84		Meister GGS (?)	Mitte 18. Jh.	Kelch	Baden. Stadtkirche	130
85	IBC	Meister IBC	1782	Reliquienmonstranz	Mellingen. Stadtkirche	416

TABELLE II: STEINMETZZEICHEN

Nr.	Zeichen	Meister	Standort	Zeit	Seite
1–11		Nr. 5 wie Kdm AG I, S. 416, Nr. 6 (1520)	*Baden* Kapelle St. Sebastian, Untergeschoß (siehe Plan S. 481)	um 1480	152–154
12–18			Kapelle St. Sebastian, Obergeschoß (siehe Plan S. 481)	um 1500 bis 1510	153
19		Meister Hans (von Augsburg?) oder Meister Erhard	Kapelle St. Sebastian, Untergeschoß. Lettnerbrüstung aus der Stadtkirche	um 1460	97, 155
20, 21		Caspar Schön?	Ehem. Landvogteischloß. Hauptportal	1580	66f.
22			Ehem. Landvogteischloß. Wendeltreppe	1579	68
23			Ehem. Landvogteischloß. Wandnische	1525	68
24			Ehem. Landvogteischloß. Türrahmen im Treppenturm	1580	68
25		Christen Gyger (vgl. Kdm ZH V, S. 498, Nr. 30)	Rathaus. Fenster an der Ostfassade Weite Gasse Nr. 21. Flachrelief	1544 1544	219 269
26			Rathaus. Fenstersäule im ehemaligen Tagsatzungssaal	1497	224f.
27			Rathaus. Portal zur Verbindungsbrücke nach dem Amthaus Amthaus. Portal zur Verbindungsbrücke nach dem Rathaus	1585 1585	229f. 237
28			Weite Gasse Nr. 14. Fenstersäule	vor 1600	270f.
29–31			Vordere Metzggasse Nr. 8. Fenster	1551	279f.
32			Rathausgasse Nr. 2. Fenster	1592	290
33			Haldenstraße Nr. 29. Fenster	1548	295
34			Kronengasse Nr. 41. Portal	1612	301

STEINMETZZEICHEN 481

Nr.	Zeichen	Meister	Standort	Zeit	Seite
35			*Mellingen* Zeitturm. Wappenrelief	1544	393
36		Anton Wyg	Stadtkirche. Sakramentshäuschen	1583	410
			Ibergerhof. Portal am Treppenturm	1578	426f.
37			Ehem. Rathaus. Staffelfenster	um 1530	422
38			Ehem. Rathaus. Wappenrelief	um 1530	422
39–41			*Oberrohrdorf* Pfarrkirche. Hauptportal	1639	442
42		Meister M S	*Wohlenschwil* Haus Nr. 10. Werkstein	1653	469f.
43		Meister M H W (M. Hübscher, Wohlenschwil?)	*Büblikon* Wegkreuz Nr. 1.	1639	472

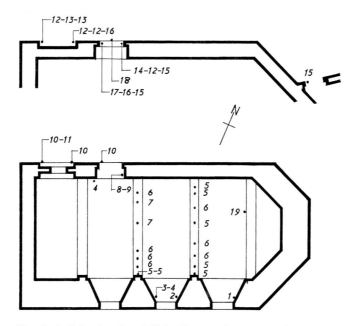

Abb. 457. Baden. Kapelle St. Sebastian, Grundriß des Untergeschosses (unten) und des Obergeschosses mit Lokalisierung der Steinmetzzeichen. – Text S. 152–155, 480.

REGISTER

Die in Klammern gesetzten Abbildungsangaben verweisen auf die unmittelbar vorausgehenden Seitenzahlen

Aarau. Großratsgebäude 304; Säulenhaus 304; Stadtkirche 122
Aarburg. Befestigung 53
Ablütz, Jakob, Maler 391
Abraham. Szenische Darstellungen 118 (Abb) 129f 396
Abt, Georg, Baumeister 418
Adalbert hl. Einzeldarstellungen 128
Adam, siehe Christus, szenische Darstellungen, Höllenfahrt
Ägeri, Bernhard von, Pfarrer in Oberrohrdorf 445 449; Durs von, Maler 75 282; Heinrich von, Spenglermeister 75 78; Jakob von, Maler 87 216 234
Agatha hl. Einzeldarstellungen 363 368 380 (Abb); Patrozinien 150 360f 365; Reliquien 360 372
Agnes, Königin von Ungarn 104 182 193
Alberich von Cîteaux hl. Patrozinien 418
Allegorien. Bacchus 258; Gesundheit 310f (Abb); Iustitia 219 (Abb); Jahreszeiten 234 258; katholische Kirche und katholische Fürsten 69f; Musik 256 258; Nemesis 219 (Abb); Rom 70; Thermen 310f (Abb) 320f; Tugenden 69
Allhelg, Gregor, Bildhauer 55 87f 98 118f (Abb) 123 299 351–353 (Abb) 442f (Abb) 473 (Abb)
Allmend, Scholastica an der, Paramentenstickerin 140
Altäre und Retabel 93. 9./10. Jh: 94; 11./12. Jh: 166f(Abb); 12. Jh: 94 361f(Abb), 12./13. Jh: 95; 14. Jh: 96f; 15. Jh: 97 155 167–171 (Abb); 15./16. Jh: 157–159 (Abb); 16. Jh: 68 150 155 159–164 (Abb) 173; 17. Jh: 97f (Abb) 101 108 155 177 184 190 400f 439 443 453; 18. Jh: 166 171 174 178f 184 186 (Abb) 190 200 379 439 443 461 464; 19. Jh: 99 101 109 (Abb) 116 118 150 173 179 341 363f 367–369 (Abb) 379 401 404–406 (Abb) 418 440 442f 454–456 462; 20. Jh: 179 182 407 418 462
Altarkreuze 123 (Abb) 125f 177 351–353 (Abb) 371 444f
Altarleuchter. 17. Jh: 133–135 (Abb) 177 192 354 373 417 447; 18. Jh: 134; 19. Jh: 165 (Abb) 342 373 417 447
Amandus von Maastricht hl. Reliquien 138
Amberg, Hans d. J., Gastwirt in Baden 321
Ambrosius hl. Einzeldarstellungen 445. Siehe auch Kirchenväter
Ammann, Robert, Kantonsbaumeister 434

Amstad, Conrad, Gastwirt in Baden 315; Conrad, von Baden 142
Andreas hl. Einzeldarstellungen 126 416
Angeloch, Jörg von, in Baden 97
Anna hl. Szenische Darstellungen 123; Patrozinien 150 179 183 418
Anna Maria, Herzogin von Württemberg 10
Anna Selbdritt hl. 162–164 (Abb) 182 416
Anna Selbzweit hl. 190
Antikenrezeptionen 257 (Abb) 259f 310f (Abb) 247–250 (Abb) 252 (Abb) 255 (Abb) 317 (Abb)
Antonius Eremita hl. Einzeldarstellungen 137 192 (Abb) 456; Patrozinien 150 183 185 460
Antonius von Padua hl. Einzeldarstellungen 190 351 369 407 420 465; szenische Darstellungen 420 (Abb); Patrozinien 418 434 460; Reliquien 416
Apollo, siehe Midas
Apollonia hl. Einzeldarstellungen 181 (Abb) 183 380
Apostel, unbekannte 118
Apostelkollegium (Zwölfboten) 116 278 456 Farbtafel I. Siehe auch Christus, szenische Darstellungen, Abendmahl / Aussendung der Apostel / Himmelfahrt / Hochzeit zu Kana; Heiliger Geist, Ausgießung an Pfingsten; Maria, szenische Darstellungen, Himmelfahrt
Arlesheim. Dom, Stukkaturen 441
Arnold, Karl, siehe Basel, Bischöfe
Asper, Hans, Maler 31 (Abb)
Attenhofer, Elisabeth (Meyer-), Gastwirtin in Baden 321
Augustinus hl. Einzeldarstellungen 445. Siehe auch Kirchenväter
Augustus, römischer Kaiser 5

Baar. Pfarrkirche, Reliquienkreuz 124
Babel, Johann Baptist, Bildhauer 186
Baden
– Altstadt 4 (Abb) 6f (Abb) 9 19 (Abb) 25 (Abb) 29–39 (Abb) 46 48f (Abb) 70 (Abb) 73 (Abb) 76 79 86 88 104f (Abb) 151 (Abb) 193 (Abb) 206 218 243 255 263 267f (Abb) 280f (Abb) 284–286 (Abb) 288 292 (Abb) 301 (Abb). Siehe auch Baden, Wohnbauten, Altstadt
– Amt 7 52 360 450 452
– Anlage (Topographie) 4 (Abb) 6f (Abb) 17 (Abb) 21 (Abb) 23 (Abb) 25 (Abb) 29–51 (Abb) 56 63 70 (Abb) 73 (Abb) 93 (Abb)

Baden (Fortsetzung)
104 122 151 (Abb) 175 193 (Abb) 205f (Abb) 218 265 268 284f 302 (Abb) 306 (Abb) 327 bis 329 (Abb)

- Badeort (Kurbetrieb) 8 10 37 40 43 200 245 bis 248 251–253 259f 302 332
- Bäderquartier 4 (Abb) 9 (Abb) 37 40–43 (Abb) 46–48 (Abb) 50 76 88 90 167 206 263 297 302–327 (Abb) 336 348. *Armenbadanstalt* 43 (Abb) 303 325–327 (Abb); *Badhotels, Gasthöfe und Herbergen* 4 (Abb) 9f (Abb) 41–43 (Abb) 47 88 166f 172 239 245f 302–305 (Abb) 307–325 (Abb) 357; *Bäderheilstätte «Zum Schiff»* 45 (Abb) 304f (Abb); *Freibad* 40–43 (Abb) 88; *Schröpfgaden* 42 (Abb) 90 305 326; *Städtisches Inhalatorium (ehem. Trinklaube)* 43 (Abb) 248 297 325f (Abb); *Thermalquellen und Bäder* 3 7 10 29 37 40 43 (Abb) 50 88 302 315 319 (Abb) 323 326f; *Verenabad* 9 (Abb) 40–43 (Abb) 313 (Abb) 326; *Volksheilbad «Zum Freihof»* 45 (Abb) 303f (Abb)
- Befestigungen. *Bollwerke und Wehrtürme* 4 (Abb) 15 (Abb) 25 (Abb) 31 (Abb) 34–40 (Abb) 54f (Abb) 57f 70–74 (Abb) 79 233 235 (Abb) 295; *Bruggerturm (Baderturm, «Stadtturm»)* XII (Abb) 4 (Abb) 19 (Abb) 25 (Abb) 30 35–39 (Abb) 47 (Abb) 49 (Abb) 63 69 71 74–79 (Abb) 87 105 (Abb) 156 175 218 274 284f (Abb) 288 328; *Landvogteischloß (Niedere Feste)* 4 (Abb) 6 (Abb) 17 (Abb) 21 (Abb) 25 (Abb) 31 (Abb) 34–40 (Abb) 49f (Abb) 59–72 (Abb) 79f 82–84 93 (Abb) 177 180 193 (Abb) 233 243 268 348; *Mellingerturm* 6 (Abb) 25 (Abb) 30 35–39 (Abb) 71–73 (Abb) 76f (Abb) 79 199 241f 274 280; *Ringmauern, Gräben und kleinere Wehrbauten* 4 (Abb) 8 15 (Abb) 25 (Abb) 30f (Abb) 34–40 (Abb) 42 (Abb) 46 50 53–55 (Abb) 59 61 70–75 (Abb) 88 104 152f (Abb) 175 205 214 233f 267 285 295 302 306 (Abb); *Schloß Stein (Schloßruine Stein)* 4 (Abb) 6–8 (Abb) 17 (Abb) 25 (Abb) 29 31–39 (Abb) 50 52–58 (Abb) 60 63 69–72 (Abb) 74 92 173 175f 193 (Abb) 233 267 284f 287f, Caponnière 58 71, Halsgraben 56 58, Kaserne 58, Palas 53f (Abb) 57f 60, Ummauerung, Wehrgänge und Bastionen 54 (Abb) 56–58 (Abb), Wächterturm 54f (Abb) 57f, Zeughaus 58 (siehe auch Baden, Sakralbauten, Niklauskapelle); *Schwibbogen (Osttor, Haldentor)* 6 (Abb) 17 (Abb) 35f (Abb) 38f (Abb) 90 216–218 (Abb) 223 290; *Stadttore* 53, Bruggertor (Nordtor) 4 (Abb) 30 36f (Abb) 57 74 76 86 175 267 274, Bruggtor 35f (Abb) 38 (Abb,) Mellingertor (Westtor) 30 36f (Abb) 57 72 76 86 267 274, Mühletor 297, Nesselhufentor 35f

Baden (Fortsetzung)
(Abb) 38f (Abb) 295, Tore im Bäderquartier 4 (Abb) 41f (Abb) 167, Tore beim Landvogteischloß 36f 61 64f (Abb) 72 (Abb) 83 177

- Bild- und Plandokumente 4 (Abb) 6 (Abb) 9 (Abb) 15–26 (Abb) 28 31 (Abb) 36f 40f (Abb) 46f (Abb) 56f 66 70–72 (Abb) 74 76 80 82f 93 (Abb) 116 167 193 (Abb) 195 200 205 (Abb) 218 231 302 (Abb) 313 (Abb) 329 (Abb). Siehe auch die Bild- und Plandokumente zu den einzelnen Bauten, S. 18f, 20f, 22–26
- Brücken (Flußübergänge) 5 29 36f 50 63 71 76 80 180 267 295 348. 13.Jh: 80; 14.Jh: 31 71; 15.Jh: 40 (Abb) 81 83; 16.Jh: 4 (Abb) 81 83; 17.Jh: 6 (Abb) 17 (Abb) 59 (Abb) 80f (Abb) 83 85 93 (Abb) 193 (Abb) 233 235 (Abb); 19.Jh: 44 48 50f (Abb) 65 71 80–82 84–86 (Abb); 20.Jh: 48–51 (Abb) 80 104f (Abb) 268
- Chorherrenstift 92f 124 139 149 384 416. *Chorherrenhäuser und Propstei* 290 293; *Kapitelsaal* 112f (Abb)
- Denkmale und Donatorentafeln 91 304 327
- Fahnen 28f (Abb) 145f (Abb)
- Gasthäuser, Wirtschaften und Restaurants 42f (Abb) 76 83 87 267–269 (Abb) 271–279 (Abb) 282f 288–290 294 (Abb) 296–298 (Abb) 321 324 330 332 469. Siehe auch Baden, Bäderquartier, Badhotels
- Grafschaft, sogenannte XI (Abb) 3 7f 52 60 383f
- Industrialisierung und Industriebauten 3 10 45 (Abb) 47f 50f (Abb) 206 265 337
- Modelle. *Altstadt* 25f (Abb); *Bäderquartier* 26 306 (Abb); *Holzbrücke* 80 (Abb) 83
- Pfarrhäuser 30 35 (Abb) 39 (Abb) 267 282 290–293
- Pfrundstiftungen 93. *Pfrundhäuser* 35 (Abb) 38f (Abb) 290f 293
- Profanbauten, öffentliche. *Amthaus* 105 (Abb) 214 230 235–237 (Abb) 290; *Badstube* 35 (Abb) 38f (Abb) 270; *Bahnhöfe* 10f (Abb) 45 (Abb) 47f 50f (Abb) 206 260–266 (Abb); *Bernerhaus* 39 (Abb) 240–242 (Abb) 269 279, Hinteres Bernerhaus 39 (Abb) 240–242 (Abb) 273; *Eidgenössische Landschreiberei* 39 (Abb) 217 223 239 285 (Abb) 290; *Franzosenhaus* 38f (Abb) 240; *Herrengarten* 35 (Abb) 38 (Abb) 86; *Kauf- und Markthäuser* 35 (Abb) 38f (Abb) 235 237 290; *Kornhaus* 4 (Abb) 38f (Abb) 49 (Abb) 233 237–239 (Abb) 299; *Kursaal-Kasino* 10 60 245–260 (Abb), Kurpark 10 47 51 (Abb) 245 bis 249 (Abb) 251–253 (Abb) 255 257 336;

Baden (Fortsetzung)

Mühlen 4 (Abb) 25 (Abb) 29f 33–36 (Abb) 38f (Abb) 71 86 90 297 300f; *Öltrotte* 193 (Abb) 206 329 (Abb) 332; *Rathaus* 4 (Abb) 6 (Abb) 35 (Abb) 38f (Abb) 49 (Abb) 214 bis 220 (Abb) 223–230 232–237 290, Tagsatzungssaal 214f 223–229 (Abb) 234 237; *Salzhaus* 35 (Abb) 38f (Abb) 235 290; *Schützenhaus* 4 (Abb) 6 (Abb) 39 (Abb) 87 200; *Schulhäuser* 38f (Abb) 242f, Altes Schulhaus 45 (Abb) 49 (Abb) 90 194 242–245 292, Schulhaus am Kirchplatz 39 (Abb) 243 292; *Spitäler und Siechenhaus* 25 (Abb) 35 (Abb) 38f (Abb) 104 177–182 193 214 237 243 299 (siehe auch Baden, Bäderquartier, Bäderheilstätte «Zum Schiff»), Kollaturen des Agnesspitals 360 362 436 438 448 453; *Stadthaus* 214 216–218 (Abb) 222f (Abb) 231 239 290; *Stadtkanzlei* 39 (Abb) 72 105 (Abb) 214f (Abb) 217–219 222f (Abb) 230f 290; *Theater* 10 45 (Abb) 238 248f (Abb) 251 254f; *Zeughäuser* 39 (Abb) 58 105 (Abb) 198 214–218 (Abb) 220–223 (Abb) 230 290. Siehe auch Baden, Bäderquartier, Armenbadanstalt / Freibad / Schröpfgaden /Städtisches Inhalatorium / Verenabad / Volksheilbad «Zum Freihof»
- Römische Funde und Denkmäler 5f 37 50 92 166 348
- Sakralbauten. *Stadtkirche* 4 (Abb) 6 (Abb) 8 21 (Abb) 25 (Abb) 29f 32–35 (Abb) 37–39 (Abb) 49f (Abb) 63 79 92–123 (Abb) 150f (Abb) 155f 187 193 (Abb) 233 267f 293 363 368f 444, Kirchenschatz 123–141 (Abb) 147 (Abb), Paramentenschatz 141–145 (Abb), abgewanderte Kunstwerke 145–149 (Abb) 155–158 (Abb), zugewanderte Kunstwerke 165 (Abb) 183 192 (Abb) 198 351f 354; *Reformierte Kirche* 6 (Abb) 19 (Abb) 45 (Abb) 48 193 (Abb) 200–213 (Abb) 263 287 329 (Abb) 332; *Annakapelle* 21 (Abb) 25 (Abb) 38f (Abb) 177–183 (Abb); *Beinhaus* 6 (Abb) 30 35 (Abb) 38f (Abb) 71 76 93 (Abb) 124 150 152–155 (Abb) 157 165 293 295, Beinhauskapelle 150–155 (Abb) 157 159 162f (siehe auch Baden, Sakralbauten, Sebastianskapelle); *Brückenkapelle* 82f; *Dreikönigskapelle* 4 (Abb) 40 42f (Abb) 48 166–173 (Abb) 306 (Abb); *Heiliggeistkapelle (Spitalkapelle)* 35 (Abb) 38f (Abb) 79 104 146 193 (Abb) *Kapelle Maria Wil* 91 183–192 (Abb); *Mauritiuskapelle* 95–97 (Abb) 106 110; *Niklauskapelle (Schloßkapelle)* 4 (Abb) 6 (Abb) 54–57 (Abb) 74 173–177 (Abb) 284 375, zugewanderte Kunstwerke 197; *Sebastianskapelle* 6 (Abb) 25 (Abb) 38f (Abb) 49 (Abb) 93 (Abb) 104f

Baden (Fortsetzung)

(Abb) 115 122 150–165 (Abb) 293 (siehe auch Baden, Sakralbauten, Beinhaus), zugewanderte Kunstwerke 146 148f 155f (Abb) 158 (Abb) 195f (Abb); *Verenakapelle* 4 (Abb) 46 191 193 (Abb) 200f 206; *abgegangene Kapellen* 38f (Abb) 48 193; *Kapuzinerkloster* 6 (Abb) 25 (Abb) 39 (Abb) 48 92 155 177 194f (Abb) 243 263; *Kapuzinerinnenkloster* 39 (Abb) 198–200 (Abb) 231 243
- Sammlung Franz Xaver Münzel 16 74 167 234 255 331 336f (Abb) 357
- Siegel 26f (Abb) 194f (Abb) 199
- Städtische Sammlung im Landvogteischloß 25f (Abb) 28 (Abb) 60 62 68–71 80 (Abb) 83 85 87f (Abb) 104 144–149 (Abb) 157 (Abb) 171 180–183 (Abb) 196–198 (Abb) 230 (Abb) 232 234 270–273 276 (Abb) 278 284 (Abb) 301 306 308 316 325 (Abb) 336 (Abb) 346f (Abb) 353
- Straßen und Plätze 267 327. *Badhalde (heute Badstraße–Bäderstraße)* 4 (Abb) 41 44–46 (Abb) 201 (Abb) 205 (Abb) 247 249 255 265 302 327–329 (Abb) 332 336 (siehe auch Baden, Straßen und Plätze, Badstraße/Bäderstraße); *Badstraße* 48 253 255 327–332 336 (siehe auch Baden, Straßen und Plätze, Badhalde); *Bäderstraße* 41 90 206 302–310 327f 336f (siehe auch Baden, Straßen und Plätze, Badhalde); *Bahnhofplatz* 45 (Abb) 206 262 (Abb) 265f 328 332; *Bruggerstraße* 45f (Abb) 48 50 71 187 327f 337; *Cordulaplatz* 31 35 (Abb) 76 87–89 240 274–279 281; *Grabenstraße* 295; *Halde und Haldenstraße* 4 (Abb) 31 35f (Abb) 50 71 73 76 86 88f 150 152 218 267 290 292–297 (Abb); *Haselstraße, neue* 255; *Kirchplatz und Kirchenterrasse* 4 (Abb) 30f (Abb) 35 (Abb) 48 (Abb) 91 96 149f (Abb) 110 122 150f (Abb) 217f 236 243 267 288–293 295; *Kirchweg* 270 291; *Kronengasse* 35 (Abb) 88–90 177 237f 296–301 (Abb); *Kurplatz (früher Bäderplatz)* 9 (Abb) 37 40f (Abb) 88 313–322 (Abb) 324; *Limmatpromenade* 297 303–305 (Abb) 322–327 (Abb) 336f (Abb); *Löwenplatz* XII (Abb) 30 35 (Abb) 57 88 274 284 288f; *Mellingerstraße* 45f (Abb) 48 50 71 327 339; *Metzggasse* 35 (Abb) 269 274 279f; *Mittlere Gasse* 29f 35 (Abb) 46 76 86 216 240 267 272–274 283 288; *Niklaussstiege* 30 35 (Abb) 56 58 74 176 282–288 (Abb); *Obere Gasse* 29f 35 (Abb) 89 267f 272–274 (Abb) 280–283 (Abb) 288; *Ölrainstraße* 206 332 bis 335; *Parkstraße* 253 255 310; *Rathausgäßchen* 35 (Abb) 236 290; *Rathausgasse (früher Salzgasse)* 30 35f (Abb) 76 214 217f 235f 239 267 288 290, Hintere Rathausgasse 35 (Abb)

Baden (Fortsetzung)
218 220 235 288f 291; *Römerstraße* 41 45 (Abb) 249 255; *Schloßbergplatz* 45 (Abb) 76 328 337; *Schulhausplatz* 45 (Abb) 80 90 243f 280; *Theaterplatz* 45 (Abb) 48 90 290; *Weite Gasse (früher Marktgasse)* 29f 35 (Abb) 46 71 76 86–88 237 240 242f 267–272 (Abb) 274 288 292f; *Wettingerstraße* 45 (Abb) 180; *Zürcherstraße* 45f (Abb) 48 50; *Zwingelhofgasse* 285 (Abb) 290

– Tagsatzungsort (Tagsatzung) 3 8–10 53 55 60f 179 200 214 233 240
– Verkehrssanierung 48 51 (Abb) 76 90 206 244 265f 278
– Wappen, siehe Wappen, Baden
– Wohnbauten (Bürgerbauten). *Altstadt* 48 73f (Abb) 76 122 218 238 241f (Abb) 267–301 (Abb) (siehe auch Baden, Altstadt); *Bäderquartier* 43 (Abb) 305–307; *Vorstädte* 44–48 (Abb) 50 76 206 288 327–338 (Abb)

Baden-Dättwil 261 338f
Baden-Münzlishausen 91 338f
Baden-Rütihof 91 338f (Abb)
Bader, Stephan, Maurer 243
Baer, Heinrich, Glockengießer 104
Bär, J. G., Uhrenfabrik 392
Bahnhöfe 339 360 378 386. Siehe auch Baden, Profanbauten, Bahnhöfe
Baldachine (Figuren- und Prozessionsbaldachine) 113 126 128 143 145 415 440
Baldinger, Caspar Joseph, Untervogt und Ratsherr in Baden 332; Dominik, Pfarrer in Oberrohrdorf 453; Elisabeth Katharina (Reding-), in Baden 332; Johann Ludwig Alois, Oberrichter in Aarau 332; Joseph Ludwig Anton, Chorherr in Baden 126 130
Balmer, Joseph, Maler 102 173 440 443
Balmoos, Apollonia von (von Meggen-), in Baden 183
Balteschwiler, Blasius, Baumeister 82 84–86 (Abb)
Banner- und Fahnendarstellungen. Baden 228f (Abb) 231 233; Bern 227; Brugg 287 (Abb); Clavel von Cully, Hauptmann 287 (Abb); Flamberg von Bern, Wachtmeister 286f (Abb); Freiburg i. Ü. 229; Glarus 227f (Abb); Hallwil, Caspar von, Junker 287 (Abb); Luzern 226f (Abb); May von Rued, Johann Rudolf, Oberst 285–287 (Abb); Mellingen 389; Nidwalden 227f (Abb); Obwalden 227f (Abb); Rohrbach BE 286f (Abb); Schwyz 226 (Abb) 228; Solothurn 228f (Abb); Uri 225 (Abb) 228; Wiedlisbach BE 286f (Abb); Zofingen 286f (Abb); Zürich 227 Farbtafel II; Zug 229

Barbara hl. Einzeldarstellungen 126 128 137 146 456 465; Patrozinien 150 179 344 460f 464
Bartholomäus hl. Einzeldarstellungen 126; Patrozinien 179
Basel. Barfüßerkirche 122; Historisches Museum, Hüglin-Monstranz 126, Heiligkreuztriptychon 157–159 (Abb), Standesscheibe Zug 228f; Bischöfe: Karl Arnold 342, Leonhard Haas 455, Joseph Anton Salzmann 363; Weihbischöfe: Caspar Schnorff 184
Basilikatypus 97 104–111 (Abb) 122
Basler, Hans Jakob I., Zinngießer 193
Bauer, Georg Ignaz, Goldschmied 130f 133 (Abb); Gottlieb, Goldschmied 128
Bauernhäuser 299f 330 338f (Abb) 347f 374 377f 381 (Abb) 435 449f 451f (Abb) 457f 470f (Abb) 472. Siehe auch Ländliche Wohnbauten; Ökonomiegebäude, landwirtschaftliche
Baumann, Hans, Architekt 454 (Abb) 456
Bauskulptur 128. 15.Jh: 97 154 (Abb); 16.Jh: 238f (Abb); 17.Jh: 75 108–111 (Abb) 220f (Abb) 230 241f (Abb) 296; 18.Jh: 112f (Abb) 185 (Abb) 189 203 (Abb) 210f (Abb) 222 (Abb) 231; 19.Jh: 101f 172f (Abb) 244f (Abb) 247 (Abb) 249f (Abb) 252f (Abb) 255–258 (Abb) 289 309–311 (Abb) 314 (Abb) 316f (Abb) 320 (Abb) 365–367 (Abb); 19./20.Jh: 358 (Abb). Siehe auch Fassadengliederung; Maßwerk; Stukkaturen. *Holzreliefs an/in/aus Bauten* 274 (Abb) 276f (Abb) 282 314 334f (Abb) 397 422f (Abb) (siehe auch Büge; Decken; Schnitzereien; Täfer; Türen); *Steinreliefs an/in/aus Bauten* 14.Jh: 107; 15.Jh: 28f (Abb) 284 427; 16.Jh: 282f (Abb) 312 393f (Abb) 410 422 433; 16./17.Jh: 284; 17.Jh: 112f 120f (Abb) 271 283 308 312 325 (Abb) 463 470; 18.Jh: 296 298 315 322 433; 19.Jh: 253 257f 305 308–311 (Abb) 316 331 337; 20.Jh: 115 153 298 (siehe auch Fenstersäulen; Portale); *Vollplastiken an/in Bauten* 110f (Abb) 230 256 (Abb) 258 310f (Abb) 316 393 420 (Abb) 429f 440 442
Beatus hl. Szenische Darstellungen 408 (Abb)
Beck, Johann, Bildhauer 462
Beer, Franz, Architekt 204
Befestigungen und Wehrbauten, siehe Baden, Befestigungen; Mellingen, Befestigungen; Türme, Befestigungs- und Schloßtürme
Begue, Baron de, aus Lothringen 217
Beichtstühle, siehe Gestühle
Beinhäuser 25 (Abb) 35 (Abb) 38f (Abb) 71 104 150–155 (Abb) 165 293 295 362 383 390f (Abb)

Bellikon 340–348 437. Dorf 347f; Herren von 340 343; Pfarrkirche 341f (Abb); Schloß 340f 343–346 (Abb); Schloßkapelle 340 343–346 (Abb)
Belser, Johann, Maurermeister 392
Benedikt hl. Einzeldarstellungen 406 409f (Abb)
Berbig, Friedrich, Glasmaler 173 456
Berlin-Dahlem. Staatliche Museen Preußischer Kulturbesitz, Allegorische Darstellung 162
Bern 240 459 (siehe auch Eidgenossen, Acht Alte Orte / Dreizehn Alte Orte / reformierte Orte). Anlage 50; Dominikanerkirche 122; Heiliggeistkirche 212; Historisches Museum, Fankhauser-Becher 232 235 (Abb); Münster, Glasgemälde 229
Bernhard hl. Einzeldarstellungen 110f (Abb) 198 407 409 (Abb) 446 465; szenische Darstellungen 231 408f (Abb)
Bernhardin von Siena hl. Einzeldarstellungen 415
Bernhausen, Jakobe von (Segesser von Brunegg-) 408f
Beroldingen, Johann Konrad von, Landammann 142; Maria Ursula von, in Mellingen 414
Bertli, Altarbauer 418
Besmann, Gabriel, Goldschmied 128
Bethlehem. Darstellungen 168 (Abb)
Betschon, Arthur, Architekt 102 401 403 (Abb) 418
Bettini, Giovanni, Stukkateur 98 103 (Abb) 108 bis 111 (Abb) 122
Beul, Marius, Maler 462
Biberstein, Steinmetz 89f (Abb)
Biland, Joseph, Baumeister 62
Bildnisse, siehe Bronzeplastiken; Malerei, profane, Bildnisse; Skulpturen, Alabaster
Bildstöcke 351 378
Birchler, Linus, Kunsthistoriker 102 150 364
Birmann, Jakob, Goldschmied 232 235 (Abb)
Blarer, Johann Wilhelm, Ingenieur 204
Blattner, Zürcher Stadtgärtner 252f 255
Blum, Hans, Spitalmeister in Baden 360
Blunschi, Adam, Goldschmied 466
Bodenmüller, Beat, Medailleur 336 (Abb); Moritz, Schreiner 100, 119, 121 (Abb)
Bodmer, Beat Jakob, Stadtschreiber in Baden 75; Elisabeth (von Beroldingen-), von Baden 142 145; Heinrich, Schultheiß in Baden 310; Hippolyt, Schlosser 217; Johann Beat, Stadtschreiber in Baden 55 234; Paul, Maler 115
Bologna. Malerschule 117 195f (Abb)
Bongart, Hans, Bildhauer 162
Bori, Kaspar, Zimmermeister 363 367
Borsinger, Anton Niklaus, Gastwirt in Baden 318; Franz Joseph, Gastwirt in Baden 245 315; Franz Xaver Kaspar, Gastwirt in Baden 318 321; Johann Melchior, Arzt in Baden 353;

Borsinger (Fortsetzung)
Karolina (-Hässig von Kasselburg), Gastwirtin in Baden 312 (Abb) 321; Kaspar Joseph Anton Niklaus, Gastwirt in Baden 321; Maria (Egloff-), von Baden 137; Maria Josepha (-Heer), Gastwirtin in Baden 321; Mathilde (-Müller), Gastwirtin in Baden 321
Bosch, Reinhold, Archäologe und Denkmalpfleger 392 395 460
Bossert, Ernst, Architekt und Denkmalpfleger 395 421
Boßhard, Joseph, Orgelbauer 103
Boveri, Walter, Industrieller 10
Brände (Stadt-, Dorf- und Hausbrände) 307 309f 360 365 373 375 377f 381 383 391 395 448 459f 462f
Brandenberg, Benedikt, Konventuale im Kloster Wettingen 446; Franz Michael, Goldschmied 197 (Abb); Jakob Philipp, Glockengießer 365 370 380 413 462; Johann Melchior I., Goldschmied 446 (Abb); Johann Melchior II., Goldschmied 446 (Abb); Joseph Anton, Glockengießer 370 462; Philipp, Glockengießer 200
Bregenz. Martinskapelle, Wandmalereien 413
Breitenlandenberg, Margarete von (von Hünenberg-), aus Bremgarten 149
Breiter, Johann Jakob, Steinmetz 243f
Breitinger, Johann Jakob, Architekt 243
Bremgarten. Anlage 29; Kapuzinerkloster 194
Brennwald, Balthasar, siehe Konstanz, Weihbischöfe
Bronzeplastiken und Bronzegeräte 91 114f 149 189 304 444
Brown Boveri & Co., Maschinenfabrik, Baden 332 338
Brown, Charles E.L., Industrieller 10
Brugg. Anlage 50; Banner 287 (Abb); Stadtkirche 122
Brun, Rudolf, Bürgermeister in Zürich 302
Brunnen. 13.Jh: 86 398; 14.Jh: 88; 15.Jh: 87; 16.Jh: 86f (Abb) 472; 17.Jh: 87f 468 472; 17./18.Jh: 67 471f (Abb); 18.Jh: 89 91 468; 18./19.Jh: 359 378; 19.Jh: XII (Abb) 43 (Abb) 87 (Abb) 88–91 (Abb) 244 327 357 359 381 393 (Abb) 398 449 451 458; 20.Jh: 88f 254f 304
Brunner, Beat Jakob, Faßmaler 178f; Bernhard, Spitalverwalter und Gastwirt in Baden 304; Dietrich, Gastwirt in Baden 321; Franz, Maurer 174; Heinrich, Gastwirt in Baden 318; Johann Bernhard, Gastwirt in Baden 321; Johann Melchior, Gastwirt in Baden 321f; Karl Anton, Schreiner 174; Kaspar, Gastwirt in Baden 321
Brunner & Alder, Zimmerei 264

Bruno hl. Einzeldarstellungen 130
Buch TG. Sebastianskapelle, Wandmalereien 413
Bucher, Franz Sebastian, Goldschmied 416; Joseph, Maler 440
Buchmalerei 234 278 447 449 (Abb)
Büblikon 378 458f 465 (Abb) 472
Büge und Dachbüge 241f (Abb) 284 (Abb) 292 (Abb) 294 298 (Abb) 301 347 374 397 429f 451 458
Bürckli, Heinrich, Zeichner 74
Büren a.A. Anlage 29
Bürgisser, Caspar, siehe Wettingen, Äbte; Gerhard, siehe Wettingen, Äbte
Bürkli, Salomon, Stukkateur 204 210 213 (Abb)
Bürli, Joseph M., Altarbauer 102
Büttikon, Herren von 360; Margareta von 360
Bumbacher, Joseph, Orgelbauer 401
Bur, Conrad, Maurermeister 391
Burgunderkriege 60 128 143
Bursen 445
Bußlingen 449–451

Cades, Bartholomäus, Bildhauer 75 98 103 113 bis 115 (Abb) 123 155f (Abb) 217 221 (Abb) 380 (Abb) 443–445 (Abb); Bartholomäus, Bildhauerwerkstatt 155 157 (Abb) 418
Cäcilie hl. Einzeldarstellungen 456; szenische Darstellungen 198
Carracci, Annibale, Maler 195f (Abb); Malerwerkstatt 117 195f
Castelli, Steinmetz 398
Castorius, Katakombenheiliger. Patrozinien 460; Reliquien 437 439 445; gefaßter Reliquienleib 443 (Abb)
Causard, F. und A., Glockengießerei 462
Cheminées 68 335
Chêne-Pâquier VD. Kirche 212
Chorampeln 135 354 373 417
Chorgestühle, siehe Gestühle
Chorschranken 94f 153 (Abb) 155
Christophorus hl. Einzeldarstellungen 115 465f (Abb); szenische Darstellungen 161 411; Patrozinien 82 150
Christus
– Einzeldarstellungen. Auferstehungschristus 146 157 (Abb) 177 351; Salvator 133 137f (Abb) 192; Schmerzensmann 127f (Abb) 415 444 (Abb); sitzend 148. Siehe auch Christus, szenische Darstellungen, am Kreuz
– Szenische Darstellungen. Abendmahl 117f (Abb) 130 170; Anbetung der Hirten 96 (Abb) 140 231; Anbetung der Könige, siehe Drei Könige Hl.; Antlitz auf Tuch 198 376 411 413 (Abb); Auferstehung 118 120 153 155 197 456f (Abb) (siehe auch Christus, Einzeldarstellungen, Auferstehungschristus);

Christus (Fortsetzung)
Aussendung der Apostel 140; Bergpredigt 118; Beschneidung 120 146 160 (Abb); Beweinung 101 (Abb) 118f 443 (siehe auch Maria, szenische Darstellungen, Pietà); Darstellung im Tempel 120 146 158 (Abb) 162; Dornenkrönung 100 (Abb) 118 170 (Abb); Ecce-Homo 145 170 (Abb); Einzug in Jerusalem 146; Flucht nach Ägypten 96 (Abb) 120; Frauen auf dem Weg nach Golgatha 473 (Abb); Geburt 96 (Abb) 118 120 160f (Abb) 168 (Abb) 197 445 (siehe auch Christus, szenische Darstellungen, Anbetung der Hirten); Gefangennahme, siehe Christus, szenische Darstellungen, Verrat durch Judas; Geißelung 145 169f; Gleichnisse, siehe Gleichnisse, christliche; Grablegung 118f 456f (Abb); Guter Hirte 373; Himmelfahrt 121 342; Hochzeit zu Kana 140f (Abb); Höllenfahrt 101 (Abb) 118f; vor Kaiphas 118 170; als Knabe 130; am Kreuz 14.Jh: 123f (Abb) 131 (Abb) 147 352f (Abb), 15.Jh: 182f (Abb), 15./16.Jh: 158f (Abb), 16.Jh: 91 (Abb) 112 130 456, 16./17.Jh: 123 (Abb) 125, 17.Jh: 123 (Abb) 125 155 157 (Abb) 197 293 346 351f 414f, 18.Jh: 351 371 (Abb) 376 414 420 445, 19.Jh: 126 192 200 364 368–371 (Abb) 374 376 380 405 435 (Abb) 443 445 451 456 472 (siehe auch Altarkreuze; Bernhard hl., szenische Darstellungen; Gnadenstuhl; Vortragekreuze); Kreuzabnahme 170 (Abb); Kreuzerhöhung, siehe Kreuzerhöhung, Patrozinien; Kreuzigung (Kreuzigungsgruppen) 15.Jh: 170f 228, 15./16.Jh: 158f (Abb), 16.Jh: 69 112 115 346, 17.Jh: 99 142 144f (Abb) 191 369 443 445 (Abb), 18.Jh: 115 376 379f (Abb), 19.Jh: 197, 20.Jh: 393; Kreuztragung 145 170 (Abb); am Ölberg (im Garten Gethsemane) 98 113–115 (Abb) 118 145 170 227 376 443; Passion 99–101 (Abb) 118f 145 170 (Abb) 456 (siehe auch Kreuzwegstationen; Passion Christi, Patrozinien); und die Samariterin 190; Schweißtuch, siehe Christus, szenische Darstellungen, Antlitz auf Tuch; mit Segensgestus 137 (Abb); Taufe im Jordan 118f (Abb) 140f (Abb) 146 197 401; Verklärung 368; Verkündigung an die Hirten 168 (Abb); Verrat durch Judas 100 (Abb) 118 (siehe auch Christus, szenische Darstellungen, am Ölberg); Verspottung 170 (siehe auch Christus, szenische Darstellungen, Ecce-Homo); Vita 278 456; als Zwölfjähriger im Tempel 197. Siehe auch Anna Selbdritt hl.; Antonius von Padua hl., Einzel- und szenische Darstellungen; Dreifaltigkeit;

Christus (Fortsetzung)
   Heilige Familie; Heilige Sippe; Joseph hl., Einzeldarstellungen; Maria, Einzeldarstellungen, Immakulata / mit Kind; Maria, szenische Darstellungen, Pietà
Cockerell, Charles Robert, Architekt 260
Comi, Steinmetz 90
Conradt, Hans, Maurer 439 (Abb) 448
Cordula hl. Einzeldarstellungen 139 (Abb) 145; szenische Darstellungen 231; Reliquien 139
Creglingen BRD. Herrgottskirche, Marienaltar 117
Crivelli, Ignaz, Garnisonskommandant in Baden 53
Croce, Pompeo della, spanischer Gesandter 195
Curjel, Robert, Architekt 338 (Abb)

Dachgesimse und Dachhimmel 152 244 266 307 320 (Abb) 328f 331 346 463 467 470
Dachreiter 122. 15.Jh: XII (Abb) 75–78 (Abb); 16.Jh: 150–153 (Abb) 156 193 (Abb) 214 351 383 (Abb) 390 (Abb); 17.Jh: 379 392f (Abb) 401–403 (Abb); 17./18.Jh: 184–187 (Abb) 189; 18.Jh: 199 (Abb) 418f (Abb); 19.Jh: 264 (Abb) 266 393 (Abb) 455f (Abb); 20.Jh: 220 344–346 (Abb)
Dachstühle 67 78f (Abb) 84f 97 107f 152f (Abb) 184 (Abb) 186 203f (Abb) 208f (Abb) 216f 223 236 239 252 268 270–272 280 282f 288–291 294–296 298 300 304 319f 334 347 354 (Abb) 356 359 363 366f (Abb) 374 377–379 381 394 396 404 422 427–431 433 450 457 468 471f
Dättwil, siehe Baden-Dättwil
Dalmatiken und Tunizellen 141f (Abb) 144 198 445
Damian, Katakombenheiliger. Einzeldarstellungen 124 (Abb) 129 139 (Abb) 145f (Abb) 234; szenische Darstellungen 231; Patrozinien 92; Reliquien 139
Decken (Balkendecken und Kassettendecken) 68 112 (Abb) 181 186 223f (Abb) 268 270–273 (Abb) 276f (Abb) 280f 285 287 296 300 397f (Abb) 422f (Abb) 428 430f (Abb). Siehe auch Gewölbe; Stukkaturen
Deckler, Karl Friedrich, Maler 440
Denkmale und Donatorentafeln 91 304 327
Denzler, Alberich II., siehe Wettingen, Äbte; Bernhard, Maurer 174; Karl Ludwig, Schreiner 99 121
Deschwanden, Melchior Paul von, Maler 368 462
Deucher, Peter, Architekt 102 186
Deutschorden 408 425 427f
Diebold, Bürgergeschlecht von Baden 318; Caspar Joseph, Gastwirt in Baden 307; Joseph, Gastwirt in Baden 309

Diesbach, Hans Rudolf von, bernischer Tagsatzungsgesandter 240
Dijon. Musée de Ville, Flügelgemälde eines Dreikönigsaltars 15.Jh. 167–169 (Abb), Flügelgemälde eines Dreikönigsaltars 16.Jh. 159 161, Flügelgemälde eines Passionsaltars 169 bis 171 (Abb)
Dösch, Adelheid (-Wagner?), von Baden 165; Ulrich, Stadtschreiber in Baden 150 156 165
Dominikus hl. Einzeldarstellungen 351 353 (Abb); szenische Darstellungen 190 364
Dorer, Bürgergeschlecht von Baden 309 311 355; Anna 115; Anton Albert, Gastwirt in Baden 310; Caspar, Schultheiß in Baden 55f 120 312 314; Caspar Anton Joseph, Chorherr in Baden 130; Eduard, Gerichtspräsident in Baden 260; Franz Carl, Schultheiß in Baden 310; Franz Karl, Maler 171 178f; Franz Joseph, Spitalherr in Baden 374 448; Hans Caspar 114; Hans Heinrich 114; Hans Otmar 114; Hans Ulrich, Schultheiß in Baden 233; Heinrich 114; Johann, Seckelmeister in Baden 98 114; Kaspar Karl, Gastwirt in Baden 310; Ludwig Fidel, in Ennetbaden 356; Maria 115; Maria (Wanger-) 130 133; Maria Elisabeth (Krus-) 141; Maria Magdalena (-Wetzel) 144; Markus 114; Otto, Architekt 62 101 198; Robert, Bildhauer 91; S. C. 141; Verena (Mattler-) 354; Veronika 115
Dorothea hl. Einzeldarstellungen 148; Patrozinien 150
Dreher, Franz, Maler 321
Drei Könige Hl. Darstellungen 70 120 140 146 160 (Abb) 168f (Abb) 171 173 231 411; Patrozinien 150 159 166f 460
Dreier, Bernhard, Steinmetz 291. Siehe auch Dreyer
Dreifaltigkeit. Darstellung 192 198 370 372 376 446 465. Siehe auch Christus, szenische Darstellungen, Taufe im Jordan; Gnadenstuhl; Maria, szenische Darstellungen, Krönung
Drentwett, Philipp Jakob, Goldschmied 134f (Abb)
Dresden. Gemäldegalerie, Sacra Conversazione von Annibale Carracci 196; Theater 249
Dreyer, Friedrich, Zimmermann 97 108 216; Hans, Zimmermann 75; Johannes, Zimmermann 75; Joseph, Maurer 243; Joseph, Spenglermeister 78; Matthias, Zimmermann 75; Melchior, Zimmermann 174. Siehe auch Dreier
Dreyfuß, Wolf, in Ennetbaden 355 357
Dünz, Abraham I., Architekt 240; Abraham II., Architekt 202–205 207 (Abb) 211f; Hans Jakob III., Architekt 202 211f

Dürer, Albrecht, Maler 117 119 229; Albrecht, Malerwerkstatt 162
Düsseldorf. Kunstmuseum, Dreikönigsaltar 159 bis 162 (Abb)
Dumeisen, Heinrich, Goldschmied 139 (Abb) 233 235 (Abb)
Durrer, Robert, Kunsthistoriker 401

Eberler gen. Grünenzweig, Nikolaus, Schultheiß in Baden 150 161
Eck, Johannes, Theologe 8
Eckert, Dietrich, Maler 99 217; Georg, Restaurator 405
Effinger, Melchior, Goldschmied 417
Egger, Michael, Brückenbaumeister 80f (Abb) 83 85
Egli, Hans Joachim, Steinmetz 97 178 216 221
Egloff, Adam, von Baden 137; Carl Ludwig, Gastwirt in Baden 315; Franz Carl, Untervogt in Baden 121; Franz Johann, Untervogt in Baden 121; Hans Ludwig, Gastwirt in Baden 315; Karl Martin, Gastwirt in Baden 315; Maria Anna (Dorer-), von Baden 310
Egolf, Bildhauer 102
Ehinger, Jakob, Maler 171
Ehrenberg, Ferdinand von, Architekt 243
Ehrenpfennige 140f (Abb)
Eich LU. Pfarrkirche 173
Eicher, F.A., Maler 376
Eidgenossen 7–9 41 52 59f 74 92 173 214 225 302 340 360 375 383 436 450 452 459 (siehe auch Baden, Tagsatzungsort). Acht Alte Orte 3 7f 52 59–61 173 383; Dreizehn Alte Orte 216 239 313; Fünf Innere Orte, katholische Orte 8f 52f 61 72 383f 400 425 459; reformierte Orte 3 8f 37 52f 55 72 201f 204f 211 214 217 239 383f
Eigenmann, Joseph, Altarbauer 179 440 455f
Eingangshallen 316 320 324 358. Siehe auch Vorhallen und Vordächer
Einsiedeln. Äbte: Augustin I. Hofmann 98; Einsiedler Madonna 186; Kloster 452
Eisenbahn und Eisenbahnbauten 10f (Abb) 48 73 187 260–266 (Abb) 304 339 386. Siehe auch Bahnhöfe
Eisenlohr, Friedrich, Architekt 266
Elchingen bei Ulm. Kloster 348
Eligius hl. Einzeldarstellungen 128
Elisabeth von Thüringen hl. 155f (Abb) 161 200
Elster, Daniel, Musikwissenschafter 213
Emailmedaillons 125 130
Emberger, Peter, Leutpriester in Baden 130
Emmenegger, Oskar, Restaurator 402

Emporen. 11./12. Jh: 166; 18. Jh: 184 (Abb) 189; 19. Jh: 103 122 368 456; 19./20. Jh: 402 405; 20. Jh: 206 209–211 (Abb)
Engel, Cherubim und Engelputten 40 (Abb) 103 (Abb) 108 110 113 (Abb) 116 118f (Abb) 126 128–130 132–134 137 140 144 148 158 (Abb) 169 177 190 192 (Abb) 195f (Abb) 198 227f (Abb) 232 278 293 320f (Abb) 324 346f (Abb) 351 368f (Abb) 372f 376 381 403f (Abb) 407 409f 415–418 440 (Abb) 442 445f 456f (Abb) 465 (Abb) 472 Farbtafel I. Siehe auch Abraham; Christus, szenische Darstellungen, Flucht nach Ägypten / Geburt / am Ölberg / Taufe im Jordan / Verkündigung an die Hirten; Maria, szenische Darstellungen, Verkündigung; Michael hl.; Onuphrius hl.; Rochus hl.; Schutzengel
Engelberg. Kloster 340 359 378 436 450 452
Engelhardt, Hans Rudolf, Spengler 204
Engelhart, Scholastika (Eberler-), in Baden 161
Ennetbaden 7 10 50f (Abb) 348–359. Anlage 42f (Abb) 348 350; Badgasthöfe 42–44 (Abb) 46f 245f 323 348f (Abb) 357f (Abb); Bäder und Bäderquartier (Kleine Bäder) 37 40 42–47 (Abb) 327 348f (Abb) 351; Bild- und Plandokumente 4 (Abb) 40 (Abb) 46 (Abb) 302 (Abb) 349f (Abb) 354 359; Dorf 44 357 359; abgebrochene Kapelle 45 (Abb) 351 bis 354 (Abb); Modell 26 306 (Abb); Pfarrkirche, zugewanderte Kunstwerke 196 351 bis 354; Schlößli 44f (Abb) 288 354–357 (Abb) 449
Epitaphien 100 414 444
Erasmus hl. Einzeldarstellungen 161
Erhard, Steinmetz 97
Erhart, Gregor, Bildhauer 159
Erker XII (Abb) 75–77 79 (Abb) 269 (Abb) 271 279 282 285 (Abb) 299 343 346
Erlach, Margareta von (von Segesser-), in Mellingen 427
Ernst, Othmar, Bildhauer 407 410
Escher, Hans Caspar, Landvogt in Baden 69
Escher-Heß, Martin, Präsident der Schweizerischen Nordbahngesellschaft 261 263
Eschmann, Johann, Ingenieur 260
Eugen, Prinz von Savoyen 214
Evangelisten, Vier. Darstellungen 123–126 (Abb) 200 371 415 445f 456 465. Siehe auch die einzelnen Evangelistennamen
Exuperantius hl. Einzeldarstellungen 164 227 Farbtafel II

Fabelwesen 233 (Abb) 422
Fachwerkbauweise. Sichtbare 280 (Abb) 282 287 292–295 (Abb) 297–300 (Abb) 331 346f 374 (Abb) 377f (Abb) 381 431 433 435 448 451

Fachwerkbauweise (Fortsetzung)
458 468–472 (Abb); verputzte 270 272 279 282 284f 287f 291 294 296 307 330 339 347 359 373f 430 449–451 457f 470–472

Fahnen, siehe Baden, Fahnen; Mellingen, Fahnen; Wetterfahnen

Fahnendarstellungen, siehe Banner- und Fahnendarstellungen

Fahr. Benediktinerinnenkloster, Muttergottesstatue 186 190f (Abb)

Falck, Bürgergeschlecht von Baden 311; Caspar, Schultheiß in Baden 234; Caspar, Seckelmeister in Baden 313f; Caspar, Zinngießer 232 (Abb) 234; Christoph, Kaplan in Baden 130; Dietrich, Gastwirt in Baden 239; Johannes, Kaplan in Baden 78; Maria Anna, Vorsteherin des Frauenklosters in Baden 231; Ulrich, Chorherr in Baden 129

Fankhauser, Johannes, Rittmeister von Burgdorf 232

Fassadengliederung. 15./16. Jh: 218f; 16. Jh: 238 (Abb) 279f (Abb) 421f (Abb); 16./17. Jh: 280f (Abb); 17. Jh: 220f (Abb) 241f (Abb) 275 (Abb) 402f (Abb); 18. Jh: 185 (Abb) 189 206–208 (Abb) 212 216 (Abb) 222 (Abb) 240f (Abb) 333 (Abb) 419 (Abb) 467 (Abb); 18./19. Jh: 470; 19. Jh: 172f (Abb) 236 244 (Abb) 247 (Abb) 249–252 (Abb) 254–260 (Abb) 264–266 (Abb) 291 303f (Abb) 308 bis 311 (Abb) 314 (Abb) 316 320 (Abb) 322–324 (Abb) 326 (Abb) 328–331 (Abb) 336f (Abb) 365–367 (Abb) 381 (Abb) 456; 19./20. Jh: 357f (Abb); 20. Jh: 254 305 402f (Abb). Siehe auch Loggien

Fassadenmalerei 67 75 77–79 (Abb) 219f (Abb) 223 296 299 393 (Abb) 396

Feer, Beat Jakob, Landvogt in Baden 69

Felder, Hans, Baumeister 75f; Peter, Denkmalpfleger 102 151 187 216 364 402

Felix hl. Einzeldarstellungen 164 227 Farbtafel II

Fenster. *Romanische* 65 107 461 (Abb) 463; *gotische und nachgotische* 64 (Abb) 66 219 236 238 (Abb) 268–273 (Abb) 275 279–284 (Abb) 286 (Abb) 289f 293 295–297 301 308 345f (Abb) 356 359 378 393 (Abb) 396 425f (Abb) 429–431 435 457 460 468, Scharten und Luken XII (Abb) 64 (Abb) 66 77 (Abb) 79 (Abb) 105 (Abb) 107 152 259 295 390 (Abb) 393 (Abb) 395 404 441, Spitzbogenfenster und Lanzetten 98f (Abb) 102 (Abb) 105–108 (Abb) 110 112 (Abb) 115 151–153 (Abb) 179 (Abb) 181 239 286 (Abb) 400 404 411f (Abb) 427 (Abb) 460f (Abb) 463, Staffelfenster XII (Abb) 77 (Abb) 215 (Abb) 219 223 (Abb) 226f 268f (Abb) 271 279f (Abb) 294 297 393 (Abb) 395 421–423

Fenster (Fortsetzung)
(Abb), Zeilenfenster (Bandfenster, Reihenfenster) 219 268f (Abb) 271–273 (Abb) 279–284 (Abb) 286 (Abb) 293–296 (Abb) 299–301 308 431 435 457 468f; *Renaissance (Kreuzstockfenster)* 178 (Abb) 181 215 (Abb) 219–221 (Abb) 273 (Abb) 275 (Abb) 281 (Abb) 283 292 (Abb) 294–296 (Abb) 395 421f (Abb) 426 433; *barocke* 64 (Abb) 66 87 (Abb) 175f (Abb) 184–186 (Abb) 189 199 201 (Abb) 203 (Abb) 207f (Abb) 210f (Abb) 215f (Abb) 219 222f (Abb) 236 240–242 (Abb) 269–273 (Abb) 275 (Abb) 282 288 bis 293 295–300 (Abb) 306 318f (Abb) 330 332f (Abb) 337 339 (Abb) 345f (Abb) 355f (Abb) 359 377–379 (Abb) 381 402f (Abb) 419 (Abb) 426 429–432 439 (Abb) 448 (Abb) 451f (Abb) 454f (Abb) 457f 461 (Abb) 463f 467f (Abb) 470–472; *neunzehntes Jahrhundert* XII (Abb) 85 (Abb) 172f (Abb) 236 241 (Abb) 244 (Abb) 250 (Abb) 255–258 (Abb) 264 (Abb) 266 270–272 288–291 293 295f 299–301 (Abb) 303–306 (Abb) 308–311 (Abb) 314 (Abb) 316 318–320 (Abb) 322 bis 331 (Abb) 336f 339 341 347 357–359 (Abb) 365–367 (Abb) 374 (Abb) 377f 381 431–434 448 452 455–458 (Abb) 467f 470 472

Fenstersäulen 107 224f (Abb) 268 270 279f 283f (Abb) 299f 307f (Abb) 310 314 421–424 (Abb) 428f 431

Feurer, Matthias, Pfarrer in Oberrohrdorf 343 437f 444f 447 453

Fichte, Johann Gottlieb, Philosoph 202

Fischer, Jakob, von Stetten 458; Josef, von Stetten 458

Fislisbach 359–374 458. Anlage 360 373; Dorf 373f; Pfarrkirche 360–373 (Abb); Sammlung Emil Peterhans 373f

Flach von Schwarzburg, Christoph Eberhart, in Mellingen 424; Philipp, in Mellingen 424

Fleckenstein, Heinrich von, Landvogt in Baden 68

Florian, Katakombenheiliger. Patrozinien 461 464; Reliquien 460; gefaßter Reliquienleib 466

Flory, Alfred, Restaurator 113 146 187 216

Fluggespärre 298 (Abb) 346 374 (Abb) 377 381 430f 433 450f (Abb) 458 469–471. Siehe auch Büge und Dachbüge

Forer, Renward, Maler 97–101 (Abb) 103 108 116f 122 146 Farbtafel I; Renward, Malerwerkstatt 100f (Abb) 118 120 146 158 (Abb) 182

Franz Xaver hl. Einzeldarstellungen 351 456

Franziskus hl. Einzeldarstellungen 123 137 182 197 200; szenische Darstellungen 195f (Abb) 198; Patrozinien 197

Frauenfeld. Kapuzinerkloster 194
Frech, Uhrmacher 264
Freiburg i. Br. Augustinermuseum, Reliefs zum Leben Mariä 162
Freie Ämter XI (Abb) 3 378 459
Freudweiler, Johann Konrad, Pfarrer in Baden 213
Frey, August, Glasmaler 150; Caspar, Goldschmied 416; Jean, Architekt 395 401; Xaver, von Mellingen 433
Fricker, Bartholomäus, Historiker 255
Fridolin hl. Einzeldarstellungen 227f (Abb); szenische Darstellungen 156
Friedrich II., deutscher Kaiser 6
Friedrich der Schöne, deutscher König 10
Fröhlich, Albert, Architekt 215
Frölich, Rudolf, Zinngießer 212f 232 (Abb)
Fuchs, Franz Joseph, Goldschmied 371 (Abb)
Füegisen, Caspar, Schreiner 174 177
Füßli, Hans I., Glockengießer 78 104; Heinrich, Glockengießer 191 346; Johann II., Glockengießer 204 210; Johann Melchior, Maler und Stecher 57 201 (Abb); Moritz I., Glockengießer 204 210

Gärten, siehe Pärke und öffentliche Anlagen
Galizia, Romano, Bildhauer 85 91 (Abb)
Gallienus, römischer Kaiser 5
Garnin, L., Zimmermeister 252
Gasser, Michael, Orgelbauer 440
Gaßmann, Joseph, Goldschmied 140 (Abb) 192
Gasthäuser, Herbergen und Wirtschaften 359 374 (Abb) 378 429f 432f 439 (Abb) 448 458 466 468 472. Siehe auch Baden, Bäderquartier, Badhotels; Baden, Gasthäuser, Wirtschaften und Restaurants
Gebweiler. Dominikanerkirche 122
Geißmann, Anna (Seiler-), in Büblikon 472; Felix, Baumeister und Untervogt 461 466; Johann Martin Florian, in Wohlenschwil 466; Martin Florian, Gastwirt in Wohlenschwil 466
Gelfingen LU. Historische Sammlung Schloß Heidegg, Mellinger Banner 389
Genf. Musée de l'Ariana, Standesscheibe Glarus 227f (Abb)
Georg hl. Einzeldarstellungen 128 140 465; szenische Darstellungen 180 (Abb) 183 226 (Abb) 228 408 (Abb); Patrozinien 418
Georg, Markgraf von Brandenburg 10
Gerichtsstäbe 234 424 432 (Abb)
Gersbach, C., Zeichner 23 (Abb)
Gerster, Alban, Architekt 441
Gertrud hl. Patrozinien 183
Gestirne. Darstellungen 75 91 107 381 398 435 (Abb) 449 451 458 472

Gestühle. Beichtstühle 99 121 364 369 401 407; Chorgestühle 100 119–121 (Abb) 369 406 465; Herrengestühle 120 146 401; Kirchenbänke 99 122 155 173 206 210 369 401 407
Gewölbe 122. 15. Jh: 97 149 152–154 (Abb); 16. Jh: 68; 17. Jh: 108 200 283 379 400f 405 410; 17./18. Jh: 230; 18. Jh: 69 112f 176 186 (Abb) 189f 210f (Abb) 214 216 (Abb) 439 463f (Abb) 468; 19. Jh: 99 101 108–111 (Abb) 150 153 (Abb) 173 368 456; 20. Jh: 370 401 418f
Geygis, Benedikt II., siehe Wettingen, Äbte
Giorgioli, Francesco Antonio, Maler 98 101 103 (Abb) 108 122
Gipsgruben 186 205
Gladius hl. Einzeldarstellungen 162 164; Patrozinien 150
Gläser, Gebrüder, Schreinerei 210
Glarus 9. Siehe auch Eidgenossen, reformierte Orte
Glasmalerei 226 229. 15. Jh: 178 214 225–229 (Abb); 16. Jh: 180f (Abb) 183 230f 343 421 424; 17. Jh: 98 (Abb) 108 231 353 400 407 bis 410 (Abb) 418; 18. Jh: 231; 19. Jh: 102 173 179 182 196 206 342 353 363f 418 440 456; 20. Jh: 155 190 216 225 401. Siehe auch Hinterglasmalerei
Gleichnisse, christliche. Darstellungen 118 368f (Abb)
Glocken. 15. Jh: 75 78 103f 182f (Abb) 441 466; 16. Jh: 78 104 122 155f (Abb) 173 191f 214 460; 17. Jh: 104 176f (Abb) 187 191 197 220 346 413f 462; 18. Jh: 187 204f 210 364f 370 413 418 420 462; 19. Jh: 104 183 200 353 365 369f 376 380 394 420 456; 20. Jh: 122 177 192 206 210 342 365 369f 376 380 441 462. Siehe auch Pest, Pestglocken
Gnadenbilder, marianische 165 177
Gnadenstuhl 231
Gnadenthal. Paramentenstickerei 443 (Abb) 460 466; Priorinnen: Maria Bernarda Hümbelin 424; Zisterzienserinnenkloster 177 382 434 450
Göldlin von Tiefenau, Beat, siehe St. Urban, Äbte
Göslikon AG. Pfarrkirche, Stukkaturen 441
Goldener Schnitt 187 208 366
Gold- und Silberschmiedearbeiten 75 123f. Siehe die Bezeichnungen der einzelnen Geräte
Goll, Orgelbaufirma 364; Friedrich, Orgelbauer 103 206
Goltzius, Hendrick, Stecher 232
Gorius (Jörg?), Maler 75 102
Gottvater. Einzeldarstellungen 192 196 (Abb) 198 200 231 234 372f 420 445f 465. Siehe auch Christus, szenische Darstellungen, Taufe im Jordan; Dreifaltigkeit; Gnaden-

Gottvater (Fortsetzung)
stuhl; Maria, szenische Darstellungen, Himmelfahrt/Krönung/Verkündigung
Grabdenkmäler 115 148f (Abb) 156 165 213 414 464. Siehe auch Epitaphien
Graf, Goldschmied 371; Gregor, von Baden 129
Gregor d.Gr. hl. Einzeldarstellungen 129; szenische Darstellungen 155. Siehe auch Kirchenväter
Gretener, Bernhard Xaver, von Mellingen 458; Johann Christian, von Mellingen 414; Xaver, Schreinermeister 401
Grieshaber, Jakob, Glockengießer 187; Johann Jakob, Glockengießer 187 364 370
Grießl, Alois, Restaurator 186 190 401
Grosjean, Hauptmann, von Biel 56
Großmann, Arbogast, Zimmermeister 460; Caspar Anton, Zimmermeister 460; Hieronymus, Bildhauer 401
Grubenmann, Johann d.Ä., Baumeister und Brückenbauer 85; Johann d.J., Baumeister und Brückenbauer 82; Johann Ulrich, Baumeister 205
Grülich, Martin, Baumeister 75f 78 97
Gruner, Samuel, Pfarrer in Seengen 343
Gump, Franz Martin, Ingenieur 55 57 71 75
Gußeisenkonstruktionen 252 310 320 331 456 468
Gutwein, Joseph Wilhelm, Goldschmied 131
Gygax & Leinberger, Schreinerei 215
Gyger, Hans Konrad, Kartograph 57

Haaga, Karl, Restaurator 114 150 342 443
Haas, Leonhard, siehe Basel, Bischöfe
Haberbosch, Paul, Geologe und Lokalhistoriker 25f 30 57 255 268 306
Habsburg, Grafen von (seit 1282 Herzöge von Österreich) 3 7 52 302 340 348 359 375 399 436 450 458. Albrecht I., seit 1298 deutscher König 7 10 30 382; Friedrich IV. 52 92 436; Leopold I. 7 173; Rudolf I., seit 1273 deutscher König 7 10 173; Rudolf IV. 31 214
Habsburg-Laufenburg, Grafen von 459
Hackbrett, Karl, bernischer Oberst 53
Hängewerke 80f (Abb) 83-86 (Abb) 108 208f (Abb) 224 229 237 239 366f (Abb) 397 (Abb) 404. Siehe auch Dachstühle
Hänni, Otto, Architekt 206
Härdtly, Melchior, Ratsherr in Baden 150
Härtli, Barbara (Graf-), von Baden 129
Hafter, Albert, Ingenieur 57
Hagenweiler, Franziskus, Pfarrhelfer in Baden 149; Heinrich, Faßmaler 99 174 177-179; Wilhelm, Maler 439
Hagnauer, Jakob, Werkmeister 61
Haller, Emanuel, Landschreiber in Baden 213

Hallwil, Johann Georg von, siehe Konstanz, Bischöfe
Hallwyl, Hartmann von, Komtur in Beuggen 425
Haltiner, Johann Jakob, Architekt 82 86
Hamburg. Nikolaikirche 250
Hanauer, Ulrich, Maler 439
Hans (von Augsburg?), Steinmetz 97
Hans von Schaffhausen, Uhrmacher 75
Haug, Baumeister 325
Hauser, Heinrich, Maler und Zeichenlehrer 90 100 119
Hector, Wilhelm, Architekt 462
Hediger, Alois, Denkmalpfleger 364 402 473
Hegi, Franz, Zeichner 175 (Abb)
Hegner, Salomon, Ingenieur 260
Heilige, unbekannte. Einzeldarstellungen 110f (Abb) 123 126 158 198 373 411-413 (Abb) 416 418 432 442f (Abb) 446 456; Reliquien 124 139
Heilige Familie. Darstellungen 130 293 379
Heilige Sippe. Darstellungen 158-164 (Abb)
Heiliger Geist, Ausgießung an Pfingsten. Darstellungen 118 121; Patrozinien 193. Siehe auch Symbole, Taube des Heiligen Geistes
Heiligkreuz. Patrozinien 157; Reliquien 125 415
Heimgartner, Joseph, Maler 379
Heimlicher, Johann Jakob, Architekt 325 327
Heinrich II., Kaiser, hl. Einzeldarstellungen 130 415
Heizinger, Franz von, Gartenarchitekt 251
Helvetische Republik 3 9f 44 82 86 179 237 299 343 380 384 397
Hemmann, Franz Heinrich, Kantonsbaumeister 75 304f (Abb) 323f
Henauer, Walter, Architekt 206
Hermen und Koren 129 257 310 372 417 424 432 (Abb) 446. Siehe auch Karyatiden
Hermetschwil. Kloster 340 375 452
Herodes. Szenische Darstellungen 411f (Abb)
Herrensitze 343-346 (Abb) 390f (Abb) 424-428 (Abb)
Herrmann, Christian, Maurer und Steinmetz 204
Herz, Heinrich, Goldschmied 473
Heß, David, Schriftsteller 234 310 315
Hesse, Hermann, Dichter 10
Hieronymus hl. Szenische Darstellungen 161f. Siehe auch Kirchenväter
Hilaria hl. Patrozinien 418
Hilarius hl. Patrozinien 460
Hildebrand, Adolf von, Architekt 338
Hiller, Zinngießerei 277
Hilti, Joseph, Maurer 363
Hinterglasmalerei 192
Hiob. Szenische Darstellungen 396
Hofer, Paul, Kunsthistoriker 29
Hofmann, Augustin I., siehe Einsiedeln, Äbte

Hofstetter, Hans, Untervogt in Baden 148
Holderbanck, Johannes, von Baden 78
Holzach, Anna, von Baden 150; Jos, Schultheiß in Baden 150
Homburg, Hans von, Vogt in Rapperswil 436
Hornstein, August Johann Nepomuk von, siehe Konstanz, Weihbischöfe
Howen, Rudolf von, Domherr in Straßburg 375
Huber, H. (-Stutz), Glasmaler 190; Jakob, Baumeister 373; Jakob, von Bußlingen 451; Karl, Maler 393
H(übscher?), M., Steinmetz 465 (Abb) 472
Hübscher, Ulrich (Kirchmeier in Wohlenschwil?) 472
Hübschi, Dietrich oder Ludwig, Werkmeister 97
Hümbelin, Maria Bernarda, siehe Gnadenthal, Priorinnen
Hünenberg, Herren von 436; Hartmann VIII. von, Schultheiß in Bremgarten 149; Heinrich, Spitalmeister in Baden 224
Huttle, Jodok, Stukkateur und Altarbauer 401 404f (Abb) 440 442f 454 462; Michael, Stukkateur und Altarbauer 363 367–369 (Abb) 401 404f (Abb) 440 442f 454 462

Iberg, Herren von 390 424; Katharina von 424
Imfeld, Peter, Landvogt in Baden 56
Imhof, Johann, Goldschmied 342 372 (Abb)
Industriebauten und Industriebetriebe 10 47f 50f (Abb) 337 349 375f (Abb) 384 434 453
Intarsien 276f 426 (Abb) 428
Isaak. Szenische Darstellungen 118 (Abb)
Isenring, Johann Baptist, Maler und Stecher 11 (Abb)
Isler, Ernst, Architekt 454
Ittingen TG. Kartause, Stukkaturen 441

Jäger, Friedrich, Baumeister 264
Jaël. Szenische Darstellungen 396 (Abb)
Jaggi, Werner K., Kunsthistoriker 141
Jakobus d. Ä. hl. 136. Einzeldarstellungen 126 135f (Abb) 192 406 408 (Abb) 446 456; szenische Darstellungen, siehe Christus, szenische Darstellungen, am Ölberg; Patrozinien 82 183 185
Jakobus d. J. hl. Einzeldarstellungen 408 (Abb) 417
Janus. Darstellungen 86
Jenner, Samuel, Werkmeister 202
Jerusalem. Darstellung 114 146
Jeuch, Karl, Gastwirt in Baden 315; Kaspar Joseph, Architekt 88 90 103 235 243 251f (Abb) 255 264 290 303 308f (Abb) 314–317 (Abb) 327–329 331 (Abb) 336 341f (Abb) 373 392 473

Joachim hl. Einzeldarstellungen 162–164 (Abb); szenische Darstellungen 123 (siehe auch Heilige Sippe)
Jodokus hl. Einzeldarstellungen 158f (Abb) 162 164; Patrozinien 150
Johannes, Goldschmied 124
Johannes der Evangelist hl. Einzeldarstellungen 128 133 136–138 (Abb) 192 (Abb) 198 371 406 (Abb) 408 (Abb) 410 415 417f 446 (siehe auch Evangelisten, Vier); szenische Darstellungen 195–198 (Abb) 411 413 (Abb) (siehe auch Christus, szenische Darstellungen, Kreuzabnahme/Kreuzigung/Kreuztragung/ am Ölberg); Patrozinien 195 399
Johannes der Täufer hl. Einzeldarstellungen 133 148 158f (Abb) 162 164 198 368 389 398 405f (Abb) 408 (Abb) 415 417 443 465; szenische Darstellungen 123 411f (Abb) (siehe auch Christus, szenische Darstellungen, Taufe im Jordan); Patrozinien 150 179 183 185 399
Johannes von Nepomuk hl. Einzeldarstellungen 83 85 91 (Abb) 406
Jonas. Szenische Darstellungen 118 (Abb)
Joseph hl. Einzeldarstellungen 129f 190f (Abb) 200 234 341f 380 443 446 456; szenische Darstellungen 190 (siehe auch Christus, szenische Darstellungen, Anbetung der Hirten/ Flucht nach Ägypten/Geburt; Drei Könige Hl.; Heilige Familie; Maria, szenische Darstellungen, Vermählung); Patrozinien 185 341 344
Joseph von Arimathäa. Szenische Darstellungen, siehe Christus, szenische Darstellungen, Beweinung/Grablegung/Kreuzabnahme
Josua. Szenische Darstellungen 396
Judas. Szenische Darstellungen, siehe Christus, szenische Darstellungen, am Ölberg/Verrat durch Judas
Judas Thaddäus hl. Einzeldarstellungen 126
Juillerat, Jacques Henri, Maler 44 302 (Abb)
Justus hl. Reliquien 177

Kain und Abel. Szenische Darstellungen 118
Kaiserstuhl. Anlage 50
Kajetan von Tiene hl. Einzeldarstellungen 198
Kandel, David, Zeichner 40 (Abb)
Kanontafeln 447
Kanzeln 212 464. 15.Jh: 98; 17.Jh: 98f 401; 18.Jh: 462; 19.Jh: 99 116 118f (Abb) 205 341 367–369 (Abb) 401 405f (Abb) 443 455; 20.Jh: 210 (Abb) 462
Kapellen 48 193. 11./12.Jh: 40 166f (Abb) 453; 12./13.Jh: 95–97 (Abb); 13./14.Jh: 56 173 176; 14.Jh: 104 193; 15.Jh: 53f (Abb) 82 178 (Abb) 181f; 15./16.Jh: 104; 16.Jh: 83

Kapellen (Fortsetzung)
150–153 (Abb) 156 193 (Abb) 351 438;
17. Jh: 183f 187 189 341 343f (Abb) 346 351
(Abb) 379 434f 453; 18. Jh: 55 (Abb) 57
(Abb) 74 166f 174–177 (Abb) 184–192
(Abb) 376 418–420 (Abb) 453–456 (Abb);
19. Jh: 154f 166 171–173 (Abb) 179
Kaplaneien 93 173 377 391 (Abb) 399 439 (Abb)
448 453 457
Kappel. Zisterzienserkloster 434
Kappeler, Altarbauer 184 190; Hans, Steinmetz
217 448; Hans, von Oberwil bei Baden 183;
Johannes, Werkmeister 150; Joseph Damian,
Maler 363 368 440; Robert, Historiker 279
Kappeler Kriege, siehe Reformation
Karl IV., deutscher Kaiser 10
Karl VI., deutscher Kaiser 9
Karl Borromäus hl. Szenische Darstellungen 146
158 (Abb); Patrozinien 453
Karli, Albert, Pfarrer in Baden 110
Karlsruhe. Staatliche Kunsthalle, Retabelbilder
162–164 (Abb)
Karyatiden 129 233 (Abb) 464f (Abb)
Kaseln 142f 144f (Abb) 198 414 445
Katakombenheilige, siehe Castorius hl.; Damian
hl.; Florian hl.
Katharina von Alexandrien hl. Einzeldarstellungen 130 137 143 148 194–196 (Abb) 370
411 456; szenische Darstellungen 195; Patrozinien 82 104 150 195 418
Kaufmann, Caecilia, Frau Mutter im Kapuzinerinnenkloster Baden 200; Heinrich, Gastwirt in Baden 314; Karl, Kantonsbaumeister
102 151 216 364 392 402
Kehrer & Knell, Architekten 357
Keiser, Ludwig, Glockengießer 187; Peter Ludwig, Glockengießer 418 420
Kel, Niklaus, Pfarrer in Baden 97
Kelche. 17. Jh: 124 (Abb) 128f (Abb) 192f (Abb)
342 372 (Abb) 380 415–417 (Abb) 446f
(Abb) 456 465; 18. Jh: 124 (Abb) 129f
(Abb) 193 354 372 (Abb) 380 446f 465f;
19. Jh: 130 213 372 447
Kelchvela 145
Keller, Baumeister 61; Beat Ludwig, von Basel
343; Franz, Stukkateur 174; Hans Jakob,
Spitalmeister in Baden 55; H(einrich IV.?),
Vedutist 9 (Abb) 41 (Abb); Johann Caspar, Pfarrer in Oberrohrdorf 444; Johann
Heinrich, Zimmermeister 455; Magdalena
(-Röust) 343; Meinrad, Maler 174 177f 352
(Abb); P. Franz, Uhrmacher 392; Wilhelm,
Stukkateur 174
Keßler, Franz Niklaus, Altarbauer 364 368f
(Abb)
Keyser, siehe Keiser

Kiburg, Grafen von 6f 29f 52 80 86 348 378 382
399 450 458. Hartmann d. Ä. 6f 382; Hartmann d. J. 382
Kiene, Franz Anton, Orgelbauer 102f (Abb)
Kirchen. Frühchristliche 92 166; 9./10. Jh: 29
50 92 94f (Abb) 104 399; 11. Jh: 436–438
(Abb); 12. Jh: 94f (Abb) 104 361f (Abb)
460f (Abb) 463; 13. Jh: 122; 13./14. Jh: 122
399f; 14. Jh: 106 110 122 463; 15. Jh: 49
(Abb) 95 (Abb) 97 104–108 (Abb) 112 122
151 (Abb) 460f (Abb) 463; 16. Jh: 438
(Abb) 463; 17. Jh: 97–99 106 (Abb) 108–111
(Abb) 122 194 198f (Abb) 399–403 (Abb)
405–407 438f (Abb) 441 460f (Abb) 463f;
18. Jh: 201–212 (Abb) 376 438f (Abb) 441
460f (Abb) 463f (Abb); 18./19. Jh: 370;
19. Jh: 99–102 108–111 (Abb) 122 260 341f
(Abb) 362–368 (Abb) 376 401f 405–407
(Abb) 439f 454–456 (Abb); 20. Jh: 102 351
376 401 434 441–444 462
Kirchenväter. Darstellungen 143f (Abb) 371 415
456. Siehe auch die Namen der einzelnen
Kirchenväter
Kirscher, Fidel, Baumeister 462
Kitschker, Joseph Mariano, Maler 186 190
Klara hl. Einzeldarstellungen 182 200 351
Königsfelden. Glasgemälde 182 412; Kloster 378
452 459; Klosterkirche 122 124
Konrad hl. Einzeldarstellungen 443f
Konstanz. Augustinerkirche 122; Franziskanerkirche 122; Bischöfe: Johann Georg von
Hallwil 183, Franz Johann Voigt 439 460;
Weihbischöfe: Balthasar Brennwald 150
165, August Johann Nepomuk von Hornstein-Weiterdingen 379 461, Georg Sigismund Müller 344 401 453, Johannes von
Platten 97, Franz Anton von Sirgenstein 344,
Johann Anton Tritt 400, Fr. Daniel Zehender 178
Kopp, Franz, Faßmaler 185; Gottfried, Maler
XII (Abb) 78; Johann, Schreiner 217
Krauer, Hans Georg, Goldschmied 415 (Abb)
Kredenztische 118 406
Kreß, Wilhelm, Restaurator 402
Kreuzerhöhung. Patrozinien 376
Kreuzgänge 195 (Abb) 200
Kreuzwegstationen 186 190 342 364 373 380 407
456f (Abb)
Krieg, Peter, von Zürich in Bellikon 340 343;
Rudolf, Hauptmann 343
Krus, Joseph Nikolaus, Ratsherr in Luzern 141
Kubli, Felix Wilhelm, Architekt 243 373
Kübler, Otto, siehe St. Blasien, Äbte
Küchler, Michael Leontius, Hafner 273 276
(Abb)

Künten 375–378 436f. Dorf 376–378 (Abb); abgebrochene Pfarrkirche 376
Küpfer, Peter, Gastwirt in Ennetbaden 357
Kuhn, Orgelbaufirma 206 210; J. N., Orgelbauer 440; Otto, Kunstmaler 223; P. Albert, Kunsthistoriker 102; Rudolf, Maler 396f (Abb); Theodor, Orgelbauer 401
Kuon, Maria (-Gümer), von Uri 148f (Abb); Sebastian Heinrich, Oberst aus Uri 149
Kuppeln 201 (Abb) 204f 207f (Abb) 250 (Abb) 253–256 (Abb) 258
Kustodien 140

Ländliche Wohnbauten 348 359 377f 434f 448f 452 458 468 470. Siehe auch Bauernhäuser; Villen
Landerer, Emanuel, in Wohlenschwil 466
Lang, Baumeister 82; Damian, Baumeister 75 90 325; Damian, Schreiner 243; Johann, Baumeister 325f; Joseph, Baumeister 362f 366f (Abb) 370; Matthäus, Ratsherr in Baden 133; Robert, Architekt 150 364 437
Lauber, Fritz, Denkmalpfleger 102 151
Lauchhammer, Bronzegießer 91
Laufenburg. Anlage 29
Laurenti, Anselmo, Bildhauer 253
Laurentius hl. Einzeldarstellungen 171 456; szenische Darstellungen 231; Patrozinien 453
Lazarus hl. Patrozinien 150
Le Barbier, J. J. F. d. Ä., Stecher 19 (Abb)
Lehe, Urban, Zimmermeister 460
Lehmann, Franz, Geometer 319 (Abb) 373
Leimbacher, Fidel, Baumeister 327
Leningrad. Eremitage, Retabelreliefs 162
Lenzburg. Amt 378 458; Stadtkirche, Abendmahlstisch 407
Lenzburg, Grafen von 6 52 382 399 458
Leodegar hl. Einzeldarstellungen 226f (Abb) 410 465; Patrozinien 459f 464
Leonhard hl. Einzeldarstellungen 418
Leopold I., deutscher Kaiser 278
Lettner 97–99 107 112 145 149 155
Leu, Hans d. Ä., Maler 164; Hans d. Ä., Malerwerkstatt 164
Leuppi, J., Architekt 454
Leuthy, Johann Jakob, Schriftsteller 308
Lienhardt, Ulrich, Zimmermeister 75
Liestal. Anlage 29
Liutold, Leutpriester in Fislisbach 360
Locher, Baugeschäft 62; J. Heinrich, Pfarrer in Baden 213; Johann Jakob, Baumeister 75 264; Leonhard, Hafner 67–69 (Abb)
Locke, Joseph, Ingenieur 260
Loepfe, Hans, Architekt 206 333

Loggien und Galerien. 18. Jh: 240f (Abb) 419 (Abb); 19. Jh: 254–258 (Abb) 260 319 337 (Abb) 468; 20. Jh: 343 345
Loretokapellen 379f. Siehe auch Symbole, der lauretanischen Litanei
Lucia hl. Einzeldarstellungen 370
Ludwig IX., der Heilige, König von Frankreich. Einzeldarstellungen 147; szenische Darstellungen 278
Ludwig XIV., König von Frankreich 9
Lüdin, Oswald, Archäologe 361 364
Lugano-Suvigliana. Privatbesitz, Turmofen 276 (Abb) 278
Luzern. Kapuzinerprovinzarchiv 195; Privatbesitz, Gerichtsstab 234, Stauf 312–314 (Abb), Wappenrelief 312; Stiftspröpste: Johann Caspar Mayr von Baldegg 418

Macchi, Jean, Baumeister 395
Mäder, Familie 355; Hafner 217
Mägenwil 378–381 458. Dorf 381; Kapelle 379f
Mailand. Malerwerkstatt 196
Malerei
– Sakrale
  Altarbilder 15. Jh: 167–171 (Abb), 15./16. Jh: 157f, 16. Jh: 117 159 161–164 (Abb) 195f (Abb), 17. Jh: 97 116f 119 182 196 (Abb) 352 406 439 443 Farbtafel I, 17./18. Jh: 352, 18. Jh: 171 174 177 352 (Abb), 19. Jh: 99 117f (Abb) 173 179 342 363f 368 373 376 401 405 414 440 443 462, 20. Jh: 190 379 442f; *Tafelbilder* 17. Jh: 96 (Abb) 100f (Abb) 118–120 146 158 (Abb) 177 293 418 444 (Abb), 17./18. Jh: 352, 18. Jh: 121 146f 200; *Wand- und Deckenmalerei* 9./10. Jh: 94, 12. Jh: 362, 14. Jh: 399 402 411–413 (Abb), 15. Jh: 182, 16. Jh: 69 155, 17. Jh: 69–71 98 101 103 (Abb) 108 110 400 402 432 439, 18. Jh: 115 186 439 447, 19. Jh: 363 368 380 440, 20. Jh: 114 186 190 364 401
– Profane
  Bildnisse 17. Jh: 116 258f (Abb) 278 423f Farbtafel I, 18. Jh: 305 384 (Abb) 423f, 19. Jh: 312 (Abb) 321 424; *Tafelbilder* 17. Jh: 230 (Abb) 232 258, 18. Jh: 334 423, 19. Jh: 258 335–337 (Abb); *Wand- und Deckenmalerei* 17. Jh: 62 69 234 285–287 (Abb) 289 432, 19. Jh: 252f (Abb) 257 304 320f 348 358
– Siehe auch Buchmalerei; Fassadenmalerei; Glasmalerei; Hinterglasmalerei; Kreuzwegstationen
Manipel 142f
Mannhart, J., Uhrmacher 264
Mansberg, Burkart von, Landvogt in Baden 52
Marchthaler, Heinrich, Zimmermeister 204 208f (Abb)

Margareta hl. Einzeldarstellungen 137 155f (Abb) 416; Patrozinien 155

Maria hl.
- Einzeldarstellungen 198 200 234 444f 447 465. Von Einsiedeln 186; Gottesmutter 122 130 133 136–138 (Abb) 147 (Abb) 177 186 189–192 (Abb) 369 (siehe auch Maria hl., Einzeldarstellungen, mit Kind/auf der Mondsichel); Immakulata 69 129 138 147 (Abb) 189 197 342 368 373 443 456; mit Kind 69 122f 125 128 131 (Abb) 136f (Abb) 145 147f (Abb) 177 183 190–192 (Abb) 200 220 284 286 (Abb) 352 369 414 (Abb) 418 420 (Abb) 430 434 446 456; auf der Mondsichel 28f (Abb) 125f 133 137f (Abb) 145 192 229 231 376 380 389 409 (Abb) 415 420 466; Schmerzensmutter 125f 371f; im Strahlenkranz 28f (Abb) 136–138 (Abb) 147 (Abb) 190 407 418 420 456. Siehe auch Gnadenbilder, marianische
- Szenische Darstellungen. Mit dem Christus- und dem Johannesknaben 123 126; Geburt 162; Heimsuchung 162–164 (Abb); Himmelfahrt 115–117 121 134 368 Farbtafel I; unter dem Kreuz, siehe Christus, szenische Darstellungen, Kreuzigung; Krönung 116 121 141 146 148 190 194 (Abb) 199f; Pietà 182 (Abb) 293 346f (Abb); mit dem Rosenkranz 231 352 364; Tempelgang 182; Unterweisung durch Joachim und Anna 123; Verkündigung (Englischer Gruß) 117f (Abb) 123 125 130 162 169 196f (Abb) 231 368 373 376 409f 414 439 446; Vermählung 162–164 (Abb) 406. Siehe auch Anna Selbdritt hl.; Bernhard hl., szenische Darstellungen; Christus, szenische Darstellungen; Heilige Familie; Heiliger Geist, Ausgießung an Pfingsten, Darstellungen; Sacra Conversazione; Symbole, der lauretanischen Litanei
- Patrozinien 104 122 150 177 183 185 418. Himmelfahrt 92; Krönung 198; von Loreto 379

Maria Ägyptiaca hl. Einzeldarstellungen 158f (Abb)

Maria Kleophas hl. Einzeldarstellungen 408 (Abb)

Maria Magdalena hl. Einzeldarstellungen 128 158f (Abb) 161; szenische Darstellungen 370 443 (siehe auch Christus, szenische Darstellungen, Beweinung/Grablegung/Kreuzabnahme)

Martin hl. Einzeldarstellungen 191f 410; szenische Darstellungen 191f 410 442f; Patrozinien 191f 436–438

Martin von Wettingen, Maurer 174

Maschwanden, Johann von, in Bremgarten 340; Niklaus von, in Bremgarten 340

Masséna, André, Marschall von Frankreich 82

Maßwerk und Blendmaßwerk 97–99 (Abb) 107 122 126f (Abb) 131 (Abb) 147 155 172f (Abb) 179 (Abb) 181 183 219 (Abb) 224 (Abb) 239 291 296 376 404 410 415 422 430

Mathys, Zimmermeister 217

Matthäus hl. Einzeldarstellungen 126. Siehe auch Evangelisten, Vier

Mattler, Fridolin, Schultheiß in Baden 354

Mauderer, Hans d. J., Orgelbauer 103

Mauritius hl. Einzeldarstellungen 443; Patrozinien 438

Maximilian I., deutscher Kaiser 164 228

Mayr von Baldegg, Johann Caspar, siehe Luzern, Stiftspröpste

Meggen, Werner von, Landvogt in Baden 183

Meier, Dominik, Zimmermeister 392; Franz, Architekt 402. Siehe auch Meyer

Meier (von Rietheim), Johannes, Kirchmeier in Baden 149

Meinrad hl. Patrozinien 418

Melchior hl. Patrozinien 418

Melchisedek. Szenische Darstellungen 130

Mellingen 3 382–433 (Abb) 436 453
- Altstadt 383 (Abb) 385 (Abb) 389–391 (Abb) 428f (Abb)
- Anlage (Topographie) 50 383 (Abb) 385f (Abb) 389 402 425–428 (Abb)
- Befestigungen und Brücke 382f (Abb) 385 (Abb) 389–396 (Abb) 421 425 431. *Brücke (Flußübergang)* 86 382f (Abb) 385f 389f (Abb) 395 397 (Abb); *Bruggertor (Unteres Tor)* 390f (Abb); *Großes Tor (Brückentor)* 383 (Abb) 390f (Abb) 393 (Abb) 395f 398 421f (Abb) 429 (Abb); *Hexenturm* 383 (Abb) 385 (Abb) 390f (Abb) 394f 402 428; *Hinteres Tor* 391 (Abb); *Zeitturm* 383 (Abb) 385 (Abb) 390–395 (Abb) 402 425 (Abb) 429f. Siehe auch Mellingen, Ibergerhof
- Bild- und Plandokumente 383 (Abb) 387 389f (Abb) 392 399 423 426
- Fahnen 388f
- Gasthäuser und Wirtschaften 391 (Abb) 395 398 421f 429f (Abb) 432f
- Ibergerhof 383 (Abb) 385 (Abb) 390f (Abb) 402 424–428 (Abb) 431
- Ortsmuseum 384 (Abb) 387 392 397 403 414 416 423f (Abb) 429f 433 470
- Privatbesitz 384 (Abb) 418 422–424
- Profanbauten, öffentliche. *Badstube* 391 (Abb); *ehem. Rathaus* 385 (Abb) 391 (Abb) 395f 421–424 (Abb) 473; *Schulhäuser* 391 (Abb) 433; *Spital* 391 (Abb); *Sust* 391 (Abb) 433

Mellingen (Fortsetzung)
- Sakralbauten. *Stadtkirche* 383 (Abb) 385 (Abb) 390 (Abb) 399–418 (Abb) 425 427f (Abb) 431 442; *Antoniuskapelle* 398 406 418–420 (Abb); *abgegangenes Beinhaus* 391 (Abb)
- Siegel 387f (Abb)
- Straßen und Gassen. *Bahnhofstraße* 433; *Bruggerstraße (ehem. Schweingasse)* 391 (Abb) 432f; *Große Kirchgasse* 391 (Abb) 431f; *Hauptgasse (ehem. Marktgasse)* 391 (Abb) 425 (Abb) 428 bis 430 (Abb); *Kleine Kirchgasse* 391 (Abb) 431; *Lenzburgerstraße* 433; *Scheunengasse* 391 (Abb) 433
- Wappen, siehe Wappen, Mellingen
- Wohnbauten. *Altstadt* 383 (Abb) 385 (Abb) 392 402 425 (Abb) 427–433 (Abb); *Vorstädte* 385f (Abb) 433

Mentzel, Gottlieb, Goldschmied 134

Merian, Matthäus d.Ä., Stecher 4 (Abb) 41 44 56 83 231 354 383 (Abb) 396 399

Meris, Hans, Schultheiß in Baden 97; Maria (Lang-), von Baden 133

Merker AG, Metallwarenfabrik, Baden 337

Merkli, Heinrich, Goldschmied 416 447 (Abb)

Messingreliefs und Messinggeräte 135 140 223 324 354 372f 414 417 447. Siehe auch Altarkreuze

Meßkännchen und Platten 131–133 (Abb) 416 447 (Abb)

Meßlöffel 342

Meßmer, Joseph Anton, Maler 99 118 (Abb); Rudolf, Malergeschäft 364

Metzler & Söhne, Orgelbauerfamilie 103 122 187 206 342 364 369 402 407

Meyer, Hafnerwerkstätte 396f (Abb); Franz, Architekt 263; J., Vedutist 305 (Abb); Johann, Steinmetz 217; Johann Heinrich, Stecher 59 (Abb); Johann Heinrich, Zeichner 17 (Abb) 218; Johann Jakob, Maler 46 (Abb); Ludwig, Schlosser 217 221; Sebastian, Chorherr in Baden 129; Ulrich II., siehe Wettingen, Äbte; W., Architekt 441. Siehe auch Meier

Meyer-Attenhofer, Jakob, Vedutist 47 (Abb) 76 205 (Abb) 321 326 (Abb)

Meyer-Gsell, Johann Baptist, Arzt in Baden 303

Meyer-Winkler, Hans, Architekt 402

Meyerhofer, Thüring, Maler 75 169–171 (Abb) 182

Mezzanin (Halbgeschoß) 217 220 (Abb) 222 242 257 (Abb) 301 304–306 (Abb) 316 322f (Abb) 336f (Abb) 357

Michael hl. Einzeldarstellungen 190 351f (Abb) 368; szenische Darstellungen 161 352 (Abb) 410; Patrozinien 351 439f

Micotti, Pietro, Stukkateur 99

Midas. Szenische Darstellungen 230 (Abb) 232

Mignard, Paul, Maler 258; Pierre I, Maler 258f (Abb)

Miller, Johann, Goldschmied 128

Minich, Andreas, Schreiner 99

Minnich, Albert, Kurarzt in Baden 336; Antoinette (-Guggenbühler), in Baden 336 (Abb); Johann Alois, Kurarzt in Baden 91 336 (Abb)

Mittler, Otto, Historiker 29 157 167 171 182

Möbel 198 216f 230f 234 237 274 (Abb) 277f (Abb) 299 324 334f (Abb) 338 356 (Abb) 378 429 435 448 451 457f 472

Monogrammisten. AW, Goldschmied (Klingnau?) 447; Ba, Goldschmied 133; Bs, Goldschmied 133; CS, Goldschmied, Baden 192 (Abb) 417; CS, Steinmetz 67 (Abb); D, Goldschmied, Baden 372; ES, Stecher 128; FP, Goldschmied (um 1660–1670) 416; FP, Goldschmied (Basel?) (um 1720–1730) 129f (Abb); GSS (?) Goldschmied 129f (Abb); H, Goldschmied, Augsburg 372; HH (?) Goldschmied (Chur?) 134 (Abb); HK, Maler 424; HMS, Goldschmied, Regensburg 192 (Abb); HSR, Bildschnitzer 162; IAZ, Goldschmied (Biberach?) 447 (Abb); IBC, Goldschmied 416; ID, Goldschmied, Baden 183 380 465; IF, Goldschmied, Augsburg 446 (Abb); IH, Goldschmied, Augsburg 128; IPD, Goldschmied, Augsburg 134f (Abb); JCW, Goldschmied, Zürich 213; MHW, Steinmetz (Wohlenschwil?) 472; MS, Goldschmied, Baden 133; MS, Steinmetz 47c; R, Goldschmied, Augsburg 473; RB, Goldschmied, Baden 131; RS, Goldschmied, Baden 372; TDS, Goldschmied, Augsburg 131f (Abb)

Monstranzen (Kreuzpartikelmonstranzen, Reliquienmonstranzen, Wettersegenmonstranzen und -kreuze). 15. Jh: 125–128 (Abb); 16. Jh: 415 (Abb); 17. Jh: 192 (Abb) 415 (Abb) 456f (Abb); 18. Jh: 128 197f (Abb) 200 353 371 376 415f 446 (Abb) 456 464f (Abb); 19. Jh: 342 371f 445 465. Darstellungen 144

Montaigne, Michel de, Philosoph 10 86

Moos, Kaspar, Maler 99 117f (Abb) 401 405

Moosbrugger, Johann Joseph, Stukkateur und Altarbauer 99 101 108–111 (Abb) 116 118f (Abb) 149 (Abb) 166 363 368; Joseph, Altarbauer 442; Leopold, Stukkateur 150 155

Morettini, Pietro, Militäringenieur 72

Morf, David, Architekt 61 66 68 239

Morisi, Giuseppe, Stukkateur 99

Mosaiken 115 375

Moser, Steinhauerwerkstatt 90; Hieronymus, Steinmetz 87–90 (Abb); Jakob, Steinmetz 89; Johann, Steinmetz 326f; Joseph, Steinmetz 90; Karl, Architekt 253f (Abb) 338 (Abb); Robert, Architekt 171f (Abb) 243f (Abb) 247 251f (Abb) 254–258 (Abb) 260 318–321 (Abb) 331 473; Walter, Architekt 376

Moses. Szenische Darstellungen 118 130 396 (Abb) 443

Mühlen 346 377 (Abb) 451 457 466 468f (Abb) 471 (Abb). Siehe auch Baden, Profanbauten öffentliche, Mühlen

Müller, Gebrüder, Altarbauer 173 455; Anna Barbara (Brunner-), von Mellingen 322; Anna Barbara (Widerkehr-), in Baden 308; Augustin, siehe St. Urban, Äbte; Carl Joseph, Schultheiß in Mellingen 384 (Abb) 423; Caspar Joseph, von Uri 332 334; Eduard, Bildhauer 440 442; Franz Xaver, Spenglermeister 78; Friedrich, Baumeister 373; Georg, siehe Wettingen, Äbte; Georg Nikolaus, von Mellingen 420; Georg Sigismund, siehe Konstanz, Weihbischöfe; Hans, Schultheiß in Baden 97; Johann Georg, von Mellingen 420; Johann Jakob, von Mellingen 420; Johann Melchior, Goldschmied 135; Maria (Schnorff-), von Baden 133; Maria Margareta (Egloff-), von Baden 315; Matthias, Zimmermeister 243; Melchior Maria, Goldschmied 233 (Abb); Michael II., Glasmaler 407–410 (Abb); Paul, Glasmaler 407 409 (Abb)

Münch, Otto, Bildhauer 208

München. Festtheater, unausgeführter Entwurf 249

Münster, Sebastian, Kosmograph 36 40 (Abb) 83 354

Münzlishausen, siehe Baden-Münzlishausen

Multscher, Hans, Maler 169 171

Murbach. Kloster 436

Murer, Conrad, Schultheiß in Mellingen 421; Hans, Werkmeister 150; Rudolf, Werkmeister 74–76 87 97

Muri. Äbte: Johann Jodok Singisen 98 384 410 423, Fridolin I. Summerer 353; Kloster 340 436 450 452 458; Klosterkirche 98 103 122

Negrelli, Alois, Ingenieur 260 263

Nelkenmeister (Nelkensignaturen) 163 (Abb) 169f (Abb)

Nellenburg, Grafen von 6

Nepomuk hl., siehe Johannes von Nepomuk hl.

Neudorf LU. Kirche, Türe 403

Neurone, Giovanni Giacomo, Stukkateur 178

Niederberger, Louis, Maler 414

Niederländische Malerei 169

Niederrohrdorf 434–436

Nieriker, Bartholomäus, Gastwirt in Baden 86 323–325; Johannes Damian, Ratsherr in Baden 165; Johannes Theodor, Ratsherr in Baden 165; Joseph, Spitalverwalter in Baden 453; Joseph, Zeichner 167 267 (Abb); Maria Verena, von Baden 128; Veronika (Schnorff-), von Baden 200

Niklaus, Fahnenmacher 389

Nikolaus hl. Einzeldarstellungen 161 173 177 229; szenische Darstellungen 177; Patrozinien 104 173 284

Nikolaus von Flüe hl. Einzeldarstellungen 139f 367 373 472; Reliquien 140

Noah. Szenische Darstellungen 118

Nötiger, Heinrich, Schlosser und Schmied 217

Nötzli, Johann Caspar, Zeichner 6 (Abb) 193 (Abb) 218

Norbert hl. Einzeldarstellungen 130

Nothelfer Hl., Vierzehn, siehe Vierzehn Nothelfer Hl.

Nürnberg. Kirche St. Lorenz, Ölberg 115

Nüscheler, Richard Arthur, Glasmaler 179 182

Nuntien, päpstliche 344. Fabrizio Testaferrata 99

Obelisken 90 244

Oberglatt. Holzbrücke von 1766 85

Oberholzer, Zimmermeister 363 366f (Abb)

Oberrohrdorf 399 434 436–450 452f. Dorf 447 bis 449; Pfarrkirche 436–447 (Abb). Siehe auch Rohrdorf

Oberwinterthur. Kirche, Wandmalereien 413

Obrist, Fidel, Baumeister 362 370

Öfen und Ofenkacheln. 15. Jh: 430 432 (Abb); 16./17. Jh: 281; 17. Jh: 217 234; 18. Jh: 67f (Abb) 273 276–278 (Abb) 334f 356f (Abb) 359 377 396f (Abb) 430 448f; 18./19. Jh: 68; 19. Jh: 236f (Abb) 270 (Abb) 280 282 291 294 299 307f 330 338f 347 378 431 433 435 448f 451 468 470–472; 20. Jh: 237 283 381 448

Ökolampad, Johannes, Reformator 8

Ökonomiegebäude, landwirtschaftliche 300 357 378 381 431 450–452 468–472 (Abb). Siehe auch Bauernhäuser

Ölberge 98 113–115 (Abb) 120 (Abb) 444

Ölgefäße 372 417. Siehe auch Taufgeräte

Ohnsorg, Hans Georg, Goldschmied 129 (Abb) 416 447

Onuphrius hl. Einzeldarstellungen 162 164; szenische Darstellungen 158f (Abb); Patrozinien 150

Orgeln 102f (Abb) 122 187 206 210 342 363f 369 401f 407 440 455 462

Ornate 141f

Orte, eidgenössische, siehe Eidgenossen
Ortsbilder, siehe Siedlungsbilder
Oswald hl. Einzeldarstellungen 229
Ott & Witt, Malergeschäft 253

Päpste 9. Alexander III. 340 399; Innozenz X. 92 437; Luzius III. 359 436; Sixtus IV. 227
Pärke und öffentliche Anlagen 10 47 51 (Abb) 56–58 (Abb) 206 245–249 (Abb) 251–253 (Abb) 255 257 305 336 338 345 355 (Abb) 466
Palmesel 146
Pantaleon, Hans Heinrich, Arzt in Basel 10 40 44 86 327
Paramente, siehe die Bezeichnungen der einzelnen Gewandteile
Pargätzi, Urs, Steinmetz 398
Parma. Malerschule 117
Passion Christi. Patrozinien 169
Patenen 130
Paulus hl. 69. Einzeldarstellungen 116 (Abb) 126 368f (Abb) 416; szenische Darstellungen 406
Payer, Alois, Plastiker 418 420
Pedruzzi, Steinmetz 398
Pérignon, A. Nicolas, Vedutist 93 (Abb)
Perogni, Domenico, Stukkateur 99
Pest 91 146. Pestglocken 370 413
Petrus hl. Einzeldarstellungen 116 (Abb) 126 158f (Abb) 368–370 (Abb) 409f (Abb) 416; szenische Darstellungen 406. Siehe auch Christus, szenische Darstellungen, am Ölberg/Verrat durch Judas
Peyer, Ludwig, Glockengießer 78 103
Peyer im Hof, Anton, Schultheiß in Baden 354
Pfäfers. Klosterkirche 122
Pfarrhäuser 30 35 (Abb) 39 (Abb) 267 282 290 bis 293 373f 391 (Abb) 425 448 (Abb) 457 468–470 (Abb)
Pfau, David III., Hafner 276 (Abb) 278; Ludwig II., Hafner 234
Pfenninger, Matthias, Zeichner 329 (Abb)
Pfluger, P., Bildhauer 253
Pfyffer, Jakob, Pfarrer in Rickenbach LU 437; Johann Rudolf, päpstlicher Gardeleutnant 92
Philippus hl. Einzeldarstellungen 126
Pietà, siehe Maria, szenische Darstellungen, Pietà
Pilatus, siehe Christus, szenische Darstellungen, Ecce-Homo
Piscinae 410
Piseebauweise (Erdstampfbauweise) 373
Plastiken, siehe Skulpturen und Plastiken
Platten, Johannes von, siehe Konstanz, Weihbischöfe
Platten, siehe Meßkännchen und Platten
Pluviale (Rauchmäntel) 143f (Abb)

Poggio-Bracciolini, Gian Francesco, Humanist 10
Pokale und Becher 232–235 (Abb) 312–314 (Abb)
Portale. 14. Jh: 110; 15. Jh: 107 110 152 181 422; 16. Jh: 66–69 (Abb) 113 153 (Abb) 229f 236–238 (Abb) 281–283 (Abb) 295 356 378 410 426f (Abb) 469; 17. Jh: 185 (Abb) 189 220f (Abb) 241f (Abb) 272 282 296 339 373 379 403f (Abb) 406 427f (Abb) 433 440f (Abb) 448; 18. Jh: 206–208 (Abb) 222 (Abb) 272 288 291 293 310 312 333 (Abb) 448 463 467 (Abb) 470; 19. Jh: 172 (Abb) 236 244 (Abb) 250 (Abb) 256f (Abb) 264 (Abb) 266 291 297 299 307f (Abb) 314 (Abb) 316 319–321 (Abb) 326 337 339 359 367; 20. Jh: 254f
Poschiavo. Kirche S. Carlo, Kreuzwegstationen 373
Preiswerk, Rudolf, Eisengießer 253
Probstatt, Wilhelm, Ratsherr in Mellingen 414
Propheten. Einzeldarstellungen 103 (Abb) 108 136. Siehe auch Moses
Protasius hl. Reliquien 139
Pugin, Augustus W.N., Architekt 260
Purtschert, Baumeisterfamilie 370

Querkirchen 202 212
Quirin hl. Einzeldarstellungen 137

Raffael Sanzio, Maler 368
Rahn, Dorothea (Escher-), in Baden 69; Johann Rudolf, Kunsthistoriker und Zeichner 77 (Abb) 178 (Abb) 285 (Abb) 345 (Abb); Johanna Maria (Fichte-) 202
Ratgeb, Matthäus, Baumeister 400
Rauber, Karl, Maler 179
Rauchfässer und Schiffchen 132 372 417 (Abb)
Reber, Johannes, Glockengießer 103
Reding, Karl, Regierungsrat 332
Reformation 3 8 200 343 360 383 437 459
Regensburg. Dominikanerkirche 122
Regula hl. Einzeldarstellungen 164 198 227 Farbtafel II
Reinhard, Hans von, Landvogt in Baden 60
Reinhardt, Joseph, Maler 384 (Abb) 423
Reinle, A., Eisenkonstrukteur 252
Reliquiare 123 138–140 (Abb) 165 (Abb) 177 198 346f (Abb) 439 443–445 (Abb) 461 466
Reliquienzangen 140
Remetschwil 436 449–452
Reni, Guido, Maler 352
Renn, Franz Xaver, Bildhauer 101 116 (Abb)
Retabel, siehe Altäre und Retabel
Rhäzüns GR. Pfarrkirche, Wandmalereien 413
Rheinfelden. Stadtkirche 122 441
Richental, Ulrich von, Chronist 29
Riemenschneider, Tilmann, Bildhauer 117

Ringoltingen, Johanna von (von Segesser-), in Mellingen 427
Rio de Janeiro. Theater, unausgeführter Entwurf 249
Ritter, Joseph, Werkmeister 82 86 397 (Abb) 473
Rochus hl. Einzeldarstellungen 188 (Abb) 190 231 410; Patrozinien 453
Röttinger, Georg, Glasmaler 215 401; Johann Jakob, Glasmaler 196 206 342 363 418 440
Rohan, Louis de, Kardinal 10
Rohner, Johann Kaspar, Pfarrer in Fislisbach 363 373
Rohrdorf. Amt 8 340 375 399 434 436 450 453
Rom. Palazzo Massimi 317; Renaissance-Malerei 117; S. Maria della Concezione 352; SS. Trinità dei Monti 117; Schweizergarde 344. Siehe auch Päpste
Rosenkranz hl. Darstellungen, siehe Maria, szenische Darstellungen, mit dem Rosenkranz; Patrozinien 104
Rothrist. Reformierte Kirche 211 f
Rubens, Peter Paul, Maler 120
Rudolf I., deutscher König 7 10 173
Rüdiger von Aarau, Werkmeister 97
Rüdiger, Johann Adam, Kartograph 70 74
Rüetschi, Glockengießerei 103 122 177 192 206 210 342 353 365 376 380 420 456; Sebastian, Glockengießer 370
Ründen 241 f (Abb) 293 429 431 451
Rüßegg, Herren von 436 459
Rüssi, Franz Felix, Goldschmied 464 f (Abb)
Rütihof, siehe Baden-Rütihof
Ruple, Maria Elisabeth (Probstatt-), in Mellingen 414
Rutenzweig, Hans, Goldschmied 126
Ryff, Andreas, Chronist 226 f

Saalbauten und Säle 112 (Abb) 223 f (Abb) 236 f (Abb) 248 f (Abb) 251 254 256 f (Abb) 304 317 321 324 357 f 422 f (Abb)
Sachseln. Pfarrkirche, Türe 403
Sacra Conversazione. Darstellung 195 f (Abb) 231 404 (Abb) 406
Säckingen. Fridolinsmünster 122
Sämann, siehe Gleichnisse, christliche
Säulenhöfe 316 f 319 f
Sakramentshäuschen 183 400 410 f (Abb) 465
Sakristeien. 9./10. Jh: 94; 11. Jh: 438 f (Abb); 14. Jh: 460 f (Abb); 15. Jh: 97 460–463 (Abb); 16. Jh: 95 (Abb) 105–107 (Abb) 110 112 400 404; 17. Jh: 184 (Abb) 189 362 400 (Abb) 402; 18. Jh: 99 112 178; 19. Jh: 351 (Abb) 364 (Abb) 366 368 379 454–456 (Abb); 20. Jh: 342 (Abb) 400 (Abb) 402
Salomo. Szenische Darstellungen 396
Salux GR. Pfarrkirche, Wandmalereien 413

Salzmann, Joseph Anton, siehe Basel, Bischöfe
St. Blasien. Äbte: Otto Kübler 353; Kloster 348
St. Urban. Äbte: Beat Göldlin von Tiefenau 407, Augustin Müller 384 (Abb) 424, Edmund Schnider 384 407 423
Sanktusschellen 140 (Abb)
Sattler, Rudolf, Vogt in Baden 148
Schänis. Damenstift 399
Schäntzlin, Hans, Maurermeister und Steinmetz 97 216 221 (Abb)
Schaffhausen. Anlage 50
Schalch, Johann Konrad, Zinngießer 193
Scharpf, Gebrüder, Stukkateure 186 190; Christian, Stukkateur 186
Schefold, Ludwig, Orgelbauer 363
Schell, Carl, Bildhauer 444 (Abb)
Schenck, Christoph Daniel, Bildhauerwerkstatt 190 f (Abb)
Schenk von Castell, Heinrich, Komtur des Deutschordens 427
Scherer, Josef, Spenglermeister 394
Scherrer, Joseph Anton, Schreinermeister 99 121
Scherwey, Paul, Architekt 462
Schibli, Hans, Schreinermeister 187; Jakob, Gemeindeammann in Fislisbach 362
Schiffchen, siehe Rauchfässer und Schiffchen
Schilling, Diebold (Luzern), Chronist 390
Schindler, Bartholome, Landvogt in Baden 70 120; Johann Carl, Landschreiber in Baden 121
Schiner, Matthäus, Kardinal 28 389
Schinkel, Karl Friedrich, Architekt 260
Schirmer, Johann Wilhelm, Maler 258
Schiterberg, Anton, Maler 69
Schlee, Ferdinand, Goldschmied 415–417 (Abb)
Schmid, Hans, Untervogt in Baden 61; Peter II., siehe Wettingen, Äbte
Schmid, Herren von Bellikon (aus Uri) 340 342
Schmid von Bellikon, Elisabeth 340; Johann Balthasar 340 343; Johann Martin 343; Joseph Maria 344 f
Schmid von Böttstein, Johann Martin 343
Schmidt, Christian, Restaurator 62
Schmiedeeisen 69 107 f 217 221 (Abb) 277 281 284 290 f (Abb) 299 314 324 f (Abb) 334 356 428 465. Siehe auch Wirtshausschilder und Hausembleme
Schneeweiß, David, Goldschmied 130
Schneider, David, Maurer und Steinmetz 204; Eugen, Architekt 309 321 357 f (Abb); Jenny, Kunsthistorikerin 226; Johann, Kantonsbaumeister 362; Johannes, Maurer und Steinmetz 204
Schneider & Sidler, Architekten 310
Schneisingen. Schlößli, Stukkaturen 122
Schnell, T., Altarbauer 462

Schnider, Edmund, siehe St. Urban, Äbte; Johann Baptist, Propst in Baden 149 384 416

Schnitzereien. 17.Jh: 274 (Abb) 277 (Abb) 293 403f (Abb) 426 (Abb) 428 440 (Abb) 442; 19.Jh: 119–121 (Abb) 334f (Abb). Siehe auch Bauskulptur, Holzreliefs; Büge; Decken

Schnorff, Bürgergeschlecht von Baden 309; Anna Catharina (Borsinger-) 353; Beat Anton, Untervogt in Baden 121; Caspar, siehe Basel, Weihbischöfe; Caspar Ludwig, Schultheiß in Baden 139 200 274 278; Franz Bernhard, Arzt und Untervogt in Baden 121; Hans Beat, Gastwirt in Baden 310; Hans Ulrich, Zeugherr in Baden 274; Johann Carl, Untervogt in Baden 121; Johann Heinrich 147; Ulrich, Schultheiß in Baden 97 133 274 310

Schnüllin, Margareta, von Baden 136

Schön, Caspar, Steinmetz 67 (Abb)

Schongauer, Martin, Maler 164 171; Paul, Goldschmiedewerkstatt 123 (Abb) 125

Schuch, Johann Philipp I. oder II., Goldschmied 124 (Abb) 130

Schüchlin, Hans, Maler 171

Schüep, Hans, Brückenbaumeister 80f (Abb) 83 85

Schütz, Lienhard, Goldschmied 75

Schulhäuser 39 (Abb) 45 (Abb) 49 (Abb) 90 194 242–245 (Abb) 292 339 357 381 391 (Abb) 433f 457

Schultheß, L., Zeichner 44

Schutzengel. Einzeldarstellungen 188 (Abb) 190; Patrozinien 185

Schwartz, Franz Anton, Baumeister 185 189 205f 216–218 (Abb) 222

Schwend, Conrad II., Ritter (nachmaliger Bürgermeister in Zürich) 61; Elisabeth (Amstad-), von Baden 142; Johann Jakob, Ratsherr in Baden 146

Schwendimann, Anna Catharina (Widerkehr-), von Mellingen 418

Schwerter, Rudolf, Maler 196 (Abb) 230 (Abb) 232

Schwyz. Privatbesitz, Standesscheibe Bern 227

Sebastian hl. Einzeldarstellungen 137 155 171 231 414 418 456; Patrozinien 150

Seengen, Herren von 459

Segesser von Brunegg, Bürgergeschlecht von Mellingen 382 401; Beat Jakob, konstanzischer Erbschenk 408f; Franz Ludwig, Propst in Luzern 406; Hans Caspar, Schultheiß in Mellingen 424 426 428; Hans Ulrich 144 421; Johann Rudolf I. 427; Johannes I. 424; Jost Heinrich 425; Jost Ranutius, Chorherr in Beromünster 424f

Seiler, Bernhard, Untervogt in Büblikon 472; Johannes, Untervogt in Büblikon–Wohlenschwil 470; Joseph, Zimmermeister 379

Seilern-Aspang, Friedrich Johann, Reichsgraf von, kaiserlicher Gesandter 217

Sempach. Anlage 29

Semper, Gottfried, Architekt 247–251 (Abb) 259f 326

Sendler, Klaus, Schultheiß in Baden 360; Elisabeth (Segesser-), von Baden 144

Sennhauser, Hans Rudolf, Archäologe und Kunsthistoriker 94 166 361

Siedlungsbilder 40 43f 47 49 (Abb) 70 (Abb) 86 104f (Abb) 122 268 348 350 360 373 375–377 (Abb) 383 (Abb) 385f (Abb) 389f (Abb) 428 462 468f (Abb). Siehe auch Baden, Anlage; Mellingen, Anlage

Siegel 26f (Abb) 194f (Abb) 199 387f (Abb)

Sigmund, deutscher König (seit 1433 deutscher Kaiser) 9f

Silberisen, Johann Bernhard, Schultheiß in Baden 55f 71 75 184 234 240

Simon Zelotes hl. Einzeldarstellungen 126

Singer, Baumeisterfamilie 186 370

Singisen, Johann Jodok, siehe Muri, Äbte; Rudolf, Stadtbaumeister in Mellingen 391

Sirgenstein, Franz Anton von, siehe Konstanz, Weihbischöfe

Sisera. Szenische Darstellungen 396 (Abb)

Skulpturen und Plastiken
– Alabaster 336 (Abb)
– Elfenbein 126 414
– Holz. 14.Jh: 434; 15./16.Jh: 157–159 (Abb); 16.Jh: 91 (Abb) 146 159–162 (Abb) 182 (Abb) 346f (Abb) 418 456 465f (Abb); 16./17.Jh: 418; 17.Jh: 97 113–115 (Abb) 146 155–157 (Abb) 177 182 186 190f (Abb) 293 341 346f (Abb) 351 353 (Abb) 369 373 380 (Abb) 401 405–407 (Abb) 414 418 442–445 (Abb); 17./18.Jh: 293; 18.Jh: 186 188 (Abb) 190f (Abb) 351 376 379f (Abb) 406 414 (Abb) 418 420 (Abb) 462; 19.Jh: 101 116 (Abb) 118f (Abb) 192 368f (Abb) 376 406 456. Siehe auch Altarkreuze; Gestühle; Schnitzereien
– Silber 125–128 (Abb) 135–140 147 (Abb). Siehe auch die Namen der einzelnen Gold- und Silberschmiedegeräte
– Stein 85 91 (Abb) 145–147 (Abb) 284 286 (Abb) 305 351f (Abb) 398 451 472. Siehe auch Brunnen; Grabdenkmäler; Weg- und Friedhofkreuze
– Siehe auch Bauskulptur; Bronzeplastiken; Messingreliefs

Späth, Orgelbaufirma 462

Speck, A. Maria (Zurlauben-), in Baden 70

Speisegger, Goldschmied 131
Spengler, Jeronymus, Glasmaler 407f (Abb); Wolfgang, Glasmaler 231
Spöri, Amand, in Ennetbaden 355
Sprengwerke 83–86
Squarise, Walter, Bildhauer 115 153 304
Stadler, Ferdinand, Architekt 243 262–266 (Abb); Konrad, Werkmeister 82; Wilhelm, Bildhauer 62 216
Stähelin, Johann, Baumeister 373
Ständerbauten 300 339 (Abb) 347 374 433 435 449–452 (Abb) 457f 469 471f
Staffelbach, Hans Georg Joseph, Goldschmied 372 (Abb); Hans Peter, Goldschmied 124 (Abb) 129 134 372
Stalder, Hans, Restaurator 405
Stamm, J. J., Architekt 252
Stanislaus Kostka hl. Einzeldarstellungen 198
Stans. Kapuzinerinnenkloster, Siegel des Kapuzinerinnenklosters Baden 194 (Abb) 199; Kapuzinerkloster, Monstranz aus Baden 197f (Abb); Rathaus, Standesscheibe Unterwalden 228
Staretschwil 436f 447
Staubli, Maria Anna, von Sulz bei Künten 376; Maria Ursula, von Sulz bei Künten 376
Steimer, Eugen, Maler 179; Johann, Maler 75 79 (Abb) 455
vom Stein, Johann Jakob, Landkomtur des Deutschordens 408
Steinbrüche. Befestigungstrümmer in Baden 53 205; Bolligen BE 258; Buchwald bei Fislisbach 363; Hindelbank BE 258; Hundsbuck bei Baden 243; Künten 377; Mägenwil 378 und passim; Ostermundigen BE 258; Solothurn 398; Würenlos 88–90 429 und passim
Steinegger, Sebastian, siehe Wettingen, Äbte
Stephenson, George, Eisenbahningenieur 260
Sterzing. Museum, Hochaltar der Frauenkirche 169
Stetten 437 452–458. Dorf 457f; Pfarrkirche 453–456 (Abb)
Stettler, Michael, Architekt 395
Steyer, Wilhelm, Gärtner 253
Stierlin, Friedrich, Maler 285 (Abb)
Stiller, Hans Georg, Stukkateur 174 176
Stippeldey, Caspar Xaver, Goldschmied 128 130 132
Stirnimann, Friedrich, Maler 363f 368 373
Stocker, Jörg, Maler 171
Störi, H., Bauverwalter in Baden 254
Stolen 142–145
Straßburg. Bischöfe: Berchtold 6
Streiff & Schindler, Architekten 343
Stürler, Albrecht, Architekt 239–242 (Abb); Daniel, Architekt 239

Stüssi, Rudolf, Bürgermeister in Zürich 421
Stuckmarmorierung (Schliffmarmorierung) 116 118 190 324 341 368f (Abb) 404–406 (Abb) 442f
Stütz, Leonhard, Goldschmied 136–138 (Abb)
Stukkaturen. 17.Jh: 98 103 (Abb) 108–111 (Abb) 200 231; 17./18.Jh: 181; 18.Jh: 68 99 174 176 186 (Abb) 190 204 210f (Abb) 213 (Abb) 289 (Abb) 291 356 371 (Abb) 373f 439 441 461 464f; 19.Jh: 99 101 108 bis 111 (Abb) 149f (Abb) 155 166 237 296 310 317 320f (Abb) 330 335 341 368 433 468; 20.Jh: 190 317 324 358 401f
Stumpf, Johannes, Chronist 31 (Abb) 36 40 56 66 83 390 (Abb) 392
Stutz, Esther (Locher-), in Baden 213; Rudolf, Bauherr in Mellingen 401
Styx. Szenische Darstellungen 149
Süeß, Steinmetz 178
Sulz 375 378
Sulzer, Johann, Maler 278
Summerer, Johann, Pfarrer in Baden 133 142 184 196 449
Surer, Joseph, Faßmaler 186; Karl Ludwig, Dekan des Kapitels Regensberg 363
Surläuly, Leontius Anton, Pfarrer in Oberrohrdorf 142
Sursee. Anlage 29
Suter, Caspar, Baumeister 71
Suter & Suter AG, Architekten 434
Sutermeister, Moritz, Glockengießer 394
Sutter-Meyer, L. J., Architekt und Wandmaler 363 368 440
Sutz, Steinmetz 327
Symbole. Ähre 110f (Abb) 131 200 368 370 372 464; Anker 155 472; Arbor vitae 417; Auge Gottes 404 (Abb); Delphin 132; der Evangelisten 123 (Abb) 125 149 208 387f (Abb) 399 414 (Abb) 456; Gestirne, siehe Gestirne; Symbole, Sonne und Mond; Hahn 346; Herz Jesu 155 449 458 472; Lamm Gottes 144 445; der Laster 69; der lauretanischen Litanei 190 380; Leidenswerkzeuge (Passionssymbole) 129f 145 198 228 231 296 342 372 409 (Abb) 416 435 (Abb) 446 472; Musikinstrumente 213 234f (Abb) 334f (Abb) 368; Rebenzweig (Traube, Weinlaub) 110f (Abb) 125 130–132 134 198 200 353f 368 371f 414 446f 465; Reichsapfel 221 (Abb); Schädel und Gebeine 126 296 352 369 381 435 (Abb) 449 465 (Abb) 472; Schlange, eherne 118; Schlüssel, päpstliche 389; Sonne und Mond 107 (siehe auch Gestirne); Taube des Heiligen Geistes 98 190 192 198 372 446 465 (siehe auch Dreifaltigkeit; Gnadenstuhl; Heiliger Geist; Maria,

Symbole (Fortsetzung)
szenische Darstellungen, Verkündigung); Totengerippe mit Sanduhr 220; Trophäen der Gewerbe, Künste und Wissenschaften 234f (Abb); der Tugenden 138; Turmmonstranz 127f (Abb). Siehe auch Allegorien; Gleichnisse, christliche
Synesius hl. Patrozinien 460
Syrlin, Jörg d. J., Bildhauer 159

Tabernakel 196 420 (Abb) 442. Siehe auch Sakramentshäuschen
Tacitus, Cornelius, römischer Geschichtsschreiber 5
Täfer und Boiserien 223f (Abb) 230 242 277 (Abb) 291 308 317 326f 334f 356 378 422f (Abb) 428 435 457. Siehe auch Intarsien
Taufanlagen (Baptisterien) 95 410f (Abb) 438
Taufgeräte 132–134 (Abb) 417 447 (Abb)
Taufsteine 98f 118f (Abb) 148 206 210 (Abb) 342 368 401 410 439 443 462
Testaferrata, Fabrizio, siehe Nuntien, päpstliche
Theodul hl. Einzeldarstellungen 104 156 456; Patrozinien 156
Thomas hl. Einzeldarstellungen 128 158f (Abb)
Thormann, Hieronymus, Landvogt in Baden 204
Thun. Anlage 29
Thuot, Carl Ludwig, Glasmaler 407–409 (Abb)
Tiefenbronn BRD. Pfarrkirche, Turmmonstranz 126
Tizian Vecelli, Maler 117
Totentanz. Darstellungen 155
Tracht, liturgische, siehe die Bezeichnungen der einzelnen Gewandteile
Tratz, Bernhard, Baumeister 391
Trautmannsdorff, Franz Ehrenreich von, kaiserlicher Gesandter 83 85
Treppen und Treppenhäuser 152 154 (Abb) 174 (Abb) 176 242 245 249 256 301 303 (Abb) 316 331 (Abb) 335 358 394 468. Siehe auch Türme, Treppentürme
Treppengiebel 64 (Abb) 66 180f 218 222 (Abb) 238 290 292 300 341 343–345 (Abb) 421f (Abb) 470
Tritt, Johann Anton, siehe Konstanz, Weihbischöfe
Triumphbögen 122 211. 12.Jh: 362; 14.Jh: 95 (Abb) 97 400 402 410f (Abb); 17.Jh: 97 108f (Abb) 111 (Abb) 187 199 405 (Abb) 460f (Abb) 463f (Abb); 18.Jh: 176 186 (Abb) 189f 439; 19.Jh: 173 247 (Abb) 257 366–368 (Abb) 456
Trostburg, Herren von 382 386
Trotten und Trottbäume 359 448 451
Troxler, Georg, Maler 401 440

Trudel, Hans, Bildhauer 87f (Abb) 230 429
Trüb, Karl, Pfarrer in Fislisbach 362
Tschachtlan, Bendicht, Chronist 28 36 74 389
Tschantz, Maurer und Steinmetz 204
Tschudi, Ägidius, Landvogt in Baden und Chronist 68
Türen 69 107 110 112 197f (Abb) 217 221 (Abb) 223f 236f (Abb) 270f 276f 281 288 290 293 296 299f 306–308 (Abb) 314 330 334f (Abb) 339 348 359 367 369 373 402–404 (Abb) 410 426 (Abb) 428 431 433 435 440 (Abb) 442 448f 451 458 467 470
Türme
– Befestigungs- und Schloßtürme. 4.Jh: 50 96; 12.Jh: 60 62 (Abb) 65f 68; 13.Jh: 30 34 53–55 (Abb) 57f 390f; 14.Jh: 35f 70f 74 (Abb) 383 (Abb) 390 (Abb) 394f; 15.Jh: XII (Abb) 30 38 (Abb) 49 (Abb) 74 bis 79 (Abb) 285 390–394 (Abb) 425 (Abb); 17.Jh: 37 39 (Abb) 70–72 75 392f (Abb) 425 (Abb)
– Kirchen- und Kapellentürme (Glockenträger) 122 212. 12.Jh: 166f (Abb); 13./14.Jh: 383 (Abb) 385 (Abb) 390 (Abb) 400–402 (Abb) 404 427 (Abb); 14.Jh: 95f (Abb) 106 110 438 (Abb) 441; 14./15.Jh: 50 79 107 122 151 (Abb); 15.Jh: 97 104–106 (Abb) 178 (Abb) 181; 16.Jh: 191 193 (Abb) 438f (Abb) 441 460–463 (Abb); 18.Jh: 175–177 (Abb) 201 (Abb) 203 (Abb) 207–209 (Abb) 212; 19.Jh: 341f (Abb) 365f (Abb) 454–456 (Abb) 462; 20.Jh: 461 (Abb). Siehe auch Dachreiter
– Treppentürme (Schneggen). 13.Jh: 58; 13./14.Jh: 400; 16.Jh: 61–66 (Abb) 68 282f 354–356 (Abb) 425–427 (Abb); 17.Jh: 239 279 285 (Abb) 343–346 (Abb)
Tumbaleuchter 135
Tunizellen, siehe Dalmatiken und Tunizellen
Turmchöre 361 (Abb) 400 402 410–413 (Abb)
Turmvorwerke und Zwinger 35 (Abb) 37–39 (Abb) 71f 74f 392f (Abb)

Überlinger, Hans Jakob, von Baden 141
Uhr, Joseph Ambros, in Glarus 360
Uhren XII (Abb) 75 77–79 (Abb) 172f (Abb) 214 219 (Abb) 234 264 (Abb) 266 324 341 363 365f (Abb) 391–394 (Abb) 401 403 (Abb) 441 455f (Abb)
Ulm. Malerschule 169 171; Münster, ehem. Ölberg 115
Ulrich hl. Einzeldarstellungen 158f (Abb) 442 bis 444 (Abb)
Unterendingen AG. Pfarrkirche 370
Urban hl. Einzeldarstellungen 407
Ursula hl. Einzeldarstellungen 129; Reliquien 139

Ursus hl. Einzeldarstellungen 138f (Abb) 145 228f (Abb) 443; Patrozinien 438
Usteri, Johann Martin, Zeichner 169

Vauban, Sébastien de, Festungsingenieur 37
Venedig. Chiesa dei Frari 117
Verena hl. Einzeldarstellungen 127f (Abb) 138 (Abb) 145f (Abb) 158 183 190–192 197; szenische Darstellungen 231; Patrozinien 150 191–193 460; Reliquien 177
Veronika hl. 411. Einzeldarstellungen 126 198; szenische Darstellungen, siehe Christus, szenische Darstellungen, Antlitz auf Tuch/ Kreuztragung
Verwahrkreuze 371
Vierzehn Nothelfer Hl. Darstellungen 179
Viktor hl. Einzeldarstellungen 443; Patrozinien 438
Villars, Louis Hector, Herzog von 214
Villen (Landsitze) 328 331–338 (Abb) 354–357 (Abb) 359 466–468 (Abb). Siehe auch Herrensitze
Villingen BRD. Münster, Scheibenkreuz 124
Villmerger Kriege 3 8 29 36f 53 72 75 174 183 200 202 214 217 232 234 285 287 302 344 383f 390 436
Vindonissa. Römisches Legionslager 5
Vinzenz hl. Einzeldarstellungen 227 456; Patrozinien 453; Reliquien 456
Völki, Lebrecht, Architekt 254f
Vogel, Ludwig, Maler 21 (Abb) 181; Matthias, Architekt 202–205 (Abb) 207 (Abb) 211f
Vogler, Architekt 433
Voigt, Franz Johann, siehe Konstanz, Bischöfe
Volterra, Daniele da, Maler 117
Vorhallen und Vordächer (Portikus). 9./10. Jh: 94f (Abb); 18. Jh: 209 211f (Abb) 419 (Abb) 460f (Abb) 463 (Abb); 19. Jh: 172f 244 (Abb) 249f (Abb) 303f 324 367 454 456f. Siehe auch Eingangshallen
Vortragekreuze 123–125 (Abb) 371 (Abb) 415 445 456 465
Voser, Maurermeister 363
Votivbilder 192

Waffeleisen 149
Wanger, Goldschmied 415f; Caspar, Goldschmied 128 131f; Hans, Schultheiß in Baden 130 133; Johann Jakob Joseph, Schultheiß in Baden 132; Peter, Goldschmied 128 131–133 135 (Abb) 138 (Abb)
Wappen. Aargau 396 422; Acht Alte Orte 64 (Abb) 67 69 393 (Abb) 396; von Ägeri 445 449 (Abb); Amberg 192 298 312; Amstad 142; Angeloch 282f (Abb); Appenzell 227; Baden 28f (Abb) 40 (Abb) 66f 75 77f 89–91

Wappen (Fortsetzung)
110 112 152 176 195 221f 225 228f (Abb) 231 234 236f 253 305 353 370f (Abb) 373f 441 448, Spital 192 224f (Abb) 231 359 370f (Abb) 373f 441 448; Baldinger 354; von Balmoos 181 (Abb) 183; Basel 227; Basler 193; Bern 227 232 242; von Bernhausen 408 (Abb); von Beroldingen 142 414; Biel 140; Blarer von Wartensee 408f (Abb); Bodenmüller 336; Bodmer 142 145 191 310; Borsinger 137 305 353; Brandenberg 446; von Breitenlandenberg 149; Brennwald 165; Brugg 212; Brunegg 416; Brunner 322; Bürgisser 353; Cîteaux 407–409 (Abb) 424; Denzler 116; Deutschorden 408 (Abb) 427; Dorer 91 114f 120 (Abb) 126 130f 133 141 197 233f 310 312 314 371 (Abb) 374 448; Dösch 152 156 165; Dreizehn Alte Orte 140 441; Eberler 161; Egloff 121 137 310 315; Emberger 130; von Erlach 427; Escher 69; Falck 129f 231 234 312f; Feer 69; Felwer 143; Feurer 444f; Fischer 348 458; Fleckenstein 68f; Frankreich 70; Freiburg i. Ü. 229; Frey (von Baden) 191; Frey (von Mellingen) 429 433; Geygis 417; Glarus 227f (Abb); Göldlin von Tiefenau 407; Graf 129; Graubünden 140; Gretener 414; Gümer 148f (Abb); Habsburg-Österreich 388 (Abb); Härtli 129; Hagenweiler 146 165; Haller 213; von Hausen 408f (Abb); Hofmann 98 378; Hofstetter 148; von Homberg 409; Hübscher 472; von Hünenberg 149; Kappeler 192 (Abb); Karli 110; Keller 271 444; Königsfelden 472; Krus 141; Kübler 353; Küffer 143; Kuon 148f (Abb); Lang 133; von Langenstein 407; von Liebenfels 407 424; Luzern 68 226f (Abb) 410 424; Mäder 378; von Maller von Kronenburg 130; Markwalder 316; hl. Martin 445; Mattler 314; von Meggen 180 (Abb) 183; Meier (von Rietheim) 149; Mellingen 383 (Abb) 388f (Abb) 393–397 (Abb) 403f (Abb) 414 416 422 433; Meris 133; von Mey 286; Meyer (von Baden) 129; Meyer (von Mellingen) 424; Mülhausen 140; Müller 133 280 308 315 322 325 (Abb) 384 (Abb) 420 423f 435 466 470; Murer von Istein 408f (Abb); Muri, Kloster 353 410; Nieriker 128 143 165 200; Notter 435; Probstatt 414; Rahn 69; von Rapperswil 409; Reding von Schwyz 219 (Abb); von Ringoltingen 427f; Rottweil 140; Ruple 414; St. Blasien, Kloster 353; St. Gallen 140; St. Urban, Kloster 407 424, Konvent 408f (Abb); Sattler 148; Schad 314; Schaffhausen 227; Schindler 70f 121; Schmid (von Baar) 98 409; Schnider

Wappen (Fortsetzung)
149 352 407 416 424; Schnorff 121 133 139 147 200 234 278 310 353; Schnüllin 136; Schwend 142 146; Schwendimann 418 470; Schwyz 226 (Abb) 228 410; von Segesser von Brunegg 69 144 401 406 408f (Abb) 424 427f; Seiler 165 466 469f 472; Sendler 144; Silberisen 191; Singisen 98 410 423; Solothurn 228f (Abb); Spanien 70; Speck 70; vom Stein 408 (Abb); Summerer 133 142 196 353 449 (Abb); Surläuly 142; Tamann 282f (Abb); Tegerfelt 165; Überlinger 141; von Ulm 408f (Abb); Unterwalden 227f (Abb) 410; Uri 225 (Abb) 227f 410; Vogler 435; Wagner zur Rose 152 165; Wallis 140; Wanger 126 130 132f 143 165 298; Waßmer 416; Wegmann 129 134; von Weilheim 148 (Abb); Wellenberg 128 131 141; Wettingen, Kloster 116 161 353 409 417 446; Wetzel 114; Widerkehr 134 308 325 (Abb) 384 (Abb) 418 423; Zeberg 71; Zürich 227 Farbtafel II; Zug 228f 410; Zurlauben 70. Siehe auch Banner- und Fahnendarstellungen

Wappen, unbekannte 112 149 305 372 378 398 415f 429f 435

Waser, Johann Heinrich, Bürgermeister in Zürich 56

Waßmer (Weßmer), Werner, Ratsherr in Mellingen 416

Weber, Samuel, Baumeister 373

Weg- und Friedhofkreuze. 16. Jh: 91 (Abb); 17. Jh: 91 378 381 398 435 (Abb) 449 451 458 465 (Abb) 472; 18. Jh: 381 449 472; 19. Jh: 348 374 378 398 435 (Abb) 451f 458 472

Wegmann, Bernhard, Ratsherr in Baden 184; Catharina (Graf-), von Baden 129; Gustav Albert, Architekt 264; Jakob, Glasmaler 407; Jakob, Schreiner 217; Johann Carl, Ratsherr in Baden 134; Markus Joseph, Chorherr in Baden 130

Wehrle, Emil, Modellbauer 25f (Abb) 306 (Abb)

Weihwasserbehälter 178 183 417 463

Weilheim, Johannes von, Schultheiß in Waldshut 148

Weiß, Dietrich, Schreiner 217

Weißenbach, Xaver, Goldschmied 380

Wellenberg, Jakobe (Überlinger-), von Baden 141; Johann Peter, Chorherr in Baden 128 131

Weltin, Jakob Bernhard, Ratsherr in Baden 198

Wendelin hl. Einzeldarstellungen 456

Wengi, Albert, Goldschmied 447

Wernli, Schreinerei 216

Wetter, Karl Joseph, Maurermeister 454

Wetterfahnen 78 107 208 266 366 379 394f 426

Wettersegenkreuze, siehe Monstranzen

Wettingen. Äbte: Alberich I. Beusch 418, Caspar Bürgisser 185, Gerhard Bürgisser 353, Alberich II. Denzler 100 116, Benedikt II. Geygis 417, Ulrich II. Meyer 384 424, Georg Müller 179, Peter II. Schmid 97f 409, Sebastian Steinegger 454; Glasgemälde 183; Holzbrücke 18. Jh 80 86; Pfarrkirche St. Sebastian, zugewanderte Kunstwerke 200; Pfarrsprengel 179; Schartentrotte 359; Zisterzienserkloster 3 92f 97 100 142 161 179f 359 417 436 450

Wettstein, Joseph Leonz, Schreinermeister 363 369; Walter P., Architekt 102 151

Wetzel, Maria Magdalena (Dorer-), von Baden 114

Wey, Joseph J., Architekt 364 402

Wickart, Johann Baptist, Bildhauerwerkstatt 346f (Abb); Nikolaus, Goldschmied 372 (Abb)

Widerkehr, Agnes (Müller-), von Mellingen 423; Caspar Joseph, Bildhauer 380 (Abb) 418 420 (Abb) 461; Franz Xaver, Bildhauer 414 (Abb) 418 420 (Abb) 430 461; Franz Xaver und Caspar Joseph, Bildhauerwerkstatt 373; Hans, Werkmeister 422; Johann Adam, Bildhauer 401 403–406 (Abb) 418 442 (Abb); Johann Georg, Maler und Schultheiß in Mellingen 401 423 444 (Abb); Johann Jakob, Gastwirt in Baden 308; Maria Veronika (Wegmann-), von Baden 134. Siehe auch Wiederkehr

Widmer & Wild, Maurer- und Steinhauergeschäft 252

Widmer, Andreas, Architekt 82 86

Wiebeking, Carl Friedrich, Ingenieur 86

Wiederkehr, Bernhard, Spitalverwalter in Baden 217. Siehe auch Widerkehr

Wien. Hofburgtheater 249

Wilchingen SH. Reformierte Kirche 202 212

Wilhelm Tell. Einzeldarstellungen 380

Willam, Michael, Stukkateur 150

Wind, Franz Ludwig, Bildhauer 186 188 (Abb) 190f (Abb)

Wipplinger, Franz, Plastiker 418 420

Wirt, Hans Jakob d. J., Spengler 186

Wirtshausschilder und Hausembleme 271 273 (Abb) 283 288 290f (Abb) 296 309 321 324f (Abb) 331 358 425 (Abb) 432

Wirz, Andreas II., Zinngießer 140; Hans Jakob, Zinngießer 278

Wohlenschwil 458–472. Alte Pfarrkirche 459–466 (Abb) 468; Amt 378 466; Bauernmuseum 462–464 (Abb); Dorf 468–472 (Abb); Landgut Lindenhof 466–468 (Abb)

Wolff, Caspar Otto, Architekt 309

Wolfgang hl. Patrozinien 460

Wüest, Johann Caspar, Goldschmied 213
Würmli, Jean-Paul, Restaurator 113
Wyg, Anton, Steinmetz 410 426f (Abb)
Wyß, Caspar, Stecher 313 (Abb); Urban, Pfarrer in Fislisbach 360; Wolfgang, Pfarrer in Fislisbach 360

Zasius, Ulrich, Jurist 8
Zeberg, L. (Schindler-), aus Schwyz 71
Zehender, Fr. Daniel, siehe Konstanz, Weihbischöfe; Emanuel, Werkmeister 242
Zehnder, Joseph, Stadtammann in Baden 245
Zehntausend Märtyrer Hl. Szenische Darstellungen 160–162 (Abb)
Zehntenscheunen 374 (Abb) 448
Zeiner, Lukas, Glasmaler 214 225–229 (Abb)
Zeitblom, Bartholomäus, Maler 171
Zemp, Josef, Kunsthistoriker 62 215
Zentralbauten 248–250 (Abb) 253f (Abb)
Zeuger, M.A., Maler 305
Zeyer, Heinrich, Werkmeister 54 75
Ziborien 130f (Abb) 147f 183 372 (Abb) 416 447 456 464 (Abb) 466
Zimmermann, Hans, Baumeister 75 178; Johannes, Zinngießer 212f
Zink, Oskar, Steinmetz 455
Zinnen 55 (Abb) 58 74 175 390 (Abb) 392–395

Zinngeräte 135 140 165 (Abb) 177 193 212 232 (Abb) 234 277f 354
Zippert, Joseph, Faßmaler 99
Zobrist, Cunrat, Baumeister 75 97
Zotz & Grießl, Stukkateure 401
Zschokke, Alfred, Architekt 373
Zuben, Hans Melchior von, Orgelbauer 103
Zürcher, Xaver, Maler 342
Zürich 30f 37 52f 55 61 74f 383 459 (siehe auch Eidgenossen, reformierte Orte; Eisenbahn und Eisenbahnbauten). Fraumünsterabtei 378 450 458; ehem. Kloster Ötenbach 375 450 452; Kunsthaus, Michaelsaltar 164, Zeichnung nach einem Altar aus Baden 169; Peterskirche, Stukkaturen 205 210; Predigerkirche 122; Privatbesitz, Standesscheibe Freiburg 229; Schweizerisches Landesmuseum 131 (Abb) 146–149 225–229 (Abb) 232–234 (Abb) 314 343 346f (Abb) 389 414 (Abb) 416 418 422–424 (Abb) 432 442 (Abb) 466 Farbtafel II
Zürn, Jörg, Bildhauer 138
Zumstein, Roman (Architekt?) 398
Zurlauben, Heinrich, Landvogt in Baden 70
Zurzach. Marktflecken 268; reformierte Kirche 212; Stiftskirche, Kirchenschatz 123
Zwingeranlagen, s. Turmvorwerke und Zwinger

HERKUNFT DER ABBILDUNGSVORLAGEN

Photographien. PAUL AMMANN-FEER, Aarau: Abb. 446. – ARCHIV FÜR SCHWEIZERISCHE KUNSTGESCHICHTE, Basel: Abb. 11. – ARCHIVIO SEGRETO VATICANO, Rom: Abb. 67. – BERNISCHES HISTORISCHES MUSEUM, Bern: Abb. 235. – ERNST BOSSERT, Brugg: Abb. 308. – JOSEPH BRUN, Luzern: Abb. 301. – BRUNEL & CO., Lugano: Abb. 267. – HANS DÜRST, Lenzburg: Abb. 415. – EIDG. MILITÄRBIBLIOTHEK, Bern: Abb. 34. – EIDG. TECHN. HOCHSCHULE, Zürich: Abb. 243–247, 250–252. – PETER FELDER, Aarau: Abb. 209, 274. – J. GABERELL, Thalwil: Abb. 411. – JÜRG GANZ, Frauenfeld: Abb. 184, 398. – GEORG GERMANN, Basel: Abb. 256, 293. – ARMIN GESSLER, Brugg: Abb. 363, 379, 381. – THOMAS HARTMANN, Würenlos: Abb. 2, 6f., 9f., 12, 16f., 26, 30, 36, 38, 44, 46–48, 56, 58–60, 62, 83, 90f., 123f., 139–142, 172, 201, 214, 218, 228, 238, 241, 259, 263–266, 268–271, 275f., 280f., 286, 289f., 292, 297–299, 302f., 305, 310–313, 317–319, 326, 329, 334f., 339–342, 345, 357–359, 378, 384–387, 392, 394–397, 402, 406, 409f., 419–421, 425, 434, 437, 441–443, 447, 451f., 454f. – PETER HEMAN, Basel: Abb. 156. – HANSJÖRG HENN, Zürich: Abb. 105f., 118–121, 220, 404, 414. – ALFRED HILLER, Aarau: Abb. 14f., 203, 438–440. – HISTORISCHES MUSEUM BASEL: Abb. 450. – HOCHBAUAMT BADEN: Abb. 237. – PETER HOEGGER, Olsberg: Abb. 189, 192. – IRMA HOHLER, Aarau: Abb. 376. – GERHARD HOWALD, Bern: Abb. 239f. – VALENTIN JANETT, Wettingen: Abb. 417. – WALTER JUNG, Sursee: Abb. 349. – WALTER KLEIN, Düsseldorf: Abb. 157f. – WILLY KNECHT, Aarau: Abb. 4, 18, 54, 100, 135–137, 150–153, 178–181, 185–188, 208, 236, 254, 260–262, 277, 282–285, 288, 309, 323, 331, 333, 335, 350–353, 355, 362, 365–367, 373–375, 376a, 382f., 389–391, 399f., 407, 413, 416, 448f., 456. – FELIX KÜHNIS, Bellikon: Abb. 354. – KUNSTMUSEUM BASEL: Abb. 35. – LANDESBILDSTELLE RHEINLAND, Düsseldorf: Abb. 159. – EMIL MAURER, Zollikerberg: Abb. 371. – MUSÉE D'ART ET D'HISTOIRE GENF: Abb. 226. – MUSÉE DE VILLE DIJON: Abb. 166–169. – WERNER NEFFLEN, Ennetbaden: Abb. 13, 41, 43, 61, 63, 65f., 73–76, 78f., 84f., 87–89, 92–97, 99, 101f., 112f., 117, 122, 125, 131, 143, 148, 154f., 170, 173, 190, 198f., 202, 207, 210–212, 215, 217, 219, 221, 229, 231, 234, 242, 248f., 253, 278, 287, 291, 294f., 300, 304, 306f., 314, 320–322, 347f., 368, 423, 426–433, 435; Farbtafel I. – JAMES G. PERRET, Luzern: Abb. 194–197. – HEINZ SCHAICH, Baden: Abb. 25, 213. – SCHWEIZERISCHE LOKOMOTIV- UND MASCHINENFABRIK, Winterthur: Abb. 257. – SCHWEIZERISCHES LANDESMUSEUM, Zürich: Abb. 53, 77, 110, 222–224, 227, 230, 232f., 258, 330, 393, 403, 424; Farbtafel II. – STAATLICHE KUNSTHALLE KARLSRUHE: Abb. 8, 160–162. – STAATSARCHIV BASEL: Abb. 55. – STAATSARCHIV ZÜRICH: Abb. 45. – SWISSAIR-PHOTO AG, Zürich: Abb. 32, 80, 364. – HEINRICH URWYLER, Zürich: S. 149. – VERKEHRSHAUS DER SCHWEIZ, Luzern: Abb. 255. – EMIL WEBER, Stans: Abb. 103f., 107–109, 111, 114–116, 126–130, 132–134, 138, 163f., 191, 200, 225. – HANS WEBER, Lenzburg: Abb. 98, 361, 372. – ZENTRALBIBLIOTHEK ZÜRICH: Abb. 5, 31, 49, 174, 193, 206, 279, 328. – UNBEKANNT: Abb. 370.

Pläne und Strichzeichnungen. HEINZ ELSENER, Auenstein: Abb. 86, 216, 380, 422. – OTTO HUNZIKER, Mellingen: Abb. 405. – A. HENNING LARSEN, Bern: Abb. 1, 3, 19–24 (historische und topographische Grundlagen: Paul Haberbosch, Peter Hoegger, Paul Hofer), 27–29 (historische und topographische Grundlagen: Paul Haberbosch, Peter Hoegger, Ulrich Münzel sowie Pläne des 19. Jahrhunderts), 33, 39f., 42, 50–52, 57, 64 (Grundlagen: Grabungspläne im Büro H.R. Sennhauser, Zurzach), 68–72, 81 (Mitarbeit: Oskar Schaub, Zürich), 82, 145f., 149 (Grundlagen: Technischer Arbeitsdienst Zürich), 165 (Grundlage: Grabungsplan im Büro H.R. Sennhauser, Zurzach), 175–177, 182f. (Grundlagen: Peter Deucher, Baden), 204f., 272f. (Grundlagen: Pläne des Hochbauamtes Baden), 296, 315f., 324f., 327, 332 (Grundlagen: Ernst Bossert, Brugg), 337f., 343 (Grundlagen: Oswald Lüdin, Gansingen AG), 344, 346, 356, 360, 369, 377 (Grundlagen: Joseph J. Wey, Sursee), 388, 401 (Grundlagen: Büro H. Zschokke, Aarau), 408, 412, 418 (Grundlagen: Robert Lang, Baden), 436, 444f. (Grundlagen: Paul Scherwey, Lenzburg), 453. – OSKAR SCHAUB, Zürich: Abb. 81 (Mitarbeit: A. Henning Larsen, Bern), 144, 147 (Grundlagen: Technischer Arbeitsdienst Zürich). – PAUL STOLZ, Ennetbaden: Abb. 37 (Grundlagen: Albert Hafter, Baden). – SIRIO VICARI, Aarau: Abb. 171 (Ergänzungen: A. Henning Larsen, Bern).

Goldschmiedezeichen und Entwurf zur Einbandvignette. ARTHUR BIEDERT in Fa. Steiner & Co., Clichieranstalt, Basel.

Steinmetzzeichen. A. HENNING LARSEN, Bern, ausgenommen zwei Zeichen von ERNST BOSSERT, Brugg.

Vorsatzkarte. BRUNO BAUR, Basel.

BISHER ERSCHIENENE BÄNDE – VOLUMES PARUS

KANTON AARGAU

I: Die Bezirke Aarau, Kulm, Zofingen. Von *Michael Stettler*. 428 S. mit 326 Abb. 1948.
II: Die Bezirke Brugg, Lenzburg. Von *M. Stettler* und *E. Maurer*. 480 S. mit 430 Abb. 1953.
III: Das Kloster Königsfelden. Von *Emil Maurer*. 359 S. mit 311 Abb. und 1 Farbtafel. 1954.
IV: Der Bezirk Bremgarten. Von *Peter Felder*. 491 S. mit 462 Abb. 1967.
V: Der Bezirk Muri. Von *Georg Germann*. 574 S. mit 396 Abb. 1967.

KANTON APPENZELL AUSSERRHODEN

I: Der Bezirk Hinterland, mit Kantonseinleitung. Von *Eugen Steinmann*. 465 S. mit 410 Abb. und 2 Farbtafeln. 1973.

KANTON BASEL-STADT

I: Geschichte und Stadtbild. Befestigungen, Areal und Rheinbrücke; Rathaus und Staatsarchiv. Von *C. H. Baer*, *R. Riggenbach* u. a. 712 S. mit 40 Tafeln, 478 Abb. 1932. – Nachdruck mit 64 S. Nachträgen von *François Maurer*. 1971.
II: Der Basler Münsterschatz. Von *Rudolf F. Burckhardt*. 392 S. mit 263 Abb. 1933. – Vergriffen.
III: Die Kirchen, Klöster und Kapellen. Erster Teil: St. Alban bis Kartause. Von *C. H. Baer*, *R. Riggenbach*, *P. Roth*. 620 S. mit 339 Abb. 1941. – Vergriffen.
IV: Die Kirchen, Klöster und Kapellen. Zweiter Teil: St. Katharina bis St. Nikolaus. Von *François Maurer*. 396 S. mit 448 Abb. 1961.
V: Die Kirchen, Klöster und Kapellen. Dritter Teil: St. Peter bis Ulrichskirche. Von *François Maurer*. 479 S. mit 544 Abb. 1966.

KANTON BASEL-LANDSCHAFT

I: Der Bezirk Arlesheim, mit Kantonseinleitung. Von *Hans-Rudolf Heyer*. 468 S. mit 495 Abb., 2 Farbtafeln. 1969.
II: Der Bezirk Liestal. Von *Hans-Rudolf Heyer*. 448 S. mit 388 Abb. und 2 Farbtafeln. 1974.

KANTON BERN

I: Die Stadt Bern. Einleitung; Lage; Stadtbild, Stadtbefestigung, Brücken, Brunnen; Korporativbauten. Von *Paul Hofer*. 456 S. mit 328 Abb. 1952.
II: Die Stadt Bern. Gesellschaftshäuser und Wohnbauten. Von *Paul Hofer*. 484 S., 445 Abb. 1959.
III: Die Stadt Bern. Staatsbauten (Rathaus, Kornhäuser, Zeughäuser, Stift usw.). Von *Paul Hofer*. 468 S. mit 309 Abb. 1947.
IV: Die Stadt Bern. Das Münster. Von *Luc Mojon*. 451 S. mit 432 Abb. 1960.
V: Die Stadt Bern. Die Kirchen: Antonierkirche, Französische Kirche, Heiliggeist- und Nydeggkirche. Von *Paul Hofer* und *Luc Mojon*. 299 S. mit 318 Abb. 2 Farbtafeln. 1969.

CANTON DE FRIBOURG

I: La ville de Fribourg. Introduction, plan de la ville, fortifications, promenades, ponts, fontaines et édifices publics. Par *Marcel Strub*. 400 p., illustré de 341 fig. 1964.
II: La ville de Fribourg. Les monuments religieux (première partie). Par *Marcel Strub*. 413 p., illustré de 437 fig. 1956.
III: La ville de Fribourg. Les monuments religieux (deuxième partie). Par *Marcel Strub*. 448 p., illustré de 427 fig. 1959.

KANTON GRAUBÜNDEN

I: Die Kunst in Graubünden. Ein Überblick. Von *E. Poeschel*. 292 S., 142 Abb. 1937. Unveränderter Nachdruck 1975.
II: Die Talschaften Herrschaft, Prätigau, Davos, Schanfigg, Churwalden, Albulatal. Von *Erwin Poeschel*. 420 S. mit 392 Abb. 1937. Unveränderter Nachdruck 1975.
III: Die Talschaften Räzünser Boden, Domleschg, Heinzenberg, Oberhalbstein, Ober- und Unterengadin. Von *Erwin Poeschel*. 567 S. mit 548 Abb. 1940. Unveränderter Nachdruck 1975.
IV: Die Täler am Vorderrhein. I. Teil: Das Gebiet von Tamins bis Somvix. Von *Erwin Poeschel*. 466 S. mit 519 Abb. 1942. Unveränderter Nachdruck 1975.
V: Die Täler am Vorderrhein. II. Teil. Die Talschaften Schams, Rheinwald, Avers, Münstertal, Bergell. Von *E. Poeschel*. 490 S. mit 503 Abb. 1943. Nachdruck 1961. – Nachtrag auch separat.
VI: Die italienisch-bündnerischen Talschaften Puschlav, Misox und Calanca. Von *Erwin Poeschel*. 400 S. mit 434 Abb. 1945. Unveränderter Nachdruck 1975.
VII: Die Stadt Chur und das Churer Rheintal von Landquart bis Chur. Von *Erwin Poeschel*. 476 S. mit 477 Abb. 1948. Unveränderter Nachdruck 1975.

KANTON LUZERN

I: Kantonseinleitung. Die Ämter Entlebuch und Luzern-Land. Von *Xaver von Moos, C. H. Baer* und *Linus Birchler*. 556 S. mit 440 Abb. 1946. – Vergriffen.
II: Stadt Luzern, Stadtentwicklung, Kirchen. Von *Adolf Reinle*. 427 S. mit 306 Abb. 1953.
III: Stadt Luzern, Staats- und Wohnbauten. Von *Adolf Reinle*. 347 S. mit 280 Abb. 1954.
IV: Das Amt Sursee. Von *Adolf Reinle*. 528 S. mit 511 Abb. 1956.
V: Das Amt Willisau mit St. Urban. Von *Adolf Reinle*. 454 S. mit 379 Abb. 1959.
VI: Das Amt Hochdorf. Überblick. Von *Adolf Reinle*. 544 S. mit 355 Abb. 1963.

CANTON DE NEUCHATEL

I: La ville de Neuchâtel. Par *Jean Courvoisier*. 440 p., avec 409 fig. 1955.
II: Les districts de Neuchâtel et de Boudry. Par *Jean Courvoisier*. 476 p., avec 377 fig. 1963.
III: Les districts du Val-de-Travers, du Val-de-Ruz, du Locle et de La Chaux-de-Fonds. Par *Jean Courvoisier*. 468 p., avec 379 fig. 1968.

KANTON ST. GALLEN

I: Bezirk Sargans. Von *E. Rothenhäusler*, unter Mitarbeit von *D. F. Rittmeyer* und *B. Frei*. 459 S. mit 436 Abb. und 1 Farbtafel. 1951.
II: Die Stadt St. Gallen I. Geschichte, Befestigungen, Kirchen (ohne Stift) und Wohnbauten. Von *Erwin Poeschel*. 435 S. mit 447 Abb. 1957.
III: Die Stadt St. Gallen II. Das Stift. Von *Erwin Poeschel*. 392 S. mit 332 Abb. 1961.
IV: Der Seebezirk. Von *Bernhard Anderes*. 668 S. mit 709 Abb. 1966.
V: Der Bezirk Gaster. Von *Bernhard Anderes*. 420 S. mit 424 Abb. 1970.

KANTON SCHAFFHAUSEN

I: Die Stadt Schaffhausen. Entwicklung, Kirchen und Profanbauten. Von *Reinhard Frauenfelder*. 484 S. mit 630 Abb. 1951.
II: Der Bezirk Stein am Rhein. Von *Reinhard Frauenfelder*. 367 S. mit 461 Abb. 1958.
III: Der Kanton Schaffhausen (ohne Stadt Schaffhausen und Bezirk Stein). Von *Reinhard Frauenfelder*. 392 S. mit 404 Abb. 1960.

KANTON SCHWYZ

I: Die Bezirke Einsiedeln, Höfe und March. Von *L. Birchler*. 484 S. mit 498 Abb. 1927. – Vergriffen. – Neubearbeitung im Gange.
II: Die Bezirke Gersau, Küßnacht und Schwyz. Kunsthistorischer Überblick. Von *Linus Birchler*. 798 S. mit 500 Abb. 1930. – Vergriffen. – Neubearbeitung im Gange.

KANTON SOLOTHURN

III: Die Bezirke Thal, Thierstein, Dorneck. Von *Gottlieb Loertscher*. 456 S. mit 465 Abb. 1957.

CANTON TICINO

I: Locarno e il suo circolo (Locarno, Solduno, Muralto e Orselina). Di *Virgilio Gilardoni*. 541 p., con 589 ill., 1 tavola fuori testo e 4 tavole a colori. 1973.

KANTON THURGAU

I: Der Bezirk Frauenfeld. Von *Albert Knoepfli*. 480 S. mit 355 Abb. 1950.
II: Der Bezirk Münchwilen. Von *Albert Knoepfli*. 431 S. mit 367 Abb. 1955.
III: Der Bezirk Bischofszell. Von *Albert Knoepfli*. 581 S. mit 500 Abb. 1962.

CANTON DE VAUD

I: La ville de Lausanne. Par *Marcel Grandjean*. 452 p. avec 340 fig. 1965.
II: La Cathédrale de Lausanne et son trésor. Par *E. Bach, L. Blondel, A. Bovy*. 459 p. avec 381 fig., dessins et plans. 1944. – Epuisé.

KANTON ZUG

I: Einleitung. Zug-Land. Von *L. Birchler*. 436 S. mit 260 Abb. und 1 Übersichtskarte. 1934. Nachdruck 1949 mit Nachträgen 1933–1948. (Nachtrag zu Band I und II auch separat.)
II: Stadt Zug. Von *Linus Birchler*. 672 S. mit 391 Abb. 1935. Nachdruck 1959 mit Nachträgen 1935 bis 1958. (Nachtrag zu Band I und II auch separat.)

KANTON ZÜRICH

I: Die Bezirke Affoltern und Andelfingen. Von *H. Fietz*. 432 S. mit 359 Abb. 1938. – Vergriffen.
II: Die Bezirke Bülach, Dielsdorf, Hinwil, Horgen und Meilen. Von *Hermann Fietz*. 436 S. mit 394 Abb. 1943. – Vergriffen.
IV: Die Stadt Zürich. Erster Teil: Stadtbild, Befestigungen und Brücken; Kirchen, Klöster und Kapellen; Öffentliche Gebäude, Zunft- und Gesellschaftshäuser. Von *Konrad Escher*. 494 S. mit 340 Abb. 1939. Nachdruck 1948. – Vergriffen.
V: Die Stadt Zürich. Zweiter Teil: Mühlen und Gasthöfe, Privathäuser, Stadterweiterung, Sammlungen. Von *Konrad Escher, Hans Hoffmann* und *Paul Kläui*. 512 S. mit 374 Abb. 1949.
VI: Die Stadt Winterthur. Von *Richard Zürcher* und *Emmanuel Dejung*. Stadt Zürich, Nachträge. Von *Hans Hoffmann*. 463 S. mit 333 Abb. 1952.

FÜRSTENTUM LIECHTENSTEIN

Von *Erwin Poeschel*. 308 Seiten mit 287 Abb. 1950. – Vergriffen.

AUSSERHALB DER REIHE «DIE KUNSTDENKMÄLER DER SCHWEIZ»

Die Kunstdenkmäler des Kantons Unterwalden. Von *Robert Durrer*. Unveränderter Offsetnachdruck 1971. Herausgegeben von den Historischen Vereinen von Obwalden und Nidwalden in Zusammenarbeit mit der Gesellschaft für Schweizerische Kunstgeschichte. 1188 Seiten mit 121 Plänen, 182 Zeichnungen und Skizzen des Verfassers, 96 Tafeln und 437 weiteren Abbildungen im Text.

«BEITRÄGE ZUR KUNSTGESCHICHTE DER SCHWEIZ»
«BIBLIOTHÈQUE DE LA SOCIÉTÉ D'HISTOIRE DE L'ART EN SUISSE»

Band 1: *Peter Felder:* Johann Baptist Babel. 1716–1799. Ein Meister der schweizerischen Barockplastik. 280 S., 190 Schwarzweiß-Abb., 4 Farbtafeln; Werkkatalog und Quellentexte. Basel 1970.

Band 2: *Andreas F. A. Morel:* Andreas und Peter Anton Moosbrugger. Zur Stuckdekoration des Rokoko in der Schweiz. 253 S., 196 Abbildungen, davon eine farbig. 2 Falttafeln, Werkkatalog und Quellentexte. Bern 1973.

Band 3: *Jean-Charles Biaudet, Henri Meylan, Werner Stöckli, Philippe Jaton, Marcel Grandjean, Claude Lapaire, Ellen J. Beer:* La Cathédrale de Lausanne. 264 p., 322 ill. dont 16 en couleurs et 4 sur dépliants. Berne 1975.

«KUNSTFÜHRER DURCH DIE SCHWEIZ»

Begründet von Hans Jenny. 5., vollständig neu bearbeitete Auflage, hg. von der Gesellschaft für Schweizerische Kunstgeschichte durch *Hans R. Hahnloser†* und *Alfred A. Schmid.*

Band 1: Aargau, Appenzell, Glarus, Graubünden, Luzern, St. Gallen, Schaffhausen, Schwyz, Thurgau, Unterwalden, Uri, Zug und Zürich. 992 S., 275 Abb., 2 Übersichtskarten und 24 Orts- und Regionalpläne, 56 Monumentenpläne. Durchgesehene Neuauflage Bern 1976.

Band 2: Genf, Neuenburg, Waadt, Wallis und Tessin. Ca. 856 S., ca. 200 Abb. und zahlreiche Orts- und Monumentenpläne. Erscheint 1976.

Bestellungen sind zu richten an: Gesellschaft für Schweizerische Kunstgeschichte, Postf., 3000 Bern 12.